民国新闻史研究
（2015）

倪延年　主编

刘继忠　常务副主编

王继先　副主编

南京师范大学出版社
NANJING NORMAL UNIVERSITY PRESS

图书在版编目(CIP)数据

民国新闻史研究.2015/倪延年主编. --南京：南京师范大学出版社，2015.11
　ISBN 978-7-5651-2397-9

Ⅰ.①民… Ⅱ.①倪… Ⅲ.①新闻事业史－研究－中国－民国　Ⅳ.①G219.296

中国版本图书馆CIP数据核字(2015)第254374号

书　　名	民国新闻史研究(2015)
主　　编	倪延年
责任编辑	王　涛
出版发行	南京师范大学出版社
地　　址	江苏省南京市宁海路122号(邮编:210097)
电　　话	(025)83598919(总编办)　83598412(营销部)　83598297(邮购部)
网　　址	http://www.njnup.com
电子信箱	nspzbb@163.com
照　　排	南京理工大学印刷照排中心
印　　刷	南京大众新科技印刷有限公司
开　　本	787毫米×960毫米　1/16
印　　张	34.25
字　　数	615千
版　　次	2015年11月第1版　2015年11月第1次印刷
书　　号	ISBN 978-7-5651-2397-9
定　　价	48.00元

出版人　彭志斌

南京师大版图书若有印装问题请与销售商调换
版权所有　侵犯必究

目　录

民国新闻史多视角研究成果的新展示——"第二届民国
　　新闻史高层学术论坛"论文综述 …………………… 张　朋　1

一、新闻史研究总论

国际传播：民族救亡中的另一个战场 ………… 王润泽　肖江波　3
近代国人报刊的新闻纸进口依赖与国产情结 …… 陈志强　陈李龙　13
论民国初期新闻业态的"起—降—起"现象及动因 ………… 倪延年　24
1915年中国报刊关于国体问题的论争研究 …………………… 林　婕　37
民国报刊中的苏联新闻事业探析 …………………………… 马　超　47
在铭记和忘却的边缘：左翼文化运动下的新闻侧影 ………… 梁　骏　57

二、新闻人物研究

论民国时期美国东方报人领袖托马斯·密勒的在华新闻业绩
　…………………………………………………………… 邓绍根　71
蒋介石新闻操控的行为与思想初探 ………………………… 刘继忠　90
《京报》鼎盛时期的吴定九 ………………………………… 钱承军　101
胡道静与上海《通报》 ……………………………………… 关　梅　112
春风和气自清师：马星野与朱自清的友谊初探——基于
　《马星野档案》的研究 …………………………………… 王继先　121
王火：民国晚期一位有影响的新闻人 ……………………… 徐庆华　130
黄远生新闻标题的关联—顺应性研究 ……………………… 柳　竹　141

三、新闻媒介研究

中共早期通讯社历史探析 …………………………… 万京华 149

统一战线旗帜下《重庆各报联合版》时期的《新华日报》
  ………………………………………………… 何 村 叶 俊 158

以客观态度，评论宇宙万象；以科学方法，报道世界消息
  ——记197期的《申报》汉口版 ……………………… 王世清 166

"谋生的需要"？"惨淡地经营"？——对《新青年》前三卷创办
  经营中两个问题的商榷 ………………………… 陈长松 杨 惠 173

从滑稽到严肃——上海小报《晶报》媒介批评初探 …… 李时新 184

解放战争时期《大公报》与国、共两党关系研究 ……… 陈媛媛 191

浅析《救亡情报》的媒介言论 …………………………… 徐蓓蓓 202

《台湾日日新报》研究初探 ……………………………… 卢河燕 213

四、新闻事件研究

炮制的真相与真相的探寻——围绕国联调查团会见马占山
  报道的较量 ………………………………………… 郑亚楠 225

"不投降论"——中国新闻报刊在"首都南京"失陷后的反应
  与评论 ……………………………………………… 经盛鸿 235

民国时期东北日文报纸舆论导向研究——以《满洲日报》
  皇姑屯事件报道为例 ……………………………… 马 嘉 253

抗日与知日："八一三"时期"论语派"刊物的文化救亡——
  以《非常时期联合旬刊》为中心的考察 …………… 刘 洋 269

《密勒氏评论报》对"巴黎和会"解释性报道的角度分析 …… 郑保国 278

图与文的触碰：新闻摄影变革视野下远东运动会报道研究
  ——以《申报》《大公报》为例 ……………………… 李 敏 291

五、新闻教育、新闻经营、民族(地区)新闻史研究

《燕京新闻》与燕京大学的新闻教育 ………… 殷 强 李建新 309
民国时期出现过"一流"的新闻教育吗？——以方汉奇就读的
　　国立社会教育学院为例………………………………… 刘泱育 322
根生土长的民国新闻教育——顾执中与民治新闻专科学校
　　…………………………………………………………… 吴加峰 333
1927—1937年民营报纸的广告经营及其传播特色——以《申报》
　　《新闻报》为例 ………………………………………… 张立勤 341
试论民国时期报业发行稽核思想的萌芽 ……………… 曾来海 357
民国时期中国少数民族新闻史的研究对象和
　　学术意义 ………………………………… 荆琰清 白润生 369
中央苏区新闻事业史研究 ………… 童清艳 赖文燕 傅柒生 375

六、新闻思想及特征研究

论程沧波的新闻思想 ……………………………………… 徐新平 389
民国报人陈冷的办报活动及其办报思想 ………………… 庞荣棣 398
梁启超与陈独秀"开民智"新闻思想的异同双面观 ………… 张勇丽 408
舆论竞争与中共"二大"前后陈独秀报刊论政话语的转向
　　——以《努力》和《向导》的论争为中心 …………… 张 朋 417
"梁启超卖国"论的形成与传播 ………………………… 杨利强 428
林语堂20世纪20年代的新闻评论特色探究 ……………… 钱 珺 439
彭子冈新闻作品风格特征研究 …………………………… 兰甲甲 449

七、民国新闻史其他方面研究

略论民国时期新闻广播的贡献与局限 ……………	艾红红	463
民国时期广播娱乐节目探析 …………………………	谢鼎新	474
抗战时期日本对华广播侵略与殖民宣传——以日本在"满洲国"的放送活动为中心 …………………	齐 辉	483
民国《良友》画报新闻图片来源探析 ………………	卜新章	495
多变与依附:《时事新报》报人群体刍议 ……………	曹爱民	503
招摇的文化赞助人:邵洵美对三十年代上海出版业的贡献 ……………………………………………	杨晓霞	513
"大东亚共荣圈"的文化建设与国民意识的建构——对《华文大阪每日》创刊四周年纪念大征文的考察 ……	王雪驹	522
编后记 …………………………………………………	倪延年	531

民国新闻史多视角研究成果的新展示
——"第二届民国新闻史高层学术论坛"论文综述

张 朋

第二届"民国新闻史高层学术论坛"是继2014年5月"回归历史 探寻规律:民国新闻史的多视角研究"的首届学术论坛成功举办后,又一次"民国新闻史"领域最新研究成果的学术交流活动。论坛由中国新闻传播学界唯一的国家级学会——中国新闻史学会主办,南京师范大学承办。自2015年3月初发出征文通知后,得到新闻史学界同行学者的热烈响应,截止到7月底,组委会秘书处共征集论文68篇。经组委会邀请专家进行评审,选用48篇为参会论文并编入本文集。

一

根据入选论文的研讨主题,大致将其分为民国新闻史研究总论,新闻人物研究,新闻媒介研究,新闻事件研究,民族(地区)新闻史、新闻教育史及新闻业经营管理研究,新闻人思想及作品特征研究,广播史及其他研究等七个方面。

(一) 民国新闻史研究总论

从宏观视野观照民国新闻事业演进历程是本组论文的共同特点。收录六篇论文的选题涉及多个层面。王润泽、肖江波在《国际传播:民族救亡中的另一个战场》中认为战争的胜利,不仅需要军事上艰苦卓绝的斗争和牺牲,更需要获得国际舆论的大力支持和同情,这是中国抗日战争取得胜利的重要基础。抗战时期,国共两党对国际传播均十分重视,做了大量工作。他们采用"请进来"、"走出去"的战略,利用领导人、官方、民间报人、外国记者等各种力量,共同推动了中国抗战的国际传播,争取获得反法西斯战争的国际舆论支持。陈志强、陈李龙的《近代国人报刊的新闻纸进口依赖与国产情结》则将研究视野转移到民国新闻业最基本的物质资料——新闻纸的生产和使用。文章集中讨论了进口新闻纸在民国报业中的垄断地位及国人数次尝试国产新闻纸的历史境遇,指出新闻纸的国产情结与实践既是近代报刊发展到一定阶段新闻纸需求增加的结果,也是实业救国背景下民族工业发展的需要,但国产新闻纸质量满足不了报业需求,致使以国产取代进口的愿望难以实现。

民国新闻事业整体趋向受制于国内外社会政治环境。倪延年的《论民国初期新闻业态的"起－降－起"现象及动因》和林婕的《1915年中国报刊关于国体问题的论争研究》是两篇关注民国初期新闻界与国内社会政治环境关系的文章。前者在"新闻业态"概念基础上,讨论了民国初期中国新闻业态"陡起"、"陡降"又"再起"的历史现象,从社会政治语境与新闻业内在规律的交叉视野中探析新闻业兴衰规律。林婕的文章则以袁世凯复辟帝制前后中国报刊国体问题论争为对象,在对民国初期报刊与民众对国体问题意见的表达,报刊论争对政治舆论和民众意见走向的影响,国情民意与政治秩序整合关系等阐释上有新的推进。梁骏的《在铭记和忘却的边缘:左翼文化运动下的新闻侧影》认为,左翼新闻团体的意义是在国民党专制下创造出了具有灵活性、自主性、创造力和感召力的"新闻游击战"模式。马超的《民国报刊中的苏联新闻事业探析》以民国报刊对苏联新闻事业的介绍为分析对象,进而呈现民国报人对苏联新闻事业的态度及其对当时我国新闻业的影响。

(二)民国新闻人物研究

民国新闻人物研究既是民国新闻史的重要组成部分,也往往成为新闻专业知识大众化、普及化的枢纽。收录的七篇论文多属角度新颖、史料扎实之作,涉及三类新闻人物:一是在华办报的外国报人。邓绍根的《论民国时期美国东方报人领袖托马斯·密勒的在华新闻业绩》系统梳理了美国新闻人托马斯·密勒在华的新闻活动,认为密勒杰出的新闻业绩使其荣膺"中国通之父",树立了美国在华"中国通"的价值观念。二是民国党政精英的新闻活动和思想。刘继忠的《蒋介石新闻操控的行为与思想初探》对蒋介石操控新闻传播的行为和思想进行探讨,指出蒋介石的新闻操控思想具有功利主义色彩,终极目标是解决孙中山提出的"一盘散沙"时代命题。三是对民国职业新闻人的研究。钱承军的《〈京报〉鼎盛时期的吴定九》详细考述了吴定九对鼎盛时期《京报》的贡献,认为吴定九实为《京报》的经理、总编辑,他对该报的业务革新"应视为《京报》迈入鼎盛期的标志"。关梅的《胡道静与上海〈通报〉》讨论了胡道静创办、主编《通报》的过程,并对该报创刊时间进行新的考证。王继先的《春风和气自清师:马星野与朱自清的友谊初探——基于〈马星野档案〉的研究》在对中国台北"中央研究院"近代史研究所档案馆藏的《马星野档案》的基础上,对民国著名新闻学者、新闻教育家马星野与朱自清的关系进行探讨。柳竹的《黄远生新闻标题的关联—顺应性研究》运用语用学理论,讨论了黄远生的新闻标题艺术。徐庆华的《王火:民国晚期一位有影响的新闻人》使用口述史料,还原了著名作家王火早年的新闻活动和贡献。

(三)民国时期新闻媒介研究

这一部分的八篇论文以个案研究方法,或是对以往研究中较为忽视的重要媒介,或是对民国名报、大报相关问题都进行了新的阐释。万京华的《中共早期通讯社历史探析》选取中共新闻事业研究中较为忽视的中共早期通讯社这一论题,系统梳理了建党前后至1927年大革命失败,短短几年间中共领导、创建通讯社的历史。李时新的《从滑稽到严肃——上海小报〈晶报〉媒介批评初探》聚焦民国著名小报《晶报》,认为该报媒介批评以1930年初为界,经历从滑稽到严肃,从琐碎、感性、居高临下到理性、平等对话和建设指导的转化。徐蓓蓓的《浅析〈救亡情报〉的媒介言论》探讨了全面抗战前夕上海《救亡情报》的创刊背景、言论取向、体裁等。卢河燕的《〈台湾日日新报〉研究初探》对台湾日治时期,御用报纸《台湾日日新报》的创办、流变进行初步探讨。

对《申报》《大公报》《新青年》等名报、大报的研究也有新的进展。何村、叶俊的《统一战线旗帜下〈重庆各报联合版〉时期的〈新华日报〉》探讨了国民党舆论控制下《新华日报》的斗争策略,认为该报一方面积极参加"联合版",另一方面利用"壁报"宣传党的政治主张,展现了正确的斗争策略和高明的斗争艺术。王世清的《以客观态度,评论宇宙万象;以科学方法,报道世界消息——记197期的〈申报〉汉口版》探讨《申报》汉口版的发刊、发行、停刊的历史脉络,认为该报虽仅存半年多时间,但在揭露敌寇罪行,激发全国民众抗日决心方面发挥了应有作用。陈长松、杨惠的《"谋生的需要"?"惨淡地经营"?——对〈新青年〉前三卷创办经营中两个问题的商榷》针对学术界有关《新青年》前三卷的某些观点提出质疑,指出陈独秀创办《新青年》并非"谋生的需要",杂志也绝非简单地"沿袭"《甲寅》,前三卷虽然"普通"但其经营并不"惨淡"。陈媛媛的《解放战争时期〈大公报〉与国、共两党关系研究》以抗战后《大公报》对东北问题的报道为视点,探讨该报在解放战争时期与国共两党间的离合关系。

(四)民国时期新闻事件研究

夹杂着真实与虚构成分的诸多民国新闻事件是新闻媒体与政治派系、社会心态等复杂互动关系的直观反映,它们蕴含丰富,值得探索。这一部分的六篇论文多集中于抗日战争前后中外媒体的舆论较量。郑亚楠的《炮制的真相与真相的探寻——围绕国联调查团会见马占山报道的较量》围绕"九一八"事变后国联调查团会见马占山这一新闻事件,对比日本在华媒体与欧美职业记者的报道取向差异,指出日本在武装侵略的同时,运用法西斯舆论手段炮制的种种"真相",而欧美职业记者多本着报道事实的原则,选择了一条探险、思考、成名、合作的路。经盛鸿的《"不投降论"——中国新闻报刊在"首都南京"失陷后的反应与评论》梳理了1937年12月南京失陷后中国报刊的观点和态度,指出中国报刊发出"不投降论"的激昂呐喊是报人在国家危难时所表现的爱国精神和凛然正气,是中国新闻史上最光辉篇章。马嘉的《民国时期东北日文报纸舆论导向研究——以〈满洲日报〉皇姑屯事件报道为例》指出在"皇姑屯事件"中,日文报纸《满洲日报》试图把大众视线从事件本身引导至日本侨民权益保障,鼓吹日方应向我国东北增兵,合理插手东北事务等媒介议程,旨在蓄意制造混乱,为日本实施大陆政策提供舆论准备。郑保国的《〈密勒氏评论报〉对"巴黎和会"解释性报道的角度分析》关注美国在华媒体《密勒氏评论报》有关"巴黎和会"的解释性报道,着重分析密勒、董显光和老鲍威尔从不同角度对这一新闻事件所作的解读,从而透视《密勒氏评论报》的专业新闻团队所具备的知识、技能、伦理和激情。此外李敏的《图与文的触碰:新闻摄影变革视野下远东运动会报道研究——以〈申报〉〈大公报〉为例》以上海远东运动会的报道为切入点,探讨新闻摄影技术变革语境下《申报》和《大公报》体育赛事报道方式的演进。刘洋的《抗日与知日:"八一三"时期"论语派"刊物的文化救亡——以〈非常时期联合旬刊〉为中心的教案》以淞沪会战期间林语堂等创办《非常时期联合旬刊》为个案,讨论"论语派"报刊的"文化救亡"特质,认为此类报刊与一般抗日刊物不同,其在注重"抗日"宣传的同时,亦注重提升民众对于日军及日本的认知,可谓"文化救亡"。

(五)民族(地区)新闻史、新闻教育史、新闻业经营管理研究

这一组论文涉及民族(地区)新闻史、新闻教育史和新闻业经营管理研究三个方面。具体而言,荆琮清、白润生的《民国时期中国少数民族新闻史的研究对象和学术意义》和童清艳等的《中央苏区新闻事业史研究》属民国时期民

族(地区)新闻史研究。前者较为系统地梳理了民国时期少数民族新闻史研究对象及学术价值,认为民国少数民族新闻史研究不仅充实了中国新闻史,而且能够为民国时期少数民族历史、文化、科技等方面研究提供丰富、具有实证价值的史料。后者则将目光转向中央苏区新闻事业,对苏区新闻事业源起、新闻出版机构特征、内容传播特点、发行策略及苏区新闻事业党性、战斗性、群众性等宣传特征进行了深入讨论。关于民国新闻教育的论文有三篇。其中殷强、李建新的《〈燕京新闻〉与燕京大学的新闻教育》在梳理燕京大学新闻系自办刊物《燕京新闻》发展历程基础上,侧重讨论《燕大新闻》与燕京大学新闻教育理念、实践等互动关系。刘泱育的《民国时期出现过"一流"的新闻教育吗?》以方汉奇先生就读的国立社会教育学院为例,从师资力量、师生关系和同学情谊等维度探讨民国时期是否出现过"一流"的新闻教育,作者强调所谓"一流大学"中的"一流"实质上是一种文化霸权,可能遮蔽对于现状的认知,从而影响历史研究和书写。吴加峰的《根生土长的民国新闻教育——顾执中与民治新闻专科学校》着重讨论顾执中创办民治新闻专科学校所秉持的"实用主义"办学理念及其贯彻和实施。

研究民国新闻业经营管理的论文有张立勤的《1927—1937年民营报纸的广告经营及其传播特色》和曾来海的《试论民国时期报业发行稽核思想的萌芽》。前者讨论民营报刊广告经营的策略运用、版面管理、传播特征等,认为由于积极吸纳西方报业的广告经营理念,1927—1937年民营报业在广告经营等方面领先于同期其他报业。后者在对民国时期新闻学术文献梳理基础上,指出报业发行稽核思想与观念早在民国就已萌芽,诸多新闻学者针对国内报业发行中销数保密、"吃报"与"转卖"等乱象,曾提出过设立中国报业发行稽核局或会计师稽核等报业发行稽核的思想,至今仍有启发意义。

(六)民国新闻人思想及作品特征研究

这一部分的七篇论文在民国新闻人新闻思想及作品研究方面均有所推进。徐新平的《论程沧波的新闻思想》较为全面阐述了国民党报人程沧波的新闻思想内涵、特征及代表性,倡导记者要具有自由独立的精神;鼓励记者不仅要会拿笔杆子,还要善于经营;提倡党报记者应该为本党和政府辩护,在理论和实践方面都有所建树。庞荣棣的《民国报人陈冷的办报活动及其办报思想》逐一研讨陈冷担任《申报》总编时期三个阶段中"时评"展现的办报思想,归纳出他早期将报业视为第二生命,言论立场坚定;中期对动乱的社会局势与压力无所适从,言论显得隐晦;晚期对报业厌倦、消极,放弃挚爱职业等特点。钱珺的《林语堂20世纪20年代的新闻评论特色探究》以林语堂1924—1927年发表的时事评论文章为对象,认为其新闻评论既具有现代新闻评论的基本特征,又形成了幽默辛辣,形象说理的林氏评论风格。兰甲甲的《彭子冈新闻作品风格特征研究》认为彭子冈的通讯和特写虽不是直接报道前线战场,却以敏锐的目光、独到的见解报道战时后方社会的广阔面貌,其作品融合散文和文学笔法,具有独特的个性。

梁启超和陈独秀是中国新闻史上两位划时代的舆论界巨子,这部分有三篇论作从不同侧面讨论了他们的新闻思想及作品。张勇丽的《梁启超与陈独秀"开民智"新闻思想的异同双面观》比较梁、陈关于报刊"开民智"功能的异同,认为陈的"开民智"思想一定程度上继承了梁的思想,但两者在对待传统文化态度、读者策略、宣传方法等分歧明显。张朋的《舆论竞争与中共"二大"前后陈独秀报刊论政话语的转向——以〈努力〉和〈向导〉的论争为中心》认为中共"二大"前后陈独秀等"联合战线"口号的提出和论证,恰是与胡适等主导的《努力》竞争、互动的结果,这反映了政论家底色的陈独秀领导下中共对舆论领导权的重视。杨利强的《"梁启超卖国"论的形成与传播》细致梳理了巴黎和会前后关于"梁启超卖国"在舆论界的形成、传播的过程。

(七)民国广播史及其他方面的研究

这组论文中有三篇研究民国新闻广播史。其中艾红红的《略论民国时期新闻广播的贡献与局限》从宏观上探讨民国时期新闻广播的贡献及局限性。文章认为民国新闻广播在传递新闻、培养广播听众、推动语言标准化方面成效显著,但由于观念、制度、技术等限制,各电台的广播新闻具有很强的依附性,广播记者也未能升格为社会认可的独立职业。谢鼎新的《民国时期广播娱乐节目探析》将视角转移到民国广播娱乐节目,在史料发掘基础上,对民国时期的广播娱乐节目划定、播出状况与安排、政策监管及专业批评等进行探讨。齐辉的《抗战时期日本对华广播侵略与殖民宣传——以日本在"满洲国"的放送活动为中心》在新发现的文献史料基础上探讨日本在"满洲国"广播侵略宣传的过程、策略及实施效果,为我们认识日本战时广播宣传提供丰富的历史细节。

这组中另外几篇论文涉及民国报人群体,民国画报的新闻图片等方面。卜新章的《民国〈良友〉画报新闻图片来源探析》梳理了《良友》画报历年来新闻图片及其署名,从而探讨该报新闻图片的来源,以期对当今新闻传播实践中影像的获取与利用提供借鉴。曹爱民的《多变与依附:〈时事新报〉报人群体刍议》讨论《时事新报》历史上的三种报人群体,即非职业化式报人、企业化式报人、官僚买办式报人,认为该报报人群体的最突出特点是多变与依附。杨晓霞的《招摇的文化赞助人:邵洵美对三十年代上海出版业的贡献》认为邵洵美为三十年代的上海文学新人与窘迫的文人提供了慷慨的帮助,发挥了赞助上海文化出版的作用。王雪驹的《"大东亚共荣圈"的文化建设与国民意识的建构——对〈华文大阪每日〉创刊四周年纪念大征文的考察》以"二战"期间日本在华刊物《华文大阪每日》所谓"创刊四周年纪念大征文活动"为研讨对象,认为该文学活动的核心就是建构殖民地民众自觉自愿的国民意识,但这种"规训的文学活动"只是殖民者的一厢情愿而已。

二

如果说第一届民国新闻史的多视角研究高层学术论坛及论文集《民国新闻史研究(2014)》是国内"民国新闻史研究成果的第一次集体亮相",那么本次论坛及会议论文集应该是民国新闻史研究的深化与拓展,是民国新闻史研究成果的一次"新展示"。我们从中可以感受到民国新闻史研究的某些特点和趋势。

其一,抗日战争时期新闻事业及其战时舆论动员等研究论题引人瞩目。2015年是中国人民抗日战争暨世界反法西斯战争胜利70周年,中国学术界回顾与反思抗战历史的成果十分丰富。就民国新闻史研究而言,这一论题自然极其重要。从本届论坛收录的文章看,郑亚楠的《炮制的真相与真相的探寻——围绕国联调查团会见马占山报道的较量》等十篇论文直接研究了抗战时期新闻事业;如加上马嘉的《民国时期东北日文报纸舆论导向研究——以〈满洲日报〉皇姑屯事件报道为例》,总数达十一篇,可谓本届论坛的热点议题。这些论文或以新闻媒介、新闻事件为对象,或深入挖掘媒体在战时舆论动员中的功能和作用,或揭示日本在华殖民宣传的丑陋嘴脸,或展示中日在战争之外的舆论较量,从新闻史领域对抗战史研究做出了积极的贡献。

其二,在民国新闻史新史料的发掘、整理和利用上有所突破。民国新闻史研究的深化与拓展,新史料的发掘至关重要。本届论坛不乏此方面的佳作,令人印象深刻。如《抗战时期日本对华广播侵略与殖民宣传——以日本在"满洲国"的放送活动为中心》作者齐辉陆续在哈尔滨市图书馆、辽宁省档案馆等处发现战时日本广播文献,主要有"满洲电报电话株式会社"编制的《电电》、《放送》杂志、《满洲放送年鉴》,"满洲国弘报处"编印《满洲统计年报》、《弘宣月报》等,这些文献有助于清晰了解日本在东北的殖民宣传细节。再如王继先的《春风和气自清师:马星野与朱自清的友谊初探——基于〈马星野档案〉的研究》运用了中国台北"中央研究院"近代史研究所档案馆藏《马星野档案》,可为研究民国时期国民党宣传骨干提供新的文献线索。而钱承军关于《京报》与吴定久关系的考述,则是综合使用常用文献与未刊文献,从而详尽展示吴定久对《京报》的贡献。

其三,研究队伍的学科多元化特征明显。一大批在读博士、硕士研究生积极参与民国新闻史探索。短短四十余年的民国新闻史可谓跌宕起伏、色彩斑斓,其间围绕着媒体话语权、舆论领导权的竞争与妥协则为学术探索提供了诸多课题。同时,民国新闻事业又在中外交涉、党派纷争、文化建设等方面扮演极其重要的角色,这就使得民国新闻史探索不能局限于新闻史学领域,因之吸引不同学科背景的学者、专家共同耕耘。从本届论坛的作者构成看,既有长期从事民国时期新闻史研究的诸多业内专家学者,也有长期致力于文献学、情报学的钱承军研究馆员对吴定久新闻业绩的考证,还有长期致力于民国政治史、侵华日军南京大屠杀研究的经盛鸿教授对南京失陷后中国媒体言论趋向的梳理,更有一批包含中国近代史方向的在读博士研究生、硕士研究生积极参与民国新闻史的研究。我们相信,随着民国新闻史研究成果的积累,会有更多领域的专家学者参与其间。

总之,此次"民国新闻史的多视角研究高层论坛"与会论文议题广泛,新材料、新视角、新观点层出不穷,学者专家们在"回归历史,探寻规律"学术氛围中将民国新闻史研究推向更深、更广的层次。我们有理由相信,民国新闻史研究在不久的将来结出更加丰硕的果实,为中国新闻史学的整体推进贡献力量,也为探索具有中国气派和中国风格的新闻传播理论奠定坚实的历史学基础。

【作者简介】张朋,南京师范大学新闻与传播学院2015级博士研究生。

新闻史研究总论

国际传播:民族救亡中的另一个战场*

王润泽 肖江波

(中国人民大学新闻学院,北京 100872)

摘 要:中国人民的抗日战争,是世界反法西斯战争的重要组成部分。战争的胜利,不仅需要军事上艰苦卓绝的斗争和牺牲,更需要获得国际舆论的大力支持和同情,以期获得军事、政治、经济和道义上的支持,这是中国抗日战争取得胜利的重要基础。抗战时期,国共两党对国际传播均十分重视,做了大量工作。他们采用"请进来""走出去"的战略,利用领导人、官方、民间报人、外国记者等各种力量,共同推动了中国抗战的国际传播,争取获得反法西斯战争的国际舆论支持。

关键词:国际传播 抗日战争

国际传播从某种意义上讲是政治传播,其目的性强,追求传播效果,注重信息接收者在政治观念和态度上向传播主体希望的方向转变;传播内容侧重于国与国之间的关系,于传播者的外交政策有积极推进的作用。传播主体是政府或政府主导的机构,传播途径必须倚重国际声誉和地位较高的第三国主流媒体和记者,请他们进来到中国、到现场进行观察和报道,是获取世界舆论支持的重要力量;同时也要走出去,主动传播主体所希望呈现之事实、观念,以赢得国际舆论战的主动。

抗战民族救亡运动的国际宣传也是一场战争,是另一个战场,既然是战争,就要有敌人,虽然这个敌人不是那么具象,但如果能将目标定位准确,那么国际传播的目的增强,有利于成效增加。抗战期间,不论是请进来还是走出去,国民政府和共产党方面均做了很多工作,但目的和对象不尽一致。在国民

---

* 本文是国家社科基金重大项目"中华民国新闻史"(编号:13&ZD154)的研究成果之一。

政府方面,国际传播的主要"敌人"在于日本的虚假宣传,英国等欧洲国家质疑中国抗战决心而企图牺牲中国的意图,贬低中国在反法西斯战争中的作用,美国国内"孤立主义外交"坐视日本侵略中国而不顾等等。因此对外宣传中国抗战意志及日军暴行,争取国际舆论之最大同情,提高中国战场在世界反法西斯战场中的地位和战后国际地位,是当时蒋介石政府的主要考虑,其成立了专门的国际宣传处,并利用各种场合与机会在美国、欧洲等地进行报刊、广播、影视、演讲等方面的宣传。在共产党方面,除抗击日本这个敌人外,还有一个国民党对共产党抗战原则、策略和事迹以及边区政府政策方针、治理成效等信息的封锁,因此中国共产党的国际传播则需要报告党的抗战原则、主张和英勇事迹,争取将中国共产党在边区政府方面的建设成就传播到国际社会,使中国共产党获得国际认同,为此边区政府也成立了国际宣传委员会,负责国际宣传事务。因此对国际传播,国共有共同的目的,也有不同之处。共同方面在于,对日寇暴行的揭露,公布中国军民抗战之意志决心与牺牲,获得更多的国际支持;不同之处在于中国共产党还需要向世界传播自己不同于国民党的声音。

虽然国共两党战略不同,但战术上都采用了"请进来"、"走出去"的方式,为共同赢得世界对中国抗战的同情做出了贡献。

一、请进来,借力外媒"为我宣传"

1. 国民党政府行为

卢沟桥事变后,日本连日用英语向世界播报,颠倒是非,将战争罪责嫁祸于中国。当时的国民党政府高层意识到中日之间,除军事战争外,更有国际宣传战不可忽视。为了进一步加强国际舆论动员工作,1937年9月8日,国民政府军事委员会第五部成立,专门负责对外宣传,工作重点是"一方面呼吁国际主持正义,制裁侵略;另一方面大量搜集中国军民英勇抗战的事迹进行宣传,以证明中国上下全体一致抗战的决心及其持久性"。[1]

1937年底,国民政府成立国际宣传处(以下简称"国宣处"),国宣处的主要职责有二:一是对外宣传中国抗日意志及日军暴行;二是管控在华外国记者的报道内容,剔除其中不利于中国抗战的因素。该处由媒体经验丰富、美国哥伦比亚大学毕业的董显光等人负责,由总部和附属机构构成,设有英文编撰科、外事科、对敌科、摄影科、广播科和总务科以及秘书室、新闻检查室、资料室和日本研究室。对外文字宣传、采集新闻、建立与国际著名媒体的关系以及审查新闻稿件是"六科四室"的主要工作。[2]

1940年,国宣处曾提出"劝说美国人士来华"计划,其中的第一类对象,便是新闻工作者、作家、摄影师等,要"利用其以观察所得,为我宣传"。在这一政策的驱动下,重庆聚集了世界上知名通讯社广播公司、报纸和杂志的办事处或代表,如美国的美联社、合众社、全国广播公司、《纽约时报》《时代》《新闻周刊》和《读者文摘》等媒体,英国的路透社、英国广播公司,法国的哈瓦斯社以及苏联的塔斯社等,重庆成为当时远东反法西斯战场的新闻中心。[3]

为取得对外传播的最好效果,曾虚白秉承蒋介石的意见,尽量借重外国人出面宣传。南京大屠杀发生后,"我们商定这一时期的国际宣传绝不应中国人自己出面,我们要找了解我抗战真相与政策的国际友人做我们的代言人。田伯烈(Harold John Timperley)是一位理想的人选。因此,我们决定第一步,我们花钱请田伯烈本人及由其代约史迈士写两本日军在南京大屠杀的目睹实录印行问世。此后,他照办了。他的《日军暴行纪实》与史迈士的《南京战祸写真》两书,风行一时,成了畅销书,达成宣传目的。同时,我们又与田伯烈商定,请他做我们国际宣传处驻美宣传不露面的主持人,以泛太平洋新闻社名义登记在美发稿。同时约黎甫(Earl Leaf)主持纽约事务,艾文思(Henry Evans)主持芝加哥事务,罗学特(Malcolm Rosholt)主持旧金山事务,都是有经验的美国记者,完全是美国的宣传网。"[4]这一部署比单纯用中国人来进行要更有成效。

在这些国际媒体中活跃着许多中国籍记者,比如英国路透社的赵敏恒、林芳白、孙瑞芹,美国合众社的王公达,法国哈瓦斯社的潘少昂,德国海通社的陈云阁,苏联塔斯社的刘尊棋,等等。作为中国籍记者,他们向所供职媒体国家报道中国的新闻,积极帮助中国争取世界舆论支持。因为熟悉中国国情,他们常为多个国外媒体服务。比如在抗日期间,赵敏恒同时为7家国际媒体发布新闻,并且由他促成"中央社"和路透社的合作,帮助时任"中央通讯社"社长萧同兹收回各国通讯社在华发稿权。[5]

迄1942年1月,重庆共有外国新闻机构20余家,抗战末期常驻外国记者34人,短访者每月10—20人左右。国民党政要频频接见外国记者。仅1940年,外国记者就访见中国党政军官员312人次。蒋介石、宋美龄、孔祥熙、孙科等人常对其发表中国抗战局势和对国际形势等的看法。

作为对外传播的主导力量,国民政府对这项工作都进行过切实的指导。蒋介石在对美宣传中,常常会对某个问题细节进行指示,如指示在国宣处由美资助支持的"美国不参加日本侵略委员会",尤其注意"在美宣传,应该尤为注意尽量避免中国人员参与宣传"[6]。宋美龄访美期间,正值抗战最艰苦之1943年,中国需要借此机会获得美国更多的战略和物质支持,因此与蒋介石电报往来十分频繁,蒋从宋的口气、表达方式、态度,到演讲内容、主题和侧重等,都给予全面细致地指示和指导。如2月13日电报,第二点即为"对国会演讲,语意切不可使听者觉有训示之感,亦不宜有请求之意,只以友邦地位陈述意见"云云[7]。

国际媒体对民国政府抗战的报道,为中国赢得了广泛的国际舆论支持。其中典型代表为卢斯创办的美国《时代》周刊、《生活》周刊、《财富》周刊对中国抗战不遗余力的舆论支持,使得美国民众对中国抗战的情感和支持大幅增加。一些来华记者也坦诚,在他们从美国来到中国时,满脑子都是"美国新闻媒介灌输给他的思想:英勇悲壮的战斗,勇敢机智的游击队,千百万满怀必胜信念西撤的难民,在瓦砾上重新建立起来的新国家,站在这个团结一心的民族身后的是蒋介石伟岸的身影,紧随其后的是他迷人的妻子宋美龄"。

但请进来的工作也不好做。外国记者中鱼龙混杂,日本人也常常收买他们,为各自利益进行报道的颇多。如前文所提的田伯烈,1941年曾致信宋美龄,希望做蒋的高级顾问,并索要一辆专车和一艘游艇,被宋拒绝,其后,田对中国的热情锐减。当然,国民政府对外国记者的活动也有很多限制和约束,蒋介石曾强调"有关军事国防及利用外资者"无论对内对外,"未经本人批准"严禁发表。《重庆文史资料》上记载:外国记者拍发的国际新闻电讯,必须在每份电报的注释栏内写明"经重庆送检"的字样,由重庆川康藏电政管理局送国宣处检查后转发。[8]这也是国宣处的工作重点之一,也是国宣处曾一度受外国记者诋毁的地方。日军袭击珍珠港后,华盛顿方面也派人过来检查美国记者的稿件,不过账都记在了国宣处头上。董显光虽然接受过美国新闻教育,知道新闻自由原则的重要,但对这项工作还是表示了认可,"作为新闻记者,我不赞成新闻检查。但……通过新闻贡献我的能力,给中国培养国际好感是我应尽的责任"。[9]

2. 共产党的努力

共产党和国民党组成抗日统一战线,在抗战中也需要谋求国际社会的认同,让国际社会了解中国共产党在世界反法西斯东方战场上的重要作用,其合法地位和进步主张,改变国际社会对共产党的偏激印象。因此中国共产党在1935年调整了对外政策,从敌视所有的帝国主义,转变为"联合一切同情中国民族解放运动的民族和国家,对一切对中国民众反日解放战争守善意中立的民族和国家建立友谊关系"。

1936年前后,关于中国共产党的内容成为很多记者梦寐以求的新闻素材,斯诺、海伦、卡尔逊、史沫特莱、斯特朗等通过不同渠道报道中国共产党在中国西部的军事成绩,传播中共主张,他们的作品目前在中国几乎家喻户晓。在延安的十多年间,先后有美、英、苏、德、加、印、波、日、新西兰等10多个国家,100余位国际友人到延安及陕甘宁边区访问或工作。他们在不同文化背景下,通过自己的观察,客观而实事求是地向世界传播了中国共产党领导军民抗战的情况。

毛泽东、周恩来、朱德等中共领导人,也非常重视西方记者,抓住一切机会向他们阐述中共的意见和主张。如在中国共产党的争取下,1944年7月22日和8月7日,先后有两批美军观察组到延安考察。8月15日,毛泽东亲自修改《解放日报》社论,题目是《欢迎美军观察组的战友们》,"战友们"就是毛泽东同志亲自加上的。为了做好接待工作,8月18日中共中央专门发出了《中央关于外交工作的指示》,将此次接待中外记者和美军观察组的访问看作是对外宣传的一次重要良机。在八路军、新四军及边区政府各部门的配合下,观察组对陕甘宁边区和华北抗日根据地进行了大规模的考察访问,他们高度评价了中共的合作。1944年11月,美国外交官戴维斯在报告中认为:"蒋介石的封建中国是不能同中国北部的充满生气的现代的人民政府长期共存的,共产党一定会在中国扎根","中国的命运不决定于蒋介石,而决定于他们"。[10]

通过西方记者的切身观察,延安在国际媒体上成为中国进步、光明的象征,白修德(《时代》周刊记者)、安娜丽和斯坦因等,表达了他们对中共的赞赏和认可,"与国民党相比,共产党是光芒四射的,在国民党是腐化的地方,它是洁白的;在国民党是愚昧的地方,它是英雄的;在国民党压迫人民的地方,它给人民带来了救济。整个抗战时期该党用英明的领导,不仅抗击敌军,保护人民,而且使人民脱离古老的苦难,这样获得了权威";"这里没有厌战情绪,只有开路先锋者的社会的坚持的战斗热情,不论年龄多大,这里的人看来特别年轻,而且充满了欢乐与信心。"

二、走出去,主动报道与宣传

除了请进来,客观报道中国战场真实状况外,主动建立国际传播网络,报道传播中国的抗战立场和事实,同时报道世界反法西斯战场的消息,鼓舞国人,是将中国和世界反法西斯联盟连为一体、赢得国际舆论支持的重要途径。

1. 国民党作为执政党,利用政府的力量做了很多事情

上文提到的国宣处是走出去的重要推动机构。1938年该处"出版各种揭露日军暴行,宣传中国抗战及重要人物谈话的刊物290多期,分送各国首脑与各界知名人士。向国外发送宣传照片11 000多张,印行对敌宣传传单70万份。"[11]其还在世界各地如伦敦、纽约、日内瓦、柏林、莫斯科、华盛顿、旧金山、芝加哥、悉尼、墨西哥城、巴黎等地设置办事处;在海外组建"别动队",进行独立的个人宣传活动,如搜集情报、演讲、游说和募捐等活动[12]。1943年,国宣处"驻外办事处人员公开演讲5 800余场次,组织外国人演讲8 000余次"[13],取得了强大的宣传效果。另外,国民党还借助这些海外办事机构,创办刊物,比如纽约在1942年创办《现代中国》英文半月刊,上海沦陷前也创办了12种对外宣传刊物。

1939年2月,国民党建立短波广播电台,开始向海外播音。9月12日宋美龄曾在该台对美国民众发表广播讲话,公布日军残害中国人民和美国侨民的场景,对帮助中国的各国人民表示感谢,最后谴责美国政府的中立政策:"现在第一等强国,袖手旁观,好像震慑于日本的暴力,不敢出一语相抵评,是不是可以看作国际道德、耶稣道德,或所谓西方优美道德堕落的先声呢?"1940年1月该台定名为中国国际广播电台,用英、日、法、俄等语言进行新闻广播。该电台和BBC、CBC、NBC、CBS等外国广播电台建立广泛的合作关系,相互交换节目。

除广播外,影片以真实而赋有冲击力的视频与音频的结合,也是很好的传播媒介。国宣处在抗战期间共拍摄宣传影片《常德会战》《重庆一日》《日军暴行》等14部。1938年2月6日,蒋介石电令陈诚、王宠惠和董显光派人携带日军在华暴行照片和中国自制的电影赴美各地展出和上映。先后在美国上映的电影有《保卫我们的国土》《热血忠魂》《大无畏之重庆》《中国反攻》等。其中,1941年8月,国宣处拍摄的影片《中国反攻》在美国6 000家电影院上映,取得轰动效果。合众社评论说,中国对于防卫工作业已准备完成,只要美国给予援助,中国就能开展对日军的反攻。

在国民党高层个人的国际传播中,最值得一提的是1943年宋美龄访美期间的一系列演讲与外交活动,总体上讲颇为轰动。自1942年年底宋美龄以治病身份到美国,先后历时7个月之久,从东海岸到西海岸,行程5万公里。与同时期的其他外交活动不同,她的访美特别定位于国际宣传,将自己作为植入美国土地、嵌入美国公众之中的中国"话筒",积极塑造中国正面国家形象,为

中国抗战赢取美国民意和舆论支持,服务国民政府的政治外交大局[14]。1943年2月18日,她在美国总统罗斯福的夫人和副总统华莱士的陪同下,应邀到美国国会发表演讲,美国四家重要广播电台转播了演讲实况,之后,她先后在纽约、波士顿、芝加哥、旧金山、洛杉矶等大城市进行了7场重要的演讲,并接受了《纽约时报》《新闻周刊》《时代》周刊等美国主流媒体的多次采访,召开了记者招待会,参加美国社会名流的招待会等,引爆了一股"宋美龄热"和"中国热"。1942年3月1日,宋美龄成为《时代》杂志的封面人物。该期《时代》大篇幅报道了宋美龄的国会演讲和记者招待会,"几乎成了宋美龄的专号"[15]。此次国际宣传在美国社会颇为轰动,也引发了美国政界对中国抗战的重视与政策上的些许改善。但实事求是地说,宋美龄此次访美成功也借助"天时":太平洋战争爆发后,日本直接出击美国,并使美军在太平洋战区面临严峻考验和重大伤亡,面对共同的敌人,美国人对直接和日本作战的中国兴趣愈来愈高,因此,当受过美国教育的宋美龄出现在美国时,美国朝野对中国表现出格外的热情。但出于美国利益的考虑,美国政界最后并没有全部实现宋美龄访美时提出的意见和希望,没有改变中国最希望看到的美国在战略上"重欧轻亚"的布局,轰动的传播效果并没有带来"轰动"的实际利益[16]。

2. 共产党在艰苦条件下的"走出去"

在条件有限的情况下,共产党也在海外创办报刊,直接宣传中共的声音。1935年5月,中共驻共产国际代表团在法国巴黎创办机关报《救国报》(后改名为《救国时报》),与纽约的《先锋报》共同承担中共在海外的宣传任务。《救国时报》发行达2万多份、43个国家。但这两份报纸都是中文出版,影响有限。

1940年,中共中央宣传部成立了"国际宣传委员会",张闻天(时任中央书记处书记兼中宣部部长)主持,这是中共成立的第一个对外宣传机构。一些在延安的外籍人士和懂外文的人员加入,如马海德(美)、巴苏华(印)、黄正光(越)等,创刊出版外文对外宣传刊物《中国通讯》(1941年3月出第一期),同时用英、法、俄文等撰文。每期发行200份左右,由中共内部交通带到重庆,交八路军驻重庆办事处散发给外国记者,并传播海外;该刊于1941年12月停刊,共出版10期。1942年7月,晋察冀军区政治部主办了《晋察冀画报》,刊登战时新闻照片,以英文作文字说明。该画报不仅在边区发行,还通过各种关系转发到苏联、美国、英国和东南亚等国家。

另外,共产党还利用各通讯社进行海外宣传活动,如香港中国通讯社、国际新闻供应社、国际新闻社等。1940年,延安新华广播电台刚刚成立时,就有一位日本女同志担任了日语播音员,每个星期三播送对日军的广播节目。

1944年8月15日,延安的英文广播开始面向世界传播。1944年8月29日,设在旧金山的美国联邦通讯委员会外国广播情报局的职员首次收到了来自延安的新闻播报。

1938年9月,八路军总政治部在延安成立电影团,拍摄了《延安与八路军》《生产与战斗结合起来》《南泥湾》等影片,通过苏联传播到其他国家,这样做突破了国民党的舆论封锁,实现了用影视作品进行宣传的目标。

3. 民间的媒体力量

在国际宣传的队伍中,除了政府的宣传机构以及外派工作人员外,还有各大媒体派出的驻外记者。比如《中央日报》和《大公报》的驻外记者。《中央日报》作为国民党的中央媒体,配合国宣处的工作,外派了一批驻外记者,如乐恕人、毛树清、余捷远、陆铿等。陆铿和乐恕人同是近代中国广播记者的先驱。《大公报》自抗战开始,便变为"百折不挠的主战派",决心与日军撕拼。据大公报史纪录,它前后一共有64名驻外记者,阵容强大。这些驻外记者通常具有多重身份,比如大学老师、留学生、外国常驻居民、翻译家、作家。林语堂也曾给《大公报》发过通讯,《大公报》也派出专职的驻外记者,比如驻欧记者萧乾、谢贻徵,驻美记者杨刚、朱启平(美国太平洋舰队随军特派员)、严仁颖,驻印缅记者郭史翼、吕德润(印缅随军特派员)、王福时。[17]

这些专职驻外记者常常要深入战场,比如《大公报》驻欧记者萧乾,1944年,他领到随军记者证便从英国出发,抵达法国和德国战区。[18]萧乾曾经报道了波茨坦会议、旧金山联合国大会和纽伦堡审判纳粹战犯。《中央日报》的乐恕人、陆铿和毛树清成为驻盟军总部随军记者,活跃在欧洲战场上,被新闻界称为"欧洲战场三剑客"。毛树清在欧洲战场三年,足迹几乎踏遍整个欧洲。在苏德战场和印缅战场同样活跃着中国报人的身影。胡济邦是中国派往苏德战场的唯一女记者,她目睹了苏德战争的全过程,写出了许多优秀的战地报道,并拍摄了大量珍贵的历史照片。[19]

三、国际传播的客观效果

有效的国际传播,提升了中国在世界反法西斯战争中的地位,获得了更多的军事、经济和道义上的支持,提升了中国在外交方面的影响力。据研究,抗战期间,美国公众对中国的同情逐年增加,从1937年8月的43%上升到1938年5月的74%,这促使美国政府在战争初期的"孤立主义"原则发生了改变。1944年,当民意调查机构向美国人民询问,他们认为哪些国家在一个国际组织中拥有最大的发言权,63%的人把中国同英国、俄国、美国相提并论。丘吉尔曾说,他在华盛顿"发现中国在相当多的美国人的心目中有着极其重要地位,甚至在上层也是如此,这是令人奇怪地感到不相称的"。《时代》周刊记者白修德说:"驻外记者一回到华盛顿便会惊讶地发现,他们每天发回的即使是漫不经心的报道也会对国会议员和决策者产生巨大的影响。在美国有关战争与和平的外交政策的制定中,所有私人新闻单位的驻外记者加起来比政府本身的外交机构还要重要。"1941年1月1日,26国在华盛顿签署了《联合国家共同宣言》,中国被列为反法西斯世界四强之一。"上善伐谋,次善伐交,下善伐城",中国民族救亡中的国际传播为中国赢得抗战的胜利做出了重要贡献,转变了部分人士的对华政治态度和观念。

但我们也要客观地认识到,国际传播必须和外交相配合,仅有国际传播并不能落实到对中国真金白银的支持和对日本进行有效制裁。早在冲突之初,美国奉行"孤立主义"外交政策,为维护美日之间的经贸关系,对日妥协,1937年7月10日,美国国务院远东司司长亨贝克面对中国提出的援助要求,回复"美国不能仅仅是为了援助中国的缘故而采取某些政策或奉行某种路线",7月12日,美国国务院就中日问题发表简短声明,"日中之间的武装冲突,将是对和平和世界进步事业的一个沉重打击"。[20]7月16日,美国国务卿赫尔发表声明,呼吁中日双方重视和平,完全忽视日本对中国的侵略,声明不痛不痒。在美国的主导下,11月3日,《九国公约》会议在欧洲布鲁塞尔召开,仅仅通过一个道义上声援中国的宣言后就无限期休会。至此,中国国民政府在抗战初期期待通过国际传播和外交努力获得实际支持的成效几乎没有。

由于大部分欧洲国家都被卷入二战,只有美国本土未经历战火,国力雄厚,因此,美国的支持成为抗战中后期国民政府争取的重点。为大家津津乐道的宋美龄访美,虽取得了一定的成效,但并没有从根本上改变美国"先欧后亚"的战略部署。1941年3月,美国国会通过了《租界法案》,授权总统以70亿美金向"对于美国防务至关重要"的国家提供各种援助,在美、英国家"先德后日"的战略影响下,英、苏成为此项法案的最大获利国。1941年,英国和苏联获得14.93亿美元的租借物资,1942年达到65.6亿美元,而中国同期则仅获得2 582万美元和1亿美元,仅占当年美国向外提供租借物资总额的1.7%和1.5%[21]。虽然在此期间,中国通过努力废除了清朝以来欧美对华的不平等条约,甚至作为四强成为战后联合国主导国家,一方面是战争的需要,欧美需要中国牺牲全力对抗日本而做出的积极姿态;另一方面也是中国有效的外交和传播取得的成效。

注释：

[1] 王晓岚. 论抗战时期国民党的对外新闻宣传策略. 抗日战争研究，1998(3).

[2] 曾虚白. 曾虚白自传. 联经出版事业公司，1988.

[3] 重庆抗战丛书编纂委员会. 重庆文史资料：抗战时期重庆的新闻界. 重庆出版社，1995.

[4] 曾虚白. 曾虚白自传. 联经出版事业公司．1988：201.

[5] 赵敏恒. 采访十五年. 天地出版社，1944.

[6] 王东杰，张潇. 抗日战争时期国民政府对美宣传的实践对当今军事外宣工作的启示. 新闻世界，2013(5)：217.

[7] 曾静. 1942—1943年宋美龄访美期间与蒋介石来往电函探析. 理论界，2013(5)：134.

[8] 重庆抗战丛书编纂委员会. 重庆文史资料：抗战时期重庆的新闻界. 重庆出版社，1995.

[9] 张威. 抗战时期国民政府的对外宣传及美国记者群. 杭州师范大学学报（社会科学版），2008(5).

[10] 金城. 延安交际处回忆录. 中国青年出版社，1986：196；年士萍. 论抗战时期中国共产党对外宣传工作的国际传播力与影响力. 上海党史与党建，2013(1).

[11] 重庆报史资料，1994(17).

[12] 古琳晖，李峻. 论抗日战争时期国民政府的国际舆论动员. 江海学刊，2005(05)：175.

[13] 重庆报史资料，1994(17).

[14] 李习文. 1942—1943年宋美龄访美国际宣传的技巧与效果. 新闻春秋，2014(4)：20.

[15] 李习文. 1942—1943年宋美龄访美国际宣传的技巧与效果. 新闻春秋，2014(4)：23.

[16] 俞国. 1942—1943年宋美龄访美新探. 苏州大学学报（哲学社会科学版），2007(6).

[17] 周雨.《大公报》史(1902—1949). 江苏古籍出版社，1993.

[18] 萧乾. 萧乾回忆录. 北京：中国工人出版社，2005：103.

[19] 宗道一. 胡济邦：充满传奇色彩的女外交官. 今日浙江，1998(07)：260.

[20] 章伯锋，庄建平. 抗日战争(第四卷上). 四川大学出版社，1997：25，27.

[21] [英]琼斯，博顿，皮尔思著. 复旦大学外交系英语教研组译. 1942—1946年的远东(上册). 上海译文出版社，1979：228.

【作者简介】王润泽，中国人民大学新闻学院教授，博士生导师，新闻与社会发展中心研究员；肖江波，中国人民大学新闻学院博士研究生。

近代国人报刊的新闻纸进口依赖与国产情结

陈志强　　陈李龙

（浙江万里学院文化与传播学院，宁波 315100）

摘　要：新闻纸是传统报业最基本的生产资料，也是报业发展重要的制约性因素。出于成本的原因，国人自办报刊出现后仿照《申报》，印刷报纸采用国产手工纸。19世纪末20世纪初，国人报馆开始采用近代铅字印刷技术和进口新闻纸印刷报纸。由于民族机器造纸业的落后，所需新闻纸全赖进口，逢低吸纳、囤积居奇，把握订货和结汇时机成了报社新闻纸策略的主要内容。各国争相推销使新闻纸进口一直是买方市场，通过控制新闻纸来影响报业发展的局面没有出现。1910—1937年间，报界和实业界在"实业救国"的语境下数次联合开办机器造纸厂生产新闻纸，《申报》等报馆也尝试使用国产新闻纸，但终因所造新闻纸质量不过关和战争等原因而未如愿。

关键词：新闻纸　国人报业　近代报业　国产情结

新闻纸是报业内容呈现的物质载体，是报刊内容（信息）与受众衔接的中介。没有新闻纸，也就不存在报纸、图书、杂志等媒介。新闻纸的生产能力和质量，报刊社购买新闻纸的渠道和价格，影响甚至决定着纸质媒体的发展——在生产水平不高、战争频频和交通运输能力较差的近代中国，尤其如此。虽然造纸术是中国古代四大发明之一，但是自东汉以后至清朝末年，造纸的技术与工艺没有突破性的发展——尽管树皮、麻、破布等造纸原料逐渐被更容易获取的竹、稻草所取代，不过仍仅能满足雕版印刷业和人们日常生活的需要。近代报业和近代铅字印刷技术在中国出现以后，所需要的新闻纸在很长一段时间内几乎全部依赖进口。为了使中国近代报纸的出版更加自主，有识之士曾设法发起自办新闻纸厂的倡议并付诸实施，可惜未能如愿。

在政府控制报业发展的诸多手段中，新闻纸供给往往是主要的手段之一。

英国封建时代征收的"纸张税",国民党政府对苏区及延安的封锁[1]等做法,都是通过控制纸张供给限制报业发展的尝试。在新闻纸全赖进口的背景下,国人自办报刊的发展是否受到了外国势力的牵制和影响?国人设立工厂生产新闻纸的动议是在怎样的环境中提出的?成效如何?解决这些问题有助于更好地呈现近代报业尤其是国人自办报刊的发展状况,因此很有探究的必要。

一、国人自办报刊用纸历经手工纸到新闻纸的变迁

众所周知,中国最早的近代报刊是由外国传教士和洋商创办的。在长达半个世纪的时间里,外报垄断了中国的近代报业。在弱肉强食的语境下,"新闻的侵略"成了列强侵略中国的组成部分。与此同时,机器生产的进口新闻纸,也一度在新闻纸市场占据垄断地位,而且垄断的时间很长。

中国古代的邸报和书籍,大多由手工作坊用木板雕印或活字印制而成。近代意义的报业于19世纪初在中国出现后,为了尽快地让中国人接受这一新生事物,传教士们在提供西式的新闻报道、介绍基督教教义和西方科学技术知识之外,热衷于借鉴中国传统文化的智慧。在印刷技术、纸张使用等方面,一开始也是入乡随俗,聘请雕版刻字工匠刊刻报纸,印刷采用中国手工生产的纸张。不过,外报还是很快就表现出了对西方近代铅字印刷技术和造纸工艺的依赖。美国长老会设于浙江宁波的花华圣经书房,于1859年最先用电镀法制造汉字字模,刻制了字号大小不同的7套宋体活字字模,设计了字盘、字架,奠定了近代铅字印刷的基础。经过复制和推广,这一技术逐渐为当时的外资印刷厂所采用。

随着印刷的机器化,进口新闻纸成了外报的印刷用纸。在华外报使用进口新闻纸,始于《上海新报》。字林洋行在1861年11月创刊的《上海新报》,是当时上海最有影响和销量最大的中文商业报纸。《上海新报》创刊后即采用西式排版格式,进口新闻纸单面印刷。1868年2月1日,《上海新报》革新版式,开我国报纸两面印刷的先河。选用进口新闻纸,导致的直接结果是售价较高(零售每份30文,订阅每月银洋0.5元,每年银洋4元)。不过,由于读者定位为外国商人和华人买办等社会中上层,较高的售价并没有影响报纸的销售和盈利。

到了1870年,国人自办的近代报刊陆续创办,外商报刊也开始面向社会中下层。为了和先前面向社会中上层的外报竞争,这些报纸采取了低价策略,而采用粗糙、便宜的国产手工纸,是重要的竞争手段。其中的经典案例是《申

报》与《上海新报》的竞争。1872年6月29日,《申报》刊登《本馆自叙》,明确表达了报纸既要"价廉"更要"物美"的诉求:"窃思新闻纸一事,欲其行之广远,必先求其法之简,价之廉,而后买者以其偿无多,定必争先快睹也。奇闻逸事,遍为搜罗,崇论宏议,兼收并蓄,有奇共赏,有疑共折,此同事之佳话也。则遐迩取观,我报得附骥尾而名益显也,本馆幸甚。"也就是说,《申报》不仅要提供优质的内容,而且还坚持以低廉的售价来扩大发行量。实现"价之廉"的重要举措之一,就是舍弃当时在华外报普遍使用的新闻纸,代之以国产手工生产的毛太纸。采用毛太纸单面印刷的《申报》"零售每张取钱八文,各远处发卖每张取钱十文,本馆趸售每张取钱六文"[2],这一价格约为《上海新报》的1/4。低售价使《申报》发行量从一开始就远超《上海新报》,《上海新报》无奈也把价格降至每份8文。但用新闻纸印报成本很高,越来越难以支撑危局的《上海新报》在坚持了近半年之后黯然停刊。

《申报》使用手工毛太纸单面印刷的做法,一时成为国人办报仿照的对象。因经常在报刊发表漫画而对清季上海报业比较熟悉的丁悚先生说,上海大凡稍有影响的报纸,如《申报》《新闻报》《同文沪报》《中外日报》《时报》《时事新报》《民立报》《民呼日报》《民权报》《大共和》《神州日报》等,多用油光纸单面印刷。[3]

这一局面到19世纪末发生了显著的变化。1896年6月26日,资产阶级革命派在上海创办的《苏报》,拉开了国人自办报刊使用进口新闻纸两面印刷的序幕。而《时务日报》于1898年5月5日创刊时,注重报业业务创新的汪康年在追求新闻的时效性的同时,也在纸张和编排方面进行了革新:新闻纸两面印刷,纵向分层编排。以康、梁为首的维新派在维新派报刊中积极宣传西方资本主义的政治制度、思想文化,也在使用新闻纸方面起了表率作用,引导国人自办报刊改手工纸单面印刷为机制新闻纸两面印刷。大约在1904年以后,对开日报大多采用进口新闻纸两面印刷。

在1918年10月10日《申报》刊登的《本报历史概况》中,专门述及报社用纸的变迁:创刊之初,"用本国极薄之竹连纸,每日出一大张,系单面印,每张印成8版,每版长阔各约英尺9寸半";1898年3月起用有光纸取代竹连纸,是《申报》用纸的第一次改革。有光纸印报多年,也见证了《申报》事业的大发展,1904年起日出两大张,1906年起日出三大张,1907年起日出四大张;1909年11月起改用进口新闻纸,是《申报》用纸的第二次改革。此后虽有变化,但一直用新闻纸印刷。《申报》堪称旧中国政治生态、经济发展和社会生活的记录书,其沧桑演进的历程,也是中国新闻业、印刷业嬗变的缩影。

二、20 世纪上半叶的中国新闻纸市场主要是买方市场

国人早期的自办报刊多以救亡图存为使命,内容以论说为主。报社同仁一般以常聘、兼职的评论作者为主,采集新闻的记者很少,人员方面的开支不多。全赖进口的新闻纸、油墨等报业重要生产资料的支出,因此成了报社开支的大宗——往往占到报社总支出的 60%—70%。在这一背景下,进口新闻纸价格和外汇结算价格的波动,对报业经营的影响立竿见影。国人自办的政党报纸以政治宣传为归依,可以不考虑经济方面的盈亏,但商业报业却不能不做细致的经济上的考量,在新闻纸采购、结汇、储存等方面精打细算。

不过,虽然新闻纸全赖进口,但是多数情况下是供过于求,新闻纸市场基本上是买方市场。报社可以自主决定出版的报纸张数,"从不发生购买外国报纸要申请外汇和报纸张数要受限制的问题"。[4] 报社在新闻纸采购时如有困难,往往出于经济上的捉襟见肘。

为了推销新闻纸,处于买方市场的纸行经常推出促销活动,对经济实力不济的报社更是设法提供便利。有的纸行允许小报社赊账。邵力子和叶楚伧主办的上海《民国日报》是国民党为反袁而出版的报纸,由于处于在野党的国民党缺少宣传费用,造成了上海《民国日报》经济上的窘境,不仅发不出稿酬,而且经常拖欠各纸行的货款。拖欠纸行的货款日积月累、愈积愈多,纸商只得要求民国日报社购纸必须支付现款。

除了允许赊账外,一些纸行还提供拆整零卖服务。最早的进口新闻纸主要是产自瑞典、挪威、加拿大的平板纸,五百大张为一令;随着转轮印刷机的使用,进口卷筒新闻纸逐步取代了平板纸。卷筒新闻纸不便分拆零售,于是"上海的有些纸商,想出新花样来,开了一种切纸公司",切纸公司"把卷筒纸切成平板纸,仍是以五百大张称为一令,你可以临时要买多少令,就买多少令,他们只是做生意,却加惠于那些穷报馆。而且都开在望平街附近,而且还做夜市,可以做到深夜十二点钟……《民国日报》是上海著名的穷报馆,赖邵力子、叶楚伧两君,苦力支持,常常报已编好,无力买纸,于是楚伧飞一笺,向我告贷,其词曰:'今夜又断炊矣,恳借我十元,以疗我饥'云云,我即解囊予之。其时的纸价,有十元可买四令纸,不出三日即偿还"[5]。这一描述和曹聚仁的回忆相似,在"新闻各版已排好,印报的纸头还没有着落"的时候,总编辑叶楚伧"脱下皮袍送往当铺,换下几十令新闻纸,才把那天的报纸印出来"[6]。1926 年,在《商报》馆任事的陈布雷,由于"报馆经济始终困难,欠薪常三个月以上,有时纸张

亦不继,穷困异常,然社中上下振奋团结,甘苦相共,某日无纸印报,余与营业部某君各出三十元,机器房工头余君亦磐其余囊二十元,凑集纸款,临时购买,次日仍照常出版"[7]。由此可见,1920年前后的新闻纸市场是买方市场,不存在有钱买不到进口新闻纸的情况;从纸行采用"人性化"的手段销售新闻纸来推断,纸价也不至于虚高。

在经济窘困的报社为没钱购买新闻纸发愁时,经济实力雄厚的报社充分利用资金优势,在行情好的时候大量购进新闻纸,以实现报社利润的最大化。《新闻报》是清末民初上海最重要的报纸之一。自1899年福格森购进《新闻报》不久即委任汪汉溪担任报社经理。在长达20多年的时间里,汪汉溪不仅公开宣扬《新闻报》"议论公正""消息灵通""无党无偏""经济独立",而且还有两句独特的口头禅,即"纸张洁白""校对精良",[8]即以新闻纸品相和校对质量作为报纸超凡脱俗的特征。针对当时报业同仁对纸张质量不以为然的情况,汪汉溪说:"一个人首先要注意'卖相',纸张洁白,好比一个人穿上漂亮的衣服,令人一见面就发生好感,所谓'三分人才,七分打扮',它的重要性不减于内容,甚至超过内容。"[9]在这种注意报纸"卖相"思想的指导下,《新闻报》非常注意纸张质量,竭力设法大量趸购,保证了报纸的色泽不致常常变动,与当时很多报社需要用纸时再临时采购导致纸张色泽时白时黄的情形很不一样。正是因为看重新闻纸,所以汪汉溪很重视储备新闻纸。他把新闻纸看作是报社最重要的生产资料——与人的粮食一样,因此也特别关注新闻纸的行情。每逢报社财务状况略微宽松,首先考虑的即是采购新闻纸;每逢国际纸价低迷时,他就四处借贷,购进至少一年的用量。20世纪初从芬兰、瑞典、挪威等国进口的新闻纸必须经过英伦海峡、直布罗陀海峡进入地中海,再转苏伊士运河、出红海,经印度洋到中国。1914年第一次世界大战爆发后,从西欧产纸国运往中国的新闻纸随时可能因为封锁而断绝。汪汉溪当机立断,将报馆地基、房屋、机器等固定资产和纸张、油墨等物资作抵押品,向通商银行借款,购进了足够用6年的新闻纸。[10]"一战"期间海运阻滞,国内新闻纸价格飞涨,其他报纸叫苦不迭,《新闻报》馆独以存底甚丰而游刃有余。[11]但是,"祸兮福之所倚,福兮祸之所伏",汪汉溪注重囤积新闻纸并把新闻纸储备看作是报馆经营最主要的策略之一,因此当接听到存放所购新闻纸的堆栈起火且火势猛烈很难扑灭的紧急电话时,他急火攻心以致心脏骤然扩大压迫肺部而患了严重的气喘,从此一病不起,于1924年溘然去世。[12]

汪汉溪的做法,是报业用纸只能采购进口新闻纸时代注重新闻纸运作的一个典型案例,核心是逢低买进、囤积居奇。新记公司在1926年9月复刊《大公报》以后也很重视新闻纸采购。报社经理胡政之负责整个报馆的经营、管理、人事安排和对外交际,还参加讨论、撰写社评。每天上午的工作,就是查看发行和广告情况、查对账目和了解新闻纸行情。《大公报》与其他报相比有一优势,报社社长吴鼎昌是一位精明的银行家,他虽然不太管社务,但是采购新闻纸后的结汇由他负责。报社所需进口新闻纸的购订、结外汇对于报社经营来说是一桩大事,订货、结汇的时机看不准,一定要吃大亏。而吴鼎昌每次订货、结汇的时机,都能恰到好处,《大公报》也因此获利良多。《大公报》还以新闻纸为筹码,与其他报合作。1937年底,沪宁相继失守后,上海公共租界工部局要求所有华商报纸接受日本军方机关的事先检查,《申报》《大公报》《时事新报》《立报》等宣布自动停刊。1938年初,《大公报》与新成立的《文汇报》谈合作,入股一万元,以新闻纸和代印费折价;而《文汇报》原资本一万元升值为两万元。之所以能够以新闻纸折价入股,主要原因是新闻纸和现代化的印刷设备属于必需的紧缺资源,已经停刊的《大公报》想借《文汇报》发言——发表自己的观点。[13]

在新闻控制的诸手段中,控制新闻纸供给曾经是一个重要的手段。1951年6月,中国台湾地区实施一报五禁(即"限证""限张""限印""限价""限纸")来控制报业就是其中典型的案例。其中,"限纸"就是报社不能自主采购新闻纸,只能由政府统一配给,表面上的理由是为了减少外汇开支,实质上是为了控制报业发展。[14]在帝国主义国家"新闻的侵略"、经济剥削的背景下,为什么全赖进口的新闻纸没有成为制约中国近代报业发展的工具呢?

其中主要原因,是各造纸强国争相向中国倾销新闻纸!早在1870年,曹子撝和郑观应拟在上海创办机器造纸厂,在给李鸿章的申办报告中说:"窃查阅海关年结,洋纸入口日多。"[15]进入20世纪后,除了第一次世界大战期间,机制纸进口的数量在持续增加,具体数字见下表:[16]

年份	1903	1904	1905	1906	1907	1908	1909	1910	1911	1912
数量(吨)	14 667	14 017	18 805	29 873	16 123	25 646	28 571	43 947	43 987	36 439
年份	1913	1914	1915	1916	1917	1918	1919	1920	1921	1922
数量(吨)	68 785	59 354	49 451	56 037	36 002	37 129	56 867	67 069	62 218	83 737
年份	1923	1924	1925	1926	1927	1928	1929	1930	1931	1932
数量(吨)	101 250	135 010	119 695	155 405	140 205	165 181	175 655	162 744	187 078	

与数量快速增长相适应的,是进口机制纸的价值在当年纸张总价值中的比例逐年攀升。仅以1913年、1923年、1933年这三年为例,进口纸的价值分别达到了1 111.2万元、2 577.1万元、4 446.4万元,各占当年纸张消费价值的20.45%、30.12%和40.50%[17]。可见,纸张进口逐年增长是20世纪前期纸张消费的一个基本特点。为了挤占中国市场,传统造纸强国如加拿大、德国、英国、挪威、瑞典、芬兰争相向中国推销他们的机制纸。

在上表中,1913年纸张进口的数量比前一年有大幅增长,其中的原因是美国和日本趁欧洲列强备战之机大肆倾销!1913年,日本和美国在中国进口纸张中所占份额,分别为18%和0.8%,但是到了1916—1919年,分别猛增到了40.8%、63.4%、61.3%、54.2%和18.5%、8.3%、16.9%、24.8%;而德国机制纸在中国市场中所占的份额则从10%以上减为零,英国也从10%减至5%。[18]

日益成为造纸大国的日本,在两次世界大战之间为了中国市场与传统造纸强国之间展开了激烈的竞争。"一战"以前,日本纸在中国的市场份额很小;战争期间,欧美纸进口量减少,日本乘虚而入;战后,随着日本造纸工业的大发展,日本纸在中国进口机制纸的格局中优势越发明显。20世纪20年代中期之后,日本纸在军事入侵的背景下优势更加明显。导致的结果,一方面是给中国传统造纸业带来了深重危机;另一方面也迅速挤占了传统造纸强国的纸业在中国市场中的份额。1928年的《海关报告》的评价是:"当前年纸价低贱,市价冷落之时期,日本纸商对于白色及色油光纸与新闻纸皆能操纵市面,因其制造成本比斯堪的纳维亚半岛之产品为轻,故能贬价出售,致使本年欧洲白色油光纸之交易远不及从前之盛……普通印书纸一项日本颇占优势。"[19]1929年欧美爆发大规模的经济危机,更使得日本纸在中国的市场份额进一步加大:1929年、1930年、1931年分别占有了中国市场的37.7%、48.5%、43.5%,而同期其他国家均在10%以下。[20]据1935年的一份调查显示:"全国产纸价值,约四千万元,江西一省约占五分之一;江西全省八十余县中,产纸者占半数以上。"但随着日本纸的大量进口,江西纸业"近数年来,受新式机械廉价纸之蹂躏,不但省外市场不保,即本省所用之纸,亦多为洋纸所代替"[21]。倾销和走私是日本纸抢占中国市场的主要手段。1934年,在纸张需求量最大的上海市场上,45磅的日本新闻纸仅售3元,而其他国家的售价是3.45元。而日本走私纸的泛滥,进一步巩固了其在中国新闻纸市场中的地位。

三、新闻界联合实业界自产新闻纸的冲动及其受挫

如前所述,新闻纸和油墨分别是近代报馆所需要的最为重要的生产资料,

可惜这两种生产资料都不能自给。"洋务运动"以后,随着民族工业的兴起,自办机器造纸厂以实现新闻纸的自给自足,成了实业界和新闻界的共同理想。20世纪前30年,在"实业救国"的口号下,报界联合实业界曾两次自办造纸厂,可惜未果。

早在1884年,中国第一家民族资本的机器造纸厂——上海机器造纸局建成投产,日产2吨。但由于其时国人毛笔写字喜欢用"食墨"的国产土纸,国人自办报刊又刚刚起步,因此机器造纸局投产后一直举步维艰。1892年5月,已资不抵债的造纸局出售给了洋人。国人第一次经办机器造纸厂惨淡收场。"甲午"战后,中国民族资本家为救亡图存,纷纷以"设厂自救"相号召,清廷也表示要减轻民族工业的负担,民族工业的发展因此有了相对优越的外部条件。1904年,第一家官商合办的造纸厂——上海龙章机器造纸公司创办,造纸公司(厂)的开办,得到了新闻界的热烈响应。

1910年6月,上海《时报》《神州日报》联合全国43家报馆,拟在南京发起成立中国报界的同业公会。9月6日,以"结合群力,联络声气,督促报界之进步"为宗旨的中国报界俱进会正式成立,并决定每年8月开会一次,讨论"全国报界共同利害问题"。成立大会上,俱进会通过了"设立造纸公司并议用中国纸印报案",清晰地表达了"自办纸厂"这一中国报界由来已久却一直未能付诸实践的愿望。进入民国后,报业欣欣向荣迎来了发展的黄金时代,但民族工商业尤其是造纸业的落后在一定程度上影响了报业的发展,于是,"自办纸厂"再次被提上日程。1912年6月上旬,中国报界俱进会在上海召开特别大会。特别大会连续召开三次会议,通过"不认有报律案""自办造纸厂案""设立新闻学校案"等多项议案。其中,"自办造纸厂案"是特别大会为挽回利权、推动报业发展的主要议题。6月9日,特别大会安排曾任孙中山总统秘书的朱少屏力陈自办造纸厂的必要:"民国成立,言论机关日增月盛,现全国统计有报馆五百家,而所用之纸,无一非购自外洋。平均每家发行五千份,每份两大张,计日用纸五千令,每令平均价钱一两七钱五分一年,即须支出银三百一十九万有奇。漏卮之巨,思之寒心。为挽回利权计,我报界不得不竭力筹办造纸。"他还根据自己的调查论证了自办造纸厂的可行性,"唯鄙人曾经询查本埠某纸厂。该厂资本五十万,现其成绩日可出纸八百令。以此类推,是欲办日出三千令之纸厂,预算须有资本二百万"。提案得到了与会代表的热烈响应。龚含章从"维持国货为吾报界所主张"的角度出发提出报界要"各量其力,或自认或代募",积极为自办纸厂献计出力;廖舒筹则提出要先研究、调查造纸之原料、机器及专门人才等问题,然后就"先筹五十万,设厂试办"[22]。大会最后决定先在报界俱进会上海事务所附设"自办造纸厂筹办处",由朱少屏草拟招股章程,然后由全国报馆共同发起募股。三个月后若招股略有头绪,再开会公议举办方法。计划虽周全与严谨,但是从近10年之后的1921年3月,天章纸厂才造出首批"天字新闻纸"来看,"自办造纸厂案"没有收到预期的成效。而且,因采购木材原料困难和电力不足,无利可图的天章纸厂不久即停产。[23]

国人造纸厂投产以后,报界很快做出了改用国货的倡议。但是国产纸与进口新闻纸相比,质量和价钱都有明显差距。上海一家较大的造纸公司在生产出新闻纸后,曾经请《申报》馆试用,可是夜半报纸开印不久印刷机就停了——国产新闻纸经机器一卷便破碎了。大报凌晨三点半开印,六点钟要运到火车站,根本没有时间停下来,于是只好继续用进口新闻纸。[24]此外,国产新闻纸的价格比进口纸贵五分之三,纸质却不如进口纸坚韧和白洁。对此,姚公鹤评价道:"报馆需要之物料,纸为大宗,次则油墨,唯二者吾国均不能自行供给。犹忆庚辛之际,吾国报界开全体大会于沪上,时则上海龙章造纸厂、湖北造纸官局开办伊始,报馆与纸厂双方接近,乃有改用国货之决议。宁非挽回利权之一举。然事实上互相比量,价值较瑞典纸昂五分之三(彼时报纸均用瑞典国所制者),而货质仍不若瑞典之坚洁。据业纸者言,世界产纸,无逾于瑞典者,盖瑞典利用天然之森林,各国莫之与京也。因此之故,该议决案遂无形废弃。可见实业不发达,空言爱国,虽以提倡舆论之报纸当之,即亦不能贯彻其义。唯瑞典以蕞尔小邦,乃能利用森林以独擅纸业,吾终不信以地大物博之中国,而竟让瑞典专美于前,则仍政治为之耳。自改用国货之议作罢,纸厂营业愈以奄忽,而外货愈以充塞。"[25]第一次世界大战爆发后,"瑞纸不至,今又相串购用日货"。中国近代史上以自办造纸厂挽回利权之举,遂无功而返。

1920年,中国除少数在商业都市发行的大报外,报纸的印刷业务一般外包给印刷厂。到了1930年,情形发生了很大的变化,稍具规模的报社不再把自己的印务托付给印刷厂,而是购买了轮转印刷机自己印刷。印刷能力的提高需要更多的纸张,自产新闻纸再一次提上日程。[26]

为了成功生产出新闻纸,报界和实业界吸取了20年前自办造纸厂失败的教训。在报界的不断游说和呼吁下,国民政府实业部着手主持筹建官商合办的机器造纸工厂。首先,选择办厂地点。浙江温州、处州(今丽水市)一带各种杉木甚多品质优良堪以造纸,交通便利而且水位较高可以利用水力发电,因此被选为开办工厂之所;其次,采用官商合办的机制筹措资金,确定每年生产12 250吨当时迫切需要的新闻纸;再次,聘请境外专家实地勘查和指导。1934年2月,国民政府行政院决议拨借英国退还的庚子赔款34万英镑,然后再由

《申报》、《新闻报》、商务印书馆、中华书局等机构认购 30 万元并负责招募 30 万元。经过多方面的准备，1937 年 6 月 1 日，在上海成立创立会，并通过了章程，上海新闻界的不少重要人物被选为董事或监察人。[27]但不久因抗战爆发而停办，第二次由政府主导的自办纸厂活动也告失败。

可见，新闻纸的国产情结与实践，既是近代国人报刊发展到一定阶段新闻纸需求量增加的结果，也是实业救国背景下民族工业发展的结果。民族资本家试图打破长期以来新闻纸受制于外商、战争、交通等因素的局面，但是所造新闻纸的质量满足不了报业的需求，因此直到 1930 年"仿制洋纸的工厂"依旧"规模太小，出货无多，营业不振，时起时蹶"。[28]不过，由于进口新闻纸购买不受任何限制而且价格便宜，近代国人自办报业的发展总体上没有因为新闻纸进口而受到直接的影响。

注释：

[1] 国民党政府为了剿灭中国共产党，对其控制区实行封锁，从而给包括报纸出版在内的各个方面带来了问题。如 1932 年 12 月 11 日，《红色中华》刊登的《本报一周年自我批评》一文，就谈到了因国民党的封锁带来的报纸印刷问题："在物质条件所限制的下面，我们不能得到更大的改进，如改周刊为日刊，用大报纸来出版，用卷筒机来印……这些只有依靠革命的发展，夺取南抚赣吉中心城市，完成江西及其邻近省区的革命首先胜利，才能够得到解决。"

[2] 申报馆条例. 申报，1872－4－30.

[3] 丁悚. 上海报纸琐话//上海市文史馆文史资料工作委员会. 上海地方史资料（五）. 上海社会科学院出版社，1986：87.

[4] 王新命. 新闻圈里四十年（下）. 龙文出版社股份有限公司，1993：316.

[5] 包天笑. 钏影楼回忆录. 山西古籍出版社，山西教育出版社，1999：566.

[6] 曹聚仁.《民国日报》二杰——叶楚伧与邵力子//曹聚仁. 上海春秋. 三联书店，2007：137.

[7] 陈布雷. 陈布雷回忆录. 东方出版社，2009：109.

[8] 余靖. 三十年报界见闻//中华文史资料文库（第十六卷）. 中国文史出版社，1996：429.

[9] 张秋虫.《新闻报》和《申报》的竞争//上海市文史馆文史资料工作委员会. 上海地方史资料（五）. 上海社会科学院出版社，1986：38.

[10] 汪仲韦. 我与《新闻报》的关系//新闻研究资料（总第十二辑）. 展望出版社 1982：129－130.

[11] 陶菊隐. 记者生活三十年：亲历民国重大事件. 中华书局，2005：65.

[12] 庞荣棣. 史量才：现代报业巨子. 上海教育出版社，1999：128.

[13] 徐铸成. 徐铸成回忆录. 三联书店,1998:77.
[14] 王天滨. 台湾报业史. 亚太图书出版社,2003:159.
[15] 上海市造纸公司史志编撰委员会. 上海造纸志. 上海社会科学院出版社,1996:33.
[16] 上海社会科学院经济研究所,轻工业发展战略研究中心. 中国近代造纸工业史. 上海社会科学院出版社,1989:86,94,125.
[17] 上海社会科学院经济研究所,轻工业发展战略研究中心. 中国近代造纸工业史. 上海社会科学院出版社,1989:47.
[18] 上海社会科学院经济研究所,轻工业发展战略研究中心. 中国近代造纸工业史. 上海社会科学院出版社,1989:94.
[19] 上海社会科学院经济研究所,轻工业发展战略研究中心. 中国近代造纸工业史. 上海社会科学院出版社,1989:137.
[20] 上海社会科学院经济研究所,轻工业发展战略研究中心. 中国近代造纸工业史. 上海社会科学院出版社,1989:125.
[21] 史德宽. 调查江西纸业报告书. 经济旬刊,1935(5—6).
[22] 报界俱进会第三日大会记事. 申报,1912-6-9.
[23] 上海市造纸公司史志编撰委员会. 上海造纸志. 上海社会科学院出版社,1996:9.
[24] 老报人包天笑回忆说:记得曾有一度,以上海用纸最多的如申报馆和商务印书馆等,曾合议在浙江某一地方创办一制纸公司,结果,意见不协,未能成功,这事我当时略有所闻,此刻却已想不起了,许多老朋友,当还记得。后来上海有一家较大的造纸公司,居然也能试造卷筒纸,曾经请过申报馆作试用。史量才告诉我,那天夜半开印时,不旋踵而机器就停了,问他们为什么呢? 回说这种纸经机器一卷,便即破碎了,须停十五分钟,方能接上。量才说:"我报夜半三点半开印,六点钟要运火车站,经得起每次停十五分钟吗?"不得已只好仍用舶来纸。一个国家,欲求新闻事业的发展,而不能自己造纸,差不多就成了英雄无用武之地了。参见包天笑. 钏影楼回忆录. 山西古籍出版社,山西教育出版社,1998:567.
[25] 姚公鹤. 上海闲话. 上海古籍出版社,1989:137.
[26] 邵力子. 十年来的中国新闻事业//中国文化建设协会. 十年来的中国. 商务印书馆,1937:488-489.
[27] 邵力子. 十年来的中国新闻事业//中国文化建设协会. 十年来的中国. 商务印书馆,1937:497.
[28] 戈公振. 中国报学史. 三联书店,1955:241.

【作者简介】陈志强,浙江万里学院文化与传播学院院长、教授,研究方向为:中外新闻传播史;陈李龙,江西日报社特刊部记者,研究方向为:中国新闻传播史。

论民国初期新闻业态的"起—降—起"现象及动因*

倪延年

(南京师范大学新闻与传播学院,南京 210097)

摘 要:1911年"辛亥起义"成功到1916年6月袁世凯去世的民国初期,是中国社会政治生活经历剧烈动荡的特殊时期。新闻报纸也经历了"起—降—起"的变化过程。从"辛亥起义"到民国南京临时政府"北迁"前,新闻报纸呈现"井喷"式的"陡增"态势;从临时政府迁到北京后到"二次革命"失败前后,新闻报纸出现"断崖"式"陡降";在袁世凯"一命呜呼"后新闻报纸又迅速出现强力"复起"态势。

关键词:中国新闻史研究 民国新闻史研究 新闻业兴衰规律

1911年10月10日,湖北武汉爆发了著名的"辛亥首义",拉开了已经延续近300年的清朝政府正式走向溃败的序幕。武昌首义很快得到全国响应,各地纷纷响应起义宣布脱离朝廷"独立"。1912年元旦,中国历史上第一个具有资产阶级民主共和性质的联合政府"中华民国临时政府"在南京宣告创立(俗称"民国南京临时政府")。中国历史由此正式进入了"中华民国时期"。

一、"民国初期"及其"新闻业态"

"民国初期"一般是指自孙中山在南京领导创立"中华民国临时政府"并宣誓就任中华民国临时政府第一任临时大总统起,到破坏共和、恢复帝制的北洋军阀首领袁世凯病逝,黎元洪依法就任正式大总统,并宣布遵守1912年南京

---

* 本文是国家社科基金重大项目"中华民国新闻史"(编号:13&ZD154)和国家社科基金重点项目"中华民国新闻史研究"(编号:13AXW003)的研究成果之一。

临时政府参议院制定颁布的《中华民国临时约法》,继续召集国会,恢复国务院并任命段祺瑞为国务总理的 1916 年 6 月前后为止。

"民国初期"到底是指哪一个阶段,学术界有不同的理解和观点。对于把民国南京临时政府的成立作为"民国时期"开始,大家都持相对统一的认识。主要分歧则是这一阶段的下限划到什么时间。以往有些著作把这一阶段的下限划到 1912 年 4 月,理由是民国南京临时政府参议院和政府机关在 1912 年 4 月即迁往北京办公,民国南京临时政府就此结束。我们认为,这样的划分的确有其合理的一面,孙中山领导在南京创立"中华民国临时政府"并就任"中华民国临时大总统",标志着中国历史进入"中华民国时期"。在袁世凯迫使清帝宣布退位且自己宣布辞去"中华民国临时大总统"并提名袁世凯作为第二任临时总统候选人,经南京临时政府参议院投票选举,袁世凯方才成为第二任"中华民国临时大总统"。临时政府北迁后,袁世凯先是镇压了国民党人发动的"二次革命",又通过不光彩手段成为"中华民国立宪总统"。接着施展各种手段,破坏共和、恢复帝制,废止南京临时政府参议院制定颁行的《中华民国临时约法》,公布施行由他指定的约法会议制定的《中华民国约法》,组织筹安会,上演"称帝"闹剧。在遭到举国声讨后,袁世凯被迫宣布废除帝制,恢复"共和"。随着护国战争节节胜利,追随者众叛亲离,袁世凯最终在四面楚歌声中于 1916 年 6 月死于病恐相交。袁世凯当上"中华民国临时大总统"前是清朝重臣,而当了"大总统"后则是北洋军阀首领加政治野心家,"临时政府参议院"只是他攫取辛亥革命胜利成果并图谋建立"袁家王朝"的招牌,他的所言所行本质上都是封建专制独裁而毫无"民主""共和"的意味。这些都是历史事实。从这个意义上讲,把民国南京临时政府为代表的"民国初期"的下限划到 1912 年 4 月是有道理的。但同时我们也应当承认,袁世凯出任"中华民国临时大总统"及成为"中华民国立宪总统",都是在南京临时政府参议院制定的运作体制和机制框架下完成的。在他恢复帝制遭到全国同声谴责反对时,北洋军阀内部分崩离析,自知难以长久后,他又于 1916 年 3 月 22 日正式公布命令,宣布"取消帝制,废除洪宪年号,仍以本年为民国五年",也就是至少在名义上又回归到孙中山领导创建的资产阶级共和政体的"中华民国"轨道。直到 1916 年 6 月初去世前,袁世凯也一直自称"中华民国大总统"。袁世凯为北洋军阀之首领,只要袁世凯在,原来隶属于他的军阀首领诸如黎元洪、段祺瑞、冯国璋,乃至张作霖等都不敢"称王",只有在袁世凯死后,民国北京政府才进入由北洋军阀各派首领凭借军队实力掌权的状态。所以我们认为,"民国初期"这一阶段的下限应该划到袁世凯"一命呜呼"的 1916 年 6 月初。

"新闻业态"主要是指在这一历史阶段社会生活中新闻事业的存在形态,最主要的外相表征是新闻事业各种要素的客观物质存在。孙中山领导创立"民国南京临时政府"时的中国社会新闻业态是什么呈现呢?我们认为这时的中国新闻事业可以说还没有形成完整的近代新闻业体系:社会成员普遍文化程度不高,新闻工作没有受到应有重视,新闻记者社会地位也不高。社会大众新闻媒介类型单一且分布不平衡:除随着西人办报逐渐兴起的新闻报纸(包括政党报纸、商业报纸、宗教报纸及学术报纸)外,时事新闻纪录电影才刚刚出现——由著名杂技幻术家朱连奎组织拍摄,并于1911年12月1日在上海谋得利戏院首次放映的记录辛亥革命中革命起义军几次重大战斗的《武汉战争》,是由国人组织拍摄的第一部新闻纪录电影片;国人兴办的新闻通讯社才刚刚出现了几年——国人最早创办的通讯社是骆侠挺自任发行人和编辑于1904年在广州创办,主要向广州、香港等地报纸发稿的"中兴通讯社"。英国路透社伦敦总部于1872年在上海设立的远东路透分社是中国境内的第一家新闻通讯社,而后陆续有通讯社出现但都影响不大。国人进行新闻学研究的活动还处在孕育之中——民国成立后的1913年,外国在华宗教团体上海广学会出版的美国记者休曼(L Shuman)著、史青译的《实用新闻学》(*Pratical Journalism-A Complete Manual of Best Newspaper Methods*)是在中国出版的第一本"新闻学"翻译著作,而中国学者姚公鹤撰写的《上海报纸小史》则是到1917年才在《东方杂志》连载。更有学者认为,到1918年为止,除了翻译出版过一本日本人松本君平写的名为《新闻学》的小册子,和个别报刊上出现过几篇探讨报纸作用的文章外,还没有人对新闻学做过专门的研究[1]。新闻教育和新闻广播都还没有出现——中国的新闻教育一般认为以北京大学新闻学研究会成立并对会员进行专业教育为开端,该会成立于1918年10月14日;而中国境内的第一个新闻广播电台是美国商人奥斯邦与英文《大陆报》馆合作于1923年在上海创办的"大陆报—中国无线电公司广播电台",那已经是民国成立10多年以后的事了。所以,在"民国初期"即从辛亥起义胜利成立中华民国湖北军政府到袁世凯病逝的1916年6月前后这一阶段,新闻报纸客观上是当时最重要的大众新闻传播媒介,是社会新闻业态的主体部分。鉴于此,本文就主要以这一阶段的新闻报纸为考察对象。

二、民国南京临时政府时期新闻报纸"陡起"之动因

从革命党人在湖北武昌发动反清武装起义(辛亥起义)取得成功并宣告成

立中华民国湖北军政府,到孙中山在南京领导创立中国历史上第一个资产阶级共和民主政体的联合政府"中华民国临时政府",再到在袁世凯的软硬兼施下,民国南京临时政府参议院等政府机构迁移到北京办公的1912年4月前,中国社会新闻业态中的新闻报纸出现了迅速发展的态势。在革命党人发动武昌起义前后,国内大约有100家报纸。[2]武昌起义后,随着民主热潮的高涨和言论出版自由政策的贯彻执行,中国新闻报纸出现了一个极其迅速发展的高潮。武昌起义后半年的时间内1912年(即民国元年4月份),报纸数目有了很大增加。除清廷官报和少数宗社党报刊销声匿迹外,清末出版的大部分报刊照旧出版,清末被迫停刊或休刊的报纸有一些也恢复出版,而且还涌现出一大批新的报刊。各式各样的人物和团体,纷纷出面办报,风起云涌,一时蔚为大观。据当时人统计,1912年,全国报纸陡增至500家,总销数4 200万份。这两个数字,均突破了历史的最高纪录。[3]这是我们称为"陡起"的急速上升现象。民国建立初期的社会新闻业态为什么会在短短的6个多月时间里出现如此迅速的增长。我们认为其动因主要有三:

第一是社会政治生态发生了重大变化。民国的创立、清帝宣告退位,专制法令被废止,民主思想的迅速普及,人们从长期政治高压下获得解放,社会民主气氛的高涨,为新闻业的迅速发展提供了可能的空间。以孙中山为政治领袖的中国资产阶级革命党人在开明的立宪人士和地主、民族资产阶级支持或默认下,经过数十年的浴血拼搏取得了皇帝宣布退位、共和政府合法的历史性胜利。清政府为了维护和延续其专制统治而制定颁布实施的诸如《大清刑律》《大清印刷物件专律》《报章应守规则》《报馆暂行条规》《大清报律》及《钦定报律》等旨在钳制言论自由、统制新闻报刊活动的专制法规,被民国临时政府宣布"民国完全统一,前清政府颁布的一切法令,非经民国政府声明继续有效者,应失其效力"而实际上被废止了。当时新闻界可说是享受了有史以来最大限度的言论和新闻自由,后人称之为"办报不须批准,言论不受限制,新闻不受检查",记者是"无冕之王",报纸负有"监督政府,向导人民"的社会使命的"黄金时代"。孙中山及其领导的民国政府认真贯彻资产阶级言论、出版及新闻自由的思想,对新闻业实行宽容、鼓励、扶持和保护的基本政策。鉴于当时新闻界鱼龙混杂的实际情况,民国临时政府内务部次长居正等制定公布《民国暂行报律》三章,试图实行"新闻、杂志已出版及今后出版者,其发行人及编辑人姓名,须向本部呈明注册,或就近地方高级官厅呈明,咨部注册"的行政管理措施,但因上海《申报》《新闻报》《民立报》及章炳麟的《大共和报》等大报为代表的全国新闻界的强烈反对,公布仅几天后就被孙中山以"虽出补偏救弊之苦心,实昧先后缓急之要序"为由"令内务部取消"了。孙中山以和善态度迅速处理了轰动一时并给南京临时政府造成很大压力的《民国暂行报律》风波,向社会展现了民国临时政府"尊重言论自由""善从恶改"的基本立场。因为原来被清政府的专制统治剥夺自由办报权力的革命党人和其他反清政治力量及民间商业资本家,由于民国的创立及其新闻自由政策获得了自由办报的权力,新创立的民国临时政府又真正奉行"言论自由""新闻自由"和"著作自由"等民主政策,为新闻报纸的迅速发展创造了有利的社会政治环境,所以新闻报纸的数量在短短的时间内出现了"陡增"的态势。

第二是中国新闻业内在发展需求的超常反弹性发展。中国是一个有960万平方公里土地的国家。1934年出版的《中国经济年鉴》根据内务部户口统计得出,民国创立的1912年,全国人口总数为405 810 967人(即4亿多人)[4]。也就是说民国成立时在这个4亿多人的国家只有100多家报纸,即1 000万人口只有2.5种报纸。普鲁士传教士郭士腊(又译"郭士立")创办的《东西洋考每月统纪传》于1834年1月刊载的《新闻纸略论》一文中说:"道光七年(公元1827),在英吉利国合计有此书篇(即新闻纸),共四百八十多种;在米利坚国(即美利坚)国有八百余种,在法兰西国有四百九十种也。"[5]据《世界主要资本主义国家经济统计集》(1840—1960年)所载,英国在1821年的总人口是2 089.4万,1831年的总人口是2 402.9万。这10年中英国的总人口增长了313.5万,平均到10年就是每年增长31.35万。照此推算,英国在中国道光七年(即1827年)的总人口为2 308.85万(1821年的2 089.4万加上1821—1827年间7年增加数219.45万)。英国在1827年有480多种报纸,照此推算,英国此时的千万人口报纸拥有率为207.97种,为当时中国千万人口报纸拥有率的83.19倍,中国的千万人口报纸拥有率仅为英国的1.20%。随着清朝专制政府的垮台,中国读者对新闻报纸的正常需求就有了表达和满足的社会条件,所以就出现了在短时间内"井喷式"的"陡增"。另外,我们觉得同时还有一种可能性因素,即如长期处于饥饿状态且迫切想进食者,在突然面临充足食物且可以自由进食时,可能出现短时间的超量进食,从而使胃中食物容量超出正常的水平,而使得胃部超常膨胀。我们认为,在半年内突然增加了400家报纸的现象,就似乎含有中国新闻界长期受压制而一旦获得完全新中国成立后出现超常反弹的因素。

第三是民主气氛和政党政治迅速发展。民国南京临时政府于1912年3月11日颁布《中华民国临时约法》规定"人民有言论、著作、刊行及集会、结社之自由"。[6]人民获得了自由发表言论以及通过办报表达意愿的权力,为当时中国新闻报纸的迅速发展提供了可能。另一方面是"武昌起事,清帝退位,言论结社,较前自由。于清季十余年备受压抑的立宪派、革命派人士和清朝旧官僚间,经过一段分化和结合过程,全国各地陆续出现了数百个号称为'党'、'会'的小党派"。"武昌革命爆发后,迄于1913年底,新兴的公开党会,据初步统计,凡682个","民初以政治党会居多,因当时一般人的注意力集中在建国的方向上"。所以在682个党会中,"计政治类312个",[7]因为政治性党(会)的迅速大量出现,创办机关报以宣传其政治观点、立场和趋向,就成为相当一些政治人物的重要活动方式。据1912年10月22日统计,各种党派向内务部登记的报馆就有90多家。[8]当时中国政坛的第一大党的同盟会(国民党)创办的报纸遍布各大城市。在革命党人势力较大的上海,同盟会不但继续出版光复前就创刊的《民立报》《天铎报》《大陆报》,还新创办了《太平洋报》《民国西报》《中华民报》和《民国新闻》等。由立宪党人、旧官僚及同盟会中分裂出来的一些人组成的共和党、民主党和统一党,于1913年5月合并成立政治上拥护、支持袁世凯的进步党,也拥有数量很大的报纸,其中如原有的立宪派报纸《时报》,袁世凯的御用报纸《亚细亚日报》,康有为的《不忍》月刊以及政治上倾向于拥袁的老牌私营报纸《申报》《新闻报》《时事新报》以及《大共和日报》《民声日报》《爱国报》《民报》等等。这些政党机关报的出现使得当时中国社会新闻业态中的新闻报纸总数迅速增加。

三、"二次革命"失败后新闻报纸"陡降"之动因

"二次革命"失败后,袁世凯政府趁着军事上的胜利,对国民党报刊以及一些异己报刊进行公开的大规模扫荡。各地的国民党报刊均被以"敌党报纸"的罪名查封。据统计,在军阀、官僚的摧残下,到1913年底,全国继续出版的报纸只剩下139家,和1912年(民国元年)的500家相比,锐减了300多家。[9]精确地说,就是在短短八个月里减少了361种,减少比例达72.2%;继续出版的报纸(139家)仅为原来报纸总数(500家)的27.8%,下降速度之快,真是让人感到坐了一趟令人眩晕和窒息的"过山车"。为什么在不到一年的短时间内中国社会新闻业态中的新闻报纸数会出现如此大的"陡降"?我们认为主要有以下几个原因:

第一是袁世凯的武力镇压,查封反对党报刊。袁世凯是以"逼迫清帝退位"和"自己承认共和"为筹码,才获得孙中山提名并经南京临时政府参议院选举为第二任"民国临时大总统"的,因此在掌权之初主要是采取"明修栈道,暗

度陈仓"策略"以售其奸"。但在1913年初的"国会选举"中,国民党"在参众两院870个议席中获得392席,占压倒优势,成为国会中第一大党"后,"令袁世凯极为恐惧","决心采取铁血手段扑灭民主势力"[10]。国民党人被迫仓促应战,发动"二次革命"。但由于袁世凯力量之强大和革命派在军事上缺乏统一部署和指挥,"二次革命"很快失败。一朝权在手,便把令来行。袁世凯镇压"二次革命"后,为进一步控制舆论,迅速着手"整肃"新闻业。由陆军部直接派员到各报馆实施新闻预检;1914年4月制定公布了旨在统制新闻舆论的《报纸条例》(后又于1915年7月颁行《修正报纸条例》);对所谓"违检"或刊登"不当言论"的报纸由军警部门查禁,动辄封报捉人。"当时(民国元年)统计全国达500家,北京为政治中心,故独占五分之一,可谓盛矣。乃未几'二次革命'发生,凡属国民党与赞同国民党之报纸几全被封禁。筹安议起,更以威迫利诱之手段,对付报馆,至北京报纸,只余二十家,上海只余五家,汉口只余两家,报纸销数亦由四千二百万降至三千九百万。"[11]北京的报纸从1912年(民国元年)的100家报纸剩下20家,只有原来报纸总数的20%。上海的《民立报》《天铎报》虽在租界未遭查封,但也因被禁售,经济上难以维持而被迫停刊。因为1913年是农历癸丑年,所以中国新闻史上就有了"癸丑报灾"这个专有历史名词。袁世凯等封建军阀对革命党人报刊和其他反对他们的报纸的凶残摧残,是导致民国初年中国新闻业态中新闻报纸数量出现先"陡增"又"陡降"起伏最重要的动因。

第二是革命党自身内部的原因。首先是在民国创立后,一大批新闻骨干人物转身到政府中做官,革命党人对新闻宣传工作的力量投入整体上减少了。在民国南京临时政府第一届内阁成员的组成上,孙中山采纳黄兴提出的"部长取名,次长取实"的用人原则,非常重视各部次长的人选。在他简任的次长名单中,除了汤芗铭已退出同盟会外,其余全是同盟会的骨干。[12]其中如司法部次长吕志伊、外交部次长魏宸组、财政部次长王鸿猷、内务部次长居正、教育部次长景耀月、实业部次长马君武、交通部次长于右任等。[13]其中大部分就是民国创立前革命党人反清革命新闻宣传的旗帜性人物,尤其是于右任的《神州日报》及后来的"竖三民"在新闻界的影响力是众所周知的。由于这些新闻骨干的"弃报为官",使得革命党人新闻宣传工作力度明显削弱。其次是民国创立后,革命党人的关注重点先是"立法组阁",接着是"国会选举",后来是"二次革命",最后是为躲避袁世凯的血腥镇压而亡命海外,一连串的政治军事变故,使得革命党人不可能把时间和精力重点放到新闻宣传工作上。这也是这一阶段资产阶级革命党人新闻宣传工作影响力降低的重要原因。再则是革命党内部的分裂也是导致革命党人新闻宣传工作力量减弱的原因之一。由于个别人觉得应当给他的官职而没有给他便拂袖而去,如章炳麟。1912年1月3日,各省代表会正式讨论通过各部总长名单时,孙中山起初提名章炳麟担任教育总长,后改由蔡元培担任。章炳麟对此极为不满,当天宣布脱离同盟会,与程德全、张謇等人正式成立"中华民国联合会",[14]开始公开与孙中山领导的民国南京临时政府唱对台戏。而另一些人在民国成立后,转而以推动政党政治、争取国会选票为主要内容的社会活动为主,如宋教仁。他在1910年冬从日本回国后,就担任了于右任为社长的《民立报》的主笔,在此后的一年多时间里,他以"桃源渔父""渔父"等笔名在《民立报》上发表了大量的政论文章,"显示了作者在政治、经济、法律、军事、地理、历史等方面的丰富知识和良好的宣传鼓动能力",在一部分知识分子读者中起过很大的影响。[15]民国成立后,因孙中山担任临时大总统,他担任国民党代理理事长后,潜心于政党政治,倾心于国会选举,再也没有在新闻报纸方面展现出"良好的宣传鼓动能力"。

第三是民国初期新闻报纸总数的急剧下降除了上面两个原因以外,可能也还有当时中国社会自身深层次的原因。一是新闻业自身在短时间的急剧发展后出现的矫枉过正。由于封建专制统治者长期信奉"民可由使之,不可使知之"的愚民政策,教育落后,人们受教育水平远远落后西方资本主义国家,读书识字人口比例极低,新闻传播需求内动力不足,为数有限的大都市客观上难以长期承载突然增加的数量众多的新闻报纸。二是民国创立后,随着资产阶级革命党人鼓动反清起义、发动辛亥起义、南军和北军交战、全国各省宣布"独立"、筹建临时政府、清帝退位、民国迁都北京以及国会选举等重大事件成为历史,袁世凯掌握北京临时政府大权,通过多种方式压制新闻自由,国内的政治气氛趋向沉闷,新闻的真实性受到影响,人们有受到愚弄的感觉,国内读者对新闻报纸的兴趣逐渐减弱,购买报纸的内动力减弱,使得一些报纸因销售不足、经费难以周转而被迫停刊。袁世凯以压制新闻自由、查禁"反袁"报纸为主要内容的军阀专制镇压摧残和上述原因结合起来,就出现了1913年底全国新闻报纸数量"陡降"的结果。

四、袁世凯下台去世后新闻报纸"再起"之动因

在1913年(民国二年)底全国报纸总数降到139种以后,1915年(民国四年)因为袁世凯的"称帝"招致政治界和新闻界强烈反对,由此出现了一批以

"反袁"为宗旨的国民党报纸,到 1915 年底,全国的报纸总数增加到 165 种。1916 年(民国五年)袁世凯下台去世,以前被袁世凯封掉的报纸纷纷复刊。据 1916 年年底的调查,全国报纸多达 289 种。[16]就是说,在袁世凯专制统治下,中国的新闻报纸从 1913 年年底到 1915 年年底的两年里只增加了 26 种;而在 1916 年 6 月袁世凯下台去世后的半年间,中国的新闻报纸从 165 种一下子增加到 289 种,短短半年中增加了 124 种。仅仅增加的报纸种数就是 1913 年底全国报纸总种数(139 种)的 89.2%;而 1916 年底的报纸种数(289 种)是 1913 年底的报纸种数(139 种)的 2.08 倍,无论是增加速度还是增加的报纸种数,在这半年之间都是一个高潮。其中的原因和动力我们认为主要有:

第一是因袁世凯下台去世使社会政治生态发生重大变化。镇压"二次革命"后,袁世凯强迫参众两院通过"先选总统案"。迫使议员们在袁家"公民团"裹挟下无奈选举自己为大总统。为了"踢开国会",袁世凯于 11 月 4 日下令解散国民党,并以国民党议员在"二次革命"中配合作乱为借口,宣布取消国民党籍议员资格,有 438 名国民党籍议员被非法取消资格,国会因不足法定人数而名存实亡。在自以为做足了各种"功课"后,袁世凯于 1915 年 12 月 31 日下令改 1916 年为"中华帝国洪宪元年",公然推翻"民国",恢复"帝制"。袁世凯破坏共和、复辟帝制的倒行逆施引得天怒人怨,在保卫民主共和政治的目标下,一度四分五裂的资产阶级各派再度联合起来,护国战争爆发,并且很快形成了全国性反袁倒袁浪潮,护国军日益团结和强大,袁家阵营迅速崩溃和反水。6 月 6 日,众叛亲离的袁世凯在疾病和惊恐中一命呜呼。6 月 7 日,黎元洪就任正式大总统。因慑于民主潮流不可抗拒和袁世凯倒行逆施的可悲下场,新上台的北洋军阀首领黎元洪于 6 月 29 日宣布继续遵守 1912 年《临时约法》,继续召集国会、恢复国务院并任命段祺瑞为国务总理。和袁世凯同属北洋军阀体系且原为袁世凯下属的黎元洪等掌控的民国北京政府,似乎在一夜之间就神话般地回到了南京临时政府时期的政治轨道上(这其中应该是有接任袁世凯总统职位的黎元洪等北洋军阀在当时特定社会环境下无奈选择的因素),社会政治生态为新闻报纸的迅速恢复性增长提供了强大的内动力。

第二是新闻自由和民主政治思想再次成为社会主导性潮流。辛亥革命的本质是以资产阶级的自由民主反对清朝政府的封建专制,推翻清朝政府建立资产阶级共和民主政体的国家制度。孙中山领导建立的中华民国南京临时政府就是一个"以革命党人为领导和主体,联合立宪派和部分具有自由倾向的地主反满派的资产阶级革命政权"。在短短的 3 个月内,颁布了一部具有资产阶级共和国宪法性质的《中华民国临时约法》以及一系列有利于发展资产阶级民主政治、发展民族资本主义经济和提倡资产阶级文化教育的法令。[17]这一切在袁世凯主政时期被肆意的破坏,资产阶级民主政治制度(其中尤以构建和规定共和政体的《临时约法》被废止)遭到严重损害,1914年后的民国北京政府几乎成了袁世凯"一言堂"。然而,违反历史规律的做法总是不能持久的,袁世凯的倒行逆施终于受到了历史的惩罚。袁世凯一死,国内的政治生态迅速转变,新上台的黎元洪宣布遵守《临时约法》,召集国会,国民党又回到了政治舞台中央。辛亥革命时期和南京临时政府时期形成的民主自由社会氛围迅速高涨。这种变化在某种程度上也是政府行为的推动。北京政府内务部先是于6月20日电令上海各官厅撤回之前颁布的"禁止《时事新报》行销"的命令;又于7月6日咨文各省区,宣布对上海《民国日报》《中华新报》《民信日报》《民意报》《共和新报》等解禁;7月16日,黎元洪签署"申令"宣布废止袁世凯政府时期制定实施的《(修正)报纸条例》,在这种社会氛围下,新闻界似乎又回到了"办报不须批准,言论不受限制、新闻不受检查"的时期,原先被袁世凯军阀政府查封(禁)或因为袁世凯政府新闻统制政策不能创办的报刊纷纷复刊或创办,形成了一股推动新闻报纸总量迅速恢复性增长的强大力量,使中国新闻报纸出现了短暂发展高潮。

  第三是新闻事业发展的内在规律。一方面,袁世凯时期的统治仍然给中国的报纸一定的发展空间。因为尽管袁世凯利用攫取的政权打压国民党和其他反袁派报纸,但中国如此之大使他鞭长莫及。中国的地方政府历来有对中央政府的政策和指令采取选择性执行的传统,这使得即使在袁世凯统治时期,袁世凯镇压国民党的措施也不能完全在地方得到贯彻,使得国民党报纸在南方地区仍然存在并发展。另一方面,因为辛亥革命胜利高涨的民主自由思想并没有因为袁世凯的"一时得志"而停止传播和扩散,相反则是迅速向中心城市以外的中小城市甚至广大乡村传播,表现在新闻报纸方面也是如此。在袁世凯下台死后,原来新闻纸比较集中的如北京、上海、武汉、广州及汉口等大城市的新闻报纸主要是"复刊",而在这些大都市以外的中小城市则出现新闻报刊创办的高潮。据对方汉奇先生主编的《中国新闻事业编年史》有关信息统计,从袁世凯去世的6月6日到1916年底这不到7个月时间,国内创办(复刊)的新闻报刊共计144种(包含一些杂志),创办地点除新闻报刊原来就比较集中的上海(25种)、武汉(17种)、北京(14种)外,明显地增加了开封(13种)、济南(8种)、成都(11种)、重庆(8种)、长沙(5种)、杭州(5种)、福州(5种)、昆明(3种)、哈尔滨(3种)等,甚至在郑州、烟台、南宁、宁波、苏州、温州、绍兴、江门等比较偏远或规模较小的三线城市都创办了新闻报纸。我们认为,这种情况出现应当主要不是因为袁世凯下台去世后社会政治生态的变化,而是新闻报纸在适当环境下必然发展的内在规律起作用,是文化在社会中传播和普及的必然现象。

五、余论:新闻报纸在北洋军阀统制下不可能持续快速发展

中国新闻报纸为什么在1916年下半年会出现爆发性增长?我们认为其重要原因之一是新上台的北京政府"总统"黎元洪等亲眼看到了袁世凯施行专制统治的凄凉下场而心存戒惧,同时又在为巩固地位、排斥异己而处心积虑,所以还没有腾出手来对付新闻界,因而使新闻界获得了半年左右的喘息恢复时间,所以才出现了1916年下半年全国新闻报纸迅速增长的现象。但是,就在1917年2月7日,也就是黎元洪接任"总统"刚满8个月,北京地方检察厅指控"北京《公言报》在新闻栏刊出政府与美国签订500万元大借款合同草案及众议院讨论借款事"的内容为"泄露秘密"而提起公诉;2月17日,北京地方法院即以"泄漏国会秘密"罪判处北京《公言报》编辑王德如徒刑4个月,发行人黄希文徒刑3个月;3月8日,北京《国风日报》因"言论过激,事实不符"被北京地方检察厅援引《刑律》第一百五十五条、第三百六十条判处该报经理裴梓青、发行人彭翼臣拘禁3日并科以罚金;3月14日,北京《国风日报》又因"抨击段祺瑞太过激烈"被指控犯有"侮辱官吏"罪,经理裴梓青、发行人彭翼臣被各判罚款20元;4月3日,北京《醒华报》以所刊《外交投票记名》新闻,触怒当道,编辑人被捕;5月19日,英文《京报》记者陈友仁因揭载段祺瑞政府与日本政府商议借款密约消息被捕,经地方审判庭审讯,以"妨害公务"罪被判徒刑4个月;5月26日,北京警察当局自即日起实行邮电检查,各报新闻电稿多被删改,[18]可以说又回到了袁世凯时期动辄"封报捉人"严峻的新闻生态。在这种社会生态中,中国新闻报纸的发展当然不可能像民国初年甚至袁世凯死后半年左右内的持续迅速发展,只是因为社会毕竟在不断进步,所以新闻业在北洋军阀政府越来越严酷的新闻统制下仍然得以顽强、缓慢地发展。到黎元洪执掌"总统"职权10年后的1926年,全国报刊总数才增加到375种(其中汉文报刊为296种,日文报刊36种,英文报刊27种,俄文报刊11种,法文报刊3种,其他文字报刊3种)[19],总数上比1913年年底的289种只增加了68种,平均每年增加数不到7种。很显然,这种每年增长7种新闻报纸的发展速度

与当时世界浩浩荡荡的民主政治潮流和中国新闻业发展的客观需要是有很大差距的,更和袁世凯下台死去后的那半年(即 1916 年 6 月到 1916 年底)新闻报纸从 1915 年底的 165 种迅速增长到 289 种的速度更不可同日而语的。

首先,我们应该客观认识袁世凯以后的民国北京政府统治时期中国社会生活中诸多方面取得的进步,诸如方汉奇先生所说的新文化运动的勃兴,各种社会思潮如马克思主义在中国的传播,新兴政治力量的诞生如中国共产党的成立,军事"北伐"和大革命的发动,"兼容并包"的大学办学理念和"自由之思想,独立之精神"的学风的建立,学术上的"百家争鸣",媒体上的"文人论政"和"处士横议"等,这些都是历史的事实,作为中华民族的后人不应否认也不必否认。同时,我们也要客观地看到这些进步有相当一部分是中国社会在人类进入 20 世纪后科学社会以及民主政治发展带来的必然性进步,尤其是第一次世界大战后在世界范围内民主思想潮流的扩散对国人思想解放的启蒙和推动,近代科学技术在经历创造阶段后进入推广普及阶段对中国的影响(帝国主义也需要利用它们的科学技术优势获取更大的政治和经济利益),而且这些进步即使在其他政府管理下也一样向前发展(甚至可能发展得更好,当然也可能发展得更差);其次,我们应该客观认识北洋军阀统治的封建专制本质,这一统治的反动落后本质决定了作为现代民主政治和民众利益"守望者"的新闻报纸不可能持续迅速发展。因为现代报纸的根本功能就是作为民众的喉舌,监督政府,这在北洋军阀统治下显然难以得到实际的发挥,林白水等人的被杀就是典型的例子;再则,新闻事业的发展不仅需要相对宽松的社会环境(军阀混战使当时的社会统治者忙于争权夺利而一时忽视对社会的控制,使社会环境相对宽松,为新闻事业的发展提供了这方面的有利条件),同时也需要稳定和谐的社会环境(军阀混战中的"你刚唱罢他登场"的走马灯似的轮换统治者,使社会处在不稳定、不可知状态,为新闻事业的发展增加了社会环境的阻力),从这种意义上讲,北洋军阀的封建专制统治客观上实际上制约了中国近代新闻事业的正常发展。甚至可以说,如果中国在辛亥革命后一直是在孙中山领导的民国南京政府管制下(即没有出现袁世凯的个人专权、复辟帝制及袁世凯后的北洋军阀首领们为争权夺利发动的连续不断军阀混战及北京政府的总统、总理们"走马灯"式的不稳定统治),中国近代新闻业应该发展得更快更好——当然,这也只是推测。

注释:

[1] 方汉奇.报史与报人.新华出版社,1991:223.

[2] 丁淦林.中国新闻事业史.高等教育出版社,2002:158.
[3] 方汉奇.中国新闻事业通史(第一卷).中国人民大学出版社,1996:1014.
[4] 朱汉国,杨群.中华民国史(第五册·志四·人口志).四川出版集团,四川人民出版社,2006:314.
[5] 新闻纸论略.东西洋考每月统纪传,1833//李彬.中国新闻社会史文选.清华大学出版社,2008:22.
[6] 中华民国临时约法(中华民国元年三月十一日公布)//王培英.中国宪法文献通编(修订版).中国民主法制出版社,2007:300.
[7] 张玉法.民国初年的政党.岳麓书社,2004:30-33.
[8] 吴廷俊.中国新闻史新编.复旦大学出版社,2008:132.
[9] 方汉奇.中国新闻事业通史(第一卷).中国人民大学出版社,1996:1048.
[10] 朱汉国,杨群.中华民国史(第一册).四川出版集团,四川人民出版社,2006:42-43.
[11] 戈公振.中国报学史.中国新闻出版社,1985:149.
[12] 邱远猷,张希坡.中华民国开国法制史:辛亥革命法律制度研究.首都师范大学出版社,1997:320.
[13] 民国南京临时政府官报局编印.临时政府公报(第3号),1912-1-31.
[14] 邱远猷,张希坡.中华民国开国法制史:辛亥革命法律制度研究.首都师范大学出版社,1997:320.
[15] 方汉奇.中国近代报刊史.山西教育出版社,1981(1991重印):487-488.
[16] 曾虚白.中国新闻史(第6版).台湾三民书局,1989:294-295.
[17] 邱远猷,张希坡.中华民国开国法制史:辛亥革命法律制度研究.首都师范大学出版社,1997:326.
[18] 方汉奇.中国新闻事业编年史(上),福建人民出版社,2000:823-828.
[19] 王润泽.北洋政府时期的新闻业及其现代化(1916—1928).中国人民大学出版社,2010:30-32.

【作者简介】倪延年,南京师范大学新闻与传播学院教授,博士生导师,南京师范大学民国新闻史研究所所长,中国新闻史学会特邀理事,国家社科基金重大项目"中华民国新闻史"(编号:13&ZD154)首席专家。

1915年中国报刊关于国体问题的论争研究

林 婕

（武汉大学新闻与传播学院，武汉 430072）

摘 要：自晚清起，君主制与共和制孰优孰劣便是中国政坛长期争论不休的问题，1915年袁世凯称帝让这场论争达到了顶点。民初的报刊既是变更国体的记录者，也是国体论争的主要阵地，更是民国初年公众选择共和而反对帝制的共同意识形成的推动者和引导者。本文试图通过考察1915年中国政论报刊与商业报刊关于国体的论争，分析社会精英和普通民众的民意，解释以下问题：1915年的报刊是如何表达中国民众对国体问题的意见的？报刊的论争对中国政治舆论走向的影响和对民众关于国体问题一致意见的促进。国情民意与制度选择、政治秩序整合的关系探讨。

关键词：国体问题 民初报刊 1915年

1912年，中华民国建立，中国数千年的君主制戛然而止，成立了亚洲第一个共和国。但推翻清王朝容易，转变国民家国天下的意识、建立民主共和却是一件无比困难的事情。辛亥革命之后，中国陷入数十年动乱，无不与国体建构迟迟不能完成、国家权威无法建立有关。自晚清起，君主制与共和制孰优孰劣便是中国政坛长期争论不休的问题，1915年春，坊间流传袁世凯有意改共和为帝制，8月14日筹安会成立，公开鼓吹帝制，12月11日各省一致上"推戴书"，12月12日袁世凯正式接受推戴，并在1916年元旦登极，改元"洪宪"。随着袁世凯称帝的步步推进，帝制还是共和的国体论争达到了顶点。民初的报刊既是变更国体的记录者，也是国体论争的主要阵地，更是民国初年公众选择共和而反对帝制的共同意识形成的推动者和引导者。

本文试图通过考察1915年政党报刊与商业报刊关于国体的论争，以此分析社会精英和普通民众的民意，试图解释以下问题：1915年的报刊是如何表达中国民众对国体问题的意见的？报刊的论争对中国政治舆论走向的影响和对民众关于国体问题一致意见的促进。国情民意与制度选择、政治秩序整合的关系探讨。

一、民国初年国体问题论争的背景

1911年10月10日，武昌首义发生，随后，张绍曾联合统领伍祥祯等人发动滦州兵谏，通电要求改定宪法。清宣统三年九月十三日（1911年11月3日），清政府被迫颁布了《宪法十九信条》。这是一个英国式的虚君共和方案，规定大清帝国皇统万世不易，行政权、立法权、财政权皆归国会。这个方案几乎全部满足了清末立宪派的所有主张，然而革命之火已成燎原之势，共和国随即成立。但关于君主立宪制还是共和制在民众的意识和知识分子的认识中依然混淆不清，宪法并未因共和国建立而确立其权威，国家无法形成有效的统一机制，报刊从而成为论争和厘清认识的主要阵地。袁世凯称帝与张勋复辟后，君主制被口诛笔伐，主张君主制或君主立宪制的声音也被视作帝制余孽，是试图篡夺革命果实的政治阴谋。

然而，一个国家国体的形成与当时当地的国情民意密不可分。民意为现代政治正当性、合法性的基础。民国初年，一面是"默查东南各省民情，主张共和已成一往莫遏之势"[1]，但另一面，就连坚决反对帝制的陈独秀等人也不得不承认："袁世凯要做皇帝，也不是妄想；他实在见得多数民意相信帝制，不相信共和，就是反对帝制的人，大半也是反对袁世凯做皇帝，不是真心从根本上反对帝制。"故而，"辛亥革命以后，袁世凯复辟帝制，使中国先进的知识分子认识到我们中国多数国民口里虽然不反对共和，脑子里实在是装满了帝制时代的旧思想，要帝制不再发生，民主共和可以安稳……非先将国民脑子里所有反对共和的旧思想，一一洗刷干净不可"[2]。民国初年主张共和、支持君主立宪的《甲寅》《大中华》《时事新报》等政论报刊，以及《新闻报》等商业报刊对国体问题的讨论正反映了中国民众，尤其是社会精英们对君主制与共和制的疑虑，并通过报刊宣扬或解释他们的主张，试图确立君主、宪法或国会在国民心目中的权威形象，以此建立稳定的国家秩序，完成国体和国家权威的建构。1915年袁世凯复辟前后，国体的论争占据了各大报刊的头条。报刊表达民意，影响舆论，教育民众的功用在国体论争中发挥得淋漓尽致。

关于国体的概念，"国体"一词中国古已有之，但李剑农称，政法意义上的国体概念来自于日本，而日本的国体概念又源出西方。林凡梵在《国体概念史:跨国移植与演变》一文中认定,"具有特定法政内涵的'国体'概念,乃是清末时期从日本移植过来的,而其最初法政意义上的内涵,则又是明治时期的日本宪法学人从德国近代国法学中移植而来、并将其附会于日文中的'国体'(kokutai)这个原有语词之中的"[3]。1899年,流亡日本的梁启超在《清议报》上首次使用了"国体"概念。1905年,赴海外考察宪政归国的载泽在其奏折中正式指出"君主立宪,大意在于尊崇国体,巩固君权,并无损之可言"[4]。自此,"国体"一词正式进入近代中国的政治视野。

我国对袁世凯帝制、国体论争的研究十分丰富。乔琪的《论一九一五年"国体"之争》从政治史的角度考察了1915年舆论界,围绕着是坚持共和政体,还是改建君主政体进行的辩论。宋宏在《共和还是君主:重思民国初期关于国体问题的论争(1915—1917)》一文考察了1915—1917年间关于国体问题的论争,从政治思想层面分析现代中国国家建设中有关国家象征和政治权威的问题。

从报刊舆论的角度研究国体论争的成果并不多见。马光仁的《民初〈申报〉反对袁世凯政府的策略》从新闻学角度对袁世凯称帝前后《申报》的报道策略进行了概括,喻春梅、郑大华的《论〈大公报〉在反袁称帝斗争中的影响》探究了《大公报》对舆论的影响。曹嘉涵的《再论袁世凯帝制运动期间的〈申报〉舆论》、庄和灏的《〈申报〉视野下的袁世凯与帝制》、胡红霞的《〈时事新报〉视野下的袁世凯与帝制》、王轶的《〈新闻报〉视野下的袁世凯与帝制》等则是将报刊作为史料,进行史学研究。

二、1915年间政论报刊关于国体的论争

民国初年,中国初行政党制度,政论报刊盛行,成为知识分子与各政党派别宣传政治主张,传播政治见解的主要舆论阵地。1915年袁世凯复辟帝制前后,关于君主制还是共和制更适合中国国情民意的论争首先在政论性报刊中爆发。

为袁世凯恢复帝制打先锋的是袁氏出资的《亚细亚日报》。《亚细亚日报》北京版创刊于1912年6月,1915年9月10日其上海版出版,该报以"赞助帝制运动"为宗旨,薛大可任主编,樊增祥、易实甫、刘笠佛等任撰述。1915年12月12日,袁世凯登基,《亚细亚日报》出刊"红报",并率先改以"洪宪纪元",尊袁世凯为"今上",自称"臣记者"。为复辟帝制,《亚细亚日报》发表大量鼓吹帝制和拥戴劝进的文牍、函电,为袁世凯的复辟活动大造舆论。

1915年8月3日,《亚细亚日报》发表了袁世凯宪法顾问古德诺的《共和与君主论》。古德诺(Frank Johnson Goodnow)是美国政治学会创始人之一,

曾任哥伦比亚大学法学院院长,世界著名的政治学和行政学权威学者。在文中,古德诺认为,无论是君主制还是共和制,国体不是以人力而定,"盖无论其为君主或为共和,往往非由于人力,其于本国之历史习惯,与夫社会经济之情状,必有其相宜者,而国体乃定"[5]。而"中国数千年以来,狃于君主独裁之统治,学校阙如,大多数之人民智识不甚高尚之能力。四年前,由专制一变而为共和,此诚太骤之举动,难望有良好结果"。"中国如用君主制,较共和制为宜,此殆无可疑者也。盖中国人欲保存独立,不得不用立宪政治,而从其国之历史习惯社会经济之状况,与夫列强之关系观之,则中国之立宪,以君主制行之为易,以共和制行之则较难也。"不过古氏也特别强调,改行君主制需要满足三个前提条件:(1)此种改革不可引起国民及列强之反对;(2)明确君主继承之法律,使嗣位之问题,绝无疑义;(3)政府应计划启迪立宪政治,教育民众积极参与国家政治事务,使人民知政府为造福人民之机关,使人民知其得监督政府之动作。只有以上条件均皆完备,国体改革才有利于中国。[6]

杨度等人也持同样意见。8月,杨度将早已写就的《君宪救国论》一文发表于《亚细亚日报》,主张:"非立宪不足以救国家,非君主不足以成立宪。立宪则有一定法制,君主则有一定之元首,皆所谓定于一也。救亡之策,富强之本,皆在此矣"。[7]"客曰:何谓欲为立宪国无望?虎公曰:共和政治,必须多数人民有普通之常德常识,于是以人民为主体,而所谓大总统行政官者,乃人民所付托以治公共事业之机关耳,今日举甲,明日举乙,皆无不可,所变者治国之政策耳,无所谓安危治乱问题也。中国程度何能言此?多数人民,不知共和为何物,亦不知所谓法律以及自由平等诸说为何义,骤与专制君主相离而入于共和,则以为此后无人能制我者,我但任意行之可也,其枭桀者,则以为人人可为大总统,即我亦应享此权利,选举不可得,则举兵以争之耳,二次革命其明证也。加以君主乍去,中央威信,远不如前,遍地散沙,不可收拾。无论谁为元首,欲求统一行政,国内治安,除用专制,别无他策。"[8]共和制需要多数人具有普遍的政治常识,能够进行政治参与,选举出大总统并尊崇之。但中国并不具备这种条件,妄行共和只会让中国变成一盘散沙,各自为政。

由此可见,君主立宪论者认为共和制度不适于中国的历史与国情,因为共和制度对公民的素养要求甚高,但多数国民不知共和、法律为何物,中国并不具备共和制的条件,容易陷入战乱和地方割据。同时,中国有着漫长的君主制传统,君主权威易于树立,政令容易通行,这有利于在列强环伺的国际环境下保障中国的统一与稳定。

古德诺的文章发表后被国内外多家媒体全文转载,包括《申报》《泰晤士报》等。不过,杨度等人对古德诺《共和与君主论》的解读与发挥并没有得到古德诺本人的同意。古德诺在接受《北京宪报》(PEKING GAZETTE)采访时澄清,自己并非说"君主实较民主为优",而且再三强调要行君主制必须有三个前提条件。"因为此说既不正确且与他本人的观点完全不符。古德诺博士声明,他不但从未下此断言,而且恰恰相反,他认为没有哪一种政府形式在任何情况下都优于其他的政府形式。"[9]海内外舆论为之哗然。

1915年,一位读者致信章士钊,称"国内日报虽多,然足引起人之注意者殊少。不足当呼者之目,以鄙人之私意测之,其足当此者,唯足下所撰之贵杂志,及梁任公所撰之《大中华》杂志"。《甲寅》与《大中华》正是1915年反帝制影响力最大的两家杂志。

《甲寅》在1914年5月10日创刊于日本东京,1915年5月改在上海出版,章士钊主编,陈独秀、杨永泰等协办,李大钊、胡适也是其撰稿人。1915年9月22日,北洋政府内务部以"妨害治安"的罪名查禁该报,共出刊10期。《甲寅》虽然停刊,但其发行商亚东图书馆设馆于租界,所以其发行并未完全停止,相当长的时期内仍然在租界内的书店进行零售,当时身处美国的胡适也替亚东图书馆代卖出不少[10]。《甲寅》主要发表政论文章,设有"论说""评论之评论""时评""通信""论坛""文艺"等十余种栏目。宣称以"条陈时弊、朴实说理"为主旨,主张为政有容,政治调和论,批评袁世凯复辟,但也不同意共和派的激进主张。

章士钊以为:"调和者,实际家之言也",要"发现新旧之媒,使之接搆"。既不能"抹杀生机,一意复旧",也不能忽视中国"特殊之历史族性"。所以,他反对袁世凯的君主独裁,"专制者,兽欲也。遏此兽欲,使不得充其量,以为害于人群,必赖有他力以抗之。其在君主独裁之国,抗之以变,则为革命。抗之以常,则为立宪。抗之以无可抗,则为谏诤。"但也不赞同革命党"出全力以强人就己,使天下人尽出己党而后快"。[11]所以,当筹安会鼓吹君主立宪时,《甲寅》并不赞同这种历史倒退。

1915年间,《甲寅》相继发表反帝制,讨论国体文章11篇,包括:

1卷第7期——秋桐的《共和平议》,王馥炎的《集权平权之讨论与行省制度》;

1卷第8期——秋桐的《国家与我》;

1卷第9期——《对于筹安会之意见》、秋桐的《帝政驳议》、林平的《古德诺博士共和与君主论之质疑》、周子贤的《中国国体论》;

1卷第10期——秋桐的《民国本计论》、《评梁任公之国体论》,周鲠生的

《共和政治论》,王馥炎的《国体最终之评判》。

《大中华》是以梁启超等进步党撰述的以政论文为主的综合性刊物。1915年1月出刊第1期,其主笔还包括王宠惠、蓝公武、张君劢、严独鹤、张东荪等人。杂志创办的宗旨是:注重社会教育,使读者能求得立身之道与治生之方,并能了然于中国与世界之关系,以免陷于绝望苦闷之域;次则论述世界之大势,战争之因果及吾国将来之地位,与夫国民之天职,以为国民之指导。[12]

1915年间,《大中华》于1卷7期发表梁启超的《复古思潮平议》;1卷8期集中刊载梁启超的《异哉所谓国体问题者》《国体问题与外交》《宪法起草问题答客问》;在1卷10期又刊登了来稿《国体政体之要论》,皆旗帜鲜明地反对袁世凯复辟帝制,坚持共和。其中最为世人瞩目的是梁启超在1915年8月31日发表的《异哉所谓国体问题者》。梁启超曾是戊戌变法中君主立宪制的主要推动者之一,但在此时却反对变共和为帝制。梁启超以"偶像一经打破不可复立"为由,阐明君主作为国家权威已经被革命颠覆,不再成为国家一统的象征,因而不可复辟。梁启超说:"盖君主之为物,原赖历史习俗上一种似魔非魔的观念以保其尊严;此种尊严自能于无形中发生一种效力,直接间接以镇福此国。君主之可贵,其必在此。虽然尊严者不可亵者也,一度亵焉,而遂将不复能维持。自古君主国体之国,其人民之对于君主,恒视为一种神圣,于其地位,不敢妄生言思拟议。若经一度共和之后,此种观念遂如断者之不可复续。"[13]此文一出,则《申报》《时报》竞相转载,一时洛阳纸贵。

民国初年的政论性报刊几乎囊括了中国大部分社会精英与学术泰斗,主要受众群体为政界、军界、学界诸人。政论报刊的观点自然代表了中国社会精英和知识分子对国体变更的态度。正因为此,政论报刊行文或依据法理,或逻辑推理,或遵循社会学、政治学诸原则,从理论上论述君主制或共和制是否符合中国历史、国情、民意。君主立宪派和共和派、进步党虽然都认同民意是一国国体厘定的基础,但民意在他们口中被虚化为己方意见,无人对真实民意做过实际调查和分析。从舆论上看,反对帝制复辟的声音显然占据上风,在知识分子和政界中正在形成对君主制不可行的共识。

三、商业性报刊中的民意表达

如果说政论报刊基本表达了民国初年社会精英对国体的选择,那么商界和普通民众的意见则集中体现在了《申报》《新闻报》等商业性报刊中。

早在1914年4月,《申报》便对中国之局势忧心忡忡,以为:"宪法在今日已成具文,既顺总统之意而加以修正,自将完全之威权归属总统,……袁总统拥共和之名,行专制之实,将如何持久?"[14]至1915年7月,坊间盛传袁总统为皇帝之说[15]。《申报》连发《国体》《专电》《总统对于国体问题之谈话》,认为"国家多故之时,国体亦不宜屡变",望"总统发决绝之言"。[16]袁世凯亦"力辟谣言之妄",公开表白,称绝无称帝复辟之意。[17]

8月11日,《亚细亚日报》登出古德诺的《共和与君主论》后,《申报》于次日即发文批评"古德诺多事,……政体已成实事矣,何必多谈"[18]。随后于22日、23日的要闻栏目中全文刊载了该文,并转载莫理循、路透社言论,说明古德诺言论实是被筹安会人等曲解。14日,筹安会成立,《申报》在18日、19日、23日发《专电》报道了筹安会的成立、组织、人员、资金等情况。《申报》即以《筹安欤,筹危欤?》为题,认为筹安会不但"不能加安",反而只会"扰乱人心,授好乱者以口实"。[19]此后23日、24日、25日、27日、28日、29日,《申报》连发多篇专电、消息、时评,如《北京各界对于筹安会之态度》《筹安会之反响》《杨度》《儿戏》《曷为危》等,反映社会各界、在华外国人对筹安会的反感,斥责筹安会祸国殃民。《西报纪上海方面对于筹安会之态度》一文采访了在上海的外国人,皆认为"此事无讨论之余地",对筹安会行动不以为然。[20]对于筹安会推动的所谓称帝请愿,《申报》则质疑请愿书是否自愿、是否真诚,是否的确能够代表社会各界、全国各省?[21]

与此同时,《申报》也报道了各界倒袁的活动。8月23日、9月22日、9月29日、10月8日的《何故》《要人》《专电》《东方通信社电》陆续刊载了梁启超、罗文干、黎元洪、段祺瑞、徐世昌等政府要员离职、告假的消息,并以为,"今日要人之辞职,皆托于病。然试究其所患之病,大抵皆因国体而影响于身体之病也"[22]。从9月初到12月,《申报》对革命党人活动也多有报道。9月1日,《东方通信社电》报道了中国革命党在东京开会讨论反对帝制。同日,《西报纪上海方面对于筹安会之态度》报道革命党重要人物纷纷回国。11月12日,《上海镇守史遇刺志》详细报道革命党刺杀上海镇守史郑汝成一案。12月7日,《东方通信社电》报道革命党夺取肇和舰。"党人行动之日益勇敢,已深为政府所忌惮。"[23]

《申报》在1915年密切关注帝制复辟进程,密集报道了国内外对筹安会和复辟帝制的态度,并审慎地表达了对帝制的反对与预测。由于《申报》在驻华外国人中的影响力,《申报》也大量刊载了外国报刊、上海和北京等地外国人对中国国体变更论争的看法。

相较于《申报》的审慎,《新闻报》对帝制的反对则更加旗帜鲜明。自1915

年6月起至12月31日止,《新闻报》共刊登有关国体问题的时评41篇,因为《新闻报》以报道经济新闻为主,主要读者群体是工商界人士,所以报道和评论多涉及中央政府、各省民众、革命党行动、商业、中日外交等方面。

8月16日,《新闻报》专门开辟"国体问题之骚动"的专栏,集中报道与国体论争有关的国内外新闻报道与评论。当日,首先刊登的是古德诺说明中国国体变革的三个条件,并在8月22日全文刊载《共和与君主论》,认为"不必硬拉一个不相干的外国博士,请其侈谈故事,更不必穷搜力索,日各从事于时髦文章。只需静观默察,一考多数人之心理则事之可行与否,不难决矣"[24]。对帝制的不赞同流然纸上。对于国民对帝制的态度,《新闻报》做了专门调查,希望反映中国公众的真实态度及他们对政治国事的认识、参与程度。《新闻报》将国民的舆论态度分为四种:第一种是消极派,国体如何与我无关,养家糊口足矣。第二种是怀疑派,怀疑是否有必要由共和到帝制,帝制又能否长久。第三种是旁观派,认为民国既立,已得到各国承认,如今复辟帝制,当如何向世界解释。第四种是阴谋派,希望借国体变更为自己谋私利。[25]更告诫市民,当"始终以镇静处之,而勿稍形轻燥"。[26]

在民生角度,《新闻报》注意到,自筹安会成立,推动帝制以来,"筹安之效果未著,险象也已环生"。[27]中国尚幼稚,政治一有变动,则社会动荡不安,"我国民主政治常识不敢辄有主张,我国民尚有家身关系,又安能默而尔息乎?"商人们担忧时局,不敢向外商订货,外商亦不敢来华,致使中外贸易大减,"人心惶惑不安"。[28]

作为一份主要面向商界、市民的报纸,《新闻报》更注重国体论争中的民意民生,不但反映了工商界的态度,更用民意调查的方式,直观地体现了普通民众对国体变更的看法。

四、总 结

君主制的彻底终结并不意味着共和民主的自然胜利,国体之争中所凸显的国家象征与政治权威的问题虽然在1915年的报刊中得到了普遍的讨论,但并未获得解决,如果建立不起稳定秩序、约束权力的最高规范和凝聚国民的国家象征,君主立宪论者的担忧并非没有道理。民国肇建后的政局有不少被当年的君主立宪派不幸言中。抽象的"共和"难以深入民心,难以得到百姓的理解与认同。

1915年,关于国体的论争已经成为政论性报刊和商业性报刊共同关注的头等大事。政论性报刊撰述、主笔多为国内政界、学界泰斗精英,读者也集中在政界、军界、学界中,报刊是他们表达观点、引导舆论的阵地,故而多言论少新闻,论争侧重于政治理念层面。商业性报刊则密集报道帝制推行的进程和对民生的影响,同时也兼顾外国友人的评论和各界民众的意见。

虽然各大报刊对国体论争关注的侧重点不同,主张也各异,但报刊的密集报道和言论的频发,却向公众普及了基本的政治常识,有助于了解当时中国所处的国内外局势,分辨君主立宪制与共和制各自的优劣。不论是君主立宪派还是共和派都注意到,一国的制度选择与国情民意息息相关。不论是支持君主制的,还是坚持共和制的报刊,无不以民意为出发点,虽然这种民意并不具备真实的民众参与的基础,而是一种虚化的概念。君主制的《亚细亚日报》不但炮制各省各界请愿书,更以古德诺的国体源于一国国情历史为由,认为在中国这种有着长期君主制传统的国家,民智未开,共和难以实行,只有君主制才能维持国家统一稳定。反复辟的报刊则认为民国的建立已经打破了人民对君主的崇拜,君主的权威被破坏,专制为人民所不齿,所以帝制不可复。《新闻报》等商业性报刊少谈国体在理论上的优劣与可实行与否,而是用具体的事实和民意调查来反映这场论争对普通民众日常生活、商贸往来、外国人观感的影响。

1915年的民国报刊的国体论争涉及的人群从政府到社会精英,再到工商界、学界和普通公众,重新界定了个人、社群、政府、国家等社会关系中的角色和功能,试图确立君主、宪法或民主的权威,希望以此重建社会秩序。报刊通过对国体变更的过程和论争的报道形成议程设置,身为舆论领袖的社会精英利用报刊发表自己的观点,推动意见聚合和公众的认知调试,从而引导舆论。1915年的民国报刊对国体问题的论争为公众提供了接触政治、参与政治、结合自身利益诉求向社会与政府施压,从而决定社会制度的可能。

可惜的是,受限制于经济发展、教育水平和报刊普及程度,不论是政论报刊还是商业报刊,民初报刊的影响力仅限于知识分子、政府官员、外国在华人士和大中型城市的工商业者中,所以,报刊关于国体论争的报道对社会共同意见的形成、社会制度的建立和社会秩序的稳定作用有限。以至于,鲁迅发表于1921年的《阿Q正传》中,尤在说"至于革命党,有的说是便在这一夜进了城,个个白盔白甲:穿着崇正皇帝的素"。[29]

注释:

[1] 宣统三年十一月初八,日清议和总代表唐绍仪致内阁总理袁世凯电//中国史学会.中国近代史资料丛刊·《辛亥革命》第八册.上海:上海人民出版社,1981:222.

[2] 陈独秀.旧思想与国体问题·新青年(3卷3号),1917-5-1//陈独秀著作选编.(第一卷).上海:上海人民出版社,2009:333.

[3] 林来梵.国体概念史:跨国移植与演变.中国社会科学,2013(3).

[4] 载泽.奏请宣布立宪密折//夏新华,胡旭晟.近代中国宪政历程:史料荟萃.中国政法大学出版社,2004:40.

[5] 古德诺.共和与君主论//解析中国.国际文化出版公司,1998:148.

[6] 古德诺.共和与君主论//解析中国.国际文化出版公司,1998.

[7] 杨度.君宪救国论//刘晴波.杨度集.湖南人民出版社,2008:573.

[8] 杨度.君宪救国论//刘晴波.杨度集.湖南人民出版社,2008:571.

[9] FRUS：United States Department of State / Papers relating to the foreign relations of the United States with the address of the president to Congress December 7, 1915, p. 50.

[10] 中国社会科学院近代史研究所中华民国史研究员.胡适来往书信选(上).中华书局,1979:2.

[11] 秋桐.调和立国论.甲寅月刊(1卷4号),1914.

[12] 丁文江,赵丰田.梁启超年谱长编.上海人民出版社,1983:703.

[13] 梁启超.异哉所谓国体问题者.大中华,1915-8-20.

[14] 大陆报论中国政局之将来.申报,1914-4-12.

[15] 东方通信社电.申报,1915-7-21.

[16] 国体.申报,1915-7-6.

[17] 总统对于国体问题之谈话.申报,1915-7-9.

[18] 不谈政体.申报,1915-8-12.

[19] 筹安欤,筹危欤?.申报,1915-8-23.

[20] 西报纪上海方面对于筹安会之态度.申报,1915-9-1.

[21] 疑问.申报,1915-9-25.

[22] 要人.申报,1915-9-22.

[23] 外报论中国党人之活动.申报,1915-12-8.

[24] 新评一.新闻报,1915-8-20,21.

[25] 国民对于帝制之感想.新闻报,1915-8-28.

[26] 新评三.新闻报,1915-9-11.

[27] 鄂官民之对于筹安会.新闻报,1915-9-13.

[28] 愿政府注意社会安定问题.国体问题之影响谈.新闻报,1915-9-4,9.

[29] 鲁迅.阿Q正传.上海书店出版社,2003:117.

【作者简介】林婕,武汉大学新闻与传播学院副教授,研究方向为:新闻史、政治传播。

民国报刊中的苏联新闻事业探析

马 超

(南京师范大学新闻与传播学院,南京 210097)

摘 要:民国时期,我国的新闻事业远远落后于同时期的欧美现代新闻事业,当时的报人纷纷向国外学习以求我国新闻事业的发达。本文着重探讨民国时期的期刊对苏联新闻事业的介绍情况,分析其呈现出来的特点,并且探讨呈现此种特点的原因。探究民国时期报刊对苏联新闻事业的介绍,我们可以基本了解民国时期苏联的新闻事业概况,民国报人对苏联新闻事业的态度,苏联新闻事业对当时我国新闻业的影响,更重要的是从这个侧面思考民国时期中苏新闻事业的学习和交流,为新时期中俄新闻交流提供一定的借鉴。

关键词:民国报刊 苏联新闻事业 新闻交流

1912年中华民国成立后,我国的新闻事业曾一度蓬勃发展,然而由于政治的黑暗、社会的不稳定,新闻事业的发展一直受到种种的限制,与同时期欧美的现代新闻事业有着极大的差距,完全不能望其项背。民国时期的报人为了改变这一现状,一方面苦练内功,发展本国的新闻事业;另一方面积极学习日本和欧美等国的先进经验,以他山之石作为借鉴,发展本国的新闻事业。1922年12月30日,苏联成立,在世界上引起巨大震动,我国报人对这个大国的新闻事业也表现了极大的兴趣,尤其对其迅速发展的新闻事业表示了极大的惊讶和羡慕,纷纷前去考察,或者翻译外国报纸中对苏联新闻事业的介绍,发表对于其新闻事业的观察和思考。

据晚清和民国期刊全文数据库统计,民国时期关于苏联新闻事业的介绍文章共81篇。其中,题名为苏联新闻事业的有33篇,题名为苏联或者苏俄报业的文章32篇,题名为苏联或者苏俄无线电广播的文章11篇,另外还有关于苏联新闻法制的文章2篇,关于苏联宣传的1篇,驻苏俄通讯员回忆1篇,苏俄新闻的动员政策1篇。在大成老旧数据库中搜到5篇,其中3篇为《绸缪月刊》发表的《苏联新闻事业概观》,另外 2 篇分别是《欧洲各国新闻事业之概况》和《苏联新闻内幕——编辑生命毫无保障》。除此之外,还有民国时期去苏联游历过的新闻人士写的关于苏联新闻事业的介绍,如《大公报》记者曹谷冰撰写了《苏联的新闻事业》,胡愈之写的《新闻记者的食堂》,邹韬奋写了《真理报的最新设备》和《言论自由的问题》。

以上 80 余篇文献中,几乎介绍到了苏联新闻事业的所有方面,介绍了当时苏联存在的所有媒体形态,包括报纸、无线电广播、通讯社;还介绍了苏联新闻法制、苏联的新闻宣传策略。发表上述文献的报刊主要在"国统区",作者大部分亦为国民党新闻工作者或者民间报人,中共的新闻工作者较少,所以更多地反映的是"国统区"与苏联新闻事业的交流学习情况。

一、关于苏联新闻事业的发展情况

以上文献多数发表于 1936 年以后,那一时期,苏联基本已经建成了系统的新闻事业,并取得了飞速发展,基本形成了苏联新闻模式。"根据苏联当局所发表,一九三九年报纸之发行总数为八千七百六十九种,其分类如下:其一、联邦报纸四十三种。其二、共和国报纸二百三十三种。其三、州及地方报纸二百九十七种。其四、区及都市报纸三千六百十三种。其五、工厂、学校、国营农场及其他报纸四千五百种以上。"[1]从铁斋的介绍中,我们可以看出当时苏联新闻事业的发达情况。81 篇文献中,除了介绍无线电广播的以外,基本都提到了苏联报纸的发行种类和发行份数。

(一)全面介绍了苏联主要报纸、通讯社和无线电广播

当时,苏联最重要的两份报纸是《真理报》和《新闻报》(又译《消息报》),除此以外还有两种特殊的报纸,一种是《莫斯科晚报》,另外一种是壁报,最重要的通讯社是塔斯社。以上文献中,多数都对其做了介绍。如冯有真在介绍《真理报》时,提到"《真理报》在苏联劳动阶级革命的过程中,充当过一支有力的战斗员,在苏联的新闻史中占有最光荣的一页,苏联政府为纪念这个报纸的创刊,规定每年五月一日为报纸纪念日"。[2]另外,《真理报》大楼于 1932 年开工,至 1935 年建成,该建筑是当时世界上较为宏伟的新闻单位建筑,前去参观苏联新闻事业的民国报人都对其有所论述。冯有真写到,"这座新建筑是一座九层的大楼,除编辑部、印刷所、图书馆外,里面还有一个电影院,至于疗养院、托儿所、饭厅、戏院、宿舍、休息室等都在这个大楼的对面"[3]。邹韬奋于 1934 年

参观了《真理报》大楼,当时还未完全建成。他在《〈真理报〉的最新设备》中这样描述:这报馆的办公处及编辑部占着七层的高大洋房,而印刷厂的规模尤为宏大,据说这样大的报馆在全世界上只有四处。至于机械方面的各种设备,都是采用全世界最新、最进步的。[4]对于《真理报》刊登的主要内容,石家驹做了这样的评介:"对于不熟悉共产主义术语的人是不容易看懂的。无论关于政治、经济、文学、艺术的文章都是很精彩的,而且常从党的立场来观察。关于各委员会的工作,几乎登满各栏;要人的讲演,更是全词登载;在党开全会的时候,关于会议的记载,不但充满篇幅,而且临时增加张数。"[5]译自日文《中央公论》的文章则提到"说起苏联的报纸,随即便会想到《真理报》和《新闻报》,这两种报纸自然是很多的人常常读的报纸,而此外,在莫斯科亦有很多人欢喜读《莫斯科晚报》"[6]。《新闻报》是全苏联中央执行委员会的机关报,同《真理报》具有同等重要的地位,不同的是它代表全苏最高政府。《大公报》记者曹谷冰于1931年3月到6月作为特派记者对苏联进行了3个月的考察,其间参观了《新闻报》报社,并与当时的报社书记马寅氏做了交流。曹谷冰在《苏俄之新闻事业》中写道:"该报篇幅等于本报(即《大公报》)之一张,社评不常有。至其新闻重心,则为关于五年计划进行之中之各种消息,如某厂某日落成,某地垦荒若干,上月炼钢几何,上月产煤多少等等,莫不大书特书,详细登载。"[7]冯有真在介绍《新闻报》时提出:"同《真理报》一样销两百万份,全体职工约一千人;消息的来源,除大部分由塔斯社供给外,自己亦在国内外派有通讯员;每年有很大的盈利。"[8]林一屏认为:"关于联邦会议的消息,决议以及命令等每日占纸面的大部分。读者以政府工作人员,及与共产党无关系的知识阶级为主。"[9]

《莫斯科晚报》是一份特殊的报纸,也可说是莫斯科唯一登广告的报纸。以上文献中,亦有对这份报纸的介绍。一篇译自Educator and Publisher的文献在介绍这份报纸时提出"内容比较生动,对于水灾,神怪治疗,奇异发行等新闻,记载较为详细,颇受读者欢迎"[10]。冯有真在对苏联的新闻事业进行了10天的考察后发现,《莫斯科晚报》在莫斯科极受欢迎。"莫斯科唯一的晚报,限制只印十万份,每晚出报的时候在报亭前列着队等候,买报的人往往空等了一个半个钟头,结果仍旧得不到一份报纸。"[11]石家驹则发现"它是近乎欧美报纸的形式的,同时更是莫斯科报纸中唯一登载广告的报纸,广告的内容,除商店、戏院、电影院的公告外,以关于征求或调换房屋的广告为最多"[12]。

苏联另一种特殊的报纸是壁报,这是只有苏联才有的一种报纸,几乎任何一个机关团体、工厂、农场都能看到壁报。在苏联的社会建设中,壁报发挥着巨大的作用。一篇翻译的关于苏联职工新闻职业的文献提到,"壁报的形式纵然细小,但厂中每个工人——经理也一样——都很尊敬它的。一个壁报在一个工厂里是有举足轻重的力量的"[13]。但是林一屏却认为壁报并不能算作严格意义上的报纸。"所谓壁报,严格地说来,实不能算是一种报纸,系在各种机关及工厂内,利用以表示及鼓励工作成绩,或改良的意见等,在1932年时,全苏联已超过25万种,现尚继续增加中。"[14]戈宝权在苏联考察了3个多月,对苏联的社会主义建设事业有较深刻的体会,他介绍了一种特殊的壁报。"1933年时,苏联企图打通北冰洋航路的'乞留斯金号'轮船在北冰洋遇难沉没时,全船的人就也在浮冰上出版了一种壁报,题名为'不降服',其中亦载有从无线电中所接到的消息,新闻则是用铅笔抄写的,这可算是苏联仅有的一种壁报了。"[15]

苏联的无线电广播事业同报纸一样,也是完全由国家经营,在苏联成立后获得了飞速发展,在对人民宣传方面起到了重要作用。以上文献中对苏联无线电广播的介绍主要有关于其发展状况的,如"苏联广播无线电,始创于1922年,初仅于莫斯科列宁格勒等处设立电台,广播新闻音乐,其后于各大城市次第设立,现时全国共有电台40座,转播遍于全境,虽穷乡僻壤,莫不可收音"[16]。对于其无线电广播的迅速发展表示惊叹,"苏联广播事业之猛进,至足惊人,自创始至今,历史不满十年,听众估计约一千二百万。为达到普遍宣传目的,并为提高苏联民族文化水准起见,特用六十余种方言播音"[17]。"苏联国内的收音机总数为150余万,每日听音的人民在一千万左右。苏联无线电播音事业有一个特色,便是听音的人不一定在家庭里。而听众是'集团'式的,收音机放在俱乐部里,读书室里,红隅,在工厂中劳工们自动组织的求学团体,在空旷的场所及其他公共场所,所以收音机虽少,而听音者数目是十分可惊的。"[18]

(二)苏联新闻事业的性质和特点

在介绍苏联新闻事业的性质和特点时,多数是参考欧美国家的新闻事业而提出的,分析了苏联新闻事业与欧美国家新闻事业的不同。戈宝权认为,在苏联,报纸是促进社会主义建设成功和推进民众教育的唯一利器,在建设新社会的工作中,报纸则立于领导者的地位,指挥及组织各种工作等;而资本主义国家的报纸,则成了少数人制造谣言的工具。戈宝权认为列宁和斯大林的两句名言最能代表苏联新闻事业的特色。一句是列宁说的,"报纸不仅是一个集体的宣传者和鼓动者,同时也是一个很好的集体的组织者";另一句是斯大林说的,"报纸是我们党最敏锐而最有力的武器"[19]。对于苏联新闻事业的性质,也有批评的声音,如在一篇名为《〈真理报〉无消息,〈消息报〉无真理》的文章中提出"概况言之,这些千千万万的报纸,全可一律称谓'官报'或'党报'"。

苏联的新闻事业是人民的新闻事业,紧紧地同人民联系在一起,这一特点亦为多数人接受。陈寄近翻译的一篇文章中提出,在二十几年的过程中,苏联的报纸终日地同人民紧密地联系着、齐步地发展着。严格地说,只有苏联的报纸才是属于人民的报纸,给人民阅读的报纸。现在苏联人民和报纸特别密切的联系着,因为报纸不顾困难与缺点能够表示人民的希望与预期,能够表示他们对官僚气与不公平的憎恨,能够表示对新社会的决心,也能够表示他们不再受人严酷的剥削了。[20]在苏联,记者和读者的关系也是十分密切的。苏联塔斯社中国分社社长罗果夫,应成都青年记者学校邀请所作的演讲中说,"读者爱护他(指苏联记者),他们也爱护读者"[21]。译自日文的一篇文章指出,责任编辑所谓的责任,并非空言,最大的责任编辑者或编辑委员会真是以对社会、对人民大众的责任感任编辑。[22]

另外,冯有真总结的苏联新闻事业的特点为国家经营,没有私人可以办报;每种报纸都有具体的使命和作用;报纸的出版与发行比较有计划和合理;苏联读报的人有买不到报纸的苦处;报纸不登广告;售价低廉;等等。亦指出了苏联报纸的缺点,如外国派驻苏联的记者工作极为困难和报纸的出版时间没有一定的规律。肯特认为苏联新闻事业的特点,不仅是世界上唯一拥有最大量的读者、具有骇人听闻的出版份数、优越的技术设备,还具有独特的风格。[23]

二、对苏联新闻事业介绍呈现的特点

(一)对苏联新闻事业态度迥异

因为政治立场不同,很多人对于同样的事实往往得出完全相反的结论,这在对于苏联新闻事业的观察中尤其明显。以上关于苏联新闻事业的文献中,对于其态度呈现出迥异的两个方面:一种是极力赞扬;另一种则是坚决反对。

1. 对苏联新闻事业的赞扬

有不少作者在对比了资本主义的新闻事业或者我国落后的新闻事业后,对于苏联的新闻事业表示出极大的爱慕之情。还有一些作者本身就是苏联的新闻工作者,苏联新闻工作者在国内得到很好的待遇和名望,对其新闻事业的赞美更是溢于言表。赞扬苏联新闻事业的方面主要有其代表人民利益,有充分的言论自由,经营方式得当,内容健康,等等。如冯有真看到苏联新闻事业的巨大盈利时,不禁发出感慨,"苏联报纸的经营方法,替全世界经营新闻事业的人开辟了一条光明的途径"[24]。罗果夫认为"苏联的新闻事业有着充分的民主化的精神,这是和其他各国一个很显著的不同之点"[25]。在苏联,报纸只负责编辑,出版发行则另有一个系统来进行,戈宝权对这一模式持肯定态度,他说:"书报杂志分配所是苏联所特有的一种组织。这种组织的功效非常大,也是苏联新闻事业在管理上合理化的一种表现。"[26]冯有真认为苏联的报纸编排经济合理,篇幅虽小,质量却绝不空虚。看完这一份或一份半的报纸以后所得的知识,绝不弱于看了十份八份的大报,而时间却经济的很多。[27]关于苏联的言论自由,邹韬奋分析后认为:"在无产阶级专政的国家里,却有多数人享到自由言论的权利,因为强有力的言论机关都在这多数人为中坚的政权统辖之下。"[28]

2. 对苏联新闻事业的大力批判

当时世界上主要的资本主义国家的新闻事业都是私人占有、私人经营,与苏联的国家经营完全相反,多数人认为私人经营更能体现言论自由,满足读者需要,而国家统一经营则剥夺了人们的言论自由,导致了新闻事业的退化。对苏联新闻事业的批评主要集中在其内容单一,政治色彩太重,愚弄民众,新闻审查制度,等等。首先是对于苏联报纸中内容的批评,如石家驹对于苏联新闻事业的批评:苏联报纸基于它的特殊使命,在内容与编排上,是与资本主义国家的报纸迥然不同,因为布尔什维克报纸的基本作用就是宣传,而它的主要目的,与其说是供给新闻,还不如说它是对于知识高低不同的人灌输学说的工具。[29]宜闲则批评苏联的新闻事业说"苏联的报纸有着极端否定个性的倾向"[30]。黄槟圆则在文章一开头就直接批评苏联的没有言论自由,"在苏联,言论自由是不许的"[31]。徐世廉翻译的一篇文章《密令指示下的苏联报纸》认为"布尔塞维克主义存在一日,就一日不会有新闻自由和言论自由"[32]。这与邹韬奋的看法完全相反。《新生杂志》则认为苏联的新闻事业"《真理报》无消息,《消息报》无真理"[33]。一位美国驻苏俄通讯员巴劳特写到:"苏俄的新闻检查可以任意修改、删除、禁止任何记者的电稿,他们的检查办法可谓精密备至。所以百分之九十由苏俄发出的通讯,都是由苏俄新闻检查所制造成的。"[34]

(二)对苏联新闻事业介绍受政治的严重影响

新闻事业历来是党派斗争中极为关键的一个部分,各个党派都把新闻事业视为政治斗争的一个利器。所以,欲封锁国内对苏联的接触和认识,最重要的就是封锁对苏联的报道,其次是控制国人去苏联访问。在对以上文献的分析中这一特点很是明显,我国报纸中对苏联新闻事业的态度,对苏联新闻事业介绍的数量都与当时国民党政府与苏联的关系有着紧密的关联。现在所能搜寻到的最早的一篇是胡愈之于1931年在莫斯科停留一周时写的苏联的《新闻记者的食堂》,那时国民党与苏联的关系还极为紧张。中日关系紧张后,中苏关系开始缓和,这一时期对苏联新闻事业介绍的文章数量大大增加。1933年到1937年的文章数量飙升到21篇,占到能搜集到的文献的50%以上。抗战后期,随着中苏关系的恶化,数量越来越少,对苏联新闻事业的态度也走向了反面。如1948年的《新生杂志》中直接批判苏联的新闻事业"《真理报》无消息,《消息报》无真理"[35]。1948年的《中央周刊》则歪曲苏联的新闻事业为"苏联新闻事业内幕——编辑毫无生命保障"。[36]

三、结论及余论

通过民国报刊对苏联新闻事业的介绍,我们可以大致了解到民国时期苏联新闻事业发展的概况,以及不同报刊对苏联新闻事业不同的态度,在不同的政治环境下对苏联新闻事业完全不同的看法。在这些文献中,有几位重要的作者值得介绍一下,他们代表了不同政治立场的报人,这对我们更好地理解在文章中呈现的对苏联新闻事业的态度或有裨益。

首先是戈宝权,他是戈公振的侄子,受戈公振的影响,戈宝权对苏联的态度比较友好,1935年去苏联,任天津《大公报》记者和上海《新生周刊》《世界知识》《申报周刊》的特约通讯员,长期驻莫斯科采访。1938年后又加入了中国共产党。戈宝权代表这样一批人物:关心祖国的命运,积极寻找救国良方,最终选择共产主义。他对于苏联新闻事业的介绍多持积极的态度,认为苏联的新闻事业是比较能够代表人民利益的,值得我们学习,当然他发出这样的呼声是与国民党严厉的新闻统制是分不开的。

其次是冯有真和马星野。这两位新闻工作者都是国民党新闻系统里的干将,为"党国"的新闻事业立下过汗马功劳。冯有真于1928年进入南京"中央通讯社"工作,为陈果夫赏识,成为国民党"CC系"的一员干将,历任"中央通讯社"编辑、采访部主任,及该社南京、重庆、上海各分社主任等职。马星野毕业于美国密苏里大学新闻学院,回国后在"中央政治学校"任教,1935年在该校创办新闻系。1942年至1945年调入国民党"中央宣传部新闻事业处"任处长,抗战胜利后,出任南京《中央日报》社长,主持南京《中央日报》由两大张增为三大张,加出晚报,并实行报社企业化,于1947年成立"中央日报"股份有限公司。1936年采访了柏林奥运会,后去苏联考察了新闻事业,写了《国营的苏联新闻事业》一文,对苏联新闻事业做了详尽的介绍,有对其做法表示赞同的,亦有表示反对的。对苏联新闻事业的赞同也主要是集中在对国民党的新闻事业发展有帮助或借鉴意义的方面。马星野在《世界无线电广播事业之鸟瞰》一文中,对苏联无线电广播的发展表示惊叹,认为中国和苏联的国情有相似之处,苏联新闻事业的成功有值得我们借鉴之处。"因为苏联国情和中国最相近,文盲之多,教育的文化的艺术的训练之必要,政治意识与社会都要精确的树立起来,所以莫斯科政府的措施,或者有可以供中国参考的。不过批评苏联播音制度的,以不自由、无个性为诟病这个缺点,乃是国营制度性不可避免的现象。"[37] "似乎我们只有摹效苏俄,这是记者比较诸制度后所得之结论,当然中国有特殊之环境与问题,依样葫芦,乃是走不通的一条路。"[38] 他们作为国民党新闻事业的领导人物,一心想发展"党国"的新闻事业。他们可以部分代表国民党新闻系统中对苏联新闻事业的态度,即实事求是地分析苏联新闻事业的利弊,更重要的是找到能为我所用,提高国民党的新闻事业水平,增强国民党新闻事业的宣传效果的办法。另外曾任国民政府外交部科长、国民政府经济部资源委员会专门委员的王家鸿翻译了苏联的新闻法制,在文末指出,之所以介绍苏联的新闻法制也是为了让国民政府有所借鉴,发展国民政府的新闻事业。"亟应综合制定统一完备之新闻法令,而对于管理新闻之组织,与记者资格之登记,尤令以法律规定,方能达到健全舆论之鹄的。吾人研究德意俄各国之新闻法制,正宜去短取长,以资借镜。"[39]

民国时期的报刊上介绍的苏联新闻事业基本呈现了斯大林领导下的苏联新闻事业情况。发表这些文章的作者多数都曾去苏联考察过其新闻事业,翻译的国外的文章要么是苏联本国的新闻从业者,要么是外国驻苏联或者在苏联参观过其新闻事业的新闻工作者写的,如果抛开作者的政治立场,一定程度上来说,可信性还是很高的。

他山之石,可以攻玉。探究民国时期报刊对苏联新闻事业的介绍,我们可以基本了解民国时期苏联的新闻事业概况,更重要的是能够认识到不同政治立场,或者不同的出发点对同样的苏联新闻事业观察到不同的方面,得出不同的结论。这也要求我们在对待史料时,要保持客观态度,最好能找到两方面的材料,得出正确的结论。

注释：

[1] 铁斋.苏联新闻事业之观察.经纶月刊,1941(第1卷第4期):66-71.

[2] 冯有真.国营的苏联新闻事业.新闻杂志,1936(第1卷第16期):41.

[3] 冯有真.国营的苏联新闻事业.新闻杂志,1936(第1卷第16期):41.

[4] 邹韬奋.韬奋文集(第二卷).生活·读书·新知三联书店,1978:381-382.

[5] 石家驹.苏联新闻事业的剖视.国闻周报,1937(第14卷第46期):23.

[6] 苏联之新闻事业.苏俄评论,1937(第11卷6—7期):72.

[7] 曹谷冰.苏俄视察记.湖南人民出版社,1984:152.

[8] 冯有真.国营的苏联新闻事业.新闻杂志,1936(第1卷第16期):42-43.

[9] 林一屏.苏联国营新闻事业概况.经世,1937(第1卷第11期):56-57.

[10] Albin E. Johnson, Vernon. Mckenzie.苏联新闻事业鸟瞰.报人世界,1936(3):9.

[11] 冯有真.国营的苏联新闻事业.新闻杂志,1936(第1卷第16期):37.

[12] 石家驹.苏联新闻事业的剖视.国闻周报,1937(第14卷第46期):25.

[13] 岑译.苏联的职工新闻事业.职业生活,1939(第1卷第17期):281.

[14] 林一屏.苏联国营新闻事业概况.经世,1937(第1卷第11期):53.

[15] 戈宝权.苏联新闻的概况.新闻记者,1938(第1卷第2期):12.

[16] 驻赤塔领事馆.报告:苏联广播无线电台之调查(十月三十一日编).外交部公报,1935(第8卷第12期):144-146.

[17] 苏联广播现况突飞猛进.无线电杂志,1935(第10卷第12期):42.

[18] 马星野.世界无线电广播事业之鸟瞰.东方杂志,1936(第33卷第1期):245.

[19] 戈宝权.苏联新闻的概况.新闻记者,1938(第1卷第2期):10.

[20] 陈寄近.今日苏联的新闻事业.清华周刊,1936(第44卷第11—12期):68-70.

[21] 罗果夫.苏联新闻事业概况.战时记者,1938(第1卷第6期):25.

[22] 苏联之新闻事业.苏俄评论,1937(第11卷第6—7期):74.

[23] 肯特.苏联的新闻事业.中苏文化,1938(第2卷第9期):8.

[24] 冯有真.国营的苏联新闻事业.新闻杂志,1936(第1卷第16期):38.

[25] 罗果夫.苏联新闻事业概况.战时记者,1938(第1卷第6期):25.

[26] 戈宝权.苏联新闻的概况.新闻记者,1938(第1卷第2期):13.

[27] 冯有真.国营的苏联新闻事业.新闻杂志,1936(第1卷第16期):38.

[28] 邹韬奋.韬奋文集(第二卷).北京:生活·读书·新知三联书店,1978:381-382.

[29] 石家驹.苏联新闻事业的剖视.国闻周报,1937(第14卷第46期):22.

[30] 宜闲.苏联的新闻事业.申报月刊,1933(第2卷第11期):58.

[31] 黄槟圆.苏联的新闻事业.大观楼旬刊,1943(第1卷第13期):11.

[32] 徐世廉.密令指示下的苏联报纸.周末观察,1948(第4卷第8期):13.

[33] 新生杂志(天津),1948(第2期):12.

[34] Parrott,L,石家驹译.驻苏俄通讯员的回忆.报人世界,1936(6):9.

[35] 新生杂志(天津),1948(2):12.

[36] 徐世廉.苏联新闻内幕——编辑生命毫无保障.中央周刊,1948(第10卷第27期).

[37] 马星野.世界无线电广播事业之鸟瞰.东方杂志,1936(第33卷第1期):248.

[38] 马星野.世界无线电广播事业之鸟瞰.东方杂志,1936(第33卷第1期):256.

[39] 王家鸿.德意苏俄新闻政策与新闻法制比较论.前途,1936(第4卷第9期):30.

【作者简介】马超,南京师范大学新闻与传播学院硕士研究生,主要研究方向为:民国新闻史。

在铭记和忘却的边缘：左翼文化运动下的新闻侧影[*]

梁 骏

(安徽大学新闻传播学院，合肥 230601)

摘 要：在本文的叙述中，笔者试图把左翼文化运动下的报刊活动和新闻人放置于整个20世纪前四十年的中国社会之大背景中，结合现存史料和前人研究的成果，重新梳理它的前世今生，呈现其代表性的报人群体和报刊活动。同时，为了避免片面性、偏袒性的观点先行，本文将采取多重视角的研究路径考察左翼文化运动下的报刊活动和新闻人。着重梳理和探究中国新闻学研究会、中国左翼新闻记者联盟(以下简称"左翼记联")、记者座谈这三大团体的联系和他们对战时新闻事业的发展所起到的作用。当然，这种多重视角的立场绝非单纯的折中主义抑或简单的观点杂糅，而是希望通过允许几种视角的相互了解和修正，帮助读者更好地理解这个特定时代下的文化运动和报人群体。

关键词：左翼新闻团体 报刊活动 袁殊 新闻教育

引 言

整个20世纪20年代的中后期，突出的历史状况是政治性斗争随着社会革命的兴起而渗透至各个领域。在此状况下，力图以个人或集体方式超越、回避对立于政治的文化实践均面临固定化、保守化的危险。[1]换言之，这一时期的文化运动不可避免地打上了政治的烙印。与此同时，作为新生的政党组织

---

[*] 本文是国家社会科学基金项目"民国时期名记者群体研究"(批准号：10BXW002)阶段性成果。

中国共产党,在历经大革命失败之后,终于探索出了一条"农村包围城市,武装夺取政权"的革命道路。而随着中国共产党在农村武装斗争的胜利发展,要求城市的文化斗争进行更有力地配合也就成了左翼文化团体成立和"左联"报刊发展的基本原因。[2]1930年3月2日,以鲁迅为首的中国左翼作家联盟在上海成立。同年6月,在中国共产党的领导下,许多左翼文化团体联合组成了中国左翼文化总同盟,轰轰烈烈的左翼文化运动开始蓬勃发展。"左联"出版的报刊,也成为中国共产党及进步力量在国民党统治区进行文化斗争和宣传报道的重要阵地。[3]

一、左翼文化运动下的新闻界:主要报刊、重要群体

1. 左翼报刊的艰难发展:从革命文学到舆论动员

在"左联"出版的刊物中,早期影响力比较大的主要有《萌芽月刊》和《拾荒者》月刊,这两本刊物在"左联"成立之前便已问世。而在"左联"成立之后,《前哨》(又名《文学导报》)则逐渐成为其主要舆论阵地。《前哨》创刊于1931年4月5日(实际出版延迟)[4],1卷2期起正式更名为《文学导报》。该刊物的编辑团队阵容强大,除了由鲁迅、冯雪峰负责掌舵编辑外,撰稿人里也有像瞿秋白、茅盾这样的文学大家。由于六位"左联"人士被国民党当局所杀,因而该刊的创刊号即为"纪念战死者"专号。该专号除刊登李伟森、柔石、胡也频、殷夫、冯铿、宗辉等烈士的传略和部分遗嘱外,更刊发了鲁迅的《中国无产阶级革命文学和前驱的血》、冯雪峰的《我们同志的死和走狗们的卑劣》二文,表达了其对当局残暴行径的强烈不满和斗争到底的决心:"……我们现在以十分的哀悼和铭记,纪念我们的战死者,也就是要牢记中国无产阶级革命文学的历史的第一页,是同志的鲜血所记录,永远在显示敌人的卑劣的凶暴和启示我们的不断的斗争。"[5]虽然《前哨》只秘密发行了两三千份,但却引起了强烈的社会反响,甚至得到了国际进步舆论的声援和支持。

事实上,在这一时期,除了文学界人士通过文学论战和文学作品的形式支持革命以外,中共的宣传部门也为争取大众支持进行了广泛的舆论动员。其中,由《红旗》三日刊和《上海报》合并出版的《红旗日报》是这一阶段中共中央的机关报。该报自1930年8月15日创刊以来,不仅设有"苏维埃区域来信""莫斯科通信"等栏目,更是每周刊发一篇综合时事述评。在秘密发行的情况下,发行量不断攀升,不足一月"竟达1.2万多份,甚至还有国外订户"。[6]值得留意的是,在其创刊号二版首载的发刊词《我们的任务》(署名"向忠发")一文

中,首次提出了"在现在阶级社会里,报纸是一种阶级斗争的工具"。[7]并明确表示"……要建立自己的革命报纸,宣传革命理论,传达真实的革命斗争的消息……要使《红旗日报》成为全国工农群众自己的报纸"。[8]

在诸多左翼报刊中,对后来左翼新闻团体形成起主要推动作用的当属袁殊主办的《文艺新闻》,作为"左联"的外围刊物,冯雪峰、楼适夷、袁牧之曾参与编辑,鲁迅、瞿秋白、郁达夫等也常为此刊供稿。自1931年3月16日创刊以来,《文艺新闻》便以新闻报道为主,甚至在淞沪会战爆发后发行了《烽火》战时特刊,按日报道最新战报。1932年6月20日,《文艺新闻》被迫停刊,但其在发行过程中,凝聚了一批进步记者和爱国知识分子,为后来中国新闻学研究会、中国左翼新闻记者联盟和记者座谈等左翼新闻团体的建立,提供了强大的人才支持和舆论平台。

2. 左翼报群的逐渐形成:从各自为政到集体协作

左翼文化运动和新革命政治交互影响的过程使得个人"从散漫的文化性团体(实践)中区隔出来——体现为革命团体的职业化,实践工作者、职业革命家与文化青年的分离"。[9]也就是说,在历经集体无意识到个人自发再至个体自觉参与政治之后,中国的知识分子们终于集体意识到了抱团取暖的重要性。而在这一过程中发挥重要作用的新闻界,也终于迎来了自己第一个相对成熟的组织:中国新闻学研究会。

1931年10月21日,中国新闻学研究会(以下简称"新研")在上海成立。①中国共产党杰出的活动家邓中夏曾参加指导这个学会的活动。"新研"成立之初,会员多来自上海《申报》《新闻报》《时报》的进步记者和复旦大学、上海民治新闻学院新闻系的个别师生,约40人。其组织核心则是当时《文艺新闻》周刊的工作人员。

在"新研"成立的第5天,也就是1931年10月26日,《文艺新闻》便率先刊发了《中国新闻学研究会宣言》。此《宣言》言辞激烈地批判了当时新闻学研究、新闻教育和新闻事业所存在的弊端:"'新闻学'这一名词,在中国学术领域里之被公认,还仅是十数年的事……虽然,在书坊出版物里,我们是可以找到

---

① 关于"新研"成立的日期一直有所争议,马光仁著的《上海新闻史1850—1949》、梁家禄等编的《中国新闻业史》都认为成立时间是10月23日;方汉奇主编的《中国新闻事业通史》则认为是10月21日。笔者是在参阅陈瘦竹主编的《左翼文艺运动史料》中,发现《中国新闻学研究会成立宣言》最后一句明确提到是"一九三一年,十月,暴日占领东三省后一月零三天",据推算,"新研"成立的日期当属10月21日。

十种以上的新闻学的著作;但那些因为都是偏于概论的,所以它的功效也只能使人除了知道'新闻学'三字以外,就不能供给我们对新闻学的更详尽的、理论的与技术的诸般知能之获得。新闻教育方面,虽然我们也可以提出数个设有新闻学专科的大学,但那有些是完全忽略了中国的文化进程与中国的社会背景,而只是愚盲的追从黄金的美国,接受那无补于中国的实需的纯资本主义化的报业教育……我们再看现在中国的新闻事业……它根本没有新闻学的根据……最近,又因此随了社会经济的发展……有了所谓'托拉斯'的组织,正向着更危机的前途。"[10]并明确表示,正是由于"……对过去新闻学是不满足,对现在的新闻学是不信任;在没有专门的集体的组织而发起本会……"呼吁"志愿于新闻学的朋友们……集合起来!"[11]

到了同年4月,则更是发出了振聋发聩的《檄全国新闻记者》,"以最大的诚挚之信心,谨公开的檄告我新闻界全体在业的同志;赶速的集合、组织起来,从研究到行动,负起新闻界对社会所应付的任务,并谋充实有效的忠尽我们的职责!"[12]呼吁"全国新闻界在业的同志们;春秋之笔,现在已不容它只是月旦褒贬于某一私人权贵甚至王者之流了,也不容许它专是流连尽致于市井色情奸盗等琐碎事务的绘影绘声了。全中国乃至全世界的劳苦大众,正呻吟垂毙于资本帝国主义者的铁轮之下……我们是依于大众而工作,依于大众而生存……我们有我们的武器。来吧,在一致的团结之下,我们来习练……"[13]显而易见,"新研"是想通过新闻的实践活动来唤醒公众,拯救国难。遗憾的是,"新研"在2个月后便被国民党查封。

但是,"新研"的结束并不意味着左翼文化运动下的新闻界从此一蹶不振。一个战斗力更加强大也更加职业的集体早已在左联"文总"执委会议的倡导下酝酿。在瞿秋白、邓中夏、潘梓年等人的参与指导下,1932年3月20日,中国左翼新闻记者联盟(以下简称"左翼记联")宣告成立。与"新研"侧重理论批判和动员号召相比,"左翼记联"在成立之际,便通过了"中国左翼新闻记者联盟纲领""开办国际新闻社传播革命消息""广泛建立工农通讯员""开展工厂、学校、兵营的墙报活动"[14]等决议。特别在《中国左翼记者联盟行动纲领及组织纲领》中,"左翼记联"明确提出了"争取言论出版的绝对自由",否认当时"一切束缚压制新闻文化发展的法令","争取新闻事业在一切交通机关的无条件的绝对便利"[15]等极富现代新闻职业特点的目标,甚至还列出了"制定记者健康保护法""提高各地报贩及报馆印刷工友之生活待遇与职业保障"等条例,确立"联盟下设集团:大会或代表会——执委会——常务会——专门委员会"的组织架构,规定"联盟大会或代表会半年一次,执委会一月一次,常会每周一次"[16]，这简直就类似于西方近代发展成熟的工会组织！而"左翼记联"随后的实践表现也证明了他们并非纸上谈兵之辈。

"左翼记联"成立后，"发展迅速，在国内边远地区，甚至在国外南洋等地都有盟员"[17]。而在上海法租界内开办国际新闻社①，以抗日活动为主要报道的稿件更是为国内外报刊所采用。更难能可贵的是，当国际新闻社开办仅4个多月便被国民党反动派叫停之后，"左翼记联"并没有屈服于高压下的淫威，仍然秘密地利用自己盟员的报刊和社会关系进行报道活动。比如说1933年5月，中国共产党与红军发表声明，表示愿意在三个条件下与全国军队共同抗日的消息，就是通过新声通讯社、远东通讯社发布出去，透露给"国统区"的读者的。除此之外，"左翼记联"还组织记者团集体采访，通过这种公开集体的形式，"左翼记联"曾经揭露了国民党反动政府监狱的黑暗生活和虐待革命者的残酷情况，因此触怒了当局。1934年，"左翼记联"的外围组织上海记者联谊会在组织记者团采访时被全部抓获。当时"日本报纸《日日新闻》报道说：《'记联'全部破获，书记丁中被捕》"[18]，而国民党"CC派"的外围刊物《社会新闻》更是刊文写到"所谓'新联'②，恐即由此寿绝歪寝矣"[19]。

然而，"左翼记联"并没有因此解体，而是转入地下继续发挥重要作用，并且在机关刊物《集纳批判》之外，又出版了《华报》，但也很快被迫停刊。此后，为了继续开展新闻工作，"左翼记联"又在1935年秋天创办了中华新闻社。不过，此时日本全面侵华的意图渐趋明显，为了抗日民族统一战线的早日形成，国共两党开始谋求政治、军事、文化等方面的相互妥协与合作。在这样的大背景下，1936年5月，中国左翼新闻记者联盟及其相关活动宣告结束。

值得一提的是，在左翼文化运动下的新闻界，除了上述两个有组织、有章程的团体外，还有一个容易让人忽视的集体——记者座谈。甚至其创办人之一的袁殊自己都说："座谈并非组织，我们欢迎一切同情的友侣。它是一种形式的聚会，没有任何组织形式，没有任何章程，只是口头约定。每个星期六晚上在外面饭店，常常是在四马路一带，约请一些有影响的报纸记者和编辑吃饭，边吃边

---

① 这里的国际新闻社与1938年范长江创办的国际新闻社是两个不同的通讯社，虽然没有明确的证据表明二者之间的承接关系，但鉴于范长江曾受到左翼新闻团体较大的影响，加之考量后者成立后的主要活动和作用，笔者倾向于认为此处的国际新闻社可以称得上是后者的前身。

② "新联"是因为国民党当局将其唤作"左翼新生记者联谊会"，简称"新联"。详见1934年4月3日《社会新闻》刊登的《左翼记者会破获》一文。

聊。"[20]而就是这么一个看似低调闲谈的小圈子,却汇聚了当时上海的多位知名记者,如上海新声通讯社的袁殊、恽逸群,《新闻报》记者陆诒,新世纪通讯社记者季步飞,申时通讯社记者鲁风,《大美晚报》编辑吴半农等。由于这种自由讨论的方式既可以让大家畅所欲言,又可以避开国民党特务的耳目,所以越来越多的进步记者和复旦大学、泸江大学新闻系的师生也陆续加入座谈。以至于陆诒后来回忆道:"我们在这一时期,改变了过去狭隘的工作作风,放开手从日常的工作、学习和生活实践中,广泛交朋友,团结了更多的青年记者,扩大了队伍,这为后来建立中国青年新闻记者学会的组织,奠定了初步的基础。"[21]

而为了进一步扩大交流的影响,成为新闻界的共同收获,座谈人员决定在《大美晚报》(中文版)开辟专栏,定名就叫《记者座谈》。1934年9月1日,《记者座谈》正式创刊,每周五出一期,约占半个版面。主要责任编辑为恽逸群,陆诒、刘祖澄也协助编辑,经常撰稿的则有袁殊、吴半农、徐心芹、沈颂芳、许书萍、郑宏述等。《记者座谈》自创刊伊始直至1936年5月停刊,除中间短暂停刊两次外,共出版89期。讨论的议题从最初交流对新闻工作的意见和想法,逐渐过渡到探讨如何抗日救国以及关注整个新闻界的动态。对于中国各地乃至外国新闻事业的现状和历史也开始有了观照。

二、左翼新闻界的旗手:袁殊及其突出贡献

如上文所述,在左翼文化运动影响下的新闻界,相继出现了中国新闻学研究会、中国左翼新闻记者联盟、记者座谈等新闻组织和报人群体。这里必须要指出的是,三者间并非时间先后上的延续,而是彼此交错、互相融合与影响。而在这三个新闻团体的建立与活动中,有一个人起到了非常关键的作用,那便是袁殊。

袁殊,原名袁学易,后曾因时局需要,一度改名为袁逍逸、曾达斋,1929年东渡日本,先后在早稻田大学和日本大学学习新闻学。学成归来后,袁殊"一直想当一名职业记者,既是当事业,也是生活的依靠"[22]的想法更加强烈。在其妻子马景星的资助下,《文艺新闻》于1931年正式创刊。作为一张四开四版的小报,从最初的发行量不过3 000份左右,到最后将近8 000份,并扩充到六版,袁殊可谓居功至伟。特别考虑到当时的时代背景,众多左翼报刊别说扩大发行量,就连坚持几个月的都少之又少,但《文艺新闻》不仅坚持了一年多,并且在读者心中的影响力更是不断增强,也难怪夏衍后来回忆道:"在文艺界,一般总是能写的不能搞社会活动,能搞社会活动的就不能写了,袁兼二者之长。因此,我不止一次和冯雪峰、钱杏邨等人称赞过袁殊的积极和能干。"[23]

不仅如此,在极端艰苦的条件下,袁殊还先后指导和参加了中国新闻学研究会、记者座谈、中国左翼新闻记者联盟的创办工作和实践活动,并留下了《记者道》《学校新闻讲话》等专著。其新闻思想和新闻实践对于当时的整个中国新闻界产生了巨大冲击,可以说推动了中国近代新闻事业的发展。

1. 从反思"新闻学"到提倡"集纳主义"

首先,在笔者看来,袁殊当属中国新闻界第一个对"新闻学"这一概念正本清源的人,极大地丰富了新闻学的内涵。早在1903年,《国民日日报》便在发刊词上谈到了"新闻学之与国民之关切为何如……",使"新闻学"这一名词首次见诸于中国境内报刊。可遗憾的是,在此后十数年间,中国的新闻学者却一直没有对"新闻学"进行系统的概念界定和理论叙述。直到1919年,徐宝璜才首次明确"新闻学"的内涵:"新闻学者,研究关于新闻纸之各问题而求得一解决之学也,故亦有人名之曰新闻纸学。"[24]但作为曾在日本早稻田大学攻读新闻学的袁殊,显然对此有着更加鞭辟入里的理解,并以高度的学术自觉性致力于中国"新闻学"的重新建构。为此,袁殊先是从词源学的角度,站在理论层面主张其用"集纳"取代"新闻学"的观点,后来更是通过自己的实践活动践行着自己的新闻理念。

在他的著述《记者道》中,袁殊特意用《"集纳"题解》和《新闻(News)语源考》两文对其的"集纳"主张做了详细的分析和词源上的考证。在《"集纳"题解》中,袁殊首先解释了"集纳"的意义:"很简洁地说,就是'新闻学'的一个新的名称。是从英语的'Journalism'译音和译义而拟定的。"从英语的角度考量,"'新闻'与'消息'同一语义,即'News'"。所以,在他看来,若"以'新闻学'作为代表,关于报纸上之一切的学术,似嫌狭隘"[25]。袁殊认为,"新闻是把适宜的报道,给予繁众以兴味,而最良的新闻,是能给最大数人以最大的兴味"[26]。而"报道"二字的意义,正是"Journalism"一词才包含的。在袁殊看来,所谓"报者,将事物之全貌作正确的报告;道者,即在报告上负有对社会的倡导批判的任务。所谓倡导批判,是根据客观事物的社会的需要,是有目的意识的,是在选择与取舍的,而到集纳的完成"[27]。

显而易见,袁殊的"集纳主义"在无形中包含了媒介批评的意味,而从后来其办报实践来看,他的这种媒介批评已经超越了中国传统"文人论政"的范畴,可以说已经初步具有现代新闻评论和监督的意味。作为《文艺新闻》的掌舵者,袁殊开辟了《从清晨到夜半专栏》这么一个评论栏目,并承担着主要撰稿工作,"不作下流之捧,亦不作无聊之骂"[28]则是其孜孜追求的品质和一直标榜的原则。因此,在袁殊的笔下,我们不仅看到了如《上海报纸之批评》这样审视业界自身问题的批评大作,还看到了如《时置洪水奔流》《对〈微音〉的微感》等短评杂感。其批评笔锋之犀利、手法之多样、态度之坚定、立场之客观,处处体现着袁殊"求中国新闻纸的未来光明"的热忱期待。正是这种满怀新闻理想、敢于秉笔直书的态度,在丰富了中国新闻学内涵的同时,也让袁殊成为中国现代媒介批评的领路人。

随后,袁殊又因为"近两三年,读了些新的集纳文籍,发现许多更新的,关于'定义'的解释,深觉以前所研讨的,虽然通俗(简明),但却不免肤浅。因此,很想重新广泛的引证东西洋各家之说,再做一个总和的、分析的说明,藉求具体的做成一个定例的'定义'的解释"[29]。在这种想法的指导下,他又从不同国家的语言和语义详细考察了"News""Journalism"的词源,进一步为其"集纳主义"观点寻求合理性、权威性的解释。值得一提的是,袁殊的主张,得到了时任复旦新闻系主任谢六逸和知名新闻学者任白涛的认可,"于是'集纳学'便在无反对意见下,出现于中国学术界了"[30]。

2. 高瞻远瞩的新闻教育观

其次,袁殊对我国新闻教育的贡献也同样值得我们肃然起敬。他以一个新闻教育家的眼光和魄力,超越了当时的时代局限,提出了中国新闻人才的培养方案。在袁殊看来,新闻学不仅涉及报纸经营、新闻制作等方面,还要回答:"报是什么?报如何在社会存在?怎样办报?怎样办了报才得好或坏"[31]等问题,进一步明确了新闻学学科的实用性和科学性。此外,袁殊还通过自己对现代新闻的观察,阐明了新闻与时代变革的关系,认为未来的中国新闻人才应当具有"学业至少要有大学毕业的程度""对于一般政治、经济及其他要有个别专门的学问,要有体系的一般的理解""要有丰富的科学常识""要有丰富的生活经验"[32]等素质,而现代新闻传播学科的培养模式也无外乎这些,因此,袁殊的远见卓识就更值得钦佩和赞叹。

在《学校新闻讲话》一书中,袁殊先后介绍了日本、英国、美国的新闻教育,并以中国的复旦大学、燕京大学为例,毫不留情地批评了当时中国新闻教育的落后,"我们看日本的学校新闻,可以知道他在学生运动上,在思想斗争上,是如何勇敢上进的,占有文化史的光荣。我们看英、美的学校新闻,也可以知道他在学术、文艺,乃至政论方面,是尽了如何的贡献;是获得了怎样适宜的赞誉和价值。现在,我们看了中国这一型的学校新闻,又如何的无耻,下流!"[33]在这样强烈对比的冲击下,袁殊甚至在80多年前就对中国学校新闻的教育做了自己的规划:"中国一般社会新闻事业的进步、发展,虽可以激引学校新闻的进步、发展。而推动中国学校新闻前进与发展,首先仍需学生大众对自己处在的时代和环境,有深切正确的认识;对自己要有自觉。时代苦难的前途,正为学生大众展开着……我们怎样炼锻今日的身手呢？学校新闻是一个镜子,一个测验器。"[34]为此,袁殊大声疾呼,希望新闻系的同学们"能辨识中国的前途,自己的前途,和致学新闻的抱负与目的"[35]。

3. 三大新闻团体的"总舵主"

袁殊对中国新闻界的第三个贡献就是其在左翼文化运动时期,对新闻团体的成立和发展起到了不可替代的推动作用。如果没有他的《文艺新闻》做支持,"中国新闻学研究会"将失去最为重要的言论阵地;如果没有他的组织筹备,"中国左翼新闻记者联盟"的成立也不可能一帆风顺;如果没有他的牵头联络,"记者座谈"更不可能搞得风风火火,也不会成为日后"中国青年记者协会"的人才库。虽然有人认为,这一时期袁殊的新闻活动是为了政治需要,因此是不是主观意义上的为了新闻事业发展而作为还有待考量。但笔者窃以为,这样的判断难免有失公允和略显小气。政治的因素固然需要考虑,但袁殊对于新闻事业的热忱和执着更不该被忽视。就像袁殊自己所说的那样:"不能说'记者座谈'是党用来团结进步新闻工作者的一种方式。因为一开始,我就打定主意不标榜任何党派。但广泛团结上海的进步记者这一点我做到了。其次,这些记者接受我提倡的新兴阶级的新闻理论。"[36]不仅如此,袁殊的新闻实践活动除了创办上文屡次提到的《文艺新闻》外,还曾在《大美晚报》的《记者座谈》周刊、"孤岛"时期的《译报》上发稿写文,其精神令他的挚友兼同仁恽逸群大为感动:"怀云君是座谈同仁中最热心于集纳运动的一员,他在百忙之中,几乎每期都为座谈写稿译稿……每逢到稿荒的时候,打了一个电话通知他,他无论如何忙,不管一点钟二点钟甚而至于三点钟回家,一定当晚为座谈写稿或译稿……他这样努力于集纳运动,使座谈同仁——尤其是我们几个编委,非常感动和钦佩的。"[37]

三、不该被忘却的历史:理解左翼文化运动时期的新闻界

长期以来,对于左翼文化运动下的新闻团体和新闻人,新闻学界的关注度和认可度都不是很高。似乎以政治学的视角,将整个左翼文化运动划归于党的政治领导,认为左翼新闻团体和其实践活动是党宣传战线上的整体部署,这已经成为学界内部心照不宣的默契共识。的确,左翼新闻团体有着较为一致的政治立场和革命目标,"但是当以政治立场为最根本的解释框架时,就会使

左翼文化运动丰富的文化实践被纳入一个决定性、控制性的观察视野[38]"。然而实际上,以左翼文化运动为契机而孕育的新闻团体和新闻实践,其重要的意义恰恰就是因为它在当时如此不理想的政治、经济、社会条件下创造出了具有灵活性、自主性、创造力和感召力的"新闻游击战"模式。更难能可贵的是,这种模式还并非散兵游勇式的各自为战,而是通过一种专业上的认可和精神上的追求,将当时的进步报人团结在一起,凝聚成一股强大的力量。换言之,党派政治因素绝对不是左翼新闻团体活动的唯一动因或者根源所在,它只是诸多影响因素之间的一元而已。

有学者便非常理性地指出,左翼文化运动之所以能在参与者不多的情况下,于当时的文化界起到枢纽性的作用,"恰恰是因为它将政治性立场最深、最有效地内化。这并非意味着左翼文化只是革命的传声筒,恰恰相反,左翼文化存在的历史意义在于它实际的革命政治领域的侧翼,在现实反动包围政治的包围中,独立地打造了一个文化斗争的空间"。[39]事实上,我们看看当时中国的新闻界,要么被旧势力利诱而与其关系暧昧"有偿不报",要么被当权者威逼而禁言失声,唯一能让死水微澜般的新闻界重新清流激荡的也只有左翼新闻团体。更何况,在左翼新闻团体的实践中,涌现出了诸如袁殊、恽逸群这般为中国新闻界的发展起到重大推进作用的旗手式人物,并对陆诒、萨空了、范长江等人的记者职业生涯产生了重要影响。

说到这里,笔者所谓"理解左翼文化运动时期的新闻界"之"理解",实际上已经不仅仅在于多提供一种视角或方法的问题,更多的是希望读者可以"进入历史"。"进入历史"起源于这样一个假定,"即历史是一个尚未进入而又需要进入的他者"[40]。这意味着历史研究不应该再简单地将历史材料作为研究对象,而是要置身其中,从历史之外的"现在"重新回到"过去"的历史之中,使作为他者的历史成为与自身密切相关的东西,从而更好地"理解"。

最后,改用陈平原先生的话说,与历史对话,与左翼文化运动下的新闻界对话,"可以是追怀与摹写,也可以是反省与批判;唯一不能允许的,是漠视或刻意回避"[41]。尽管站在新闻专业主义的角度,也许整个左翼文化运动下的新闻实践存在一些弊端,但若将其置于文化史的视角,甚至整个大的历史语境下来把握,我们也应当看到其一致的文化立场丰富了其实践内涵,更不该忘却在英敛之所谓"我中国"不能沦"为万国之属地"、不该成"为万国之马牛"[42]的抗争年代,袁殊等人是如何的责无旁贷,书生意气挥斥方遒。所以,整个左翼文化运动下的新闻活动,不仅应当是中国新闻史上值得关注的遗珠,更是整个历史研究中不可遗忘的角落。

注释：

[1] 程凯.革命的张力——"大革命"前后新文学知识分子的历史处境与思想探求（1924—1930）.北京大学出版社，2014：344.

[2] 梁家禄.中国新闻业史（古代至1949年）.广西人民出版社，1984：299-300.

[3] 梁家禄.中国新闻业史（古代至1949年）.广西人民出版社，1984：299-300.

[4] 马光仁.上海新闻史（1850—1949）修订版.复旦大学出版社，2014：666.

[5] 中国无产阶级革命文学和前驱的血.前哨（纪念战死者专号）.1931-4-15.

[6] 刘家林.中国新闻通史（修订版）.武汉大学出版社，2005：417.

[7] 我们的任务.红旗日报.1930-8-25.

[8] 我们的任务.红旗日报.1930-8-25.

[9] 程凯.革命的张力——"大革命"前后新文学知识分子的历史处境与思想探求（1924—1930）.北京：北京大学出版社，2014：336.

[10] 文艺新闻，1931-10-26（第三十二号第二版）//陈瘦竹.左翼文艺运动史料，南京大学学报编辑部，1980：146-147.

[11] 文艺新闻，1931-10-26（第三十二号第二版）//陈瘦竹.左翼文艺运动史料，南京大学学报编辑部，1980：147-148.

[12] 文艺新闻，1932-4-18（第五十一号第一版）//陈瘦竹.左翼文艺运动史料.南京大学学报编辑部，1980：195.

[13] 文艺新闻，1932-4-18（第五十一号第一版）//陈瘦竹.左翼文艺运动史料.南京大学学报编辑部，1980：196.

[14] 古钟.中国左翼新闻记者联盟史略（1932—1936）//张静庐.中国出版史料补编.中华书局，1957：306.

[15] 集纳批判，1932-1-21（第二号）//陈瘦竹.左翼文艺运动史料.南京大学学报编辑部，1980：219.

[16] 集纳批判，1932-1-21（第二号）//陈瘦竹.左翼文艺运动史料.南京大学学报编辑部，1980：220.

[17] 梁家禄.中国新闻业史（古代至1949年）.广西人民出版社，1984：308-309.

[18] 梁家禄.中国新闻业史（古代至1949年）.广西人民出版社，1984：309.

[19] 社会新闻，1934-4-3（第七卷第一期第八页）//陈瘦竹.左翼文艺运动史料.南京大学学报编辑部，1980：337.

[20] 丁淦林.袁殊对"记者座谈"的回忆//丁淦林文集.复旦大学出版社，2005：45.

[21] 陆诒."青记"的前身—上海记者座谈.新闻研究资料，1981（04）.

[22] 丁淦林.袁殊对《文艺新闻》及《记者座谈》的回忆//丁淦林文集.复旦大学出版社，2005：37.

[23] 夏衍.懒寻旧梦录（增补本）.生活·读书·新知三联书店，2000：135.

[24] 徐宝璜.新闻学.新中国，1919（7）.

[25] 袁殊.记者道.群力书店,1936:84.

[26] 袁殊.记者道.群力书店,1936:86.

[27] 袁殊.记者道.群力书店,1936:85.

[28] 《文艺新闻》第20号第3版《预告》,1931-7-27.

[29] 袁殊.记者道.群力书店,1936:86.

[30] 袁殊.记者道.群力书店,1936:85.

[31] 袁殊.学校新闻讲话.湖风书局,1932:164.

[32] 袁殊.学校新闻讲话.湖风书局,1932:170-171.

[33] 袁殊.学校新闻讲话.湖风书局,1932:201-202.

[34] 袁殊.学校新闻讲话.湖风书局,1932:217.

[35] 袁殊.学校新闻讲话.湖风书局,1932:216.

[36] 丁淦林.袁殊对"记者座谈"的回忆//丁淦林文集.复旦大学出版社,2005:46.

[37] 恽逸群.《记者道》序//袁殊.记者道.群力书店,1936.

[38] 程凯.革命的张力——"大革命"前后新闻学知识分子的历史处境与思想探求(1924—1930).北京大学出版社,2014:338.

[39] 程凯.革命的张力——"大革命"前后新闻学知识分子的历史处境与思想探求(1924—1930).北京大学出版社,2014:344.

[40] 黄悦.鲁迅、胡风与左翼文学——黄悦自选集.河南大学出版社,2013:49.

[41] 陈平原.对话历史:五四与中国现当代文学(序).北京大学出版社,2014:1.

[42] 未来之中国.大公报,1903-5-5.

【作者简介】梁骏,安徽大学新闻传播学院硕士研究生,研究方向为:中国新闻史、媒介文化。

新闻人物研究

论民国时期美国东方报人领袖托马斯·密勒的在华新闻业绩

邓绍根

(暨南大学新闻与传播学院,广州 510632)

摘 要:托马斯·密勒从 1900 年作为《纽约先驱报》驻华战地记者来华直至 1941 年因伤回国,在中国新闻界先后工作 40 年,成为美国在华最资深的新闻工作者。在驻华记者岗位上,他用笔书写新闻,向美国报道中国,积极推动美国远东政策,维护美国远东利益,在中国建立的"中国通"的价值观念,确立了"中国通"发挥作用的标准,使他荣膺"中国通之父";1911 年,他在上海创办《大陆报》,引进美式报纸理念和编辑技巧,使之成为在华第一份英文日报;1917 年,他创办《密勒氏评论报》,欢迎密苏里新闻学院毕业生前来实习工作,使之成为"密苏里帮"的重要基地。由此他成为民国"密苏里帮"的发起人和"美国东方报人领袖",他的新闻业绩彪炳中美新闻史册。

关键词:托马斯·密勒 《大陆报》 《密勒氏评论报》 "密苏里帮"

美国著名学者彼特·兰德指出:"从本世纪(20)初叶开始,中国就陷入无休止的混乱和内战之中。在二三十年代,日本的侵略战争降临,使这一噩梦愈加险恶。有一大批备受激发和鼓舞的美国作家和记者,到那里去亲自经历黑暗与恐怖。他们是他们的时代派往这一中心之国的使者,承继着马可波罗和吉卜林创立的传统,把东方的信息传递到西方。"[1]确实随着美国国力增强和对外扩张政策的施行,美国报人和记者在新"天定命运"精神感召下,纷纷走出国门成为专业驻外记者,出外采访世界时事,为宣传扩张政策和鼓吹扩张舆论服务,成为"帝国事业的旗手"。而中国从义和团运动到辛亥革命,局势动荡剧变,刺激了更多的美国新闻人前来中国冒险。尤其辛亥革命后,新生的共和国面临武人割据、军阀混战的局面,这为美国在中国的介入与崛起,提供了前所未有的机遇。为近距离观察复杂多变的中国局势和维护本国在华利益,美国在华人员开始创办媒体,直接影响在华舆论;美国国内各大媒体纷纷派出记者前往中国,呼吁国内媒体关注中国,维护在华利益。特别是"一战"后,美国在华新闻活动日趋活跃,新出版了一批英文报刊,在华通讯社业务也有新发展,美国在华新闻事业向老牌英国发起了挑战,逐渐改变了外国在华新闻业的格局,涌现出一批著名的美国报人和记者。素有"美国东方报人领袖"(Dean of American Newspapermen in the Orient)[2]的托马斯·密勒是其中典型代表之一。

一、美国在华记者的"中国通之父"

著名新闻史学家方汉奇先生认为:"美国媒体派遣记者到中国采访,起始于1894年中日战争期间。这一年,《纽约世界报》的记者詹姆斯·克理尔曼(James Gralman,1859—1915)衔命来华,在中日交战的前线进行采访活动。"[3]因此,托马斯·密勒不是最早前往中国采访的美国记者;但他最富成效的在华新闻采访经历,为他赢得"中国通之父"[4]的美誉。

托马斯·密勒(Thomas Franklin Fair fax Millard,1868.7.8—1942.9.7),密苏里州费尔普斯郡罗拉(Rolla)人,1878—1882年,入密苏里矿冶学院(Missouri school of Mines and Metallurgy,今为密苏里科技大学)学习。1884年转入密苏里大学,1888年毕业。1895年,他任职于密西西比河以西最古老的报纸《圣路易斯共和报》(St Louis Republic),开始新闻记者生涯。1897年,他因固执地拒绝报道一次火灾事故,而被报社解职。1897年,他进入《纽约先驱报》(New York Herald),负责撰写戏剧评论,后作为该报战地记者,前往南非报道布尔战争,这是他驻外记者生涯的开始。1898年,他成功地报道了美西战争。第二次布尔战争(1898—1900)期间,他撰写的关于布尔战争期间南非白人游击队的报道颇有影响。英国司令官基钦纳爵士最终将他从南非驱逐出去。基钦纳的举动加深了他对英帝国的憎恨。战争成就了密勒。他的战地报道,使他成为声名显赫的战地记者。

1900年,菲律宾起义后,他作为《纽约先驱报》驻外记者转战亚洲。中国义和团运动爆发后,《纽约先驱报》老板贝内特(J.G.Bennett)对关于中国的报道颇为不满,特别对莫里森(Dr.Morrison)关于义和团攻城期间的报道让《泰晤士报》名利双收感到非常恼火。于是,贝内特决定加强中国报道,派遣驻外记者前往中国。密勒是贝内特的崇拜者,将他作为榜样一样进行模仿,从他身上学来了自负、过于虚荣、洁癖、嗜酒、单身,并深受他崇尚华丽风格的影响。接到贝内特的调令后,密勒欣然前往中国,由此成为《纽约先驱报》第一名驻华记者。

密勒抵达中国后,为《纽约先驱报》提供了大量中国的新闻,也为美国各大杂志撰写了大量中国文章,如《义和团:他们进攻和防御的方法》(*With the Boxer Army: Their Methods of Attack and Defence*)、《中国的惩罚和报复》(*Punishment and Revenge in China*)、《中国军队的比较》(*A Comparison of the Armies in China*)、《在中国定居》(*The Settlement in China*)等。他同情中国人民悲惨的处境,谴责八国联盟的军事行动"破坏了世界和平,……将中国带入战争,回到黑暗时代,将给后人在世界留下道德污点"。他支持马克·吐温的反帝言论,批评八国联军对中国索要高额的惩罚性赔款。1901年1月返美后,他在全美进行了《中国的战争》(*War in China*)的巡回演讲。他的巡讲,唤起了美国对中国的同情,加深了他对中国的感情,成为美国对华"门户开放"政策的积极拥护者。

密勒是鼓吹"门户开放"政策的马前卒。他深信"美国已经面临历史的拐点,必须为本国产品打开新的市场突破口,否则美国的工业将遭遇市场瓶颈。"[5]他相信上帝之命,相信美国有权开拓自由市场,认为美国军事力量在远太平洋的存在,可确保法国、德国、日本和英国这样一些大国不至于为各自的利益而分割中国。他目睹了日本在义和团运动后对满洲的野心和掠夺,对日本在满洲蹂躏百姓,搜杀掠夺等侵略行径极为愤慨,他认为日本帝国对整个中国都是一种危险的威胁,同时威胁着美国在中国的贸易利益。[6]

1904—1905年日俄战争期间,密勒在满洲跟随俄军采访,为《纽约先驱报》和《巴黎先驱报》等报刊提供了关于战争最准确的见解,全面报道了日军暴行;同时为美国国内杂志撰稿,如《战争新特征》(*New Features of War: As Illustrated in the East*)、《战地记者和他的未来》(*A War Correspondent and His Future*,1905)、《新中国》(*The New China*)等。日俄战争后期,他前往朝鲜,采访日本占领朝鲜现状。日俄战争之后,他继续留在中国,并决定毕生事业与中国相连。[7]日俄战争的战地记者经历,直接触动了他对美国远东政策的思考。1906年,他出版第一本关于远东政策的著作《新远东:日本新地位以及他对远东问题解决的新观察》(*The New Far East: An Examination into the New Position of Japan and Her Influence upon the Solution of the Far Eastern Question*),积极呼吁美国注意日本帝国兴起对美国远东利益和政策的冲击。

1908年,密勒以战地记者的身份赴非洲报道摩洛哥起义,结束后重返中国。1909年,美国塔夫脱总统委任新的驻华公使柯兰(Charles R. Crane),密勒与他是老相识,并一同来华。密勒积极配合他推行美国反对日本控制中国东北的铁路和矿藏的远东政策,大肆宣扬柯兰强硬主张。他发表了一系列反日文章,如《日本移民韩国》(*Japanese Immigration Into Korea*)等,并撰写著作《美国和远东问题》(*American and The Far Eastern Question*),认为美国应保证中国有权自主决定自己的未来,"正如门罗主义阻止了列强插足中美洲和南美洲的野心一样,美国还应制定一个强有力的在太平洋地区的政策,帮助中国保全主权和领土完整……不能再漠视和犹豫不决了!是该向中国伸出援助之手,帮助和指导它走上艰难的复兴道路的时候了!"[8]

密勒在华记者的经历,使他逐渐把情感投入到中国事业之中。他开始"对中国人民怀有深切而诚挚的热爱和钦佩之情",认为中国已经完全觉醒还为时尚早,但可以肯定的是,她已睁开双眼,关注世界上正在发生的有关中国的事情。中国人勤劳、可靠、守法、脾气好、有能力且宽容。这些良好品质如果运用于现代化的发展,中国是不可能不产生伟大结果的。[9]他憎恨强暴,憎恨凶恶的强者在竞技场上欺负毫无抵抗力的弱者。在大英帝国和日本身上,他看到了他所憎恨的暴徒以及他的事业之所在。他积极为美国政府献言献策,力图影响美国远东政策。为此,他撰写了大量关于美国远东政策的著作,如《美国和远东问题》(*America and the Far Eastern*,1909)、《我们的东方问题》(*Our Eastern Question*,1916)、《民主政治和远东问题》(*Demoracy and the Eastern Question*,1919)、《在华盛顿会议上的山东问题》(*The Shantung Case at the Conference*)、《在亚洲政策的冲突》(*Conflict of Policies in Asia*,1924)、《中国:今日问题的核心所在,为什么在何方,为什么?》(*China-Where It Is Today and Why*,1928)、《在华治外法权的结束》(*The End of Extraterritoriality in China*,1931)等,为美国政府制定远东政策提供了参考,直接影响了美国对华政策。自他之后的所有"中国通"都拥有这样的欲望,密勒只不过是少有的做到了直接向总统陈述想法的人。他为此后的"中国通"们确立了所遵循的价值观念和发挥作用的标准,这使他荣膺"中国通之父"的美誉。[10]

二、密勒与第一份在华美式报纸《大陆报》创办者

在维护美国在华利益和反对英日帝国瓜分中国的旗号下,美国新闻界打破英日对华新闻垄断的呼声日益高涨。当时外国在华新闻业中,英国报纸占

主导地位。英资的《字林西报》《上海泰晤士报》等占据并垄断了上海的英文报纸市场,英国控制的别的报刊在各通商口岸也占据着重要地位。[11]密勒长期在华的采访经历,使他认识到仅凭个体而非有组织的新闻宣传,收效甚微。1907—1908年,他加入司戴德"美中新闻局"计划,也未能实现美国记者控制东亚新闻解释权的梦想。他意识到美国人迫切需要寻求一个永久性的、更行之有效的宣传策略,要在中国出版每日、每周、每月出版物及中国年鉴,向国内报道中国的新变化及发展机遇。如果这份报纸不涂上美国色彩,就必定会是西方其他列强的颜色,我们到了该关注自己利益的时候了,美国人应当用这一方法影响世界事务。[12]他的想法也得到了美国同行以及政要的认可和支持。美国记者索可斯基说:"现在上海最需要的是一张真正的美国日报",所属权和编辑权都在美国人手中,"积极维护美国利益,如同《字林西报》维护英国利益那样"。美国驻华公使柯兰也主张:"我们在(新闻业)即将扮演一个重要的角色,这个角色完全是美国的,不容其他国家染指。"[13]他反对英国对外国新闻的统治,认为美国记者需要"在远东建立坚定而永久的基地"。"我们在远东的利益是如此巨大,发展如此迅速,这对我们的未来,尤其是太平洋沿岸国家意义重大,我们必须在尽可能的情况下获得及时、全面、准确、独立的信息。美国在中国的利益因为英日帝国有计划的宣传而受到阻碍"。[14]老罗斯福总统曾在珍珠港接见密勒时,敦促密勒用他的报道和作品教育美国人,这无疑大大刺激了密勒的野心。于是,他决定创办一份完全属于自己的报纸。

密勒在华创办报纸也得到了中国留美政要们的支持。当时初识美国"无可估量的财富和力量"的中国人,他们也在寻求各种方法以发展中国经济、维护国家的完整性和独立性。1908年,中国政府曾欲购买纽约一家大型日报。密勒对这种能够影响国际事务的方法充满了兴趣,在获知该信息后,他去信塔夫脱,希望总统能在唐绍仪面前以赞许的口吻提及他,以便他能有机会指导并掌控这一事情的运作。密勒还为此做了前期调查、撰写报告,并建议中国办一份能在海外发行的新报纸。但是,该计划随着1909年政局变化、袁世凯失势而搁浅。[15]1910年3月,驻华公使伍廷芳回国后,称病寓居于上海。密勒与他是旧相识,1906年至1908年初间,密勒分别于北京和上海四次拜会伍廷芳,他认为:伍是"中国最有意思、有很大影响力"的人物。美国任职经历也使伍博士对报纸作用有了一种全新的认知。当他与密勒相识后,他们决定在中国创建一份遵循美国报纸传统的英文日报。[16]因此,以往研究者说为了营造有利于革命的国际环境,孙中山等委托美国人密勒来华办报[17]的主张是错误的。但密勒同情、支持孙中山等革命派,支持中国革命活动的愿望也是他创办英文日报的一个重要原因。据鲍威尔说:"辛亥革命中,密勒非常了解孙中山和他的革命同志们,于是他将他们也写入了发回《纽约先驱报》的报道中,同时也在书中记录了他们。……在此之前,上海的新闻业主要由一份英国殖民报纸所控制,即《字林西报》……在英国人和其他在亚洲的西方人中,拥有很高的阅读率。由于它几乎从不刊登美国新闻,于是,密勒决定创办一份美国报纸。"[18]

密勒创办一份美式传统的报纸,急需从美国招揽新闻人才。他给密苏里新闻学院的威廉院长发去寻求帮助的电报,威廉院长写信给他以前在《哥伦比亚—密苏里先驱报》(*Columbia-Missouri Herald*)的同事卡尔·克劳(Carl Crow),推荐他前往中国帮助密勒创办英文报纸。克劳收到密勒电报和威廉院长的推荐信,说愿为他提供一份远在大洋彼岸中国大都市上海将要出版的英文日报的工作。他欣然同意前往令自己感到神秘的国家[19]。1911年6月初,克劳启程前往上海。

7月,克劳抵达中国后,密勒加快了报纸出版的步伐,他邀请了在日本经营《日本广告报》(*The Japan Advertiser*)的费莱煦(B. W. Fleisher),他对报纸创办富有经验,帮助指导他创办英文日报。在中美双方人士的支持下,密勒开始积极筹办出版英文报纸。美国驻华公使柯兰是芝加哥商业领袖和慈善家,他出资在美国帮助密勒购置了字模和新型印刷机器,并认购了200股份。至7月30日,已有590股被认购,其中美国人340股,中国人如伍廷芳及沪宁铁路总办钟文耀等认购了150股。在中美双方私人股本的共同参与下,1911年8月24日,密勒与卡尔·克劳、费莱煦等联合组成中国国家报业公司(China National Press, Inc),并在美国特拉华州注册,其共同筹办的英文日报《大陆报》(*The China Press*)试刊,出版样报。《大陆报》试刊后,立即震动了上海新闻界。8月25日,《申报》以《〈大陆报〉头角已露》报道说:"英文大陆报样报昨日出版,内容丰富,将来当可于上海西字报中高树一帜。该报宗旨专注国之进步,兹因机器尚须署,故须于本月初六日始能按日出报。"[20] 8月29日,《大陆报》正式出版。这是美国人在沪创办的第一份英文日报。社长由柯兰担任,密勒为报纸主笔,费莱煦为经理,克劳出任本市新闻副主编和广告部主任,负责招揽外国人来中国旅行的宣传广告。该报有很强的密苏里背景(密勒、克劳皆为密苏里人),以美式的新闻采编手法报道中国事务自诩。《大陆报》代表在沪美侨的利益,消息迅速及时,文笔活泼,为上海最早的美国式编排的报纸。[21] 由于《大陆报》"在美国注册之故,人人知其为美国人之机关报。"[22]

《大陆报》创刊后,在头版右上方有一行字:这是一份致力于促进中国进步的报刊(*A Live Newspaper Devoted to Progress in China*)。密勒对外宣称:

它将是一份充满生机的报纸,致力于中国的进步,它的解读将有利于中国的进步,有利于帝国内所有外国人的一切正当权益,也有利于上海的发展。但是,他也强调,报纸出版后,我们可以让更多的中国人购买股份,但我们想将它控制在美国人手中。我希望能在中国办出一份好报纸,比这里任何一份报纸都要好很多,且能对东方事务及环境产生重要影响。[23]他致力于打破以往外国人所办的报纸忽视"中国本土"新闻的传统,给中国人提供一个"持续便捷发表自己的见解,驳斥妄图损害中国权利和信誉的论调"的工具。[24]密勒也曾在《大陆报》上刊登告示称:"目前中国尚未有能够准确直接表达其观点、对不公现象做出反驳之刊物,中国没有别的选择。《大陆报》的出现就是要改变这一现状。"密勒创办该报的心愿之一就是要借此促进中美之间的联系,加深两国人民之间的了解。他认为既然是在中国创办的报刊,那么有关中国的新闻报道当然应该得到重视,头版也必须刊登有醒目标题的报道,就像当时美国各大报纸报道美国新闻一般的方式。[25]时人称其为"*It was an American paper with an American editor and American staff*"。

9月,中国长江流域发生严重洪灾,《大陆报》竞争对手《字林西报》未给予充分重视,轻描淡写;而密勒派出克劳采回大量的一手资料进行报道,并推动了灾后施救工作。9月14日,美国纽约教习圣经高等学校校长怀爱脱博士在华访问,他对长江流域洪灾给予极大关切。《大陆报》派出记者采访,借他之口对中国政府官员在赈灾期间中饱私囊、贪污腐化等丑陋行径进行抨击,并提出了万国合治中国之倡议。"唯有由列强同道而治中国之政,立行政之制度,革官场贪黩之习耳,故当组织一万国联合会实行以上之改革。"[26]

10月10日,武昌起义爆发后,《大陆报》立即投入到革命的宣传报道之中。10月12日,当外报都还在观望之际,《大陆报》抢先于英国报纸,于头版头条位置发表了武昌起义消息。此后该报继续密切关注事态的发展,刊登辛亥革命的版面比例高达三分之二。虽然《大陆报》不断转载或摘译中外报纸或通讯社的有关报道,但是《大陆报》记者的实地考察和采访逐渐打破了英国新闻垄断,成为报道最出彩的部分。《大陆报》在北京、东京、纽约、华盛顿、伦敦、柏林均有分社和驻站记者。此后,又陆续聘请南京、九江、苏州、杭州、镇江、潍县等地的英美侨民为其特约记者。通过国内外的驻站记者,《大陆报》获得方方面面的信息。武汉记者丁格里是英国派往长江流域的一名军官。武昌起义爆发时,他正好在汉口。除了为《大陆报》发送一些言简意赅的短讯外,他还亲临战场拍摄的"黎元洪与参谋在阵地指挥作战""革命军炮击清军""清炮兵行进"等轰动一时的照片供《大陆报》发表;他目击两军18日、27日两次交战的情景,战中走访武昌城和清军营地的所见及感受均以专题报道的形式在《大陆报》刊登。[27]他的报道被认为是"中西报纸中叙述武昌战事最翔实"者。[28]由于消息及时可靠,涉及面广泛,《大陆报》的新闻在当时影响颇大。就连资格甚老、名气颇响的《申报》都不敢小看它。《申报》翻译的西文报道有三分之一左右是两三天以前《大陆报》发表的。[29]

1911年12月25日,孙中山回国。26日,《大陆报》主笔密勒不失时机地访问了孙中山。12月30日,孙中山当选临时大总统后,《大陆报》立即派出记者克劳采访了在上海的孙中山。由于克劳抱着友好态度报道了武昌起义和中华民国临时政府,使他成为中华民国临时政府成立后第一个获得官方护照的人,并有幸得到了孙中山的私人接见。密勒也意识到共和革命即将成为中国历史的转折点,他在《大陆报》上承认共和政府领导人的合法地位,在向美国发回的报道中,也把他们描摹成讨人喜欢的印象。[30]

事实上,在辛亥革命进程中,《大陆报》先是对革命党人表示友好,后转而同情满清政府,对革命的骑墙态度似表明,它对革命并无多大助力。从1911年10月11日至12月31日,《大陆报》有关辛亥革命的报道共347篇。其中,有关孙中山的报道仅为8篇;有关袁世凯的报道最多,为35篇;伍廷芳次之,为14篇。报道比重及内容上反映出英美诸国的外交政策,即为早日恢复中国秩序、保护外国人生命与财产,倾向拥护有实力的袁世凯,认为:袁世凯不仅是这个时代最伟大的中国人,而且是同时代最伟大的人之一;而孙中山则是一个无畏的人道主义战士。[31]这段时间,《大陆报》发表了14篇时评。13日、14日,《大陆报》针对武昌起义发表了两篇评论,并没有给予其高度评价。15日、17日报纸为袁世凯重返政坛游说各方。18日、19日、20日、22日、24日、25日的短评宣扬武装中立政策。21日、26日、28日、31日报纸在评论中力劝革命军停火,清政府改革,建立以袁世凯为首的立宪内阁。[32]报纸热烈欢迎并宣扬英美提出的武装中立政策。它充分体现了在华英美人士"一方面要保持现状的稳定和平,一方面要达到根本改造变革的最后目的"[33]的意愿。

1912年元旦,南京临时政府成立。《大陆报》密切关注内阁成员组成信息,当获悉该报股东伍廷芳出任司法总长"颇滋群疑"后,1月6日派出记者前往采访孙中山,声援伍廷芳。当南北和谈之际,《大陆报》密切关注时局发展动向,赞成和平,其灵敏的新闻嗅觉,使其在新闻领域大放异彩,其新闻不断被中国报刊转载。如2月2日,《申报》就以《〈大陆报〉之大局观》转载了其四则新闻。[34]2月15日,袁世凯就任临时大总统后,《大陆报》记者仍多次采访了孙中山,如6月25日、8月28日、10月5日,关注他对时局动态的判断,如对袁世凯政府信任与否,孙中山说:"余深信不疑。我知袁世凯实能斡旋大局,必不至有变动。中国人情性和平,为天下最易治理之民。"[35]

密勒和《大陆报》积极推动美国承认中华民国。1913年1月初,《大陆报》就刊登了《中华民国之好友》一文,报道美国各界对华友好人士呼吁美国即将上任的美国总统威尔逊承认中华民国。1913年3月4日,民主党人威尔逊宣誓就任美国总统后,成千美国人,包括进出口商、律师、制造商等或写信或打电报给国务院,要求立即承认中华民国。为了塑造美国与众不同的形象,追求在华的特殊地位,威尔逊决定不顾其他国家的反对,打破列强的联合阵线,率先正式承认中华民国。4月3日,《大陆报》报道说:"上海盛传美总统威尔逊君已决意于日内承认中华民国云云,消息既布,评论蠭起,华人闻之,无不欣慰逾恒,而外人中亦多称扬此举者。此举之发生并非全出意料,盖当美国脱离六国银行团之际,外间既纷纷预言此为美国早日承认北京新政府之先声。现信美国之承认,全系单独行事,其余各国似不致允与联合。……承认之手续乃先由美国国务卿草定公文,继乃照寻常办法,由美政府致与驻美中国公使;并另备同式公文由驻华美国公使致与中国外交部或中国大总统,驻华美使嘉乐恒君,今告假回国,现由使馆一等秘书官维廉君代理一切。承认之日,驻中国海面之美国军舰,均将鸣炮致敬新民国,华盛顿、北京等处政界之致贺者,将极一时之盛。"[36] 5月2日,美国驻华临时代办威廉斯向袁世凯政府递交承认书。美国政府"率先采取行动承认中华民国,利己利人,一举两得。美国的这一举措对以后加深美国和中国的关系产生了很大的影响。"[37]

但是,密勒主办的《大陆报》在中国新闻界的靓丽表现,并没有带给它光明的未来,相反却使得英美之间的新闻竞争兵戎相见,短兵相接,矛盾公开化。《字林西报》竭力破坏《大陆报》经营,先是劝阻中国的支持者购买该报股份,继而鼓动英国广告主和订户抵制该报,再是与欧洲其他在华报刊联盟,挤压《大陆报》。随着盈利的滑落和逐渐厌倦了同《字林西报》的相互倾轧,密勒最后辞去了总编一职,并于1915年8月出售了他本人持有的全部股份。[38]

确实,《大陆报》作为美国人在华创办的第一份英文日报得到了时人的肯定,也成为近代中国美式报纸的翘楚彪炳史册。1914年3月,密苏里新闻学院威廉院长第一次访问中国,就关注到上海的《大陆报》。1915年2月,威廉院长将他环球考察和调查报告《世界新闻事业》(*The world's journalism*),递交给纽约卡恩基金会董事会,总结了1913年6月至1914年5月威廉院长旅行考察世界各国首都或一些小城镇上近2 000家报馆的观察记录,他以《字林西报》和《大陆报》为例比较了英美新闻事业对中国的不同影响,"在世界上任何其他地方也许没有这样的对比存在于两个国家之间的类型的报纸,但是,在中国上海却可以看到。一家英国类型的报纸《字林西报》,一家美国类型的报纸《大陆报》,在这里并存发展。《北华捷报》是典型的英国报纸,由密苏里大学毕业生托马斯·密勒主编的《大陆报》则是明显的美国报纸。在版面、内容、观点、新闻处理和解释上,两家报纸恰好代表了英美两个国家。它们在上海街头由相同的报童发售。"[39] 1922年12月,柏德逊(Don D. Patterson)撰写的《中国新闻业》(The Journalism of China)正式出版,其中评价说:"《大陆报》完全仿效美国的排版和新闻采集模式;该报由密勒、克劳、费莱煦三名美国人创立。……《大陆报》在几年前仍由中美共同所有,后转卖到英国人手中:在社论导向和新闻传播方式上,它仍属美国式,发行量约为5 000份。"[40] 1925年,姚公鹤在《上海闲话》中写道:"上海报纸于不受政治暴力之外,尤得有一大助力,则取材于本埠外报也。查本埠外报以《字林泰晤士》为最大,继之者则为《文汇报》《大陆报》,皆英文也。"[41] 1927年,戈公振在《中国报学史》中说:"China Press(原名《大陆报》)为美人密勒等所创办,华人亦有若干股份,为纯粹美国之报纸。学界初颇喜阅之。"[42]

三、密勒与"密苏里帮"在华基地《密勒氏评论报》

密勒专注于东方事务,以致他成为一名永久的上海居民。1915年8月,密勒出售自己持有的《大陆报》所有股份后,打算在中国创办一张美国人的报纸的理想并没有就此破灭。[43]他一直在想方设法,积极在上海新闻界寻找东山再起的机会。他运筹帷幄,下定决心再创办"一份新报纸,一份周报",并"定名为《密勒氏评论报》(Millard's Review of the Far East)"。但原来一起同他创办《大陆报》的合作伙伴克劳和费莱煦均有各自事业,于是他想到了正在致力于培养新闻学生的威廉院长。于是他从上海发电报给威廉院长,"他希望聘用一名新闻学院毕业生,协助他在上海创办一报纸"。威廉院长向密勒推荐他的同事鲍威尔。鲍威尔说:"这是我生平所见的第一封越洋电报。"[44]

约翰·本杰明·鲍威尔(John Benjamin Powell,1886—1947),1886年4月18日出生于密苏里州东北部的马里恩郡汉尼巴尔(Hannibal, Marion county, Missouri)农场,1908年,鲍威尔进入刚刚成立的密苏里新闻学院,成为该学院首批新闻学生。1910年,他成为该院第二届五名毕业生之一。1912年9月,他重返母校,出任密苏里新闻学院广告学讲师[45],主要负责广告学教学,课程有广告写作(Advertising Writing)、广告销售(Advertising

Salesmanship)[46],同时承担了报纸出版(Newspaper Publishing)、乡村新闻学原理(Principle of Rural Journalism)等课程[47],先后出版《扩大发行：小城镇报纸的方法和理念》(Building a Circulation : Methods and Ideals for Small Town Newspapers)、《小城镇的报纸效能》(Newspaper Efficiency in the Small Town)等著作。1917年2月1日,鲍威尔离开密苏里大学,启程前往中国。抵达上海后,密勒将他安置在礼查饭店308房间。

  第二天,密勒和鲍威尔商讨了办刊诸多事宜。如"我们是自己印刷还是委托印刷厂代印？""报纸会有多大的销量份数？""我们从哪里去拉广告？""中国人会看我们的报纸吗？""报纸究竟应该登载什么内容？"等。当谈论到刊物编辑方针内容,密勒怒气冲冲地说"我们高兴登什么就登什么！"这是一个灵活的编辑原则,可以"为了尽快获取利润,往往随风转舵"。[48]这些问题解决后,他们立即投入到紧张忙碌的办刊工作之中。在鲍威尔到来之前,密勒已从美国进口了一些字模和白报纸。他们首先在印刷厂附近租了几间房子,作为报社的办公室,并与一家法国耶都会的老式印刷厂签订协议,代印报纸。办公场所和印刷问题解决后,鲍威尔进行了广泛的客户调查、广告征订和发行推广等工作。

  他们挨家挨户在中国商人与外国人中宣传这份报纸。每次向这些潜在的订户和广告客户宣布编辑方针时,他们总抱以会心的大笑。广泛的读者调查后,他们认为创办一份美国的时事报刊在上海会有广阔的市场前景。当时上海的英国人和美国人,总共加起来约有8 000—10 000人,商人和传教士大概各占一半。他们也发现：未来的读者并不限于美国人和英国人,还有其他几千名外国人——斯堪的纳维亚人、法国人、德国人、俄国人、葡萄牙人、荷兰人和大量的东方犹太人。另外最大的英文读者群是年轻一代的中国知识分子。他们就读于中国学校或教会学校,有的已经毕业,这些年轻人对外部世界的事务,有着非常浓厚的兴趣,特别关注第一次世界大战的情况。此外,还有另一个读者群,他们对远东地区任何一家报纸来说,都是非常重要的订户。这批人生活在交通不便的内地,有传教士,有沿海地区进出口公司的土特产收购员,有外烟草公司和石油公司派驻内陆小城的代理商,他们或许是英国人,美国人,斯堪的纳维亚人,一个驻扎在边境地区的海关官员,甚或是孤零零生活在海岛上的灯塔看守人。[49]他们确定了刊物的目标受众——一个包含英国人、美国人、欧洲大陆人、中国知识分子、商人、传教士等等的组合体。于是,决定办这样一种报纸,使任何人通过阅读,都能够获得本地的,中国的和远东地区的公正而完整的消息。[50]他们把订单寄给潜在的读者客户后,得到了不错的回应,收到1 000多份回执,且大多附有支票。

《密勒氏评论报》的筹备工作进展顺利。密勒和鲍威尔已经准备好了不同型号的铅字,使用8种字体,来印刷新闻报道和有关政治、经济、财政的专栏,以便美化各个专栏的标题、正文和广告。同时,他们选定了刊物的参考蓝本——克罗莱(Herbert Croly)和李普曼(Walter Lippmann)主办的美国《新共和》杂志(*The New Republic*)。该刊创办于1914年,版式设计漂亮,印刷装帧精美,在美国首屈一指。他们原计划于1917年6月2日出版《密勒氏评论报》,但美国在华法院法官建议我们"创刊号能够延迟一个星期出版,或许会抢到一条好消息。"[51]为了这条独家新闻,他们衡量再三,决定延期出版。

1917年6月9日,由密勒任编辑(Editor)、鲍威尔任助理编辑(Assistant Editor)的《密勒氏评论报》周刊在上海正式创刊。

创刊号篇幅30页,每页两栏。首页分四部分。最上方是刊物名称"Millard's Review",仍为两行粗体一号黑字,第三行是中文刊名"密勒氏评论报"。第二部分是出版项:"中华邮政特准挂号认为新闻纸类 大正六年六月九日第三种邮便物认可"。"Volume Ⅰ, Shanghai, China, Saturday, June 9th 1917, Number Ⅰ"。第三部分,是以方框的形式标出的内容目录(Contents)。第四部分是编辑密勒撰写的"社论文章"。

《密勒氏评论报》创刊号由"社论"(*Editorial Paragraphs*)、特稿(*General Articals*)、专栏和广告等组成。密勒负责撰写了"社论"。"社论"由15节没有标题的短文组成,文笔犀利、风格泼辣,对中外新闻进行了报道评论,充分体现了他"我们高兴登什么就登什么!"的灵活编辑方针。当时正值北京政府的府院之争处于胶着的混乱状态,密勒对府院之争及其由此引发的国际形势进行了介绍和评论。他首先指出:"中国重新陷入了一个不断发生危及国家分裂的政治危机的阵痛之中,这让外国友人非常沮丧。"[52]然后介绍了中国的府院之争的政治态势,日本迫使北京政府接受"二十一条"第五号的国际后果,十月革命以及美国参战对世界局势的影响等。最后,他向读者说明《密勒氏评论报》的学习目标——美国《新共和》杂志(*The New Republic*)。他指出:《密勒氏评论报》模仿了《新共和》杂志的印刷格式和尺寸,他"感谢《新共和》杂志的编辑优待地提供了他们杂志的详情和说明书",表示,"在中国希望读者不要期待他们提供和《新共和》杂志一样精彩的内容,但我们尽力以它为目标,学习它的精髓"[53]。

除了社论、特稿、专栏外,《密勒氏评论报》还刊登了大量广告。如《上海南京铁路时刻表》(*Shanghai-Nanking Railway Abridged Time Table*)、《中国政府天津—浦口铁路时刻表》(Chinese Government Railway Tientsin-Pukow Line Time Table)以及大量的外商广告等。在封底刊登了《密勒氏评论报》的推广订单《第一期正式发行了!》,也登载了《本报简介》,《远东密勒氏评论报》由美国特拉华州(Delaware)注册的密勒出版公司在中国上海爱德华七世大街(Avenue Edward Ⅶ,也称爱多亚路)113号出版。密勒为编辑,鲍威尔为助理编辑。每年52期订费,中国和远东预付十元,包括邮资;美国,五美元;别的国家和地区资费按国际汇率计算。在上海的美国、英国和日本邮局中以第二等物品邮寄。1917年5月,[54]同时登载了广告刊登和本报推广方面的声明。广告方面,《密勒氏评论报》声明:只刊登声誉良好公司(reputable firms)的广告[55],并向外商公司和机构推荐说:"通过帮助在欧美的本国公司订阅《密勒氏评论报》,促进了上海及全国的商业公司和机构与世界建立了更加良好的关系。"[56]

创刊号上,"社论"和"剧评"均署名作者"T. F. M.",即密勒。《密勒氏评论报》创刊后,栏目名称有所变化。"特稿"的英文名称从创刊号的"General Articles",第四期改为"Leading Articles",第五、六期则没有采用栏目名称,第七期则开始固定下来,为"Special Articles"。栏目也有所调整。密勒负责的"剧评"专栏,从第六期(1917年7月14日)消失。一些新的栏目也开始增加,如第五期(1917年7月7日)"通讯"(Correspondence)出现。有时还将"美国在华法院决议"(Proceedings in the United States Court for China)作为一个栏目。

随着《密勒氏评论报》的不断调整,密勒撰写的文章越来越少。第一至三期,密勒负责撰写"社论"和"剧评",第四期(1917年6月30日),密勒除"社论"和"剧评"外,撰写了一篇特稿《美国人对战争的态度》(Attitude of Amerian Towards War)。随着第六期"剧评"的消失,署名"密勒"的文章只剩下"社论"。

经过密勒和鲍威尔的不懈努力,《密勒氏评论报》创刊伊始就取得了不错的成绩和反响。1917年6月30日,《密勒氏评论报》第四期刊登了该报征订点的联系方式,在全国范围内都可以征订到该报。上海有十二处征订点,北京一处,日本东京和横滨各二处,东南亚槟榔屿(Penang)一处,商务印书馆(The Commercial Press)在中国内地及香港、新加坡等地的47个分销处,均可以订阅《密勒氏评论报》[57]。到7月7日,日本分销处又增加了神户(Kobe)、轻井泽(Karuizawa)两处,新辟泰国曼谷(Siam Bangkok)销售处。同期《密勒氏评论报》在刊登中美图书公司广告后,整页登载了中美图书公司(The Chinese

American Pubishing Co.）感谢信《自发地对密勒氏评论报赞同》(*Unsolicited Endorsement of Millard's Review*)。这是该公司在 6 月 25 日寄给鲍威尔先生个人的表扬信,也是对他本人最高的褒奖。"我们在《密勒氏评论报》刊登广告的直接结果是,我们公司库存的霍恩巴克(Hornback)《远东现代政治》(Politics in the Far East)已经销售完了,并收到许多订单。……这是事实归功于《密勒氏评论报》高质量的发行。尽管我们总期望来自读者的直接反馈,但是我们欣喜地注意到来自该报读者的突然和直接反应。根据以上原因,我们打算将贵报作为我们今年独家的广告代理。"[58]

在密勒和鲍威尔苦心经营下,《密勒氏评论报》收到了许多读者和同行来信的褒奖和祝愿。1917 年 9 月 8 日,编辑部从几百封节选了一些评语,以《他们怎样评价密勒氏评论报》为题,集纳刊登出来,以飨读者,同时壮大自己的声誉。许多读者在来信中都对《密勒氏评论报》直截了当的评论风格表示了钦佩,对它的版面设计和广告制作表示了赞赏。一位中国海关的美国雇员来信说:"阅读了出版以来的《密勒氏评论报》,我自然成为一名订户。因为我们迫切需要在中国有一个自始至终发表美国立场的刊物。"一位来自美国的中国教育者来信说道:"我祝愿《密勒氏评论报》大获成功,更高兴地知道它在美国能够有上千的发行量。我相信它有美好的未来。"一位中国政府的高层人士写信说:"最吸引我的文章是那些转载自美国以及我不能看到的其他杂志的文章。最值得阅读的文章是那些开诚布公的综合性文章,以致一个人不必浪费时间就能够获得广泛的专家意见。"一位北京大学职员来信说:"我相信你们出版的《密勒氏评论报》已经做得很好了,不仅准确定位而且达到目标。你们直截了当、毫无畏惧地表达真理,不畏权势,必将为服务中国。你们关于重要时局的要闻和评论将使过去的事件成为有价值的历史。"一位美国的作家写信说:"你们的《密勒氏评论报》棒极了,请接受我的一年的订阅。我推荐美国几个著名的杂志同你们交换。"《密勒氏评论报》也获得了中外同行的认可和推崇。《北京日报》(*Peking Daily News*)发来贺信说:"《密勒氏评论报》是具有设计精美的广告和吸引人的阅读内容的出版物。不可否认,起初的困难和试验和它密不可分,还需要不断改进和丰富内容。……我们祝愿它冒险成功。"《日本广告报》评论说:"密勒先生是有趣的,他知道如何出版刊物。他也知道一个印刷风格和设计的心理作用。正是理解和掌握了这两点,《密勒氏评论报》走向了成功。"[59]

当时正在学习英语的年轻人,将《密勒氏评论报》当作教科书。报社也经常收到来信,询问某些词语的意思,特别是那些我们有意强化了的美国式词语。鲍威尔回忆说:"我永远记得一位英国人订户,他是一艘不定期货轮的船长,大概每6个月才到上海一次。每次抵达上海后,他总是来报社访谈,随后将已积存半年的一大捆报纸,带回船上阅读。他小心翼翼地理好报纸,堆放在舱房里,每天进早餐时,都叫仆役同时送上一份报纸,而且是从最早一期开始,逐期阅读,没有什么事情能够改变他这一习惯,即使在西线发生激烈战事的时候,也是如此。"[60]

密勒却回归战地记者的本性。他不甘寂寞,决定离开《密勒氏评论报》外出。1917年9月1日,密勒前往俄罗斯为美国开展商业考察[61]。鲍威尔替代密勒出任《密勒氏评论报》编辑,从第二卷第二期开始负责撰写"社论"文章。但是,在俄罗斯考察完后,密勒没有立即回到《密勒氏评论报》工作,而是途经日本前往美国,计划在1917年12月返回上海。[62]但是,密勒先生回纽约后,在美国一个月又一个月、一年又一年的待下去,不再来上海主持报纸,直至1922年[63]。由于密勒的归期遥遥无期,《密勒氏评论报》出版项中出现的"密勒编辑",从1918年12月7日第七卷第一期起开始消失,鲍威尔以"编辑兼经理"的名义[64]全盘接管《密勒氏评论报》的实际工作。

四、结　语

1919年,密勒重返中国,开始活跃于中国政坛,成为中国政府的高参智囊。1919—1935年期间,他以中国政府顾问的身份积极参与中国政府活动,代表中国政府活跃于国际舞台上,如巴黎和会(1919年)、国际联盟(1920—1922年)、华盛顿会议(1921年)等。1922年,他成为北洋政府黎元洪总统顾问,1929—1930年参与了国民政府的治外法权条约的修改活动。同时,密勒也不忘记者本色,偶尔活跃于中国新闻界。1925—1927年,他受聘为《纽约时报》(*New York Time*)驻华记者。1927—1929年,出任《纽约世界报》驻华记者(*New York World*)。1929年,重任《纽约时报》驻华记者。1935年9月,密勒积极反对蒋介石政府对日的绥靖政策,主张对日作战,与政府分道扬镳,重返新闻界。

密勒从1900年来华采访先后在华生活40年,苦心经营他的美国理想,终身未娶。1941年,他在上海美国俱乐部(*The American Club*)门前不慎摔伤,因无人照顾,6月23日启程返美。1942年9月7日,密勒因癌症在西雅图逝世,享年74岁。历史学家鲁斯基(Mordechai Rozanski)评价他是"一个冒险家、一个浪漫主义者、一个扒粪者、一个进步主义者。他肩负着将密苏里州和美国中西部融入世界的使命"。[65]确实,密勒在中国开拓的新闻事业,在中国建立"中国通"价值观念,确立了"中国通"发挥作用的标准,这使他荣膺"中国通之父"。正是他开拓的新闻事业,需要志同道合的美国国内新闻工作者的支持;也正因为他在中国辉煌的业绩和成功的人生,吸引了美国国内新闻工作者前往远东,在他主办的报刊工作。如他创办的《大陆报》创办后,不仅成功地在中国引进了美式报纸的理念和编排技巧,而且成为"密苏里帮"的重要阵地。在该报工作的密苏里大学毕业生有克劳、费莱煦,而密苏里新闻学院的毕业生就有鲍威尔(J. B. Powell)、董显光、汪英宾、吴嘉棠、李威廉(William Lee)、饶引之、弗兰克·马丁(Frank L. Martin)、贾勒兹(Guletz)等。密勒创办《密勒氏评论报》不仅使之成为"密苏里帮"的基地,而且开创了一个重要的传统,即委托密苏里新闻学院威廉院长推荐密苏里新闻工作者或密苏里新闻学院毕业生前往远东,帮助他创办和主持新闻报刊工作。如鲍威尔、董显光、黄宪昭、玛格丽特·鲍威尔、柏德逊、斯诺登,因此,密勒不仅是民国"密苏里帮"发起人[66],更是美国东方报人领袖。密勒在中国富有成效的新闻业绩,使他之名彪炳中美新闻史册。中国新闻史最权威的著作《中国新闻事业通史》先后三次论述到"密勒"的新闻业绩。美国著名新闻史学家埃默里博士在《美国新闻史》中高度评价了密勒对美国在华新闻事业发展中的贡献,不仅将密勒列为美国新闻界中第一位"中国观察家",而且认为他是来华美国记者的重要引荐人。"密勒是一名有争议的新闻工作者,在来到中国的最初 30 年(1900—1929)里成了宣传家。密勒在 1911 年创办《大陆报》,1917 年创办《密勒氏评论报》,1925 年任《纽约时报》第一任驻华记者。作为密苏里大学毕业生,密勒欢迎密苏里新闻学院来实习,然后在新闻界找到固定的工作,这些学生后来纷纷跟从著名记者。"[67]

注释:

[1][美]彼特·兰德著. 李辉,应红译. 走进中国:美国记者的冒险与磨难. 北京文化艺术出版社,2001:8-9.

[2] John Maxwell Hamilton. The Missouri News Monopoly and American Altruism in China: Thomas F. F. Millard, J. B. Powell, and Edgar Snow. Pacific Historical Review. 1986,p30.

[3]方汉奇. 美国记者的爱恨中国情结//方汉奇自选集. 首都师范大学出版社,2009:455.

[4][美]彼特·兰德著. 李辉,应红译. 走进中国:美国记者的冒险与磨难. 北京文化艺术出版社,2001:11.

[5] John Maxwell Hamilton. The Missouri News Monopoly and American Altruism in China: Thomas F. F. Millard, J. B. Powell, and Edgar Snow. Pacific Historical Review. 1986,p31.

[6] [美]彼特·兰德著.李辉,应红译.走进中国:美国记者的冒险与磨难.北京文化艺术出版社,2001:14.

[7] [美]彼特·兰德著.李辉,应红译.走进中国:美国记者的冒险与磨难.北京文化艺术出版社,2001:16.

[8] John Maxwell Hamilton. The Missouri News Monopoly and American Altruism in China: Thomas F. F. Millard, J. B. Powell, and Edgar Snow. Pacific Historical Review. 1986,p32.

[9] Thomas F Millard, The new far east, New York : Charles Scribner's Sons, 1906, p257.

[10] [美]彼特·兰德著.李辉,应红译.走进中国:美国记者的冒险与磨难.北京文化艺术出版社,2001:15.

[11] Paul French. Carl Crow —a tough old China hand. Hongkong University Press, 2006. p26.

[12] 沈荟.历史记录中的想象与真实——第一份驻华美式报纸《大陆报》缘起探究.新闻与传播研究,2014(2):124.

[13] 李金铨.文人论政:知识分子与报刊.广西师范大学出版社,2008:287.

[14] Mordechai Rozanski, The Role of American Journalists In Chinese—American Relations, 1900—1925, University of Pennsylvania, 1974, p51.

[15] 沈荟.历史记录中的想象与真实——第一份驻华美式报纸《大陆报》缘起探究.新闻与传播研究,2014(2):121.

[16] 沈荟.历史记录中的想象与真实——第一份驻华美式报纸《大陆报》缘起探究.新闻与传播研究,2014(2):122.

[17] 胡宝芳.简析辛亥革命中的《大陆报》.史林,2002(增刊):74.

[18] John B. Powell . Missouri Authors and Journalists in the Orient. Missouri Historical Review. Vol. 41,1946. p46.

[19] Paul French. Carl Crow —a tough old China hand. Hongkong University Press, 2006. p11.

[20] 大陆报头角已露.申报,1911-8-25.

[21] 袁伊.近代在华美式报刊之翘楚《大陆报》.新闻研究导刊,2015(11):265.

[22] 大陆报之二十周纪念.申报,1931-9-15.

[23] 沈荟.历史记录中的想象与真实——第一份驻华美式报纸《大陆报》缘起探究.新闻与传播研究,2014(2):115.

[24] John Maxwell Hamilton. The Missouri News Monopoly and American Altruism in

China：Thomas F. F. Millard, J. B. Powell, and Edgar Snow. Pacific Historical Review. 1986, p32.

[25] Paul French. Carl Crow, a Tough Old China Hand. Hong Kong：Hong Kong University Press, 2006. pp21 - 22.

[26] 万国合治中国之倡议. 申报, 1911 - 11 - 15.

[27] 胡宝芳. 简析辛亥革命中的《大陆报》. 史林, 2002(增刊)：75.

[28] [英]丁格尔著. 曾壳译. 丁格勒步行中国游记商务印书馆, 1922.

[29] 胡宝芳. 简析辛亥革命中的《大陆报》. 史林, 2002(增刊)：75.

[30] John Maxwell Hamilton. The Missouri News Monopoly and American Altruism in China：Thomas F. F. Millard, J. B. Powell, and Edgar Snow. Pacific Historical Review. 1986, p34.

[31] 沈荟. 历史记录中的想象与真实——第一份驻华美式报纸《大陆报》缘起探究. 新闻与传播研究, 2014(2)：114.

[32] 胡宝芳. 简析辛亥革命中的《大陆报》. 史林, 2002(增刊)：79.

[33] 赵敏恒. 外国人在华的新闻事业. 中国太平洋国际学会, 1932：42.

[34] 大陆报之大局观. 申报, 1912 - 2 - 2.

[35] 中国社科院近代史所. 孙中山全集(第2卷). 中华书局, 2011：386.

[36] 美国承认之先声. 申报, 1913 - 4 - 5.

[37] 熊志勇. 百年中美关系. 世界知识出版社, 2006：62.

[38] John Maxwell Hamilton. The Missouri News Monopoly and American Altruism in China：Thomas F. F. Millard, J. B. Powell, and Edgar Snow. Pacific Historical Review. 1986, p34.

[39] Walter Williams. The world's journalism, February, 1915. The University of Missouri Bulletin, Journalism Series 9, 1915. p29.

[40] Don D. Patterson. . The Journalism of China, Missouri University of Missouri Bulletin, Journalism Series, No. 26, 1922, p70.

[41] 戈公振. 中国报学史. 中国新闻出版社, 1985：82.

[42] 戈公振. 中国报学史. 中国新闻出版社, 1985：73.

[43] John Maxwell Hamilton. The Missouri News Monopoly and American Altruism in China：Thomas F. F. Millard, J. B. Powell, and Edgar Snow. Pacific Historical Review. 1986, p34.

[44] [美]鲍威尔著. 邢建榕译. 鲍威尔对华回忆录. 上海知识出版社, 1994：3.

[45] Changes in Faculty, The Missouri Alumnus, Oct. 1912, p37.

[46] Sala Lookwood Williams. Twenty Years of education for Journalism, The E. W. Stephens Publishing Company, Columbia, Missouri, 1929, p79.

[47] Ibid, pp83 - 84.

[48][美]鲍威尔著.邢建榕译.鲍威尔对华回忆录.上海知识出版社,1994:13-14.

[49][美]鲍威尔著.邢建榕译.鲍威尔对华回忆录.上海知识出版社,1994:16.

[50][美]鲍威尔著.邢建榕译.鲍威尔对华回忆录.上海知识出版社,1994:16.

[51][美]鲍威尔著.邢建榕译.鲍威尔对华回忆录.上海知识出版社,1994:17.

[52] Millard's Review, Vol. Ⅰ No. 1. Jane,9th,1917. p1.

[53] Millard's Review, Vol. Ⅰ No. 1.. Jane,9th,1917. p5.

[54] Millard's Review, Vol. Ⅰ No. 1 . Jane,9th,1917. p4.

[55] Millard's Review, Vol. Ⅰ No. 1 . Jane,9th,1917. p12.

[56] Millard's Review, Vol. Ⅰ No. 1 . Jane,9th,1917. p14.

[57] Millard's Review, Vol. Ⅰ No. 4. Jane,30th 封 2.

[58] Millard's Review, Vol. Ⅰ No. 5. July,6th p129.

[59] What They Say About Millard's Review, Millard's Review, Vol.Ⅱ N2. pp50-51.

[60][美]鲍威尔著.邢建榕译.鲍威尔对华回忆录.上海知识出版社,1994:15-16.

[61] Millard's Review, Vol. Ⅱ No1. p16.

[62] Millard's Review, Vol. Ⅱ No4. p99.

[63][美]鲍威尔著.邢建榕译.鲍威尔对华回忆录.上海知识出版社,1994:93.

[64] Millard's Review, Vol. VⅡ No. 1,p3.

[65] Stephen R. MacKinnon and Oris Friesen. China Reporting, An Oral History of American Journalist. University of California Press. 1990. p23.

[66]麦金农.中国报道—美国媒体与1911年辛亥革命//辛亥革命与20世纪的中国(下卷).中央文献出版社,2002:2002.

[67][美]迈克尔·埃默里著.展江译.美国新闻史——大众传播媒介解释史.中国人民大学出版社,2004:408.

【作者简介】邓绍根,暨南大学新闻与传播学院副教授,博士生导师、副院长,中国新闻史学会常务理事、副秘书长。

蒋介石新闻操控的行为与思想初探[*]

刘继忠

(南京师范大学新闻与传播学院,南京 210097)

摘　要:蒋介石是影响近代中国走向的具有争议性的政治人物。作为军人政治家,蒋介石视新闻传播活动为其政治、军事活动的重要工具,操控新闻传播,服务于其军事、政治活动亦是蒋介石政治生涯的重要组成部分。文章从南京国民政府时期最高实权人物操控新闻、服务于政治的角度,研究了蒋介石新闻操控的行为与思想,认为蒋介石操控新闻的终极目标是解决孙中山提出的"一盘散沙"的时代命题,其新闻操控行为具有明显的功利主义色彩。

关键词:蒋介石　新闻操控　新闻思想　政治行为

蒋介石是影响近代中国走向的,重要且有争议性的政治人物。随着两岸关系的和解,政治环境的宽松及蒋档的解禁,"蒋学"逐渐在史学界形成,且成为民国史研究中的一支显学。目前,国内外对蒋介石的研究,多集中于蒋介石的政治、军事生涯,政治思想,军事思想,人际交往,生平传记等;对于蒋介石的新闻传播思想,研究成果明显偏少。大陆鲜见有研究成果问世,台湾学者有一些研究成果,其对蒋的评价却过于褒奖,有失客观。蒋介石是视军权高于一切的军人政治家,他对新闻传播的公开表述虽然不多,但在其政治实践中却非常重视新闻宣传,且有着较为高超的操纵艺术。各种迹象表明,"新闻传播"已经是蒋介石统治中国、治理社会的重要政治资源之一。基于此,本文以蒋介石关于新闻、宣传的讲话、训词、手谕、题词为基本史料来源[1],结合蒋的政治行为,从蒋操控新闻,服务于其政治活动的角度解读其操控新闻的思想。

---

[*] 本文是教育部社科基金青年项目"喉舌与训政:国民党新闻事业研究(1927—1937)"(编号:H11YJC860027)、国家社科基金 2013 年度重大项目"中华民国新闻史"(编号:13820154)的研究成果之一。

一、"主义先锋、国民导师"

"主义先锋、国民导师"源于蒋介石晚年(1974年4月7日)对中国国民党第四次新闻工作会谈的训词。该训词说:"新闻工作者每每比一般人要知道得早一些,也知道得多一些。应该以先知觉后知,以先觉觉后觉,引导全民,匡正舆论,以完成光复神州的伟大使命。所以,我诚恳地希望各位同志,任主义的前锋,作国民的喉舌,挺身负起文化斗士的责任。不论新闻和舆论,均须激励国民乐观奋斗、积极进取,成为心理建设的重心,社会进步的标杆,其有裨于国民革命大业者,当可预期。"

"主义先锋、国民导师"这句话是蒋介石对党国新闻工作的政治定位和殷殷期盼,某种意义上也是蒋介石"新闻治国"经验的总结。这句话的基本含义是党国新闻传播(报纸、广播、通讯社及其他宣传工具,以及从事新闻宣传的工作人员)要"任主义的前锋,作国民的喉舌"[2],肩负起"普及宣传,宣扬国策,促进建设,发扬民气"的心理建设的重任。晚清民初,中国资产阶级已普遍将传媒(报刊)视为其政治理念的喉舌,蒋介石的传媒喉舌观,在此风气中养育而成。1912年11月,青年蒋介石在日本东京创办《军声杂志》,萌生了朦胧的传媒喉舌观。不同于孙中山重视"唤起民众"的革命认知,蒋从风云变幻的国际政治中深刻认识到"保国"首位是军事,报刊仅是鼓吹国人"尚武精神"的舆论喉舌。[3]国内复杂多变的民初政局,孙中山多劫多难的革命生涯,北洋军阀的兴衰史及国民党党魁之间明争暗斗实加深了蒋重军事、重实权的思维惯性,这一惯性支配蒋介石非常重视军权,重视嫡系部队,轻视文宣工作,轻视新闻传播的政治功效。20世纪30年代,蒋以其嫡系为后盾,在数年纵横捭阖后,成为国民党的最高党魁、中华民国的最高领袖。作为最高领袖,蒋介石需要改变僵硬、武断、暴躁的军人气质,以领袖风范驾驭全局,这样才能获得党内外各类精英的支持与信任。在此背景下,蒋对文宣工作(含新闻传播)的重视程度有所提升,他建构了以黄郛、杨永泰、陈布雷、张群、张季鸾等知识精英组成的执政智囊;对于党务、文宣与新闻工作的公开表述也明显增多。如1934年5月30日在南京宴请粤港记者团,希望"新闻界以舆论权威协助进行"扫除赣省残匪,[4]1936年应新记《大公报》创刊一万号之请撰写了《耕耘与收获》,赞扬《大公报》以"莫问收获、但问耕耘、立已立人"的实干精神使该报"不愧为民族复兴开始期理想之舆论",提出新闻纸要"促成三民主义之建设,而造成吾中华民族为世界上第一流之国家,胥由此道"[5];1940年两次去"中央政治学校"演讲[6],赞誉新闻记者是"国家意志所由表现之喉舌,亦即为社会民众赖以启迪之导师"、"社会之导师、舆论之主宰",称"完成三民主义国家之建设,实唯新闻界之积极奋起是赖"、"实行三民主义建设现代国家……宣传事业的推动尤为重要"。1941年在中国新闻学会成立大会上发表训词,称新闻记者"实为教育家、历史学家与救世主"[7],等等。通过上述活动,蒋的"政治家气质"有所提升,给公众留下了重视知识精英,重视文宣(含新闻宣传)工作的良好印象。但是,在蒋介石的治国思维中,以军权为核心的权力资源始终居于首位,其次是经济资源,最后才是新闻传播资源。这一思维定式意味着新闻传播在蒋的视野中,仅是其权力的舆论喉舌,要服从于其权力与政治理念。

蒋介石是受过现代文化熏陶的传统威权型政治人物,其政治理念中既有传统儒家的统御之术,也有现代政治文化的基因,属于传统皇权向现代民主政治转型中的过渡人物。他宣称继承总理遗嘱,实际是向往孙中山"当然总理"的威权,意图建立以他为权力枢纽的三民主义的宪政国家。因此,"主义先锋"表面是孙中山三民主义,实质是蒋个人的政治理念,特定时期是蒋介石主导的政治路线、方针、政策的舆论先锋。具体而言,南京政权前期,党国新闻传播是披着蒋介石三民主义[8]旗帜下的排除地方派系、剿灭中共、巩固执政,应对日本入侵的舆论先锋,抗战时期是以蒋介石统领的"国家至上、民族至上"的"抗战建国"的舆论喉舌,解放战争时期是蒋介石领导的"戡乱救国"的舆论先锋,退居台湾时期是蒋介石领导的"反攻复国"的舆论先锋。"国民导师"源于孙中山"先觉觉后觉"的"知难行易"论。蒋有很强的个人英雄主义的自负心态,自认为是先知先觉者,其言行永远正确;他多次标榜自己是革命者,违反自己就是背叛革命;多次说"我的话绝没有错误"[9]。故"国民导师"实质是将维系蒋介石个人权力与政治理念的意识形态灌输到国民头脑中。蒋将孙中山三民主义教条化、宗教化,借助新生活运动向国民灌输"礼义廉耻"的传统儒家文化,及服从"革命领袖"的政治文化等,均是蒋介石理想中的"国民导师"要做的宣传教化大业。

二、言论"宜就其利害定一准则"

言论"宜就其利害定一准则"源于蒋介石在国民党二届五中全会期间(1928年8月8日—15日)发表的《对时局之意见》。《对时局之意见》作于8月2日,8月9、10日刊发于《申报》《大公报》等报刊上。在这份影响国民党二届五中全会的意见书中,蒋首先表态服从党国"驱策",并就"团结同志"、用人、行政、言论提出了自己主张。其中的言论主张是:"中正以为对于今日之言论,纵之过甚,不免庞杂,起纷纭扰乱之机;束之过甚,又不免有闭聪塞明之害,厥宜就其利害,定一准则,有摇乱主义,鼓惑人心,反背本党之主张者,皆在绝对禁制之例。其余根据事实,以批评行政之得失,摘发弊害,以补助党国之耳目者,皆当令对于个人负责之外,不更有所束缚,此中正对于言论之处置,又一也。"[10]这是蒋介石对言论自由的政治立场,也是胡汉民、汪精卫等国民党中上层精英对言论自由的基本立场。这一立场源于孙中山整合国民"一盘散沙"的政治愿望,也是当时国内各种主义纷呈、人心散漫的现实所需。在党内要求言论统一、思想统一的舆论诉求下,国民党二届五中全会通过了《统一革命理论案》,该方案决定由中央委员若干组成理论审查委员会"定出一个言论标准"。[11]1929年3月国民党三中全会"确定总理所著《三民主义》《五权宪法》《建国方略》《建国大纲》及《地方自治开始实行法》,为训政时期中华民国最高之根本法"。这样,孙中山著作被凝固化为不允许质疑、发展的绝对真理。立法院长胡汉民固守总理遗嘱,不肯对总理遗嘱做任何形式的变更,这与蒋介石制定"约法"主张发生冲突,最终导致蒋将胡汉民囚禁汤山。在这一言论标准下,共产主义、国家主义、无政府主义、社会主义等其他主义均是需要批判、查禁、取缔的荒谬言论与思想,它们甚至只需"中央党部之书面证明"就可以"反革命"罪予以严厉惩处。敢于公开质疑孙中山著作的任何人,即使出于维护国民党统治,也会遭到国民党人的舆论围攻,著名学者胡适是其中的典型个案;[12]凡是发扬、阐释、传播"正确"的总理遗教,均得到国民党褒奖与鼓励。在这一言论立场的指导下,国民党一方面将孙中山思想绝对化、教条化、凝固化,将孙中山神化;另一方面制定了烦琐的法律法规,将社会化的信息传播(含新闻传播)纳入到国民党党务系统操控的组织传播的范畴内,使党国新闻传播成为一种组织化的社会传播。

这一言论标准在蒋公开的话语表述中是三民主义、总理遗教,实际是按照蒋个人意志诠释的总理遗教,或者说是披着总理遗教外衣的蒋介石政治主张与权力意志。简言之,蒋介石的话是绝对真理。威胁其权力意志的共产党及地方实力派的言论与政治主张,尤其是中国共产党信奉的马克思主义,均是需要取缔的不正确言论,其他诸如自由主义、国家主义、无政府主义、法西斯主义等非三民主义,只要肯效忠蒋介石,均允许其在一定范围内存在。如,蒋将黄郛、杨永泰、张季鸾、陈布雷、张群等"党内自由派"纳为智囊团,将胡适、翁文灏、蒋梦麟、吴鼎昌等自由主义知识精英纳入行政院、国防设计委员会内,请胡适、张其昀、吴鼎昌、丁文江、翁文灏、杨端六、王芸生等知识精英为其讲学;默许法西斯主义在20世纪30年代喧嚣一时,等等。

对于"批评行政之得失,摘发弊害,以补助党国之耳目"的言论,蒋介石表现出"纳嘉言"的政治态势,如,蒋吸纳了新政学系的许多"嘉言"。但当新闻和言论的传播效果对蒋介石政治主张、政治行为造成现实威胁时,蒋则毫不犹豫地予以惩罚,取缔,乃至灭口。1929年蒋、桂战争期间,面对白崇禧指挥的第二陆军"经怀集、四会向广州进击"的形势,蒋于5月7日电令淞沪警备司令熊式辉"两广战争消息,不准各报登载",[13]不让公众了解黄绍竑、白崇禧提师东进的真相。1931年2月,在决定软禁胡汉民时"令各报不准登载中央未发表之消息"。[14]1932年7月28日,蒋手谕汉口各报"慎重登载""热河消息",嗣后关于"东北或伪国消息,务宜字斟句酌,切务稍涉大意,为敌人张目"。[15]1934年7月,为防止顾孟余案酿成政潮,应汪精卫之请查封了南京《民生报》。[16]同年,因《申报》馆主史量才不肯为蒋所用,且言论日益"左"倾,遂被蒋密令戴笠暗杀。1936年1月,蒋因上海《晨报》抨击"财政当局之投机操纵",将《晨报》及其附属之《小晨报》《上海夜报》,概予查封"。[17]1945年3月,蒋以手令致外交部长王世杰与侍从室主任陈布雷,要求对于反苏言论应一律禁止,[18]等等。而骂过蒋介石人品,却维护蒋介石政策的张季鸾、胡适、罗隆基等自由主义者反而得到蒋介石的信任与重用。抨击孙文学说、国民党"党治"的胡适、罗隆基等人,面对国民党围剿胡适,甚至国民党内极端分子要求将胡适逮捕法办的舆论压力,蒋却特予"优容",没有采取任何措施;[19]骂过蒋介石人品的张季鸾被奉为"国士",被张季鸾推荐的翁文灏[20]、谷正纲等人士,蒋也予以重任。可见,蒋是从现实政治的利害关系,以新闻与言论的政治效果是否危害到蒋介石的军事、政治行动及蒋介石集团的政治利益为判断标准。触及蒋的军事、政治行动或潜在、明显威胁到蒋介石权力、利益或形象的新闻与言论,均是受到约束的谬论,需要被批判、取缔或剿杀;反之,凡是在维护蒋的军事、政治行动或其权力与利益的前提下,即使是抨击或痛骂国民党的新闻事实与言论,也被蒋视为"嘉言",抨击或痛骂者也许在略受惩罚后,被蒋"引为同调"。胡适、罗隆基[21]、张季鸾即是其中的典型。

蒋的言论立场,既与国民党言论立场有许多重合地方,也有一些不一致的地方。这使蒋的言论立场在维系个人权力与利益的同时要顾虑到党内左、中、右不同势力的言论立场。陈德征、力行社的成员等倾向于严厉控制言论,完全统一思想;而黄郛、杨永泰、陈布雷、张群等新政学系的知识精英倾向于有限制的言论自由。蒋的言论自由的立场与思想受到了党内这两股力量的左右,这使蒋的言论思想在某些历史时期表现出时而偏向严厉,时而偏向宽容的摇摆状态。蒋的言论立场的摇摆及其思想与国民党言论思想的不一致,导致了国民党及南京政权的新闻统制政策的指导思想,处于"纸面规定"与实际"潜规则"部分交融、部分打架的紊乱状态。这就从根本上紊乱了国民党庞大的新闻统制体制,使这一体制不能有效发挥组织传播的思想整合效果。

三、新闻要"确实""迅速""有趣味"

真实、迅速、有趣味是现代新闻观念的基本共识,这一共识要求新闻记者要有高尚的职业道德、精深的修养、宽广的学识。蒋在公开表述中亦非常重视,他多次强调新闻记者的地位、修养、立场的重要性,他多次强调新闻报道要"确实"、"迅速"、"有趣味"等自由主义新闻学的业务核心。蒋说,"唯其新闻记者的地位如此高尚,责任如此重大,所以我们第一件事就是要修养新闻记者的品德。我们要做一个现代的新闻记者,首先要确定立场,抱定宗旨,为了贯彻立场达成宗旨,我们一定要有富贵不能淫,贫贱不能移,威武不能屈的精神……不过我们要有高尚的品德,要有精深的修养,然后才能真正有所贡献于党国,而党国所需要的也就是这样的新闻记者"。[22]蒋说,"讲到新闻事业的经营,第一就是要迅速……所以新闻的时间,真是要用分秒来计算……第二是确实……如果新闻传播失实,或竟完全虚伪,结果必致失掉读者的信用,读者对我们的记载既有怀疑,那你无论花多少经费,都毫无用处!……无论担任经理,编辑或是外勤记者,对于我所说的'迅速'、'确实'两个要件,务要切实做到,并要转告一般同业人员,大家要切记力行我这两句话,来彻底改革过去的毛病!"[23]他还说,"吾人须知谨严非为枯燥之别名,而兴味之养成,亦自有其方法,新闻界人士悉心研究,自能得之"。[24]蒋的这些表述是以训词、演讲等形式出现的,不代表蒋真正具有此新闻理念。作为国民党党魁,蒋需要忠实于他的新闻工作者,宣扬其政治理念,为其政治行为鼓吹。而要使蒋的主义、理念真正发生宣传效果,蒋深知必须运用新闻传播的基本规律,不得违背真实、迅速、有趣味,必须使报纸、刊物"销行之普及,而不可以营利为目的",新闻记者"更要以服务为目的,不仅不能以营利为目的,而且要不惜成本,不惜牺牲,充实内容提高效率"[25],这样,新闻事业才能普遍深入社会民众,才能真正产生宣传效果。可见,蒋是要新闻工作者以西方新闻业务的操作手法,宣传本党主义、传播蒋介石政治理念及其主张,教化社会民众。佐证是,当新闻和言论不利于蒋介石政治行动、违背蒋的政治主张时,新闻和言论就被"检查"掉,或被篡改,或被删扣,或被编造,或被认为虚假,表现出蒋以政治思维,而非唯物思维认知新闻的本质。蒋介石非常注重个人形象的媒介塑造,凡有损蒋介石形象的行为,国民党均予以查禁、取缔或予以严惩。胡适在《人权与约法》中曾举例道:"安徽大学的一个学长,因为语言上顶撞了蒋主席,遂被拘禁了多少天",其家人亲友只能到处奔走求情,而不能到任何法院去控告"蒋主席"。[26]另外,蒋的新闻照片由专任摄影师胡崇贤负责,经胡崇贤拍照、挑选后再给中央社,由中央社发给各个新闻媒体。[27]蒋招待记者有一套程序。1929年8月31日蒋介石招待上海记者,淞沪警备司令部接到蒋的手谕后,派该部秘书李德钊,通知各报馆,指派代表参加,并将"各记者名单携回呈报,以昭慎重"。[28]

四、复杂的舆论心态

至今尚未发现蒋介石对舆论问题的系统阐述,蒋介石政治行为却表明,他是以政治功利主义心态对待舆论,或操控,或俯顺,或轻视,或褒扬,总的倾向是力图使舆论配合蒋的政治部署。济南事变发生后,蒋以隐忍态度,以外交手段处理中日争端,此时发动国内外舆论,其目的是将对日的舆论压力,作为与对方谈判的重要筹码。"九一八"事变后,蒋以国际舆论向暴日施压,意图以国联调解解决中日争端。抗战爆发后,蒋对内利用民族主义舆论凝聚抗战力量,对外利用国际舆论,抨击暴日,争取美国的援助。蒋的夫人宋美龄在美国同情中国抗战、支持中国的舆论战中发挥了重要作用。抗战胜利,蒋以制造国共谈判的舆论,主动邀请毛泽东来重庆谈判,力图将内战责任强加给中共。但是,蒋并不是舆论操控的绝顶高手,其操控社会舆论也有许多没有达到其预期的实际功效。形成这一悖论的一个重要因素在于,视军权高于一切的蒋介石有轻视舆论的严重倾向。据冯玉祥的回忆,因为古应芬在冯玉祥面前汇报蒋的亲信熊式辉在上海贩卖鸦片烟土的事,蒋暴躁地说出"什么舆论,舆论,舆论!我拿三百万元开十个报馆,我叫他说什么,他就说什么,什么狗屁舆论,我全不信[29]"的极端话语。

五、对蒋介石新闻操控纵行为与思想的评析

蒋介石不是新闻学者,而是军人政治家,故对蒋介石新闻操控行为与思想的评价,要从国民党党魁,中华民国政府的治理者的角度,即从领袖如何运用新闻资源治理国家的层面评价蒋介石新闻操控行为及其背后的思想。而领袖人物的传播思想,是领袖对社会信息系统中信息流通的结构与秩序,社会信息的意识形态属性的思考与规划,而不是简单的传媒性质、角色、功能的基本定位。

新闻传媒在社会信息系统中扮演着社会信息流通的主渠道,它在社会信息系统中的性质、角色与功能的定位应服从于社会信息系统的基本结构与秩序。

蒋以军权获得国家权柄后,必须解决的现实问题是:孙中山提出的中国人民处于"一盘散沙"的文化国家,如何应对内忧外患的严峻现实。即传统文化国家如何迎接工业民族国家带来的现代化挑战。这是近代中国,乃至当今中国必须面对的现实问题。

对此,蒋在内忧外患中力求以个人的权威主义,以政党为工具强力向社会灌输三民主义,将蒋介石三民主义精神浇筑于"一盘散沙"之中。然而,蒋介石并没有成功构建强有力的现代动员性政党,他以其人脉、地缘、师友等人际脉络在国民党内建构了实力最为雄厚的蒋系集团。以蒋系集团为后盾,蒋介石欲以新威权主义为推动力,儒化的三民主义为旗号,以整合传播方式来解决"一盘散沙"的问题。新闻传播仅是蒋介石整合"一盘散沙"的一个重要工具。为此,蒋以政治利害为言论定一标准,赋予新闻事业以"主义喉舌、国民导师"的重任,希望其能运用西方新闻业务的熟练艺术来操控社会舆论,达到服务于现实政治的目的。蒋介石操控新闻的思路有其历史合理性,要解决国人的"一盘散沙"需要借助威权主义的政党或政府,然而,蒋介石却是"中学为体,西学为用"的过渡性人物,其"集权则力度有限,分权则胸襟不够宽广"的政治性格,是造成南京政权弱势独裁的一个非常重要的因素。传统政治的集权文化的残酷性使蒋不敢放弃国家权柄,在"武力决定权力分配"的民国政治,放弃权柄意味着生命时刻面临威胁。这是中国传统集权政治的致命所在,它致使掌权者恋权心理非常浓厚。西方民主政治的分权文化、"总理遗嘱"又诱惑蒋介石放权,在"集权"与"放权"之间,蒋虽然倾向于集权,但仍然受到分权文化的不同程度的影响。蒋的智囊团——国民党党内的自由主义者——也深受西方民主宪政的影响,他们在一定程度上影响了蒋的放权。这使蒋介石政治性格时而"优柔寡断"、时而专断独行,以致蒋难以把握历史机遇。另外,蒋介石性格中的暴躁、专断等弱点,也使蒋在处理胡汉民、汪精卫、孙科等党内上层人物的关系上,失分很多。宋美龄在这方面帮了蒋介石不少忙。张学良支持蒋,是最好的例证。这是蒋介石不能以其三民主义解决中国"一盘散沙"的一个重要根源。

蒋介石还是一个忍耐性非常强的国家民族主义者。这在其新闻传播的行动逻辑中也有所表现。民族主义对中华民族抗击日本入侵起到了关键性作用。它凝聚了全国上下的人心,是中华民族战胜日本帝国主义的重要因素。根据国民政府国防部1947年10月统计,在整个抗日战争中,国民党军队作战消耗合计3 227 926人,其中阵亡1 328 501人(包含8名上将,41名中将,

71名少将,1.7万名校尉),负伤1 769 200人,失踪130 126人。[30]。这就是民族主义社会动员策略的社会效果的重要表现。民族主义是国民党新闻传播的重要指导理念,而国民党民族主义新闻传播思想的形成与实践,与蒋介石的国家民族主义新闻思想有很大关系。然而,蒋介石的国家民族主义是狭隘、保守的,是以维护其权位为首位的国家民族主义。这种民族主义思想,很大程度上影响了国民党民族主义政治动员的传播效果。

其次,蒋介石的新闻操控行为与思想中,有自由主义的倾向。蒋不认同苏联模式,他叫停了法西斯主义运动,允许民营报刊的存在,做出"纳嘉言"的政治姿态,将杨永泰、陈布雷、张群、张季鸾等民族自由主义者纳入其决策智囊团,这些都表明蒋的新闻思想有自由主义的成分。

总之,蒋介石新闻操控行为与思想是杂糅了传统儒学的信息控制,苏联的政治工作经验,孙中山的"总理"魅力,自由主义的理念与新闻操作业务的混合体。但蒋介石"军权高于一切"的思维模式,使其对社会整合的重视程度远不如毛泽东。总体而言,蒋介石社会整合的理念是传统政治文化的,其路径、方法、操作是西方新闻文化的。从历史后视镜看,蒋介石解决"一盘散沙"的失败,在于其治国理政思维基本停留在传统文化的层面,它试图沿着张之洞提出的"中学为体,西学为用"的治国思想来处理中西文化冲突所形成的"第三种事实"或曰中国国情。(第一种事实是传统的中国文化模式,第二种是挑战的西方模式,前一种模式面临三千年未有之变局,走不通了,后一种模式被完全照搬,失败了,如民初议会政治。)中共的胜利,在于毛泽东充分认识到中国是一个农民国家,且是一个人口众多的农民国家。整合农民,解决农民的"一盘散沙"才能真正解决"一盘散沙"的问题。给农民以土地利益,唤醒农民的阶级意识,即争取到中国绝大多数的社会人群。以民主为号召,就可团结最大多数的城市人群。蒋介石的最大失误在于未充分认识到中国特殊的国情,南京政权的决策也受到了欧美民主宪政思想的不少影响,以致其农村不土改,城市搞集权。传统表述是:维护蒋介石集团的阶级利益。这一表述是阶级斗争史观的体现。

注释:

[1] 蒋介石的新闻工作较少,早年在日本东京参加过《军声》杂志的编辑工作,他对新闻、宣传的公开阐述不多,主要体现在20世纪二三十年代主要是题词、函电、批语、手令等,较系统的论述主要集中在1940、1941年及其晚年相应的演讲、训词。主要有1940年3月23日在中央政治学校专修班甲组第一期毕业典礼上《今日新闻界之责任》的训词;1940年7月16日在"中央政治学校"新闻专修班一、二期学生毕业典礼上《怎样做一个现代新

闻记者》的训词；1941年3月6日的《在中国新闻学会成立大会训词》；及晚年的《发挥大众传播力量》(1964年11月5日)、《新闻工作是教育事业》(1969年6月26日)、及《任主义先锋 作国民喉舌》(1974年4月7日)等演说、训词。需要说明：蒋的讲话、训词早期是由陈布雷等秘书起草的，晚年是否由秘书起草尚不得而知。领导人的讲话由秘书起草，这表明两点：一是蒋基本认同起草人的观点；二是这些观点并非完全是蒋的个人创造，而揉进了起草人的观点。

[2] 蒋介石. 对中国国民党第四次新闻工作会谈特颁训词//秦孝仪."先总统"蒋公思想言论总集(第40卷). 中国国民党中央委员会党史委员会，1984：433-434.

[3] 在《军声》杂志发刊词中，蒋介石纵观欧美各国的历史演替，发现"各国抱殖民政策，而以权利为主体，以遣使为间谍，以贸易为先锋，以兵力为后盾"，清代沿袭"重文轻武"的旧弊，致使国家积弱腐败，"非革命不足以振衰起弊"而发愤为雄之道是："鼓吹尚武精神，研究兵利学术；详议征兵办法，讨论国防计划；补助军事教育，调查各国军情。"军声杂志发刊词//秦孝仪."先总统"蒋公思想言论总集(第5卷). 中国国民党中央委员会党史委员会，1984：1-4.

[4] 蒋委员长宴粤港记者团. 申报，1934-5-30.

[5] 蒋介石. 为大公报一万号纪念作. 大公报(一万号)，1936-5-22.

[6] 两次演讲分别是1940年3月21日对中央政治学校新闻专修科第一期毕业生演讲，题目为《黾勉新闻界战士》，同年7月26日中央政治学校新闻事业专修班毕业典礼演讲，题目是《怎样做一个现代新闻记者》。见秦孝仪."先总统"、蒋公思想言论总集(17卷). 中国国民党中央委员会党史委员会，1984：205-206，419-423.

[7] 蒋介石. 中国新闻学会成立大会训词//李瞻."国父与总统"蒋公之传播思想. 新闻学研究(第37集)，1986：16.

[8] 1939年5月8日蒋介石在中央党部演讲"三民主义之体系"，对"三民主义理论"，做了融会贯通之述，即对党义有整个的一贯解释，据蒋介石自称，"三民主义之体系及实施程序之完成，足以告慰于总理在天之灵。"见张其昀. 党史概要(第三册)，台湾"中央"文物供应社，1979：1011.

[9] 蒋介石在国民党第六次代表大会曾说："我的话绝没有错误。"迟了一迟又说："我的话是完全对的。"又迟了一迟说："我是总裁，我的话，你们要照着去做。"见冯玉祥. 我所认识的蒋介石. 陕西师范大学出版社，2007：21-7.

[10] 蒋中正发表对时局意见，1928-8-10.

[11] 统一革命理论案//荣孟源. 中国国民党历次代表大会及中央全会资料(上册). 光明日报出版社，1985：535.

[12] 杨天石. 胡适和国民党的一段纠纷. 中国文化，1991(1).

[13] 台北"国史馆"藏. 蒋介石致熊式辉电(未刊件). 中华民国史(第七卷)，1929：274-275.

[14] 杨天石. 蒋胡"约法"之争与蒋介石软禁胡汉民事件//杨天石. 蒋介石与南京国民

政府.中国人民大学出版社,2007:262.

[15] 东北消息应慎重登载,蒋手谕汉口各报.大公报(天津版),1932-7-23.

[16] 刘继忠.南京民生报停刊事件再审视.国际新闻界,2010(1).

[17] 据劭元冲1936年1月29日日记:"又介石因上海《晨报》之新文论文,又一月十九日论文,对于财政当局之投机操纵颇多抨击,皆为愤怒,已令将《晨报》及其附属之《小晨报》、《上海夜报》,概予查封,言论此后更束缚矣."劭元冲日记,第1360页//刘大禹.蒋介石与中国集权政治研究(1931—1937),浙江大学出版社,2012:206.

[18] 张瑞德.遥制:蒋介石手令研究.近代史研究,2005(5).

[19] 杨天石.蒋胡"约法"之争与蒋介石软禁胡汉民事件//杨天石.蒋介石与南京国民政府.中国人民大学出版社,2007:269.

[20] 据翁文灏的表兄李思浩回忆,蒋曾对他谈到,任命翁文灏为国防设计委员会秘书处是缘于张季鸾的推荐.李学通.幻灭的梦——翁文灏与中国早期工业化.天津古籍出版社,2005:66.

[21] 杨天石.胡适与国民党的一段纠纷——读胡适日记//杨天石.蒋介石与南京国民政府.中国人民大学出版社,2007:253.

[22] 蒋介石.怎样做一个现代新闻记者//秦孝仪."先总统"蒋公思想言论总集(17卷).中国国民党中央委员会党史委员会,1984:422-424.

[23] 蒋介石.怎样做一个现代新闻记者//秦孝仪."先总统"蒋公思想言论总集(17卷).中国国民党中央委员会党史委员会,1984:418-420.

[24] 蒋介石.龟勉新闻界战士//秦孝仪."先总统"蒋公思想言论总集(17卷).中国国民党中央委员会党史委员会,1984:206.

[25] 蒋介石.怎样做一个现代新闻记者//秦孝仪."先总统"蒋公思想言论总集(17卷).中国国民党中央委员会党史委员会,1984:420-421.

[26] 胡适.人权与约法.新月,1929,2(2):4.

[27] 汪朝光.蒋介石的人际网络.社会科学文献出版社,2011:337.

[28] 今日蒋主席招待报界.申报.1929-8-31.

[29] 冯玉祥.我所认识的蒋介石.陕西师范大学出版社,2007:1617.

【作者简介】刘继忠,南京师范大学新闻与传播学院副教授,民国新闻史研究所副所长,博士,硕士生导师.研究方向:为中国近现代新闻传播史.

《京报》鼎盛时期的吴定九

钱承军

(南京师范大学图书馆,南京 210097)

摘　要:1919 年 8 月,邵飘萍主办的《京报》因抨击安福系主持的北洋军阀政府对日本借款是"祸国阴谋,借债愚策",被京师警察厅以"侮辱政府"的罪名查封。直到 1920 年 9 月下旬,随着安福系把持的北洋政府垮台,《京报》才得以复刊,在邵飘萍、吴定九、潘劲昂等京报同人的苦心经营下,《京报》于 1924 年底进入鼎盛期。本文所述,为笔者近年来在挖掘整理有关史料基础上,呈现时任报馆经理、总编辑吴定九于此期间协助邵飘萍办报的不凡经历业绩,以期对《京报》研究有所裨补。

关键词:吴定九　《京报》　鼎盛期　职务　业绩

1920 年 9 月下旬,随着安福系把持的北洋政府垮台,此前被查封的《京报》得以复刊,经 3 年多努力,于 1924 年底进入鼎盛时期。其间,时任报馆经理、总编辑及主要撰稿人之一的吴定九殚精竭虑,事必躬亲,为《京报》事业的发展壮大作出了杰出贡献。本文所述,即为吴定九在这一时期全力协助邵飘萍办报的不凡经历业绩。

一、"双肩挑"的两个职务

《京报》在邵飘萍时期,与邵关系最密切的三个重要助手潘公弼、潘劲昂和吴定九都是上海嘉定人,潘公弼于 1918 年 10 月至 1919 年 8 月供职《京报》社,不足 1 年时间,其弟潘劲昂于 1920 年 9 月至 1923 年 9 月供职《京报》社,为期 3 年,吴定九则自始至终未离开过《京报》社。笔者曾在《京报元勋吴定九》一文中谈及,《京报》创刊后,起初吴定九仍在北京市政公所任工程师,同时兼职《京报》社,"1923 年,他下决心辞去市政公所公职,全身心投入到《京报》

馆工作,成了一名职业报人",从而"弃工从文走上充满风险的'新闻救国'道路"[1]。但囿于20年前资料之匮乏,笔者当时并不清楚吴在京报馆的职务。最早给出答案的是著名历史学者、《京报》研究专家、邵飘萍的外孙散木先生,他在2006年出版的《乱世飘萍:邵飘萍和他的时代》一书中指称吴定九为"报馆经理"[2]。而吴的侄子,在昭明印刷局学过徒的吴天麟也曾回忆:"吴定九行六,人称'六伯',我到北京时13岁,时为甲子年(1924年),六伯住在骡马市大街潘家沿3号,内有客厅、天井、两厢房,里面还有客堂等。我想邵飘萍是老板,他是经理"(《回忆六伯》,吴天麟,未刊稿,1984年12月),上述二人的说法可信,且互为印证。

笔者经仔细查检国家图书馆现藏《京报》(1919.2—1926.4,缩微文献)后有一新发现:《京报》自创刊至邵飘萍遇害,但凡报上出现社长、主任、主笔和总经理这几个职务称谓时均具名邵飘萍,换言之,邵所任职务必与其姓名对应相联,无不具名情况。《京报》进入鼎盛期后,报上又出现了"总编辑"这一职务称谓,但这个不具名的职务显然非指邵飘萍。例如,1926年3月22日至24日,《京报》连续3天在第二版头条以特大号字体登载了一条《京报特刊预告》,内容为急征"三一八"惨案现场照片,用以"印特刊五十万张,布之内外,唤醒各党各派,一致起而讨贼……",落款为"本报总编辑特启"。这个总编辑是谁?笔者认为,既然邵飘萍从未自任过总编辑,此要职必定由其重要助手担任,毫无疑问,1923年下半年以后,邵最重要的助手非吴定九莫属。关于这一点,笔者已在《谈谈〈京报〉的"贺岁版"》[3]一文中对1924年至1926年3年间登上《京报》"贺岁版"上十几位京报同仁的排名情况逐一分析,说明吴定九在《京报》社是仅次于邵的第二号人物,此处不赘述。

现有史料表明,鼎盛期的《京报》社设有四个部门:经理部、营业部、编辑部和印刷部。其中,经理部为"别设",地位仅次于社长,高于其他三个部,"以辅佐社长处理一切事务"[4],由吴定九任经理;编辑部设总编辑一职,也由吴定九担任,用今天的话来讲就是"双肩挑"。1925年10月26日,《京报》馆迁入由吴定九亲手主持设计、建造的位于宣武门外骡市大街的新报馆大楼,"楼上是编辑部、经理室等,楼下是营业部、传达室等,楼后则是邵飘萍的公馆——一座典型的北京四合院,除了邵飘萍和他的家眷居住在内,报馆经理吴鼎的办公室也设在里面"[5]。据其夫人杨怀英回忆:"定九在《京报》社管的事很多,他自己写稿、采访、跑印刷厂,还管财务。他每天早晨八九点钟到报馆,中午和晚上都不在家吃饭,每天晚上都要在印刷厂等到一切稿件都安排好了,报纸上机印了,一直忙到十二时许才回家。我们总是备好夜点心等他回来吃。"[6]这段话

真实形象地反映出当年"双肩挑"的吴定九那种事无巨细,事必躬亲,辛劳异常的工作景况。

二、让"无名英雄"现身

称吴定九为"无名英雄",源于著名新闻史学家、中国人民大学方汉奇教授,笔者曾于2013年11月拜访方先生,谈及吴定九在新闻史上的地位及作用;他认为:"吴定九是二线的无名英雄,其事迹值得深入挖掘,作为后人应继续追寻线索好好写写他。"

方先生所言诚哉!作为《京报》创始人之一和新闻编译社的早期成员,吴定九前前后后为《京报》社工作了十二三年,但即便在总编辑任上也极少在《京报》上留下自己的真名实姓。经查国家图书馆所藏《京报》(1919.2—1930.5),笔者仅在1920年10月19日和20日两天出版的《京报》第三版上发现有一篇署名"定九"的连续报道文章——《女师学生救灾之盛会》。由于现存《京报》收藏并不十分齐全,虽不知此文是否就是吴定九在《京报》上唯一署真名的文章,但可以肯定,他在《京报》和新闻编译社所编发、撰写的文章大多不署名或使用笔名。前面提到,吴走的是一条充满风险的"新闻救国"之路,《京报》因高擎反帝、反封建、反军阀的大旗,宣传马克思列宁主义和俄国十月革命而成北洋军阀政府的眼中钉、肉中刺,更有好友潘公弼被捕入狱和邵飘萍亡命海外的前车之鉴,吴隐名埋姓不啻为保护自己的一种有效手段,这也是当年许多革命报人采取的惯用方法。

接下来的问题,吴定九在《京报》鼎盛期使用何种笔名及编发、撰写过哪些文章?解决途径仍然是通过查检、研读《京报》来寻得答案。

仔细倾读这一时期的《京报》后不难发现,报上以"K"署名的文章篇幅最多,延续时间也最长,从1923年6月至1926年4月从未间断过。K的署名有两种含义,一是表示文章作者,如以K署名的时评、新闻报道、政论文章等;二是表示文章的责任编辑,如邵飘萍在《京报》上发表的所有通讯、论说、短评等各类文章全都由K一人负责编发,说明K其人非一般编辑。话再说回,前面已提那则落款为"本报总编辑特启"的《京报特刊预告》,亦在文末署名"K",从而与"总编辑"成相对应关系。另外,有学者认为吴定九精通日、英两种文字,其名"鼎"的日译文为"かなえ",再译成英文则为"Kanae",而K即取其第一个字母之意。综合上述因素,足以证明K就是《京报》鼎盛期的总编辑吴定九。

由于种种原因,笔者难以对吴定九于此期间在《京报》上撰写的所有各类文章全面统计，但仅从手头掌握的部分材料来看也已相当可观，具体数据为：1923年6月8日—7月8日，计18篇；1924年6月10日—20日，计23篇；1924年10月23日—12月10日，计35篇；1925年6月1日—7月10日，计10篇；1926年3月14日—30日，计15篇，总计101篇，9万余字。这些文章主要位居最重要的第二版（"评坛""时评""特讯"等栏目）上的醒目位置，有时也登在第三版（国外要闻、本埠及各省新闻等）。这里需要指出，国内研究者往往错将本属吴定九撰写的一些文章归结到邵飘萍名下，如《冯玉祥对于目下政潮之态度——昨日与飘萍之谈话》（1923年6月8日）、《喀拉罕代表与邵飘萍之谈话》（1924年6月13日）、《中俄邦交成立后之空前大会》（1924年6月20日）、《昏聩糊涂之国务院秘书长》（1924年6月21日）、《冯检阅使与本社邵君谈话》（1924年10月24日）、《冯玉祥解决时局之大体意见》（1924年10月25日）等文章，虽均在文末落款处署名K，却被收录到1987年11月由中国人民大学出版社出版的《邵飘萍选集》一书中，此类情况应予纠正。

三、历史瞬间的记录

《京报》的鼎盛期虽仅3年多，但《京报》于此间对发生重大历史事件的记录，却在中国新闻史上留下了浓墨重彩的一笔。作为主要书写者之一的吴定九可谓竭尽心力，劳苦功高，主要表现在以下三个方面。

1. 与邵飘萍珠联璧合

凡遇重大事件发生，邵飘萍和吴定九必定动笔撰文，二人虽文风迥异，但内容彼此呼应，珠联璧合，已然成为《京报》鼎盛期的一种常态模式，试举几例说明。

1923年6月27日凌晨一时半，《京报》正待付印之际，编辑部忽然接到报告清宫发生大火的电话，仍在办公室忙碌的吴定九听取报告后，当即写下题为《今晨二时清宫之大火灾》的短讯，临时插入到第二版"内外要闻"栏目，于第一时间报道火灾"在神武门内铁门西北大宫殿大成殿一带，尽付一炬"，"尤奇者，火起后一小时余，神武门依然紧闭，以致消防队等皆久候门外，不得入内。后见火势愈烈，不得已绕道新华门而入，然已关门烧两小时矣（想先迁腐惨状）"；"至本报印刷时，火势尚有五六丈高"。几小时后，这条国内最早见报的关于清宫火灾的特大新闻，伴随着报夫自行车铃声迅速传遍了京城的大街小巷。

紧接着，邵飘萍作《亡清故宫失火责任问题》一文于次日见报，指出"自清帝退位之日起，一切主权已移交民国，则今番千万以上之损失，实民国国家所有之财产也,非但物质上横遭暴殄,而与历史有关系之古物尽付一炬,则尤为堪痛也,……为今之计,速将溥仪及其家族为适当之处置,以杜将来祸源,而正中外视听"。

吴、邵的关注点,从一开始就不局限于清宫失火本身,而是以敏锐的目光认清问题症结在于辛亥革命的不彻底性:北洋政府允许清废帝溥仪窃居故宫,致使原本属于国家的大量珍贵文物被溥仪和太监宫人盗出宫外。出于知识分子的社会良知,他俩大声疾呼应以此次大火为契机,将溥仪及其家族迁出故宫,从而引起全社会强烈共鸣。一年多后,冯玉祥发动北京政变,与黄郛、鹿钟麟等人采取断然措施,于1924年11月5日将溥仪驱逐出宫。第二天《京报》即刊出吴定九写的《今日发表清废帝移宫条件》和《再论公开三海及宫殿问题与学术政治社会之关系》两篇文章,迅速报道事发经过和公布阁议通过的修改后的清室优待条件,指出"辛亥年不彻底之革命,并清废帝而亦尚若存若亡,俗语所谓'关起大门做皇帝'者,观于已废清室之尚有内务府及上谕朝贺赐福等等,其滑稽无乃类是。顾此事影响于国民心理、国际体面、社会观瞻及政治前途之祸根。本报去年当清宫大火古物偷售时,曾再三著论,应彻底解决,使之侪于平民",并"主张凡三海及亡清宫殿宜一切开放之,任中外人民之观览与研究"。

11月7日,《京报》又同时刊出邵飘萍的短评《废帝号为当然之办法》和吴定九的通讯《溥仪取得平民资格后之要讯》两篇文章,前者抨击段祺瑞"自以为曾受清室知遇,不忍见故主之降为庶人,不知此种公私不分之谬见,实毫无国家观念有以致之",指出"今之社会多数皆为平民,失业者岂独旗籍,而必予以收容工厂之优先之权利,五族平等之谓何?是故从种种方面观察之,溥仪帝号之宜废,为当然之办法,无丝毫之过分之处"。后者则揭露了溥仪的英文教员庄思敦盗取宫中古物的劣行,并指出"自溥仪出宫,中外之民主主义者莫不称快,而帝国主义者则兔死狐悲,似抱不平。国民对于此类希图干涉内政之外人,不可不严重注意之"。尤其应对日本殊为可异的不满之论提出"警告"。

又如,1924年6月初,由英、美、法、日等九国组成的所谓"外交使团"蓄意阻挠中苏建交,并拒绝交还旧俄使馆,《京报》对此事件严加关注,对帝国主义国家干涉中国主权的恶劣行径进行充分揭露和鞭挞。6月12日的《京报》刊发吴定九写的题为《使团答复交还俄使馆问题》的新闻报道,文章副标题为:"东交民巷的公使/个个都是大皇帝/否则何来此命令/野蛮哉文明绅士",先画龙点睛般地将列强的丑恶嘴脸刻画出来,文中义正词严地指出"以各国公使地位而干涉到我国与苏俄邦交之关系,可谓无理已极……以公使之命令而代国际条约,各国公使,不啻专制时代之大皇帝。不料所谓文明绅士,其野蛮无理乃一至于此!"当日《京报》同时还发表邵飘萍的《野蛮哉文明绅士——请各公使有以语我来》一文,从国际法理的角度严厉抨击各国公使的无理野蛮言行。邵文题目即取自吴文,而文章开篇有"本报对于此项问题,前日既曾著论痛辟之矣"一句,则指《京报》于6月10日刊登吴定九所撰题为《各国不至于反对交还俄使馆》的评论文章。

再如,1924年10月冯玉祥发动北京政变,迫使直系控制的北京政府下令停战并解除吴佩孚的职务,监禁总统曹锟,宣布成立"国民军",《京报》对此持赞赏和支持态度,但同时认为,包括国民军在内的任何军队都不应该在北京城内驻军。吴定九就此写下《各军皆退出北京城——请冯胡孙诸公注意》(1924年10月31日)和《段芝泉目下之第一任务——使奉军勿食前言》(1924年11月5日)两篇短评,认为"北京为中华民国之首都,且各国使馆所在,乃政治外交之中心,……故本报主张,凡属军队,一律开驻于北京城外,使外人知中国政治外交中心无军事之色彩,益觉军事当局布置有方,不含干政之意味,而市民之精神上尤感其愉快焉,岂不善哉"。而"段芝泉目下之第一任务,在始终使奉方勿食前言,与北京政治,毋庸发生直接之关系,其军队之行动,亦本此旨而能止于适当之地域,此为北京人民之所属望"。随后,邵飘萍也发表时评《本报对于北京不驻军之主张——或有实现之希望》(11月7日),强调"本报默察大多数国民之公意,曾屡次发表'北京城内不驻兵'之主张",邵文在全部载录第一篇吴文和部分引述第二篇吴文的基础上,认为"以上所论,吾人确信为最合于大多数国民之愿望","若当局能毅然行之,增高首都之地位,一新中外之观瞻,乃国民所馨香祷祝以求者耳"。如上数例,足见邵、吴二人唱合之默契。

2. 逢大事必亲自出马

为了保证报纸质量,符合读者要求,但凡遇有大事发生或需见重要人物,吴定九必定亲自出马赴一线采访。

杨怀英曾回忆:"定九常外出采访。我能记得的如孙中山在医院病逝时,他即赶去采访。还有一次是冯玉祥到北京,他去冯处采访,回来还对我说是在冯玉祥家吃的饭,并说冯将军生活真俭朴。那次他在冯玉祥家吃的是窝窝头和酸菜。"[7]关于吴去冯处采访的确切次数及具体时间,查《京报》先后刊出吴的三篇报道文章,最早一篇为《冯玉祥对于目下政潮之态度——昨日与飘萍之谈话》(1923年6月8日),背景为直系首领曹锟逼迫总统黎元洪下台,冯玉祥在南苑与邵飘萍关于对时局看法的访谈,时间是6月7日下午二时至三时半。第二篇为《冯检阅使之态度依然冷静》(1923年6月12日),背景及地点与前同,时间为6月11日晚九时。第三篇为《冯检阅使与本社邵君谈话》(1924年10月24日),背景为冯玉祥发动北京政变当日,地点在冯军北苑司令部,文末以"二十三日下午三时记"结尾。

从三篇报道中可知,吴定九共采访过冯玉祥三次,第一、三次随邵飘萍同去,并作现场访谈记录,翌日见报。第二次是单独前往,以文中"昨晚九时本报记者在南苑与冯使详谈"一句显示的时间推断,吴吃晚饭应在冯处,也即杨所说"在冯玉祥家吃的是窝窝头和酸菜"的那一次,可见《京报》社除邵飘萍外,吴定九也与冯玉祥相处较熟。

冯主祥的主要助手、京畿卫戍司令鹿钟麟是交涉清室优待条件事宜,将溥仪迁出故宫的主角,吴定九亦对其采访,并由此相识。吴写的《今日发表清废帝移宫条件》(1924年11月6日)、《再论公开三海及宫殿问题与学术政治社会之关系》(1924年11月6日)、《溥仪废号出宫后故宫中事物整理之进行》(1924年11月8日)、《清室实行结束之尾声》(1924年11月9日)等八九篇报道和评论文章,给后世留下了整个事件的第一手宝贵资料。对照吴瀛写于20世纪40年代末的回忆录《故宫尘梦录》中相关章节内容,以及鹿钟麟写于20世纪60年代初的回忆文章《驱逐溥仪出宫始末》中一些细节描写,均与上述吴定九的文章相似度较高,说明他们写作时肯定参考了《京报》及吴定九的文章。再者,1926年3月下旬,直、鲁、奉联军猛攻国民军,前线吃紧,京城告急,人们非常关注国民军的进退问题,为此,吴定九两度采访了时任国民军前敌总司令鹿钟麟,第一次是3月24日"与鹿总司令、刘京兆尹、李督办等晤谈,述今次所以毅然退却之原因"[8]。第二次是3月27日晚,因得悉某通信社"言国军已决定退出南口,且谓昨日下午会议决定云云,本社至十一时半,以电话询问国民一军某司令,据言绝无此项议决,盖国军此次之退,并非力不能战,唯表示尊重和平之诚意耳……本报记者笑问以据某通信社稿,固言所闻甚确,某司令亦笑曰:'当不如我所言之更确也'"[9]。能用电话对鹿这位"大人物"进行较随意的访谈,在当时并非一般记者所能做到,可见吴、鹿二人稔熟之程度。

另外,在中俄恢复邦交盛会、孙中山病逝、五卅运动、"三一八"惨案等重大事件现场,也都留下了吴定九现场采访报道的忙碌身影,限于篇幅不一一列述。

3. 发革命舆论之先声

《京报》的鼎盛期,正值近代中国各种新思潮和革命运动风起云涌的年代,身为首都一份进步大报的总编辑,吴定九十分注重《京报》发革命舆论之先声的作用以顺应时代潮流。这样的事例,在《京报》所展示的一幅幅历史画面中比比皆是。

清宫大火后，邵飘萍和吴定九在知识界中最早发出将溥仪迁居出宫的呼吁；最先提出开放故宫供中外人民观览研究，也即建立故宫博物院的正确主张；最早极有预见性地提醒国人应防止外人，特别是日本利用溥仪干涉中国内政，体现出二人反封建的坚定性和彻底性。反观曾是新文化运动主将的胡适受宠若惊地接受溥仪召见，反对修正清室优待条件的卑屈行为，与此形成鲜明对比。

当北方吹来十月的风，《京报》为促成中苏恢复邦交不遗余力地鼓动宣传，及时揭露英日等列强组成的外交使团拒绝交还旧俄使馆、干涉中国主权、破坏中苏建交的霸权行径，批评北京政府的暧昧与软弱。吴定九撰写的《昨日使团讨论俄使馆问题》（1924年6月11日）、《使团答复交还俄使馆问题》（1924年6月12日）、《若加干涉则庶几有效》（1924年6月19日）、《本报之言论幸已唤起使团注意乎》（1924年6月19日）、《中俄邦交成立后之空前大会》（1924年6月20日）、《外交团谋破坏中俄互派大使》（1924年6月20日）等十余篇评论和报道，同样给后人留下了解和研究这段历史最为详尽的第一手材料。

五卅运动时，《京报》驻沪记者在惨案发生当晚八时就发回了专电，因电讯传递障碍，报社于5月31日才收到电讯稿，吴定九据此写了《沪租界印捕枪杀学生之惨剧》一文，刊于6月1日的《京报》，详尽报道了惨案大致经过，这在当时算是最快的反应速度了。随后，邵飘萍也写下题为《外人枪毙学生多名巨案》的评论文章，发表在6月2日的《京报》上。在其后长达两个多月的时间内，《京报》大量刊发有关运动的报道、评论、图片和广告，吴除了日夜负责编发大量稿件外还撰文10篇，其中既有揭露和抨击列强暴行的评论，也有反映沪、京、汉等地群众斗争情况的报道。如在《请速援助上海罢工罢业人员》（1925年6月6日）一文中指出："我国今尚为独立国家，英日暴徒，乃敢在我国之领土上，对主人翁肆其凶行，更非日鲜关系所可同日而语。然英日暴徒之心目中，已视我国民为鲜人不如，无可讳饰。故此事若不一致抵抗，则英日以外之各国，亦将视我国人为凉血动物，将来亡国，不能如朝鲜人之全体一致，又可推知。然则此案之如何应付，其关系于我四万万人之人格，影响于我中华民国之地位者，直是存亡生死之关头。换言之，国民人格灭亡，国家地位堕落，则领土主权未有不完全随之而灭亡者。吾人不论出如何重大价值之牺牲，皆当为人格地位而争持到底者也。"这些充满爱国激情的文字，至今读来仍令人血脉偾张。

为了声援全国反帝爱国运动，邵、吴主导的《京报》发出《停止英日一切广告声明》,从"6月5日起已拒绝英日商人之广告"[10],同时"对学生关于沪案问题异常赞助,所有因此案来登广告一律减收半价"[11],6月15日又发出《欢迎对外团体广告一律免费》通告,"以示国人一致对外之热烈"。[12]在《京报》带动下,北京《晨报》等报刊竞相效法,纷纷宣布对爱国组织和团体刊登通知、简章一律免费,并拒绝刊登英日商人广告。报道过程中,《京报》还出了四期"特刊",其中第四期为"汉口惨案写真",标题由吴定九亲笔手书。

"三一八"事件这一天被称为"民国以来最黑暗的一天",其实,黑暗在此前一天就已降临了。1926年3月17日下午,为了抗议英日等八国借大沽口事件向中国提出所谓最后通牒,一些爱国团体代表到国务院和外交部请愿,却在执政府门前惨遭卫队殴伤,《京报》迅速登出题为《昨日执政府门前之流血惨剧》(3月18日)的快讯,痛斥"政府当局不但对此重大事件,不能有适当处置,竟当代表等抵执政府时,府卫队即用刺刀向群众乱刺,可怜数百手无寸铁之爱国同胞,为爱国运动,竟饱受所谓中国政府枪弹风味!是役计重伤者有五人……"该文即出自吴定九之手。

据笔者粗略统计,在"三一八"惨案发生后10天内,《京报》刊登了来自各方的抗议通电、宣言等30余篇,报道和评论达40余篇。其中,邵飘萍写了《日英之露骨的干涉》《可谓强有力之政府矣》等5篇;吴定九写了《国民拥护国权大流血》《政府敢以一手掩天下耶》等14篇,这些揭露、抨击和控诉帝国主义和北洋段祺瑞临时执政府的檄文形成强大的舆论声势,如利箭般射向残暴的敌人。值得一提的是,惨案发生后第三天,吴定九写了一篇题为《政府凶杀人民之证——写真者之目观》的短篇特稿,描述了北京写真新闻馆记者亲眼目睹案发前后的情况经过,并配发了记者冒着生命危险拍摄下的"开枪前之卫队早已实弹以待"和"开枪后之混乱"这两张现场照片。吴的这篇图文并茂的短文是当年最早、最直接有力地揭露段祺瑞执政府屠杀请愿学生罪行的铁证之一,照片的拍摄者、写真馆记者陆世益是嘉定南翔镇人,为吴定九同城同镇的发小和终身挚友,因这层关系,陆最先将两张照片提供给《京报》发表。从时间上看,对"三一八"惨案的报道和评述,是鼎盛时期的《京报》对其间所发生重大历史事件的最后一次忠实记录,也是邵、吴两个老战友以笔为武器的最后一次并肩战斗。

四、几项重要革新举措

《京报》创办初期,家底薄、摊子小、设备差、人员少,在采访、编辑、发行和经营等方面的分工也不甚明确。随着报纸销售量的增加,报社的经济效益和社会效益日趋兴盛,邵飘萍和吴定九意识到,过去那种近乎作坊式的办报法已不能适应新的形势,必需借鉴国外先进的办报理念和模式,完善报社组织机构,对报纸版面和排字印刷等业务进行革新改造,这些重要举措在《京报》上均有所反映。

1923年12月31日和1924年1月1日连续两天,《京报》首次在头版特辟"贺岁版"向社会各界恭祝新年,参与贺岁的京报社和新闻编译社(《京报》的两块招牌一套班子)同人,包括邵、吴在内共12人,这是《京报》创刊以来员工人数的首个高峰值。由此推断,此时报社已设置分部门,吴定九也已出任经理和总编辑二职。

1924年12月2日至4日,《京报》第二版刊发一则《本报下星期起大刷新大扩充预告》,称"本报应时代之要求,觉有大刷新大扩充之必要,下星期起新闻篇幅恢复两大张,增加《副刊》一张","拟计划增加《文学妇女》等周刊五种(共成七种)"。12月7日,《京报》又发出"本报七种周刊计划完成/京报副刊已出版"的通告,宣布"五日起增加副刊,业已随报附送,正张内容扩充恢复两大张,亦已于五日实行,……自此次扩充后,星期并不休息,一律出两大张(合计副刊周刊,每日成三大张),至七种周刊之计划,业已完全解决"。通告中所言七种期刊是:《戏剧周刊》《劳动文艺周刊》《妇女周刊》《儿童周刊》《美术周刊》《文学周刊》《电影周刊》。

1925年2月1日,《京报》刊登一条题为《本报印刷已革新》的消息:"本报自扩充以来,……销数日增,……唯以印刷较旧,字迹不清……改铸新字,自一号至六号,大小具备,日夜赶工,前日起一律将旧字除去,报纸形式遂大改观。各种周刊,因字架未齐,排印不及,一二星期内当可复原。"

上述几项重要革新举措的实施,应视为《京报》迈入鼎盛期的标志,此即本文开头将这一时间节点定在1924年之缘故。令人感叹的是,《京报》的命运似乎应验了盛极必衰这句老话,1926年4月下旬,邵飘萍被奉系军阀杀害,《京报》再度被封,从此由盛转衰,吴定九因长期超负荷工作积劳成疾,于1930年5月病逝,年仅四十岁。

注释:

[1] 钱承军.京报元勋吴定九.新闻大学,1995(3):38-39.

[2] 散木.乱世飘萍:邵飘萍和他的时代.南方日报出版社,2006:186.

[3] 钱承军.谈谈京报的"贺岁版".图书情报研究,2015(2):50.

[4] 吴定九.新闻事业经营法.现代书局,1932:4.
[5] 散木.乱世飘萍:邵飘萍和他的时代.南方日报出版社,2006:186.
[6] 张维昌.关于吴鼎生平事迹的回忆:花落春仍在.天马图书有限公司,2004:169.
[7] 张维昌.关于吴鼎生平事迹的回忆:花落春仍在.天马图书有限公司,2004:169.
[8] 吴定九.国民一军总退却之意义.京报,1926-3-26.
[9] 吴定九.国民一军总退却之意义.京报,1926-3-26.
[10] 停止英日一切广告声明.京报,1925-6-9.
[11] 本报广告处通告.京报,1925-6-6.
[12] 欢迎对外团体广告一律免费.京报,1925-6-15.

【作者简介】钱承军,南京师范大学图书馆研究馆员。主要研究方向为:文献学,中国近现代报刊史。

胡道静与上海《通报》

关 梅

(江苏师范大学,徐州 221009)

摘 要:创刊于1938年4月11日的上海《通报》是胡道静新闻实践活动的起点,这份报纸虽然受制于当时的客观情况而存在时间较短,但它却在胡道静的新闻实践活动中占有特殊的地位,标志着他由"文化学者"到"新闻战士"的转变。同时,这份在上海"孤岛"中坚持进行抗日宣传的"洋旗报"也充分体现出胡道静的爱国热情和精神品格。目前,对于上海《通报》的创刊时间学界还有表述不一的地方,笔者一方面对这一问题进行考证,另一方面也借此文把胡道静主编《通报》的诸多史料进行梳理,以期还原这位爱国知识分子是如何借助新闻阵地进行抗日斗争的历史,从而对胡道静的新闻实践活动有较为准确的认识和把握。

关键词:胡道静 《通报》 上海通志馆 上海通社

胡道静是新中国成立前我国新闻学研究的代表人物之一,也是20世纪三四十年代追求"民族独立"和"民主自由"的进步爱国新闻人。他的新闻实践活动从1938年4月11日创办《通报》开始,至1948年10月12日《正言报》被迫停刊为止,历时10年之久。这其中,上海《通报》作为胡道静新闻实践活动的起点,不仅标志着在国难当头之际他由"文化学者"到"新闻战士"的转变,也充分展现出了一代爱国报人的民族大义和精神品格。

一、上海通志馆与《通报》的创办

论及《通报》的创办,首先涉及的就是上海通志馆。上海通志馆成立于1932年7月15日,由柳亚子出任馆长。它的成立有着极为特殊的政治背景:日本军国主义在上海发动了"一·二八"侵略战争之后,民众的抗日情绪日渐高涨,同时对国民党内部无休止的派系斗争极为不满,而国民党政府为了缓和紧张的矛盾、粉饰党内团结不得不采取一些措施,其中就包括为一些久遭排挤的国民党左派人士安排具体的职务,柳亚子就是在这种情况下出任上海通志馆馆长的。此举虽然是国民党政府所做的表面文章,但柳亚子却尽力把上海通志馆办成一个以修撰上海市志为主要任务的相对独立的文化机构,并且在史志的编撰上也进行了大胆的革新。他的这种想法和精神一直影响并鼓励着通志馆的成员,在最不适宜修史的"乱世时代"克服了种种困难,为后世留下了十分珍贵的资料。

胡道静1931年从上海持志大学国学系毕业后,第二年就跟随他的父亲进入上海通志馆编辑部任职,主要负责关于上海新闻事业史方面的市志编撰工作,并由此走上了新闻学研究的道路。

早在上海通志馆成立之初,馆长柳亚子就思谋因政治或经济原因而致通志馆停办困境的出路。1934年2月在通志馆编辑部内部成立了"上海通社"。上海通社完全是民间学术团体,不享受政府津贴亦不为政府所管理,以便在通志馆被迫停办的情况下坚持从事上海历史的纪录与研究工作。"八一三"淞沪战役后,上海通志馆的工作基本停顿,编撰完成的《上海通志》无法出版。11月日军占领上海后(两租界除外),通志馆因是官方机构面临着被日寇接管的危险,因此宣布解散。一千多万字的《上海通志》原稿连同部分珍贵资料暂时存放于柳亚子寓所中。通志馆成员无法继续坚持从事研究工作,上海通社亦宣告解散。

但满腔爱国热忱的通志馆同仁仍怎样在积极思考在抗日大潮中为抵御外敌入侵和争取国家独立尽一己之力。他们很快决定办一份以宣传爱国救亡为主旨的报纸。因为在1939年上海新闻界"五月危机"前,租界当局基本上还是可以保护外商报纸不受日本人的新闻检查,大量"洋旗报"在这一时期迅速崛起,形成了"孤岛"中爱国报人宣传抗日救亡的主要新闻阵地。通志馆同仁便利用这个有利时机创办了《通报》,成为众多"洋旗报"中的一员。

二、《通报》的创办过程

尽管有"孤岛"相对有利的政治环境可以利用,但《通报》的创办过程还是经历了诸多的波折。

创办报纸的是上海通志馆编辑部。此时编辑部成员已有一些变动,"有一部分已离开上海辗转去抗日后方(如徐蔚南、蒋慎吾等),有的因久病兼忧国而溘然去世(如胡怀琛),有的长期患病困居家中(如柳亚子)"。[1]所以,实际参加《通报》创办的只有吴静山、胡道静、蒯世勋、席涤尘和顾南农等人。[2]

《通报》创办的经费主要有两个来源：一是上海通社的公积金，约有一千元法币，这是上海通社成员在《大晚报》《时事新报》等报纸上发表文章留存的稿酬；二是柳亚子的帮助。当他在得知胡道静等人这一爱国举动后非常支持，把他经管的"南社纪念会"的基金四百五十元借于他们用于办报。虽然有了这两笔经费，但用于办报仍然较为拮据，大家约定暂时不领薪酬，等报纸经营状况好起来后再考虑。报纸取名为《通报》有两层意义：外一层是"国运亨通"，通向胜利大道之意。里层是纪念上海市通志馆和上海通社，因为两个机构名内都有"通"字。[3]

为了避免日军的新闻检查，《通报》也打出洋商招牌。他们聘请了一位在上海开洋行的英国商人亨利·欧希（Henry O·Shea）担任报纸的发行人，每月支付100元报酬，由他以"通报"这个名称成立公司并在香港注册，这样《通报》在名义上就是一家外商新闻企业。《通报》按照租界当局报刊登记制度要求向租界当局提出申请，获得两租界的登记执照——公共租界登记证C字129号和法租界登记证A字873号，可以在租界内公开发行。《通报》的印刷是由汉口路上一家拥有轮转机能够排印报纸的印刷厂承担的，每月支付印刷费300元。为节约开支，胡道静他们没有专门的办公场所，就在印刷厂里进行编辑排版。报纸上的馆址上海九江路296弄6号是那个英国商人写字间的地址。一切事务准备妥当之后，这份以宣传抗日救国为宗旨的爱国报纸《通报》于1938年4月11日正式创刊。

三、《通报》的创刊时间考证

关于《通报》的创刊时间，由于年代久远，胡道静本人可能无法回忆起准确时间，在他的回忆性文章中一般表述为"1938年4月"。如"为了尽一个国民的天职，在持志附中教书期间，我白天在学校上课，晚上还从事孤岛上的抗日新闻工作。当时，我最初从事的一项工作，就是在1938年的四五月间与原来通志馆的几位同仁一起创办《通报》"[4]。又如"《通报》在一九三八年四月创刊，这时正逢徐州会战的前夕……"[5]后来一些研究文章对《通报》创办时间虽然确定到了具体日期，但叙述的具体日子又是各有不同。

关于《通报》创刊时间的第一种观点是认为《通报》创刊于1938年4月11日。率先提出这一观点的是上海复旦大学新闻学院的黄瑚教授。他在《上海"孤岛"时期抗日报刊述评》中写道："4月11日《通报》创刊，上海市通志馆同人创办，聘请英国人威廉·韦特（H. T. W. Wade）为发行人，欧孝（D. O. Shea）为总编辑，实际主持编务工作的是胡道静等人。"[6]这一观点在后来由他执笔的《上海新闻史（1850—1949）》(马光仁主编)第九章第二节中也同样表述过：

"《通报》创刊于 4 月 11 日,由柳亚子主持的上海通志馆同人主办……实际主持编务的是胡道静。"[7]

另一种观点是认为《通报》创刊于 1938 年 4 月 10 日。持该观点的如姚福申,他在《胡道静先生的报人生涯》中写道:"1938 年 4 月 10 日《通报》创刊,每日出版一大张。"[8]持《通报》创刊于"1938 年 4 月 10 日"观点的还有孔正毅和傅宁。孔正毅在文章中认为"1938 年 4 月 10 日,《通报》正式创刊,每日一张"[9]。傅宁也在文章中认为"《通报》就创刊在这个时期(1938 年 4 月 10 日),为保护自己,不得不和这一时期的其他报刊,如《国际夜报》《导报》《大英夜报》等一样,以英商名义开办"[10]。

从上述引文得知,胡道静对《通报》创刊时间的表述较为笼统,只说"1938 年 4 月"。后来研究者则有"1938 年 4 月 10 日"与"4 月 11 日"两种不同的观点。客观地看这一分歧是由于《通报》留存下来的原始史料较少造成的。但《通报》既是胡道静主编的第一份报纸,也是他新闻实践活动的起点,它的创办时间,实在应该考证清楚。

笔者尽己所力没有查到《通报》报纸的原件。所幸的是笔者在胡道静《上海通社纪事本末》[11]一文中查检到一张《通报》的照片。见下图:

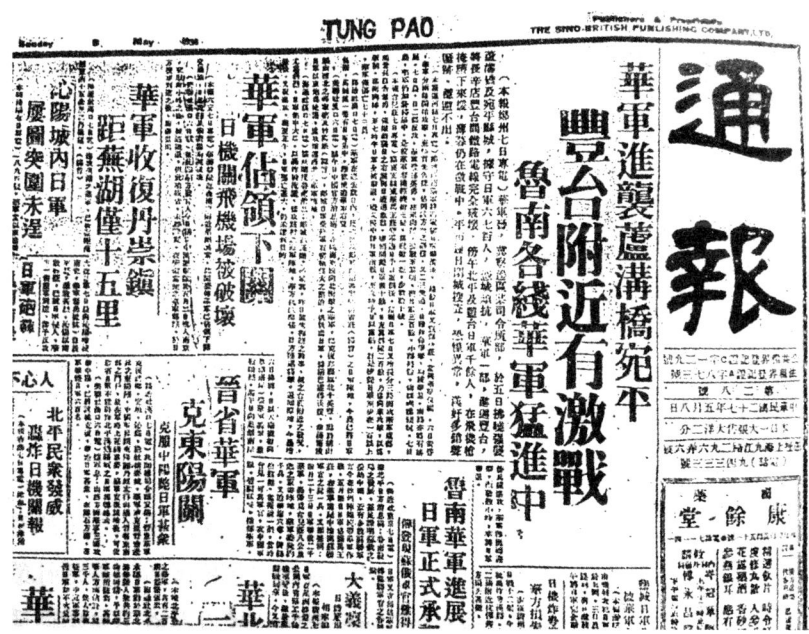

《通报》(1938 年 5 月 8 日)

我们认为这张照片几可等同实物。通过认真阅读这张《通报》实物照片的有关信息，我们认为，《通报》的确切创刊时间应当是"1938年4月11日"，而不应当是姚福申、孔正毅和傅宁认为的"1938年4月10日"。因为在报头下方的栏目内，我们除了可以看到该报的公共租界登记证号和法租界登记号外，还可以清楚地看到"第二八号"和"中华民国二十七年五月八日"的字样。由此可见，1938年5月8日出版的这份《通报》是该报连续出版的第28号报纸。以此类推，我们推算出《通报》准确的创刊时间应是1938年4月11日，而不是姚福申、孔正毅、傅宁等研究者所记载的"1938年4月10日"。

要特别说明的一点是，黄瑚教授在发表于1987年的《上海"孤岛"时期抗日报刊述评》一文中已经明确记载《通报》创刊于1938年4月11日；载有这张《通报》照片的胡道静的文章《上海通社纪事本末》发表于1989年。这两篇文献均早于姚福申、孔正毅和傅宁的文章。如果后来的研究者能够注意到这个问题，并对相关资料进行查阅，就能够避免此类小错误的出现。然而有学者在2012年发表的文章《胡道静：报人、编辑、史家》[12]中仍把《通报》创刊时间表述为"1938年4月10日"，这似乎实在是不应该的。由此可见，史学研究不能人云亦云，要能够发现问题并认真考证，才能确保史实结论的准确。

四、《通报》的主要宣传内容

《通报》留存下来的原始资料非常少，究其原因，主要是出版时间过于短暂（胡道静在回忆文章中多次提到出版时间约为"一个月"），且处于战争的环境下。因为《通报》没有留下完整的报纸史料，所以我们无法看到其全部内容，下面仅就我们见到的《通报》照片中透露出来的信息和胡道静的有关回忆文章，力求还原《通报》主要宣传内容的概貌。根据分析，《通报》宣传内容主要包括以下几个方面：

1. 重视报道中日战况，特别是中国军队的抗战业绩

自日本发动全面侵华战争后，敌我双方的战争形势一直为广大民众所关注。《通报》创刊之际，正值我国军队取得"台儿庄大捷"的时候，这是抗战时期我军在正面战场上的第一次重大胜利，严重地打击了日军的气焰，坚定了中国人民的抗战信念。对这一胜利的消息，《通报》及时地给予报道，胡道静在回忆文章中提到：《通报》在一九三八年四月创刊，这时正逢徐州会战的前夕，敌军被我李宗仁部阻击在临城至台儿庄之线，我军的仗打得很漂亮，敌军矶谷师团遭到了坚强的抵抗，被打得弃甲丢盔，伤亡了两万之众。胜利的捷报大大振奋

了孤岛上同胞的心,《通报》连续刊载胜利的军训,大受读者欢迎。"[13]

从这张1938年5月8日出版的《通报》的照片上,我们也能够看出其重视报道军事新闻的特点。仅仅半版的《通报》就刊载了诸如《华军进袭卢沟桥宛平　丰台附近有激战　鲁南各线华军猛进中》《华军占领下关　日机关飞机场被破坏》《华军收复丹崇镇　距芜湖仅十五里》《沁阳城内日军　屡图突围未逞》等军事新闻,可见这张报纸的头版几乎全是有关中日战事的军事新闻。这一宣传内容极大地满足了"孤岛"民众关注我军抗战进程的心理。

2. 以宣传和促进团结抗日为己任,注意对国共两党合作的报道

抗战时期,建立最广泛的抗日民族统一战线是争取抗战胜利的最为基本而重要的条件。在这一时代共识下,众多"洋旗报"在办报过程中都很好地践行了抗日民族统一战线的精神,"这些报纸的政治背景虽然十分复杂,既有《每日译报》《导报》等中国共产党领导的报纸,又有《中美日报》《大英夜报》等国民党人主持的报纸,还有《文汇报》《通报》等各界人士出版的报纸,更有《申报》《新闻报》等老牌资产阶级商业性报纸,但它们在抗日救国这一点上是一致的"[14]。

《通报》虽然并不隶属于某一政党,但坚持"宣传抗日、一致对外"的宗旨,因此也特别注意对于国共两党合作的报道。例如,1938年3月29日至4月1日,国民政府在武汉举行了临时全国代表大会,并通过了《抗战建国纲领》;4月12日,《国民参政会组织条例》在汉口公布,规定国民参政会为咨询机关,有听取国民政府施政报告、询问、建议、调查之权。这一系列政治事件透露出号召全国人民共同抗战以及加强国共两党团结合作的信息,是民心所向往的。《通报》在创刊之初,首获了《国民参政会组织条例》公布的电讯后,立即作为报纸的重要新闻在头版上刊载,[15] 以推动国共两党合作、巩固抗日民族统一战线。

3. 坚守新闻阵地,及时报道中国民众对日本宣传机器的抵抗和战斗

日本帝国主义在武力侵占中国的同时,也创办了一大批日伪报纸,妄图以此控制新闻舆论,粉饰和掩盖侵华战争的罪行。据1940年统计,日伪在我国19个省的大中城市里,大约有报刊139种,出版最多的时候达六七百种(东北地区未计算在内),其中较大的报纸有200多种,较大的杂志有100多种。[16] 上海是华中地区的新闻重镇,也是日伪加强舆论控制的中心城市。在"孤岛"时期,日本帝国主义不仅逼迫租界当局取缔一切抗日宣传活动,还对租界内的中文报纸采取了严酷的新闻检查制度,同时,通过大力创办和扶植日伪报纸,

如《新申报》《中华日报》《平报》《新中国报》等来为自己的侵略罪行制造舆论。这些新闻检查制度和宣传机器为中国民众所深恶痛绝，《通报》一方面在新闻阵地上打出"洋旗报"的招牌以抗争日伪的新闻检查，并坚持宣传抗战以打破日本帝国主义对舆论的控制；另一方面还注意及时报道中国民众对日伪宣传机器的抵抗和战斗。例如，在1938年5月8日的报纸上就有一则新闻——《北平民众发威　轰炸日机关报》，这些报道中国民众投身抗日爱国运动的新闻对打击敌人的气焰、鼓舞民众的斗志起到了积极的作用。

五、《通报》新闻报道的特点分析

在宣传的手法上，《通报》既要积极宣传抗日救国的主张，鼓舞中国人民的抗战斗志，又要尽量避免受到在日寇高压下的租界当局的干预，所以就采取了一些特殊的手段进行新闻报道。

1. 内容上进行有意识地选择性报道

尽管当时是中日两国交战时期，但《通报》报道的几乎全部是关于中国军队的作战信息和胜利新闻。借助"洋人外衣"的掩护，《通报》在新闻内容上尽量选择对我国抗战有利的信息，更侧重于宣传中国军队的抗战业绩，以起到鼓舞民众士气、坚定抗战信念的宣传作用。

2. 以"中立"的面貌进行新闻报道

这是"洋旗报"进行抗日宣传的重要手段。《通报》在报道军事新闻时，往往以"中性"和"客观"的词语报道新闻，以体现其保持"中立"的舆论立场。在报道"中国"及"中国军队"新闻时，不像中国报纸那样以"我们"和"我军"自称，而是以中立国新闻报纸的口吻称之为"中华""华军"，"顺水行舟，里红外灰"[17]正是"洋旗报"进行抗日爱国宣传的主要特点。

六、《通报》停刊的原因

《通报》存在的时间并不长，胡道静在回忆文章中多次提到"约为一个月"。至于停刊原因，我们认为主要有以下三点：

1. 亏本办报

《通报》创办的经费，一部分是上海通社成员留存的稿酬，另一部分是柳亚子馆长资助的"南社纪念会"的基金，共约1 500元。报纸开办以后每月须支付给英商发行人和印刷厂的费用是400元,余下的钱款仅能够维持报纸的出版,创办者们只好相约不拿工资,无偿办报。《通报》创办者们原来都是在上海通志馆编辑部从事史志编撰工作,包括主编胡道静在内都没有实际的办报经验。因此,在报纸的经营管理上,特别是如何与广告商合作以扩大报纸的资金来源方面,确实存在一些问题。最后造成报纸发行量愈大,经费上就愈加困顿,以致难以为继。胡道静回忆起当时的情况,说道:"由于我们报纸发表的内容是抗日爱国的,一开始就受到中国人的欢迎,销路很大,每天可印一万多份,最多时有两万份。但一面高兴,一面又暗暗叫苦。因为我们办报是亏的。一份报纸只卖两枚铜板,一半还要分给卖报的报头、报童。对于争取广告,特别是一些大商家的广告,我们这些书生是一筹莫展。所以,报纸的销路越大,亏得也就越厉害。"[18]

2. 英商涨价

《通报》所聘请的英国商人亨利·欧希是报纸名义上的发行人,也是《通报》在租界内出版发行的"保护伞"。他看到报纸销路很好,便趁机涨价,要求增加一倍的报酬。这对于经费本就紧张的《通报》来说,无疑是"雪上加霜",根本无法承担。而如果不同意增加报酬,英国商人就不再担任报纸的发行人,失去"洋旗报"招牌的保护,《通报》的抗日宣传便会面临着极大危险,最终还是难逃停刊或被摧毁的厄运。由于报社经费难以满足英国商人的涨价要求,无奈之下只好选择自行停刊。

3. 日伪压迫

"孤岛"中的抗日新闻宣传活动一直受到日伪的威胁与破坏,即便是"洋旗报"也不例外。负责排印《通报》的印刷厂是中国人办的,老板表示,印刷这样的爱国报纸是要冒很大风险的,而且日本人和汉奸已经放话要来炸印刷所。所以除非增加印刷费,否则不愿意再继续排印《通报》了。"这时,我们真是里无粮草,外无救兵。虽然我们都不拿工资、不要稿酬,甚至连车费也一概自理,但最后支撑了一个月,还是不得不自动停刊。记得我曾因此痛哭了一场。"[19] 这种"内外交困"的窘境最终迫使《通报》停刊,上海通志馆在国家民族危难时刻的"最后一战"就此画上了句号。

上海《通报》是胡道静新闻实践活动的起点,他不仅实际参加了报纸的创办工作,还出任了《通报》的主编一职。虽然当时的几位创办人都没有办报的经验,但由于胡道静此前写过上海新闻史方面的文章,还参加过恽逸群、范长江等人组织的"记者座谈"活动,结识了一些新闻界人士,此外他伯父和父亲都有报刊活动的经历,因此被大家推举负责《通报》的编务工作。就这样,年仅25岁的胡道静担起了《通报》主编的重任,并由此正式开始了他的新闻实践活动。在担任报纸的主编期间,胡道静利用洋旗报的掩护积极编发抗战新闻,在《通报》的抗日爱国宣传活动中发挥了重要的作用,"尽到了抗日宣传、传播胜利捷报、鼓舞团结意志的责任",[20]尽管《通报》存在时间较短,"但是这段短暂的光荣历史,作为上海通社(也是上海市通志馆)的结束,可以说是无愧于在国家民族危难之秋的一群赤胆忠诚的书生们的文化活动的表现"。[21]

注释:

[1] 姚福申.胡道静先生的报人生涯.新闻研究资料,1991(3):191.

[2] 胡道静,袁燮铭.关于上海通志馆的回忆.史林,2001(4):25.

[3] 胡道静.上海通社纪事本末.档案与历史,1989(4):67.

[4] 胡道静,袁燮铭.上海《孤岛》生活的回忆.史林,2002(4):234.

[5] 胡道静.上海通社纪事本末.档案与历史,1989(4):67.

[6] 黄瑚.上海"孤岛"时期抗日报刊述评.新闻与传播研究,1987(3):101.

[7] 马光仁.上海新闻史(1850—1949).新闻与传播研究,复旦大学出版社,1996:846.

[8] 姚福申.胡道静先生的报人生涯.新闻研究资料,1991(3):192.

[9] 孔正毅.铁肩担道义 妙手著文章——皖籍学者胡道静的报人经历.江淮文史,2001(2):69.

[10] 傅宁.胡道静与新闻史.新闻爱好者,2004(1):43.

[11] 原载《档案与历史》1989年第3、4期,后收入《胡道静文集·序跋题记 学事杂忆》。

[12] 毛志辉.胡道静:报人、编辑、史家.出版史料,2012(3).

[13] 胡道静.上海通社纪事本末.档案与历史,1989(4):67.

[14] 黄瑚.上海"孤岛"时期抗日报刊述评.新闻与传播研究,1987(3):104.

[15] 胡道静.上海通社纪事本末.档案与历史,1989(4):67.

[16] 吴廷俊.中国新闻史新修.复旦大学出版社,2008:343.

[17] 黄瑚.上海"孤岛"时期抗日报刊述评.新闻与传播研究,1987(3):103.

[18] 胡道静.关于上海通志馆的回忆.史林,2001(4):25.

[19] 胡道静.关于上海通志馆的回忆.史林,2001(4):25.

[20] 胡道静.上海通社纪事本末.档案与历史,1989(4):68.

[21] 胡道静.上海通社纪事本末.档案与历史,1989(4):68.

【作者简介】关梅,江苏师范大学传媒与影视学院副教授,博士。主要研究方向为:中国新闻史。

春风和气自清师：马星野与
朱自清的友谊初探
——基于《马星野档案》的研究

王继先

(南京师范大学国际文化教育学院,南京 210097)

摘　要：作为中国近代著名报人、新闻教育家、新闻学者的马星野与中国近代著名文学家朱自清之间有着长达 25 年的深厚友谊。而马星野更把朱自清与自己亦师、亦友、亦知音的友谊铭记了近 70 年。笔者通过对《马星野档案》的研究,试图还原这段被记忆尘封的往事,着力厘清马星野和朱自清之间这段友谊的产生、发展脉络,总结其特点,着力从一个侧面展示传统知识分子在中国近代社会的大震荡与大整合中独特的性格养成与精神坚守历程。

关键词：马星野　朱自清　中国传统知识分子　《马星野档案》

一、缘起

1973 年,时任"中央通讯社"董事长的马星野[1]在自己的国民党党员档案登记表中亲笔写道："师友之中,青年时代,最佩服中学之老师江都朱自清。"[2]——这无疑是马星野对朱自清最为郑重的评价。

马星野与朱自清交往了 25 年,这 25 年的友谊让马星野受益终身,铭记终生。由于历史与时代的原因,海峡两岸长期隔阂,使得目前学界对于马星野和

---

* 本文为国家社会科学基金 2013 年重大项目"中华民国新闻史"(项目号：13&ZD154)、国家社会科学基金重点项目"中华民国新闻史研究"(项目号：13AXW003)、江苏省高校哲学社会科学基金资助项目"民国新闻法制史研究(1912—1949)"(项目号：2013SJB860006)部分研究成果。

朱自清的这一段交往友谊的阐述和研究,基本处于空白状况。[3]这其中最大的阻碍,是来源于对这个问题进行研究的一手资料的零散和缺乏。笔者在马星野之女马大安的热情帮助和慎重授权下,得以查阅《马星野档案》,[4]从而有机会可以了解到以往一些尘封的马星野与朱自清交往的资料,以及马星野对这段友谊的回忆及评价。马克思认为:"人们自己创造自己的历史,但是他们并不是随心所欲地创造,并不是在他们自己选定的条件下创造,而是在直接碰到的、既定的、从过去承继下来的条件下创造。"[5]马星野与朱自清的友谊,与他们身处的社会环境和时代特征紧密相连,休戚与共;在书写着属于他们个人的历史的同时,也在书写着属于那个时代的一群人的历史。对于今天的研究者而言,从这个时代传来的"隔代的声音",也会激起"当代的回响"。

二、发端于浙江十中的友谊

马星野出生于中国传统儒家读书人家,也就是"士"的大家庭,"家道小康"。[6]祖父马莲屏(维藩)、伯父马毓骐(筱屏)、父马毓麟(敏中)、叔辈马毓骅(翊翀)、马毓骧(季洪)等均为饱学之士,曾先后创办、主持、主讲或执教于多家书院和学校,时人称誉为平阳"马氏五常"。[7]正因为这样的家庭环境的影响,马星野从幼年起,即受到浓郁的中国传统文化氛围的熏陶,"于国学方面略具根柢"。[8]1922年,十三岁的马星野考入位于永嘉(温州)的浙江省立第十中学读书,直至1926年。在这四年中,马星野读了三年旧制中学,于1925年以"第一名"毕业后,[9]入新制高中学习一年。当时,浙江十中是浙南最优良之中学,俊彦云集,人才荟萃,师资力量雄厚。据马星野回忆,彼时的十中,由民初著名学者和文人杜志文、朱自清、李翘、谢玉岑等教授国文,马公愚、刘延陵等教授英文。其中,杜志文、朱自清、李翘"均为上海《小说月报》的主要作家,也是当时提倡新文学的主要作家"。[10]

1915年开始的新文化运动是中国近代史上一场"空前激烈、深刻的思想革命"。[11]在民主和科学的旗帜下,封建专制主义和蒙昧主义思想受到前所未有的猛烈的批判和冲荡。在"五四"前后,新文化运动作为一场伟大的思想解放运动所带来的"转变",无论是在思想上、文化上,还是在社会风气上,越来越成为一个普遍而复杂的社会历史现象。时代中的马星野,自然会受到这种"转变"的影响。尽管幼年马星野在祖父教导下,苦读的是"四书五经"和"诗词歌赋",但他在浙江十中受教之时,正是"五四"新文化运动方兴未艾之际,尤其是执教于斯的杜志文、朱自清、李翘、刘延陵等均是"五四"新文学的先锋,从小就勤奋读书的马星野,于时代风潮之中,耳濡目染诸位新文化运动翘楚的风采,遂又开拓了全新的文化视野和建立了更为宽阔的知识构面。[12]这既为他日后的新闻人生涯提供了一定的近现代知识积累,更重要的是,由于新文化思想的启蒙,马星野身上开始出现了一种潜移默化的"转变","新青年"[13]的身影开始在马星野身上有所显现。这一时期,对马星野的成长影响最为深刻,且在他的心中留有"最深刻的印象"的就是他的老师朱自清。

三、朱自清对马星野的关爱与影响

朱自清是马星野在浙江十中初中二年级到三年级的国文老师,彼时马星野十四岁,朱自清二十六岁。但共同的兴趣爱好和价值追求,使得这12岁的年龄差距不再成为两人之间相互欣赏的障碍。马星野回忆:"诸师之中,朱自清先生同我尤其相知甚深。他做好文章,买来新书,必交我看。那时他是上海《小说月报》的主要作家,新文学之健将。他喜欢清美的白话文,但他国文根底很深,最爱苏曼殊、纳兰成德的作品,我亦同感。"[14]在马星野此后的一生中,无论是在什么场合,什么时间,他对朱自清的尊重、敬佩、热爱和他们之间的友谊,从未因时间和世事的流转而有所改变。

朱自清是非常欣赏马星野的。他对马星野的关心和帮助,不仅体现在做学问、写文章的指导上,也体现在对马星野的生活的关心和爱护上。初中时期的马星野,文采已是非常了得,而朱自清对此尤加激赏。时隔近60年,马星野仍然清晰地记得:"有一次,他在我的作文后面,批了两句'何事荆台百万家,独教宋玉擅才华'。"[15]将自己的学生比作才子宋玉,对于一个老师而言,其爱生之心、认可之意毋庸置疑;而对于十四五岁的少年马星野而言,老师的这个评价,不啻为一种莫大的褒扬和鼓励。正因如此,朱自清总是鼓励马星野要多写文章,要马星野"在课外多读些文学方面的书"。当朱自清拿到稿费的时候,也总不忘买几本书与马星野共同欣赏;发表了美文,也是要与马星野分享快乐与荣耀。[16]

不仅对于马星野的文采,朱自清是赞赏有加的,对于马星野的人品,朱自清也是十分认可的,而他的脍炙人口的不朽之作《白水漈》,即是因此为马星野而作。中学时期的马星野,家境并不宽裕,为了节省开支,帮忙家事,他错过了一些学校的活动。二年级的时候,作为班主任的朱自清带着学生踏青郊游,马星野是家里唯一的男孩子,因为农忙,而请假未去。此时已是文学大家的朱自清对此甚为感动,也很过意不去,不仅"公开表扬马先生勤俭爱家的行为",[17]

还做了一篇题为《白水漈》的散文,亲笔写成条幅送给马星野,"并注记以未与我(指马星野,笔者注)同游为憾",[18]希望马星野能够从文字中身临其境地体会当时的美景。马星野不仅感慨和记住了朱自清这种周到的关爱,并且在他今后的为人处世中,努力使这种周到和关爱成为自己的风格。

1926年,在朱自清与杜志文两位老师的资助和鼓励下,高中一年级的马星野到上海,以同等学力考入厦门大学读社会学,由此开始离开家乡,走上独立生活的道路,开启了他人生经历的青年时代。进入青年时代的马星野,随着学历、经历、阅历的不断增长和丰富,逐步由一个懵懂的少年成长为一个具有独立思想、明确目标和鲜明个性的青年,开始有意识地耕耘具有自己思想特征的事业田园,营造一片属于自己,也属于那个时代的独特的精神天地。马星野在厦门大学虽仅一年,但朱自清对马星野依然念念不忘,照顾有加。就在马星野因家乡战乱、家庭变故,学费无以为继而面临断粮辍学之时,朱自清雪中送炭,"两次自北京清华寄来开明书局之稿费"[19]使马星野得以度过困境。马星野知道,朱自清家累沉重,自己的生活并不宽裕,而这四十元大洋,"却是朱先生一个字一个字写出来的稿费呢!"[20]

1929年,马星野在清华大学半工半读期间,朱自清正在清华大学中文系任教授,他们的联系更加紧密。马星野经常去朱自清家盘桓,朱自清"从不摆出老师的架势,也绝口不提过去的事,他完全把我当成朋友,我们两个人过从甚密。"[21]"在清华,也同在温州一样,他发现了奇文美句,常要我去共赏。"[22]自此以后,无论是在什么样的境况下,朱自清对于马星野依然十分关注。马星野回忆:"有时我有文章在报刊上发表,他总要细看而批评一下。"[23]1936年,马星野的《扬州印象记》在南京报纸刊出后,朱自清不仅看到了,还专门写信予以夸奖。也就在这一年,马星野到北平,朱自清特地以家宴招待马星野,由陈竹隐女士亲自掌厨。马星野感慨,此时的朱自清胃疾已重,只能吃面包相陪,而"师母做得一手好菜,都是我一个人在享用"。[24]

四、马星野对朱自清的钦佩与感怀

马星野对朱自清是非常敬仰的。这种敬仰不仅源自他对朱自清文采学术的佩服,更是源自于他对朱自清风度、人格与性情的崇拜;不仅表现在感情上,更体现在马星野的行动中。

马星野不仅赞誉朱自清是"天才文学家",[25]在他的回忆中,他更是写道:"他的春风和气、霁月光风的风度,'温良恭谨让'的和平神态,永远使我毕生难忘。"[26]"一年半时间,朱先生给我的启示太多了,他是一个绝对纯洁无瑕的人,对于文学,他把全生命灌注在里面,对于青年学生,全心全力教导,每逢他发现美好的文章,他必与我们共同欣赏。"[27]"他是一块美玉,他一句诗、一席话,都有值得长久回味的价值。"[28]因此,马星野感慨道:"在我的求学过程中,确实是很幸运的,能够遇到朱先生这样一位好的老师,得到有力的指导、鼓励和帮助。可是,朱先生自己却一生在穷苦中过日子,除了文学创作,除了学术研究,除了全心全力为下一代服务,从来不为自己打算。"[29]这也正是此后马星野在他的人生轨迹中努力跋涉之道路,遵循之原则。由此可见朱自清对于马星野的人生影响是何其之深远。

尽管马星野始终认为:"朱先生给我的太多了,当然他没有任何报答的打算",但是,马星野对于这种关爱,却"不能不放在心上"。[30]抗战胜利后,南京的失业问题很严重。而此时朱自清的身体,因久病也已非常虚弱了。在这种情况下,朱自清将自己体弱多病的次子朱闰生郑重托付给此时正在南京主持《中央日报》的马星野。马星野妥善地将初中学历的朱闰生安排进了《中央日报》编辑部从事校对工作,悉心关照的同时,一并为朱闰生安排好了住宿、看病的便利条件。对此,朱自清是"十分放心的"。[31]

1948年8月12日,朱自清去世。马星野闻讯悲痛万分,当即写下《哭朱自清先生》一文,与新闻同时见报。次日,联络罗家伦、段锡朋、叶公超、陈雪屏等人,筹划并发起举办"朱自清先生追悼会",并请胡适作为追悼会的主讲人。

1948年11月马星野赴台后,仍然与朱自清夫人及长子朱迈先保持通信联系,了解情况。在与朱自清家人失去联系后,马星野一直非常自责,认为自己辜负了朱自清的托孤之心。在台期间,马星野念念不忘的,仍是要将老师朱自清的成就发扬光大。1978年,当他得知周锦所著《朱自清研究》即将出版,欣然为之作序。1980年后期,已年近八旬的马星野在得知朱自清家人的生活状况,并得知朱乔森[32]正在编辑《朱自清文集》《朱自清传》的情况后,随即想方设法托人辗转送去人民币两千元,一部分补贴师母家用,一部分资助朱乔森用作资料搜集的用度。晚年的马星野,对朱自清的感怀更加炽烈。当他拿到朱自清的照片时,"抖着手,流着泪,动情地放声大哭",[33]并极其认真地将照片放在身边。

五、结　语

马星野和朱自清在一起共校的时间只有两年,他们彼此的友谊持续了25

年,朱自清对马星野的影响以及马星野对老师的感恩,更是长达近70年。在朱自清的心中,马星野是"宋玉"一般的才子,是有出息的学生,是可以交心托孤的挚友。在马星野的心中,朱自清是"绝对纯洁无瑕"的人,是"美玉"。这两年的共处、25年的友谊和70年的影响,源自于"我以有他这位老师为荣,他也认为他教了五年中学,在中学生中也有忘不了的人为满意。"[34]这种真挚的情感,由师生之谊而转为莫逆之交,终达举哀托孤之信,不是一时之兴起,也不是互相之利用,而是基于双方对彼此才华和人格的高度认同和惺惺相惜。马星野晚年感慨:"我能有今天,都是朱先生给的";[35]而反过来,正因为马星野的才气人品能够得到朱自清的认同赞赏,他才能如此偏爱这个学生。这是两个人之间相互的友谊,是友谊能够长青的基础。毫无疑问,朱自清对马星野的言传身教、欣赏鼓励和关心帮助对马星野以后的人格、性格、品格、风格的养成产生了巨大的影响和推动。马星野身上所具有的"春风和气",也有着显而易见的"清师"的印记,这也许就是为什么马星野在71岁高龄时将他最重要的回忆朱自清的名作定名为《春风和气自清师》的缘由。

朱自清无疑是对马星野的一生影响最为深刻和潜移默化的师友之一。在与朱自清的交往中,马星野既受到了中国传统文化的熏陶,也受到了新文化运动思想的浸染;既培养了中国儒家士大夫"以天下为己任"的豪情与平淡冲和的性格,也树立了"新青年"的远大理想和对"民主"与"科学"精神的认同。朱自清以自己的言传身教,将糅合了中国传统儒家精神和现代"民主""科学"意识的价值取向、人生态度、处世哲学和行为方式根植于马星野的思想的最深处,而这也成为马星野80余年人生运动轨迹得以参照并始终努力遵循的坐标系之一。正是因为这种深层次的精神的统一性,才使得作为中国近代知识分子的马星野和朱自清之间的友谊如此醇厚,如此长久。

注释:

[1] 马星野(1909—1991),中国近代著名报人、新闻教育家、新闻学者。1928年5月毕业于国民党"中央党务学校";1931年由国民党"中央政治学校"(以下简称政校)保送美国密苏里大学研究新闻;1934年7月,回到政校教授新闻学科目;1935年9月,奉命筹建政校新闻学系,并兼任系主任达14年之久;1942年,马星野任国民党"中央宣传部"新闻事业处处长;1945年起任南京《中央日报》社社长;1949年后,历任台北"中央日报"社社长、国民党"中央第四组"主任(主管宣传)、"中央通讯社"社长、"中国新闻学会"理事长、"大众传播教育协会"理事长等职;1984年4月,马星野获美国密苏里大学新闻学院颁发的"杰出新闻事业终生服务最高荣誉奖章"。由于马星野长期致力于新闻事业实践、新闻教育、新闻行政管理、新闻学理论研究等工作,因此被台湾地区新闻业学两界尊称为"一代新闻宗

师"、"新闻事业发展史上跨时代的领袖人物"、"新闻业学两界的标兵"、"新闻教育之父"、"新闻教育的拓荒者"、"新闻教育的传教士"等。见骆训诠.马星野:一代新闻宗师//薪传:政大传播学院落成纪念特刊."政治大学"传播学院,1990:47;姚朋,星沉.他是跨时代的领袖人物.台北:"中央日报",1991-3-16;楚崧秋.执着于理想与现实之间//吉人.马星野先生纪念集."中央日报"出版部,1992:55;彭家发.新闻界挨轰由来已久.http://www.rthk.org.hk/mediadigest/20061114_76_121192.html,2006-11-14;杨倩蓉.马星野老师:新闻教育拓荒者//提灯照路的人:"政大"新闻系75年典范人物."政治大学"传播学院,2010:1;陈百龄.新闻教育的传教士——马星野//教育·爱:台湾教育人物志 V.教育资料馆,2011年:98.

[2]马星野.中国国民党干部个人档案登记表与自传(手稿).1973—5.《马星野档案》099-01-01-01-003,台北"中央研究院"近代史研究所档案馆藏.

[3]目前我们所能看到关于这个问题的研究成果主要有:马之辅.新闻界三老兵:曾虚白·成舍我·马星野奋斗历程.经世书局股份有限公司,1986;周锦.由朱自清说到马星野//吉人主编、马星野先生纪念集《"中央日报"》出版部,1992;陈百龄.新闻教育的传教士—马星野、教育·爱:台湾教育人物志 V、教育资料馆,2011;金寅.马星野大陆时期新闻思想研究、湘潭大学硕士学位论文,2012.这些研究成果中,均不同程度提及马星野与朱自清的友谊,但无论是从内容的丰富程度,还是分析的深刻程度上,均留有遗憾。

[4]《马星野档案》由台湾"政治大学"及马星野家属于2013年共同整理完成,现托管于台湾"中央研究院"近代史研究所档案馆.

[5]马克思恩格斯文集(第二卷).北京:人民出版社,2009,470.

[6]马之辅.新闻界三老兵:曾虚白·成舍我·马星野奋斗历程.经世书局股份有限公司,1986:481.

[7]例如:马敏中曾创办和主持"求我学校"、"稚湖书院",马翊珅曾主持"扶风书院",马季洪曾主讲"颍川书院"、执教于"江苏医学院",马筱屏曾任温州"浙江省立第十中学"第三任校长等.参见马星野.生平简记(上)手稿.《马星野档案》099-01-01-01-002,台北"中央研究院"近代史研究所档案馆藏;马允元:我所知道的马星野//温州文史精选集3:1946—1952年温州文史资料(第17辑),2003.

[8]马星野.自述(手稿).1952-4-12.《马星野档案》099-01-01-01-001,台北"中央研究院"近代史研究所档案馆藏.

[9]马星野.生平简记(上)手稿.《马星野档案》099-01-01-01-002,台北"中央研究院"近代史研究所档案馆藏.

[10]马之辅.新闻界三老兵:曾虚白·成舍我·马星野奋斗历程.经世书局股份有限公司,1986:360.

[11]熊月之.中国近代民主思想史.上海社会科学出版社,1986:502.

[12]但是,马星野在中学阶段的读书,有一个问题,就是宽而不深,这当然与彼时马星野的年龄、阅历等有关,对于这一点,马星野也是非常清楚的:"四年之间,觉得天下可读之

书真是太多了,杂而不专,好读书不求甚解,是我的大毛病."参见马星野.青灯有味似儿时//书与我.《"中华日报"》出版社,1978;《马星野档案》099-01-02-02-066,台北"中央研究院"近代史研究所档案馆藏.

[13] 在1915年9月15日《青年杂志》创刊号上,陈独秀发表创刊词《敬告青年》,对青年提出六点要求:1.自由的而非奴隶的;2.进步的而非保守的;3.进取的而非退隐的;4.世界的而非锁国的;5.实利的而非虚文的;6.科学的而非想象的,并提出了"科学与人权并重",也就是科学与民主并重的思想.参见陈独秀.敬告青年//青年杂志,1915(第1卷第1期):1-6.

[14] 马星野.青灯有味似儿时//书与我.《"中华日报"》出版社,1978;《马星野档案》099-01-02-02-066,台北"中央研究院"近代史研究所档案馆藏.

[15] 马星野.春风和气自清师//《"中华日报"》,1980-9-28;《马星野档案》099-01-02-02-067,台北"中央研究院"近代史研究所档案馆藏.

[16] 马星野.《朱自清研究》序//载台北:《"中央日报"》1978-5-17;《马星野档案》099-01-02-02-073,台北"中央研究院"近代史研究所档案馆藏.

[17] 周锦.由朱自清说到马星野//吉人.马星野先生纪念集.《"中央日报"》出版部,1992:111.

[18] 马星野.春风和气自清师//《"中华日报"》,1980-9-28;《马星野档案》099-01-02-02-067,"中央研究院"近代史研究所档案馆藏.

[19] 马星野.回首少年时//《新生报》,1978-9-22;《马星野档案》099-01-02-02-073,台北"中央研究院"近代史研究所档案馆藏.

[20] 马星野.《朱自清研究》序//《"中央日报"》,1978-5-17;《马星野档案》099-01-02-02-073,台北"中央研究院"近代史研究所档案馆藏.

[21] 马星野.《朱自清研究》序//《"中央日报"》,1978-5-17;《马星野档案》099-01-02-02-073,台北"中央研究院"近代史研究所档案馆藏.

[22] 马星野.春风和气自清师//《"中华日报"》,1980-9-28;《马星野档案》099-01-02-02-067,台北"中央研究院"近代史研究所档案馆藏.

[23] 马星野.春风和气自清师//《"中华日报"》,1980-9-28;《马星野档案》099-01-02-02-067,台北"中央研究院"近代史研究所档案馆藏.

[24] 马星野.春风和气自清师//《"中华日报"》,1980-9-28;《马星野档案》099-01-02-02-067,台北"中央研究院"近代史研究所档案馆藏.

[25] 马星野.春风和气自清师//《"中华日报"》,1980-9-28;《马星野档案》099-01-02-02-067,台北"中央研究院"近代史研究所档案馆藏.

[26] 马星野.春风和气自清师//《"中华日报"》,1980-9-28;《马星野档案》099-01-02-02-067,台北"中央研究院"近代史研究所档案馆藏.

[27] 马星野.春风和气自清师//《"中华日报"》,1980-9-28;《马星野档案》099-01-02-02-067,台北"中央研究院"近代史研究所档案馆藏.

[28] 马星野.春风和气自清师//《"中华日报"》,1980-9-28;《马星野档案》099-01-02-02-067,台北"中央研究院"近代史研究所档案馆藏.

[29] 马星野.《朱自清研究》序//《"中央日报"》,1978-5-17;《马星野档案》099-01-02-02-073,台北"中央研究院"近代史研究所档案馆藏.

[30] 马星野.《朱自清研究》序//《"中央日报"》,1978-5-17;《马星野档案》099-01-02-02-073,台北"中央研究院"近代史研究所档案馆藏.

[31] 马星野.春风和气自清师//《"中华日报"》,1980-9-28;《马星野档案》099-01-02-02-067,台北"中央研究院"近代史研究所档案馆藏.

[32] 朱乔森系朱自清最小的儿子。

[33] 周锦.由朱自清说到马星野//吉人.马星野先生纪念集.《中央日报》,出版部,1992:112.

[34] 马星野.春风和气自清师//《"中华日报"》,1980-9-28;《马星野档案》099-01-02-02-067,台北"中央研究院"近代史研究所档案馆藏.

[35] 周锦.由朱自清说到马星野//吉人.马星野先生纪念集.《中央日报》,出版部,1992:111.

【作者简介】王继先,南京师范大学国际文化教育学院副研究员,新闻学博士。

王火：民国晚期一位有影响的新闻人

徐庆华

（江苏如东县广播电视台，如东 226400）

摘　要：王火毕业于复旦大学新闻系，1946年起，任重庆《时事新报》、台湾省报《新生报》及上海《现实》杂志等三家报刊记者，并有多篇报道在《大公报》《文汇报》《新闻报》发表。王火的多篇独家专访以及抗战报道不仅在当时受到社会关注，有的新闻报道影响至今。

关键词：王火　三家报刊记者　独家报道　记录抗战　帮助《新华日报》

著名作家王火早在20世纪40年代就开始发表文学作品，其代表作《战争和人》获第二届国家图书奖、第四届茅盾文学奖、炎黄杯人民文学奖、"八五"期间长篇小说奖。2012年8月，全美中国作家联谊会给王火颁发了首届东方文豪奖终身成就奖。但人们或许并不知道，在民国晚期，王火就是一位活跃于新闻界的记者，采访过胡适、于右任等知名人物，采写的《南京大屠杀》《审判日伪头目》的特写通讯引发社会关注，还第一个采访报道了南京大屠杀受害者李秀英。他还冒险将住房提供给共产党人作为《新华日报》南京办事处。其创作的文学作品，亦得益于他的记者经历，许多人物原型都是真人真事，称得上是"真实反映抗战的文学作品"。

本文主要就王火在民国晚期（1946年—1949年9月）的新闻经历及贡献作一初探。

一、考入复旦新闻系

王火原名王洪溥，江苏如东人，1924年农历七月生于上海。中共党员，中国作协名誉委员。新中国成立后，历任上海劳动出版社副总编、北京《中国工人》杂志主编助理、四川人民出版社副总编、四川文艺出版社党组书记、总编辑等。半个多世纪以来,他先后创作出版了40多部书,包括纪实文学、长篇小说、中短篇小说,共计600余万字。有的作品还被改编为电影、电视剧、译成外文。年逾九旬的王火现居成都。

王火的父亲王开疆是民国时期著名大律师,曾任国民政府法官惩戒委员会秘书长,中央公务员惩戒委员会专任委员。担任过《民国日报》律师,并在上海大学、复旦大学、南方大学、暨南大学等校开课讲授法律,创办法政大学,与章太炎、于右任、邵力子等颇有交情。抗战爆发后,在上海租界创办三吴大学,掩护抗日活动。因拒任汪伪中央委员、伪司法部长等职,被日伪"七十六号特工部"绑架软禁,后由王火堂兄王洪治与抗日地下组织联系,1940年春节逃出魔窟,在乘轮船赴香港的途中失踪,一说是投海自尽,而敌伪广播电台称被逮捕处置。当时,海内外各大报纸都作了报道,重庆《新华日报》也以《王开疆不为汪逆利用,投海自尽明志》为题发了消息。[1]王火岳父凌铁庵是辛亥革命元老,参加过讨袁斗争,并以中将身份率国民革命军北伐。抗战爆发,凌力主抗日。[2]在这样的家庭背景下,王火从小就和国民政府的高层人士有所接触,这也为他以后的新闻采访提供了便利。

1942年,18岁的王火不想做"亡国奴",从上海出发,历经3个月,独自穿越5个省区来到重庆,就读于江津国立九中。1943年,学校发生了一起中毒案件,很多同学吃早餐时中毒被送进医院,经化验是粥里放了砒霜。王火在参与抢救同学时,目睹医生看到穷的学生不好好抢救的行为非常气愤,就写了一封批评稿投给《江津日报》,这篇题为《九中就医学生感言》很快被刊出,产生了很大影响。这是王火第一次在报上发表作品。[3]

1944年,复旦大学在重庆招生。那一年,报考复旦新闻系的人数竟达600人,而复旦大学当时全部在校生才800多人。在录取的30人中,王火考了第七名。在复旦新闻系,陈望道、萧乾、储安平三位教授对他影响最大。陈望道时任复旦大学新闻系主任,他倡导新闻系的同学要有能在茶馆里写作的本事,应当写得快写得好,要养成在条件差的环境中写作的习惯。1948年6月,王火大学毕业,做了陈望道的助教。[4]萧乾是第一位赴欧洲报道二战战事的中国记者,教的是"英文新闻写作"课。王火至今仍然记得,萧乾爱和学生交谈,有一次在课间谈新闻写作时说:新闻每每写出来时有生命,时间长了,生命就消失了,因此,写新闻时,要注意加点"防腐剂"。所谓"防腐剂"就是指其中的文学价值、政治价值和经济价值等。这些教诲让王火受用终身。王火毕业后,经常与萧乾书信往来,家中书橱中有许多萧乾送的书,萧乾也多次向人夸奖说王火是他最好的学生。[5]王火说,他当年的职业理想并不是当一名作家,而是要像萧乾、"大兵记者"恩尼·派尔那样，成为一名战地记者，为公平正义鼓与呼。储安平教授开的课名为"报刊评论写作"，其所创办并主编的《观察》周刊在当时社会上颇有影响，很多同学都慕名而来听课。王火至今还记得储安平评点自己的评论文优缺点时，强调"语不惊人死不休"观念的情景。[6]

当时中国销数最大的报纸《新闻报》总编辑赵敏恒同时也是复旦新闻系的教授，王火在为系主任陈望道做助教时，也常接触萧乾、赵敏恒等教授。大学期间，王火写了不少新闻报道和文学作品在《新闻报》上发表。1949年春节后，赵敏恒在与王火交谈时，还希望王火考虑去《新闻报》做记者。[7]

二、同时任三家报刊记者

抗战胜利后，王火由重庆回到上海，复旦大学也由重庆北碚迁回上海江湾。当时还是学生的他兼做三家报刊记者：新闻系曹亨闻教授在上海办的《现实》杂志记者；新闻系王研石教授任总编的重庆《时事新报》"上海、南京特派员"记者；复旦新闻系同学史习枚（歌雷）任副主编的台湾省报《新生报》"上海、南京特派员"记者。他用"王火""王洪溥""王公亮"等多个名字，在报纸上发表新闻特稿。王火名字的意思是，熊熊烈火烧掉旧社会。

大学毕业时，王火面临几项选择：陈望道先生指名要其继续担任助教；他也收到了哥伦比亚大学新闻学院的邀请函，并申请到了奖学金；国民党官方的南京"中央通讯社"也向他伸出了橄榄枝。但王火最终选择做一位自由新闻人。《我所看到的陇海线——换车误点旅客饱受辛苦，沿路碉堡使人触目惊心》等通讯、特写不断在重庆《时事新报》、上海《现实》杂志等报刊发表。由于王火常用笔名（如公亮、巩亮、马力、虚舟、田原等）发表散文、小说、评论，当时还有读者写信到复旦大学，称王火为"教授"，其实当时他大学还未毕业。[8]

王火写新闻稿几乎都不打草稿，一气呵成。这种对文字的敏感和把控力，跟他自小对文学的爱好分不开。王火回忆说，他父亲有很多藏书，从小他就读了《西游记》《三国演义》《水浒传》等，后母吴德芳妈妈也常给他讲一些世界名著。[9] 采访时，王火注意求证，维护新闻的真实性。在采访南京大屠杀幸存者李秀英时，王火不仅数次对话李秀英夫妇，还实地勘查验证。在采访南京大屠杀另一位幸存者陈福宝时，他同检察官跟着陈在南京指领了好几处埋人的地方，还雇了很多人来挖，亲眼目睹了挖出来成堆白骨。[10] 认真的采访作风，加上细致入微的观察能力，他的报道也极具现场感。如《访问胡适博士》（1948年4月3日，台湾《新生报》）中，开头是这样的："3月27日是国代报到的第十日,人数比较踊跃了些,上午的时候报到处的新闻记者们显得非常忙碌。而被包围的目标之一便是传说准备也要参加竞选副总统的胡适。他进门时故意压低了帽檐,借此避免引人注目,却又未曾如愿。签名的时候,水银灯正对着他的脸部,他说了一声:'啊!好亮……'把周围的人都逗笑了。胡博士又幽默地解释了一句:'我是刚进城的乡下人。'大家又笑。填表时,在年龄一项,他默算了一阵子,才填作'五十八'。填好表,记者群随他到休息室,于是一问一答开始。"如此现场感很强的文字常见于王火的报道中,《战犯酒井隆伏法记》里,酒井隆被执行枪决的场面如同一幅立体画,给人以如临其境之感,如"(酒井隆)下车后,态度勉强矜持,但脸色已如黄蜡。行刑者为国防部警备区三营九连少尉周文杰,自囚车上扶酒井隆下车,各报记者纷纷上前拍照,酒井隆还略作笑容,被摄影后即在两列武装士兵警戒下,抵达刑场草地。酒井隆向南立定,周少尉掏出驳壳枪,先向其背中心一枪,接连又向左背肋心脏一枪,酒井隆即向右前方仆倒,旋自动翻转仰卧,两腿平伸,双手握拳,上臂微屈,面部狰狞,两分钟后遂告气绝。由于日寇侵华烧杀奸淫之暴行,南京人民体会特深,故当见到战犯受到惩罚,周围满山满岗群众鼓掌达两分钟以上。"

　　王火采访还善于追问。1946年夏天,王火以重庆《时事新报》特派记者身份前去采访在上海江湾的日俘收容处。这群在江湾的日本官兵状态怎样?中方已遣返了多少日本人?王火带着疑问,找到当时出来受访的"日本徒手官兵"管理处长王光汉,这个矮矮胖胖少将的回答令王火心头一紧——"7年的事我们打算10个月干完,现在已经送走很多日本人了。"他描述有的日本人在遣返船离岸时竟高喊,"我们要回来的,你们等着吧!"王火意识到,低声下气的战俘只占一小部分,更多日本兵养成了以征服者自居的不可一世的性格,"他们认为投降只是天皇权宜之计,是为了避免本土遭受更严重破坏,以备将来重振国威。"王火继续追问王光汉:日本宪兵个个手上沾满鲜血,竟连罪大恶极的也不惩办?但对方以"这不属于我的回答范围"来搪塞。当天中午,王火赶到虹口唐山路第三方面军日侨管理处,找到一位张姓少校翻译,请他帮忙组织一场日侨座谈会。最后,来了两个老年男人和6个中青年女子,多数为在苏州经商的日本侨民。几个日侨先表示感谢中国的宽大,然后称这次战争是受了军阀之骗,"投降前,我们总以为日本海陆空军都是世界第一,没想到突然就战败了!真是受骗了!"王火立即在现场反问:"世界第一就该侵略别人吗?你们只认识到受骗,却没意识到侵略有罪,认识不到中国被你们烧杀成什么样子!你们带着现在的这种思想回去,将来说不定国家强大了,又要扩军向外侵略!"[11]王火当年的追问,直到今天,仍然具有现实意义。

三、采写多篇独家报道

这一时期,王火的采访对象有不少是名人、要人,有的还是独家报道。这也得益于他父辈的关系。

1946 年 10 月 4 日,重庆《时事新报》第三版发表了王火(署名王公亮)对南京政府检察院院长于右任的专访及于右任的六首新诗词。于右任是王火父亲的故交,抗战前,他曾随父亲多次到于右任家做客,称其为"于老伯"。时隔九年,1946 年 9 月 26 日,王火以记者身份来到南京城北宁夏路 2 号于公馆。当时,于刚从新疆返回南京。这一年 7 月 1 日,以张治中为首的新疆省政府成立,于是去监视的。王火回忆说,可能因为过去的关系,年近七旬的于右任对他特别亲切慈祥,采访很顺利,回答了他此次新疆之行的一些情况,如对张治中主政新疆的看法,汉族与维吾尔族通婚等问题,还谈了对新疆未来的看法。于右任说,"今后的新疆,一定会走向和平的大道。但是,我们该注意的是中国是世界上的一部分,新疆又是中国的一部分。和平不可分,中国既然要受世界的影响,新疆当然也会受到中国的影响。"于还将他新填的词《青杏子·迪化和平大会后作》手抄稿送给王火,"大地现光明,睹天山洁白层层。何人创造新生命?和平万岁,万岁和平!"采访结束前,王火又向于右任要了另外五首新疆之行的诗词。王火对于右任的专访特稿连同这六首诗词一同刊登在《时事新报》上,受到了许多读者的关注。

1947 年 11 月 28 日,上海《现实》新闻双周报发表了王火采写的专访《与吴国桢论上海当前问题》。吴国桢系美国普林斯顿大学政治系哲学博士、"国立"政治大学教授,1946 年 5 月至 1949 年 4 月为"上海特别市市长"。采访之前,王火与《现实》发行人兼总编辑曹亨闻合拟了 10 多个问题,以《现实》的名义写了一封信给吴国桢,附去了拟谈的问题及王火的名片,希望吴同意采访并定下时间。信发出后,很快就接到了市政府交际科打来的电话,约定王火在 11 月 22 日上午 10 时 40 分在市长办公室与吴国桢晤面。采访时,王火坦率问了想问的问题,但问出的一些重要而尖锐的问题,吴国桢居然很滑头地挡过,或干脆默然不答。其中一个问题:处理上海行政问题,最困难的事情是什么?最难对付的是哪些人?原意是想引起吴氏谈起奸商投机倒把和吴同警备司令宣铁吾之间的矛盾,谁知吴答非所问。对他的回答,王火感到删和改都不好,而且,吴当时以貌似民主的假象蒙蔽了一些人,发表他的这些言论,对他是一种赤裸裸的揭露,所以就以"有闻必录"的方式写了一篇专访。[12]

对于这篇专访,陈望道提出了意见。王火的想法是:如实记,他怎么讲我就怎么记,首先要如实报道,不能乱改被采访对象的话。第二,因为吴国桢当时在一些人的印象里形象较好,要把他的真面目写出来,说明他本质还是在维护国民党的政权。陈望道找王火谈话,认为新闻的真实性并不是人家讲什么你就记什么,有闻必录,而要看对政治有利还是不利,对进步力量有利还是不利,你这样写对进步力量不利。王火听从了陈的意见,就把这段话删了。

1948年4月3日,台湾《新生报》刊出了王火写的国民大会人物特写《访问胡适博士》。胡适当时是"北大"校长、"中央研究院"院士、国大代表。在王火的记者生涯中,采访胡适是他非常难忘的一段经历,胡适一贯不愿意接受记者采访,尚未毕业的王火竟成了当时唯一一位采访到胡适的记者。社会上有传言称胡适要竞选副总统,甚至成为总统候选人。南京蒋政府"国民行宪大会"期间,应重庆《时事新报》王研石和台湾《新生报》歌雷之邀,王火在会上见到胡适并与他约定了采访时间。问了他对这次"国大"的看法、对蒋介石的看法等,最关键的是他对竞选副总统的态度。胡适告诉王火,他绝不会参加副总统竞选,非常坚定地回应了社会上的流言,所以这句话被王火做成了副标题。

这一时期,王火还采写了一批抨击时局的报道文章。1945年,王火在《大公报》上发表了一篇题为《孰令为之》的文章,矛头直指国民党和三青团在大学里横行霸道的恶劣行径,要求反动党团退出学校。1947年5月4日,上海法学院学生为纪念五四运动,前往北四川路一带张贴标语,遭警察殴打,有两人受伤,造成罢课。"复旦、交大"等30余校代表组成"上海学生'五四'事件后援会"举行声援,并进入上海市市政府请愿,同上海市市长吴国桢进行了五个半小时的谈判。王火采写了《泛滥京沪的学潮》,发表在同年5月27日的重庆《时事新报》上,写出了吴国桢站在反动政府一边,再能言善辩也无法阻止学潮扩大的看法。同年11月22日,重庆《时事新报》又刊发了王火采写的《上海在不景气中》《苦难中的江南造船厂》《水电事业看上海》《匮乏之城——上海近况巡礼》等报道,较全面地反映了上海经济已经到了总崩溃前夕的状况。

四、用笔记录抗战历史

在王火的记者生涯中,抗日的人与事是采访重点,他是第一批报道"南京审判、南京大屠杀"的新闻记者之一。

1. 第一个采访报道南京大屠杀幸存者李秀英[13]

1946年2月,王火前往南京"国防部审判战犯军事法庭",采访审判日本战犯谷寿夫。快近中午时,一位满脸刀伤的少妇,用围巾半遮着自己的脸,在丈夫的陪同下走进法庭,对侵华日军在南京犯下的罪行作证。她就是李秀英。1937年12月,侵华日军大举进攻南京。那时的李秀英因怀有7个月身孕,丈夫躲到乡下去了,她与父亲一起躲进南京国际安全区的美国教会学校地下室避难。一些日本兵发现了要强奸她,她为了不受侮辱,一头撞墙,头破血流昏死在地,见状的日本兵走了。但她醒后,又来了三个日本兵,其中一个上来动手,她自小跟父亲学过点拳脚,就同日本兵搏斗,结果脸上、身上被刺了37刀,日本兵扬长而去。李秀英被父亲送进美国教会开设的鼓楼医院抢救,性命留住了,肚里胎儿不幸流产。当时在南京的好几位西方人士对此有详细记载,其中美国人约翰·马吉拍摄的李秀英受伤照片,成为侵华日军南京大屠杀的铁证。在南京军事法庭审判主犯谷寿夫案中,李秀英出庭作证。[14]

王火说,审判战犯前,当时的军事法庭在南京的大街小巷张贴布告,希望南京大屠杀受害者出庭作证,但出庭作证的女同胞不多。原因是她们受害后,碍于面子,不想让更多的人知道自己的惨痛遭遇。而且,日寇先奸后杀,老幼不分,全家灭门的太多了。李秀英受害后,能在丈夫陪同下,主动出庭作证,引起了王火的注意。庭后他主动约李秀英采访。李秀英的叙述深深打动了王火。

包括李秀英在内,王火访问了一批在南京大屠杀中幸免于难的见证人,写满了厚厚几本笔记,拍下不少照片。1947年,王火在上海的《大公报》和重庆的《时事新报》上,以笔名"王公亮"同时发表了长篇通讯《被污辱与被损害的——记南京大屠杀中的三个幸存者》,报道了李秀英等3人在侵华日军南京大屠杀期间的不幸遭遇。另外两名幸存者一个叫梁廷芳,刚从东京国际军事法庭作证归来。他是南京保卫战中一个担架队长,上尉军衔,城破后逃进"难民区"而被清理出来,押至下关中山码头,在日寇架机关枪集体屠杀时他负伤跌入江中拼死顺流而下游到对岸脱险。另一位幸存者陈福宝,南京大屠杀时他只是一个十几岁的孩子。在挖活埋坑时,因人小无力气被日本兵抓起来猛摔在地,当场满面是血晕死过去,半夜才苏醒过来。在公审日酋谷寿夫前,陈福宝曾带检察官陈光虞等到五台山下寻找指证当年日寇活埋中国人的地方,挖出了一批发黑的骸骨,王火是在场的记者之一。王火的报道,真实记录了南京大屠杀的历史,揭露了日军的暴行。

2. 报道日伪头目受审

抗战胜利后,王火采写了一系列日伪头目受审、伏法的报道。有日本战犯酒井隆、谷寿夫、冈村宁次,也有头号女汉奸陈璧君、大汉奸周佛海、"76号魔窟"魔头丁默邨、工商汉奸梅思平、老牌汉奸梁鸿志等。

1946年9月18日,王火在《时事新报》发表了《战犯酒井隆伏法详记》。酒井隆是抗战后我国处决的第一个日本师团长级战犯,王火的报道,真实记录了酒井隆在南京雨花台伏法时的场景。当作恶多端的酒井隆被押下囚车步行刑场时,满布四周山上之无数观众欢声雷动,热烈鼓掌。酒井隆被行刑后,群众鼓掌达两分钟以上。外国记者观看后也连说:"Good!"

1947年2月10日,重庆《时事新报》发表了王火采写的特写《南京大屠杀主犯谷寿夫受审详记》。南京大屠杀中残害我中国军民最多的是日军第十六师团,其次是第六师团。第十六师团长中岛因病死而逃脱了公审。第六师团长谷寿夫于1937年12月20日傍晚,骑马提刀率先带兵破城入中华门,并向部下宣布"解除军纪三天"。他本人也因强奸、杀人,犯下了滔天罪行。王火1947年曾在南京励志社大礼堂连续参加公审这个杀人魔王。谷寿夫在法庭上面对许多骷髅仍然狡辩称,他是军人,奉命来华作战,不应负破坏和平及支持侵略之罪。他的部队在驻防期间,防区内没有发生过屠杀、强奸、抢劫等事件。包括李秀英在内的一些南京大屠杀幸存者出来作证,当庭露出被刀砍、刀刺的伤痕作血泪控诉,也有外国证人出庭提供了证据。中华门外谷寿夫部队驻防区的"万人坑"中挖出的尸骨上均有刀砍、刀刺的痕迹,南京大屠杀中日军自己拍摄的屠杀照片中,军人的符号也是第六师团的,这些铁的证据,让谷寿夫的狡辩显得苍白无力。

大汉奸受审伏法,同样受到公众关注。这期间,王火采写了多篇大汉奸受审伏法的报道。1946年9月19日,重庆《时事新报》刊发了王火采写的《梅逆思平执行枪决详记》,这篇报道详细记录了法警到监狱提取梅逆到庭,梅在法庭上的举动,梅被执行枪决等场景,用文字记述了大汉奸最后的下场。

五、为《新华日报》南京办报提供住房

《新华日报》是中国共产党创办的第一份大型日报。1949年4月23日人民解放军占领南京后,《新华日报》作为南京市委机关报在南京恢复出版。

其实,1946年,《新华日报》就已经组建南京办事处,只是由于国民党的阻挠,没能出报。鲜为人知的是,王火给《新华日报》南京办事处提供了住房,这里需要提到中共地下党员陈展。

陈展是抗战期间(1944年)王火在重庆读书时认识的中共南方局组织部的共产党员,新中国成立前,王火和夫人凌起凤都掩护过他。1948年,陈展在

上海被捕,王火和母亲用金条将他救了回来。新中国成立后,陈展担任过上海钢铁公司军代表、华东矿冶局副局长等职。[15]

1946年2月,陈展在夏坝找到王火,说《新华日报》想在南京出报,能不能租用王火家的房子。当时,王火家在上海、南京均有住房,其中南京的住房位于玄武门洞庭路10号,是二幢三层楼的西式房子,还有一个占地二亩的花园。这两幢房子是王火的父亲建造的,他做律师时挣了不少钱,担任国民政府法官惩戒委员会秘书长时,工资加车马费是1 600元,收入很高。当时的情况是,人们不敢把房子租给共产党,因为军统特务随时会对其下手。曾经担任过南京《新华日报》经理的王淮冰在《新闻与传播研究》1979年第1期发表文章《南京〈新华日报〉是怎样出版的》,文中说,在办理"登记"(指《新华日报》的登记)的同时,准备出版的各项工作都在积极进行,其中最重要的是要找到合适的房子作为报社的社址。生活在白色恐怖下人们是不敢把房子给共产党的,更何况是报社的用房,既要有编辑部,又要有印刷部、营业部;而且还要有容得下全社职工住宿的宿舍,这就需要找一处较大的房子,这在当时来说,确实是非常困难的。

陈展希望王火一同坐飞机回沪、宁,可以将王火家做落脚点。考虑到当时不是假期,王火不可能离开学校很长时间,陈展说,乘美军飞机去,事办完了仍坐美军飞机回来。2月20日,王火跟陈展从重庆白市驿飞机场搭乘美军军调处执行部的大型银色四引擎C-54运输机赴上海。在机场,王火认识了曾家岩周公馆负责人之一的祝华,并见到了潘梓年(重庆《新华日报》负责人)、华岗等。抵达上海后的第二天,王火就和陈展、祝华一同去南京落实租房事宜。

多年后,陈展在他的回忆录——《在沪宁筹办〈新华日报〉》中说,当时王火家的两幢楼房,前面一幢被日本人损坏严重,后面一幢依然可以居住。花园则早已经荒芜了。这地方环境清净,房屋如将前幢修复,也颇宽敞。于是,跟王洪溥商定,前幢住房,由我们代为修理,修复后住3年,3年后,再付租金。这是参照十八集团军在红岩办事处的做法。后幢房屋也一样由我们租用。这一处地处南京玄武门洞庭路10号的两幢房子就这样定了下来。[16]

当时还有一个小插曲,王火家的房子房产证没有了。于是,王火就拿着凌起凤父亲凌铁庵的信找到南京市长马超俊,希望补发房产证。马超俊同意了,但需要登报三天,声明南京玄武门洞庭路10号两幢房子房契在抗战中遗失,特登报申明重新补领,三天以后就发了两张房产证。

童小鹏所著的《风雨四十年》第十五章"继续为国内和平奔走(上)",对此有多处提及。一九四六年的一月,周恩来派长期在上海工作的刘少文恢复和建立新的情报系统和建立秘密电台。同时,利用社会关系在上海、南京为代表团和新华日报社找房子。后来又派祝华、陈展去。四月二日,周恩来亲笔写信给行政院院长宋子文,要求在南京拨房屋两幢,在上海拨一幢,供两个办事处用。但他们不想解决,一再拖延。四月四日,周恩来又写信给行政院代院长蒋梦麟,希望迅速拨给房子,没有得到回音。四月中,又派龙飞虎代表中共代表团、刘恕代表十八集团军办事处、石西民代表《新华日报》,去南京交涉用房问题。他们到南京后,通过邵力子多次交涉,仍迟迟不得解决。到四月下旬,龙飞虎以周恩来和代表团人员即将来京为由再次催促,才由国民参政会秘书长雷震出面,将梅园新村30号移交给周恩来,对面的17号作为代表团办公室和宿舍。

　　一九四六年五月三日,周恩来率中共代表团到南京,这两幢房子根本住不下,只有采取挤的办法。"上海的《新华日报》筹备处和南京的《新华日报》办事处,都是我们自己设法租或买来的。"[17]

　　由于国民党当局的阻挠,《新华日报》南京版未能实现。1947年3月1日,国民党要求包括《新华日报》南京办事处在内的京、沪、渝等地中共办事人员一律撤退。3月9日,王火以王公亮的笔名,写了一篇题为《上海滩的潮汐》的特写,由上海寄发在3月25日重庆《时事新报》上发表。报道中有这样的文字:

　　"三月一日政府令京、沪、渝等地中共办事人员限期一律撤退,从国共战事发生以来,双方不绝如缕的和平希望,至此遂演成正式破裂,苦闷得麻木了的人心,对于目前的中国情势,又能作怎样的想法呢? 倒并不是留恋这一二百个中共的办事人员,只是对于正式揭幕了的残酷内战,对于中国未来的前途,因着和平的不能觅得,谁能够不忧心如捣!? 谁能够不长叹欲哭!?"

　　"三月三日我去到马斯南路107号中共代表团联络处,刚望见那一座三层楼的西式楼房时,两个武装警察拦住了我。我的记者名片,因为局势严重,并未发生作用。祝华、陈家康、潘梓年、华岗……都见不到! 三月五日上午,他们一共三十多个人,全部登上了凯旋号车,由上海先到南京再转飞延安,为了和平谈判而成立的'中共代表团上海联络处'从今以后成为历史名词了,和谈已经死了! 我回到住所,将去年夏天在南京参加中共记者招待会时拿回来的政协文献、停战整军文献等,一齐丢掷在熊熊燃烧着的炉灶里。还有什么可说的呢? 我自己的热情也死绝了!

　　回上海快半年了,心情从来没有像近来这么懊丧过! 苦闷啊! 苦闷得要爆炸!"

字里行间,王火同情共产党人,希望国家和平的心境一览无遗。

【本文说明】 2010年6月,如东广播电视台记者专程赴成都,用近一周的时间,对王火作了深入采访。仅访谈录音、录像就有10多个小时、10多万字,其中不少涉及其早年新闻经历。本文作除直接点明出处及标注参考资料外,主要依据为王火接受采访的录音。

注释:

[1] 王开疆传略. 江苏文史资料,1988.

[2] 王火. 辛亥元老凌铁庵传奇. 海峡 1996(5).

[3] 王火. 九十回眸. 四川人民出版,2014.

[4] 王火. 我为陈望道当助手. 人物,1989(2).

[5] 王火. 难忘萧乾先生. 复旦通讯,2000.

[6] 王火. 忆复旦教授储安平. 黄河,1995(3).

[7] 王火. 有世界影响的杰出名记者——记复旦教授赵敏恒//九十回眸. 四川人民出版社,2014.

[8] 王火. 新闻是文学的另一只翅膀. 成都日报,2013-5-15.

[9] 传奇作家王火. 华西都市报,2012-8-11.

[10] 新闻报道串起的抗战烽火——访91岁老记者王火. 文汇报,2015-5-5.

[11] 新闻报道串起的抗战烽火——访91岁老记者王火. 文汇报,2015-5-5.

[12] 王火. 采访上海特别市市长吴国桢. 世纪,2003(2).

[13] 王火. 采访报道南京大屠杀受害者李秀英第一人. 南京日报,2004-8-20.

[14] 王火. 宁死不屈的"圣女". 晚霞,2005(12).

[15] 王火. 我的革命引路人陈展. 新民晚报,2014-2-10,12.

[16] 王火. 我的革命引路人陈展. 新民晚报,2014-2-10,12.

[17] 童小鹏. 风雨四十年. 中央文献出版,1994.

【作者简介】 徐庆华,江苏如东广播电视台副台长,高级编辑。

黄远生新闻标题的关联—顺应性研究

柳 竹

(南京政治学院军事新闻系,南京 210003)

摘 要:黄远生是我国新闻史上第一个有影响的新闻通讯记者,是我国新闻通讯体裁的开拓者。其遗著《远生通讯》以报刊通讯为主,是我国历史上最早的一部报刊通讯集。本文主要以《远生通讯》为研究资料,运用语用学相关理论,从关联和顺应两个角度分析研究其新闻标题。主要包括,新闻标题与内容的关联,新闻标题与受众心理的关联;新闻标题在交际语境下的顺应性,新闻标题的语境动态性。希望为黄远生新闻通讯作品研究提供新的视角,也希望能够对当下的新闻标题制作有所启发。

关键词:新闻标题 关联性 顺应性 黄远生

一、引 言

国内学者对黄远生的新闻思想、通讯写作以及他的政治观都进行了研究,并取得了一定的成果。笔者认为,黄远生的新闻通讯标题也是其新闻通讯的一大特色,而且这一项研究现在还是空白,运用语用学的关联顺应理论解读黄远生新闻标题更是提供了一个新的视野和角度。再者,新媒体时代,信息海量且冗杂,人们进入"读题时代",可是又面临网络媒体新闻标题失范、"标题党"现象出现等一系列问题。

关联理论和顺应理论是当前西方比较有影响力的语用学理论,多数学者将其研究视点落脚于二者的比较研究上。关联理论从认知的角度出发提出明示——推理行为,并认为推理是以关系原则和最佳关联假设为基础,就其操作性而言相对不强;顺应理论则认为语言的使用过程即语言的选择过程,是各种关系的相互顺应的过程,这种观点在某种程度上补充了前者描述性不充分的缺点，但解释力就弱于关联理论。[1]关联—顺应模式将关联理论和顺应理论结合起来，吸收了两者的优点，可以全面阐释语言交际的过程。

结合上述关联顺应两大理论，杨平从说话人的角度提出了关联—顺应模式。他认为语言的运用过程就是一个彼此相关联顺应过程。即说话人在寻求最佳关联的同时要不断顺应相关语境，使两者结合起来达到和谐统一的过程。[2]新闻标题被称为新闻的眼睛，透过新闻标题我们能看到舆论引导、主旨表现，其担负着吸引受众、沟通受众等作用。笔者在研读黄远生《远生遗著》时发现，其大量新闻通讯标题就有关联顺应理论的痕迹。通过关联—顺应模式分析总结归纳研究，不难看出，黄远生新闻标题的研究不仅具有较高的学术价值，而且对制作和规范新闻标题都有积极的现实意义。

二、黄远生新闻通讯标题的关联性分析

（一）新闻标题与内容的关联运用

新闻标题最重要的一项功能是揭示新闻内容，在第一时间抓住受众的眼球。新闻标题和新闻内容之间的关联是一种与生俱来的客观关联，一则有好标题的新闻立马能引起受众阅读的欲望。黄远生新闻通讯标题往往就有这样的魔力，下面将从语用预设和关键词两个方面具体阐述。

1. 语用预设的运用

语用预设，又叫语用前提或语用先设，就是指交际双方所共有的背景知识。语用预设具有共知性、隐蔽性、合适性等特征。在新闻标题中，语用预设就是指传播者和受众双方已知的信息或是传播者不需要表达出来的信息，因此这些信息在标题中是可以省略的。[3]当然这样做，并不是因为信息的缺失，而是因为新闻标题简短、传递关键信息等特点所决定的。在《远生遗著》中，《大借款波折祥记》[4]《外蒙独立以前之秘密文件发见》[5]两篇的标题，其中，第一条标题中包含的预设信息为：政府确乎有借款之行为；大借款过程不易多经波折。第二条所包含的预设信息有：外蒙已经独立；外蒙独立确实有不可告人的内幕。前者介绍了政府与外国资本国家借款一事决裂的过程和原因，而后者通过"某君"这一特殊人物博闻强记，记住了满蒙交涉之秘密文件，讲了蒙人勾结外援之实情，俄国干涉动机以及大会议之秘案和结果。两篇新闻标题所预设的信息大都是受众已经知道或是在阅读后推导出来的。例如，通过阅读第二个标题，受众就很容易知道外蒙独立有内幕这样一条信息。由此可以看

出,这样的新闻标题就很容易节约空间,反而能传递出更多的信息,这也是黄远生新闻通讯受人欢迎的原因之一。

2. 关键词的运用

新闻标题提供了激活语境知识的充分线索,是启动认知图式的最佳手段。标题中的关键词语可以激活特定的内容图式。[6]在笔者看来,关键词就是与内容高度相关必须取而不是舍的信息,正如毛泽东同志在1948年9月14日审阅与修改新华社某则新闻时就指出:"凡新闻,标题必须有内容。标题无内容,不能引人注目。"在黄远生《远生遗著》中就有大量这样的标题,它们与正文内容取得了极佳的关联度。如,《外交部之厨子》[7]《教育部之重要议案》[8]。很明显,前一篇标题的题眼就是厨子,作者用厨子一词吸引受众,而读者在阅读此文时就抓住了新闻的中心,就会从关注厨子开始,最后通过厨子的行为看出外交部的腐化。而后一篇,受众自然而然就会把焦点聚集到议案,利用这一线索,激活了受众所有的语境知识和特定的内容图示,最终达到了吸引受众的目的。

(二)新闻标题与受众心理的关联运用

新闻标题作为受众和新闻报道之间的一座桥梁,在新闻传播中起着重要的作用。郑兴东指出:"在对标题的一瞥中,如果受众发现新闻的内容不是他所需要的,就可把目光迅速移开。"[9]综观黄远生的新闻通讯,发现其大量标题抓住了受众的求新心理、得益心理。

1. 求新心理运用

求新心理是指那些在内容、表现手法上新颖的新闻标题更容易受到受众的青睐。[10]黄远生作为新闻通讯体裁的开创者,其新闻通讯的首创性符合受众的求新心理,与之过去新闻报道相比,其通讯所表现出的创新是前人所不及的,而其新闻标题起到了很大的作用。在《远生遗著》中,部分标题带有秘密一词,有揭秘的意味在里面。如《借款里面之秘密》《最近之秘密政闻》《外蒙独立以前之秘密文件发见》等,这些标题不约而同利用受众的求新猎奇心理,吸引关注。再者,黄远生运用新颖的表现手法,用形容词、副词成语、短语修辞标题也达到了创新的作用。诸如《乔装打扮之内阁》《我今要求政治界之灵魂》《蛛丝马迹之省制案》等标题,形式新颖,用词形象生动,抓住受众心理,拉近了受众与新闻报道甚至与作者的距离,收到了很好的传播效果。

2. 得益心理运用

得益心理,是指受众对于自己切身利益相关的新闻更为关注。它能够刺激人的内在兴趣,满足人们对物质生活和精神生活的需要。[11]在当时民初那个年代,政局动乱,内阁频换,军阀混战,人们对于新闻信息的渴求是为了更好地生存。黄远生的通讯,由于其政论特点明显,再加上关心时政,大多是有关国家大事政策调整,几乎都关乎民族大义政府变动的大事件。让我们看一看这些通讯标题:《新政府之人才评》《最近财政之一般》《教育部之重要议案》《政界小风潮零记》《中国银行之离奇》等等大量通讯。正是因为这些标题关乎政府人事调动、财政情况、政界之事、教育事业,大都与人们利益切身相关,自然得到受众的青睐和喜欢。

三、黄远生新闻通讯标题的顺应性分析

(一)新闻标题对语境顺应的运用

新闻传播者选择语言制作新闻标题要顺应语境的各要素。语境包括语言语境和交际语境。语言语境指的是语篇的上下文,而交际语境则是由物理世界、社交世界、心理世界三部分构成。在黄远生新闻通讯里,可以说在相对简短精练的标题中就体现了对语境各要素的顺应。另外本文语境特指交际语境。

1. 对物理世界顺应的运用

物理世界主要包括时间和空间要素。在黄远生新闻标题里,可以看出作者在制作标题时对受众物理世界的顺应。比如时间因素:《最近之秘密政闻》《最近之财政一般》《最近之三大问题》等,就这三个标题,作者使用"最近"一词点明了事件发生的时间,即就在不久之前。在空间上的顺应,是因为当时正处于外蒙独立时期,作者对外蒙的报道异乎的多,如《外蒙独立以前之秘密文件发见》《蒙古人奇怪之告示》《蒙古马贼题名录》等,用"蒙古""外蒙"对国内的受众指明了空间关系。

2. 社交世界的顺应运用

新闻标题也是对社交世界的一种顺应,主要在社交场合、社会规范和文化方面体现。这一点由于通讯文体是一种新体裁,主要集中在文化方面的顺应,由于当时我国刚刚处于民国初期,新文化运动还未开展,文言文还是主流,白话文还未登上大雅之堂,所以在黄远生新闻通讯标题中文化的顺应就异乎明显。比如其大量标题"之"的运用,《政界之内形记》《新政府之人才评》等。再

者其在顺应社交世界方面还有一个特点就是,多用某某记一类的标题,如:《大借款波折祥记》《大小零星杂记》《教育部半年以来大事记》。正如前文所述,因为还没有摆脱晚清文体的影响,作者在文化方面顺应受众还是比较典型的。

(二)新闻标题的语境动态性分析

新闻标题构建的过程中,传播者和受众的认知语境都在不断地发生改变。整个交际过程其实就是传播者不断重新构建或调整语境假设的动态过程。新闻传播正是通过这一过程来实现新闻的交际目的,即向受众提供新闻信息。[12]这里就不得不提到黄远生对张振武案写的三篇报道。

武昌起义后,袁世凯篡夺了辛亥革命的胜利成果,成了臭名远扬的窃国大盗。他以"蛊惑军士,勾结土匪,破坏共和,图谋不轨"的罪名,于1912年8月15日,枪杀了参加武昌起义的革命党人、前湖北军务司副司长张振武,制造了一起中外震骇的谋杀案件。对此黄远生连续写了三篇通讯:《张振武案始末记》(8月23日)《张振武案一礼拜之经过》(28日)和《张振武案之研究》(31日)。他忠实地记录了张振武被害的经过,各类人物对这一事件的态度,以及社会各界的反映,并巧妙地以一些议员、特派员的答辩为死者辩诬。三条连续报道,所采用的新闻标题在第一时间体现出了语境的动态性变化,在这个过程中,传者和受众都在对这一事件有了认知语境的变化。即如作者所言:"政府之所白,是否足以信任的问题"。转而从侧面说:"据鄂人与张君有关系者谈,则于袁黎所宣布者,概不置信,因以作答。"虽没有明说,其结论却显而易见。在作者大量的通讯中,类似的还有不少,如对借款的报道:《大借款新闻报道祥记》《借款里面之秘密》《借款内脉直接剖》《借款交涉之七零八落》等系列报道,通过对借款一事的连续报道,在传受双方认知语境的不断变化之中,加强了新闻报道的传播效果。

注释:

[1] http://wenku.baidu.com/view/d3b46f21aaea998fcc220e6e.html?from=related&hasrec=0.

[2] 杨平.关联—顺应模式.外国语,2001(6):25.

[3] 刘晓迪.新闻标题的关联—顺应性研究.渤海大学,2012:18.

[4] 黄远生.远生遗著.商务印书馆,1984:131.

[5] 黄远生.远生遗著.商务印书馆,1984:160.

[6] 贾君芳.新闻标题的关联理论视角//遵义师范学院学报,2009(5).

[7] 黄远生.远生遗著.商务印书馆,1984:174.

[8] 黄远生. 远生遗著. 商务印书馆,1984:177.

[9] 郑东兴. 版面编排与读者心理//新闻学论集(第七辑). 中国人民大学出版社,1983:84.

[10] 刘京林. 新闻心理学概论. 中国传媒大学出版社,2007:274.

[11] 贾君芳. 新闻标题的关联理论视角. 遵义师范学院学报,2009(10):47.

[12] 刘晓迪. 关联—顺应模式下新闻标题的语境动态性. 佳木斯教育学院学报,2012(2).

【作者简介】柳竹,南京政治学院军事新闻系硕士研究生。

新闻媒介研究

中共早期通讯社历史探析[*]

万京华

(新华社新闻研究所,北京 100040)

摘 要:通讯社是中国共产党领导的新闻事业的一个重要组成部分。多年来,由于相对于报刊来讲,通讯社的史料一直较为匮乏,因而过去这方面的系统研究并不多。其实,中国共产党领导的通讯社事业发展的历史非常长,早在中国共产党创立前夕,共产党早期组织就曾通过创建通讯社以扩大革命舆论宣传,后来又先后在一些大中城市建立了若干通讯社。但限于当时的环境和条件,中共早期领导创建的通讯社大多存在时间不长,规模和影响有限,隶属关系与性质也比较复杂。本文主要研究了中国共产党从创立前夕至1927年大革命失败这一时期通讯社事业发展的情况和特点。

关键词:中国共产党 通讯社 历史

从中国共产党创立前夕到大革命时期,为了宣传党的主张,动员民众参加革命斗争,中国共产党人先后创办了一批新闻媒体,其中除报纸、期刊等外,也包括通讯社。早在中国共产党创立之前,党的一些早期革命者就曾通过创办通讯社开展革命活动,如毛泽东1919年12月曾在北京创办平民通讯社,配合他和何叔衡等领导的湖南各界人民驱除军阀张敬尧运动,撰写文章,发表通电,编发消息,通过驱张宣传,平民通讯社声名大振,最终张敬尧被逐出湖南。由中共党组织领导建立的通讯社始于1920年夏,上海共产党早期组织和共产国际代表团曾合办中俄通讯社,后来中共党组织又先后创办人民通讯社、劳动通讯社、国民通讯社等,这些通讯社的稿件多为油印后供给当地报纸或邮寄给国内外媒体,对于扩大革命舆论宣传起到了

---

[*] 本文是国家社科基金重大项目"中华民国新闻史"(编号:13&ZD154)的研究成果之一。

一定作用。

一、中国共产党早期组织领导创建的通讯社

五四运动后,马克思主义在中国的传播逐渐与中国工人运动相结合,陈独秀、李大钊等人开始酝酿在中国建立共产党组织的问题。1920年2月,陈独秀从北京秘密转移到上海。《新青年》杂志也迁至上海出版,后来陈独秀还主持创办了《劳动界》《伙友》等刊物,向工人宣传马克思主义。

正当中国先进知识分子积极筹备建党的时候,共产国际也派出代表来华,了解中国革命发展情况和能否建立共产党组织的问题。1920年春,俄共(布)远东局海参崴(今符拉迪沃斯托克)分局外国处派出全权代表维经斯基(化名吴廷康)来华,与维经斯基同来的还有他的翻译杨明斋等。

杨明斋是山东平度县人,1901年辗转到海参崴做工谋生,1908年以后在西伯利亚地区边做工边读书,积极参加了布尔什维克党领导的工人运动,并被推选为华工代表。十月革命前加入列宁领导的布尔什维克党。入党后,他先后从事秘密工作和华工动员等工作,后入莫斯科东方劳动者共产主义大学学习。1920年被派回当时日本人占领的海参崴,以华侨负责人的公开身份从事党的秘密工作。1920年3月,参加以维经斯基为代表的共产国际工作组到中国活动。1920年8月,陈独秀等率先在上海建立了中国共产党早期组织,并积极推动各地共产党早期组织的建立,实际上起着中国共产党发起组的作用。来自俄共(布)的维经斯基等人对中国共产党的建立给予了支持和帮助。

在维经斯基的指导下,1920年7月间在上海设立了中俄通讯社(当时报载消息称中俄通信社),具体业务由杨明斋负责,地址设于上海霞飞路(今淮海中路)渔阳里6号。中共上海共产党组织建立后,杨明斋成为上海发起组的重要成员之一,并参与了党的一些理论宣传和教学、工会等工作。通讯社的工作也由中共上海发起组和俄共(布)代表团共同领导,渔阳里6号也是杨明斋任校长的外国语学社的所在地,外国语学社也是中共上海发起组与俄共(布)代表团联合创办的,主要是准备输送革命青年赴俄留学,培养革命干部。这里还是中国社会主义青年团中央所在地。青年团书记俞秀松任外国语学社秘书,学社的部分青年学生承担了中俄通讯社的缮写、油印、收发等工作。渔阳里6号是以杨明斋名义租下的,它也是中国共产党上海发起组的一个重要活动场所,与渔阳里2号《新青年》编辑部相隔不远。

中俄通讯社的主要任务是向共产国际和苏俄发送通讯稿,报道中国革命

消息;同时,向中国国内人民介绍十月革命后苏俄的真实情况。早期中共党员邵力子时任上海《民国日报》经理及副刊《觉悟》的编辑,所以《民国日报》的"世界要闻"专栏刊登了中俄通讯社的大量通讯稿。1920年7月2日,《民国日报》刊载了《远东俄国合作社情况》,这是中俄通讯社最早见报的稿件。之后又先后刊发《劳农俄国之新制度》《俄国劳动合作小史》《劳农俄国之新教育制度》《列宁与托洛次基事略》《劳农俄国底重要人物》等,向国内读者介绍俄国革命和社会制度。

1920年10月1日出版的《新青年》月刊第8卷第2号也曾发表中俄通讯社的稿件《关于苏维埃俄罗斯的一个报告》。《新青年》上还先后刊登了杨明斋翻译的有关苏俄的文章。当时中国各地报纸关于世界新闻的报道,多来自于西方通讯社,它们对于列宁领导的社会主义国家都抱敌视态度,中俄通讯社有关苏俄的报道,对于人们客观了解俄国革命和建设的真实情况、宣传共产主义思想起到了重要作用。

1921年4月,杨明斋返回俄国,从此脱离了中俄通讯社的工作。据查,中俄通讯社在上海《民国日报》登出的最后一篇稿件是1921年5月4日的《俄国贸易之过去与现在》,截止于此它在该报总计发表新闻稿和电讯稿近70篇。[1]

从1920年11月底开始至1925年8月,上海《民国日报》等报刊上还曾出现华俄通讯(信)社或上海华俄通讯(信)社的稿件。有人认为华俄通讯社即中俄通讯社的改称和延续,但也有人对此持不同观点,认为二者不能画等号,更不能混为一谈。

从一些史料和回忆看来,华俄通讯社与中俄通讯社确实有一定的历史渊源。1920年8月,维经斯基给俄共(布)中央西伯利亚局东方民族处的信中说:他在上海成立了革命局,下设三个部:出版部、宣传报道部和组织部,宣传报道部成立了俄华通讯社,现在该社为中国31家报纸提供消息[2]。参加过中共"一大"会议的包惠僧也指出,当时的华俄通讯社、社会主义青年团、外国语学校都是中共临时中央(上海发起组)成立之初所设的工作部门。[3] 由此可见,华俄通讯社和中俄通讯社在某些史料中指的就是同一机构,而苏俄和中共方面都曾把中俄(华俄)通讯社当成自己事业的一部分。

杨明斋从中俄通讯社工作中退出后,后来的华俄通讯社成为苏俄方面直接负责管理的通讯机构,它在中国的上海、北京、哈尔滨、奉天(沈阳)等地都建有分社,其工作人员中也包括有中国人。1921年5月17日,《广东群报》在刊登的《本报记者与华俄通讯社驻华经理之谈话》一文中指出:"华俄通讯社驻华经理贺德罗夫先生偕同该社职员薛撼岳君从上海来广州","二位此次来粤,打算在广州设立华俄通讯社。"[4]薛撼岳等人之所以参加华俄通讯社的工作,据说是经李大钊介绍的。华俄通讯社北京分社社长斯雷拍克常与中共人士联系,了解中国革命动态,张国焘在《我的回忆》一书中说:"1923年中共'三大'后,华俄通讯社北京分社社长的斯雷拍克便与我保持经常的接触。他曾在共产国际工作过,担任威金斯基的助手,与我原是相识的。""11月初,威金斯基重来中国,道经北京前往上海。他同样约我在斯雷拍克家单独晤谈。"[5]

中俄通讯社和华俄通讯社都有共产国际的背景,是苏俄在中国开展活动的一部分。所不同的是中俄通讯社的创办工作同时也是在中共党组织的领导和支持下开展的,其负责人杨明斋同时也是中共上海发起组成员,而中俄通讯社的工作实际上也是中国共产党创建时期事业发展的一部分,所以新闻史上一直把中俄通讯社称为中国共产党创办的第一个通讯社。而继之而起的华俄通讯社,则完全由苏俄所办,与中共再无直接关系了。

这一时期,由中国共产党早期组织领导的新闻通讯社,还有陈潭秋在武汉创建的湖北人民通讯社。

继上海、北京中共早期党组织成立后,武汉、长沙、广州、济南等地的先进分子以及旅日、旅法华人中的先进分子,也相继建立了共产党早期组织,并纷纷通过创办报刊、组织学会等方式传播马克思主义。在上海共产党早期组织的直接指导下,1920年8月,"共产党武汉支部"在武昌成立。

陈潭秋,湖北黄冈人。青年时代积极参加五四运动,与恽代英、林育南组织武汉学生联合会,声援北京学生进行的反帝爱国运动。武昌高等师范学校英语部毕业后,他曾为《大汉报》《汉口新闻报》等撰写新闻稿件,并应邀到董必武创办的湖北私立武汉中学任教,联络各校进步学生,研究马克思主义,是武汉共产党早期组织的创始人之一,曾与董必武一起出席中共第一次代表大会。

关于陈潭秋创办湖北人民通讯社的时间目前有多种说法,一般认为其创立时间为1921年春[6],还有一种说法认为其创立时间是1920年底[7],另外也有史料称,1919年陈潭秋武昌高师毕业后便创办了人民通讯社,以记者身份,走街串巷,深入工人住宅区,进行社会调查和新闻报道[8]。在一些史料和回忆文章中,偶见有关湖北人民通讯社工作的内容,大多是只言片语,语焉不详,但从中可以看出它与中共武汉早期党组织的活动有密切联系。该社由武汉共产党组织领导,主要发布有关工运、学运的消息及评论,其发行的通讯稿初为手抄,后油印,共一二十份,除供给武汉及湖北各报外,还邮寄至上海、北京、广州等地各大报纸,在当地有一定影响。先后参加湖北人民通讯社采访和编辑业务的概有陈荫林、刘子通、包惠僧、王平章等。陈潭秋等人还于1921年共同创办了公开发行的铅印刊物《武汉星期评论》，宣传革命精神，启发民众觉悟。1921年夏经陈潭秋推荐，吴德峰接任湖北人民通讯社社长。该社1922年5月被湖北督军肖耀南以"言论过激"为由查封。

二、中国共产党建立初期领导创建的通讯社

中国共产党成立后，非常重视报刊宣传工作，曾把出版杂志、日报、周报等内容写入党的"一大"决议之中。从中央到地方先后创办了一批机关报刊和群众性报刊，初步形成了党的新闻宣传网，新闻通讯社事业也有了新的发展。

1922年9月，广东共产党组织创办了爱群通讯社，创办人包括冯菊坡、阮啸仙、刘尔崧、周其鉴、冯师贞等，社址设在惠福路（今解放中路）玉华坊，这里也是中国劳动组合书记部南方分部所在地。冯菊坡、阮啸仙、刘尔崧等都曾是进步青年学生，在校期间就积极组织和参加学生运动，后来先后加入中国共产党，很快成为广东共产党组织的骨干成员，冯菊坡时任中国劳动组合书记部南方分部主任。他们以通讯社记者的身份，经常深入到工厂、学校、农村和群众团体中"采访新闻"，进行革命宣传，秘密发展青年团员，动员广大青年起来参加反帝反封建斗争。曾以通讯社名义出版发行《共产主义ABC》等油印小册子，扩大马列主义在青年中的传播。他们还编辑出版《爱群报》《星期报》《新学生》等报刊，宣传革命思想，指导工人、学生运动。

1923年中国共产党北京党组织创办了劳动通讯社，它是中国劳动组合书记部北方分部机关刊物《工人周刊》编委会附属的一个宣传机构。劳动通讯社另设有编委会，成员先后有高君宇、王有德、韩麟符、于方舟、缪伯英、杨明斋、李梅羹、吴容沧、黄日葵等，发稿负责人刘铭勋。该社在全国各地聘有特约记者和通讯员，其中有阮啸仙、王英谐、李凤池、高步安、金太瑺、许兴凯、孟冰等。[9]主要报道各地工人运动的情况，反映工人群众的生活和斗争。稿件为手写油印，除供给《工人周刊》选用外，还向北京《晨报》、上海《申报》等全国大报发稿。北方劳动组合书记部成立后逐渐成为国内外革命工作的联络枢纽和实际斗争中宣传、组织、募集罢工基金的中心机关。当时"各国工会与职工国际经常派人来远东活动中必来北京访问，与北方书记部双方交换政治情报、革命书刊，并由劳动通讯社发布有关新闻稿"[10]。劳动通讯社后期与邵飘萍主持的《京报》及新闻编译社关系密切，在业务上得到邵飘萍的指导，是北京有影响的通讯社。1926年4月，邵飘萍被奉系军阀杀害后，该社也被迫停止了活动。

1923年9月16日，中国共产党人在黑龙江创办的第一家通讯社——哈

尔滨通讯社成立,地址在哈尔滨道里区中国十四道街(今西十四道街)52号。社长由《哈尔滨晨光》报社长韩迭声担任,中共北京区委派到哈尔滨从事秘密建党工作的共产党人陈为人(陈涛)、李震瀛(骆森)分任编辑主任、新闻主任,《东三省商报》总编辑吴春雷任丛刊主任,后来参加通讯社工作的还有中共党员彭守朴、张昭德等。哈尔滨通讯社在成立公告中说:"我们想应付一切事情,解决一切问题,自然要先明白一切事情及问题的真相。""满洲即东三省,位当日俄之冲,为远东问题的焦点的地方。声称对于此地国际上的纠葛的解决,工业、商业、农业的调查,民治的提倡,各地文化的输入,日俄消息及风俗的介绍,社会问题的讨论,欲尽我们一分子的任务。所以,我们在哈尔滨成立哈尔滨通讯社。"同时发布的《哈尔滨通讯社简章》中称:"本社以宣传消息,介绍文化,拥护舆论,编纂各项统计调查为宗旨。""除按日发新闻稿外,每星期赠送一次有系统的记载,每月赠送关于社会问题之译著数次,如有紧要问题发生时,特发号外"。哈尔滨的订户,"除星期例假外,按日专人送递。每月收现大洋十元。外埠照加邮费,个人订阅者则减轻"。在《哈尔滨通讯社职员办事细则》中要求,"每日晚5时以前发稿,各人须于3时以前将新闻材料交给编辑主任陈涛","稿件的好歹,由编辑主任负责","新闻的好歹真假,由新闻主任负责"。[11]哈尔滨通讯社的创办还得到哈尔滨无线电台总代理台长刘瀚的帮助,该社与东北三省无线电台哈尔滨分台合作,利用现代通信设备收发新闻稿,大大提高了稿件的时效,这在当时国内各报界是少有的。陈为人、李震瀛将电台收到的日、俄、英新闻稿译成中文,编辑后传送到本埠的报刊、电台使用,他们还以通讯社记者身份积极开展革命活动,深入工厂、学校、机关团体中采访,广泛接触各界人士和劳动群众,扩大反帝反封建的宣传和影响。哈尔滨通讯社还在国内外各地聘请特约通讯员和社员,以广泛搜集新闻,吸引了广大青年和知识分子。哈尔滨通讯社既是中共在哈尔滨的宣传阵地,也是在当地开展党的组织工作的基地,中共三届一次中央执委会文件中对哈尔滨通讯社的工作情况有记载,该社于1924年2月28日停办。

三、中国共产党在大革命高潮中领导创建的通讯社

中国共产党成立后,重视在各地组织、发动、领导工人运动,工人阶级日益成长为具有全国影响的重要政治力量。1925年爆发的五卅反帝爱国运动,对于中华民族的觉醒和国民革命运动的发展起了巨大的推动作用,标志着大革命高潮的到来。"五卅运动"期间,为加强宣传工作,中共中央在上海创办了中

国共产党历史上第一张日报《热血日报》，与此同时，还创办了国民通讯社。

国民通讯社于1925年6月1日在上海成立，其编辑部与通讯处均同《热血日报》在一起，社址位于上海虹口中州路德康里。参与《热血日报》编辑工作的何味辛（何公超）最初曾负责国民通讯社工作，但不久他调到上海总工会担任宣传工作，中共即从浙江杭州调来邵季昂任国民通讯社社长。邵季昂，又名邵驹，浙江省杭州市进化镇邵村人，五四运动时期就读于杭州医药专门学校，1924年先后加入中国国民党、中国社会主义青年团和中国共产党，参与组织学生运动和工人运动，建立杭州劳工协会，并曾任浙江省国民会议促成会委员、共青团杭州特别支部书记。

国民通讯社的主要任务是编发各类稿件，供全国报纸以及外国报刊采用，它协同《热血日报》一起积极进行反帝爱国宣传，团结教育人民，揭露帝国主义的阴谋与反动舆论。

国民通讯社创办后不久曾在上海《民国日报》与《申报》等报刊登招聘全国各地通讯员的启事，称："本社现添聘北京、广州、天津、汉口、重庆、福州、九江、南京、杭州、郑州、开封、哈尔滨、奉天、安庆、济南、青岛等处访员。薪金通信订定，特别从丰。应聘者须先投稿三次，本社认为合格时，当回书接洽。"[12]

"五卅惨案"中，邵季昂被捕，国民通讯社工作暂由宋云彬代管，邵季昂出狱后继续主持工作。"五卅惨案"发生后，国民通讯社记者曾访问前来中国考察事实真相的全俄职业联合会代表团，向各报发出《俄工会代表对国民社记者之谈话》的报道，称："俄国工会为赤色职工国际之会员，与中国工会同属于一国际组织，对于中国工人之生活状况、劳动条件，及其职工组织，尤其注意"，全俄总工会认为"此次发生之事件，异常重大，有世界的历史的意义。"[13] 国民通讯社的报道有力地打破了外国报刊对"五卅惨案"的歪曲宣传和恶意攻击，鼓舞了中国人民的斗争精神。

《热血日报》仅出版24期，即在1925年6月创刊当月被当局强行查封而被迫停刊。《热血日报》停刊后，国民通讯社仍坚持对外宣传工作，直至1926年9月被上海淞沪警察厅查封，邵季昂及其他工作人员被捕，该社才被迫暂停活动。

1927年3月，中国共产党领导的第三次上海工人武装起义取得胜利。此时，国民通讯社恢复活动，何味辛任社长。何味辛，江苏松江（今属上海）人，1924年加入中国共产党，曾参加《民国日报》《热血日报》的编辑工作。国民通讯社恢复活动后，参加发起组织上海通讯社记者公会，何味辛被选为执行委员。该社积极报道上海工人武装起义的消息，中共中央为加强该社的力量，将原上海党组织领导的市民通讯社并入。国民通讯社成为上海工人武装起义主要对外宣传机构,迅速、及时地向全国传递工人斗争的真实情况,扩大了武装起义的影响。蒋介石发动"四一二"反革命政变后,该社被国民党当局查封。

由于1920年7月创办的中俄通讯社是由俄共(布)代表团和中共上海发起组共同领导的,所以也有学者认为:从严格意义上说,中共在上海最早创办的通讯社是国民通讯社。[14]

这一时期由中共领导创建的通讯社,还有1926年9月创办于湖北武汉的人民通讯社,它与建党前夕由中共武汉早期党组织创建的人民通讯社仅是恰好名称相同而已。第一次国共合作开始后,大多数共产党员和青年团员加入国民党,国民革命的影响很快从中国的南部扩大到中部和北京,形成反对帝国主义和封建军阀的革命新局面。在国共合作的情况下,很多以国民党名义出版的报刊实质上主要由中国共产党人和国民党左派人士主持。北伐军光复武汉和武汉国民政府成立后,武汉成为国内舆论中心,各种革命报刊和通讯社应运而生。人民通讯社是中国共产党人以国民党汉口特别市党部宣传部名义创办的,它的主要任务是宣传革命形势,报道北伐革命军的胜利消息和武汉国民政府、国民党党部及当地工运、农运等有关新闻。社长邵季昂,编辑主任邓瘦秋,记者帅元钟、张家驹等。1926年11月汉口《民国日报》创刊,担任总编辑的是中共湖北地方执行委员会执行委员宛希俨,他经常指导人民通讯社的活动,当时在汉口《民国日报》上曾刊载很多署名"人民社"的消息。1927年3月,人民通讯社曾与汉口《民国日报》等共同发起组织武汉新闻记者联合会,宛希俨等3人被选为主席,宛希俨、邵季昂、邓瘦秋等9人被选为执行委员。3月22日,《民国日报》刊登了人民通讯社发出的消息《武汉新闻记者联合会成立大会盛况》,详细报道了3月20日武汉新闻记者联合会成立大会的情形。同年,汪精卫发动"七一五"反革命政变后,人民通讯社停止活动。

与人民通讯社同时期创建于武汉的还有血光通讯社,它创办于1926年12月,隶属国民党湖北省党部,是国共第一次合作的产物,初期领导权掌握在中国共产党人手中[15]。中共早期党员钱介盘(钱亦石)曾兼任该社社长。其名称取"革命烈士之血,必将夺取革命的胜利,它将黑暗的世界改造成光明的世界"之意。该社起初每日发稿60份,1927年初增加到200份。1927年宁汉合流以后,经过改组继续发稿,完全成为国民党的新闻机构,刊有反共消息。

从建党前夕到大革命时期,随着革命形势的发展,中国共产党领导的通讯社主要集中于上海、北京、武汉、广州、哈尔滨等大中城市,总体数量不多,各自存在时间也都不长,规模和影响有限。由于斗争环境的复杂多变,这些通讯社当时的隶属关系各不相同,除国民通讯社、爱群通讯社、劳动通讯社等外,还有与共产国际代表团合办、以国民党地方党部或以私人名义创办的情况,但实质上都是由中国共产党人主要负责,是党的事业的一部分。限于当时的环境和条件,中共早期通讯社的组织机构和业务建设大多比较简单,工作人员不仅人数少,而且多为兼职,发稿数量不多。作为中国共产党的早期宣传机构,通讯社不仅通过向报纸发稿宣传革命形势、工农运动等,而且还为中国共产党人开展革命活动提供场所和身份掩护。此外,它们一般都与革命报刊或进步报刊保持密切的联系,如中俄通讯社与上海《民国日报》,劳动通讯社与北京《工人周刊》,国民通讯社与《热血日报》,人民通讯社与武汉《民国日报》等。1927年大革命的失败,使中国共产党和中国革命事业遭受了惨重的损失,在国民党的高压政策和残酷迫害下,中共领导的新闻事业(包括通讯社)几乎损失殆尽,或被查封、改组,或被迫停刊、停止活动,有些则由公开转入秘密,在"地下"继续进行革命斗争,宣传中国共产党的政治主张。

注释:

[1] 朱少伟. 我党创办的第一个通讯社. 人民政协报,2010-7-9.
[2] 中共中央党史研究室第一研究部. 联共(布)、共产国际与中国国民革命运动(1920—1925). 北京图书馆出版社,1997:32.
[3] 一大回忆录. 知识出版社,1980:27.
[4] 陆米强. "中俄"和"华俄"通信社不能混为一谈. 世纪,2004(6).
[5] 张国焘. 我的回忆. 东方出版社,2004:284-285.
[6] 郑德金. 中国通讯社百年历史回顾. 中国记者,2004(12).
[7] 胡云秋,陈乃宣,刘耀光,张安庆,刘友涣. 陈潭秋生平活动年表(一八九六——一九四三). 武汉大学学报(社会科学版),1981(4).
[8] 中共党史人物研究会. 中共党史人物传(第九卷). 陕西人民出版,1983:4-5.
[9] 方汉奇. 中国新闻事业通史(第2卷). 中国人民大学出版社,1996:155.
[10] 罗章龙. 记北方劳动组合书记部. 社会科学战线,1980(3).
[11] 关力,庄力. 共产党人创办的哈尔滨通讯社. 学理论,2001(6).
[12] 申报,1925-6-22.
[13] 申报,1925-8-4.
[14] 任武雄. 漫谈国民通讯社. 上海党史研究,1999(6).
[15] 武汉地方志编,纂委员会. 武汉市志·新闻志. 武汉大学出版社,1991:229.

【作者简介】 万京华,新华社新闻研究所新闻理论与新闻史研究室副主任、高级编辑,中国新闻史学会常务理事。

统一战线旗帜下《重庆各报联合版》时期的《新华日报》[*]

何 村 叶 俊

(渤海大学新闻与传播学院,辽宁 121103)

摘　要:"重庆大轰炸"后,《新华日报》面对复杂的形势,在团结抗战的统一战线旗帜下,以拒绝、参与、联合、抗争为手段,在《重庆各报联合版》时期,一方面积极参加"联合版",另一方面利用"壁报"宣传党的政治主张和民族团结,揭露国民党的黑暗统治,充分地发挥了党报团结人民、打击敌人的作用。

关键词:统一战线　《重庆各报联合版》《新华日报》

抗日战争时期,作为国共合作标志之一的中国共产党中央机关报《新华日报》在国统区出版,不管在民国新闻史还是中国共产党新闻史上,都具有特殊的意义。

抗战时期,中国共产党始终把新闻宣传摆在与军事行动同等重要的地位,积极通过新闻宣传与国民党进行激烈的斗争。作为在国统区出版的共产党中央机关报的《新华日报》,在宣传抗日民族统一战线和中国共产党政治主张的同时,面对复杂、尖锐的形势,始终与国民党进行了激烈的斗争,其中,在《重庆各报联合版》时期,以拒绝、参与、联合、抗争为手段,突出地表现了我党坚持抗战、团结、进步,反对"妥协、分裂、倒退"的方针,充分地发挥了党报团结人民、打击敌人的作用,进一步推进了我党的民族统一战线建设。

---

[*] 本文是国家社科基金重大项目"中华民国新闻史"(编号:13&ZD154)的研究成果之一。

一、《重庆各报联合版》的出版

1939年"重庆大轰炸"后,三类从事抗日宣传的新闻媒体均受到了重创。如何迅速重建抗日宣传体系,成为国统区新闻界的当务之急,而此时已走向"消极抗日、积极反共"的国民党则借机加强新闻统制。

1. 大轰炸后国统区抗日宣传的紧张局势

1937年11月,"淞沪会战"败局已定,"首都"南京遭受巨大威胁。国民党中央和国民政府自料南京无法坚守,于11月20日正式宣布迁国民政府于重庆办公的重大决定。国民政府迁都重庆,重庆一时成为国统区政治、经济、军事、文化、舆论中心。由于全国报刊遭受巨大破坏,大批报刊迁往后方出版,重庆成为战时报刊的中心。此时的重庆,聚集了《商务日报》《国民公报》《新蜀报》《新华日报》《中央日报》《扫荡报》《时事新报》《大公报》《新民报》《西南日报》等众多媒体。

随着重庆政治、经济、军事、文化、社会地位的提高,重庆成了日本帝国主义轰炸战略的主要目标。1939年5月3日、5月4日,重庆遭到了其有史以来最为残酷、野蛮的大轰炸,大火一直烧了三四天,数十处民房与商业街道被炸燃烧,6 000余市民死伤。作为战时重庆重要宣传喉舌的《中央日报》《新华日报》《大公报》《国民公报》《西南日报》《新蜀报》等,均遭到不同程度的损坏,各报单独出版发行都已困难。抗日宣传的紧迫性迫使国统区新闻界开始宣传急救方式,《重庆各报联合版》在这样的形势下应运而生。

从实际行动来看,国民党是有借机加强新闻统制的企图的。首先,国民党中宣部复函《新华日报》,认为《新华日报》"本日仍照旧单独出版,有违前令",要求"7日起不得再行刊行",否则当"严于处分"[1]。可见,出版《重庆各报联合版》的真实意图不完全是为了保证信息通畅,否则各报只要有实力自行出版是没有必要阻止的。其次,从国民党对《重庆各报联合版》的人事及内容安排来看,国民党显然控制了该报。一次,国民党中宣部甚至利用《时事新报》总编辑值班的机会,试图发表托派分子的文章,后经潘梓年抗议才得以避免。再次,《重庆各报联合版》出版后,国民党不断推迟各报复刊时间,亦透露其统制意图。最后,在得知《新华日报》参与《重庆各报联合版》同时,还自行出版"壁报"后,国民党当局进行了各种形式的破坏。

国民党对新闻宣传的统制并非抗战时独有,亦非只针对共产党报刊,而是其控制舆论的一种方式。抗战时期,国民党新闻管理机构进行了大幅调整,强化了战时新闻检查部门的职能,形成了战时新闻检查局、图书杂志审查委员会和中宣部三个系统。[2]迁都重庆后不久,国民党内就有人开始叫嚣"一个主义、一个政党、一个政府、一个领袖",后来又加上"一个报纸"。[3]在重庆出版期间,《新华日报》受到国民党中央、市党部、三青团、国民党中央宣传部、新闻检查局、图书杂志审查委员会、社会局、国民党中央军事委员会、卫戍司令部、警备司令部、国民党军统、中统、宪兵团、警察局、《中央日报》、《扫荡报》等一系列重要的党政军警宪特机构和舆论机关的各种干涉。[4]

大轰炸以后重庆各报损失惨重,各报按照市政当局要求紧急疏散到郊外,经协商临时组织了重庆各报联合委员会。5月5日,国民党中央宣传部奉蒋介石手令,通知该会由《中央日报》牵头,召集《新华日报》《大公报》《扫荡报》《时事新报》《国民公报》《新蜀报》《新民报》《商务日报》《西南日报》等10家大报,借《时事新报》社出版联合版。

2.《重庆各报联合版》正式出版

1939年5月6日,《重庆各报联合版》正式出版发行,编辑部设在未遭受空袭的《时事新报》的防空洞内。非常形势下产生的联合版,其组织人事、编辑方针、出版发行等工作都颇具特色。

组织人事上,5月8日10家报社负责人共同组成"重庆各报联合委员会",以程沧波为主任委员,王芸生为编撰委员会主任委员,黄天鹏为经理委员会主任委员,负责联合版的编辑发行工作。编辑方针上,联合版主要刊载国民党"中央通讯社"的各项消息,不写社论,不发各报采写的新闻稿,10家报社分组轮流担任编辑,以此达到加强合作、减少矛盾的目的。印刷上,5月6日、7日、8日三天主要由《国民公报》承担,9日起改由《时事新报》承印,7月初又改由《新民报》印刷。篇幅上,发刊之初只有一小张,后扩增为一大张。刊载内容上,两版刊载新闻,两版刊载广告,新闻不足时,以广告补充。发行上,联合版为增加收入,减少亏损,除从7月1日起将报价由原来的5分调高到6分外,还增加发行量,使该报的日发行量达到3万份左右,最多时达到5万份,到联合版结束时,该报除去一切开支,尚盈利16 000余元。[5]8月12日,联合版在其结束号中刊载了"重庆各报联合委员会"的启事。至此,在中国报业史及中国新闻史上占有重要地位的《重庆各报联合版》宣告结束。

《重庆各报联合版》的出版与发行,使得背景、主张、性质不同的10家报社暂时走到了一起。这是战时特殊的历史背景下各党派、各报求同存异的结果,是"抗日民族统一战线"的结果,体现了新闻界民族利益下捐弃成见、团结一致、共同对敌的精神。

二、《新华日报》参与《重庆各报联合版》

在特殊的政治环境下,办好《新华日报》需要有正确的斗争策略和高明的斗争艺术。针对《重庆各报联合版》,《新华日报》经历了从拒绝到参与的过程。这是中国共产党积极践行"抗日民族统一战线"的结果,透露出《新华日报》在联合与抗争双重压力下不同凡响的决策。

1. 《新华日报》的初始选择

"重庆大轰炸"后,国民党企图利用《重庆各报联合版》的机会统制重庆新闻界。《新华日报》对《重庆各报联合版》一开始是持反对立场的,并拒绝参与。这主要有两方面原因:一是大轰炸后的《新华日报》与其他报刊相比,遭受的损失相对较少,尚有能力独立出版。5月5日,《新华日报》由原来对开一大张改为半张出版。二是因为《新华日报》向来在国民党查禁之下谋求生存,且当时国民党政策正在转向"消极抗战、积极反共",对要求《新华日报》停刊出联合版自然高度警惕。因此,《新华日报》在收到国民党中宣部通知后,当即给《中央日报》社长程沧波和《时事新报》总编辑崔唯吾致函声明,"关于'联合版'事,敝报尚待与中宣部交涉,所有关于联合出版事宜,敝报一概恕不参加"[6],并于5月6日在其他9家报社停刊的情况下继续出版。

2. 统一战线下《新华日报》的最终选择

对于是否参加联合版,中共中央、中共南方局、新华日报社等有不同的意见。5月5日,国民党中宣部长叶楚伧向潘梓年保证,出联合版只是临时措施,绝对没有让《新华日报》就此停刊的意思。5月6日继续出版的《新华日报》受到了国民党当局的警告。随后,周恩来致函国民党中宣部叶楚伧,作了两点声明:"其一、《新华日报》为尊重紧急时期最高当局之紧急处置及友报迁移筹备之困难,特牺牲自己继续出版之便利,同意参加重庆各报暂时'联合版',以利团结。其二、《新华日报》同仁郑重声明,一俟各报迁移有定所,筹备有头绪,《新华日报》即将宣布复刊。"[7]在"抗日民族统一战线"旗帜下,《新华日报》以民族利益为重,从国家大局出发,于5月7日参加到《重庆各报联合版》中。

参加"联合版"在《新华日报》职工中引起了争论。不同意参加的理由主要是:一是报馆设备没有受到损坏,本报有条件单独出版;二是怕参加'联合版'后受到国民党"统一舆论"的限制;三是共产党的报纸不能跟国民党报纸搅在一起。[8]以周恩来为首的中共中央南方局及《新华日报》同仁,客观地分析了当时的实际情况后认为:重庆各报出联合版虽是国民党中宣部出面组织,但征得了各家报馆的同意,假如唯独《新华日报》不参加,势必影响到同业关系,这对开展统一战线工作不利;而且'联合版'是各报轮流担任编辑,一家编一天,还负责写社论,《新华日报》不参加就等于放弃了权利,失去了扩大影响的机会。可见,《新华日报》参与《重庆各报联合版》除了为了更好地践行"抗日民族统一战线"外,其本身也是对敌斗争的需要。

三、新形势下《新华日报》的对敌斗争

1939年4月,国民党中央委员会向全国各党部下发了《关于限制异党活动办法》,明确指示各地党部及警察局、新闻邮电监察部门,对"内容反动"的宣传品应随时查禁乃至封闭。[9]在周恩来的领导下,《新华日报》高举"抗日民族统一战线"旗帜,坚持"有理有利有节"的原则,执行"发展进步势力,争取中间势力,孤立顽固势力"的策略方针,积极宣传抗日民族统一战线。

在参加《重庆各报联合版》期间,为了进一步团结人民,宣传共产党的政治主张,揭露国民党的黑暗统治,《新华日报》立即开辟了新的宣传渠道,创办油印《新华日报》;同时,运用拒检、违检、迟检、暴检、留白、开天窗等策略,与国民党新闻检查机关进行尖锐的抗争。

1. 独立出版油印《新华日报》

中共中央在得知《新华日报》停刊参加'联合版'的事情之后,认为这是一个严重的问题。5月17日中共中央以中央书记处的名义致电南方局指出:"国民党以各报联合出版办法,取消《新华日报》的出版,对我们党的政治宣传和政治影响,是一个大的打击。"中共中央批评南方局未征求中央书记处意见,同意停刊,属于政治上的一次疏忽,建议南方局"公开向国民党说明《新华日报》是代表中国共产党的言论机关,与其他报纸不同,坚持《新华日报》继续单独出版发行。"[10]中共中央南方局、《新华日报》接到中央指示后,在周恩来的领导下,报馆工作人员在化龙桥虎头岩下的山沟里搭起简单的草棚,一方面,集中编辑力量编印、翻印马列主义经典著作,党中央政策及毛主席著作,并继续出版《群众》周刊,使《群众》周刊临时担负起党报的任务;另一方面,报社编委决定派人去城里组成服务队,出版油印的《新华日报》。

油印《新华日报》又被称为"新华日报壁报",四开两面印刷,样式和报头字体与《新华日报》保持一致,但在下方加印了"壁报"两字,篇幅上也减为两大

版。其中,第一版是社论和国内外要闻,第二版是反映大轰炸后重庆人民的生活的新闻和副刊。"壁报"的印刷、张贴、发行等事务,都由《新华日报》工作人员亲自动手,开始时随街及寄发附近城市张贴,后来还寄发省外要求订阅的读者。

内容上,《新华日报》根据编委会要求,反映遭受轰炸后重庆市民同仇敌忾的抗战精神,揭露抨击国民党对受到轰炸灾害的市民不管不问的不负责任的行径。"新华日报壁报"坚持《新华日报》原有风格,每期都有章汉夫、潘梓年等人执笔的简短社论、评论。不仅如此,"壁报"每天还刊发一幅漫画或插图。

在国民党"积极反共"的背景下,继续出版《新华日报》是为了能够发出中国共产党的声音。事实证明,《新华日报》只有独立出版,才能揭露国民党"消极抗日、积极反共"的阴谋,维护"抗日民族统一战线"。

2. 油印《新华日报》的反检查抗争

因为参加了《重庆各报联合版》,油印《新华日报》开始并没有被国民党检查机关注意。随着影响力的扩大,国民党检查机关要求"壁报"送检。《新华日报》拒绝了这一要求,辩称:"这不是正式的报纸,只不过是我们服务队编印的'壁报',你们的新闻检查条例上,从没有规定'壁报'也要送检的,请你们先服从条例。"[11]

如此,油印《新华日报》坚持不送检,印好后就随街张贴和发行。国民党开始时派特务撕毁或横加干涉,但随着"壁报"政治影响日益扩大,国民党颁发了"壁报检查条例",要求"壁报"必须送检。《新华日报》以没有原稿为由,拒绝送检。最终,在国民党新闻检查机关的要求下,《新华日报》将印刷好的"壁报"送去检查。然而,报馆工作人员将留有检查所修改涂抹痕迹的油印报,完全公开张贴出去。

《新华日报》这种"拒检"与"暴检"的方法,有效地打破了国民党意图通过新闻检查,封锁共产党与国统区人民交流的做法,从而保证了"抗日民族统一战线"能够广泛传播。

3. "七七特刊"的出版

从1938年到1945年,《新华日报》每逢七月七日都出抗战建国纪念日的特刊或者增刊,抗战八年共出四十二版"七七特刊",[12]这一光荣使命即便是"壁报"时期也未例外。

推迟送检,是《新华日报》经常使用的策略。1939年《重庆各报联合版》期间,为利用出版"七七特刊"机会,传达中国共产党的声音,《新华日报》组织了大量稿件,提供给国民党新闻检查机关。检察机关费时三天多,才检查完毕。八日早晨七点和九日凌晨三点,《新华日报》又送审一批稿件,检察机关奉令扣留,未予检查。[13]《新华日报》通过大量稿件方式拖延检查机关的时间,为其出版赢取了机会。

7月7日,油印《新华日报》发行了《七七抗战建国二周年纪念特刊》。版面安排上,三大张特刊每张刊头的右边是一幅有关战斗场面的漫画,左边是抗战标语;内容上,特刊全幅转载了《重庆各报联合版》出版的抗战特刊的全部内容,同时刊登党内领导以及民主人士抗日救国文章,如王明、毛泽东、李济深等。事后,国民党检查机关于7月10日以"继续发行七七特刊多次且不遵删扣"为由,对《新华日报》进行了"严重警告"的处分。[14]尽管受到处分,但《新华日报》刊登的党内领导以及民主人士抗日救国文章却广为传播,揭露了国民党"统一舆论、消极抗战、积极反共"的阴谋。

4. 联合各报推进《新华日报》复刊

《重庆各报联合版》是国民党中央宣传部出面协调完成的。国民党中央宣传部部长叶楚伧为此事专门召集各报召开会议。为了避免被国民党借机封报,周恩来指示时任《新华日报》社长潘梓年,要求叶楚伧负责声明"联合版"只是一时的办法,必须确定它结束的日期,同时周恩来又向国民党最高当局作了同样内容的正式声明。会议开始前,潘梓年单独找叶楚伧说明共产党的态度,声明如果不确定"联合版"的时间,《新华日报》就不参加"联合版",叶楚伧同意了这一要求。会上,经过一番讨论以后确定为期一个月。[15]此后,《新华日报》搬到了离城几十里的磁器口高峰寺,积极自建厂房,以为日后复刊做好准备工作。

到了"联合版"应当结束的时候,以《时事新报》为代表的报刊开始拖延,阻碍了各报复刊。国民党为了将"联合版"尽量延期地出版下去,用尽办法阻挠各报复刊。"联合版"第七次委员会会议决定"八一三"为各报复刊时间,并将该项决议呈报国民党中宣部。在将这项决议写成文字时,崔唯吾等人却改为"假定八一三为各报复刊日期,除通知各报外,并中宣部请示。"潘梓年收到会议记录后指出了其把"决定"改为"假定"、将"呈报"改为"请示",与会议决议不符[16],以此揭露国民党拖延各报复刊的真面目。

对报纸复刊可能产生的阻力,《新华日报》制定了各种对策:一方面同叶楚伧交涉,要求他实现复刊诺言;另一方面,联合《新蜀报》《新民报》《大公报》《国民公报》等同业共同要求早日让各报复刊。同时,还动员社会舆论对国民党施加压力。在种种压力之下,《新华日报》终于在8月13日复刊。

《新华日报》在联合版时期的特殊使命得以完成。《新华日报》继续高举抗日民族统一战线的旗帜,活跃在国统区的新闻界。

注释:
[1] 曹立新. 在统制与自由之间——战时重庆新闻史研究(1937—1945). 广西师范大学出版社,2012:164.
[2] 曹立新. 在统制与自由之间——战时重庆新闻史研究(1937—1945). 广西师范大学出版社,2012:118.
[3] 黄铸夫. 真理的力量是无敌的//《新闻日报》的回忆. 四川人民出版社,1979:167.
[4] 石西民,范剑涯. 新华日报的回忆·续集. 四川人民出版社,1983:10.
[5] 唐润明. 特殊时期的《重庆各报联合版》. 民国春秋,1999(3):34.
[6] 韩辛茹. 新华日报史(1938—1947). 重庆出版社,1990:97.
[7] 韩辛茹. 新华日报史(1938—1947). 重庆出版社,1990:97.
[8] 韩辛茹. 新华日报史(1938—1947). 重庆出版社,1990:98.
[9] 曹立新. 在统制与自由之间——战时重庆新闻史研究(1937—1945). 广西师范大学出版社,2012:158.
[10] 韩辛茹. 新华日报史(1938—1947). 重庆出版社,1990:98.
[11] 黄铸夫. 真理的力量是无敌的//《新闻日报》的回忆. 四川人民出版社,1979:169.
[12] 肖燕雄,曹炎. 左中右三报"七七特刊"抗战宣传的比较分析. 国际新闻界,2012(5):115.
[13] 重庆市档案馆,中国第二历史档案馆. 白色恐怖下的《新华日报》. 重庆出版社,1987:24-34.
[14] 重庆市档案馆,中国第二历史档案馆. 白色恐怖下的《新华日报》. 重庆出版社,1987:64.
[15] 潘梓年.《新华日报》回忆片段//《新闻日报》的回忆. 四川人民出版社,1979:59.
[16] 韩辛茹. 新华日报史(1938—1947). 重庆出版社,1990:99.

【作者简介】何村,渤海大学新闻与传播学院教授,硕士生导师;叶俊,中国人民大学新闻学院2013级博士研究生。

以客观态度,评论宇宙万象;以科学方法,报道世界消息——记 197 期的《申报》汉口版

王世清

(南京大学河仁社会慈善学院,南京 210093)

摘　要：在抗日战争期间,当北平、上海、南京等一系列重要城市沦陷后,中国抗战的中心转到了武汉。当时中国的著名报人们也撤退到了武汉,他们用自己手中的笔作为武器,为抗战尽着自己的力量。在这个背景下,《申报》(汉口版)诞生了。尽管这张报纸从发刊到停刊,只有短短的七八个月,但它在战时重镇武汉的出现,顺应了波澜壮阔的抗战形势,为披露敌寇的罪行,鼓动宣传抗日,激发全国民众的抗日决心,发挥了它应有的作用。

关键词：申报　汉口　发刊　停刊　作用

1934 年 11 月 13 日,史量才先生在海宁与杭县交界处遇难。12 月 8 日,《申报》举行追悼会,全体同仁发表誓词："同人誓以至诚,继续史总理遗志,积极奋斗,此誓!"[1]

一、汉口版的发刊

1937 年,当北平、上海、南京等一系列重要城市沦陷后,受暴敌摧残,《申报》不得已于当年 12 月 15 日自动停刊。武汉一度成为全国军政中心,也成了报业中心。[2]"抗击暴日侵犯!""保卫大武汉!"等口号标语在武汉三镇街头随处可见。当时中国的著名报人们也撤退到了武汉,他们用自己手中的笔作为武器,为抗战尽着自己的力量。

在国内外一直拥有很大影响、读者很广泛的《申报》经编委会开会研究计划在汉口出版。主持《申报》运营策划的董事长史咏赓(史量才之子)推荐由老

成持重的马群超出来主持《申报》汉口版的一切业务,马群超是资深报人,曾在《申报》参与高层运营策划,后在《申报》南京分社任主任。[3]

《申报》停刊一个月后,1938年1月15日《申报》(汉口版)诞生了,期数号衔接沪版为二三二〇九号,复刊辞说:"爱抱最大决心,间道来汉,筹划复刊。"并宣布编辑方针:"以客观态度,评论宇宙万象,以科学方法,报道世界消息。"[4]

二、汉口版的发行

《申报》名气大,销路稳定,但创设"汉口版"可谓头绪繁杂,"人""财"两缺,就印刷机器而言,仅由上海运来两部英国产的"平面密罗机"勉强对付印报出版。马群超出面在汉口市区特三区湖南街23号(今南京路胜利街附近)租了一栋三层洋楼做办公处所,另在璇宫饭店(有名的"风化区",今江汉一路57号)后面找到印刷厂场地,为两排旧式平房,占地约250平方米。

马群超心目中的编辑部核心人物为朱镜心,朱镜心在北平《益世报》任总编辑多年,具有丰富的办报经验,其岳父秦墨哂担任《申报》驻北平、欧洲和南京特派员多年,一直独当一面,文笔犀利,在《申报》极有分量。[5]但朱镜心孤掌难鸣,就推荐曾在北平当过报纸编辑和记者的熟人赵效沂来《申报》工作,赵效沂毕业于南京中央大学,曾赴英留学,专攻新闻专业,文字功夫好,写作或编稿都较为沉稳。马群超立即同意,并表示可预付赵效沂两个月薪金,以助他解决后顾之忧。赵效沂在其《报坛浮沉四十五年》中回忆:"这样清闲的生活过了几个月(注:北平沦陷后辗转回到湖南湘乡老家),得朱枕薪(注:朱镜心)兄(北平《益世报》总编辑,名报人秦墨哂之婿,我们交谊甚笃)自汉口来信说,《申报》负责人马荫

良先生,要在汉口创办《申报》(汉口版),要我襄助,立刻整装赴汉。荫良先生及史量才先生公子史咏赓仍留沪,社事由马父(注:马群超)负责"。[6]

赵效沂来到编辑部后,自然推朱镜心为首,但朱镜心在北平时就了解赵效沂业务能力强,交际广,熟人多,与文化界人士关系尤为熟悉,便要他负责全部编务,以利于约稿和联络。两人再三谦辞未果后,于是商定共同负责业务,不分主次。

主笔方面,由赵效沂出面约请在新闻界颇有名气的陈博生(1891—1957年)和曾虚白(1895—1994年),陈博生是五四运动前后将马克思主义介绍入中国的重要人物,翻译有《马克思经济学说》。早年赴日本留学,他和李大钊均为留日学生总会文事委员会委员,1920年底,作为《晨报》驻英国特派员赴英国,因此成为中国报界首位驻欧洲特派员,抗日战争爆发后,任"中央通讯社"总编辑,抗日战争胜利后,他代表"中央通讯社"参加了在东京湾密苏里号军舰上举行的受降仪式。他病逝后,台湾新闻界曾专设"陈博生奖学金",奖励新闻界成绩优秀的青年。几十年后赵效沂曾深情回忆:"一生中予我启迪最多者是陈博生先生,惜已仙逝多年。他辞世以后,接着他的夫人、公子(陈体立,曾任新闻局联络室主任,驻菲使馆新闻参事)也先后物故,时怀凄恻。陈早岁留学日本,任《晨报》总编辑,《晨报》停刊后,游学欧洲,入伦敦政经学院研究,归国后,赴东北,张汉卿待以客卿之礼。博老(中年后,我始终以博老称呼他)中、英、日文均甚精湛,领悟力极高,论断准确。国民会议开会时,我随他赴南京采访新闻,彼时陈布雷先生对他极器重,引为文友,并介绍博老三度与领袖晤谈,他从此服膺三民主义,为国民革命事业而毕生努力。"[7]

曾虚白曾任"中央通讯社"社长和总统府国策顾问等职,时任国民党中央宣传部国际宣传处处长,国际宣传处于今人而言,已是一个极其陌生的名字,但在抗战期间,该机构却身系成败之重任,它设于1937年9月,专掌国际宣传,其主要工作有二:对外宣传中国抗战意志及日军暴行;管控在华外国记者的报道内容,剔除其中不利于中国抗战的因素。分管副部长是董显光,曾虚白在其"自传"中曾深情回忆:"董显光是帮助我决定终身事业应走那条路的人,也是我此后开创事业同甘共苦并肩合作亦师亦友的一个伙伴。他有绝对克己与绝对与人的优美情操。自从认识了他,我真正结束了我生活起步中的艰苦摸索与辛酸挣扎。因为他的帮助,我找到了从事新闻事业是我生活应走的正确路线。"[8]曾虚白72岁时(1966年)出版发行由他牵头主编的《中国新闻史》,1988年94岁时写成到抗日胜利还都为止的半部生活自传,约计十六万八千余字,1990年96岁时,大功告成,如愿以偿,出齐《曾虚白自传》上、中、下集,给治中国近代史者创造了一个贡献资料有价值的先例。[9]

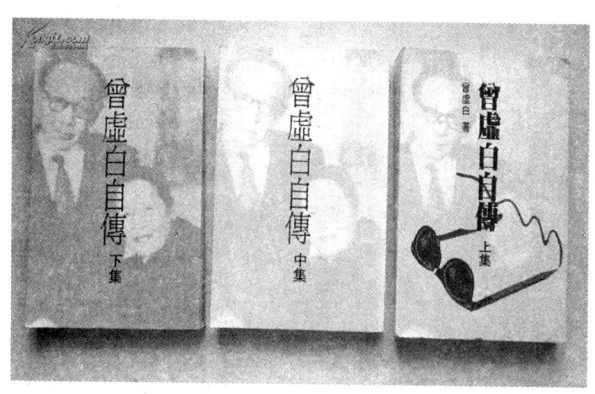

陈博生和曾虚白每周、每人各写两篇,其余三天由朱镜心、赵效沂执笔。再加上请老报人陶百川(1901—2002年)每周写一篇稿子,陶百川于上海法科大学法学系毕业后赴美国哈佛大学研究院进修政治及法律,抗战时,任香港《国民日报》社长及重庆《中央日报》总社社长。曾任总统府"国策"顾问和"国家统一"委员会委员。后来对两岸关系的研究投注相当心力,言论颇有影响力。此外,《申报》(汉口版)还吸收了毕群(原任《申报》驻汉记者)、金华亭、童煦庵、石西民等几个新闻工作者参加采编、通讯和发行等工作。

《申报》(汉口版)的第一版比较有看头,复刊后不久就发表鼓舞全国人民抗日斗志的社评《敌之总崩溃必不在远》[10]《抗战必胜建国必成》[11]和鼓舞士气的新闻《台儿庄我军大捷》[12]。

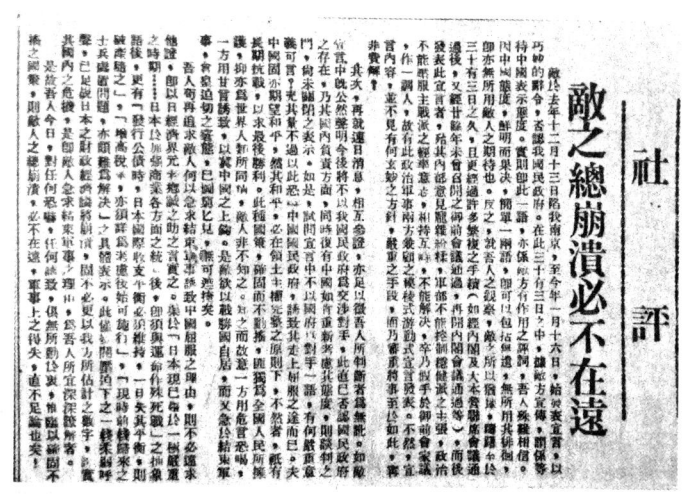

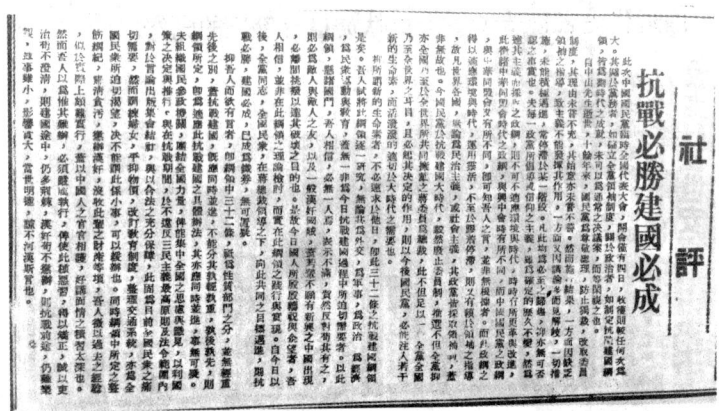

曾虚白撰写的社论与评论、杂感均很有水平,对日寇的侵略罪行与战争中的烧杀掳掠罪行怀有强烈的愤慨,直斥其为"酋军""酋兵"。曾虚白还常绘出赣西北上高战役、南昌战役、湖口攻守战、皖西大别山区争夺战等战事的"敌我态势略图",并注上我军和日军部队番号、大致人数、武器装备等用以说明,让关心战局的读者们能一目了然。赵效沂则较喜欢引用路透社、合众国际社、塔斯社等外国通讯社的有关中国战局的新闻消息来加强自己文章的说服力。[13]

1938年1月11日,韩复榘被蒋介石邀至开封参加北方将领会议。后扣押至汉口,以"违抗命令、擅自撤退"罪交付设在武汉的战时最高军事法庭审判。这消息成为人们讨论的焦点。在行刑前一天,陈博生通过他在军法总执行监的熟人得到可靠消息,便赶写了一篇精悍的社论,题为《韩复榘应明正典刑》。[14]翌日,韩复榘被押赴刑场。马群超大为振奋,逢人便说:"陈先生料事如神,说韩复榘该枪决,报纸一出,韩果然死翘翘了。"[15]

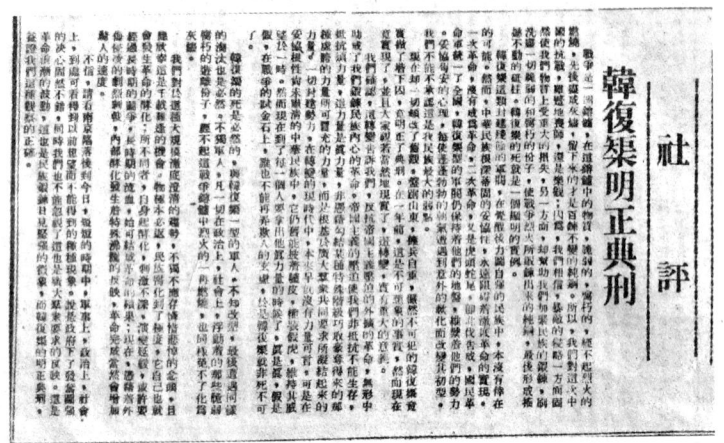

马群超对报纸采编内容一直未加干预,但他对同仁起居生活却极为照顾。在市区办事处,编辑人员也各设置了一张办公桌,对外间寄来的信件,马群超必定安放在各人桌上。《申报》(汉口版)同仁间和睦相处,令赵效沂多年后极难忘记:"《申报》(汉口版)从筹备到武汉撤守前结束,为时虽不及一年,但同仁间相处则极和谐。报社营业部及宿舍,在中国银行对门,编辑部及印刷厂则设在璇宫饭店后面,是一个风化区,莺莺燕燕,触目皆是。马父为人风趣,为恐我等寂寞,在法租界另辟一室,供同人憩息之所。每日下午,大家各换镍币若干,到旅社搓卫生麻将,参加者有朱忱薪、童煦庵、毕群、金华亭诸人。'中央社'记者沈九香兄与马父私交甚厚(来台后,任'中央社'花莲特派员,已去世),是当然的客人,几乎每日必到。余兴后,赴璇宫便餐,沈兄是回教徒,只好取皮蛋二枚佐餐。饭后彼此分手,我们到编辑部工作,日以为常。此情此景,迄今记忆犹新"。[16]

马群超的"嗜好"为看戏,与老朋友海阔天空"穷聊"。其中常客有两个人,一为"中央社"资深记者沈九香,他曾和马群超同为《申报》驻京记者,抗战胜利后,曾担任"南京大屠杀"案敌人罪行调查委员会督导员,"中央社"南昌分社主任。1968年1月在台北逝世,由治丧会主任委员曾虚白致追悼词,"中央社"总编辑沈宗琳报告沈九香先生行谊。[17]二为在南京办经济通讯社的严复周,他们三个人可以一聊几个小时,有说有笑,兴致盎然。

三、汉口版的停刊

武汉撤守前,《申报》总社决定结束汉口版业务,7月31日发《本报启事》:本报印机已迁桂林,筹备发刊桂林版,自八月一日起汉口版暂行停刊,香港版照常发行(香港馆址云咸街七十九号)此启。同日,发行部也在报上刊登"外埠订报诸君鉴,凡订本报汉口版尚未满期者,自八月一日起由本报香港版照寄,期满后如欲续订者,请迳函香港云咸街七十九号本馆为荷再者本报汉口版发行部仍在湖南街廿三号办公此启"。[18]《申报》(汉口版)从1938年1月15日复刊到8月1日停刊,先后共发行197期。朱镜心在报纸停刊后奉调去上海租界内《申报》总社继续工作。对赵效沂则发放一笔尚可观的遣散金。赵效沂多年后回忆:"武汉撤守前夕,《申报》(汉口版)同仁四散,我又只好返回湘潭乡居,道经长沙,承老友张明炜(注:时任"中央社"长沙分社社长)兄在水陆洲《中央日报》宿舍邀宴。我和张兄聚谈时,他问我计划,我答:人家说,"胸有成竹",我胸中"笋"也没有。他遂邀我担任南岳(衡山)特派员,租中国旅行社南岳招待所为办公处所。"[19]

尽管《申报》(汉口版)从发刊到停刊,只有短短的半年多一点时间,但它在战时重镇武汉的出现，既顺应了波澜壮阔的抗战形势，为披露敌寇的罪行，鼓动宣传抗日，激发全国民众的抗日决心，发挥了它应有的作用；也是《申报》(汉口版)全体同仁继承发扬史量才先生"人有人格，报有报格，国有国格，三格不存，人将非人，报将非报，国将不国！"三格精神的具体体现。正如《申报》(汉口版)在复刊辞所说的："个人有此正气，方有生命。民族有此正气，亦方有生命。吾人为保持正气而停刊，故不悲。吾人为保持正气而复刊，亦不喜。吾人为保持正气，愿继续作更大之牺牲，继续作更大之奋斗。"[20]

注释：

[1] 申报.1934-12-9.

[2] 曾虚白.抗战时的报业//中国新闻史.三民书局股份有限公司，1966.

[3] 周勇.昙花一现的《申报》(汉口版)//武汉市老新闻工作者协会.往事如歌：武汉老新闻工作者轶事.武汉出版社，2009.

[4] 宋军.《申报》的兴衰——《申报》七十八年大事记.上海社会科学院出版社，1996.

[5] 周勇.昙花一现的《申报》(汉口版)//武汉市老新闻工作者协会.往事如歌：武汉老新闻工作者轶事.武汉出版社，2009.

[6] 赵效沂.报坛浮沉四十五年.台北传记文学出版社，1972(初版)，1981(再版).

[7] 赵效沂.报坛浮沉四十五年.台北传记文学出版社，1972(初版)，1981(再版).

[8] 曾虚白.曾虚白自传.台北联经出版事业公司，1990.

[9] 曾虚白.《曾虚白自传》序言.台北联经出版事业公司，1990.

[10] 申报(汉口版).1938-1-21.

[11] 申报(汉口版).1938-4-6.

[12] 申报(汉口版).1938-3-31.

[13] 周勇.昙花一现的《申报》(汉口版)//武汉市老新闻工作者协会.往事如歌：武汉老新闻工作者轶事.武汉出版社，2009.

[14] 申报(汉口版).1938-1-26.

[15] 周勇.昙花一现的《申报》(汉口版)//武汉市老新闻工作者协会.往事如歌：武汉老新闻工作者轶事.武汉出版社，2009.

[16] 赵效沂.报坛浮沉四十五年.台北传记文学出版社，1972(初版)，1981(再版).

[17] 中国台湾《中国伊斯兰教会刊》，1968-2-29.

[18] 申报(汉口版).1938-7-31.

[19] 赵效沂.报坛浮沉四十五年.台北传记文学出版社，1972(初版)，1981(再版).

[20] 申报(汉口版)，1938-1-15.

【作者简介】 王世清，男，南京大学河仁社会慈善学院（社会学院）办公室原主任，现南京市信访工作专家智囊协会副秘书长，江苏省老年学学会专家委员会副秘书长。

"谋生的需要"?"惨淡地经营"?
——对《新青年》前三卷[1]创办经营中两个问题的商榷

陈长松　杨　惠

(复旦大学新闻学院,上海　200433)

摘　要：在"反思""祛魅"的研究进路下,《新青年》前三卷被还原为一份"普通刊物",不仅如此,还出现了陈独秀为了"谋生"而"沿袭"《甲寅》创办《新青年》,以及将杂志发展过程中的各种"曲折"视为杂志"经营惨淡"甚至"将死"等两种"优势"论点。运用新闻传播学的视角,解读两份刊物的差异;在还原史实、尊重事实的基础上,对相关史实进行合理解读,可以发现,陈独秀创办《新青年》并非"谋生的需要",杂志也绝非简单地"沿袭"《甲寅》；《新青年》前三卷虽然"普通",但其经营并不"惨淡",其时已经颇有"声名"。

关键词：《青年杂志》《新青年》　陈独秀

1915年9月15日,《新青年》杂志的前身《青年杂志》创刊发行,距今已有一百周年。作为新文化运动的引领性刊物,《新青年》以"一个刊物发起一场运动",在推动中国历史由近代步入现代的进程中发挥了不可替代的作用。事实上,《新青年》已经成为中国历史言说不尽的话题。近年来学界对《新青年》的研究主要以"反思""祛魅"为主,这种研究进路在"还原"相关史实的基础上,呈现了《新青年》的多种"面相",这种研究进路也影响到了对《新青年》的前身——《青年杂志》的研究。相较于北京同人杂志时期(第四—七卷)的辉煌以及上海共产主义小组时期(第八—九卷)刊物对中共建党的"贡献",杂志的前三卷确实是一份"普通"刊物,在其创办与经营过程中也确实出现过"停刊""改名"等"曲折"。在"反思""祛魅"的研究进路下,通过"反思"杂志创办经营中存在的"曲折",将《新青年》前三卷"祛魅"为一份"普通"刊物,有其合理的意义。然而,需要指出的是,有些结论偏离了客观的史实,比如创办《新青年》是陈独秀出于"谋生的需要"——"其时并没有成熟的办刊思想",因而沿袭《甲寅》的

"套路";再如将杂志经营过程中的"曲折"视为"惨淡"甚至"将死"的论点。本文则通过对相关史实的理清与解读,对上述两个关于《青年杂志》研究的代表性论点进行商榷。

一、问题的提出

近年来随着学界对《甲寅》月刊的"再发现",关于《甲寅》月刊与《新青年》的关系问题逐渐受到学界的关注,相关研究在《甲寅》月刊对《新青年》产生影响的"预设"下,经历了从"渊源深远"再到"沿袭谋生"的研究趋势。"渊源深远"说,以岳升阳、阁锐武、杨琥等为代表。岳升阳认为,两份刊物不仅在组织上联系密切,《新青年》的"许多思想也都可以在《甲寅》月刊中找到它的原型"[2]。阁锐武:"《甲寅》与《青年杂志》在人员和思想上有相当的渊源关系"[3]。杨琥:"《新青年》与《甲寅》两者之间存在着一定的传承关系"[4]。刘桂生、庄森与胡峰等人在前者的基础上将两份刊物的渊源关系发展为"沿袭谋生"说。刘桂生:"从形式到许多编辑方法《新青年》都'沿袭'了《甲寅》"[5]。庄森:"陈独秀创办《青年杂志》时并没有成熟的办刊思想,而是沿用《甲寅》的办刊宗旨,相袭其编辑思路,依靠其作者队伍"[6]。胡峰:"在办刊宗旨、栏目设置、新文学运动的倡导、撰稿人及读者群体等方面《甲寅》都是《青年杂志》模仿、参照或移植的样本"[7]。

尽管针对"沿袭谋生"论也出现了"质疑",如李永中:"陈独秀创办《青年杂志》并非出于谋生,而是经过了思想上的充分酝酿与准备"[8]。然而,质疑之声属于少数,其立论不仅是在"沿袭谋生"论的部分观点上展开,而且研究方法也沿用前者的研究方法——将两个刊物的形式与内容进行比较,缺少对陈独秀这一时期言行的深入剖析,结论缺乏一定的"史实"支撑。相反,"沿袭谋生"论不仅建立在"渊源深远"说基础之上,而且符合"反思""祛魅"的研究旨趣,因此,当前"沿袭谋生"论仍有相当的市场。然而,如果考虑到陈独秀对《甲寅》月刊的贡献,陈独秀"迫切"创办《青年杂志》的史实,以及新闻传播学视角下《甲寅》月刊与《青年杂志》的差异,就可以发现"沿袭谋生"论的效度并不大。

虽然陈平原认为《青年杂志》已经"锋芒毕露""声名远播"[9],但在"反思""祛魅"的研究进路下,陈平原的观点并不占优,相反,"惨淡将死"论成为一种"优势"观点——不仅认为《青年杂志》的经营是惨淡的,甚至认为《新青年》第三卷时期的经营也没有摆脱"将死"的困境。王观泉认为,《青年杂志》出足第一卷后,停刊半年才出版第二卷,"发起青年运动的旗手大概陷入困境","停刊的原因是经费支绌"[10]。李宪瑜认为,"如果后来的《新青年》不经改革(指杂志第二卷所作的调整——笔者注),首先在经济上就难以为继了",而且他用"起死回生"来描述第二卷第一期出版数月后,《新青年》销数增至一万五六千份的"景况"。[11]张宝明认为,《新青年》第三卷第1期扉页上登载的"全方位"的"广而告之",如将杂志"所有目录""挂靠"在"显赫位置""陈独秀先生主撰""大名家数十执笔""定价一元""邮费九分"等"细节",在反映出版发行人"哄抬卖点"的同时,也反映出杂志出版发行者"惨淡经营的苦心孤诣"。[12]章清也认为,从"生意"的角度看,《新青年》最初的经营状况确实是"惨淡"的。[13]王奇生虽没有使用"惨淡"、"困境"等词语描述杂志前两卷的经营情况,但却极力论证早期《新青年》(主要指第1—3卷,笔者注)是一份"没有多大影响"的"名副其实"的"普通杂志",他还用鲁迅写给许寿裳信中的文字——"《新青年》以不能广行,书肆拟中止;独秀辈与之交涉,已允续刊"——进一步指出杂志在出完第3卷后仍然"发行不广,销路不畅"。[14]

应该看到,"沿袭谋生"论与"惨淡将死"论是当前关于《新青年》创办经营问题讨论中的"优势"论点,两种观点虽都认为《新青年》的创办经营存在诸多问题,非如传统史说所谓的"一炮走红""洛阳纸贵",但两者的研究方法却存在一些不同。"沿袭谋生"论主要建立在对两份刊物形式与内容的比较上;"惨淡将死"论则建立在《青年杂志》创办发行中出现的"曲折"上;前者具有文本分析的特点,后者则具有史实推演的"优势"。如果将史实推演与文本分析相结合,则可以发现上述两种论点的缺憾。事实上,陈独秀创办《青年杂志》是其深思熟虑的结果,杂志的经营并不"惨淡",更不至于"将死",恰恰相反,作为一份"普通刊物",杂志的经营颇为成功。

二、谋生的需要

1914年7月,陈独秀第五次东渡日本,帮助章士钊编辑《甲寅》。与清末陈独秀对章士钊主办的《国民日日报》的成功所作的贡献一样,陈独秀对《甲寅》的成功也做出了重要的贡献。陈独秀在编辑《甲寅》的同时,即迫切地创办了与《甲寅》杂志存在"扬弃"关系的《青年杂志》。这充分反映出陈独秀对杂志创办的自信。

1. 陈独秀对《甲寅》的贡献

1913年7月12日,二次革命爆发。10月,陈独秀逃往上海,以"编辑卖文为生",但卖文所得稿费甚少,很难维持家用,于是陈独秀写信给章士钊,要其推荐一本世界语教材,以为"后日谋生之计"[15]。章士钊接信后邀请陈独秀赴日本参编《甲寅》。1914年7月,陈独秀东渡日本协助章士钊编辑《甲寅》,"度他那穷得只有一件汗衫,其中无数虱子的生活。"[16]由此,参编《甲寅》确是陈独秀出于"谋生"的需要。

陈独秀尽管没有参与《甲寅》的创刊,但他的"加盟"对《甲寅》的成功做了相当的贡献。吴稚晖在20世纪20年代即指出:"今日章先生视《甲寅》为彼唯一物产,然别人把人物与甲寅联想,章行严而外,必忘不了高一涵,亦忘不了陈独秀[17]"。应该说,吴稚晖说的是实情,陈独秀确实对《甲寅》月刊的成功做了很大的贡献。

首先,《甲寅》的声名大振应该有陈独秀的功劳。《甲寅》月刊可以分为前后两个阶段,第一阶段为杂志的前两期,可视为草创阶段;第二阶段是后八期杂志,因为"到了第三期与第四期,杂志已然壮大了起来"[18]。陈独秀参编《甲寅》是在第三期(1914年8月10日[19]),第三期有其诗作,第四期有其《爱国心与自觉心》一文。尤其注意的是,该文一经发表,即在知识界引起很大的反响,许多人投书诘问叱责,"以为不知爱国,宁复为人,何物狂徒,敢为是论"[20],章士钊也以此文称陈独秀为"汝南晨鸡,先登坛唤"。因此,该文的"刊出"未尝不可以看成是《甲寅》杂志言论经营的需要。第二,杂志作者群的扩大与陈独秀有着密切的关联。比如高一涵与刘叔雅不仅是陈独秀的"熟识",还是陈独秀的学生;邓艺孙、程演生则是陈独秀的"旧识"与"故交",这四人的文字均刊登于陈独秀参编《甲寅》的后八期。李大钊与《甲寅》发生机缘也源于陈独秀《爱国心与自觉心》一文。因此,"《甲寅》为随后《青年杂志》准备了作者群"的论点否认了陈独秀对《甲寅》作者群扩大的贡献。第三,主编章士钊对陈独秀是倚重的。《甲寅》第五期改在上海发行后,陈独秀可以在上海同时编辑《甲寅》与《青年杂志》,吴虞诗作能刊登于《甲寅》,也缘于陈独秀的"慧眼"[21],由此可见陈独秀对文录等文艺栏的编辑权,这也足以表明主编对陈独秀的倚重。以上三点足以表明陈独秀对《甲寅》所做的贡献。

2. 陈独秀创办《青年杂志》的迫切性

如上所述,陈独秀参编《甲寅》确是出于谋生的需要,理应发表较多的文字,然而,陈独秀只为《甲寅》撰写了一篇论说《爱国心与自觉心》[22]。更难理解的是,《甲寅》迁到上海编辑后,陈独秀一回上海即迫不及待地打起创办《青年杂志》的主意。1915年6月19日,陈独秀从日本返回上海。第二天即赴"通俗图书局开会之约"。23日,陈独秀在陈子寿家参与商讨"群益、亚东及通俗三家书局合办事宜","终以分别筹款为主"。陈独秀在整个7月份也为此事多方联络,最终说服群益书社承办《青年杂志》。[23]上述史实表明陈独秀早在6月就有了创办《青年杂志》的想法。而且《青年杂志》一经创办,陈独秀即在杂志上发表了大量文字,这与在《甲寅》上只发表一篇文字形成了鲜明的对比。为何如此呢?

郑超麟认为,是陈独秀"视执笔为文宁担大粪"[24],且"文章不合于《甲寅》的作风"才导致陈独秀只发表了一篇论说《爱国心与自觉心》。[25]应该看到,"视执笔为文宁担大粪"并不能解释陈独秀在编辑《甲寅》的同时在《青年杂志》发表大量文字的事实,只能解释为陈独秀不愿为《甲寅》撰写文字,或者至少说,陈独秀不愿意为外界的"诘问叱责"进行"辩护"。"文风不合"的解释也是不充分的,因为《甲寅》也刊发了为数不少的文风类似的文字[26]。

应该说,陈独秀如此迫切地想要创办《青年杂志》的原因有两个:一是《甲寅》的办刊主张与陈独秀"不合",所以陈独秀在《爱国心与自觉心》一文发表后处于"失声"状态,陈独秀要想发出自己的"声音",就必须创办一本属于自己的刊物;二是同年6月知识界对《爱国心与自觉心》一文的态度发生了由"诘问叱责"到"深以为是"的逆转,知识界态度的逆转对于陈独秀另办《青年杂志》具有重要的意义——让陈独秀看到了创办思想文化刊物的可能性和必要性。因此,陈独秀一回到上海,就迫不及待地筹备起《青年杂志》的创刊工作。由此可见,陈独秀创办《青年杂志》是其深思熟虑的产物,绝不是所谓"谋生"的需要。

3. 两份刊物在宗旨、内容、读者定位方面存在的根本区别

如上所述,"沿袭谋生"论采用了比较的方法——对两份刊物的内容与形式进行比较,"发现"了两份刊物的"渊源",并进而得出"沿袭谋生"的结论。然而,需要指出的是,采用比较的方法是正确的,但是比较的内容则是缺乏效度的。《甲寅》与《青年杂志》属于现代报刊媒介,从新闻传播学的专业视角,比较的标准不在刊物的内容与形式,而更应在宗旨及据此确定的读者定位与内容定位等方面[27]。事实上,如果从新闻传播学视角考察,可以发现两份刊物在宗旨、读者定位与内容定位上存在根本的不同。

对报刊媒介而言,刊物宗旨以及据此确定的内容定位与读者定位不仅是区分"此媒介"与"彼媒介"的标准,也是刊物经营能否成功的重要因素。因此,判定《甲寅》与《青年杂志》两份刊物之间是否存在"沿袭"关系,更应比较两份刊物在宗旨以及据此确定的内容定位与读者定位等方面的差异,而非简单地指出两份刊物在栏目设置、作者群等"外在"形式的相同之处。陈独秀认为,唯有创办《青年杂志》才能唤醒青年一代,才能摆脱无尽的政治空谈。因此,《青年杂志》创刊之初即确立"改造青年之思想,辅导青年之修养,为本志之天职。批评时政,非其旨也"这一宗旨。这个宗旨表明杂志的读者定位为广大"青年",内容定位为"思想文化"刊物,这与《甲寅》的"调和立国"宗旨及面向知识精英的政论刊物定位是根本不同的。因此,尽管《青年杂志》创立之初借鉴了

《甲寅》的某些编辑形式,但这并不意味着两份刊物之间存在着"沿袭"的关系。因此,杨琥所述的"章士钊始终坚持'政治救国'论,致使新文学运动未能在《甲寅》月刊上开展起来,而陈独秀则高举文学革命的旗帜,使《新青年》成为发动文学革命和新文化运动的主要舆论阵地"[28]的论点,反映的正是章士钊、陈独秀二人办刊宗旨上的根本区别,而后者恰是《新青年》成功的关键所在。同样,仅依据《甲寅》中出现的某些"思想文化"方面的"质素",就断定《新青年》"思想文化"的刊物定位以及其后发起的"新文化运动""沿袭"于《甲寅》的结论也是缺乏"效度"的。

应该说,陈独秀创办《青年杂志》绝不是"谋生的需要",相反其参编《甲寅》则带有浓厚的谋生色彩,两份杂志在宗旨、读者定位及内容上的差异则表明《青年杂志》(《新青年》)是陈独秀深思熟虑的结果。

三、惨淡的经营

相较于北京同人杂志时期(第4—7卷),以及随后中共上海发起组刊物时期(第8—9卷),《新青年》前三卷尤其是前两卷的确"普通",不仅发行量维持在一千份左右,而且经历了"停刊"与"改名"的曲折。然而,"普通"并不意味着杂志经营的惨淡,因为"普通"而把"正常"的经营行为看成主编为了摆脱惨淡经营的苦心孤诣,多少偏离了客观的历史事实。

1. 停刊、改名≠惨淡经营

1915年9月,《青年杂志》出版发行,第一卷出满6期后,杂志停刊半年。1916年9月,杂志在内容、版式方面作了一些调整后,改名为《新青年》继续发行。持"惨淡经营"论者通常认为杂志的停刊与改名、改版存在必然的联系——因为经营惨淡,杂志难以为继,所以导致停刊,要想继续经营,必须有所"调整"。实际上,这种观点是有待商榷的。

《青年杂志》停刊的原因,是因为国内爆发了护国战争(1915年12月—1916年7月)。作为一场内战,护国战争的主战场主要发生在川、湘、黔、桂等省,然而战事的发生以及伴随而来云、贵、桂、粤、浙、陕、川、湘等省的相继独立,则让"国家已陷入于极度混乱状态之中"[29]。民国初年,书报杂志的发行主要依赖各个书局建立起来的发行渠道[30]。护国战争的爆发,必然对杂志的发行人——群益书社所建立起来的发行渠道,产生重要影响。事实上,杂志一卷2号列出的分布于49个城市的76个"代派处"中,云南、贵州、长沙、桂林、城都(成都)、泸州、重庆等省市的代派处即地处交战区域,如果算上先后独立省份的城市则更多。陈独秀在致胡适的信中明确指出,"护国战争"的爆发致使杂志停刊,《青年》(指《青年杂志》——笔者注)以战事延刊多日,兹已拟仍续刊",护国战争导致"百业停滞,吾业尤甚,日夕彷徨,真不知所以善其后,奈何奈何!"[31]可见,是护国战争导致杂志停刊,而并非杂志自身惨淡经营。

杂志由《青年杂志》改为《新青年》,则是因为《青年杂志》的刊名与此前上海基督教青年会发行的《青年杂志》同名,上海基督教青年会专门致信群益书社指责杂志存有"冒名"的嫌疑。群益书社经理陈子寿为此专赴陈独秀处商议,最后决定将杂志改名为《新青年》。当时汪孟邹也在场,他也赞成改名[32]。这件事发生在3月初,与杂志停刊几乎同时[33]。《新青年》第二卷第1期于同年9月发行,陈独秀发表《新青年》一文,并刊发《通告》,"自第二卷起,欲益加策励,勉副读者诸君属望,因更名为《新青年》"[34]。由上可知,无论是杂志更名的原因,还是更名的过程都是简单的,未必如后世史家的"过度"解读——"添加一个'新'字,以与其鼓吹新思想、新文化的内容名实相符"[35],当然也不能将之视为陈独秀设的一个"圈套"[36]。

事实上,改名的原因的确简单,休刊的半年也确是中国社会极度混乱,开启军阀割据局面的半年。这段时间,陈独秀完全可以根据亲身观察,给出自己的论断。因此,改名及相关的调整是陈独秀因时应势的经营行为,而非挽救经营危机的刻意之为。不仅如此,杂志复刊后封面标注的"主撰陈独秀"的字样也不应仅看作是"哄抬卖点",而更应看成其时"主撰"已经颇有"声名"。这都足以证明杂志前两卷的经营并不惨淡。

2. 北上募资、婉拒蔡元培与杂志的经济困境

为募集资本,1916年底陈独秀与汪孟邹奔赴北京,并在北京待了一个多月。此间蔡元培多次登门拜访,力邀陈独秀出任北大文科学长。陈独秀最终答应蔡的邀请并于1917年1月赴任。数月后,《新青年》的销数增至一万五六千份,而杂志最初的发行数只有一千份左右。由此,北上募资与数月后杂志发行量的猛增成为杂志"出师不利""起死回生"的"可靠"证据。事实上,北上募资是陈独秀的赞助行为,陈独秀对蔡元培的婉拒也表明杂志此时已经颇有"声名"。

应该说,此次陈独秀北上募资不是因为杂志面临经济困境,而是为了赞助"亚东"与"群益"两个书社合并改为公司之事。这段史实首见于《孟邹日记》(1919年9月18日)[37],这既表明陈独秀北上募资的行为是一种"赞助"行为,也表明两个书社的合并事宜是在杂志二卷1号发行之后提出来的。此外,陈独秀在11月间多次为合并事宜"同饮共商",并最终于11月26日与汪孟邹北上募资[38]。陈独秀为此事在北京待了月余,在此期间蔡元培曾多次拜访并力

约他出任北大文科学长。陈独秀最终答应并于 1917 年 1 月就任。需要注意的是,《新青年》第二卷第 4 号于 1916 年 12 月 1 日发行,第 5 号的发行日期为 1917 年 1 月 1 日,第 6 号的发行日期为 1917 年 2 月 1 日。如果考虑到杂志辑稿、排版、印刷所需的时间,以及陈独秀 12 月、次年 1 月的行程,则可以推断陈独秀在赴北大之前,甚至是北上募资之前,二卷 6 号已经完成了辑稿。以上事实表明,陈独秀北上募资是为书社合并之事,而非为《新青年》杂志募集资本,杂志的按期发行及陈独秀的提前辑稿,也表明杂志经营并没有出现难以为继的局面。

值得注意的是,受邀之初陈独秀即以编辑《新青年》婉拒了蔡元培的美意,甚至在蔡元培答应可以"把杂志带到学校里办"的许可之后,他仍抱有到北大"试干三个月"[39]的想法。为何陈独秀最初不愿去北大呢?为何在得到蔡元培的许可后,仍抱了试干三个月的想法呢?

可以说,陈独秀能够进入北大,一是得到了"学兄"汤尔和、"老友"沈尹默的推荐,二是蔡元培"又翻阅了《新青年》"[40]。朋友推荐固不可少,但是蔡元培对杂志的阅读更为重要。事实上,陈独秀的办刊旨趣与蔡元培整顿北大的理路大体是一致的。为了延聘陈独秀,蔡元培"差不多天天要来看仲甫(陈独秀)"[41],甚至亲自为陈独秀填报履历,并亲自答复质疑陈独秀学术水平的北大教工。这段史实表明,其时《新青年》已经颇有"声名",陈独秀进入北大多少也是"众望所归"。当然,陈独秀对蔡元培的"婉拒"及"试干三个月"的想法,也透露出杂志的经营已经让主撰看到了希望。如果杂志经营处于"惨淡"甚至"将死"的状况,相信即使陈独秀有再多的热情,也会毫不犹豫地接受蔡元培的邀请,毕竟当时北大教授尤其是文科长的待遇是非常优厚的。

3. 杂志的"普通"≠经营的"惨淡"

作为一份开风气的思想性刊物,《新青年》必然有一个发展、辉煌到衰败的发展过程,陈独秀也预见到了杂志要发生"很大的影响",需要"十年、八年的工夫"。这意味着杂志在辉煌之前,必然有一个"普通"的时期,既不能因为其后的"辉煌"而"拔高"此前的"普通",也不能因为杂志的"普通"而把"正常"的经营行为指认为经营的"惨淡"以致"将死"。

张宝明即将《新青年》第 3 卷第 1 期扉页刊登的广告指为"全方位"的"广而告之",用以论证杂志经营的"惨淡"与出版发行者的"苦心孤诣"。虽然"杂志出版发行者"是群益书社,但他明确指出陈独秀是出版者,并列举"陈独秀先生主撰""大名家数十执笔""定价一元""邮费九分"等细节。可见,在他看来,这一切都是陈独秀为了摆脱惨淡经营的苦心孤诣。事实上,"全方位"的"广而告知"是其时杂志经营的一种普遍行为,目录"挂靠"式地哄抬"卖点"也是其时杂志的一种普遍做法,标明"陈独秀先生主撰"也非陈独秀独创[42],而"定价一元""邮费九分"等具体的经营行为更与发行人——群益书社直接相关。又如王奇生对杂志前三卷是普通杂志的论证,虽然具有一定的创见性(前三卷确是一份普通的杂志),但这并不意味其论证具有"普遍"的"效度"。周氏兄弟的书信以及郑振铎、张国焘等人的回忆虽能表明杂志是一份普通杂志,但并不意味着杂志经营的惨淡。一方面,周氏兄弟、郑振铎、张国焘等知识精英对杂志的观感并不能代表所有人,尤其是普通读者的观感;另一方面,不同的知识精英对杂志的观感也是存在差异的,钱玄同、胡适、常乃德等人便较早地与杂志发生了"联系"。

事实上,无论是上海、北京等中心地域,还是其他边缘地域,都有知识精英和普通读者参与到与主撰的互动之中。即就杂志前两卷12期的"通信"栏来看,有地址可考的共有26人,其中上海10人(如毕云程、李平、张永言等)、北京2人(常乃德与钱玄同),其余14人分散于国内各地(安徽、天津、贵阳、湖南、山东、成都、萧山、扬州、苏州、杭州、湖北等地区)以及美国(胡适)、日本(陈丹崖)、英国(程振基)等国;这26人的来信被刊发了35封,其中上海10人刊发17篇(如毕云程5封、李平4封、张永言2封),北京2人刊发3封(常乃德2封、钱玄同1封),分布在平沪线以及其他地区与国家的14人的来信则被刊发了15封。尽管上述数据有欠精确,来信的作者及其地域分布也不足以证明杂志经营的"成功",但却可以证明杂志的经营并非所谓的"惨淡"与"将死"。

四、结　语

本文主要针对《青年杂志》研究中两种典型的论调"沿袭谋生"论与"惨淡经营"论展开商榷,在还原史实、尊重事实、合理解读的基础上,指出《青年杂志》虽与《甲寅》有一定的渊源,但两份刊物存在根本的不同,陈独秀创办《青年杂志》是精心谋划的,绝非简单地"沿袭"《甲寅》,更不是所谓的"谋生的需要";同样,《新青年》前三卷虽然"普通",但其经营并不"惨淡",希望杂志甫始就能"一炮打响""洛阳纸贵",那只是后世研究者的一厢情愿。同样,将"发展"视为"惨淡",甚至"将死",也多少偏离了客观的史实。

注释:

[1]《新青年》前三卷包括第1卷《青年杂志》与第2-3卷《新青年》,前三卷的主编均为陈独秀,其中前两卷在上海编辑,第3卷随陈独秀任职北大而移师北京编辑.

[2] 岳升阳.《甲寅》月刊与《新青年》的理论准备.清华大学学报,1989(1):24-39.

[3] 阎锐武.《甲寅杂志》与《青年杂志》的渊源关系.河北师范大学学报,2001(3):65-67.

[4] 杨琥.《新青年》与《甲寅》月刊之历史渊源.北京大学学报,2002(6):124-129.

[5] 刘桂生.章士钊与《甲寅》月刊和《新青年》.百年潮,2000(10):78-80.

[6] 庄森.《青年杂志》相承《甲寅》论.学术研究,2005(5):133-136.

[7] 胡峰.《甲寅杂志》(月刊):孕育《青年杂志》的母体.齐鲁学刊,2009(6):137-141.

[8] 李永中.《甲寅》上《青年杂志》广告.新文学史料,2007(3):206-207.

[9] 陈平原.触摸历史与进入五四.北京大学出版社,2005:60.

[10] 王观泉.被绑的普罗米修斯——陈独秀传.台湾业强出版社,1996:122.

[11] 李宪瑜.《新青年》杂志研究.北京大学博士学位论文,2000:21-25.

[12] 张宝明.多维视野下的《新青年》研究.商务印书馆,2007:13.

[13] 章清.五四思想界:中心与边缘——《新青年》及新文化运动的阅读个案.近代史研究,2010(3):54-72.

[14] 王奇生.新文化是如何"运动"起来的——以《新青年》为视点.近代史研究,2007(1):321-334.

[15] 黄远生.致《甲寅杂志》记者.甲寅杂志(第1卷第2号),1914:(6).

[16] 傅斯年.陈独秀案.独立评论(第24号),1932(10).

[17] 吴稚晖.陈独秀·章士钊·梁启超//吴稚晖先生文粹(第一册).台北华文书店影印本,1990:316.

[18] 袁甜.《甲寅杂志》研究.苏州大学硕士学位论文,2006:14.

[19] 虽然国家图书馆2009年影印本《甲寅杂志·甲寅周刊》中第三期封面发行日期标注为"七月十日",但王光远编《陈独秀年谱》(重庆人民出版社,1987年版第22页)、唐宝林、林茂生编《陈独秀年谱》(上海新华书店出版社,1988年版第62页)、郑学稼《陈独秀传(上)》(台湾时报文化出版企业有限公司,1989年版第130页)三本著作中第三期发行时间均标注为"八月十日";《章士钊全集(第3卷)》(文汇出版社,2000年版)所收章士钊《甲寅》第三期文章时间均标注为"8月10日";章士钊《甲寅杂志存稿》(上卷)所收《自觉》一文时间也标注为"民国四年八月"。笔者认为,可能国家图书馆所藏版本或为再版,时间有误;或是章士钊出于报刊发行时间的连续性而将发行时间标为7月,实际出版时间则应为8月,而陈独秀7月即已来到日本参编《甲寅》。

[20] 国家与我.甲寅杂志(第1卷第8号),1915-8-10.

[21] "又陵足下……《甲寅》所录大作,即是仆所选载……尊著倘全数寄赐",分载《青年》、《甲寅》;"嘉惠后学,诚盛事也"参见陈独秀.陈独秀答吴虞//新青年("通信"),1917(第2卷第5期).

[22] 陈独秀在《甲寅》所发的文章不多,诗作均为旧作,《〈绛纱记〉序》也是旧作,《〈双枰记〉序》也是应章士钊之邀写的序文。因此,陈独秀真正为《甲寅》所作的文章只有《爱国心与自觉心》。参见陈长松.陈独秀前期报刊实践与传播思想研究(1897—1921).暨南大学博士学位论文,2012:85.

[23] 沈寂.陈独秀传论.安徽大学出版社,2007:196.
[24] 陈独秀.《绛纱记》序.甲寅(第1卷第7号),1915-7-10.
[25] 郑超麟.陈独秀与甲寅(手稿).1946-3-6//唐宝林.陈独秀全传.中国社会科学文献出版社,2013:135.
[26] 如易白沙的文字,李大钊的文字,高一涵的文字,再如章士钊的《自觉》《国民心理之反常》《国家与我》等,而到了第10期"通讯"栏所刊文字更以"社会文化"通信为主.这些文字均以社会文化心理的讨论为主,与《甲寅》的政论文风存在差异,而与陈独秀《爱国心》一文的论域相似。
[27] 此处的内容是根据刊物宗旨、读者定位而确定的报刊内容,与"沿袭谋生"论比较的杂志内容虽然文本相同,但标准不同,前者依据刊物宗旨、读者定位等新闻传播学标准分析刊物的内容,"确定"刊物的不同,后者使用文本分析法,寻找内容上的相似性。
[28] 刘桂生.章士钊与《甲寅》月刊和《新青年》.百年潮,2000(10):78-80.
[29] [美]费正清,[美]费维恺编.刘敬坤译.剑桥中华民国史.1912—1949(上卷).中国社会科学出版社,1994:247.
[30] 章清.五四思想界:中心与边缘——《新青年》及新文化运动的阅读个案.近代史研究,2010(03).
[31] 胡适.胡适来往书信选(上册).中华书局,1979:2-3.
[32] 汪原放.回忆亚东图书馆.学林出版社,1983:32.
[33] 事实上,根据汪孟邹3月10日给胡适信中《青年杂志》已出至五期,六期不日即出(胡适书信集)的内容,可以判定《青年杂志》第6号应在3月份发行。
[34] 通告.新青年,1916(第2卷第1期).
[35] 肖超然.北京大学与五四运动.北京:北京大学出版社,1986:8.
[36] 王奇生认为这是陈独秀为扩大杂志影响而设的一个圈套。参见王奇生.新文化是如何"运动"起来的——以《新青年》为视点.近代史研究,2007(01).
[37] 汪原放.回忆亚东图书馆.学林出版社,1983:34.
[38] 唐宝林,林茂生.陈独秀年谱.上海人民出版社,1988:74-75.
[39] 唐宝林,林茂生.陈独秀年谱.上海人民出版社,1988:76.
[40] 蔡元培.我在北京大学的经历.东方杂志,1934(第31卷第1号).
[41] 汪原放.回忆亚东图书馆.学林出版社,1983:36.
[42] 如《甲寅》月刊的封面上即标有"章士钊主撰"。

【作者简介】陈长松复旦大学新闻学院副教授,研究方向为中国新闻史;杨惠淮阴师范学院传媒学院讲师,研究方向为:新闻传播理论。

从滑稽到严肃
——上海小报《晶报》媒介批评初探

李时新

(广西大学新闻传播学院,广西 530004)

摘　要：由于编辑方针、社会环境以及批评主体的专业背景和行文方式等因素的影响,《晶报》的媒介批评经历了从滑稽到严肃,从琐碎、感性、居高临下到理性分析,平等对话和建设指向的转化。《晶报》批评风格的演进展现了中国现代媒介批评发展长卷的一个细部,为我们理解这一时段媒介批评的复杂多样提供了不可多得的史料。

关键词：晶报　媒介批评　滑稽　严肃

《晶报》1919年3月创刊于上海,1940年5月终刊,是一家以娱乐消遣为主的综合性小报。研究者较多关注《晶报》花街柳巷、优伶色艺的内容,而忽视了媒介批评也是《晶报》的重要组成部分。媒介批评本是一种诉诸专业知识的价值评判活动,与怡情悦性的捧角话妓迥然有别。然而,在《晶报》文人看来,评骘上海大报乃是他们展露才情、自娱和娱人的重要方式和手段,因此其点评多以戏谑嘲讽出之,与后者娱乐消遣的指向浑然一体。1930年代初,《晶报》品花判菊一如既往,而媒介批评风格渐变,转而以较为严肃的眼光观照各报,分析说理日趋客观平实。

一、以滑稽为主导的媒介批评

注重趣味性是《晶报》文人调笑酬答、游戏三昧的内在要求,也是《晶报》迎合读者、追求商业化的结果。因而,戈公振说《晶报》"以流利与滑稽之笔,写可奇可喜之事,当然能使读者易获兴趣"[1]。借用冯至的说法,《晶报》的趣味性表现为"内容的引人入胜和行文的涉笔成趣"[2]。《晶报》品评上海报纸主要是为了制造笑料,因此更加仰赖表达方式的机巧。

《晶报》对于上海报纸的批评主要包括电报失实、一稿两登、新闻重复、报道延误、违背常识、分类有误、漏登新闻、编排错误、题文不符、用词不当、无字空铅、新闻观念、职业操守,等等。对于此类问题,《晶报》刻意回避学理探讨,而是运用双关、曲解、仿拟、反语、夸张、讽刺等修辞手法,肆意嘲讽。上海报纸经常发生一稿两登的现象,业界将这种本来登过的新闻又从外埠报纸上照抄重登称为"递解回籍"。对于《申报》,《晶报》一语双关地开玩笑,请史量才老板也将这位粗心的看大样的主编"递解回籍"。[3]

曲解也是《晶报》的拿手好戏。《新闻报》将专电"孙丹林商请商恩洪,将青岛官产款一百万,移作兴业银行股本"编入"教育新闻"专栏,显系归类错误,《晶报》抓住"银行股本"与"教育"风马牛不相及,故意探问《新闻报》"莫不是要拿这件事,当作开银行的教科书吗?"[4]

《小申报》有一篇文章说人的肝脏在身体的左边,有医学专业人士指出其错误,但《小申报》碍于作者情面,拒绝更正。《晶报》鉴于《小申报》新添了一个"良心保存会"栏目,于是"本良心上的主张",建议《小申报》不妨再设一个"肝脏保存会",勿再搬动肝脏"。[5]以仿拟和双关嘲讽《小申报》有错不纠,以讹传讹。

此外,《晶报》还借助荒诞的表达方式,制造幽默效果。一是以批评对象为由头,虚构一种不可能发生的情节。王叔鲁和张岱杉是两位政坛人物。1923年8月,不少报纸报道他们到马厂和北戴河请客和公干,事实上前者在跑马场宴客,后者并未离开天津。《晶报》在批评记者采访作风漂浮时制作了一个耸人听闻的标题"报界见鬼记 王叔鲁魂撞马厂地 张岱杉梦游北戴河";为了引人发笑,在纠正事实时又虚造故事。又如,《申报》主笔陈景寒(冷血)在《时报》作时评,不管评论什么问题,总以千篇一律的"感时谈"命名。《晶报》大发奇想,构造了一个荒谬的场景:"(景寒)预先已经做好了一叠的'感时谈',和日历一般的搁在申报馆写字台抽斗里,今天揭一页,明天揭一页,一年就是三百六十个'感时谈'。"讥笑陈景寒一成不变的文风;最后还反话正说,呼喊"《时报》万岁,'感时谈'万岁"[6]。

二是构想一些不近情理的解释。如《申报》的"东大查办风潮之续闻"报道同时刊有两则电报,一为"郑省长致执政府电",一为"郑省长致梁秘书长电",但实则内容一字不易,为同一电报。《晶报》对此提供了三种解释:"①《申报》记,为对于东大(即东南大学)学潮,因特别注重,故特以郑省长电报,连登二次;② 郑省长电文高妙,《申报》记者,爱不忍释,故于不知不觉之间,连登二次;③《申报》记者,以为执政府为一机关,梁秘书长为一个人,电报虽同无妨分别登载,俾执政府全体读第一电,梁泉异(即梁秘书长)单独读第二电。"《晶报》甚至以该版编辑马崇淦有一家马敦和帽子庄,戏谑道:"马敦和帽子虽佳,一人头上,决无冠上加冠之理。唯有西式便所,小而圆之马桶盖上,乃可更加一大而方之马桶盖。郑电之所以层见叠出,或即仿此,未可知也。"[7]荒诞不稽,极尽贬损。与此相似,《晶报》还故意将《新闻报》刊登相同的新闻,出现无字空铅(俗称"铅屁股")等问题与总理汪汉溪关联,随意猜度,如"大概总协理都在病假之中,未能亲政的原(缘)故吧","现在总理病故,大铅屁股就显出来了。咳,令我益想老汉不置。"[8]显然,即令汪汉溪能够主事,也不能避免不出现任何错漏。

最后,不是自述其事,而是刻意构造一种有违科学和常识的措辞,如将某人被多次报道离世称之"死了又死",称将死人误作活人报道的报纸有"起死回生之术"或"操(人)生死权";其他还有,某人被误报离开本地,乃以其人有"分身术"或患"离魂病"称之,等等。

荒诞的表达方式偏离理性,扭曲生活常态,表现病态和反常,读之错愕,进而哑然失笑。《晶报》就是要为读者提供这种浅层的滑稽可笑的心理体验。

虽然《晶报》早期也有严肃的媒介批评,如冯叔鸾(笔名马二先生)揭露售卖假药的药房以广告关系迫使华文报纸放弃译载西报的报道;包天笑(笔名天马、曼妙、爱娇、微妙)批评《时报》的《图画周刊》刊登裸体女尸照片之不妥;袁寒云指责小报以租界为英法领土,主权意识淡薄;但由于《晶报》趣味性的导向,也只是偶尔为之,并没有形成主流。

《晶报》媒介批评的主要目的是为版面提供俯拾可得的材料,当然也不能完全否认其监督报纸的意旨,《晶报》自述"时时对于各报加以批评,大有监督各报之风"[9],并非虚辞。问题是,《晶报》以滑稽为主导,在批评各报的不足时,不是善意地指出,而是如获至宝,随意放大,嬉笑讥弹;有时又习惯性地由批评旁及其他话题,冲淡了题旨。如,《新闻报》误登了两条内容完全一样的电报,《晶报》指出后,偏偏联想到汪汉溪锱铢必较,连熟人的关系稿也不通融,又调侃《新闻报》要"损失大洋二元二角五分"的广告费了。[10]这种插科打诨、取悦读者、伤害同业感情的批评很难被对方所正视,只能激起对方的反感,减弱了批评的效力。因此,《晶报》称"各报亦默认之(即其批评)"为其主要特色,不免有些自矜,仿佛各大报欣然接受了其报界监督者的角色;其实,与其说"默认",毋宁说保持距离的"沉默"。

1924年3月,上海公共租界拟通过抽签方式关闭妓院,妓佣因生计问题集体罢工。《时事新报》发表评论指出"同盟罢工,律有明禁;即在正当营业,尚所不许,何况妓佣?"[11]《晶报》秉其向来讥诮的习气,批评《时事新报》"这几句话,好像前清上海县衙门里刑名师爷的批语,官气十足,不像民国报纸上主笔先生的话",不如改名"时事官报"。[12]《时事新报》不甘其辱,以《晶报》"帮妓佣出头,无理取闹","龟龟相护",詈之"龟报"[13],极尽污损。至此,《晶报》乃将批评的旨意弃置一边,一场谩骂由此发端;几番唇枪舌剑,《时事新报》不敌《晶报》的缠挠,偃旗息鼓。综观整个事件,《时事新报》显然是无法容忍《晶报》出言不逊的批评,才以牙还牙,愤而反击。这或许代表了一般大报的心理,只是它们逆料与玩世不恭的《晶报》笔战的严重后果,没有公然抵制,而是保持沉默。此后,《时事新报》对《晶报》的批评不再回应。

二、向严肃转向的媒介批评

1930年代初前后,《晶报》的撰稿人大多星散,其传统的批评风格已无所附丽;此外,外敌入侵,滑稽打趣的笔调与抗日救亡的氛围也极不协调。在此情况下,包天笑等素持严肃批评立场的文人占据了主导地位,而另外一些文人,如饶舌[14],也适应时代,改弦更张。《晶报》开始尝试一种客观全面、富于建设性的批评,但偶尔也点缀些许游戏笔墨。

这一时期,包天笑撰写了不少媒介批评的文章,如《阮玲玉死于人言》(1935年3月12日第二版)、《警告〈时事新报〉关于世运选手名誉慎重选稿》(1936年8月5日第二版),等等。这些文章涉及主题多样,如,新闻的真实性、个人隐私和名誉、记者的思想观念等,同时探析问题产生的原因、危害及其影响,具有一定的批评深度。值得注意的是,包天笑还主动与出版界同行对话,并将它纳入《晶报》。1935年9月,知名作家林语堂在其主编的《宇宙风》第一期发表《所望于〈申报〉》,就《申报》的广告挤占新闻地位、小品副刊内容重复、《自由谈》版面位置不固定等六个问题发表看法。包天笑称赞这是一篇"严肃诚恳的文章",并特意仿照林语堂的标题以《我的"所望于〈申报〉"》为题,就其观点一一提出自己的意见,有的表示赞同,有的有所保留,有的给以解释。[15]对批评进行反批评,主动呼应,拉近两者的距离。1936年5月,林语堂又在《宇宙风》第十八期刊发《〈申报〉的医药附刊》,批评《申报》同时出版的四种医药附刊大都不过是变相的广告,且夸大宣传,欺骗读者。包天笑再次呼应,认为林语堂的批评是适当的,指出:"报馆不能为了一点广告费而滥登,所以《申报》编者的挨骂,好像是代人受过,其实也不能算全是冤枉。"[16]包天笑不失时机地与林语堂交流,不是仰视逢迎,而是理性探讨,提升了《晶报》批评的品质。这在小报界并不多见。

饶舌是一位写作健将,撰写了不少令人捧腹的批评文章。如,淮安关的监督本由一名军阀的秘书充任,但《新闻报》却误作其前任;饶舌信笔所至,话外有音,说"《新闻报》想必是嫌他献媚军阀,不配久任,就在笔尖儿上轻轻地将他撤换了"[17]。这一时期,饶舌一扫昔日戏谑的习性,开始客观地批评各种新闻现象。1936年5月26日,《申报》刊登了一则婴孩药片广告,中有"满洲锦州公署民政厅冯君广民来书"一语。饶舌认为,《申报》应该在"满洲锦州公署民政厅"前加一个"伪"字,因为所谓"满洲国"并不为政府所承认,况且冯广民正担任伪组织公职。他说,报纸为社会导师,应该时刻注意此类问题;假如日伪以《申报》广告作为政府承认伪组织的证据,何以为答?《申报》未能修改广告,难辞失检之咎。[18]饶舌以其政治敏感从一个"伪"字的遗漏分析可能引起的主权问题,告诫各报内容审查(哪怕是广告)的重要性。分析以小见大,据事论理,令人信服。

媒介批评是对媒介内容的是非、好坏或美丑进行的分析和判断。以往,《晶报》较多找寻各报的短处,偶尔提及优点,也是一笔带过,以为讥刺的伏笔。这一时期,《晶报》开始公正全面地审视各报,有弹也有赞。以《申报》为例,批评其问题的文章一如往常,但也出现了评说其进步的篇章。上述林语堂对《申报》提出批评,《申报》从善如流,决定在年底停刊内容平庸的《自由谈》和格调低下的《妇女园地》,空出版面探讨国际、经济、科学和艺术等问题。《申报》的进步有目共睹,《晶报》以"返老还童"赞许《申报》富于革新精神。[19]《申报》先后派陈赓雅、马荫良等记者远赴浙闽、华北绥远、两广等地考察,发表了不少地方通讯。1936年10月,《晶报》刊文评介《申报》的这些通讯或使用白话,一反西北游记笔法,或采访深入,内容翔实,颇具特色;又说"近来《申报》很努力于边疆调查,倒是一件很可钦佩的事,也是报界进步之一斑"[20]。《晶报》还对《申报》同年第四十五期的《每周增刊》进行推介,介绍文章内容、作者身份、写作特点和现实意义,建议多刊"此充实之文章"[21]。

1936年4月,上海《大公报》创办。《大公报》驰誉全国,其评论历来为人所称道;然而,对于创刊初期的上海《大公报》评论,《晶报》则不以为然,认为"满纸空洞不着边际,其模棱圆活的语调,和上海其他各报,并无二致"[22]。语言犀利,不为名者讳。《晶报》还批评其《大公园地》每逢七夕、中元节、七月三十等旧历节日推出应时的特刊,有提倡旧历之嫌,不符合政府废除旧历的规定,直言"号称促进文化之新闻纸,乃对旧历,如此宣传,殊不可解"。但《晶报》也能实事求是,并不埋没其长处。《星期评论》每逢星期日都会邀请国内著名人士为其撰稿,如胡适等;为保持较高水准,不惜重金购文。《晶报》以过于看重金钱的《申报》和《新闻报》为比照,称许《星期评论》的文章较之"足以动人"。《晶报》还对《大公报》的特约通信、专电、消息、采访作风和"敢言"精神予以肯定。如,《大公报》关于吴醒亚和潘复逝世的消息"均比各报早一天发表"[23]。1936年11月,绥远战事发生。路透社发电绥远有七架"中央"的飞机翱翔空际,实并无其事。"唯《大公报》之新闻不肯人云亦云,盖尚有求实之意也。"[24]非其非,是其是。

《晶报》以前总是对各报出现的问题大加调侃,逞口舌之快,这一时期开始冷静地探究问题产生的原因,谋求化解的办法。错字是困扰各报的顽症,《申报》和《新闻报》为此还成立整理部专门纠错,但效果有限。《晶报》通过探察两报运作的情况进行了分析:其一,两报每日出版七八张之多,达二三十万字,校对在夜深灯昏之际校稿,排字工人又在旁催促,有错也不更正;其二,编辑未能看清原文,忙中出错,一字之差导致题不对文;其三,即使校对发现了错误,也不敢擅自改易。[25]指出工作量大、校对和编辑责任意识淡薄以及校对地位低下是主因,有根有据,为各报提供了解决问题的路径。

这一时期,《晶报》较为清晰地认识到媒介批评所起的监督和建设的作用以及批评态度对批评的有效性的影响。因此,《晶报》对上海各报不再吹毛求疵,而是设身处地,抱以理解和同情;在实施批评时,也尽可能保持客观和中立,把握分寸,态度平易诚恳,以期达到警示和引导的效果。

1937年"八一三"战事爆发,上海报纸深受广告和纸张短缺的冲击,减张缩版。《晶报》也削减篇幅,改出半张的"号外",媒介批评从此退场,再未恢复。

三、结 语

有学者将中国现代媒介批评的历史划分为五个时期:即孕育期(1901—1917)、形成期(1918—1926)、发展期(1927—1936)、转型期(1937—1945)和异化期(1946—1949),并对各个时期媒介批评的形成背景、实践和特征进行了细致入微的剖析。[26]《晶报》的媒介批评总体上反映了形成期和发展期的主要特点,比如,以"新闻本位"观念作为批评的首要指标,出现了随笔、杂感等独立的批评文本,运用多种修辞方式等。就《晶报》本身而言,其媒介批评又有其自身的特点,即由滑稽转向严肃,由琐碎、感性、居高临下转向理性分析、平等对话和建设指向,显示《晶报》逐渐清醒的批评自觉。这些转向表明,编辑方针,社会环境以及批评主体的知识结构、专业背景和行文方式等因素对媒介批评风格的塑造作用;而《晶报》批评风格的形成无疑又奠基于其早期报界监督者的角色定位。《晶报》媒介批评的演化为我们展示了中国现代媒介批评发展长卷的一个细部,为我们深入理解这一时段媒介批评的复杂多样提供了弥足宝贵的史料。

注释:

[1] 戈公振. 中国报学史. 三联书店,1955:246.
[2] 冯并. 中国副刊史. 华文出版社,2001:14.
[3] 浮云. 一稿两投与一稿两登. 晶报,1923-07-27(2).
[4] 餐华.《新闻报》上之教育. 晶报,1924-08-12(2).
[5] 席时泰. 小《申报》宜设"肝脏保存会". 晶报,1923-06-24(2).
[6] 景景. "感时谈"万岁. 晶报,1923-11-03(2).
[7] 真真. 马桶盖式之《申报》郑电. 晶报,1925-08-24(2).
[8] T. B.《新闻报》又发现大铅屁股. 晶报,1924-11-09(3).
[9] 法螺先生.《晶报》之十大特色. 晶报,1922-01-15(2).
[10] 炯炯.《新闻报》损失$22.5. 晶报,1924-11-27(2).
[11] 漱. 妓佣罢工. 时事新报,1924-03-27(6).
[12] 秋梦. 时事官报. 晶报,1924-03-30(2).
[13] 漱. 时事官报. 时事新报,1924-03-31(6).
[14] 由于所能获得的资料所限,尚无法考证笔名为"饶舌"的作者的真实姓名.
[15] 曼妙. 我的"所望于《申报》"(下). 晶报,1935-10-31(2).
[16] 微妙. 林语堂再斥《申报》为了有四种医药附刊. 晶报,1936-06-09(2).
[17] 饶舌.《新闻报》撤换关监督. 晶报,1924-05-21(2).
[18] 饶舌.《申报》何来锦州公署广告. 晶报,1936-05-29(2).
[19] 渭泉. 返老还童的《申报》. 晶报,1935-10-31(2).
[20] 是谁.《申报》记者"石瑛"和"守拙". 晶报,1936-10-31(3).
[21] 微妙. 读《申报·每周增刊》四十五期中之充实文章. 晶报,1936-11-19(2).
[22] 伊人.《大公报》的言论. 晶报,1936-04-09(2).
[23] 聊公. 大公小语. 晶报,1936-09-22(3).
[24] 一笑. "大公"新闻之求实. 晶报,1936-12-13(2).
[25] 微妙.《申报》标题之错误. 晶报,1935-04-10(2).
[26] 胡正强. 中国现代媒介批评研究. 中国传媒大学出版社,2010:17-55.

【作者简介】 李时新 广西大学新闻传播学院副教授。

解放战争时期《大公报》与国、共两党关系研究

陈媛媛

(南京师范大学新闻与传播学院,南京 210097)

摘　要:新记《大公报》与共产党的关系一直是学界研究的热点,其与共产党的关系研究显得薄弱。本文以解放战争时期三方关系为研究对象,围绕战后东北问题三方态度和两党对《大公报》权威的消解这两个核心议题,试图展现此阶段《大公报》与国共两党的关系。解放战争时期,新记《大公报》与国共两党关系紧张,以 1947 年为界,前期立场态度基本附和国民政府,对待"东北问题"与其互动默契,立场基本一致,将内战责任归咎共产党;1947 年后,两党对其大肆打压,成为国共意识形态斗争的共同靶心,在政治斗争中走向媒体无法自控的悲剧命运。

关键词:解放战争时期　《大公报》　国民党　共产党

新记《大公报》于 1926 年 9 月在天津复刊,发展出迥异于"申""新"两报的商业发展模式:以"文人论政"为核心,以中上层阶级、知识分子为读者对象的,一种独立性报纸的发展模式,并一跃而成为全国性的舆论重镇。其经典的"四不"社训,被解读为富有新闻专业主义色彩的职业追求,摆脱民营报刊因逐利目的而丧失报格的低俗化取向,期望通过舆论监督向强权谏言为国家建设出谋划策。正因此,《大公报》与国民党关系的研究一直是学界关注的热点,而其与共产党关系的研究常常因阶级史观的影响,被想当然地认为不必研究或碍于意识形态因素讳莫如深。实际上,研究《大公报》与国共两党的关系,方能更为全面透视民营大报在政党斗争中的生存现状与出路探索,彰显出媒体与政治在特殊情境下的复杂关系。本文选取解放战争时期作为研究时段,主要考虑到战后两党激烈斗争的现实及战后新闻界摆脱战时舆论动员要求呈现出短

暂自由繁荣的舆论生态。

自皖南事变后,国共关系日益紧张。1945年,共产党公开谴责蒋介石元旦广播,严厉抨击"蒋介石法西斯主义与失败主义的寡头专政"[1],双方在施政纲领问题、政府改组问题、国民大会问题、宪政问题等方面分歧深重,矛盾重重,对话无果。抗战胜利后,国民党面临与共产党争夺政治资源的格局。蒋介石深知,若不改造国民党"党国"体制,共产党不可能将军队交给政府;如若开放政治,又势必造成国民党政治体制的全面崩溃。故战后双方矛盾的焦点主要在于军队所有权及国家体制的重新设计。

随着《大公报》对民主宪政及和平改革的愿望愈加强烈,国民政府领导抗战有功的现实促使其将建国希望寄托于国民政府,希望"不动摇国民政府及蒋主席的领导基础,扩大民主,改组国民政府,进行过渡期间的政治改革"[2]。但因国民党战后大演"五子登科"[3]的戏码,内战引发大规模的通货膨胀和社会动荡等原因,《大公报》既不满国民党日益腐败难有作为的现实,又不愿共产党武装革命,故左右开弓,国共双方认为其厚此薄彼,对其大肆攻击。故抗战后至新中国成立前,三方关系进入紧张期。

一、国共两党斗争中的现实利益之争:以东北问题为主体的考察

抗战后,蒋介石深知建国的关键在于军队。而因为东北受降权归属引发的笔战和军事火拼对国民党的建国计划造成严重阻碍。1945年8月,苏军进攻东北,关东军惨败,日军在东北长达14年的殖民统治宣告结束。由于东北在国防战略、地缘政治及工业经济上在全国具有举足轻重的地位,故战后的东北成为国共两党势在必得的首要目标。中国共产党收复了东北,并做好了应对国民党军队发动袭击的准备。10月24日,傅作义致电毛泽东,"披肝沥胆指陈共军相迫太甚,切望慎处勿负挑动内战恶名"[4],并告知"中央社"、《中央日报》《扫荡报》及《大公报》。

对此,国共两党及以"不党"著称的《大公报》各自作何反应呢?笔者以国民党机关报《中央日报》及共产党党报《新华日报》、重庆版《大公报》社评为对象,整理1945—1946年间三报针对东北问题较有代表性的社评,以便清晰反映出各报的主张立场及三方间的关系。

表1 《大公报》、《新华日报》、《中央日报》1945年10月—1946年7月"东北问题"社论数目统计表

	大公报	新华日报	中央日报
1945.10	2	0	0
1945.11	3	3	8
1945.12	2	1	5
1946.1	0	0	2
1946.2	1	2	2
1946.3	2	1	2
1946.4	3	1	8
1946.5	4	0	3
1946.6	2	2	15
1946.7	0	0	1
小计	19	10	46

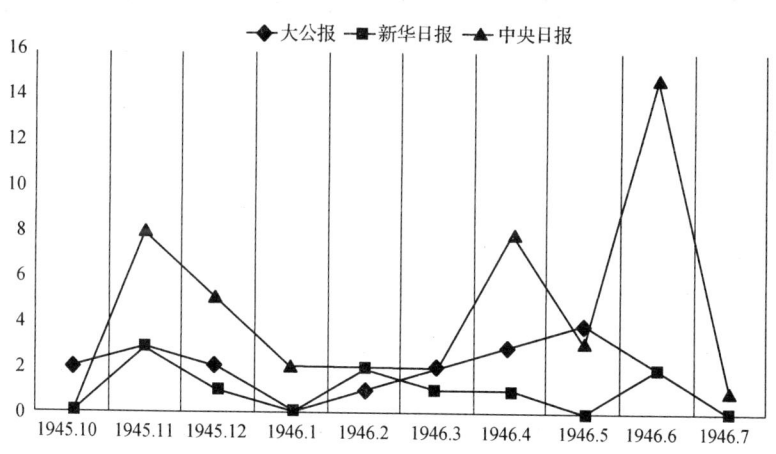

图1 1945—1946年三报关于"东北问题"社评数目一览表

傅作义发表声明后第二天,《大公报》发表《为交通着急!》,指责共产党妨碍国军接收东北。其后,《大公报》持续关注东北受降问题,坚持奉劝共产党不可尽恃武力当悬崖勒马。《中央日报》于10月26日于报纸第二版刊载傅作义

消息,但迟迟未有社评,直至11月2日方才刊出社评《建设第一,交通第一》,言论主旨与《大公报》几乎一致。紧接着第二天,《新华日报》发出社论《建设东北必须实行民主》,要求国民党"承认人民武装,承认民选政府,实行民选制度,保护各党派各阶层的利益",指出满足上述要求方是在东北实施民主建设的起点。自此起,三方围绕"东北问题"的利益之争与宣传战正式开启,直至第二年七月才稍显消停。

表1显示,三报反映最为强烈者为《中央日报》,其针对东北问题发表社评数目为三者最多。东北主权对于国民政府而言不可或缺,共产党在长春的武装行动成为国民党此时期最脆弱的神经。《新华日报》发文数量为三者最低,这不能说明共产党对"东北问题"缺乏重视或底气不足,因为同时期《解放日报》及新华社关于东北问题的社论未进入本文统计视野,故共产党的态度不能仅凭社论数目定夺。《大公报》社评数量相对较为正常,每月平均1—2篇,远远低于《中央日报》月平均值。这种结果较为符合其独立民间大报的身份,属于预想之中。

从三者社论数目折线图(图1)来看,1945年11月与1946年4—6月是三方对东北问题关注最多的时期。11月,蒋介石将军事重心转向东北以及马歇尔特使来华调处国共关系,两大军事政治事件一时间占据了各大报纸的版面,东北问题的解决途径自然成为报纸社论的主要议题。但因为国民党强硬派对东北问题及衍生的政府改组等一系列内政制度改革毫不让步,共产党不愿放弃背靠苏联在东北建立政权的政治方针,在马歇尔调停下两党签署的停战协令很快成为一纸空文,1946年4月,国共激烈的军事斗争在四平、长春等地拉开帷幕,三方报纸对东北问题的观论达到高潮。

国共双方针对东北问题的冲突主要围绕"长春之战的责任归属"、"东北冲突中共产党的军事策略"及"解决东北问题的途径"三个议题(见表2),梳理三大报纸对此三大议题的态度和立场,不难发现,《大公报》追随了国民党官方的立场和观点,将东北问题责任归咎共产党,劝其放弃武力,服从国府命令,整编军队,以和平协商方式诉诸"政治解决"。唯一不同之处在于,《大公报》提出东北人民自选自治机构建议,顺应了共产党"实行民选制度,承认民选政府"的要求。在此重大内政方针上,《大公报》做此选择无异于试探国府底线,这既是《大公报》以国家前途命运为依归,选择妥协之举的独立性表现,亦与它独特的言说策略有关,这点在下节会提到。

三、新闻媒介研究

表2　国共两党及《大公报》对"东北问题"三大议题的观点及代表性社评

议题	核心观点	代表性社评
长春之战的责任归属	共产党:战争的责任在国民党反动派不在共产党	《东北问题的解决办法》(1946.4.16)、《不让东北内战再打下去》(1946.4.30)、《是谁破坏东北停战协定?》(1946.6.18)
	国民党:东北问题责任在于共产党	《探讨国家纷乱的原因》(1945.12.10)、《救护长春市民》(1946.4.16)、《明是非——解决东北问题的关键》(1946.5.25)
	《大公报》:朱总司令发布受降令,与国民党对立,是内战根源	《为交通着急》(1945.10.25)、《质中共》(1945.11.20)、《请先停手》(1945.12.20)
东北冲突中共产党的军事策略	共产党:否认自身以老百姓打前锋的战术	《可耻的大公报社论》(1946.4.18)
	国民党:共产党采取不断拖延时间的战术扩大战略范围	《我们要解决问题》(1946.6.19)、《不应再拖延问题》(1946.6.23)
	《大公报》:利用百姓打前锋消耗敌军火力	《可耻的长春之战》(1946.4.16)
解决东北问题的途径	共产党:改组东北接收机构,参加各党派份子;承认东北共产党部队;承认东北各县自治政府;限制"中央军"进入东北的数量。	《建设东北必须实行民主》(1945.11.3)、《解决东北问题的途径》(1945.11.12)、《解决东北问题的途径》(1946.2.16)
	国民党:不承认地方主权属于地方人民,不承认共产党非法政权,不会以政协方式谈判东北问题;主张停战,整军统军,不放弃政治解决途径	《停止冲突恢复交通》(1946.1.2)、《救护长春市民》(1946.4.16)
	《大公报》:双方放弃武力,整编军队,东北人民自选自治机构,国共和平协商,政治解决矛盾	《蒋主席东北归来》(1946.5.31)、《长春收复以后》(1946.5.25)

在整个东北问题的报道中,《大公报》与国民党互动默契。1945年11月22日,国民党致电忠告毛泽东,"党争自有风范,不可凭借武力,莫如悬崖勒马,停止攻击国军。"[5]这与《大公报》20日"质中共""要政争不要兵争"内涵如出一辙。1946年2月《大公报》与《新华日报》针对东北问题的第三次论战,[6]蒋介石十分重视,将重要文章剪报存档。[7]针对《解放日报》1946年4月7日《驳蒋介石》一文,《新华日报》亦有多篇文章痛斥蒋介石不欲宪政的阴谋;对此,4月9日,《中央日报》社评《共产党新行动的信号》激烈反对共产党无视"国府"步步忍让,煽动青年愤恨,对《新华日报》的"编排文章"予以回击。4月15日,《大公报》亦对《驳蒋介石》一文表明态度,指责《解放日报》的宣传歪曲是非,不符合新闻报道的基本原则。可以说,在东北问题上,《大公报》主要是站在国民政府立场上,两者步调一致,意见基本相同;对于共产党,它既不同意共产党的武装革命路线,也反对共产党拥有军事力量。因东北问题爆发的矛盾结下的仇怨为共产党与《大公报》此后的关系奠定了基调。

中国现代化进程因日本侵华而中断,《大公报》始终希望"采欧美宪政之长"加快国家现代化建设。战后两党内战再起的现实无异于当头一盆冷水浇灭了《大公报》热切建国的希望。基于国民政府抗战之功及自身对报纸功能的职业认知,维护国民政府合法性是报纸生存最基本底线,从此维度考虑其与共产党的论战便会多增一分理解。两党为各自根本利益水火不容,分别以报刊为武器争夺舆论阵地,"人民"成为双方共同的符号资源,并企图主导对政治事件和行为的意义阐释权,《大公报》作为中间派的舆论代表,在日益升级的国共斗争中生存空间逐渐萎缩,其与国共两党的关系发生悄然变化。

二、笔墨官司的意识形态之争:以《大公报》权威消解为主体的考察

除针对东北问题二者充满火药味的论战外,共产党对《大公报》职业理念、新闻操作及声誉地位等各层面进行消解,并着力建构起《大公报》对蒋氏政权"小骂大帮忙"的政治形象。国民党对《大公报》的"放弃"态度更为共产党"棒打落水狗"提供了时机的便利,国共双方对《大公报》极尽批判之能事,既反映出政治斗争下媒体出路的渺茫性,也揭示出三方意识形态领域斗争的复杂性。

1.《大公报》与国共宣传战:不同话语类型的交锋

抗战胜利后,国共两党的宣传战围绕东北问题和政治协商会议进一步升级。两党因争取"政权合法性"在话语场域展开攻势,国民党报纸上出现众多

诋毁、谩骂的文章,如《中央日报》刊发社评《中国共产党的外交路线》(1945.12.14)、《中国共产党的文化路线》(1945.12.16)、《愤慨与怜悯》(1946.2.25)、《亡国主义者的谣言攻势》(1946.3.21)、《说谎者的穷途》(1946.5.21)等。文章直斥共产党贯以"民主"作为诱人的"烟幕"。中国共产党机关报和围绕在其周围的报刊采取"哀兵"态度,一方面"照顾中间派",另一方面对国民党"党治"和"训政"政策展开反击,从"人民"立场出发,揭露国民党一切腐化堕落黑暗之暴行。面对国共两党的宣传战,《大公报》的一段话清晰表明其对两党行为的态度:"大公报很少刊载新华社的稿子,因为其中主要的是攻击暴露。同时我们也很少登载走出解放区而痛述共产党的文字。为什么?小气些了,我们还愿意保持君子风度;从大局说,我们实在想为大局留些余地,总不想其破裂。"[8]这段话明确指出国共战后舆论斗争的特征与缺点,以超脱党派的姿态表达自己对当下局势的痛惜无奈。

国共双方在战后的争权,依托话语表达平台,积极对大众实施组织及情感动员。共产党的宣传话语继承了列宁式的革命话语体系,呈现出"诉诸情感"的突出特征,因其强大的鼓动性有效争取到工农群体及城市小资产阶级的支持。国民党继续以"三民主义"为理论资源,通过权威性命令与操作性说服相结合的方式,与共产党宣传机关分庭抗礼。以理性说服为特征的《大公报》在国共双方革命话语弥漫的宣传背景下脱颖而出,渐渐形成不为两党所容的第三方话语权力机关,却成为战后两党纷纷对此"异类"进行打压的重要原因。

2. 打压《大公报》的具体表现:权威消解与形象重塑

《大公报》权威地位形成与国民政府高层的欣赏和肯定不无关系。自张季鸾逝世,尤其是抗战胜利后《大公报》与国民党高层的关系便诸多摩擦,渐行渐远。抗战时,为"唤起民众、抗战到底",所以对"政府"的措施"拥护多而批评少";战后,胡政之试图调试与政府的关系,不巧这种调试被"政府"解读为"变更态度",引起"政府"种种不适。继张季鸾主持笔政的王芸生也由于缺乏张氏与高层互动的技巧和对国民党内部底线的熟知因而屡屡碰壁,与国民党产生不少摩擦。如1941年底的"飞机洋狗事件",可看作是该报在立场上与"政府"保持距离和关系恶化的开始[9];1943年初《大公报》刊载《豫灾实录》《看重庆念中原》报道评论"河南大灾"的情况被罚停刊三天,可被看作是官方与之决裂的标志性事件。两个月后《大公报》发起的"爱恨悔"运动也引起国民党高层的不满。[10]随着时局的发展,国民党对军事、政治、经济、社会等领域的全面失控,其对于舆论界的镇压也越来越情绪化。1947年年底国民党对《大公报》重新发难,以《中央日报》"三查王芸生"为标志,双方矛盾发展到白热化阶段,并最终决裂。

以1947年为界,此前还可以看到《大公报》维护蒋氏与《解放日报》论战,直斥共产党罔顾蒋介石抗战之功,颠倒是非,杀气腾腾地恐吓人民。但是,1947年后,由于其言论频频得罪当局,引得蒋介石怒骂"未审该报负责人胡霖等究何心肝,而必欲与国家为仇至此耶?"[11]并下令限制《大公报》的采访活动,两者关系宣告破裂。

此时,共产党外围刊物及同情共产党的刊物也纷纷加入指责《大公报》的行列,试图消解《大公报》"独立""敢言"的舆论界权威形象。《海涛》《革新》《文萃》等一批刊物纷纷组织软性文章来梳理《大公报》的发展历程,在一篇文章中,作者认为初期的《大公报》虽有"敢言"姿态,但"九一八"之后却由"批评的态度转变成捧场的态度",采用"小捧大批评"的方式对蒋政府"小骂大帮忙"。[12]文章力图展现《大公报》在"正面的转变""大右转弯"与"偏向中立"态度之间进行游移。

在国共两党的双重压力下,《大公报》最终选择"自由主义"作为重复"避难所",自称"不左也不右",主张"政治自由与经济平等并重","相信理性与公平,反对意气、霸气与武器"。[13]《大公报》的自由主义论调并未得到国共双方的理解。共产党方面对《大公报》所标榜的自由主义进行了挖苦和批判。1948年1月19日,《华商报》刊文指出《大公报》够不上骑墙,也够不上妥协,因为《大公报》"一向跟在主子后面走",根本没有过斗争。中间路线也算不上,因为《大公报》一直在替"伪宪"捧场,而"主张中间路线的,还未敢公然承认伪宪与'国大'"。[14]一个月后,胡绳继续发表文章,指出《大公报》"其实际企图仍是在损害新势力和新中国在人民中的信心,而给旧中国统治者寻觅苟存的罅隙"。其政治企图就是:"把不满意于反动统治但又不敢参加人民革命的人用'自由主义'名义结合起来,以所谓'改造工作'来在革命狂潮前挽救反动统治与旧社会的命运。"[15]

国民党这厢也给《大公报》扣上"投机"的帽子,例如,《中央日报》出版的《中央周刊》攻击《大公报》在新闻的处理与表现手法上体现了"随风转舵似是而非的投机作风",[16]已被国民党党化的民营报纸《申报》也从意识形态角度批评其对共产党"颇存恕道"。[17]

《大公报》在此"孤危"的形势下也积极调整自身的言说策略,总社下达指示给各分社,要求"大公报日刊,大体上应替政府说话。小处应毫不客气攻击政府,暴露政府弱点,使读者认为我们中立;言论方面,同情政府。对民主同盟,不在必要时,不得有所抨击;大公晚报可以较左之手法出现,力求争取共产党及民主同盟之同情；编采人员，不得参加任何党派及小集团，尤不能自由参加任何签名及宣言等，决以无党无派姿态出现"。[18]

共产党揭露出《大公报》对国民党"小骂大帮忙"和"国民党的帮凶"的政治形象，国民党亦将其贴上"投机""新华社的应声虫"等标签，对《大公报》的集体态度反映出政党斗争中媒体角色的选择问题。《大公报》试图中立的选择未能使其置身事外，却成为两党意识形态整合过程中的批评对象。此外，两党报刊对《大公报》的态度出于不同的目的，国民党党报群体因长期处于意识形态与职业理念的冲突中，面对较其有相对宽松言说空间的《大公报》不免有嫉妒情绪，且高层对《大公报》态度转变的信号刺激促使其对《大公报》产生强烈的情绪发泄。对于共产党党报而言，则更多地体现为行使"统战"的目的和功能。[19]无论出于何种目的，国共双方都希望借助宣传之力进行意识统制。意识形态作为一种"观念力量""精神动力"，"三民主义"和"中国式马列主义"均以各种方式积极扩大自身影响力，企图将民众凝合聚集在统一的意识形态下，保证政权的稳固与日常机体的运行。国共基于这样的前提必然不会允许扛出"自由主义"旗帜的《大公报》"蛊惑人心"，为争取意识形态的领导地位，以理性著称，在众多知识分子和上层人士中极具影响力的《大公报》势必会成为众矢之的，左右为难。

三、结　语

战后，国民党依然奉行"一党专政"的执政理念，在放权与集权的两难选择中最终选择内战，意图以武力取得胜利，继续维护自身的政治权威。共产党提出多党联合政府的主张，客观上收获了许多中间分子以及其他民主党派的支持，形成一个与国民党威权统治力量相对立的民主阵营。面对剑拔弩张的政治环境，《大公报》不愿看到内战对国家社会带来的毁灭性伤害，起初只能对共产党作些劝和工作，"不要另起炉灶"体现出其一贯的立场。自1947年后，随着国统区的经济与社会危机由于政治动荡及军事失利大大加剧，国民党内部派系斗争升级、组织溃散、群体离心，社会各界逐渐失去对其复苏的希望，游行示威不断。以《大公报》为首的民营报刊阵营生存空间急剧萎缩，国共两党的双重制约更使其处境艰难，《大公报》通过不断调适言论及报道策略力求"独立"，但这种调适却在国共两极斗争的潮流中被淹没，无论作为"新华社的应声虫"抑或"法西斯的帮凶"，它注定无法置身事外，最终在党争的政治漩涡中惨淡收场。

媒体与政党的关系因不同时期、不同社会情境呈现出不同的面相。解放战争时期的媒体与政党关系大有"顺我者昌逆我者亡"的色彩，与抗战时期出于意识形态整合统一目的，政党媒体目标一致、团结御侮、相安无事的局面大不相同。两党斗争决定了媒体或生存或死亡的命运，《大公报》以其亲身试验揭示了这一简单的道理。

注释：

[1] 中央档案馆编.延安权威人士评蒋介石元旦广播(1945年1月3日).//中共中央文件选集(第15册).中共中央党校出版社,1991:2.

[2]《大公报》社评.纲领·政府·国大·宪草,1946-1-19.

[3] "五子"是指：条子(金条)、房子、女子、车子和馆子(高级饭馆)。战后上海市民对国民党官员的贪污腐败作风十分不满，故号称"五子登科"。

[4] 傅作义致电毛泽东."披肝沥胆指陈共军相迫太甚,切望慎处勿负挑动内战恶名"."中央日报",1945-10-26.

[5] 致电忠告毛泽东."中央日报",1945-11-22.

[6] 针对共产党收复东北问题，《大公报》发表多篇文章为蒋氏政府说话，主要核心文章有《东北的阴云》(1946.02)、《过分的宣传》(1946.04.15)、《可耻的长春之战》(1946.04.16)、《论宣传休战》(1946.05.30)、《蒋主席东北归来》(1946.05.31)。文章主要指责共产党依靠武力发动内战，肯定蒋介石抗战之功，反对共产党扭曲事实的宣传。如《过分的宣传》文末呼吁："求求拥有武力的党派们，你们再不要给中国制造内战了，也再不要用杀气腾腾的宣传战来恐吓我们人民百姓了，我们实在受不了了！"

[7] 存档文章有《新华日报》：《解决东北问题的途径》；《大公报》：《东北的阴云》；《新华日报》：《中共中央发言人谈话：中共对东北问题主张》；台北"国史馆"藏：蒋中正"总统"文物：国共协商(六)；1946年2月16、18日《大公报》社评；16日的《新华日报》报道蒋中正剪报资料室，剪报原件，典藏号：002-080104-00014-007。

[8] 论宣传战.《大公报》社评,1946-5-30.

[9] 拥护修明政治案.大公报(重庆),1941-12-22.

[10] 我们还需要加点劲.大公报(重庆),1943-3-29.

[11] 台北"国史馆"藏，蒋中正"总统"文物：事略稿本——1947年2月,1947年2月14日蒋中正阅《大公报》社论并怒记录，钢笔原件，典藏号：002-060100-00221-014。

[12] 方力.《大公报》七十二变.文萃,1946-2-2.

[13] 自由主义者的信念——辟妥协、骑墙、中间路线.大公报,1948-1-10.

[14] 荃麟."妥协·骑墙·中间路线"以下.华商报,1948-1-19.

[15] 胡绳.为谁"填土"？为谁"工作？"——斥《大公报》关于所谓"自由主义"的言论！.华商报,1948-2-22.胡绳针对"自由主义"与"第三条道路"撰写过许多文章，如《论"第三方面"》1946年11月；《论自由主义在中国》,1947年；《关于知识分子的问题》1948年；《路

是怎样铺成的》1948年1月;《关于"第三条道路"的破产》1948年1月;《美蒋导演下的一种政治运动》1948年4月;《透视南京伪国大》1948年5月.参见胡绳.胡绳文集1935-1948.重庆出版社,1990.

[16] 小可.与《大公报》论新闻编排与标题."中央周刊",1948-10-2.

[17] 申报,1947-7-9.

[18] 台北"国史馆"藏:蒋中正总统文物:一般数据——呈表汇集(一一四),1947年2月5日俞济时呈蒋中正保密局元月27日报,21日重庆曾怀立关于《大公报》确定态度事函,钢笔原件,典藏号:002-080200-00541-020。

[19] 郭恩强.重构新闻社群:《大公报》与中国新闻业.上海人民出版社,2013(11):205.

【作者简介】陈媛媛,南京师范大学新闻与传播学院硕士研究生。研究方向为:中国近现代新闻史,尤以大公报研究为主。

浅析《救亡情报》的媒介言论

徐蓓蓓

(南京师范大学新闻与传播学院,南京 210097)

摘　要：1936年正值日本发动全面侵华战争爆发的前夜,中日民族矛盾已经上升为中国社会的主要矛盾。蒋介石的"攘外安内"政策已经行不通了,国内关于"停止内战、一致抗日"的呼声空前高涨,各爱国同胞反对一切"兄弟阋墙"的自杀行为。在这种情况下,以宣扬"联合抗日"为宗旨的《救亡情报》在上海诞生,为实现中华民族的解放而努力。《救亡情报》言论体裁和题材方面受到当时社会环境的影响并针对不同对象表现出了不同的倾向。同时,发出了"团结御侮"的诉求,为建立抗日民族统一战线,实现民族解放而服务。

关键词：《救亡情报》　社会环境　媒介言论

　　《救亡情报》于1936年5月6日在上海创刊,同年12月25日终刊。历时7个多月,共出版30期常规刊物和4期号外。《救亡情报》曾是上海乃至全国救亡运动的重要喉舌和主要宣传阵地,宋庆龄、何香凝、马相伯、章乃器、陶行知、鲁迅和李公朴等一大批知名人士为该报撰写时评。《救亡情报》出版期间,翔实地记述了当时的重大历史事件并以号外的形式刊出,包括"九一八"五周年纪念血案号外,中山先生诞辰纪念号外,援助日厂华工罢工号外和西安事变号外。除此之外,还有"救亡言论""时事批判""救亡意见箱""救亡通讯"等各种栏目,详略得当地记录当时社会各界针对时事的态度和动向。这也为后人研究当时上海和全国局势提供了史料。

　　《救亡情报》在创刊号上发表了该报的发刊词,明确地表示"在这大难当头,民族的生命,已危在旦夕的时候,我们必须联合一致,与敌人及敌人的走狗—汉奸斗争"。由此我们可以得出,《救亡情报》作为一份抗敌救亡的报纸,它力求联合一切抗日的力量,呼吁建立统一战线,反对日本帝国主义和出卖国家的无耻汉奸。

《救亡情报》的诞生是源于当时国内严峻的社会环境形势,中国到了"亡国灭种"的艰难境地,只有团结一致才能够打败日本侵略者,获得民族解放独立。因此,本文主要研究受当时社会背景影响下的《救亡情报》媒介言论的表现。

一、《救亡情报》创刊的社会环境

1936年正值日本发动全面侵华战争的前夜,日本人先后占领了东北和华北,侵略的触手还不断地向西、向南延伸,中国的局势岌岌可危。同时,内战频仍,各爱国同胞深感国亡无日,非抗日无以救国。国内各阶层爆发了请愿示威活动,要求政府和各实力派联合抗日。

（一）日本侵华势头日甚

1929年,世界性经济危机爆发,与美国盟好的日本未能幸免于难。日本国内货币大幅贬值,工资下降,低利率加之军供短缺。日本极力向外发展,以转嫁经济危机并获得原料供给。在这种利益驱使下,日本悍然发动"九一八"事变,出兵进攻中国东北。日本侵略势力来势汹汹,相反,国民政府却按兵不动,从而助长了日本侵略者的嚣张气焰,东北三省很快全面沦陷。随后,日本为了转移国际社会对中国东北的注意力,于1932年初发动"一·二八"事变,遭到了上海军民的顽强抵抗,日军严重受挫。但是,日本此时已经在东北扶植了溥仪建立了伪满洲国的傀儡政权。

日军在控制了东北之后便开始觊觎华北的富饶物产和地理战略优势。1933年1月,日军攻占山海关,很快向南推进并且挑起事端制造冲突,逼迫国民政府与其签订不平等条约。国民党当局忙着内战,消灭共产党,对日态度软弱,对日方提出的条件逐一妥协。先后签订了《塘沽停战协定》《察哈尔协定》。不平等协定的签订,代表国民政府肯定了长城是伪满洲国的国界,这破坏了中国的领土主权,并且把绥东、察北和冀东作为日军自由行动区,这就削弱了中国在华北的军事力量,也为日军进一步控制华北提供了便利条件。土肥原指使殷汝耕宣布"自治"成立了"冀东防共自治政府",这是继伪满之后在关内建立的又一伪政权。

在没有国民政府当局的有力阻击下,日军在华的侵略势如破竹,迅速占领东北和华北并建立伪政权,由此开始了对占领区甚至是全中国的经济侵略和掠夺。日本经济组织、军队和政府三位一体牢牢控制华北的经济命脉,为日本侵华战争服务,更为其国内经济发展提供原材料。满铁和兴中公司等经济组织破坏性掠夺华北的煤炭、铁矿等资源,控制华北铁路,自主币制,制定特别关税,对当时的华北和全国的经济造成了打击。除此之外,武装走私和制毒、贩毒加重了经济情况的恶化。

(二)全国救亡热情高涨

国民政府对日军在华的暴行熟视无睹,这激起了全国各阶层、各党派有识之士的强烈愤慨。全国接连爆发了大规模的罢工、罢课、罢市等示威活动,这促使当局停止内战,联合抗日。1935年,中国共产党在长征路上针对时局发表了《为抗日救国告全体同胞书》(《八一宣言》),要求"建立抗日统一战线",这得到了全国很多正义之士的肯定和拥护。北平学生有感于国内局势艰难,发起了"一·二九"运动,反对华北自治,挽救民族危亡。当北平学生运动正如火如荼地开展时,上海的上层知识分子也遥相呼应开始为救亡而联合,倡导上海救国运动。

"1935年,上海文化界一部分爱国知识分子,围绕日本侵华,举行了各式各样的时事座谈会、报告会和读书会。在上层,则有叙参会的形式,探求挽救祖国危亡,寻找民族出路的方案。"[1]上海的各阶层开始走向联合,成立爱国救亡团体。上海妇女界救国会、上海文化界救国会、大学教授救国会、学生救国会、职业界救国会和国难教育社等一系列爱国团体组织如雨后春笋般陆续成立。这些爱国团体的建立对推动联合抗日起到了重要的作用。

为了避免势单力孤的救亡团体被国民政府和日本人骚扰打击,逐个击破,1936年,在"一·二八"四周年纪念大会上,合并原有爱国团体成立上海各界救亡联合会,并创办《救亡情报》作为该组织的机关报;报道全国当前的侵略和抵抗的情势,号召全国团结一致,共御外侮。

二、《救亡情报》的言论

在外有强敌,内战不断的情况下诞生的《救亡情报》,所发言论皆为"联合抗日"服务,号召全国联合一致、共御外侮。社会环境对言论的影响在题材、体裁上有明显的体现。

(一)《救亡情报》的言论题材

《救亡情报》的言论方针是"全国联合一致、共同抗日"。从内容上看,《救亡情报》的言论切实地体现了这一点。《救亡情报》报道了日本在政治、军事、经济和文化上对中国的侵略并发文抨击声讨日本侵华的恶行。至于国民政府妥协行为和压制爱国行动的做法，《救亡情报》的文章以提醒和警示为基调谴责当局的软弱。关于国内的爱国运动，《救亡情报》的言论则是以声援和鼓励为基调，充满了对爱国运动的同情和支持。

1. 针对日本和汉奸的言论倾向：以抨击和讨伐为基调

日本开启对华侵略的战端之后，侵略的途径就愈发多样，势力更是越发强劲。针对日本对中国发动的一系列侵略事实，《救亡情报》发表言论，谴责声讨日本在华恶行。

首先，日本为美化对华的侵略，提出"共荣"的借口。《救亡情报》发文揭露日本伪善的面目，使读者能够认清侵略者的狡诈本质。如：《为反对日本帝国主义非法在成都设领宣言》，日方长官岩井称日本在成都设领目的是"为发展日本在该地商业，及调查川中一般农产物及贸易状况"。文章随后驳斥岩井荒谬的借口，"这句话的实际意义，就是充当驻成都的日本帝国主义侦探策动种种榨取四川民众的阴谋，以为夺取长江流域全部领土的初步而已"。成都位于中国腹地，并不是通商口岸，任何外国势力都没有设领馆的权力。日本之所以要在成都设领，就是为了能够全面地侵略中国。

其次，日军在占领区随意逮捕、屠杀平民，而且肆意挑起事端，挑衅中国军队，意图制造军事冲突以获得更多在华利益。如：《筑营华工尽成水鬼》，"日本人恐怕筑营的华工泄露秘密，竟把所有华工一个个用麻袋装着抛到海里，活活的淹死，现在发现的已有一百多具尸首"。日本侵略者视中国人的生命如草芥，肆意践踏、屠杀中国平民的暴行令人发指。文章很能激起爱国人士对日本人侵略的愤慨，从而发起反日爱国行动。

再次，日本在经济和文化上对中国的侵略。《救亡情报》发文抨击日本对中国的经济侵略，如：《我们该动手了——开展抵货运动》中，揭露日本人走私的目的是"吸吮我们最后一滴精血，而握住我们整个的经济命脉"。在日本帝国主义疯狂的进攻下，农村已经破产，农民大量涌向城市工厂。但是，日本货通过大量走私向民众倾销，打压了民族工商业，造成大量中国人的工厂倒闭。文章直接表达对日本公然走私的痛恨，并号召全国抵制日货，为民族解放战争做准备。"我们要发动普遍全国的抵制日货运动，来作为民族解放战争前夜的阵容检查。"

文化上，日本在殖民地实施奴化教育，在国统区则发起反动宣传，删除抗日言论。如：《华北危局与抗日战争》中，指出"日本在华北删改课本，把一切反日思想和一切关于日本侵略我们的历史记载全删去了"。同时，日本还要求东北和华北的学校必须延请日本导师,进行奴化教育,毒害中国人的思想,消除他们的反日情绪。对此,文章对日本文化侵略的态度是反抗的,"我们对于日本侵略华北主权的一切行为,一概不承认,我们要确定华北是中国的华北"!

最后,除了日本侵略者,汉奸也是《救亡情报》的主要抨击对象。汉奸出卖国家利益,甘愿作日本侵略中国的工具,是为所有爱国民众所不齿的。《救亡情报》报道了学生汉奸、文化汉奸和政治汉奸等卖国的丑恶行径。对这些汉奸卖国贼持鄙视、痛恨的态度。《救亡和汉奸》中,提醒民众要学会分清汉奸,表露对汉奸无耻卖国行径的深恶痛绝。"汉奸会扰乱我们救亡的阵线,模糊我们的救亡意识,所以清算汉奸,和肃清汉奸谬误的理论,也是救亡工作的重要部门。"

2. 针对国民政府的言论倾向:以警示和抗议为基调

"九一八"事变之后,国民政府贯彻"攘外安内"的政策,对日采取不抵抗政策,接连送掉东北、华北,就连四川腹地也是朝不保夕。相反,对待国内其他阶层则是毫不退让,专事内战,压制国内的爱国运动和爱国人士。

《救亡情报》从民族的利益出发,发表文章表达对国民政府软弱妥协的抗议,并警示政府一味"攘外安内"只会导致中国完全沦为殖民地。《救亡情报》站在国家的立场上,发表言论抗议政府"自杀"的行为。如:《最可纪念的一个月》中,"虽然在四年来国难依然不息地加紧的袭来,国内还是未能把阵线统一,而往往把自己的力量用来消灭自己的力量,有枪阶级们能彼此时时舍生忘死的狠斗,不知丧失了多少生命财产和其他精锐,我们时常把自己人痛恨的咬牙切齿,绝对的认为不能宽宥,而忘却了放纵了正舞着大刀要伤害我们生命的敌人"。

国民政府对外放任日本肆意侵略中国,在国内反而专注独裁,颁布宪法和新闻检查法令,压制反日爱国运动。政府在对待如何挽救民族危机的这个问题上总是本末倒置,忽略了"皮之不存、毛将焉附"的道理。如:《国民大会的责任在哪里?》中,"二十余年之内乱,近数年来之外侮,或可因宪法之制订,民治之实施而解决。我们当人民的对于现政府又应如何'感激流涕''举手称庆'"。用"感激流涕""举手称庆"讽刺国民政府工作本末倒置。国家危在旦夕,国民大会还在纠结于颁布宪法,实行宪政。

《救亡情报》的言论除了抗议政府对日妥协、对内独裁的行为之外,还督促政府切实承担起责任,对日宣战。《请求政府立即下令对日宣战》,警示政府"现在已不是要不要抵抗的问题,而是不抵抗便是灭亡了"! 同时,向中央请求率领全国力量对日宣战、出兵抗日。文章标题言简意赅,直接向政府呼求对日抗战。

西安事变发生后,全国局势不甚明朗。《救亡情报》转向发挥舆论引导作用,发文督促西北和南京方面和平解决该事件。《全国各界救国联合会为当前时局紧急宣言》从力求全国上下一致,避免内战的角度出发,批评张杨"实行武力诤谏,这种不合常规的办法,当然不能为全国民众所赞同"。同时,督促全国各方实力派能精诚团结,避免内战。"我们尤其希望政府当局对于陕事,能谋迅速和平的解决,实行抗日救亡的主张;希望张学良、杨虎城将军一面恢复蒋先生等的自由,一面率领东北和陕中健儿驰赴绥远,援助我晋绥将士,用事实来表示收复失地的主张。"

3. 针对民众爱国运动的言论:以声援和鼓励为基调

中国面临亡国灭种的威胁,国内外的爱国同胞纷纷发起抗日救亡的活动。《救亡情报》秉持"抗日救亡"的主旨,十分关心全国各地救亡的形势,大量刊登各团体、阶层在各地的救亡运动,并且时常为民众救亡运动撰写时评,声援鼓励民众的爱国行动。如:《救亡情报》撰写《天津学生示威的意义》这篇文章声援天津学生示威游行,同时对于他们的爱国行动给予高度的赞扬。"天津学生明确的起来反对日本帝国主义和冀察当局的联合压迫爱国运动,他们这种战斗性,将中国救国运动的目标,充分的发挥和开展了。"《救亡情报》报道了来自学生、农民、工人、军警、妇女等各群体的爱国运动。

除了报道全国各地各团体的爱国运动之外,《救亡情报》还发起募捐活动,引起全国对救亡运动的注意和支持,切实地声援和鼓励救亡行动。如,《救亡情报》撰写文章《为援助绥东抗日军队募捐记》,为顽强坚决地与日军作战的傅作义部队募捐,"我们应该支持这个抗敌的军队,使他扩大他的队伍,增强他的战斗力量"。除了为军队募捐,还发出了"一日捐献"向国家募捐的请求。

对救亡刊物的介绍也是《救亡情报》宣传的一个重要方面。日本占领华北后,文化上立刻突变,产生了许多刊物、报纸,都是一种组织的、行动的、宣传的救亡文化。例如:《北平妇女》《学联会刊》《行军日报》《民族解放》,这些报刊分别从妇女运动、学生运动、斗争情形和游击战术等方面来讨论救国。

(二)《救亡情报》的言论体裁

《救亡情报》的体裁非常丰富,而且这些体裁也配合报纸的抗日救亡,全面细致灵活地向读者展现全国的救亡形势,并给予指导性意见,指引工作努力的方向。

1. 评论配合新闻，多指导性意见

评论文章在《救亡情报》中占有很大的比例，同时，评论文章大多配合新闻而发。如：日商纱厂华工反对日本工厂主对他们身体和精神上的摧残，发起工人罢工示威游行，《救亡情报》予以报道，先后通过新闻、通讯和特写等手段，描写了游行示威的过程和工人的生活状况。围绕刊发的新闻，发表了社评《援助日纱厂反日同盟罢工》，向读者大众表达了编辑部支持罢工的意向，并声援鼓励全国的劳苦大众一致支持上海罢工。

《救亡情报》中的评论文章大多开门见山、直抒胸臆，多指导性意见。如：《怎样扩大组织和健全组织》《舆论界当前的主要任务》《德日协定与意日协定》等文章，不仅题目直观反映文章的评论对象；而且文章的结构简单，直奔主题，方便读者阅读和理解。另外，《救亡情报》也多作文章为国内救亡团体分析当前国内、国际形势，总结过去工作中的失误，同时根据变化的形势提供指导性意见。如：《现阶段的救亡工作计划》《把握着新形势下的新任务》《对于过去救亡工作的检讨》等。

2. 救亡通讯效果显著

《救亡情报》的通讯深入详细地报道了各救亡团体发起救亡运动的过程。《救亡情报》的通讯内容可谓无所不包，不仅包括救亡通讯，而且也包括国内纪念活动的通讯和反对当局压迫而斗争的通讯。

首先，通讯向读者展示了全国各种类型的救亡团体在各个领域掀起的救亡运动的情况。这其中，学生、士兵、商人、工人、农民等，他们从自身和国家计，发起了要求抗日的示威活动。如：《西安学生悲壮的救国运动》《青纱帐起后的义勇军》《北平妇救近况》《松口国防音乐运动的昂扬》《救亡教育在梅县》和《国防剧运在广西》等。这些救亡通讯连成一片向读者展示，当前国内的救亡情绪一片高涨，鼓励其他群众积极投入到救国的行动中来。

其次，关于纪念活动的通讯。如：《从万国殡仪馆到万国公墓》，通讯中详细地记录了上海各界民众送别鲁迅的全过程。其中，不但有"肃穆气氛""眼含热泪"等关于送别队伍的气氛描写，而且也有"唱挽歌""呼口号""名人悼念演讲"等事件的描写，再现了当时民众送别鲁迅时的悲伤、惋惜的情绪。

最后，关于反对当局压迫而斗争的通讯。如：《牢狱呼号，漕河泾监狱中被困战士的血泪语》《集中军训十日间》《请看内地舆论被压迫之一班》等，全面细致地描写了为反抗而作的运动，揭露当局压迫抗日精神和言论的做法。

通讯内容为读者展现了全国的救亡形势，为实现全国一致要求抗日起到

了重要的示范作用。

3. 新闻特写展现救亡活动细节

相较于通讯,特写对于新闻事件的描写则更加细致,《救亡情报》中的特写主要集中在对救亡工作某个细节的描写,如:《五点十五分》《九六绥东募捐宣传的工作经验》《"九一八"五周年在上海——一个受伤者的自白》等,其中包括了民众在参加纪念活动,募捐活动时的工作场景和被当局打压的经过。《"九一八"五周年在上海——一个受伤者的自白》将参加纪念游行群众被打的场景真实地还原出来。在经过市府同意了的"九一八"五周年纪念活动上,游行示威的群众被军警残酷镇压,文章中将军警冷酷的嘴脸刻画得入木三分。用棍、枪托等猛击群众,最后放枪冲散游行队伍,打伤抓捕了许多游行群众。

特写还包括了当局压制群众思想的场景。如《一阵莫名其妙的欢笑》真实记录了当局限制群众反日思想的场景。用"欢笑""莫名其妙"等字眼讽刺当局压制民众爱国思想,将他们的丑态刻画得淋漓尽致。

4. 人物专访

人物专访是《救亡情报》中有特色的一类文章,采访对象多元化。不仅有何香凝、鲁迅、陶行知、李杜等社会名流,而且也有各阶层民众的代表、巡捕、海员、军校学生等。这些专访文章立足于采访对象的领域,访问他们对于爱国活动的看法和具体的爱国行动。如:《茅盾之话》中指出,"文艺上主张不同的作家们,可以是一条战线上的战友,文艺上主张的不同,并不妨碍我们为了民族利益而团结一致。同时,为了民族利益而团结一致,并不拘束我们各自的文艺主张,向广大民众声诉而听取最后的判词"。这一番根据文艺作家联合战线的观点和言论,为全国抗日统一战线的建立提供了良好的模式。为了不把联合的范围限制得太狭小,就要争取落后的民众,而底线就是重复抗日。

被访人物从自身和全国利益出发,就抗日和联合问题表达了看法。推及全国,为各地的读者起到了引导作用,鼓励他们暂时放弃嫌隙,为民族整体利益联合一致。

三、《救亡情报》的言论诉求

根据《救亡情报》言论题材和体裁的分析,可以得出《救亡情报》的言论受当时大环境的影响,为促进联合抗日而服务。《救亡情报》表达的诉求主要集中在两个方面:呼吁政府对日作战和呼吁全国联合抗日。

(一) 呼吁政府对日作战

1. 分析不对日作战的危险后果

日本对中国的侵略一天比一天重,先是占领东三省,增兵华北,后又在东南沿海设立特务机构,更妄想在四川设领,干涉中国的内政外交。配合强大的军事侵略,实行经济和文化侵略政策,大量向华倾销货物,滥发货币,破坏了国内经济的平衡和民族工商业。更可恶的是利用毒品毒害中国人的身心,使他们放弃抵抗,减弱军队的战斗力。文化上进行奴化教育,削弱国人对日本的抵抗,最终臣服于日本的控制。《救亡情报》报道日本对华进行的各种侵略行动,向民众传达出这样一种讯息,那就是,"以土事敌,土不尽,敌不餍"。[2]

2. 分析具有对日作战的条件

关于对日作战的条件和优势,《救亡情报》大致是从民众、中日力量对比和国际形势几个方面进行分析。

首先,"刀锯鼎镬,甘之若饴,是中华民族不怕死的特征"。[3]抗日带来的流血牺牲,中国的民众是不惧的。全国的妇女群体、文艺家、海员、警察、工人、农民等群体认识到"只有武力抵抗才能够不做亡国奴!广大的民众坚决地不愿做亡国奴"!抗日救亡的情绪热情高涨,各界民众积极为抗日贡献力量。

其次,就中日之间实力进行分析,日本国内军力不济,对华战线的拉长使得日本国内军事和经济枯竭,难以为继。中国受压迫的民众团结一心,而且利用地理优势采取游击战术攻击日军。在"一·二八"战争和喜峰口战争中给予敌人沉重的打击,东北义勇军更是使敌人疲于奔命,无计可施。这就证明,"唯武器论"的荒谬,中国是有实力打败日本侵略者的。

最后,国际形势是有利于中国抗日的。日本在国际上出尔反尔,声誉不佳难以获得支持。同时,中国受剥削压迫的情形是受到其他国家的同情和支持的。日本国内法西斯势力高涨,百姓的生活一天天紧张起来。日本友人秋田行男的《我们的"中日协调"——一位日本朋友号召中国人民的联合》中表示在日本国内,对法西斯主义也有各种色彩的反对者,结合他们这些势力的联合战线,正在从下层向上层发展。同时,日本法西斯势力也干扰到英美等其他国家的在华利益。因此,在抗日的问题上,英美列强对中国至少是抱以同情和支持的。

（二）呼吁全国联合抗日

1. 分析不实行全民抗日的局限

国民党当局坚持"攘外安内"专事内战，不仅将大量军事力量用于剿共，而且在西南方面要求联合抗日时，又大量增兵湘赣造成军事冲突。更甚者，还与日本签订"合作防共协定"，把自己的军队派到剿共前线，自己人打自己人，把土地交给日本人来防，这样，日本人不费一枪一弹占领中国国土。国民党当局这种行为无异于自杀，正中了敌人"各个击破"的诡计。丝毫不利于中华民族的解放，反而白白消耗自己的实力，给敌人侵略的机会。即便是日本人不再侵略，中国也将不保了。

2. 分析全民抗日的优势和必然性

首先，受日本人压迫的大众都意识到非抵抗无以救国，甚至很落后的群众也准备在这场战争中尽他们的力量。他们自然希望结成一条统一战线，共同努力。在全国范围内，一切反对帝国主义和汉奸的爱国人士，包括战士、进步思想家、作家、青年学生、工人等社会各阶层和各界自觉加入到这个爱国的队伍和战线。《一个统计——中国民众武装抗日胜利的把握》一文中有中、日、意、苏、英、美等国在国土面积、人口、军力和军费、耕地面积、煤铁产量方面数据的对比，其中中国的国土面积是日本的32倍，人口是日本的35倍，煤铁产量是日本的2倍。数据表明中日之间的战争，中国是有获胜的机会的。战术和技术固然是近代战争取胜的关键，但是，人口和物质资源对于战争同等重要。

除了国内的统一战线之外，在世界范围内所有受殖民压迫和反对法西斯侵略的力量都希望能结成统一战线，共同努力。《"九一八"五周年纪念宣传大纲》阐述了这样一个事实，那就是日本侵略者内部有很深的矛盾，日本国民十分反对战争，这于我们民族而言是有益的，我们可以利用这些矛盾。除此之外，国际上的舆论导向是支持中华民族解放战争的。"他们为避免未来的灾祸，为争取永久的和平，应当一致起来援助中国的民族解放运动，应该团结起来阻止日对华的侵略，即是应当建立起太平洋的集体安全制度，来共同保持太平洋的和平。"[4]

四、结 语

20世纪30年代，日本侵略中国的势头日益强劲，中国实在是到了存亡绝续的紧要关头。然而国内各实力派还忙于内战,消耗抗日实力,实为所有爱国同胞痛心和反对。因此,全国各地陆续出版了一系列旨在号召"停止内战,联合抗日"的爱国报刊。这其中尤以上海的《救亡情报》影响广泛,作用显著。

《救亡情报》所处的社会环境是影响媒介言论的重要因素。1936年是掀起全面抗日战争的前夜,中日之间的矛盾已经到了不可调和的地步。日本除了加紧对中国的军事侵略之外,还加重了对华的政治、经济和文化的侵略。日本侵略的触手已经盘踞了东北、华北,还逐渐向西、向南延伸。中国的局势岌岌可危,而国民政府对此放任自流,誓将"剿匪"进行到底,这鼓励和帮助了日本对华的侵略。面对这艰难的局势,《救亡情报》的报人自动组合,痛陈爱国意见。从属于各党派、各阶层、各领域的爱国人士自动为《救亡情报》撰写文章,为建立抗日民族统一战线而宣传。

媒介言论是对社会环境的具体表现。中国危重的局势决定了非抗日无以救国,各种党派、各种领域的报人自动在"抗日联合"的旗帜下集聚,立足于本阶层,介绍救亡活动的开展情况。同时,针对国内发生的"华北事件""西南事件"和"七君子事件"等发表救亡意见。深入分析其中盘根错节的关系,为抗日积聚力量,寻找民族解放的出路。

由此可以看出,《救亡情报》所处的社会环境和自身的媒介言论,这二者互相作用。社会环境决定了《救亡情报》言论的内容、体裁和倾向;《救亡情报》的言论也是对当时社会环境的反映,为后人展示了当时社会的真实情况。

注释:

[1] 周天度. 救国会. 中国社会科学出版社,1981:2.
[2] 号召海内外同胞抗日宣言. 救之情报,1936-5-6.
[3] 最可纪念的一个月. 救之情报,1936-5-6.
[4] 太平洋集体安全制的现实性. 救之情报,1936-6-7.

【作者简介】徐蓓蓓,南京师范大学新闻与传播学院硕士研究生。

《台湾日日新报》研究初探

卢河燕

(南京师范大学新闻与传播学院,南京 210097)

摘 要:日治时期的《台湾日日新报》作为台湾总督府当局御用报纸,是发行时间最长、发行份数最多、影响最深远的报纸媒体,本文尝试在相关历史资料基础上,探讨《台湾日日新报》的创刊背景、改版变迁等情况。

关键词:中国台湾地区新闻史 《台湾日日新报》 日治时期

一、前 言

1683年清朝统治台湾以前,西洋传教士曾在台湾引入新型印刷机,借此刊发宗教相关刊物。但此时印刷术并未普及,当地信息稀少,大部分的刊物来自于内地,拥有书籍的民众数量也有限。1885年台湾开始发布刘铭传创办的《邸抄》,该报作为官报是当时台湾知识分子通晓政界动向的唯一媒介,主要内容为大臣奏章,由人工抄录,不定期发布,受众不是一般大众,仅为官员及其相关者,虽然在报纸内容、发行目的、时效性、真实性等方面与现代报纸相异,严格意义上来说不能称为报纸,但仍然可以将之视为台湾新闻事业的开端。

此后直到1894年日本发动战争企图侵略朝鲜和中国,1895年日本取得战争胜利并同清朝签订《马关条约》后开始治理台湾及澎湖列岛。1895年11月18日台湾总督府第一任总督桦山资纪(任期:1895年5月10日—1896年6月)发表《全岛平定宣言》宣扬全台平定,台湾民众不受蛊惑且不甘心被日军殖民,十几天后北部义军奋勇发起反抗,其他地区民众纷纷响应,该起义持续到1915年。面对民众的激烈反抗,日本殖民者非常害怕并不断派出军队镇压,为了维持殖民统治,总督府任命能够指挥反抗的武官来就任总督,实施殖民最高统治。日本当局对外迫切需要了解战争形势和世界信息,对内为尽早确立殖民政权,需要将战地信息和殖民情况告知在台日本人和当地民众,因此在总督府支持下开展起新闻事业,并从1896年起将印刷术引入台湾方便报纸刊行。同年6月台湾出现新闻机关。之后,发行代替总督府府报的《台湾新报》,《台湾日报》也随之登场。

因为起初在尚未颁布正式法令时,当局在新闻出版界没有明确的规定,媒体管理主要参照日本政策,强调在获得出版许可和交纳保证金的前提下才可以出版报纸,加上持续暴力的军事打压始终缺少依据不能获得台湾民心,因此,总督府为全面贯彻殖民政策实施决定采用法律手段,于1896年3月31日颁布了"关于施行台湾之法律"(即"六三法",共六条,是日本统治台湾的基本法),以此为日治初期台湾法律的准绳。而台湾对新闻纸的正式规定从1900年1月的《台湾新闻纸条例》和同年2月的《台湾新闻纸发行保证金规则》《台湾出版规则》开始。

另外,日治初期的台湾教育并不普及,民众识字率颇低,当时作为日本殖民地的台湾当地民众获取信息大多通过闽南语进行交流,即口传,能够看懂文字并通过文学进行交流的只有少数读书人。总督府认识到,必须通过舆论引导来收买民心,而为了方便交流传达,汉字成为可以依靠的主要手段,因此当局首先发行日文报纸,以汉文报纸作为附录刊发,汉日双语结合承担起传达总督府政策、掌握民心的主要职责。

二、《台湾日日新报》创刊经过

《台湾日日新报》创刊前,台湾已有两份代表官方意志的报纸《台湾新报》和《台湾日报》。此前根据日治初期总督府的财政状况,独立发行《府报》并在全岛内推广非常困难。当时正好桦山资纪总督和他的同乡山下秀实(原先为日本大阪府警部长)提出关于创办《台湾新报》的申请,民政局基于经费削减和信息普及的考虑,便决定可以委任民间人(在台日人)发行报刊。1896年6月17日在日本总督府始政一周年纪念日当天,山下秀实在台北创办《台湾新报》,该报是日本在台湾创办的第一家报纸,总共4个版面,第一面含有中文内容,余下三面为日文版面。初为日文周报,同年11月1日改为日报。《台湾新报》创刊仅三周内的7月8日,依据台湾总督府的行政司法命令,该报作为公报发布并接受每年4 800日元的官方资助。其发行对象不仅是在台日本人,更是作为对台湾人上传下达的首要途径取代了原先《府报》的位置。由于发行人山下秀实和桦山资纪的同乡情谊,因此它不仅作为总督府公报反映殖民当局的立场,同时也被视为萨摩派在台湾的言论机关。同年12月24日起,《台湾新报》改第一版面全部以中文刊载,其他版面仍然为日文。当日的《台湾新报》上因附有"研究台湾话吧"的日文标识而引人注目。当时的普遍情况仍然是台湾当地人用闽南语交流,日本人之间用日语交流,虽然督政府已经将日语作为公共用语并从教育抓起,但日本人为了在台湾取得完全统治,认为自身也应当学习台湾话,仅从此举便能看出日本对台湾统治的野心和进行文化侵略的政策推进。

第二任总督桂太郎(任期:1896年6月2日—1896年10月)就任后,在台中县云林发生的陆军虐杀当地居民的事件也成为新的发刊契机。接连不断的流血带来的民愤不安促使桂太郎总督计划发行《台湾日报》,并依靠河村隆实申请。虽然后来桂太郎离任,但第三任总督乃木希典(任期:1896年10月14日—1898年2月)到台后仍然继续着手刊发《台湾日报》。1897年5月8日《台湾日报》创办,5月17日获得日本邮政省认可,成为日本殖民当局的官方报纸,每年接受25 000日元资助。[1]因为《台湾日报》由总督同乡乡川隆实经营,因而该报成为帮助宣传当任总督的殖民政策的长州派在台湾的言论机关。

虽然已有机关报《台湾新报》和作为第二报纸的《台湾日报》为总督府提供舆论后援,但实际上两报相互牵制,不仅在总督府上的资金援助存在差别,同时也存在其他问题。首先,两报对于总督府的论调相异。据中川未来(2012)所说,《台湾新报》的新闻特征是代表总督府,说明维护当局政策,同时《台湾新报》虽然接受官方资助,但也在报纸上刊载民间人(在台日本人)的意见。[2]另外一个原因是两份报纸背后的藩阀关系。山下秀实发行的《台湾新报》被视作萨摩派的言论机关,帮助整理台湾全岛的政策宣传环境。桂太郎借河村隆实的手发行的《台湾日报》被视作长州系的言论机关。虽然两份报纸均受督府援助,却各为阵地相互攻讦,将藩派之争延至殖民地的报纸言论。如果一方赞成督府的某个政策,另一方则自动地站在对立面反复强调反对的论调,两报的记者在市内展开乱斗。[3]虽然在言论上多有针对,但是两报在版面格式上依旧延续日报风格。"两报在发行初期均为不定期,发行日期相隔三天、四天、五天不等,不久之后,才成为定期日报。报纸版面不全是日文,每期还带有1—2版的汉文版。后来,《台湾日报》在第一版还开辟了英文栏,每周三次。"[4]最终由于两报派系不一,各执己见,为日本殖民政策的统一贯彻带来不便,在第四任总督儿玉源太郎到任后,民政局长后藤新平基于对新闻统治的认识,授意其故交守屋善兵卫并购两报,整合两报资源,成为保护宣扬总督府施政政策的《台湾日日新报》。依据总督府的行政司法令,自此由该报刊行颁布于民。同时当局强烈感到对欧美等国的信息发布不充分,应当发布准确的信息,并考虑设立新的对外信息发布的媒体机构。

三、《台湾日日新报》的变迁

1898年5月1日《台湾新报》《台湾日报》合并为《台湾日日新报》后,于5月6日正式发行第一号,该报历经日本明治(1896—1912)、大正(1912—1926)、昭和(1926—1944)时期,结束于1944年3月31日。该报最盛时期的发行分数达5万份,总计15 800多号。[5]作为当时唯一的御用报纸,《台湾日日新报》声称该报创办是"为台湾总督府提供台湾地方民情,以掌握社会情况"[6]为主旨。对于日本国内及台湾双方而言,"可以看作是总督府的代言人,具有宣传总督府政策的性质"[7]。发刊词称:"值此新报、日报同时停刊、本岛失去社会耳目机关之不幸时刻,我辈为补足这一欠缺而创办了《台湾日日新报》。"[8]

《台湾日日新报》自创办起每日出刊,创刊初期,报纸有6个版面,只有第一面为汉文栏,此后增加到刊出8个版面时,第1面和第4面都用汉文刊载。1898年6月1日《台湾日日新报》发表社告表示:"《台湾日日新报》自本日起改良版面,作为开发台湾的先驱,帝国南进的向导,将竭尽全力。"[9]之后,《台湾日日新报》取消第一面的汉文新闻,通常情况下当版面有8页时第5面和第6面均为汉文,当版面共6面时第4面或第5面的其中一面为汉文内容。而从1899年4月5日起,即使在报纸共有6面的情况下,也仅有第3面的上半部分和第4面这两部分用汉文刊登。由于技术和刊登报道分量的分配问题,唯一没有变化的是第一面上再也没有以中文进行过报道。[10]"第一号的报纸中共有10版,其中两版(第一版和第四版)用的是中文。从内容上说是杂报与文苑,其余日文版面则为社论、杂报、诏敕、绘图、文苑与广告等。这样的内容分配是《台湾日日新报》的典型模式,信息数则,依版面多少而有变化。仔细分析,第一版中的中文有各地杂报,包括了美国与西班牙在菲律宾的战事,以及大陆沿海与台湾各地的新闻信息(主要在版面右上位置);左下则有律师事务所的广告;中间有两则信息:一为《台北官民大恳亲会祝文》,另一为东海莘田

《拔剑斫地说》,内容都在阐释日本统治的正当性。"[11]《台湾日日新报》延续日人办报模式,"日据时期,《台湾日日新报》是发行量最大的报纸之一,其版面设计形式和现代报纸的格式较为接近,而且在内容方面已有小说、专栏、报道等分类的雏形。摄影及印刷技术对该报的设计影响较大,在视觉设计上产生那个时代的设计风格。在图片的使用上,采用专栏插图完整地表现人民谋生的行业景况"[12]。报纸上涉及当时的法令规则、时事新闻、社会现象、形态,"首设与同时代中国大陆报业'附刊'内容相似的'汉文栏',展开了台湾报纸副刊的先河,主编为章炳麟"[13]。从事汉文部工作的有籾山衣洲、章炳麟等新闻人。籾山衣洲受当时《台湾日日新报》社长守屋善兵卫的招募,于1898年11月至1904年4月负责编辑汉文栏,活跃在当时的台湾文坛。为使当地原住民尽快接受统治,《台湾日日新报》对汉文栏目、中文版面的重视与日俱增。

上述可知,《台湾日日新报》从创办伊始便在头版安排汉文版,可见其对汉文的重视程度。但是当时《台湾日日新报》虽然保持两面进行中文报道,由于岛内300万人大多不懂日文,作为御用报纸其影响力始终有限。因而1903年后在中文栏上加上了《台湾日日新报》的报题,1905年取消中文栏,另外创设了中文版《台湾日日新报》。[14]《汉文台湾日日新报》(1905—1911年11月,历时6年4个月),以始政10周年为契机设立。日文版《台湾日日新报》1905年7月1日(第2048号)第二版上有"关于版面的扩充"的栏目载于最上方:正如我报之前广告所述,原先本报所刊登之中文报道,从今天起将不再登载,将另行刊登在独立的报纸上。本报仍然出版六页,专门刊登日文报道……我们新闻事业应作为日本帝国领土政策的辅助,同时还可以致力于促进当地民众的幸福。此方针过往如此,将来也不会变。进一步来说,对于以后获得的领土,可以论述其利害得失,以让帝国殖民政策得以确立与巩固……这是作为报纸发刊者的权利,也是义务。我们坚信应该为此而努力。[15]成为独立的中文日报后,《汉文台湾日日新报》以"为推进宣传总督府的施政方针、招募抚慰名士、维持社会治安、镇压抗日实力的社会改革运动"为宗旨,发行6面全为汉文的独立日刊。《汉文台湾日日新报》的独立发刊,是总督府利用汉字报纸不断笼络台湾当地名士、镇压抗日活动、进行深入宣传、加强施政的结果。

王天滨在《台湾报业史》中曾有专章讨论:"一九〇〇年以后,《台湾日日新报》已完全变成台湾总督府统治台湾人民的御用工具……该报首先在一九〇三年初,在中文栏上加上《台湾日日新报》的报题;一九〇五年七月,全面发行汉文版,为四开一张之小型报,翻译《总督府报》并载于其中,每份售价四角五分;日文版仍然维持一张半,售价六角。"[16] 而自1910年10月1日起,《汉文台湾日日新报》的字体缩小,从而整体缩减至4个版面,这种格式一直维持到1911年11月30日该报发行第4034号后停刊为止,翌日以增添两页汉文栏的形式重新恢复于日文《台湾日日新报》中。《汉文台湾日日新报》在停刊当日共刊出四版,每版面七个字段,信息量较初发行时增多,除第四版内、外市场行情与广告为六栏之外,其余三版的杂报与要电,多以"清国革命乱报"为主要栏目,内容从各地战事纷起,到清朝官员奔避大连、旅顺等。其中,头版中间的"世论概观"栏目,便有《章太炎君之言论》与《革党及袁内阁之亲美》的报道与评述。[17] 1910年11月,《台湾日日新报》扩展为两大张。[18] 即添加汉文版后报纸版面总体增加。此后直到1937年4月顺应时势废除汉文栏。

四、日治中后期的《台湾日日新报》

1911年12月1日起,《台湾日日新报》再次恢复为两面即第4面和第5面为汉文新闻。1912年5月3日起又将汉文版面移至第5面和第6面。虽然汉文版面的设置越来越靠后,但依旧保持两面的位置。以此为主不断地变换版面,不过是使总督府的施政方针得以彻底公告台湾。[19]《汉文台湾日日新报》的废刊能够消减总督府施政带来的威胁,且此时日本进入"大正民主"时代,标志着殖民统治进入下一个阶段。例如,1919年后台湾总督终于可以由文官担任,而且台湾社会接受日治已有二十余年,日本治理台湾的策略改为同化政策,政治、军事、法律、教育、产业等方面和日本渐渐相通并接轨,《台湾日日新报》的出版情况也趋于稳定。

随着第一次世界大战的爆发,时局再次震荡,人们对战事的关心度陡然上升,台湾报界开始发行号外的晚刊。当时台北仅《台湾日日新报》一家报纸,每日利用号外传达世界战况,战争结束后晚刊相应停止。直到1924年6月2日,台湾日日新报社恢复晚报,每日总共出版4个版面的晚报。当时日报仍然是6个版面。但是,日刊和晚刊的第4面都是中文,因此,中文所占版面的分量仍然是两面并未改变。日刊仍然为两大张,晚刊半张,日刊、晚刊共10面。至1928年6月13日起,日报再次由6个版面扩张至8个版面,而中文版面保持同前面一致,仍然仅仅日刊和晚刊的第四面是中文版面。到了1931年,日刊的中文版面才由第4面移动到第8面。[20]

报纸的重大变迁直接来自总督府的强权政策。1936年,原总督中川健藏改由小林济造担任。至此,15年由文官担任总督的历史结束。小林上台后,加紧推行"皇民化运动",对新闻加强限制和管控,其中一条就是所有报纸禁止使用汉文。因此,自1937年4月1日起,不论之前的限制,中文报道占有多少版面,全部被废除(只有《台湾新民报》一家是从6月1日起废除的)。依据台湾总督府的方针,其他报纸一并将原有的中文栏目全部取消,全台报纸逐渐丧失当地民众的发言空间,总督府的"国民精神总动员"通过报纸向民众强行灌输日本思想,消除台湾人的祖国意识。4月1日所附带的纸面上以"国语常用"运动进行掩饰。台湾总督府加强对台湾人说日语的要求,并在1940年公布更改姓名法,将汉姓改为日本姓名的"国语家庭"可以享受到生活、就业上的优惠。

1937年7月7日,以卢沟桥事件为导火索的中日战争爆发。虽然根据以上官方规定不能出版中文报道,但战事紧急时刊出的"号外"再次作为军方的得力喉舌在《台湾日日新报》上大规模出现,每日报上增加了许多直观的战争照片,人们对日文的阅读能力普遍提升,在出于对战事的强烈关心的基础上,该报的发行量大大增加。直到中日战事陷入僵局,总督府的人力、物力等各方面资源也相应陷入不足,印刷报纸的纸张才逐步减产。因此从1940年8月16日起《台湾日日新报》日刊由8个版面缩水至4个版面,从12月16日起则形成了日刊4面、晚刊4面的版面。自1941年12月13日起更是将版面减少至日刊4面、晚刊2面。

中日交战过程中,1941年12月7日,日本出动飞机袭击珍珠港,拉开了太平洋战争的序幕。日本的战略中心由中国转移至美国。在台湾的报业物资方方面极度匮乏、办报条件越来越差的情况下,日本军国主义举步维艰,更加加紧了对新闻业的控制,《台湾日日新报》版面也一再缩小,不断减少广告、缩小字号、减少新闻数量和纸张数。1944年3月30日,《台湾日日新报》接受日本《新闻事业令》中"一市一报"的原则,进行废刊。在台湾日日新报社原社址的基础上,当时台湾留存的6家日报进行合并统一,于1944年4月1日起以《台湾新闻》为名统一发行,以"应当力求强化舆论的统一宣传报道"为诉求,力图集中控制言论。而当时的《台湾新报》仅仅由两面构成,直到1945年10月2日最终废刊。之后,继承《台湾新报》,1945年12月25日《台湾新生报》诞生。为表示台湾解放获得新生,取名为《台湾新生报》。自此日本侵略者结束了对台湾长达半个世纪的殖民统治。

五、结　语

　　日本殖民统治时期,台湾新闻事业由日本政府完全控制,经过当局多重尝试,终于将两报合并为一报,集中力量于《台湾日日新报》进行舆论控制。《台湾日日新报》作为日治时期总督府的御用报纸,追随督政府政策消息发布新闻,其新闻、广告等都带有浓厚的官方色彩。自它由合并诞生到随战事覆灭,曾多次调整版面,从中文版的发行拓展台湾本地读者到专辟中文报纸,从字体的缩减到战时号外晚刊的增加,一方面在奋力讨好、控制当地人民,另一方面也体现了其在深入对台湾人民的同化教养。《台湾日日新报》的每一次改革都不仅是单纯的版面变化,还是日本统治者在殖民统治中的文化侵略思考和实践,是通过报纸宣示自己主导、维护殖民利益、突出教化重点、进行文化控制的表现,是收买台湾民众民心、操控殖民舆论、提高统治影响力的重要途径。半个世纪间,无论执政的总督、经营的社长如何更替,其宣扬的日本军国主义、对台湾民众进行思想教化的意图自始至终一以贯之、愈演愈盛。

　　《台湾日日新报》作为日治时期最具规模的御用报纸,在台湾史、抗战史上的地位无出其右,但是此前由于原文资料一水之隔难以获取,内地几乎少有相关研究。而今正值抗日战争胜利70周年,在资料日渐开放、丰富的基础上重新认识《台湾日日新报》的诞生和发展,对于当今中日以及海峡两岸的深入交流具有新的历史和现实意义。

注释:

[1] [日]横泽泰夫.台湾史小事典改定增补版.中国书店,2010:150.

[2] [日]中川未来,殖民地统治初期的台湾和报纸——《台湾新报》和《台湾日报》.媒体史学会,2012.

[3] 李佩蓉.日本统治时代初期台湾汉字报刊的研究,《汉文台湾日日新报》(1905)的创刊经过和以其为背景的研究.日本大众传播2014年度春季研究发表会,2014:1—4.

[4] [日]春原昭彦著.刘明华译.日本统治下的台湾报纸.新闻研究资料,1988(03):165.

[5] [日]横泽泰夫.台湾史小事典改定增补版.中国书店,2010:150.

[6] "中央图书馆"台湾分馆所藏《台湾日日新报》影印本,"国立中央图书馆"台湾分馆长林文睿的"序言"部分。

[7] 朴宗彬.关于《台湾日日新报》.大阪经济法科大学图书馆图书资料参考评论,1996-

11-30(11):7-10.

[8] [日]春原昭彦著.刘明兵译.日本统治下的台湾报纸.新闻研究资料,1988(03):166.

[9] [日]春原昭彦著.刘明兵译.日本统治下的台湾报纸.新闻研究资料,1988(03):166.

[10] 朴宗彬.关于《台湾日日新报》.大阪经济法科大学图书馆图书资料参考评论,1996-11-30(11):7-10.

[11] 夏春祥.台湾第一份中文日报:《汉文台湾日日新报》研究.新闻春秋,2014(02).

[12] 蔡祥荣."解禁"后台湾报纸版面革新研究.厦门大学硕士论文,2006.

[13] 刘晓慧.台湾报纸副刊发展脉络探析.社会科学家,2011(10).

[14] 陈扬明,陈飞宝,吴永长.台湾新闻事业史.中国财政经济出版社,2002:9.

[15] 夏春祥.台湾第一份中文日报:《汉文台湾日日新报》研究.新闻春秋,2014(02).

[16] 王天滨.台湾报业史.台北:亚太图书出版社,2003:41.

[17] 夏春祥.台湾第一份中文报纸:《汉文台湾日日新报》研究.新闻春秋,2011(02).

[18] 蔡祥荣."解禁"后台湾报纸版面革新研究.厦门大学硕士论文,2006.

[19] 朴宗彬.关于《台湾日日新报》.大阪经济法科大学图书馆图书资料参考评论,1996-11-30(11):7-10.

[20] 朴宗彬.关于《台湾日日新报》.大阪经济法科大学图书馆图书资料参考评论,1996-11-30(11):7-10.

【作者简介】卢河燕,南京师范大学新闻与传播学院硕士研究生。

㈣ 新闻事件研究

炮制的真相与真相的探寻
——围绕国联调查团会见马占山报道的较量

郑亚楠

(黑龙江大学新闻传播学院,哈尔滨 150000)

摘　要:中国人民抗日战争是从"九一八"事变后,128万平方公里的东北沦陷开始的。本文将关注点集中在抗战之初被国民政府寄予厚望的国联调查团的中国之行上,从大量史实中分析国联调查团在东北寻访抗战名将马占山未果的原因;指出日本军国主义在武装侵略的同时,用法西斯舆论手段炮制的种种"真相"的本质;赞赏当时的外国记者冒险访马的敬业品格。

关键词:国联调查团　日本军国主义　记者访马风波

在纪念世界反法西斯战争和抗日战争胜利70周年之际,我们有责任回溯腥风血雨、国土沦丧的东北大地上发生的历史史实;有责任认清日本军国主义在武装侵略的同时,用法西斯舆论手段炮制的社会本质;有责任敬重那些拥有正义感的外国记者对错综复杂的大时代的真相探寻。

一、国联调查团会见马占山的理由

1931年9月18日,日本关东军悍然炮轰沈阳北大营的中国驻军,从而拉开了武装吞并东北的战幕,在此之前的种种试探(说服张作霖合作等)都被扯下了遮羞布。国际关系随之发生了自第一次世界大战以来的重大变化,也是国联自1920年成立以来碰到的最严峻的国际问题。

1. 蒋介石对国联的幻想

面对日本的主权侵略,当时的国民政府却采取了"先安内后攘外"的国策,对日军采用不抵抗策略,命令二十万东北军撤进关内,将东北拱手让给了兵力三万的日本关东军。此举导致军阀混战下的辽宁省、吉林省在不到一个月的时间里全部投降。如果说蒋介石没有估计到日本的险恶用心的话,现在看来有失偏颇,有很多可靠的史料能够证明蒋介石当时的巨大焦虑。但是,蒋介石对国际形势的误判仍有着不可推卸的责任。"要在国际联盟的框架里寻求中日纠纷的公正解决",[1]他将解决积贫积弱、扭转半殖民地、半封建中国的希望寄托于国联身上,试图通过西方列强在中国的利益纷争来制衡日本,为其在国内剿共赢得时间。国联是1920年1月10日成立的国际组织。其宗旨是减少武器数量、平息国际纠纷及提高民众的生活水平。其存在的26年中,曾协助调解某些国际争端和处理某些国际问题。但由于缺乏执行决议的强制力,"团联"未能发挥其应有的作用。中国于1920年6月29日加入国际联盟。[2] 1931年9月19日恰逢国联行政院例会,行政院轮值主席拉劳要求中日两国代表就"九一八"事变进展作出说明。日本代表芳泽谦吉(曾任驻华公使)辩称:事变属于"地方性事件",日本政府已采取措施。而中国代表施肇基则申明,就已接到的通告,"似可证明事变非由中国方面所引起"。[3]此后,施肇基遵照国民政府训令,于9月21日正式向国联递交声明书,报告"九一八"事变的经过和中国未作任何抵抗的事实,他照会国联秘书长,请求召开国联行政院会议,"阻止危害各国间的和平,并恢复事变前原状,决定中国应得赔偿之性质与数额"。[4]

2. 马占山的冰火人生选择

虽然今天看来,日本的贪婪很快就粉碎了蒋介石的幻想,但在"九一八"事件后,国际、国内尤其东北的局势是有一个演变的过程的。辽宁、吉林两省不战而降、全线溃退激起了东北各地人民的抗日热情。1931年11月4日,以为可以一路高歌、马上就能占领黑龙江省的关东军和投降的伪军向黑龙江省政府主席兼黑龙江省军事总指挥马占山所在的部队发起了攻击,出乎侵略者意料的是,马占山部队誓死抵抗,打响了中国人民抗日战争第一枪,史称"江桥抗战"。后来,由于敌我力量悬殊,至11月22日马占山部队从嫩江桥撤下激战三间房后,途经克山、拜泉退到了海伦。这时,第一次在东北受到重挫的日本侵略者改变了做法,为了能不失时机地迅速推进伪满洲国的建立,在国际社会上找到合法入侵他国的理由,他们对孤悬作战的马占山实行了劝降对策,大汉奸张景惠粉墨登场。马占山在重重包围中,只好诈降。1932年2月16日,马占山参加了四巨头会议;3月8日,赴长春迎接溥仪;9日参加伪满洲国成立典礼,就任军政部长之职。国内外舆论哗然,认为马占山出卖了抗战。日本人控制的报纸不断地刊登马占山参加四巨头会议的大幅照片。然而,四十天后,1932年4月12日,马占山在黑河发出了二次抗日反伪满洲的通电。对于马占山大起大落的人生抉择,中外舆论包括日本研究者都有很多分析。其中,马占山对国联的巨大期待是他二次起兵的重要原因之一。主要的史实有:一是马占山诈降后,先前被他派往北平的军事联络员韩树业潜伏回到他身边,将国联决定对付日本的消息带给了他。[5] 二是1932年4月12日,马占山发表致国联调查团的电文,称"因贵调查团之惠临,占山为救国计,决然冒危险,自日军严密监视下之齐齐哈尔,潜返黑河……用将伪国组织之实情,贡献于贵调查团及世界人士之前……希望贵团加以实地调查,以作真诚之报告,世界和平。胥利赖焉"[6]。

3. 国联调查团的哈尔滨行程

1932年5月9日,国联李顿调查团到达哈尔滨。到中国来之前国联已经在理事会上与日本发生了一系列冲突。国联第16次行政院会议要求日本在1931年11月16日前撤兵。日本不但没撤兵,而且为推进伪满洲国建立,分散国际社会的注意力,还在1932年1月挑起了松沪战役,继续挑战国际秩序。1931年12月11日,国联行政院委员会成立了解决中日东北地区冲突的调查团,其成员有英国李顿伯爵(Lytton)、美国欧战时运输司令弗兰克洛斯·麦考易少将(Mc Coy)、法国欧战前驻华部队参谋长亨利·克劳德中将(Henri Claudel)、德国殖民地专家恩克利·希尼博士(Heinrich Schnee)、意大利驻德国前公使马克提伯爵(Aldrovardi Marescotti),还有中日参加员、秘书长、随行员共13人。[7] 李顿调查团原定5月9日到哈尔滨,5月15日离开哈尔滨,在哈尔滨调查一周。但因一直没有见到作为东北人民抗日最有说服力的马占山将军,他们在哈尔滨的行程又往后延了一周。至5月21日,李顿调查团主要成员才乘专列南去沈阳;5月22日下午,李顿秘书等5人乘飞机去了齐齐哈尔,兵分两路最终离开了哈尔滨。[8]

二、日本侵略者阻挠会见的舆论围攻

很显然,李顿调查团到哈尔滨肩负着会见马占山的重任,日本侵略者与国联的对抗舞台也因此从日内瓦搬到了哈尔滨。对于来哈尔滨的国联调查团,日本侵略者操纵伪满政府设置了详细的活动日程,每个成员所到之处、所见之人都是经过严格筛选的,就连大街上家家户户张挂着伪满洲国国旗的街景也是在枪的逼迫下摆布出来的。围绕会马,日本侵略者不仅在军事上严密监控,而且还伴有强大的舆论攻势。[9]

1. 以指责马占山土匪为由阻挠外交渠道会马

1932年5月14日,李顿调查团正式向伪满洲国递交了请求会见马占山的申请书,明确说明:"日本方面不希望我们与马占山会面,可是,我们正是要会见马占山才来到这里。"[10]伪满外交部接到该信件后,态度十分激烈。外交部总务司长大桥忠一"一怒返回新京,几天不给回音"。18日,伪满外交总长谢介石发表警告声明:"调查团如拟与敝国之反逆者会见,不问其如何,奖励叛徒,助长不轨,紊乱敝国治安,坚决拒驳。"19日,谢介石又递交调查团一封警告信:"见马问题形势重大,中央或将不惜要求其退去。"在《十一日来调查团工作详志》中报道:"有关于马占山之事,李顿卿及美、法两国委员亦各有疑问,山本将军不明白,只可以不明答之。""鉴于调查团之使命,实为和平使命,本团与中日两参员及其十五员,一同介于满洲,在如何形体中,绝不紊乱调查团,所通过地方之和平与秩序,又不害其公益者也。然而,马占山与张学良互通阴谋,企图不轨。尽计伤毁满洲国。实系乘调查团来满之机会,马之反背,洵起因于国联调查团之来满。满洲国对之甚为遗憾。国联调查团,无有甚于此者,凡稍有常识者,立刻能首肯者也。不仅止此。反而要求满洲国对之助力,蔑视其存在,为到底所不能承认者。然调查团之意,仍在不得会见,绝不离哈。纵或因之而来,声援叛徒之结果,亦为势所不得已者。调查团若敢示意以敌意的态度,满洲国亦不能不请求施以何等付之措置。"[11]可见在日本侵略者操纵下的伪满洲国对国联调查团的强硬立场。

二次起义的马占山对国联的到来寄予了厚望,一方面他趁日本在国联面前伪装和平之机,已将部队打到了与哈尔滨一江之隔的松浦镇,实际上下榻江南马迭尔宾馆的调查团能够听见江北传来的炮火声。另一方面他已派密使想方设法接近调查团。密使王之馨代表去往齐齐哈尔,要求调查团来海伦与马占山晤谈。然不幸为日军所察觉,严刑逼讯,遍体鳞伤,被搜出马占山写给调查团的信件,日军将王装入麻袋,直接从楼上掷下摔死。[12]日本侵略者及其控制的伪满洲国除采用严酷的防范措施阻止调查团会马外,还有强大的舆论造势相跟随。天天都在报道调查团的版面上同时刊登马匪滋事的新闻。如:《马军跳梁呼海沿线　树红帜缠红章　抢掠烧杀肆无忌惮》《马占山命尽运穿　士心全离只悔恨》《马军又袭松浦镇　炮声轰闻哈市　至十七日夜枪声始熄》《不啻鳖处瓮中之　马占山将如何脱逃》《匪徒潜此彷徨山野　马占山跼天踏地》《马军到处抢掠》《无奈俄不复可赖　今后马自何瞻》《日军急追马占山　长趋直断后路　拜泉东南方已开始交战》[13]等扰乱视听的新闻。

2. 连篇累牍丑化顾维钧形象

调查团除五名成员外,还有观察员的设置,分别是日本派驻土耳其大使吉田和中国"前国务总理、前外交部长"顾维钧博士。自从公布顾维钧为参加员

后,日本控制的伪满报纸便开始了对他连篇累牍的攻击。

首先,对他进入满洲国的资格大做文章。

1932年5月5日,《盛京时报》报道《顾维钧问题趋和缓 殆将准其随团同行》,声称:三日、四日"满洲国外交部总务长大桥与调查团书记长两次会见,协议顾维钧问题。""满洲国似决将关于顾绝对不作政治的策动一节,使调查团保障后,对顾允忍随团走入满洲国。"5月7日,又发了新闻《顾维钧准与随团同行 惟附六项严重条件》,强调"一、不得作政治运动。二、削减随员人数。三、经满洲国特派员监视顾及随行员之行动。四、顾之中途身边不无保护,但难以绝对保障。五、顾绝对不得与本国通信。六、关于使顾谢罪问题,满洲国则稍行让步,认为顾氏有陈谢示意,不复求其陈谢文书。"同一天,还发表了社论《哀中国外交官》,将矛头直指顾维钧,讥讽口吻毕现:"中国外交官之在内地者,若不办外交,侧可望无事。一日办外交,则必有厄运随其后。例如此次来满之顾维钧,确系大名鼎鼎之大外交家。数月前衔命入南京也,得意自鸣,大有对日外交,舍我其谁之慨。熟意掌理外之尊严与势力。究不及学生团之几回老拳。遇学生气焰逼人,则抱头鼠窜……"

其次,对他在哈期间的行踪徒生是非。

实际上,顾维钧到哈尔滨后行动就完全没有自由,他所住的马迭尔宾馆至少有四人监视。一个是伪满警察,一个是穿伪满宪兵制服的日本人,两个会英语的便衣侦探。除日本唆使的人能进去外,其他人根本进不去。即使这样,5月18日,日伪集团因怀疑马占山的特使见到了调查团成员,于是要给调查团脸色看,生出了"顾维钧行动顿见疑惑 背约暗中策动 中央或不惜逮捕"的事端,作书诘问李顿公爵,要求调查团对此答复。[14]

其三,对他返回沈阳后的形态极尽挖苦。

5月23日,顾维钧随调查团到沈阳,日伪报纸仍不忘嘲讽。在报道调查团走出火车站时,《盛京时报》的标题为《调查团本队照期回奉矣 顾维钧寂寥不堪 愁形于色悄然投宿》。文中写道:"至中国参与员顾维钧,殊呈憔悴,下车后,无人迎接。仅与其随员数人,先委员等由站前乘车,即入旅馆,其情殊不禁消然寂寥。"

三、外国记者揭露侵略真相的行动

既然李顿调查团来到东北已成为国际热点,那么就免不了中外记者们的跟踪报道。而且,日本为了跟英、美、法等国际巨头抗衡,也在收买记者为其建立的伪满洲国说话。他们打出了"若外国记者能够配合伪满日方报道的,可每月从日本特务机关领取 300 元金票"等口号。然而,一些外国记者还是本着捕捉新闻的职业意识,以探寻真相为至上追求,为我们留下了宝贵的时代纪录。

1. 斯蒂尔和林德的海伦会马

1932 年 5 月 24 日,调查团离开哈尔滨两天后,美国《纽约时报》记者斯蒂尔和《德国民众报》记者瑞士人林德在美国驻哈领事馆的帮助下做了一件石破天惊的事。他们悄悄地避开日本人的耳目,扮成传教士,在会英语的中国向导带领下,沿着呼海铁路一直向北,于 6 月 1 日在海伦三门谢家见到了马占山。

斯蒂尔(A. T. Steele)于 1932 年初来到中国,一直到 1946 年,活跃在外国记者驻中国的报道队伍里,先后做过《纽约时报》和《芝加哥论坛报》的记者。1932 年五六月间采访马占山是他中国报道生涯的开始;1937 年,他是第一个发出"南京大屠杀"快讯的外国记者;1939、1946 年他曾两次访问延安;1944 年他还去过西藏采访;1946 年毛泽东有一篇著名的文章《与美国记者斯蒂尔的谈话》,说的即是此人;1978 年邓小平接见过他。[15] 林德(August R Lindt)是瑞士著名的外交官和法学博士,先后出任瑞士驻美国、苏联、印度和尼泊尔的大使,做过联合国儿童基金会执行委员会的主席,1933 年从中国东北经蒙古回国。[16]

斯蒂尔和林德不仅在海伦对马占山进行了四天面对面的采访,还亲眼目睹了被日本飞机轰炸的东北村庄和起来自卫的农民军。东北人民抵抗外侮的不屈精神让他们深受震动。回途中他们遭遇了劫匪,身无分文,是美国领事馆垫付了车费后,他们才乘火车回到了哈尔滨。诸多细节,于斯蒂尔的著书《上海与满洲——一名战地记者的回忆》、林德的著书《骑马穿越满洲国》中都有详细的叙述以及图片。1932 年 6 月 26 日,《大公报》刊登了对斯蒂尔和林德的采访——《会马记者经过谈》。斯蒂尔谈道:"吾等随调查团到哈尔滨后,因调查团卜居马迭尔旅馆,为便利采访新闻计,亦寓马迭尔。日人及满洲国警察,初以吾等为调查团成员,礼貌有加,后知吾等为随行记者,乃一变而为狰狞面目,时时监视吾等之行动。唯以吾等终属西籍,故难严以稍差也。后调查团欲会晤马占山将军,被满洲国当局严峻阻止,致未成行。吾等如与调查团有关,即可随调查团同去,无须找此麻烦。乃吾等在哈之日,闻松浦镇之炮声,隆隆震耳,马占山将军与日军已发生激烈战争,吾等本新闻记者天职,即不会晤马占山将军,亦应将呼海沿线战争情况,实地探听明白。故于调查团离哈后二日,余与林德君,即约定赴呼海路观察战况。"

2. 斯蒂尔和林德回哈后的外交风波

二位记者的行动无疑是他们记者生涯中的骄傲与亮点,也无疑给日本侵略者以严重打击。5月27日,日本外务机关得到两记者正在北满洲的信息后,恼羞成怒。6月16日下午,伪特警管理处探访局逮捕了从海伦回哈尔滨的林德,斯蒂尔当时正与美国驻哈尔滨领事汉森吃饭,得以走避。于是,引发了一场两记者会马后的外交风波。

满警察局总监对外称:"《纽约时报》记者斯蒂尔、《德国民众报》记者林德两人,往访马占山于呼海线西北之一僻村。马占山对右倾外国记者似托其将秘密书函,分致张学良及国联调查团,满洲国对于彼等,何故不经官员之谅解而敢突破战线,秘其行动,与马会见。至满洲国官员将诘查该两人时,斯蒂尔隐遁于美领事馆而不出,而林德经诘查后亦暂藏身法国领事馆。该两人对此诘查,均声称,只以记者资格而为行动,并无他意。对于要求,提出会见内容记录,严重竣拒,不肯从之。满洲国官员必当彻底的调查诘问。非得黑白结果不息,想该外国记者之行动,实不次轻辱满洲国。"[17] 林德是瑞士记者,瑞士在满洲国没有设立领事馆,由法国总领事馆代管。法国驻哈尔滨总领事雷诺得知逮捕林德后即赴探访局要人,称如今夜不放人绝不离开,迫使伪警局放人。于是,风波从逮捕两位记者转到了对采访材料的争夺上。

因日伪认为二人带有给张学良和调查团的密件,几经回合,斯蒂尔答应,在当他面的情况下可以查阅从马占山司令部带回来的文件,不能抄录副本,阅毕,当即交还主人。但当他上交后,日伪当局竟违约扣留,拒不还回采访材料。而林德回到马迭尔宾馆后发现,房门已被撬开,"通信稿件、照片,全数携去"。林德在其后的公开谈话中讲述了受审的情况:"其最要者,认予与张学良有关系,此行系与马占山将军传送秘密文件,故遂严令予将证物交出,否则,给予不便。予听之下,实觉哑然,当面一一驳覆。又谓予代表国联调查团见马者,凭空捏造之理由,真令人又气又笑。"[18] 从6月16日捕人开始,美国和瑞士的抗议一直未断。《申报》6月21日曾报道:"倾闻《纽约时报》驻沪代表亚平对于斯蒂尔所受待遇,已于18日晨间致电沈阳日本司令本庄,与长春日顾问河坂抗议,并两次赴上海日总领事署向日代办抗议。" 7月3日,风波最后以满洲国撤去对两记者的监视,允许其赴平,不得发表任何细节于报上,伪警察局向两记者道歉而告一段落。

结 语

爬梳从"九一八"事变到国联在中国的这一段历史,尤其是围绕两记者会马过程中,日本关东军和伪满政府蛮不讲理、强权残忍的种种表现,心中五味杂陈。

第一,日本对中国东北的侵略步骤极其缜密,在军事武力开始之前及以后,舆论的鼓噪甚嚣尘上。从1905年中日条约、日俄密约到"二十一条",日本在"满洲"的权利日益稳固。1920年成立的四国银行、九国公约、辛石井协定等,更使日本明确了它在"满洲"特殊利益的要求。而中国国内广大民众对此认识者实属寥寥,积贫积弱的中国一盘散沙,东北民众对于当亡国奴的命运远没有概念。1932年2月5日,日本人进入哈尔滨时,最有防范意识的商家也只是告诉雇员,把门窗关好,以防有人抢劫。

第二,以马占山、李杜等为代表的抗日武装力量在"九一八"事变后起到了巨大的抵抗作用。国内的《大公报》《申报》《新闻报》一直进行了高频度的报道。日本在占领东北、建立伪满洲国阶段的重创来自于江桥抗战和双城堡保卫战。就像1931年11月17日上海《生活》周刊刊登文章《名满全美的马将军》中写的那样:"自9月18日晚日寇暗袭我军,强占辽吉而后,气焰万丈,日本外相公然向国联宣称中日绝无战争。……自上周日寇进攻黑省,想一鼓作气攻下齐齐哈尔以完成其大'满洲'的好梦,不意兵至江桥即被黑龙江代主席马占山将军迎头痛击,大败而归。……两个月来含羞的悲愤生活,竟于一朝之间略得洗涤,这种精神上的安慰,真非言语所能形容。旬日以来,马将军孤军奋战,跌破强敌。以残缺不全的东北一隅,敌倭奴全国之横蛮压迫而不稍怯,军人精神发挥尽致。"

第三,虽然国联有无奈、妥协与逃避的一面,但李顿调查团公布的中日关系报告中对于东北主权所属给予了充分的肯定,这与有爱国热血的东北人民想方设法提供证据和新闻记者的如实报道是分不开的。在其报告《满洲及引起九一八事变之主要事实》一节中,多次写道:"以面积论,'满洲'与德法而过相加之幅员等。自一六四四年以来,已为中国之一完整部分。……中国人民认为'满洲'为中国之以完整部分。使'满洲'脱离中国之任何阴谋,皆所极端反对。东三省向来为中国之一部。此则,中国及列国所公认者。中国政府在此地之法律上威权,亦从未发生疑问。"

第四,当时刚到中国的一批外国记者本着报道事实真相的新闻原则,选择了一条探险、激情、思考、成名、互相合作的路。斯蒂尔和林德的采访材料主要

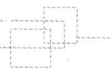

有与马占山的彼此问答速写记录;马占山将军声明其征讨伪满洲政府之理由等随文文件。日本当局在两记者回哈尔滨当天下午就采取了搜查行动,后来交上去的笔记又被扣留,那么,我们现在看到的两记者出版的书籍及图片都是怎么保留下来的呢?据说当时在哈尔滨的记者还有《芝加哥论坛报》的韩达(Edward Hunter),韩达在调查团入住马迭尔宾馆期间,日本特务当局就因其出入问题警告过他,把他当作重点监控对象。他在哈尔滨的电报稿都要经过伪满洲国电报局一字一字地检查才能发出。虽然如此,有资料认为,是韩达帮助两记者转移过材料。还有资料认为,当时住在哈尔滨的美国浸礼会牧师廖赖德也在材料转手中起到了重要的作用。究竟他们扮演了什么角色?史海钩沉的巨大魅力仍然在吸引着我们。

注释:

[1] 黄薇."九一八事变"发生之后中日在国联的"对决".人民政协报,2014-8-26.

[2] 百度百科,国联.

[3] [美]韦罗贝.邵挺译.中日纠纷与国联.商务印书馆,1937:40-44.

[4] [美]韦罗贝.邵挺译.中日纠纷与国联.商务印书馆.1937:53,66.

[5] [日]林义秀.邓鹏译.回顾新中国成立当初的黑龙江省.马占山将军.中国文史出版社,1987:140.

[6] [日]林义秀.邓鹏译.回顾新中国成立当初的黑龙江省.马占山将军.中国文史出版社,1987:151.

[7] [美]韦罗贝.邵挺译.中日纠纷与国联.商务印书馆,1937:174,178.

[8] 调查团本队专车已过京南下矣,专门委员会五人飞到齐齐哈尔.盛京日报,1932-5-22.

[9] 和平使者莅哈矣 十日警戒极严重.盛京日报,1932-5-9;调查团十一日之行动,日军当局说明叛军现状,鲍市长说明哈埠情况今日调查团访东铁督办,在哈调查之重要项目,调查团莅哈 竟发现共产名单,盛京日报,1932-5-12.

[10] 仕佑.马迭尔绑票案之谜.哈尔滨出版社,2014:119.

[11] 国联调查团声明打消见马意思 一场难案乃告一段落矣.盛京日报,1932-5-20;如不顾念敝国意思只好与适当措置耳 谢总长通告李顿爵士之严厉.盛京日报,1932-5-21.

[12] 杜海山.再揭抗日义旗//孙文政.马占山将军.中国文史出版社,1987:163.

[13]《盛京时报》,1932-5-14,5-16,5-16,5-17,5-18,5-20,6-16.

[14] 调查团在哈会议对所得各方资料交换意见 在英领馆举行 顾维钧参加.盛京日报,1932-5-16.

[15] 张克明,刘景修.抗战时期美国记者在华活动纪事.民国档案,1988(2—3).

[16] 仕佑. 马迭尔绑票案之谜. 哈尔滨出版社,2014:132.
[17] 记者见马行为　警察总监发表意见. 申报,1932-6-17.
[18] 大公报,1932-6-26.

【作者简介】郑亚楠,黑龙江大学新闻传播学院院长、教授。

"不投降论"——中国新闻报刊在"首都南京"失陷后的反应与评论

经盛鸿

(南京师范大学社会发展学院,南京 210097)

摘 要:在1937年12月13日,国民政府"首都南京"沦陷后的严峻形势下,中国绝大多数新闻报人与新闻报刊,坚持抗日爱国立场,表现了不屈不挠的民族精神和英勇斗志,发出自己的呼声:不投降!并且大力宣传国民政府和中国共产党关于抗日救亡的主张与政策,分析在上海、南京战役中中国军队的成败得失及其原因,提出自己的主张与建议,对国民政府和社会各界乃至国际社会,都产生了重要影响。民国报人在国家危难时所表现的爱国精神和凛然正气,所发挥的巨大正能量和世界影响,是中国新闻史上最光辉的篇章。

关键词:"首都南京"沦陷 中国新闻报刊 不投降论 国、共两党的抗日主张

1937年12月13日,国民政府"首都南京"沦陷。在这严峻形势下,中国绝大多数新闻报人与新闻报刊,坚持抗日爱国立场,表现了不屈不挠的民族精神和英勇斗志,在自己的报刊上发出呼声:不投降!并且大力宣传国民政府和国、共两党关于抗日救亡的声明与政策,分析在上海、南京战役中中国军队的成败得失及其原因,提出自己的主张与建议。中国新闻报人的声音,对国民政府和中国社会各界乃至国际社会,都产生了重要影响。中国报人在国家危难时所表现的爱国精神和凛然正气,所发挥的巨大正能量和世界影响,是中国新闻史上最光辉的篇章。

一、1937年12月13日国民政府"首都南京"沦陷后的严峻形势

1937年12月13日南京沦陷。国民政府失去了"首都"。中国的抗战事

业与中国军民的心理都遭受了沉重的打击与挫折。

被军国主义狂热煽动起来的日本举国欢腾。

日本当局气焰嚣张得意忘形。12月17日,日军攻占南京后仅四天,在日军正对南京进行屠城的高潮中,日"华中方面军"司令部协同日本驻华海军就急不可耐地组织了一场盛大的日军占领南京的"入城式",其意在进一步向国民政府与中国人民炫耀武力与进行战争恐怖威慑。第二天,1937年12月18日下午4时,日"华中方面军"司令官松井石根在南京特地召见了"华中方面军"掌管对外宣传的报道部部长,讲述了他指挥所部攻占南京的"观感",并要求将他的这番讲话"作为司令官之谈话予以发表"。松井石根在讲话中首先炫耀日军攻占南京的巨大胜利,说:"现在太阳旗在南京上空飘扬,皇道在扬子江南闪耀着光辉。复兴的曙光即将来临。"[1]接着,他一方面继续对中国人民与国民政府进行威胁,宣称今后皇军的行动将永远不会后退,即在国民政府没有彻底屈服求和乞降答允日本提出的一切条件之前,日军将不会停止进攻;另一方面又假惺惺地对蒙受战争灾难与恐怖威慑的中国人民表示"同情"说,"本人对于遭受战祸的数百万江浙地方无辜民众的损失,实不胜其同情之念。"而其最终目的,就是要中国人民与国民政府"重新考虑"是否应继续坚持对日抗战。他说:"在这样的时候,特别期望中国四万万人民加以反省。"[2]

松井石根要国民政府与中国人民"反省"什么呢?

无非是要中国人民与国民政府从南京保卫战的惨痛失败与这可怕的"南京大屠杀"事件中认识到:中国是无法抵抗与战胜强大的日本军的进攻的!顺之者昌,逆之者亡!中国对日本的种种政治、经济、军事、领土的侵略要求,乃至对日本的武力征服政策,只有迅速地、全部地接受,即停止抵抗、求和乞降,心甘情愿地做日本的殖民地与附属国,心甘情愿地做日本的臣民与亡国奴,听凭其宰割、霸占、掠夺与欺凌,才能求得一线生机,才能避免可怕的屠杀与毁灭。这就是松井石根讲话的"真谛"。

与南京的松井石根相呼应,东京的日本最高当局则进一步加大了对国民政府"以战迫和""以战迫降"的压力,提出了对中国侵略权益更加露骨、更加贪婪与狂妄的要求。1937年12月21日,即在日军攻取南京后八天,日本内阁终于通过了由外务省制订的新的对华和谈条件,并于当日上奏裕仁天皇,得到同意。然后,在第二天,即1937年12月22日,由外相广田弘毅递交给德国驻日大使狄克逊,请他转交国民政府。在这份名为《为日华和平谈判事项给德国驻日大使的复文》中,向国民政府提出了关于日中和平谈判的四项基本条件以及九项条件细目。

四项基本条件是：

(1) 中国应放弃容共和抗日、(伪)满政策，对日、(伪)满两国的防共政策给以协助。

(2) 在必要地区设置非武装地带，并在该地区内各个地方，设置特殊机构。

(3) 在日、(伪)满、华三国间，签订密切的经济协定。

(4) 中国应向帝国作必要的赔款。

九项条件细目是：

(1) 中国正式承认(伪)满洲国。

(2) 中国放弃排日与反(伪)满政策。

(3) 在华北和内蒙(古)设置非武装地带。

(4) 华北在中国的主权下，为实现日、(伪)满、华三国的共存共荣，应设置适当的机构，赋予广泛权限，特别应实现日、(伪)满、华的经济合作。

(5) 在内蒙古应设立防共自治政府，其国际地位与现在的"外蒙古"相似。

(6) 中国须确立防共政策，对日、(伪)满两国的防共政策予以协助。

(7) 在华中占领地区，设置非武装地带；在上海市地区，日华合作负责维持治安和发展经济。

(8) 日、(伪)满、华三国在资源开发、关税、贸易、航空、通讯等方面，应签订必要的协定。

(9) 中国应向帝国作必要的赔款。[3]

只要分析与对照一下，日本当局在日军攻占南京前，于11月2日向国民政府提出的议和条件，与在日军攻占南京后，于12月21日提出的议和条件，在内容上已有很大的不同。十分明显，后者的条件不仅范围更广泛，要求更多，而且条件更为苛刻。这已不是什么议和条件，而是向国民政府提出的选择是灭亡还是投降的最后通牒。

日本当局当时之所以提出如此苛刻的、实际是灭亡中国的最后通牒式的议和条件，表现出如此强硬、狂妄、嚣张的态度与气焰，与他们在日军攻占南京后对日中战争形势的判断有关。他们认为，日军攻占国民政府"首都南京"，并且几乎全歼守军，给中国军民以严厉的惩罚与毁灭性的打击，就标志着中国战败了。失去"首都"与失去精锐主力部队的国民政府将不得不向日本政府屈服求和，就像当年慈禧太后的清政府在甲午中日战争中失败与在八国联军占领北京后不得不连连派遣使节向外国政府求和一样。这是日本对中国进行战争讹诈的最好时机。日本挟战胜之威，向中国提出各种议和条件——即国民政府求降必须应诺的条件，无论如何苛刻，国民政府都必须答应。日本最高当局认为,在日军攻占南京以后,"被打败了不得不求和的是中国,不是日本"。[4]

南京的失陷使得中国军民陷入巨大的悲愤之中。而一些意志薄弱者,包括国民政府中一些大员,却对抗战前途发生了动摇,甚至丧失信心。在南京失陷后,蒋介石在武汉召开紧急会议,商讨应对之策时,出现了"主和主战意见杂出,而主和者尤多"的场面。[5]蒋介石在1937年12月15日的日记中记载:"南京被陷以后,和战问题突出,如无宣言决心,则几不可支矣。"[6]在1937年12月18日,日记中记载:"近日各方人士与重要同志皆以为军事失败非速求和不可,几乎众口一词,此时若果言和,则无异灭亡,不仅外侮难堪,而且内乱益甚。彼辈只见其危害而不知敌人之危害甚于战也。不有主见,何以撑持此难关耶?"[7]蒋介石顶住了各方面的压力,明确地表明了拒和的态度,再三说明此时对日"言和"的危害,无异亡国。但政府上层中一些人主和之声仍甚嚣尘上。

二、"不投降论"——中国新闻报刊发出的激昂呼喊

当此之时,中国的新闻传媒迅速发表了多篇相关的社评或政论、声明、访谈录等文章,对南京的战事与南京的失陷以及此后中国的抗战形势发出自己的声音,影响着中国的民众与国际的舆论,也影响着国民政府的对日政策。

设在上海租界"孤岛"中的《大公报》(沪版),由于已经占领上海的日军当局的压迫,被迫在1937年12月14日出版停刊号,宣布第二日停刊。在这期停刊号上,发表了由该报负责人王芸生撰写的两篇社评:《暂别上海父老》《不投降论》。其中《不投降论》是一篇有关上海、南京沦陷的重要政论文章,正气凛然,激励人心。

《不投降论》一开始就指出,1931年"九一八"沈阳事变后的中国,与1937年"七七"卢沟桥事变后的中国,抗战形势大不同,指出了中国的巨大进步。

"九一八"的不抵抗,那是政策的错误,还可由许多历史因素负责任;张景惠、张海鹏、李守信等大批军队的投降,却非常糟糕、泄气。这次抗战,自卢沟桥事件到守卫南京,除了万福麟的一部分军队外,在南北各线大大小小的战争中,我们的军队只有挫败,而无投降。由不抵抗而全面抗战,由整批投降而屡败屡战,这是我们国家的一个大进步。

接着,社评以中华民族历史上正反两方面的事例说明,面对着侵略者的铁骑与屠刀,"不投降的意义非常重要"。

不投降的意义非常重要。只要我们的武士不做降将军,文人不做降大夫,四万万五千万人都保持住中华民族的圣洁灵魂,国必不亡。岳武穆百战不挠,袁督师独拒强敌,这两人虽都被奸佞陷害,赉志以殁,然忠烈所被,千载之下,犹令中华子孙感奋雪涕,播下复兴种子。文天祥断头菜市口,史可法战死扬州城,更给中华民族保存了浩然正气。反之,石敬瑭、张邦昌、吴三桂、臧式毅、殷汝耕等辈,或投降异族,或甘做傀儡,哪一个不是毒被全族,祸及身家?凛然的历史教训,凡是中国人都应该牢记心头。

然后,社评列举当前的抗战史实,包括悲壮的南京保卫战与唐生智拒绝答复松井石根的"劝降书",以及"陈三立先生以八旬之龄,因北平失陷,绝食以殉笼城。马占山将军是首先打破不抵抗主义的人,这次抗战爆发,他把二十万私财,以一半留给家人,预立遗嘱,托妻寄子于朋友;一半作军费,带往热察边境,招募旧部,去艰苦作战",给予热烈的赞扬,希望中国"文人多出几位陈先生,武士多出几位马将军",并以此证明"国家的前途绝无悲观的理由"。

张自忠想投降[8],他的部下不听命;对方想不战而下南京,唐生智司令以机关枪大炮答复劝降书。这都是这次抗战中的宝贵收获。陈三立先生以八旬之龄因北平失陷,绝食以殉笼城。马占山将军是首先打破不抵抗主义的人,这次抗战爆发,他把二十万私财,以一半留给家人,预立遗嘱,托妻寄子于朋友;一半作军费,带往热察边境,招募旧部,去艰苦作战。这是文人的硕果,武士的典型。我希望文人多出几位陈先生,武士多出几位马将军,国家的前途绝无悲观的理由。

社评号召全中国人民,"我们不怕失土丧师,万万不能投降"。

我们不怕失土丧师,万万不能投降。……要时刻记住自己是中国人,违反国家利益的事情万万做不得。尤其素负人望的人们,在这时,无论直接间接,都不可替外人做政治统治的功夫,做了就是投降。

社评强烈谴责了那些卖身投降日本侵略者的卖国贼。

昨晚的消息,北平伪组织定于今日成立。这一群人都是中国人,而且都是知名之士,他们竟出卖了灵魂,做异族的傀儡,他们将无面目见地下的祖宗。

全国同胞应共弃之!

这些言论,对于刚刚经历了"首都南京"失陷痛苦的中国人民来说,是一种鼓舞;对于那些卖身投降日本侵略者或准备投降日本侵略者的卖国贼来说,是一种鞭策,一种警告。

这篇社评最后大力号召全国人民捐弃前嫌,不分党派,不问政见,团结起来,拥护政府,共同对敌。

现在万钧国难的重压下,凡是中国人,已无党派的分别,政见的异同,唯有一致尊奉中华民国的正朔,拥护蒋委员长主持的国民政府。国民政府要战,大家绝不投降,即使国民政府退入苗山,大家亦唯国民政府的马首是瞻。在平时,大家对政府的措施纵有不满,对政府的政见纵有不同,到今天,一切无话说,唯有同舟共济,生死荣辱,一切与共。[9]

这篇饱含悲愤与血泪的社评迅速传遍海内外,感动与鼓舞了无数中华儿女的抗日斗志。

在《不投降论》于上海发表后两天,1937年12月16日,武汉《大公报》(汉口版)在第2、3版发表社评《诉诸全国军民各界》,就南京失守后中国抗战所面临的极其严峻的形势,中华民族每个人所应承担的责任等,向全国军民提出了五项忠告与要求。

"首都"沦陷,外患的严重紧急,不庸讳言。但此进入第二期自卫抗战之始,敢请求全国军民各界,记忆下列几点:

第一,抗战若失败,就亡国,亡国景象请看朝鲜。中国历史上,宋明两代,亡国二次,但侵略者是游牧之民,所以迅速被我同化,我虽亡,而易于复兴。现在不然,暴日有高度的武力与工业,我一旦丧失独立,就成为第二个朝鲜。全民族无寸铁,且无经济,逐渐奴隶化,乞丐化,承受宰割。所以今天若亡了,是真亡,是将四千年祖先的基业与今后百千代儿孙的自由,统统断送在我们这些人之手,这个责任与罪恶,是怎样重大!

第二,近代的建国运动,起自清末。至近说来,这四五十年间,多少仁人志士为国事掷了头颅。……假若我们不以赤诚奋斗下去,而竟然使敌人得意猖狂,那么,至近的说,我们怎样对得起建国革命运动中多少有名无名的先烈之灵!

第三,所以今日之事,是这四千年古国根本存亡的问题,是全民族今后永做自由人或奴隶的问题,所以不论新旧老小,不论士农工商,实实在在都有切身的利害与责任。我们不愿做朝鲜,就必须不顾一切地拼命。

第四,……同时必须信仰,只要苦斗,一定有出路。

第五,必须认识敌人现在的毒计,除以武力进攻外,还要以华制华,还想制造傀儡组织,精神上亡中国于无形。[10]

爱国、奋斗、拼命、信心、警惕!这确实是当时每个中国军民所应牢记的五点意见,这是中华民族能够最终战胜日本侵略者的法宝。

1937年12月20日,上海租界"孤岛"中的《国闻周报》第十四卷第四十九期出版,在"一周简评"栏刊登短讯《南京退出》,还转载上海《大公报》的社评《中国唯有抗战到底》。

1937年12月27日,《国闻周报》第十四卷第五十期出版,此为该刊物的最后一期。在"一周简评"栏刊登了《南京沦陷后的中日战局》,还刊登记者写的《上海大公报的暂停》和章丹枫写的《国族的前途》;转载上海《大公报》的《暂别上海读者》《不投降论》《加强国内团结》等社评与文章。

1938年1月1日,是阳历新年元旦,武汉《大公报》(汉口版)第2版刊登社评《岁首之辞》,其论旨是当时中华民族的头等大事——抗日救亡。社评号召全国民众,面对着国破家亡的惨剧,"我们只有一条'发奋为雄'的生路"。

"无敌国外患者国恒亡"……假使没有去年的失败,与去年的外患,团结心也没有这样的坚固;我们的努力心也没有这样的勇猛。……我们救亡图存,是为整个的国家民族,是为中华民族的子子孙孙,并不是为某个人的权利。国家存大家共存,国家亡大家共亡,我们即或因智识能力的不够,不能替国家捍卫外患,已是惭愧万分,上对不起祖宗,下对不起子孙,假使我们连这一点都看不清楚,还替敌人作间谍,当汉奸,充傀儡,这真是罪该万死。……我们只有一条"发奋为雄"的生路,贪图苟安或利禄的事,都是死路,所以我们要"有钱出钱,有力出力"。[11]

三、中国新闻报刊积极宣传国、共两党的抗日主张

南京失陷后的中国报刊,大力宣传中国政府和国、共两党关于抗日救亡的声明与政策。

在1937年12月13日,在南京失陷的当天,国民政府最高领导人蒋介石在"前线某地"(笔者按:指江西九江),代表国民政府就此发出的通电《宣言》,表示了中国军民不以南京失陷而动摇抗战国策与全国一致继续抗战的决心。1937年12月14日,"中央社"发布了关于蒋介石通电《宣言》的电讯。全国各报刊都迅速刊登了这则"中央社讯"。武汉《大公报》(汉口版)在第2版头条位置刊登了这则"中央社讯",标题为《蒋委员长发表宣言,继续抵抗敌军侵略》,副题为《退出南京绝不致影响既定国策》,内容如下:

[中央社讯]蒋委员长昨晚由前线发表宣言,声明国军虽退出南京,仍将继续抵抗敌军侵略之决心,其全文由无线电传递至汉。文曰:

国军退出南京,绝不致影响我政府始终一贯抵抗日本侵略原定之国策,其唯一意义,实只有更加强全国一致继续抗战之决心。盖政府所在地既已他迁,南京在政治上、军事上皆无重要性可言。予作战计划,本定于敌军炮火过烈,使我军作无谓牺牲过甚之时,将阵线向后移动。今以本此计划,令南京驻军退守其他阵地,继续抗战。[12]

设在上海租界的《申报》,在12月14日出版的最后一期"停刊号"上,也报道了蒋介石的这份《宣言》,题为《蒋委员长发表通电声明退出南京之意义》。

1937年12月17日,蒋介石代表国民政府,发表文告《我军退出南京告国民书》。此文告由蒋介石的秘书陈布雷与《大公报》总编辑张季鸾共同主持起草,是又一篇有关南京沦陷的重要文献,是中华民族不屈不挠抗战到底的正气歌与宣言书。当日,武汉《大公报》(汉口版)第二版头条,以《蒋委员长告国民书,抗战不屈坚持最后胜利信心,不问国际形势,唯先尽其在我》为题加以报道,刊登了文告的全文。

文告《我军退出南京告国民书》一开始指出,日本侵华战争已经给中国人民造成了巨大的生命与财产损失。

此次抗战,开始迄今,我前线将士,伤亡总数已达三十万以上,人民生命财产之损失,更不可以数计。

然后,文告分析了日军攻占南京后的形势,指出"在今日形势之下,不能徒顾虑一时之胜负难测,而当彻底认识抗战到底之意义,坚决抱定最后胜利之信心"。那么,日军攻占南京后的形势之最大特点是什么?就是彻底暴露了日本当局要"鲸吞",也就是要"整个征服中国之野心"。

敌人侵略中国本有两途:一曰鲸吞,一曰蚕食。今者呈其暴力陷我南京,继此必益张凶焰,遂行其整个征服中国之野心,对于中国为鲸吞而非蚕食,已由事实证明。

那么,日本当局要"鲸吞",也就是要"整个征服中国之野心"的充分暴露,将彻底唤醒和激发中国广大军民同仇敌忾、抗战到底的决心与信心,对中国的抗战将是极为有利的。

就中国本身论之,则所畏不在鲸吞,而在蚕食。诚以鲸吞之祸显而易见,蚕食之祸缓而难察。敌苟持慢性之蚕食政策,浸润侵蚀以亡我于不知不觉之间,则难保不存因循苟且之心,懈其敌忾同仇之义,驯至被其次第宰割而后已。今则大敌当前,不容反顾,均为抗战全局策最后之胜败。今日形势,毋宁谓于我为有利。

文告进一步揭示了中国抗战所实行的持久消耗战的战略决胜之中心,不在大都市,而在中国广大的乡村与广大的中国民众,南京的失陷对中国的抗战并无多大的影响。

中国持久抗战,其最后决胜之中心,不但不在南京,抑且不在各大都市,而实寄于全国之乡村与广大强固之民心。

文告希望中国广大民众能洞察当前的形势,了解日本当局要"鲸吞",也就是要"整个征服中国之野心"是"无可幸免,父告其子,兄勉其弟,人人敌忾,步步设防,则四千万方里国土以内到处皆可造成有形无形之坚强壁垒,以制敌之死命"。文告宣布了国民政府与中国人民绝不会因南京的失陷而动摇抗战到底、抗战必胜的决心与信心,郑重提出三项要义,希望全国同胞彻底认识。

一、此次抗战为国民革命过程中必经之途径。
欲解除压迫,完成革命,决非少量代价所可希冀。此日多忍痛一分,将来之成功亦多增一分。
二、目前形势无论如何转变,唯有向前迈进,万无中途屈服之理。

此次抗战绵亘五月,敌方最初企图实欲不战而屈我,我方所以待敌者,始终为战而不屈,不屈则敌之目的终不得呈。敌愈深入,将愈陷入被动之地位。敌之武力终有穷时,最后胜利必属于我。

三、日本侵略中国实为其侵略世界之开始。

数月以来,虽国际之制裁尚未充分发挥,而公理之是非固已大白于天下。吾人不问国际形势前途如何,必当尽其在我,初不必遽行失望,尤不可稍行依赖。

文告指出中国的抗战必将得道多助,要求中国广大军民"贯彻抗战到底"的方针,独立自主,始终不屈,"争取国家民族最后之胜利"。[13]

文告《我军退出南京告国民书》的发表,振奋了中国军队因南京失陷而受到伤害的士气,鼓舞了中国广大民众抗战到底、抗战必胜的决心与信心。当时任副参谋总长的白崇禧回忆说:"南京陷落,我方野战军损失颇重,举国震惊,日本军阀以为我国之抗战已至土崩瓦解的阶段。但是,蒋委员长高瞻远瞩,认为目前之形势,无论如何艰难恶劣,唯有向前迈进,如果中途屈服,即是自趋灭亡。与其屈服而亡,永无复兴之望,毋宁抗战而败,终必有转败为胜之时。基此信念,十二月十七日,发表《我军退出南京告国民书》。"白崇禧指出:"中国地大物博,非日本所能鲸吞,而抗日之胜负不决定在南京之失守,或任何一乡镇之失守,只有我们全民之心理为抗日,日本无力量,也不能枪杀我所有同胞,占据我所有领土。由此可见蒋委员长坚强之信心。'抗战到底'是一至理名言,因为我以劣势之装备,对敌之优势之装备,只有利用所长——广大之土地与坚强之心理。所以蒋委员长之训示不单为南京撤退而发,若要长期抗战亦非如此不可"。[14]

文告《我军退出南京告国民书》对南京等沦陷区中正蒙受巨大苦难与羞辱的中国民众也是很大的激励。在南京沦陷时未能撤出,当时正陷身南京,化装成难民躲避日军追杀的中国守军营长郭歧说:

在南京城里的我国军民,仅只辗转收到十二月十七日蒋委员长所发表的《告国民书》,……基于蒋委员长的谆谆告诫:"此日多忍痛一分,将来之成功亦多增一分!"在沦陷后的南京城里,我们这么许多陷于水深火热、血腥屠戮之中的好几十万军民,才能忍辱偷生,千方百计地保全自己的生命,只要留得一口气在,总有一天,我们会获得跟日本鬼子拼命地机会。[15]

在全中国人民抗日救亡斗争的强力推动下,包括中国各爱国报刊连续多日、声泪俱下、激昂动人的新闻舆论的呼吁,国民政府中的大多数人表现了可贵的抗战到底的决心与态度。他们并没有因"首都南京"的沦陷就屈服,更没有因日军占领南京后实施的惨绝人寰的大屠杀而求降。当德国驻华大使陶德曼于1937年12月26日,在武汉,将日本政府对日中和谈新提出的各项条件转告国民政府时,主持行政院的孔祥熙表示:"没有人能够接受这样的条件"。蒋介石也从中更加看清日本以武力征服中国,以屠杀胁迫国民政府投降的野心与目的。在1937年12月27日,蒋介石主持召开国防最高会议,通报陶德曼向国民政府转达的日本政府提交的关于中日和谈的四项新条件,当有人主张接受日方条件,与日本和谈时,蒋表示,"今日除投降外无和平,舍抗战外无生存";"与其屈服而亡,不如战败而亡"。[16]

在南京失陷后的第七天,1937年12月20日,武汉的《大公报》(汉口版)第3版刊登了该报特派记者陆诒的"十二月六日寄自延安",由他采访与撰写的一篇具有特殊意义的访谈录《毛泽东谈抗战前途,拥护最高领袖抗战到底(陕北通讯之一)》。这是在1937年12月5日,即日军向南京外围阵地发动攻击、南京保卫战正式打响的那一天,陆诒在延安采访毛泽东所作的访谈记录。虽是在南京沦陷前毛泽东所作的谈话,但其内容却涉及抗战军事的许多方面,尤其是对南京保卫战来说,既有着惊人的预见与深刻的洞察,同时也可以说,是一份正确的总结。

为了打好南京保卫战,中国共产党的领导人,特别是毛泽东,曾多次以各种方式,呼吁中国军政当局总结抗战初期中国军队在各战场一再失败的教训,进行军事改革与军队改革,改变片面抗战的方针与单纯防御的被动挨打的战略战术。毛泽东在这次接见陆诒的谈话中,再次详细地指出了中国在抗战初期"军事上受了相当的挫折"与所获得的"最可宝贵的伟大教训"。他说:

从上海太原等地失守后,不容讳言的,我们在抗战的军事上受了相当的挫折。但在各个战场的挫折中,使我们获得了最可宝贵的伟大教训。这教训是什么?

毛泽东指出,第一个教训,是"尚未动员全国人民到抗战中来",实现全民抗战。

我们这次民族抗战,虽然是革命性的,但它的革命性还不完全。我们参战的地域,虽然是全国性,这是自帝国主义侵略中国以来未有的好现象,但参战的成分,却不是全国性的,最大的缺憾是尚未动员全国人民到抗战中来。反对日本帝国主义侵略的战争而不带群众性,是必然会遭遇失败的。

毛泽东指出,第二个教训,是"各个战场上所采的战略战术,犯了'专守防御'的错误"。

以往各个战场上所采用的战略战术,犯了"专守防御"的错误。军事上战略战术的基本原则,是保护自己消灭敌人。因此,我们要设法减低敌人优势武器之运用,避实就虚,击中敌人致命的弱点。敌人在每次战斗中,采用迂回及中央突破战略,我们便不能专门着重在"单纯防御",死守正面,使敌人恰恰施展其优势武器,而集中击破我正面。必要的阵地和城市,我们当然要守,但主要的还是我们的"防御",还要配合上侧翼或敌人后方迅雷不及掩耳的攻击,要以独立自主的运动战来歼灭敌人。

毛泽东指出,"眼前最要紧的是改善军队素质,加强军队的政治工作。中国只要精兵三十万,具有最高度的民族意识与政治自觉性,再配以新式武器,军官与士兵一律富于高度的攻击性,便可以使目前的战局,为之全般改观。"

毛泽东所指出的以上各项中国在抗战初期所获得的"最可宝贵的伟大教训",正是中国抗战最应该重视与最需要吸取的军事忠告与战争指导原则,也是南京保卫战最应该重视与最需要吸取的军事忠告与战争指导原则。可惜的是以唐生智为首的南京卫戍司令长官部的将军们,当时全然没有也不可能意识到这些军事忠告与战争指导原则的极端重要性,更没有在南京保卫战中加以吸收和实施。以毛泽东的这些意见来对照与分析南京保卫战的过程与结果,我们就可以知道它为何失败得那样悲壮,又为何失败得那样惨痛与快速的原因了;同时也明白了中国抗战今后应该首先努力的方向。

同时,毛泽东在这次谈话中,针对当时中国国内各战场军事的一再失败,民族失败主义有所抬头,发表了他的看法。毛泽东认为这"是不足畏的"! 因为最大多数的国民以及最高领袖,早已坚定"妥协便是灭亡,抗战便可生存"的信念。毛泽东所最担心的,倒是敌人最近企图分裂中国国内团结的阴谋。毛泽东说:

民族失败主义者之所以能散布毒雾,一部分近视国人之灰颓,实在是他们只看到了失败的一面,还没有看到了光明的一面。

接着,毛泽东"以极兴奋的语调",总结了中国在抗战以来几个月中所取得的"光辉的成绩"。

在几个月的抗战中,我们也有光辉的成绩:一、大部分军队在抗战中,显示了无比的英勇最高度的牺牲精神。我忠勇将士鲜血染遍了河山,敌人终究不会站稳。在过去九一八时代,还有不少汉奸带了队伍去投降敌人,可是这次却没有。今日之华北,绝不是过去的东北四省可比。二、抗战把全国分崩离析的局面,弄得比较团结一致。只有抗战才能减少摩擦,促成真正统一,也只有统一,才能得到胜利。三、唤起了国际的同情与尊敬,使全世界知道中华民族是有权利建立自由独立的国家的资格。四、给日寇以极大消耗,如果说日寇差不多是不费力而得到了东北,现在非经过血的代价便不能占领中国尺寸土地了。日寇原欲在中国不战而偿其大欲,但经中国长期抵抗的结果,将这个先天不足后天失调的帝国主义者陷入崩溃的深渊。从这一方面说,中国抗战不但为了自救,且在全世界反侵略阵线中,尽了最伟大的任务。五、从战争中取得了教训,在抗战中改造了我们所有的弱点,展开了新中国远大的前程。[17]

四、中国新闻报刊总结南京、上海战役的成败得失与经验教训

更为可贵的是,中国新闻界一些有见识的记者,还对南京、上海战役中中国军民官兵的种种表现,国民政府组织指挥抗战的成败得失、经验教训,作了冷静而又深刻的总结,提出了切实可行的改进建议与措施,发挥了新闻传媒所应起的作用。

如1938年1月2、4、5、8日,武汉的《大公报》连载记者罗平采访与撰写的通讯《忆东战场》,对近一个多月以上海、南京、杭州为中心的东部抗日战场的作战形势与胜败得失,作了描述与总结。在此文的第五节,即最后一节《新中国的儿女》中,作者指出:"东战场,它是一架崭新的X光镜。陈腐的尸骸,壮健的细胞,一切的一切,都在它的面前,显现了他们美丑善恶的原形。"接着,作者以他亲眼所见、亲身所经历的种种事实,分析与总结了东战场上中国军民官兵所表现出的美与丑、善与恶的两个方面的截然不同的内容。

大街上的商店，因轻信谣言，全停止了营业，到第三天，守军的长官打电话给省××某执行委员，要他设法开导开导，回答是因为好几天没有出门，还没有知道这件事。

居民没有防空常识，听到空袭警报后不躲进防空壕去，某主任在会议上公然提议，以后派兵到街上去，遇到不肯躲防空壕的，就用刺刀向他们腿上刺，刺它一洞再说！

某县县长早想溜之大吉，被负保安责任的坚决留下了，可是在某天，当敌机首次轰炸后，刚离去二分钟，就带了两个卫兵，慌慌张张走了。

某县负抗敌后援工作的，一听到炮声就回来了老家，带走了一本账簿，一笔捐款。

在战区里，我们经常可以看到，被父母抛弃在路旁的活泼的孩子，在公路上爬走，或是十几天没有换药，没有吃喝的伤兵，困惫饥饿的难民，和装载些并不是军用品的椅桌、梳妆台的军用车。

在战区里，我们经常可以听见，零零碎碎的枪声，严厉得怕人的呼喊声，老夫妇的惨痛的叹息和抽噎。

我们可以见到听到，那由于过去民众训练工作得不够，士兵教育不够的原因所产生的一切不良的恶果。

作者总结的这些丑与恶方面的内容，正是中国抗战战场上导致失败的最重要的原因之一。作者针对这些丑恶的现象，提出了改进的建议。

唯有希望今后努力于民众工作的，除了标语口号之外，还必须真正深入民间去，确确实实把民众训练并组织起来！唯有这样才能于我们此次抗战有利。

作者更正确地指出，上述那些丑与恶方面的内容"只是狭小的一面"！即只是中国抗战军民中非主流的一面。而中国抗战军民中主流的一面，美与善的方面，"这广大的一面，正有千百万新中国的儿女，在前后方，用他们的鲜血，用他们的头颅，他们的忠魂，为中华民族写下了，伟大的可歌可泣的史实"。作者列举了东战场中国军民奋勇抗日的许多感人事实。

十多位接受过军训，即将奉命进入敌后上海工作的学生沉着地表示："我们无论如何要达到我们的志愿和我们的任务，我们要使敌人知道，即使我们的军队离开上海，可是上海还有好几十万的中国民众，他们并不愿意甘做顺民，

他们的爱国心并没有被征服。"

二十七位在战场从事救护工作的青年男女,因故未能及时撤退,面临被敌军坦克包围俘虏时,毅然"连抱着,高呼'打倒日本帝国主义,中华民族万万岁'的口号声,跃进水里,殉了民族。"

三个从昆山撤退时被丢失的童子军,徒步追赶部队,中途遭敌机轰炸,一个死了,一个重伤,只剩下十五岁的一个。他用手挖了一个窟洞,掩埋了已死的同伴,又背负着负伤的同伴送往救护车,然后继续徒步追赶部队。他不愿回到上海安适的家中。他说:"我们年纪虽然小,但也应当一样为国出力!"

一位电影演员,带着妻子,离开舒适的家庭,奔向皖南山区,准备在那里参加抗日游击战争。他说:"我们只有在实际的经验中找取教育,才能真正使自己并他人进步。我们应当感谢敌人给了我们这样一个千载难逢的机会,让我们锻炼,让我们成长!"

作者感叹道:

我们的祖国啊,你怎么也不会灭亡掉,因为,由于这次抗战,你已经淘汰了多少陈腐的骸骨,产生了多少新的健壮的真正爱护你的细胞哪![18]

1938年1月6日,胡风主编的《七月》半月刊总第六期,在武汉出版,上面刊登了一篇署名"耳耶"写的《失掉南京得到无穷(地方特写)》。"耳耶"是黄埔出身的著名作家聂绀弩的笔名。他于1937年12月20日写成了这篇文章,当时,南京刚沦陷七天,南京城内外的数十万中国战俘与平民正被日军疯狂屠杀。此文成为聂绀弩对南京失守与日军暴行的一篇独特的评论文章。首先,他强烈地谴责了日军在南京的暴行,控诉了南京中国民众在物质上与精神上的巨大损失。他写道:

有人不知道帝国主义国家怎样屠杀弱小民族的人民么?不知道日本法西斯的疯狂到了怎样的程度么?请到我们中国来,在这里,南京的失守,已经不是第一次的大血战,大概也不会是最后一次的。哦!多么大的一笔血债哟!

然而我们的损失还不仅这些。那从异族手里夺回了汉家天下的朱洪武的墓上,那推翻了爱新觉罗氏的统治,一生里高喊打倒帝国主义的孙中山的墓上,如今,圣洁的贞女被淫污了似的,有了侵略的脚印了。十年来政府的建筑(这里通常用"建设"):大学、研究院、图书馆,一切文化事业上的设备,军械库、飞机场、汽油汽车的堆栈、无线电台,一切军事或交通上的设备,都被敌人或自己烧成灰烬了!豪商、小市民、公务员们的产业,贫民的草棚,种田的、种菜的人们的田庄或菜圃一定也给彻底地破坏了,多少逃出了的人民失了业,失了家,离开了家人父子,在百里之外、千里之外,遥遥地望着那龙蟠虎踞的石头城里,从自己的产业、自己的辛勤的成果上发出来的烟火而悲伤叹息。

但同时作者也指出,南京的失陷也摧毁了"官老爷们的腐化生活的凭借,贪污卑鄙的成绩"。

然而南京的失守,对于全面抗战决不算是严重的打击,刚刚相反,在无意中倒给予抗战一个莫大帮助。何以见得呢?
……
不错,南京是中国的首都,然而是腐化的首都、不足以领导全国抗战的首都。

现在这首都失陷了,不用说,为了保卫它而牺牲了的战士,是应该哀悼的;文化机关教育机关,可以剿灭日寇的军火储藏机关,以及居民的室家的被摧毁,是值得惋惜的;朱洪武孙中山的圣地的被淫污,是应该引为耻辱的;日寇的暴行是可憎恨的!然而只是如斯而已,其他的什么建筑之类,自然也是中国人的智力体力财力,中国老百姓的血汗的成果吧;可是都是于国计民生没有什么补益的东西!让那些秦淮河边的歌台舞榭去吧,让那些饭店、咖啡馆、影戏院……去吧,让那什么院什么部的衙门,什么礼堂会场之类去吧,让那些达官贵人们的邸宅和那里头的秦砖汉瓦、巴黎香水、纽约雪花膏之类去吧,在这抗战期间,那些都是无用的废物!

因此,作者得出结论——"失掉的是南京,得到的将是无穷"。

南京是失陷了。然而官老爷们的腐化生活的凭借,贪污卑鄙的成绩,也被摧毁了,如果这能够促成他们的觉醒,加强他们抗战到底的决心,于民族解放运动的前途是有莫大的利益的。失掉的是南京,得到的将是无穷。

作者呼吁中华民族从南京的失陷中获取教训,在抗战中彻底的觉醒与奋斗,"能够这样,我们一定可以收回南京和每一寸失去了的土地"。

现在是觉醒的时候了！彻头彻尾地忏悔吧，革心洗面地改过吧，诚心诚意地感谢抗战把你们从腐烂生活中拯救出来了吧！能够这样，没有了南京那腐化的首都，无论在什么地方都可以建立起一个坚强的能够抗战到底的新的首都来；能够这样，我们一定可以收回南京和每一寸失去了的土地。[19]

无疑，聂绀弩借南京失陷发表的"别出一格"的评论，是对国民政府与中华民族的一项忠告，具有特别的意义。1941年6月，此文被收入《历史的奥秘》一书中，由桂林文献出版社出版。

武汉《大公报》《七月》等中国传媒刊登的这些社评、文章、谈话录乃至通讯报道中的夹叙夹议等，无疑给南京失陷后的中国军民以巨大的鼓舞，使他们丢掉悲观失望的情绪，使他们在暂时的失败中，看到中国抗战事业的巨大成绩与光明前景，看到他们今后应该努力的方向与掌握改进的措施，鼓起继续前进的勇气，不屈不挠，愈挫愈奋，更紧密地团结起来，更奋勇地投入到当前的抗战事业中去！

到1937年12月22日，当五位英、美记者关于日军在南京大屠杀的新闻电讯稿在西方报刊上发表多日并迅速传遍世界的时候，条件极其艰苦的中国各新闻报刊，才辗转从上海租界的"洋商报"《大美晚报》等的报道中，得到关于日军在南京大屠杀的比较准确的信息。广大的中国新闻报人，基于强烈的民族感情、同胞情谊与神圣的爱国热情，也基于人类最起码的共性——人道主义，立即被这空前未有的巨大惨案，被日军空前未有的野蛮血腥，被数十万同胞空前未有的悲惨遭遇震惊了。他们以极大的震惊与悲愤，迅速投入对这惨案的报道与揭露、控诉中去。关于这方面的情况，笔者将另行撰文。

注释：

[1][美]约翰·托兰著.李伟亮译.日本帝国梦.四川人民出版社，1997：60.

[2]张效林译.远东国际军事法庭判决书.群众出版社，1986：486.

[3]日本防卫厅防卫研究所战史室编.田祺之，齐福霖译.中国事变陆军作战史(第1卷第2分册).中华书局，1983：139—140，147.

[4]施子愉译.抗战初期德日法西斯诱降的阴谋//中国科学院近代史研究所编.近代史资料，1957(3)：104.

[5][日]古屋奎二主笔.蒋介石秘录翻译组译.蒋介石秘录(第四卷).湖南人民出版社，1988：58-59.

[6]蒋介石日记，1937年12月15日，藏美国斯坦福大学胡佛研究所档案馆，案卷号：

Chiang Kai-shek Diaries,Box39.

[7] 蒋介石日记,1937年12月18日,藏美国斯坦福大学胡佛研究所档案馆,案卷号：Chiang Kai-shek Diaries,Box39.

[8] 按:这是当时中国舆论界一度对张自忠的误解。

[9] 社评.不投降论.大公报(上海租界版),1937-12-14.

[10] 社评.诉诸全国军民各界.大公报(汉口版),1937-12-16.

[11] 社评.岁首之辞.大公报(汉口版),1938-1-1.

[12] "中央社"讯.蒋委员长发表宣言,继续抵抗敌军侵略,退出南京绝不致影响既定国策.大公报(汉口版),1937-12-14.

[13] 报道.蒋委员长告国民书,抗战不屈坚持最后胜利信心,不问国际形势,唯先尽其在我.大公报(汉口版),1937-12-17.

[14] 苏志荣,范银飞,胡必林.白崇禧回忆录.解放军出版社,1987:118-119.

[15] 郭岐.陷都血泪录.南京:南京师范大学出版社,2005:120.

[16] [日]古屋奎二."中央日报"社译."蒋总统"秘录(第11册)."中央日报"社,1977:100.

[17] 陆诒.毛泽东谈抗战前途,拥护最高领袖抗战到底(陕北通讯之一).大公报(汉口版),1937-12-20.

[18] 罗平.忆东战场.大公报(汉口版),1938-1-2,4,5,8.

[19] 耳耶(聂绀弩).失掉南京得到无穷(地方特写).七月,1938(总第六期).

【作者简介】经盛鸿,南京师范大学社会发展学院教授,南京大屠杀史研究学会顾问。

民国时期东北日文报纸舆论导向研究
——以《满洲日报》皇姑屯事件报道为例

马 嘉

（沈阳师范大学文学院新闻系，沈阳 110034）

摘 要：日本侵华以关东军在奉天制造的"皇姑屯事件"为标志。当时在东北出版的日文报纸极尽配合、宣传之能事，制造各种反华舆论，渗透侵华思想，宣传侵略主张。本文以《满洲日报》关于皇姑屯事件的报道为例，运用框架分析方法，从主题词、报道方式、消息来源、报道基调等框架类目入手剖析《满洲日报》所秉持的态度倾向、原则立场，分析其在暗杀事件之后，试图把大众视线从事件本身引导至为保障日本侨民权益，日方应向我国东北增兵、合理插手东北事务等媒介议程。该报虚假报道消息，蓄意制造混乱，混淆视听，误导受众的报道倾向，为日本全面入侵东北、实施大陆政策提供了思想准备。

关键词：日本侵华 舆论导向 《满洲日报》 皇姑屯事件

日本对我国的入侵战略始于1887年日本参谋部拟定的《清国征讨策案》，它是大陆政策的一部分。大陆政策发轫于明治政府的"开拓万里之波涛，布国威于四方"的总体方针，其主要战略是吞并朝鲜，征服中国，称霸东亚乃至全世界。[1]为完成这一计划，日本统治者在国内大肆宣扬清国威胁论，制造侵华舆论，扩充军备，在甲午战争之后，更是借助日俄战争，率先向我国东北扩张，夺取满蒙铁路权，分离满蒙，先后制造皇姑屯事件、柳条湖事件，侵占东三省，创立伪满洲国，剑指中华大地。"日本侵华与东北日文报纸舆论导向研究"将分别从皇姑屯事件、柳条湖事件、建立伪满洲国三个事件入手，分析东北日文报纸所坚持的报道议程，舆论导向。

1928年发生在奉天的皇姑屯事件是日本开始侵略中国的标志性事件，相关的历史研究颇为丰富，本文拟以同时期的日文报纸《满洲日报》为考察对象，从传播学的视角切入,借助框架分析理论研究《满洲日报》中相关报道的设置议程,探讨日文报纸在涉及大陆政策的报道中所秉持的态度倾向、原则立场,从报道的倾向性出发,考察《满洲日报》制造舆论、引导舆论的功能,揭露其殖民舆论宣传机器的根本属性。

一、研究缘起

民国时期军阀混战,1928年6月4日,奉系军阀张作霖在直奉大战后返回奉天途中被炸身亡,因为事件地点在皇姑屯附近,史称"皇姑屯事件"。张作霖是日本帝国主义扶植起来的奉系军阀首领,人称"东北王",是时已经成为统治东三省的巡阅使。随着势力日益壮大,他开始试图摆脱日本人的操控,比如利用英、美等西方势力牵制日本,对于日本提出的一些侵犯东北主权的要求拖延不办等,严重影响了日本军国主义者要在东北建立新国家的计划。如原关东军高级参谋河本大作所说:"一切亲日军阀,我们统统抓住。能利用的时候就援助,不能利用的时候就设法消灭。"[2]故剪除羽翼丰满的"东北王"已是箭在弦上。

"南满洲铁道株式会社"(简称"满铁")在1906年末设立于大连,虽然以公司的名义经营业务,但实际上它先后霸占了中国东北的全部铁路交通,是日本在中国东北进行侵略活动的大本营。满铁的机关报《满洲日日新闻》(曾用名《满洲日报》)是东北地区发行时间最长、发行量最大的日文报纸,它并不是为满铁的企业经营发展服务的内部报纸,而是日本大陆政策最积极、有效的宣传机关,为日本从经济、文化等方面侵略我国东北地区充当了"急先锋"。该报第一任社长森山守次在《发刊辞》中就坦言:"逢天长佳辰之际,谨此《满洲日日新闻》创刊,吾等自知才疏学浅,然力图将笔墨触及满洲之各领域。深知平息各方舆论、发表己见之难,虽恐招责然必竭力进取,期待充当我满洲经营之急先锋。"[3]

"皇姑屯事件"后,日本关东军急于掩人耳目,嫁祸他人,迫切希望得知张作霖是否身亡,而大帅府为避免东三省的混乱并未对外公布张作霖的死讯,直至张学良归来后的6月21日。面对突发公共事件具有社会责任感的媒体,会秉承客观报道、真实报道、全面报道原则,遵从人道主义原则,尊重受害者,突出受众意识,满足受众的信息需求,而《满洲日报》同时还要面对"侵略大陆"的战略、一团迷雾似的错综复杂的中日关系,报道的重点内容是什么?体现了怎样的报道倾向？如何设置议程、引导舆论的？建构新闻框架的意图是什么？在此基础上,我们还力争回答谁在新闻中说话等问题。

二、相关理论与研究方法

本研究是以媒介议程设置理论为依据的定量研究。所谓议程就是把问题或事件依重要性等级排列顺序,媒体议程则是媒体根据事件或问题的重要程度进行选择和排序,进而进行报道的过程。媒介的议程设置（Agenda Setting）功能是指媒体通过传播出某类新闻报道,强化该话题在公众心目中的重要程度[4],创设议题引导受众思考什么,按照怎样的思路去思考,影响受众对于话题重要性的认识和判断,左右公众焦点意见的形成。而能够回答新闻是如何被建构的以及如何进行舆论引导问题的是以意义建构、定性研究见长的框架理论。新闻传播学使用的框架理论是传播学者在戈夫曼（Goffman）社会框架理论基础上引入到新闻传播领域的。戈夫曼认为框架是人们将社会真实转换为主观真实的重要依据,也就是人们认识事件的主观思考框架。

框架是设置议题的核心指导思想,为相关事件赋予意义,通过议题也可以辨识框架。框架辨识的基本方法主要有以下三种：(1) 在阅读文本的基础上,建构出框架类别,给出操作化定义,然后将文本分别纳入其中进行量化统计；(2) 不直接给出框架,而是通过对文本的"关键词""消息来源""主题"以及"版面位置"等文本属性进行统计,在解释量化资料的基础上,分别对其背后的框架进行分析；(3) 通过内容分析软件,统计文本中词汇出现频次得出关键词,然后归纳大类,辨识出框架[5]。本文运用第二种方法,认为新闻框架是媒介基于某种特定的看法,如媒体的价值取向、思想倾向等,通过特定的关键词、报道方式、消息来源、报道基调等具体而微观的要素对社会事件做出的编排与选择。编排主要体现在报道的版面、版位、时间长短、数量多少、报道体裁、方式等方面；选择主要体现在报道视角、态度基调、消息来源、报道内容等方面。

三、相关报道的框架分析

（一）抽样与样本

《满洲日日新闻》于1907年11月23日创刊,最初只使用日文,后增设英文和中文专栏。1912年英文专栏独立为《满洲每日新闻》,1922年中文专栏独立为《满洲新闻》。1927年与《辽东新报》合并,改名为《满洲日报》,1935年收买《大连新闻》后复称《满洲日日新闻》,1940年7月更名为《大连日日新闻》,直至1945年8月16日停刊。本文选取1928年6月5日—12日《满洲日报》关于张作霖皇姑屯被炸事件的报道内容,探讨媒体框架下形成的事件"真实"的面貌,揭示媒体建构新闻框架的意图。

依据框架分析方法,我们按照关键词查找的方法筛选报章内容,抽取与皇姑屯事件相关样本,设置的关键词有:张作霖(张氏、作霖)、大元帅(大帅、大帅府)、张学良(学良)、奉天(奉、归奉)、奉军(奉天军阀)、皇姑屯、满铁线、列车、爆炸,共检索到相关报道76篇,其中图片新闻3篇,还有8篇相关评论将另作研究。

(二) 类目建构

根据研究目的和需要,我们从报道主题、报道形式、报道基调和消息来源四个方面设计研究类目如下:

1. 报道主题类目

本文把与爆炸事件相关报道主题划分类目并赋值如下:(1)张氏伤情;(2)奉天动向;(3)奉军动向;(4)日方动向;(5)嫌犯推测;(6)调查情况;(7)帅府动向;(8)其他。

2. 报道形式类目

报道形式反映了媒介对事件的重视程度,主要包括文体类目和版位类目。文体类目赋值如下:(1)消息;(2)综述;(3)深度报道;(4)评论;(5)图片新闻。

版位类目可以分为:上左、上中、上右;中左、中中、中右;下左、下中、下右。为研究方便,将上左、上中、上右类目归纳为上(1);中左、中中、中右归纳为中(2);下左、下中、下右归纳为下(3)。

3. 报道基调类目

基调是由主观思想、态度、情感等因素呈现出来的作品的风格、特征等。本文对报道基调的界定使用肯定、否定、中性的三分法作为分类标准。划分类目并赋值如下:(1)肯定报道;(2)否定报道;(3)中性报道。

4. 来源类目

包括新闻来源和消息来源。新闻来源是指新闻发布者,分为:(1) 奉天记者;(2) 天津记者;(3) 东京记者;(4) 其他。消息来源是指新闻信息源,一般指当事人、参与者或事件的目击者,本研究具体划分并赋值如下:(1) 医生;(2) 官员;(3) 朋友;(4) 其他等。

(三)分析与讨论

"皇姑屯事件"发生在1928年6月4日,事发前张作霖就已经得知日本方面将加害于己,故多次更改返程时间和路线,奉天城内已经物议如沸。6月3日张作霖登上火车,4日的《满洲日报》就有10篇报道(其一为图片新闻)主题与本研究所设类目一致。但本研究以皇姑屯事件发生之后的报道研究为主,所以4日及之前相关报道不作统计。

1. 报道主题类目统计分析

本研究将把相同主题的报道拆分、归类,结合总量计算各类报道主题所占比重,从数量上分析《满洲日报》的关注焦点。我们根据报道内容共提取张氏伤情、奉天动向、奉军动向、日方动向、嫌犯推测、事件调查、帅府动向和其他内容等8个主题。为便于研究,每一个主题下又分出诸多细目进行分析。

根据统计,关注最多的报道主题是奉军动向,其次是有关爆炸结果之一的张氏伤情主题。排在第三位的是日方动向主题和奉天城内动向主题的报道;排在第五位的是爆炸事件嫌犯主题的报道和其他相关内容主题的报道;排在第七位的是爆炸事件的调查工作;排在第八位的是关于张作霖家中动向的报道。人员伤亡,谁是爆炸事件的制造者,财产损失应该是此类事件之后受众急于知道的真相,从总量来看,受众的需要并未引起足够重视,受众最关注的相关人员的生死情况主题报道比奉军动向主题的报道少了近30%;爆炸事件嫌犯推测、事件调查的相关报道都排在了日方动向主题之后(详见表1)。

表1 皇姑屯事件相关报道主题分类统计表

相关报道	张氏伤情	奉天动向	奉军动向	日方动向	嫌犯推测	事件调查	帅府动向	其他内容	合计
篇数	12	11	17	11	7	6	5	7	76
频率	15.8%	14.5%	22.4%	14.5%	9.2%	7.9%	6.6%	9.2%	100%

（1）张氏伤情主题分析

根据报道内容，在张氏伤情主题下我们分设生死不明、受伤健在、身体健康、伤情恶化4个细目。

从《满洲日报》关于张作霖被炸后身体状况的报道来看，日方截至6月12日还并不知道大帅已经被炸身亡，其中"伤情恶化"一篇只是从帅府中止发布伤情的角度揣测得出的结论："突然支那方以张氏没有好为理由而中止，推测7日以后出现恶化"。另外，消息"支那广播局开始播放音乐戏剧等，可见张作霖死亡的消息为虚报"也明显是推测。其实，张作霖在被炸后几个小时就已经死亡了，帅府未公开死讯使得日方焦虑不安，只得千方百计打探消息，所以只有"生死不明"主题的报道比较客观真实。其中一篇是从"9日、10日两天大帅府的夜里灯火通明、人影繁动"揣测出"不知吉凶"，另一篇标题是"林总领事欢迎会上，关于张作霖身体状况支那方一句话也没有"的消息，显示伤情不得而知，生死不明（详见表2）。

表2　张氏伤情报道统计表

报道内容	生死不明	受伤健在	身体健康	伤情恶化	合计
篇数	2	5	4	1	12
频率	16.7%	41.7%	33.3%	8.3%	100%

（2）奉天动向主题分析

根据报道内容，在奉天动向主题下我们分设了平静如常、时局混乱、经济状况、铁路通车、通讯繁忙5个细目。

对奉天城内的报道进行筛选时，选择了与爆炸事件相关的内容，其中股票、汇率以及整体的经济状况是报道重点，经济与战争、政权、利益关系密切；"时局混乱"主题是以奉天城内百姓担心战争一触即发而选择外逃为由头；通讯繁忙主要原因是爆炸发生后各方与大帅府的电话联系激增（详见表3）。

表3　奉天动向报道统计表

报道内容	平静如常	时局混乱	经济状况	铁路通车	通讯繁忙	合计
篇数	1	3	3	2	2	11
频率	9.0%	27.3%	27.3%	18.2%	18.2%	100%

(3) 奉军动向主题分析

根据报道内容,在奉军动向主题下我们分设了奉军归来、出兵戒严、奉军分裂、奉军换帅4个细目。

奉军动向主题的数量排在报道主题之首,其中以张学良率部返回奉天的报道为主,"出兵戒严"的部队是奉天城的守卫部队;"奉军分裂"报道是由推测得来"新旧两派对立,奉天军阀分裂?";"奉军换帅"报道标题是"张作霖伤好之后将下野,有张作相继任,张学良担当奉天督办"(详见表4)。

表 4 奉军动向报道统计表

报道内容	奉军归来	出兵戒严	奉军分裂	奉军换帅	合计
篇数	13	2	1	1	17
频率	76.4%	11.8%	5.9%	5.9%	100%

(4) 日方动向主题分析

根据报道内容,在日方动向主题下我们分设了增兵警戒、提出赔偿、寻求保护、视察接见4个细目。

皇姑屯事件发生后,日方的反应非常强烈,最大的动作就是以加强警戒、保护侨民为由大量增兵奉天。关于日方动向的报道《满洲日报》态度积极,其中81.8%都是从维护日本人在华利益出发,紧紧围绕增兵和赔偿展开。"视察接见"中包括一句话新闻"田中首相派遣佐藤安之助拜访张作霖,视察满蒙形势",并没有具体内容显示"拜访"过程,报道真假难辨(详见表5)。

表 5 日方动向报道统计表

报道内容	增兵警戒	提出赔偿	寻求保护	视察接见	合计
篇数	5	2	2	2	11
频率	45.4%	18.2%	18.2%	18.2%	100%

(5) 嫌犯推测主题分析

根据报道内容,在嫌犯推测主题下我们分设了便衣队员、国民政府、反张派、共产党4个细目。

之所以确定"嫌犯推测"类目,因为《满洲日报》此时有关实施爆炸的罪犯的报道以猜测为主,基本以"可疑""可能""嫌疑""奇怪"等营造语境,并没有确凿证据,比如"列车爆炸案也可能是共产党所为?"。最早炮制的是一篇标题为"据某支那人的说法,爆炸案犯是凌尹清一伙儿,否定是日本人的说法"的消息。凌尹清是革命国民政府东北军特使,消息来源"某支那人"是凌尹清好友。"凌尹清一伙儿"和"便衣队"都指向国民政府,报道中关于便衣队的内容最为详尽,"爆炸发生前我两名被刺杀的士兵持有便衣队员的奇怪书信",公开了信件内容,有汉口、东三省、上海、语言不通等表明国民政府的刺客身份的内容。另外,所涉及"共产党"的内容有2篇是指向俄共。"反张派"并不确指何人,在"兵工厂发生爆炸是反张派一伙儿所为,与张作霖被炸属于同一系列事件"和"吴泰来:爆炸事件的案犯是反对张派的人"两篇消息中出现(详见表6)。

表6 嫌犯推测报道统计表

报道内容	便衣队员	国民政府(凌尹清)	反张派	共产党	合计
篇数	1	1	2	3	7
频率	14.3%	14.3%	28.6%	42.9%	100%

(6)事件调查主题研究

根据报道内容,在事件调查主题下我们分设现场勘查、调查无果、伤亡人数、美国介入、资料收集5个细目。

事件调查是突发事件发生后的主要工作,媒体秉承受众的知情权原则应如实报道事件进展情况。现场勘查类目下包含一篇图片报道,图片用两张黑白照片做事发地点前后对比,现场一片狼藉。7日报道了标题为"死亡11人,负伤30人,截至5日晚"的内容,是一个大概数字,张作霖的死亡未列入其中。据英文报纸《时事新报》记载,除张作霖、吴俊升外死亡18人,受伤53人(详见表7)

表7 事件调查报道统计表

报道内容	现场勘查	调查无果	伤亡人数	美国介入	资料收集	合计
篇数	2	1	1	1	1	6
频率	33.3%	16.7%	16.7%	16.7%	16.7%	100%

(7)帅府动向主题分析

根据报道内容,在帅府动向主题下我们分设加强戒备、转移家产、谢绝会见3个细目。

事发之后帅府封锁消息,而日方却急于知道张作霖的生死,几次派人前往看望。町野顾问夫人看望张作霖一事报道两次,其中一次以其口吻介绍张作霖伤情:"可能只是脑震荡,伤情不重",故计入到关于张氏伤情类目。由于町野顾问夫人只见到张作霖的五夫人,并未见到本人,报道"面子很重要,为了保全威严,张氏谢绝会面?"计入"谢绝会见"类目之下。另外,"田中首相代理佐藤安之助拜见张氏"的消息中没有详细拜见过程,属于一句话新闻,计入到日方动向类目中。大帅府转移家产是图片新闻,几辆满载的马车正驶向城门,既看不清楚车上的东西也没有确切消息来源(详见表8)。

表 8　帅府动向报道统计表

报道内容	加强戒备	转移家产	谢绝会见	合计
篇数	2	1	2	5
频率	40%	20%	40%	100%

(8)其他报道分析

根据报道内容,张氏阴谋对抗日本、张学铭归奉、吴俊升下葬、黑吉两省要员来奉等内容划入其他报道主题下。

当时张作霖已经统领东三省,所以事发之后黑龙江和吉林两省官员赶到奉天,"东支铁路督办吕荣寰以及两省要员20余人到达奉天";张学铭(1908—1983),字西卿,张作霖次子、张学良胞弟,早年入东北讲武堂学习,1928年入日本陆军步兵学校学习,事发时任驻日使馆见习武官。他的归来也让日方感到张作霖可能病重,相关报道有一篇是图片新闻。吴俊升(1863年11月21日—1928年6月4日),是奉系军阀的主要头目之一,张作霖退兵关外,吴俊升前往山海关迎张作霖返奉,不幸被炸身亡。相关报道涉及其下葬事宜。"张氏阴谋对抗日本"是指标题为"张作霖的阴谋:向蒋介石、阎锡山、冯玉祥发出通告,南北一致对抗日本"的报道,刊发在6日的头版头条,剑指张作霖停战反日的"阴谋"。可以说这一报道为暗杀张作霖做好了舆论铺垫,即张作霖与日本对抗死有余辜。然而这一报道也将日方置于反张派的位置,即使找来众多嫌疑人做替罪羊,也难掩其杀人真相(详见表9)。

表 9　其他报道统计表

报道内容	张氏阴谋对抗日本	张学铭归奉	吴俊升下葬	黑吉两省要员来奉	合计
篇数	1	3	2	1	7
频率	14.3%	42.9%	28.6%	14.3%	100%

2.报道形式类目分析

(1)报道体裁分析

从新闻文体来看,76篇报道中有图片新闻3则,内容是关于转移家产(马车)、事件现场(事发前后对比)、张学铭归奉(火车站出站)。全部内容以消息报道为主,消息报道注重时效性,对新闻事实只作"粗线条"的叙述,篇幅较小,甚至有一句话新闻。其中没有通讯,这种情况与《满洲日报》对爆炸事件的关注程度有关,也与它的及时性、报道短平快的风格有关(详见表10)。

表10 报道文体统计

文体	消息	综述	深度报道	评论	图片新闻	合计
篇数	65	0	0	8	3	76
频率	85.5%	0	0	10.5%	3.9%	100%

(2)版面版位分析

从排版情况来看,头版22篇,头版上版位7篇,中版位11篇,下版位4篇(详见表11);全部76篇报道的版面版位分布情况是上版位31篇,中版位37;下版位8篇。头版的内容以奉军动向为主,占到40.9%(详见表12)。版位是一个版面中的分布位置,吸引眼球的位置顺序依次为中、上、下,通过版位与报道内容的交叉分析,中版位以事件调查最多,日方动向其次;上版位以张氏伤情最多,嫌犯推测其次。总体来看,爆炸事件的报道以中版位最多,可见《满洲日报》对此事件的关注程度。(详见表13)

表11 头版版位分布统计

版位	头版上	头版中	头版下	头版合计
篇数	7	11	4	22
频率	31.8%	50%	18.2%	100%

表12 头版中相关报道分布统计

报道内容	张氏伤情	奉天动向	帅府动向	日方动向	奉军动向	嫌犯推测	事件调查	其他内容	合计
上版位	2			1	2	1		1	7
中版位		1	2	2	5	1			11
下版位			1		1	2			4
频率	9.1%	9.1%	9.1%	18.2%	40.9%	9.1%	0	4.5%	100%

表 13 版位报道内容交叉制表

版位		报道内容								合计
		张氏伤情	奉天动向	奉军动向	日方动向	嫌犯推测	事件调查	帅府动向	其他内容	
上版位	计数	10	5	3	3	4	1	1	4	31
	报道内容中的百分比	83.3%	45.5%	17.6%	27.3%	57.1%	16.7%	20.0%	57.1%	40.8%
中版位	计数	2	5	10	7	3	4	3	3	37
	报道内容中的百分比	16.7%	45.5%	58.8%	63.6%	42.9%	66.7%	60.0%	42.9%	48.7%
下版位	计数	0	1	4	1	0	1	1	0	8
	报道内容中的百分比	.0%	9.1%	23.5%	9.1%	.0%	16.7%	20.0%	.0%	10.5%
合计	计数	12	11	17	11	7	6	5	7	76
	报道内容中的百分比	100.0%	100.0%	100.0%	100.0%	100.0%	100.0%	100.0%	100.0%	100.0%

《满洲日报》日刊共 8 版,头版广告,4 版地方版,5 版日本本土新闻、通讯类版,6 版文娱家庭版,8 版小说及广告。评论集中在日刊 2、3 版,其中满日评论栏目在第 3 版,专栏评论在第 2 版,未计入统计(详见表 14)。

表 14 各个版面相关报道分布

版面	1	2	3	4	5	6	7	8	合计
篇数	22	39	6	3	0	0	6	0	76
频率	0.290	0.510	0.080	0.040	0	0	0.080	0	100%

3. 报道基调分析

依据议程设置理论,新闻媒体的报道必然存在报道基调,它是由传播主体根据主观需要在具体报道中流露出来的情感态度等,不同立场的媒体面对同一事件必然呈现不同报道基调。肯定的基调在报道中会流露出认同、希望、感激等积极、肯定的情感、态度;否定的基调在报道中会流露出批评、不满、对立等消极、否定的情感、态度。中性基调指除肯定、否定之外,其他对事实不带明显褒贬色彩的客观的陈述。

本文研究的报纸是满铁机关报，是日本在入侵国出版的日文报纸，所以界定时需要考虑日本立场，比如，"为了维护我国既得权，应对满洲的危险局势，我国政府尽显手段制定对策"即是肯定基调，"张的死亡之说使得汇率疲软"即是否定基调，"张氏正式谢绝和各国领事的会面"属于中性基调(具体分布详见图1以及表15)。

表15　报道基调报道内交叉制表

			报道内容							合计
			张氏伤情	奉天动向	奉军动向	日方动向	嫌犯推测	事件调查	帅府动向	其他内容	
报道基调	肯定	计数	3	3	0	8	0	0	0	0	14
		报道内容的百分比	25.0%	27.3%	.0%	72.7%	.0%	.0%	.0%	.0%	18.4%
	否定	计数	2	6	1	0	1	2	2	1	15
		报道内容的百分比	16.7%	54.5%	5.9%	.0%	14.3%	33.3%	40.0%	14.3%	19.7%
	中性	计数	7	2	16	3	6	4	3	6	47
		报道内容的百分比	58.3%	18.2%	94.1%	27.3%	85.7%	66.7%	60.0%	85.7%	61.8%
合计		计数	12	11	17	11	7	6	5	7	76
		报道内容的百分比	100.0%	100.0%	100.0%	100.0%	100.0%	100.0%	100.0%	100.0%	100.0%

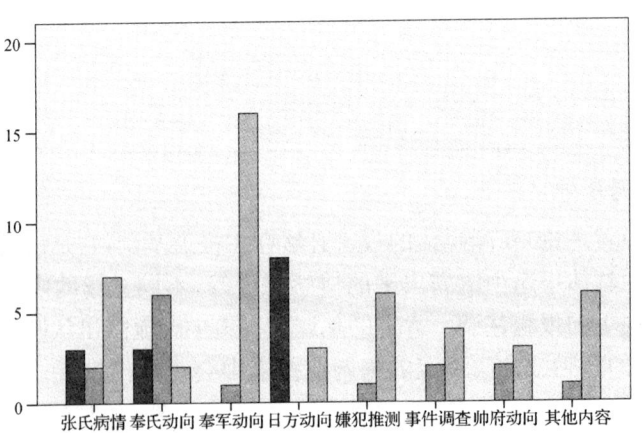

图1　报道基调统计

《满洲日报》以消息报道为主,多以叙述方式报道事态发展情况,中性基调的报道占 61.8%,特别是关于奉军动向的报道,17 篇报道中 16 篇属于中性基调,占 94.1%;

"日方动向"类目中包括的增兵警戒、寻求保护、提出赔偿项目中可以读出理所当然、同情日本侨民的积极的情感态度,相关报道中有 72.7% 属于肯定基调。

否定基调呈现最多的是有关奉天动向的报道,其中提及奉天骚乱,百姓出逃,经济受挫,股市下行等,占 54.5%。"奉天动向"中肯定基调的报道有 2 篇,是关于被炸铁路修复通车的内容。

4. 消息来源分析

消息来源,是提供新闻线索或新闻事实者,通过消息来源的身份、角色来确认信息可信度,可以考察谁在新闻里说话,一般分为新闻事件的当事人、参与者或事件的目击者。本研究发现在 76 篇相关报道中只有 16 篇提及消息来源,官员:大元帅府秘书谈国干(疑为谈国桓)、奉天副领事河野、奉天交涉署、最高交涉署长、林总领事、内阁、吴泰来;医生:同养堂医院院长、主治医生碧敬元;朋友:凌尹清的好友某氏、町野武马顾问夫人;其他:根据可靠消息、在奉白系俄国人、奉天某要人(详见表16)。

表 16 消息来源 报道内容 交叉制表

			报道内容							合计
			张氏伤情	奉天动向	奉军动向	日方动向	嫌犯推测	事件调查	帅府动向	其他内容	
消息来源	肯定	计数	5	0	2	3	3	0	2	1	16
		总数的百分比	6.6%	.0%	2.6%	3.9%	3.9%	.0%	2.6%	1.3%	21.1%
	没有	计数	7	11	15	8	4	6	3	6	60
		总数的百分比	9.2%	14.5%	19.7%	10.5%	5.3%	7.9%	3.9%	7.9%	78.9%
合计		计数	12	11	17	11	7	6	5	7	76
		总数的百分比	15.8%	14.5%	22.4%	14.5%	9.2%	7.9%	6.6%	9.2%	100.0%

从统计来看,有消息来源的报道以张作霖伤势内容为主,占到 31.3%,其中张作霖医生作为消息来源的有 2 篇,日本官方作为消息来源的有 2 篇,日

友人作为消息来源的有1篇,共5篇占全部相关报道的41.7%。可见《满洲日报》非常关注张作霖的生死,但是即便有消息来源信息的可靠性也并不高。嫌犯推测相关报道9篇,有消息来源的3篇,占到33%。《满洲日报》最关注奉军动向,但是有消息来源的只有含糊其词的2篇报道,新闻源都是"奉天特派员电话"。

(四)框架提炼

综上所述,根据上文统计结果中各个报道角度的出现频率高低,将相关新闻报道框架辨识为以下4类。

1. 重点关注奉军动向框架

奉军动向相关报道数量和报道所在版面都显示出日方对张学良、杨宇霆率领的奉军精锐主力部队动向的关注。为什么用大篇幅、重版面关注爆炸之后奉军的动向呢?我们认为原因有三,其一,日本人曾强迫奉军撤退出关,以免南京政府的势力因北伐战争的胜利推进,扩展至东北地区[6],而影响到他们在东北的利益;其二,奉军是否会从北京撤退,奉军内部是否分裂内讧,也可以说是张作霖生死状况的晴雨表,会影响日本关东军的战略决策;其三,奉军的动向牵制着日本人在东北的命运,张氏父子的抵抗使得日本人踏进东北的铁蹄推迟了三年。当时日本对于在奉天建立新国家有两种声音,一个是武力占领,一个是建立新的亲日政权。而他们扶植起来的奉系军阀张作霖已经没有利用价值,先杀掉张作霖,实现地方权力军事化,扰乱社会治安,最后出动关东军,正是河本大作的阴谋的一部分。

2. 积极配合关东军需要的虚假报道框架

爆炸事件之后,张作霖的生死成为行凶者迫切想要破解的谜题。"皇姑屯事件"的目的并不是终结于炸死张作霖,这只是日本关东军展开武力入侵的第一步。从结果来看,虽然张作霖被害身亡,但是日本人的计划并没有得逞。以河本大作为首的关东军强硬派主张除掉张作霖,在东北制造动乱,并趁乱中建立亲日的军事政权。河本大作在给参谋本部第一(作战)部长荒木贞夫的信中写到:"采取于满蒙方面(奉系军阀)内部使之发生动摇之手段,使奉天军阀陷于内外形势压力下只有崩溃之境地"……"奉张没落",满洲大乱之时,"将成为于东三省建立新政权之契机"。[7]可见,如果张作霖没有被炸死,他们就要采取新的策略,他们必须马上知道答案,以便制订下一步计划。然而由于帅府沉着应对,医生、官员、家人口风一致,秘不发丧,严守死讯,即便私交较好的日本朋友得到的也是张作霖只得了轻微脑震荡而已的信息。《满洲日报》只能推测张作霖的伤情,比如通过电台播放音乐剧、帅府停止发布伤情信息等细枝末节加以推断。同时,《满洲日报》相关报道非常丰富的消息来源也是日本关东军多方打探、急于知道真相的真实写照。

3. 混淆视听,误导受众框架

信息的基本功能就是要消除信息接受者的不确定性,而多用不确定信息做有关嫌犯报道的内容,说明日方关注这一类事件,同时也意识到引导社会舆论、制造混乱和恐慌的重要性。这种推测性报道主观性非常强,如"列车爆炸案也可能是共产党所为?"一篇就是由"东支铁路搜查内部共产党家中"推测而来,误导公众制造谣言的目的可见一斑。日方不但推出国民政府、反张派、共产党等嫌犯以掩盖真相,转移公众注意力,而且也可以看出日本关东军的阴谋并非只是嫁祸给国民政府的便衣支队那么简单,他们还可以通过混淆视听达到制造混乱的目的。其中"据某支那人的说法,爆炸案犯是凌尹清一伙儿,否定是日本人的说法"是关于嫌犯报道的第一篇,它的凌空出世说明日方急于剖白自己,意欲撇清关系,实则却是为了便于武力接管东北事务而设计的欲盖弥彰的计谋,这与河本大作法庭上的供词可以相互佐证。

4. 设置奉天城混乱议题框架

"皇姑屯事件"发生后,由于大帅府非常镇定,未公开张作霖死讯,所以尽管城内百姓有各种猜测,在股票、汇率等经济领域也出现了起伏跌宕,但未出现关东军所企盼的混乱局面。《满洲日报》对于奉天城的动向给予了极大的关注,相关报道以负面新闻为主,这些负面新闻设置的议题有大帅府转移家产、汇率走低、电话通讯繁忙、百姓逃难等非常态的变化,负面新闻在提起警戒同时如果超常规使用会造成人心惶惑,日本关东军就以保护侨民、维持治安的名义堂而皇之地增加了奉天城内守卫驻军。从报道基调可见,日方增兵、驻军、提出保护和赔偿等内容都是肯定性报道。通过对议程设置的考察,我们可以证明"皇姑屯事件"是大陆政策的伸展,尽管没有达到预期目的,却也为三年之后的"九一八事变"埋下了伏笔。

四、结　语

从民国时期到"九一八事变"前,日本人在东北就创建了230多种报刊,几乎垄断了东北的新闻市场,其中日文报刊有57种之多。这些日文报刊名义上是开通民智,联络中日邦交,实则是以文化侵略为目的,包藏蓄谋并吞辽宁乃至东北的野心。特别是 1927 年 6 月,日本政府召开"东方会议"后,作为殖民统治机构的满铁相继收购《盛京时报》和大连的《辽东新报》,使得日本在东北的报纸几乎都在满铁的控制之下出版发行,以此配合日本加快侵略东北的步伐。[8]本研究表明,《满洲日报》作为南满铁路机关报在关东军制造爆炸事件,铲除东北王的行动中尽到了引导舆论的责任,通过报道内容和方式,设置议程,充当耳目喉舌,将舆论引入有利于日方增兵东北,插手东北事务一侧。可以说,《满洲日报》圆满完成了日本关东军制造混乱、解决混乱的议程设置,为进一步推行侵略扩张政策做好了准备。

由于受到诸多因素的限制,本研究尚存在不足之处。比如,本研究在辽宁省图书馆检索《满洲日报》的微缩胶卷,其中 6 月 5 日的报纸残缺不全,影响样本的精准度。另外,本研究计划与《满洲日报》关于柳条湖事件、建伪满洲国事件报道做比较研究,由于时间原因只能在以后的研究中进一步展开分析。

注 释:

[1] 沈予.日本大陆政策史.社会科学文献出版社,2005:49.

[2] 张劲松.从河本大作的密信,剖析"皇姑屯事件"之阴谋.辽宁大学学报(哲学社会科学版),1998(4):6-9.

[3] [日]森山守次.发刊之辞.满洲日日新闻,1907-11-3.

[4] [美]沃纳·赛佛林,小詹姆斯·坦卡德.郭镇之译.传播理论:起源、方法与应用.北京:华夏出版社,2005:25.

[5] 万小广.论架构分析在新闻传播学研究中的应用.国际新闻界,2010(9):5-12.

[6] 习五一.皇姑屯事件前后.历史档案,1990(7):114-118.

[7] 张劲松.从河本大作的密信,剖析"皇姑屯事件"之阴谋.辽宁大学学报(哲学社会科学版),1998(4):6-9.

[8] 赵建明.近代辽宁报业研究(1899—1949).吉林大学博士学位论文,2010:40.

【作者简介】马嘉,沈阳师范大学文学院新闻系教授,主要研究方向:新闻理论、东北新闻史。

抗日与知日:"八一三"时期"论语派"刊物的文化救亡——以《非常时期联合旬刊》为中心的考察

刘 洋

(南京师范大学新闻与传播学院,南京 210097)

摘 要:"八一三事件"爆发后,上海救亡报刊纷纷鹊起。《非常时期联合旬刊》为"论语派"救亡刊物,其文化救亡成就因政治原因长期未蒙重视。本文通过分析该刊发现,与一般抗日刊物不同,《非常时期联合旬刊》在注重"抗日"宣传唤醒民众抗日热情的同时,亦注重"知日",积极提升民众对于日军及日本的认知,因此取得了不俗的文化救亡效果。

关键词:抗战 "论语派" 《非常时期联合旬刊》

一、引言

一九三七年十月十六日,一封发自南京的信笺,历经波折投递到了阴云密布的上海。彼时沪上,只剩得断壁残垣,早已繁华凋尽。该信写道[1]:

自抗战以来,贵刊发行联合刊物,推进文化救亡,人所共见所共钦。敌人等为中央银行一部分之行员……兹特函恳贵刊露布,将此非分之得,交还国家,幸甚幸甚,此颂编安。

这位佚名行员的爱国热忱暂且不提,其口中"推进文化救亡",为时人所"共见共钦"的《非常时期联合旬刊》竟也随时代迁移湮没不闻,为人所"不见"。不仅在方汉奇先生所编之三卷《中国新闻事业通史》遍寻不到其身影,在其他新闻史研究中该刊亦未受瞩目。

二十世纪三十年代的上海,文人团体一分为三:一为名义上以鲁迅为首的左翼联盟,二为以梁实秋为代表的自由派文人,其余者则以林语堂为中心。对此,李欧梵曾评论道:"1932年以后,左联在意识形态上的支配地位没有遇到重大挑战。有相当数量的文人环绕在林语堂的三种流行的杂志周围——《论语》《人间世》和《宇宙风》,而且有意'不谈政治',强调幽默与讽刺。"[2] 上述环绕在林语堂身边的文人即为"论语派"。强兵压境,往日刻意"不谈政治"文人因内心民族主义情绪复苏而发其声,其主要平台即《非常时期联合旬刊》。

"论语派"初以《论语》为根据地,其持续时间长,群众影响大,"由于种种原因一直处于非主流的边缘地位"[3],长期被某种单一批评视角所批判和打压。在当前"回归历史原场"的背景下,"论语派"正渐渐撕去贴在身上"资产阶级反动派"的标签。因此,分析《非常时期联合旬刊》,以窥见"论语派"刊物于淞沪会战期间的文化救亡活动便极具意义。那么究竟该刊物是如何实现其文化救亡的主张,其发刊背景为何?刊登内容为何?其呈现出的国内抗战图景又是怎样的?本文拟通过对于《非常时期联合旬刊》的分析以回应上述问题。

二、强强联合:《非常时期联合旬刊》之创立

一九三七年八月,沪战爆发,林语堂等人深感"国难至此,应尽绵力"[4],《非常时期联合旬刊》由此诞生。与一般创办者希望刊物"亿万斯年"不同,《非常时期联合旬刊》同人诅咒这份刊物的"长寿",称"我们要诅咒它的长寿,我们是希望它的夭折。因为敌人覆灭早一天,就是我们的胜利早一天,那么我们这一个不得已的联合刊,希望它的夭折不是名正言顺的吗?"[5] 同时,《非常时期联合旬刊》亦随时代需要,调整编辑方针,它在坚持各杂志原先特点的基础上,"注重报告文学,同时属于史实与特写的材料,也是一样的重视文字,无论译著,属于硬性或软性的,都是不'不尚空谈',而要'言之有物'为主旨"[6],急切征集"火线将士战地难民深受目击之实在记述"[7]。

《非常时期联合旬刊》(以下称《联合旬刊》)始于1937年8月30日,讫于1937年10月30日,由《宇宙风》、《西风》和《逸经》三份刊物临时综合而成。三刊合作的具体办法,据郑逸梅回忆,为"《宇宙风》负责集稿,《逸经》负责编辑,《西风》负责发行"[8]。其中,《宇宙风》、《西风》均属严格意义上的"论语派"刊物,《逸经》则与"论语派"有着千丝万缕的关系。林语堂虽此时身在美国,但他无疑是这份刊物的精神核心。

《宇宙风》由林语堂于1935年创办,以"畅谈人生为主旨"[9];《西风》则由

林语堂担任顾问编辑,印数为2000份。《逸经》为文史性半月刊,由简又文创办,以其"特有的办刊形式、丰富殷实的内容和浓郁的学术气氛","行销海内外,美国国会图书馆长期订购"[10]。《逸经》提倡"开卷有益、掩卷有味",该宗旨最初由林语堂提出,从中可窥见他对该刊的影响。三刊综合后,以往撰稿人亦已合流,可谓强强联合。下面,对该刊核心人物作概要介绍:

陶亢德,一代编才,与林语堂合办《宇宙风》。林语堂1937年赴美之后,陶与林语堂胞兄林憾庐共同主持《宇宙风》。上海失陷后,陶沦为落水文人。

陆丹林,早年加入同盟会。尤擅文史及书画评论,出入"南社",亦是一代名编。

黄嘉音、黄嘉德昆仲,前者承担主要社务,后者为上海圣约翰大学的专职教授。

三、"知日"与"抗日":《非常时期联合旬刊》的量化解读

为详细考察《联合旬刊》于"八一三"时期文化救亡所起到之作用和价值,本文采用内容分析法首先对七期杂志刊载文章作一量化解读,分析类目包括三个层面。

1. 内容界定

《联合旬刊》出七期,共有文章99篇,漫画9幅。根据研究需要,现将这99篇文章界定为:(1) 与抗战内容相关,为本文对象;(2) 不涉及抗战,不作分析。据此统计,共有93篇文章符合上述界定,去除《发刊词》《尾声》及其他四篇文章。

2. 文章主题

须指出,并非每篇文章皆有明确主题,同一文章往往涉及较多主题。由此主题类目包括:(1) 军事;(2) 政治;(3) 文化;(4) 经济;(5) 民生。统计表明,军事主题高达42篇,占45.1%;政治主题33篇,占35.5%;文化主题25篇,占26.9%;民生主题17篇,占18.3%;经济主题15篇,占16.1%(见表1)。显而易见,该刊政治和军事主题文章最多,对战时文化生活亦给予高度关注,极富社会责任感和人文情怀。

表1

主题	军事	政治	文化	民生	经济
篇数	42	33	25	17	15
比例(%)	45.1	35.5	26.9	18.3	16.1

3. 涉及对象

文章所涉及对象，大致可分为两类："知日"与"抗日"。"知日"即增进对日本侵略军乃至日本国情的认识，包含如下成分：(1) 日军在我国境内的军事、政治情况；(2) 伪满洲国诸种见闻；(3) 日本国内政经状况；(4) 日本历史及侵华史；(5) 国际动向。"抗日"主要涵盖：(1) 全面抗战及战时宣传观；(2) 战时上海悲惨现状及全国各大城市见闻；(3) 国内特定人群专题探讨：汉奸、难民、流亡学生；(4) 古典反侵略诗词及宣传爱国人士。某些文章中，亦会出现此二者交融情况，即指涉多个对象。据统计，涉及"知日"的文章共21篇，占22.6%；后者则共有文章73篇，占78.4%。由此显见，抗日宣传占据文章综述之大部。在此，"知日"部分与"抗日"部分相较虽显少，但与彼时一味宣传抗日，只顾揭露日军暴行的报刊相比，《联合旬刊》就凸显出自身专业性，体现出深度性和知识性。

四、硝烟与大烟：《非常时期联合旬刊》之"抗日"图景

"七·七事变"后，国民政府即表态须"全面抗战"，因而"全面抗战"成为该时期各大报刊的关键词，《联合旬刊》亦不例外。然而，口号不等于行动，是否政府振臂一呼，便可万众一心、一致抗日呢？《联合旬刊》给出的答案是否定的。

1. 后方："烟雾"缭绕

一位署名闻玄的作者困惑于位于后方芜湖的空防，他写道："当空袭警报来时，市民多争先恐后，大步赛跑。人声嘈杂，夹以笑声"[11]，不仅如此，受训的壮丁本应维持空袭时的街道秩序，却在商店门前与店员谈笑，在晚间更是"以手电频频乱射，来代替熄灭了的灯火"[12]，好像"敌机就会看不见一样"。更令人吃惊的是，前方硝烟弥漫，本应"有钱出钱，有力出力"的后方却散播着一股吸食大烟的不正之风。对此，闻玄无奈地写道："当我抵芜湖时，据说敌机已经来过两次，并且是特意来轰炸，绝非路过……此所以芜湖鸦片十家九有，

抑亦"鸦片救国"之道耶"?[13]

不仅是位于后方的芜湖百姓对于"全面抗战"表示漠然，位于前线苏州民众的表现亦难以令人满意，一位到乡下避祸的苏州城里人写道："他们（乡下人）看到城里人纷纷到乡间来，仅有少数人知道和'东洋赤佬'打仗。大多数农人仍是漠然不知，认为城里出了什么乱子"[14]。作者对此给出了建议，即对于"内地农村的宣传救亡工作是迫切的"[15]。

2. 到后方去：《联合旬刊》的抗日宣传观

在宣传救亡的认识上，《联合旬刊》同人的看法较为一致。陶亢德在第二期发文称："到后方去，到后方去，文化界和出版界应大家设法做开路先锋"[16]。与之接近，陆丹林撰文称，宣传，应该结队去内地、去后方去，同时，"宣传要因人因地而施，否则只是唱高调，是徒劳而无功，虚费唇舌笔墨罢了"[17]。

黄嘉德则提出了后方宣传的总体方案，认为后方宣传极其重要，必须把"民众动员起来，使民众的力量和军事行动互相呼应，最后的胜利才有保障"，因而第一步需要使得"全体民众认识此次抗战的意义"[18]。他认为，对于后方民众的宣传，并不能靠报纸、杂志。后方民众多无知识，不识字，同时交通不便，因而最宜以个人为单位，深入后方，做口头宣传。此外，演剧团、宣传队等团体组织亦应紧随其后。

对战时期刊，《联合旬刊》同人亦给予高度关注。黄嘉德表示，"新闻记者应当尽力排除谣言，用证实过的正确消息"[19]，战时报纸不可过度夸张，只报喜不报忧，否则当真相一旦被发现，民众将会产生一种幻灭感。对于这种"言过其实"行为，杨子称之为"广告式"宣传，认为它带有某种危险成分。此外，漠然在文章中分析了战时的杂志，认为虽然现时上海定期刊物包括书画不下二三十种，然而内容却大多空洞，且严重雷同，因而战时杂志一应"适当合并"，二应"着重有思想有系统的论文和表现实际生活与工作状况的特写文"。[20]

3. 前方：硝烟弥漫

如果说在《联合旬刊》对后方的刻画可用"烟雾袅袅"来形容，那对前方的记载就只能用"硝烟滚滚"来概括，其数量占《联合旬刊》之大部分。这也是绝大多数抗战报刊的取向。

在《联合旬刊》刊载的描写前线的文章中，将士们的面目较为统一，皆呈现出一种积极抗战、毫不畏惧的样态，如口述文章《一个夫役在火线上经过》中，夫役眼中壕沟里"仍是若无其事的玩纸牌，抽烟，高兴地谈"的"忠勇卫士"[21]，

《访问张发奎将军追述》中平易近人,深谋远虑的张发奎将军。

前线不止有战场,亦有许多受难民众,就此《联合旬刊》组织两次研讨,就"难民"及"流亡学生"举行专题讨论。而当汉奸迭出之际,该刊亦花去大量篇幅就汉奸现象进行分析。此外,《联合旬刊》还大量刊载了彼时各大城市的抗战见闻。通过刊载此类文章,《联合旬刊》成功地激起了上下民众对于日本侵略者的义愤,有效提高普通百姓对于本国军队的信心。

五、"千人针"与"生命线":《非常时期联合旬刊》之"知日"呈现

深度窥见日本,是《联合旬刊》的独特之处。它不仅探讨日本侵华史,还充分呈现了日本国内的战时动员,普通民众对华态度。此外,它还分析了日本所面临的国际形势及其主要军事依靠,可谓"知日"。

1. "千人针":日本战时动员

相较于彼时国内麻木不仁的普通民众,日本对本国民众的动员不可同日而语。陶亢德指出,战争之主要责任在于日本军阀,而不在于在日普通民众,普通日本人是爱好和平的。他写道:"凡到过日本的人,都说日本的民众对我国人并不穷凶极恶,只有他们好大喜功的军阀才把中国当作肥猪来宰割"[22]。该论断被该刊后期文章击得粉碎。在旅日学生莫石笔下,日本"真是无论老少男女,全国动员了"[23],其中最有影响的民间运动,莫过于"千人针"[24]:

凡东京的车站出入口,公共汽车电车的停留场,马路的行人道上,娱乐场所无不出现了主妇、女学生,国防妇人会会员,手持长方形布一条,针数枚,红线一束,阻住行人,请在布上缝一结。

由此可见,彼时日本可谓"全民侵华"了。当作者在日本浴室洗澡时,他也完全感受到了普通日本民众的深深恶意[25]:

我一身成为他们的目光的集中点……但再入浴室时,几十个日本人分别占住冷水管,不让我使用,我知道要求是没用的。只好从容地将衣披在半脏的身上。

2. "生命线":日本军事及国际形势

日本地域狭小,常被讥"蕞尔小国"。因而,当其发动一场大规模战争时,

所消耗之各种资源非本国所能负担。对此,《联合旬刊》一篇评论文章认为,但凡近代国家,其发展生产力,皆离不开煤、铁、盐等基础产业,日军之所以可发展自身军事工作,源于其占据我国华北五省,华北五省的基础资源占我国总含量的百分之六七十。此外,美国亦为日本贩卖资源。作者据此认为,"日本军阀的生命线均操控在我国与美国之手,若美国能即刻禁制废料制钢料生铁,日本及太平洋沿岸铁矿出售日本,则暴日基础,立即崩落"。[26]可以说,作者的宏观思考自有其战略意义,但实践起来,却有难度。这与当时复杂的国际形势有关。

彼时日本在国际所处位置,与英美两国息息相关。胡心简提出:"日本之得在远东蛮干,纯以看透英美间有其矛盾性,不能合作予以干涉制裁而然。现在英美态度已趋于一致,决定参加主动之九国公约会议"[27]。在他眼中,似乎只要英美精诚合作,就可制裁日本。以后来人的眼光看,胡心简无疑高估了英、美合作的诚意及其制裁能力。对于日本此次侵华战局的后果,黄嘉音则发表了一篇译自《大美晚报》的评论,认为日军侵华的后果是悲剧性的,日本原就资源匮乏,经济薄弱,此番侵华耗资巨大,并牺牲在华贸易,后果将极为惨痛。无独有偶,乃毅同样在一篇译著中预言了日本的失败。值得一提的是,陆筱丹(陆丹林之子)曾发表《日本的军备》一文,细致分析了日本陆海空三军,为民众了解日本军备打开了一扇窗。

这些观点和信息,经由大众媒介进入时人心中,使得普通知识民众对于中日战局、国际形势及日本军事实力形成了自己的认知。

3. 从"倭寇"到"东洋兵":对日历史考察及其他

除刊载上述文章,《联合旬刊》亦利用《逸经》杂志原先的文史优势,刊载一些日本历史的文章,主要有《日本的浪人》《日本民族考》《明代之倭寇》等。这些文章并非书斋的泛泛空谈,作者往往会结合时事抒发议论。文章的选用,更是体现了刊物"以史为鉴"的用心。其中,最具代表性的莫过于《明代之倭寇》。该文中,朱心木考察了明时倭寇为患的三大原因,分别是:"中朝之庸懦","奸民之勾引","权臣之嫉妒"[28]。对照彼时中国,起初国民政府在对日态度上确实持一种"绥靖"政策,当战事爆发,有无数民众沦为汉奸。而在具体抗战中,也存在着一定将相不和的因素。对此,朱心木觉得史上解决倭患的三大要素:一为"将相之和衷";二为"倭寇之深入";三为"奸民之反正"。其实,灭绝"倭患"的法门又何尝不是全面抗战的有效方法?由此,可瞥见朱心木历史考据之用心。

《联合旬刊》还曾刊登过一篇介绍日军战时所用毒气的文章——《毒气中

最猛烈之芥子气》。该文语言通俗,详尽地分析了芥子气的化学性质及其用法,对于破除民众对于日军毒气战所存有的未知恐惧颇有功绩。总体而言,相较于报纸而言,《联合旬刊》的教化功能更强。它充分利用杂志的这一媒介特性,在发挥同人智力的同时,将自身打造成一个信息、知识交流传播的平台,深化了读者对于日军及日本的认识。

六、结　语

中国古代士人极具民族意识,家国情怀。每当外族入侵时,士人们投笔从戎,高唱"苟利国家生死以,岂因祸福避趋之"奔赴战场。情随境迁,二十世纪的华夏大陆天翻地覆,传统士大夫也转变为"自由浮动"的现代知识分子,并在其后的社会发展中渐趋边缘化,然其内心中滚烫的热血却一刻也不曾停止过沸腾。

淞沪会战时期,《非常时期联合旬刊》是"论语派"知识分子的主战场。该刊由《宇宙风》《西风》《逸经》三刊综合而成,林语堂无疑是其代表。《联合旬刊》同仁借助这份刊物积极宣传抗战,可谓"抗日";同时,该刊亦大力刊登有关日本的信息及观点,并从历史上考察有关日本问题,可谓"知日"。前者成功地激起了上下民众对于日本侵略者的义愤,有效提高普通百姓对于本国军队的信心。后者则深化了读者对于日军及日本的认识。"知日"和"抗日"一体两面,相辅相成。"知日"是为更好"抗日","抗日"势必又须充分"知日"。因而,在战时该刊充分发挥了文化救亡作用。

正如林语堂所说,"许多期刊的出现与消失都是非常自然的,它们完成了某种使命,然后告别公众"。[29] "八一三"淞沪会战以上海沦陷告终,《联合旬刊》亦宣告解散,其中《宇宙风》与《逸经》迁至香港,合为《大风》十日刊,刊名取"大风起兮为飞扬"之义。《大风》继承《联合旬刊》的抗战精神,取得瞩目成绩。

注释:

[1] 非常时期联合旬刊(第七期),1937-10-30.

[2] 李欧梵.文学趋势:通向革命之路,1927—1949年//[美]费正清,费维恺著.刘敬坤译.剑桥中华民国史(下).中国社会科学出版社,1994:497.

[3] 阮娟.从《论语》边缘人物看"论语派"的复杂性.华中师范大学研究生学报,2013:19.

[4] 宇宙风逸经西风联合启事.非常时期联合旬刊(第一期),1937年8-30.

[5] 陆丹林.发刊词.非常时期联合旬刊(第一期),1937-8-30.

[6] 陆丹林. 发刊词. 非常时期联合旬刊(第一期),1937-8-30.
[7] 征文启事. 非常时期联合旬刊(第一期),1937-8-30.
[8] 郑逸梅. 芸编指痕. 北方文艺出版社,2009:81-82.
[9] 林语堂. 且说本刊. 宇宙风(第一期),1935-9-16.
[10] 秦奋.《逸经》杂志的史学价值浅析. 内蒙古师范大学学报(哲学社会科学版),2007:447。
[11] 闻玄. 芜湖的空防. 非常时期联合旬刊(第五期),1937-10-10.
[12] 闻玄. 芜湖的空防. 非常时期联合旬刊(第五期),1937-10-10.
[13] 闻玄. 芜湖的空防. 非常时期联合旬刊(第五期),1937-10-10.
[14] 朱逸农. 苏州逃难记. 非常时期联合旬刊(第四期),1937-9-30.
[15] 朱逸农. 苏州逃难记. 非常时期联合旬刊(第四期),1937-9-30.
[16] 陶亢德. 到后方去. 非常时期联合旬刊(第一期),1937-9-10.
[17] 自在. 闲谈宣传. 非常时期联合旬刊(第四期),1937-8-30.
[18] 黄嘉德. 后方宣传. 非常时期联合旬刊(第七期),1937-10-30.
[19] 黄嘉德. 抗战时期的报纸. 非常时期联合旬刊(第一期),1937-8-30.
[20] 漠然. 战时的杂志. 非常时期联合旬刊(第七期),1937-10-20.
[21] 濮益生述,越隣笔记. 一个夫役在前线的经过. 非常时期联合旬刊(第六期),1937-10-20.
[22] 陶亢德. 中国与日本. 非常时期联合旬刊(第一期),1937-8-30.
[23] 莫石. 日本归来. 非常时期联合旬刊(第二期),1937-9-10.
[24] 莫石. 日本归来. 非常时期联合旬刊(第二期),1937-9-10.
[25] 莫石. 日本归来. 非常时期联合旬刊(第二期),1923-9-10.
[26] 镜如. 斩断日本军阀的生命线. 非常时期联合旬刊(第六期),1937-10-20.
[27] 胡心简. 英美合作与九国公约会议. 非常时期联合旬刊(第七期),1937-10-30.
[28] 朱心木. 明代之倭寇. 非常时期联合旬刊(第六期),1937-10-20.
[29] 林语堂著. 王海,何洪亮译. 中国新闻舆论史. 中国人民大学出版社,2008:125.

【作者简介】刘洋,南京师范大学新闻与传播学院硕士研究生。

《密勒氏评论报》对"巴黎和会"解释性报道的角度分析

郑保国

(北京外国语大学国际新闻与传播学院,北京 100089)

摘　要:《密勒氏评论报》(《密》)是 1917 年创刊于上海公共租界的一份转折性的外报。它是美国职业和专业新闻人密勒和老鲍威尔在美国进入海外扩张时期在华创办的一份刊物。《密》借由一支在以华"密苏里新闻帮"为核心的专业新闻团队,将很多在美国新闻界业已形成的专业报道手法运用于在华新闻实践中。本文以《密》对"巴黎和会"的解释性报道为例,分析密勒、董显光和老鲍威尔三人分别从不同角度对这一新闻事件所做的解释性报道,从而透视出《密》的专业新闻团队具备了更高的新闻专业知识、技能、伦理和激情。同时,这支团队的跨界特征帮助刊物克服了语言障碍,获得了更多的消息来源,并拓宽了报道范围。

关键词:《密勒氏评论报》　巴黎和会　解释性报道

19 世纪和 20 世纪之交,美、英两国的报业已经进入专业化办报的阶段。这股新闻专业化浪潮很快随着西方殖民势力的影响而波及中国。上海作为在华外报的中心则首当其冲。而《密勒氏评论报》(以下简称《密》)则正是在这股大潮之下诞生的一份转折性报刊。它的创办者就是来自美国的职业和专业新闻人。

美国人是跟随着英国殖民者的脚步进入中国的。20 世纪之前,上海公共租界的美、英侨民之间的关系一直是美附于英,或美融于英的状态。美国人甚至被称为"半吊子英国人"。[1]随着美国进入所谓的"海外扩张时期"(1894—1945),在华美国人也开始注重彰显自己"文明的驯化者"(*civilizer*)的身份,以示和英国人的"殖民者"(*colonizer*)身份的不同。[2]这首先表现在新闻领域。美国人托马斯·F.密勒(Thomas F. Millard)率先在上海向英国在华报业的垄断发起了挑战。他借助美国新闻专业化的东风,以自己创办的英文刊物——《密》(Millard's Review)为依托,吸引了大批美国专业编辑记者来到中国。[3]另一方面,《密》也借此组成了自己专业的新闻团队。这个团队以"密苏里新闻帮"为核心,在中国形成了跨国籍、跨党派、跨区域以及跨越政界、新闻业界和学界的跨界分布特征。[4]这支专业新闻团队将当时美国新闻界已经形成的多种新闻报道方式带到了中国,给中国新闻业界注入了一股新风。解释性报道(interpretative report)就是其中之一。

作为一份"论政治和财政之周刊",[5]《密》尤其注重对重大新闻事件的解释和评论。"短社评"(Editorial Paragraphs)和"特别稿件"(Special Articles)是刊物最重要的两个栏目。[6]"巴黎和会"是刊物创办一年半以后迎来的第一个重大国际新闻事件。会议从1919年1月18日开幕,到当年6月28日闭幕,总共持续了5个月零10天。这次会议对美国和中国都有着非同寻常的意义。一方面,刊物的母国——美国首次在全球性的国际政治会议上扮演了一个主导者的角色,推出了全球性的外交政策主张;另一方面,刊物所在国——中国作为"战胜国"之一,虽然努力发出了"外争国权"的呼声,却终究成为国际斗争的牺牲品。"巴黎和会"一时成为国际新闻的焦点,也是《密》重点关注的对象。和会期间,"特别稿件"刊登了30多篇对"巴黎和会"的解释性报道。这些报道主要出自三个人之手——密勒、约翰·B.鲍威尔(老鲍威尔)[7]和董显光(文中有对这三人更为详细的介绍)。这三人在中美两国新闻交流史上都有着特殊而又显赫的地位。他们在刊物上从不同角度对"巴黎和会"作出了充分的解释性报道。

一、密勒:中国政府顾问的视角

密勒是最早来华从事新闻活动的西方职业记者之一,被誉为"美国在华新闻业之父"(the founding father of American journalism in China)。[8]早在1900年,他就作为《纽约先驱报》的记者来华报道过义和团运动。彼时的密勒已经是一名经验丰富的战地记者,报道过数场战争。多年的战地记者经历将密勒改造成了具有所谓"大国视野"的"宣传者"(publicist)。[9]反英和反日是密勒一生新闻活动的基调。

在中、美、日三国关系上,密勒长久以来形成了这样的观点:日本是中国独立主权和美国利益的最大威胁。美国只有积极介入中国,才能确保太平洋地区的秩序。美国在太平洋地区有着巨大的战略和经济利益。中国是列强争夺的中心,美国却忽视了这一点。[10]日俄战争的结果彻底改变了密勒对日本的看法。他觉得日本极具侵略的雄心和能力,但是单凭日本并不能构成对美国的威胁。如果日本主导了中国,那么将成为美国的心腹大患。因此,密勒很早就主张美国引领中国阻止这一进程。

密勒本人是不折不扣的扩张主义者。他认为,"美国政治家的视野不必再局限于国家的疆域。"[11]在密勒的心目中,扩张主义(*expansionism*)和帝国主义(*imperialism*)是两码事,前者是政治的需要,后者则是伦理问题。他给美国的海外扩张贴上了"美国命题"(*American Thesis*)的无害标签,以区别于帝国主义的"殖民命题"(*Colonial Thesis*)。早期的战地记者生涯,加上长期浸淫于中国和远东事务,使得密勒洞悉当时太平洋西岸国际局势的变幻,成为远东问题的专家,并在此领域著述颇丰。有些著作甚至被美国的大学用作教科书。[12]"巴黎和会"召开前夕,密勒首次被中国政府聘为顾问,[13]和数位由远东赶赴巴黎的和会代表同乘日本轮船 *TenyoMaru* 号前往巴黎。其他同船前往的有日本赴和会代表 Baron Makino 与 Marquis Saionji,以及美、英等国驻中日两国的大使,或前任使臣。这些人立场各异。《密》当时引述《日本纪事报》(*Japan Chronicle*)报道说:"再离奇的戏剧家也难以用更高的艺术手法将这些人物聚集到一起。"[14]

会议期间,密勒则一如既往地将中、美两国的利益紧密联系在一起,从而确定自己报道的角度。1919年4月初,密勒从巴黎发回长篇分析报道。这篇长达5页的报道详细解释了中国在和会上面临的局势。密勒认为中国在很大程度上是冲着美国才向德国开战的,而中国在和会上对美国有着很强依赖心理,希望美国能为中国仗义执言,而美国也应该担负起维护中国领土完整的责任。在详细列举了中国在和会上的11项诉求之后,密勒逐一从中国人和外国人的角度分析了这些诉求的合理性和可行性。可以说,密勒的这些观点是颇有洞察力和富有远见的。然而,密勒认为:"要想消除外国对中国行政的干涉,首先只能是增加对它的干涉。"[15]密勒在这篇报道中分析称,只有像美国这样的国家,才能够真正帮助中国最终实现这些愿望。

但是在外国的经济援助、行政管理的援助和监督方面,有一种方式是中国可以接受的。那就是如果美国不是领头者的话,至少要成为组织的积极参与者。可以说,任何不包括美国在内的国际集团,任何没有美国批准或得不到美国合作的事涉中国之计划,都是中国所不能接受的。[16]

后来,密勒在说服美国国会参议院拒绝签署《凡尔赛条约》上起了很大作用。1929年,在密勒出任南京国民政府顾问的时候,《密》刊文回忆了这一细节:

> 那些了解国际政治"内幕"的人知道,密勒先生在美国参院拒绝《凡尔赛条约》的山东条款上起了主要作用,并最终使得该条约没有得到美国政府的批准。他已经数次以远东政治问题权威的身份在参院外交委员会(Senate Foreign Relations Committee)和国际政治学会(International Institute of Politics)现身。[17]

密勒以报人和中国政府顾问的双重身份从"巴黎和会"发回的解释性报道无疑具有很高的权威性。他从一个美国国际主义者的视角比较全面地透析了中国在和会上的诉求。密勒和文后介绍的老鲍威尔等有着密苏里背景的美国报人堪称"国际新闻领域的冒险家和先驱"。这些人大多来自以密苏里州为中心的美国中西部。他们认为自己才是真正地道的美国人,是美国本土文化的真正代表。这些人继承了先辈们在西进运动中培养出来的那种开拓和进取的精神。一旦到了东方,这种开拓和进取的精神便转化为一种美国式的理想主义和民族主义。这种精神和美国人普遍拥有的平民主义交织在一起,形成了密勒等在东方的密苏里人为中国鸣不平的特征。

应该指出的是,密勒的分析和评论带着明显偏向美国利益的色彩,尽显其美国立场。读者从中不难看出美国"利他主义"的真实面目是以接受美国的"门户开放"政策和"利益均沾"原则为前提的。

二、董显光:中国专业报人的视角

在《密》周围还活跃着一批毕业于密苏里新闻学院的中国人。他们中有很多人后来成为中国新闻界举足轻重的人物,对中国新闻业产生了很大的影响。[18]民国时期,中国一大批重要的新闻记者、新闻教育家、新闻官员多出于密苏里新闻学院。在这些人中,董显光可以说是在中国勾连在华"密苏里新闻帮"的一个核心人物。董和黄宪昭、汪英宾三人是最早从密苏里新闻学院毕业的中国人。黄是美籍华人。他和汪在中国的新闻活动都晚于董。所以,董称自己是"中国第一个在美国受教育的记者"一点儿也不为过。[19]完成了密苏里新闻学院的学业之后,董又成为哥伦比亚大学普利策新闻学院的第一届学员中的一员。董下定决心要倾毕生之力将现代的美国新闻实践方法介绍到中国来。

1913年,董显光完成学业返回国内,先担任上海数家报纸驻北京的通讯员。1918年,董出任《密》的编辑。[20]作为曾在美国接受新闻学教育的学生,董对中国在巴黎和会上的命运格外关切。和密勒、老鲍威尔等人相比,董向《密》发回的"特别稿件"数量最多。其中署名的文章有8篇,列举如下:

- 《中国和国际和会》(1919年1月4日,第7卷第5期,第164页);
- 《外国势力阻挠中国统一》(1919年2月1日,第7卷第9期,第306页);
- 《山东成为东方的"阿尔萨斯—洛林"》(1919年5月10日,第8卷第11期,第388页);
- 《中国严峻之政局》(1919年5月17日,第8卷第12期,第429页);
- 《为何对中国之危难不予仲裁》(1919年5月24日,第8卷第13期,第470页);
- 《中国之新民族运动》(1919年6月21日,第9卷第3期,第92页);
- 《中国拒签和约之意义》(1919年7月12日,第9卷第6期,第216页);
- 《日本政策如何削弱其在华地位》(1919年8月9日,第9卷第10期,第388页)。[21]

董利用自己的《密》编辑身份,在会议期间极力为中国的利益鼓与呼。不论从其报道的质和量来讲,董都堪称《密》对"巴黎和会"的第一解释者。他的报道在跟踪国际、国内有关和会的最新进展的同时,还提供大量的背景信息,并在此基础上进行分析和解释,从而帮助读者了解和会的进程及其对中国的重要性。在"巴黎和会"召开前半个月,董就撰文详细描述了中国与和会之间的关系。董认为,中国只能寄希望于列强在和会上履行维护中国领土完整的承诺,同时也对近邻日本在中国的扩张表示深深的担忧。[22]他认为,中国不应该在和会上提出大而不当的、不切实际的要求,而应该在亚太问题上"简洁地""毫无保留地"提出自己合理的要求。[23]董分析说,中国在和会上的诉求并不复杂。

(中国)提交和会的问题很简单,尽管其解决方式看似有些复杂。说其简单,是因为中国的诉求只是保证其领土完整和免遭不友好国家对内政的干涉,比如近来日本对中国交战双方同时提供战争资金援助。我认为,"列强"(the Powers)在中国的诉求是开展贸易以及通过各自国民和中国人合作开发其自然资源。如果这一设想不假,那么"列强"将不得不自动地正式放弃对中国领土的野心。中国也不得不宣布开放其对外贸易和资源开发。带着这样的思维,也应该不难做到让双方的诉求都得到满意的答复。[24]

就在"巴黎和会"召开期间,中国南北两个中央政府也在上海进行国内的"和谈"。[25]一方面,董以冷静的、几乎不带偏向的口吻报道了中国国内南北双方和谈局面僵持不下的事实和原因。但是,董的新闻报道字里行间流露着对中国困局和前途的担忧。另一方面,董认为,这种南北对峙的局面掣肘了中国在"巴黎和会"上立场的统一。他大量引用了当时北京政府某高级官员的话,表示南北和谈需要列强出面进行"仲裁式"的调停,并共同组成一个新的政府。同时,中国又不得不警惕国际干预。[26]随着从"巴黎和会"传来中国利益被出卖的消息,董将山东比作"东方的阿尔萨斯—洛林",直斥美国总统威尔逊、英国首相劳合·乔治和法国总理克莱孟梭密谋牺牲了中国的利益,同时也降低了国联和美、英、法的国际信誉。[27]此后,董详细报道了"五四运动"的来龙去脉和进程,并以一个职业新闻人的冷静口吻分析了"五四运动"的意义。

"五四运动"在中国历史上占有重要的地位。分析并明确其意义是未来历史学家的任务,但是逐步呈现运动从开端到如今全面展开的进程,可以让读者正确理解,这一运动关乎亚洲大陆这一部分全民政府的未来走向,以及西方刚刚开始了解的一种潜在的可能性——了解,以致敬畏。[28]

"巴黎和会"结束后,董又不失时机地在《密》上发文阐述中国拒绝在和约上签字的意义。在这篇名为《中国拒签和约之意义》的报道中,董显光一开始提出了几个中国读者更为关心的问题:中国不签署和约有什么益处?日本是否会以武力强制执行和约的相关条款?中国是否仍然和德国处于交战状态?如果是,是否有必要和德国单独媾和?中国拒签和约是否意味着失去了加入"国际联盟"的权力?中国眼下作何主张?如何采取后续行动?[29]随后,董以很长的篇幅逐个回答了这些问题。该文可以说是一篇典型的解释性报道。一个月之后,董又以《日本政策如何削弱其在华地位》为题,详细分析了日本政府对中国采取的侵略和暴力征服等短视行为,文章认为,中国不同于朝鲜,中国之大是日本所无法掌控的。文章最后总结道:"中华民族有朝一日重振潜伏了几个世纪的尚武精神,会让世界震惊。那时候日本领导人想再重新考虑对华政策,恐怕已经太迟了。"[30]

董显光一生对中国近现代新闻报刊事业的发展贡献良多。从自己出资创办、经营《庸报》开始,他有意识地把西方先进的办报观念引入中国,介绍给中国读者,并在自己的办报实践中加以中国化。1957年,董显光获得密苏里大学新闻学院的"新闻事业服务奖章",成为中国第二位获此殊荣的新闻从业者。

三、老鲍威尔:美国在华专业报人的视角

约翰·B. 鲍威尔(俗称老鲍威尔[31])则是世界上第一所新闻学院——美国密苏里大学新闻学院的第一届毕业生。他也是来华办报的第一位受过新闻学教育的西方人。作为《密》的第二任发行人兼主编,老鲍威尔实质上延续了密勒处理中国问题的方式。[32]和分别远在巴黎和北京的密勒与董显光不同,老鲍威尔不仅亲自撰写解释性的报道,同时负责组织和统筹安排所有有关"巴黎和会"的"特别稿件",并配发评论。综观所有关于和会的解释性报道,山东问题和美国的外交政策成为刊物解释的两个中心话题。

1. 对山东问题的解释

山东问题是中国在和会上的中心利益。"巴黎和会"召开的前前后后,《密》刊登了大量长篇解释性报道。除了董显光的相关报道外,老鲍威尔本人早在1919年1月4日就撰文,以怀疑的口吻探讨了日本将青岛"归还"给中国的可能性。老鲍威尔的这篇"特别稿件"从全局和国际视角分析了青岛问题。老鲍威尔还为该文配发了一张青岛地图,并在地图上画出了日本所侵占的精华地带。老鲍威尔对青岛问题的解释显然是和美国政府所提倡的"门户开放"政策是同一个调门。他认为,按照日本当时的所作所为,不出十年,中国将会成为下一个朝鲜,而《二十一条》实际上已经在实施之中。为此,美国必须重点考虑青岛问题,携手英、法等国一道对包括日租界在内的整个青岛实行真正的"国际化"(internationalization)。[33]可见,老鲍威尔的观点是和美国的"门户开放"政策是一致的。

2. 对美国外交政策的解释

《密勒氏评论报》对"巴黎和会"的解释性报道的另一个重点就是美国的外交政策。一方面,刊物直接刊登并解释时任美国总统威尔逊推出旨在"建立世界和平纲领"的"十四点计划";另一方面,刊物尤其注重向读者解释美国对中国政策的"利他主义"性质。通过下列"特别稿件"的标题,我们可见一斑:

- 《威尔逊总统论国联》(1919年2月1日,第7卷第9期,第310页);
- 《国联条约》(1919年2月22日,第7卷第12期,第424页);

- 《国联之"条约"》(1919年3月29日,第8卷第5期,第160页);
- 《修订后的国联条约》(1919年4月19日,第8卷第8期,第284页)。[34]

刊物不仅原文刊登了美国总统威尔逊提出的"十四点计划",而且花费了大量的笔墨对它进行解释。但是威尔逊总统为世界描绘的这一蓝图在"巴黎和会"上遭遇了列强的掣肘。一直以来,《密》极力将美国和其他列强区分开来,认为美国之所以能够充分理解中国之伤痛,因为美国和中国一样,有着被殖民的历史。这也是美国和其他列强的一个显著区别。随着和会的推进,老鲍威尔不失时机地配发"短社评",点明美国对华的友好。为了证明美国对华政策的"利他主义"性质,刊物特别配发了大量"短社评"。当坏消息从巴黎传回中国的时候,刊物发表评论认为,不仅中国人自己对和会的结果不满,很多外国人,特别是在华美国人同样对此感到愤慨。[35]刊物随后评论说,每一个明智的中国人都从内心里了解,威尔逊总统在"巴黎和会"上是站在中国一边的,美国已经为中国尽力了。

美国已经尽一切可能对中国倾囊相助。美国将数百万的"庚子赔款"归还给中国,以便中国将年轻人派往西方的大学和学院接受教育。过去十年间,美国人民向中国提供(contribute)了一千万美元,用于赈济洪灾和饥荒。为了让中国人民能够从无知的黑暗中解脱出来,美国人民每年还向她提供六百多万美元,用于在中国教育和传教工作。[36]

刊物还广泛辑录并翻译了中文报刊《时报》《中华新报》《民国日报》和《新闻报》的报道,并配以标题《中国仰仗美国的帮助》(China Looks to America For Help)。这些中文报刊的文章不仅表达了中国人民对美国政府和人民的感谢,同时认为中国在表示感谢的同时,应该自强自立。[37]

3. 配发"短社评"(Editorial Paragraphs),强化对"巴黎和会"的解释

《密》在发表大量的"特别稿件"对"巴黎和会"进行解释性报道的同时,还为之配发了大量的"短社评"。这一时期的"短社评"基本上围绕着中国、美国、"巴黎和会"和国际联盟等话题展开。"特别稿件"和"短社评"一如既往地发挥着刊物的主要政治功能:(1) 解释美国的外交政策;(2) 观察中国局势;(3) 反映国际舆论,特别是远东地区的国际舆论。1919年3月,在日本提出的无理要求悬而未决之际,《密》评论说,即便日本在"巴黎和会"上得逞,她终究一天

会报应不爽。[38]这篇评论还援引《华北明星报》,说日本人通过收买汉奸等不光彩的外交手腕在中国攫取的利益,都只能意味着在远东埋下祸根。刊物认为:"如果通过汉奸的暗中相助,日本即便在和会上取得外交胜利,其付出的代价将是亿万中国人的憎恨。"[39]

"巴黎和会"结束后,《密》仍持续关注和会对中国所产生的重大而深远的影响。1920年1月24日,中国派往和会的代表之一王正廷自巴黎回到上海。回国次日,王正廷接受了《大陆报》的专访,回顾了他在和会上的经历。1月31日,《密》发表评论赞扬了王正廷和施肇基、顾维钧三人在"巴黎和会"上并肩作战,共同站稳了中国的立场。

> 他们没有赢得斗争,但是他们为了尊严而顽强抗争。他们作了巧妙的让步,并为将来做好了最好的铺垫。如果这三个人能和全中国22个督军会面,向这22位一展他们的爱国精神,他们在巴黎所显示出的中国未来之希望,以及他们在和会上赢得的尊重,那将是对中国莫大之贡献。如果这三人能让那些在北京手握大权的人分得一些救国的欲望,了解一些国家危亡的状况,坚定一点前途有望和斗争的信念,这些人(在北京手握大权者)或许已经做了中国所必须做的准备。中国或许已经在巴黎翻身,并只用派军事官员去静观其变了。无论如何,他们或许已经吸取了一些教训,这片土地或将得到片刻安宁。[40]

这样振聋发聩的评论在《密》并不少见。更为难得的是,这些评论发自一份在华的外文报刊。和密勒不同的是,老鲍威尔等受过新闻专业教育的报人,在新闻报道中展现出来更高的新闻专业知识、技能、伦理和激情。这也使得刊物以更为独立和客观的口吻去报道、解释和评析新闻实践。这些都能从刊物对"巴黎和会"的解释性报道中看得到。

结 论

作为一份"论政治和财政之周刊","政治"和"财经"自然是刊物所报道的两个最主要领域。显然,解释性报道尤其适用于这两类话题,也是《密》采用最多,运用范围最广的一种报道方式。刊物很好地发挥了杂志的深度解析功能。继"巴黎和会"之后,《密》先后又对"华盛顿会议""五卅运动""北伐运动""九一八事变""治外法权",以及抗日战争和解放战争等重大事件进行了充分的解释性报道。从《密》对这些重大新闻实践的深度解析,我们可以得出以下结论。

首先,《密》是一份有着转折性意义的报刊。它率先将专业主义办刊方式运用在中国的新闻实践之中。创办伊始,它就宣称自己是"在中国出版的唯一一家独立的英文周刊",引领了中国的周刊时代。[41]创刊五周年之际,刊物更是高调宣扬自己遵循以"公共服务"为核心的新闻专业主义办报路线。在新闻实践上,最明显的特征就是将多种专业报道方式运用在新闻活动之中。刊物不仅开辟了"短社评"和"特别稿件"这样的评论和深度报道栏目,还在不同历史时期开设了很多新闻类栏目。除了解释性报道外,刊物还广泛运用了"客观性报道"和"调查性报道"等报道手法。这些都是《密》值得进一步深入研究的话题。

其次,《密》周围活跃着一个专业新闻团队。这个新闻团队以在华的"密苏里新闻帮"成员为核心。除了密苏里新闻学院这个共同的背景外,各种裙带关系更加强了"密苏里新闻帮"的网络连接。[42]董显光曾经在密大新闻学院师从过老鲍威尔。两人从那时就形成了亦师亦友的关系。通过各种关系的勾连承接,《密》的专业新闻团队在华呈现出跨国、跨地区、跨党派和跨领域的跨界特征。[43]可以说,密勒、老鲍威尔和董显光的经历都多少体现出这一跨界特征。这种跨界特征使得刊物更好地克服了语言障碍,获取了更多的消息来源,拓宽了在华新闻报道范围,从而更有能力进行深度的报道。这样的团队也使得刊物能从多个角度报道和分析重大的新闻实践,从而更好地实现新闻报道的平衡性和公平性。

最后,我们在肯定《密》及其编辑记者团队在华新闻活动的功绩的同时,也应该看清这个团队是一个"亲美的"专业团队。这从密勒和老鲍威尔时刻强调中、美两国利益一致性,竭力为美国的"门户开放"政策鼓与呼中就可以看得一清二楚。在密勒和老鲍威尔任发行人时期,刊物始终扮演着美国对外政策的解释者和辩护者的角色。老鲍威尔的儿子约翰·W.鲍威尔(小鲍威尔)于1945年在上海复刊《密》之后,使刊物日益"左倾",走上了国民党政府和美国政府的对立面,直到1953年7月停刊。《密》是最后一份离开中国大陆的外国人在华英文报刊。它的停刊标志着西方在华报刊历史的一个终结。

注释:

[1] 熊月之,徐涛,张生.上海的美国文化地图.上海锦绣文章出版社,上海故事会文化传媒有限公司,2010:16-18.

[2] *Editorial Paragraphs*, Millard's Review, Vol. 10, No. 10 (May 4, 1918), 338.

[3]《密勒氏评论报》是密勒在约翰·B. 鲍威尔的协助下,于 1917 年 6 月 9 日在上海创办的;除了 1941 年 12 月到 1945 年 10 月,因美、日开战的原因而中断约 4 年时间,这份刊物在中国存在了大约 32 年的时间;它也是最后一份离开中国大陆的外国人在华外文报刊;密勒和鲍威尔父子先后担任这份刊物的主编和发行人;最初,刊物被命名为 Millard's Review,刊物后来 5 次更改英文名称,其中使用时间最长、最为中外新闻界所熟知的英文名为 The China Weekly Review,而刊物的中文名称一直保持不变。

[4] 郑保国.《密勒氏评论报》专业新闻团队的跨界特征及效用. 现代传播,2015(4):59.

[5] 戈公振. 中国报学史(第三章). 上海:商务印书馆,1927:23.(该著作每章重新编排页码)

[6]《短社评》和《特别稿件》是贯穿刊物创办史的两个栏目,前者发表的是代表刊物立场的言论栏目,后者则是刊登长篇解释性报道的栏目,这两个栏目的内容始终占据着刊物一半以上的篇幅;从新闻体裁看,《特别稿件》的文章主要包括长篇的解释性报道、新闻分析和通讯以及特约稿件等;《特别稿件》一栏中的文章不完全等同于现代意义上的特稿或专稿(feature stories)。

[7] 老鲍威尔之子约翰·W. 鲍威尔(小鲍威尔)后来在 1945 年抗日战争胜利后来上海恢复创办《密勒氏评论报》,直至 1953 年 7 月停刊。

[8] Stephen R. MacKinnon, An Oral History of American Journalism in the 1930s & 1940s, University of California Press, 23, 1992.

[9] "as a citizen and publicist, to take my stand with those who favor a larger national outlook and influence." On Millard in the Spanish-American War, See Brown, The Correspondents War, 131–414.

[10] Millard, "Punishment and Revenge in China," Scribner's 29 (Feb. 1901):187–194.

[11] Millard, America and the Far Eastern Question, Kessinger Pub Co,2009:12.

[12] Mr. Millard's Appointment As Nationalist Adviser, The China Weekly Review, Vol. 48, No. 7 (April 13, 1929), 265.

[13] 密勒从 1918 年到 1923 年间曾被北洋政府聘为顾问,参加了"巴黎和会"、国际联盟的三次会议、洛桑会议和华盛顿会议,1929 年,密勒又曾长期出任南京国民政府顾问。

[14] Millard's Review, Vol. 7, No. 4 (December 28, 1918), 121.

[15] Thomas F. Millard. China's Case at the Peace Conference. Vol. 8, No. 6 (April 5th, 1919), 200–206.

[16] Thomas F. Millard. China's Case at the Peace Conference. Vol. 8, No. 6 (April 5th, 1919), 204.

[17] Mr. Millard's Appointment As Nationalist Adviser,The China Weekly Review,

Vol. 48, No. 7 (April 13, 1929), page 265.

[18] 这些著名的人物包括沈剑虹、马星野、汪英宾、黄宪昭、赵敏恒、吴嘉棠、蒋荫恩、梁士纯和谢之等,他们中很多都是《密勒氏评论报》的专职或兼职撰稿人。

[19] Hollington K. Tong. *Dateline:China:The Beginning of China's Press Relations With the World*, New York:Rockport Press, Inc. New York, 1950, page 3.

[20] 1920 年后,董显光曾出任过北洋政府官员,又重返报业任天津《庸报》主编达 6 年之久;1926 年,他担任吴佩孚的外国事务顾问;30 年代初又回到报界,成为新闻界领军人物;30 年代后期再次进入政坛,出任国民政府军委会第五部副部长,负责国际宣传工作;1947 年,董成为国民政府首任新闻局长。

[21] 原标题为英文,中文标题为笔者所译。

[22] Hollington K. Tong. *China and the International Peace Conference*. Millard's Review, Vol. 7, No. 5,164-170.

[23] Hollington K. Tong. *China and the International Peace Conference*. Millard's Review, Vol. 7, No. 5, 165.

[24] Hollington K. Tong. *China and the International Peace Conference*. Millard's Review, Vol. 7, No. 5,165.

[25] 中国南北和谈是指从 1919 年 2 月 20 日到 5 月 13 日之间,北京政府与南方军政府之间的和平谈判。

[26] Why Not Arbitrate the China Trouble? By H. K. T, Millard's China National Review, Vol. 8, No. 13 (May 24th, 1919), 470.

[27] Shantung the "Alsace-Lorraine" of the Orient, by H. K. T, Millard's Review, Vol. 8, No. 11 (May 10th, 1919), 388.

[28] The New Chinese National Movement, by H. K. Tong, Millard's China National Review, Vol. 9, No. 3 (June 21st, 1919), 92.

[29] Significance of China's Refusal to Sign the Peace Treaty, by H. K. Tong, Millard's Review of the Far East, Vol. 9, No. 6 (July 12th, 1919), 216.

[30] How Japan's Policy is Undermining Her Position in China, by H. K. T, Millard's Review of the Far East, Vol. 9, No. 10 (August 9th, 1919), 388-390.

[31] 图片来源:http://tupian.baike.com/a4_34_68_01200000172675134425682097822_jpg.html。

[32] *Introduction to JBP Collections* (C3662), F169, Western Historical Manuscripts Collections of Missouri University.

[33] *How Japan Plans to "Returen" Tsingtao to China!*, by J. B. P, *Millard's Review*, Vol. 7, No. 5 (January 4th, 1919), 163.

[34] 上述标题原文为英文,中文标题为笔者所译。

[35] Editorial Paragraphs, Millard's Review, Vol. 8, No. 12 (May 17th,

1919),426.

[36] Editorial Paragraphs, Millard's Review, Vol. 8, No. 12 (May 17th, 1919),426.

[37] China Looks to America For Help, Millard's Review of the Far East, Vol. 9, No. 9 (August 2nd, 1919),345 – 346.

[38] Editorial Paragraphs, Millard's Review, Vol. 8, No. 5 (March 29, 1919),155.

[39] Editorial Paragraphs, Millard's Review, Vol. 8, No. 5 (March 29, 1919),155.

[40] Editorial Paragraphs, Millard's Review of the Far East, Vol. 11, No. 9 (January 31st, 1920),409 – 410.

[41] Editorial Paragraphs, Millard's Review, Vol. 1, No. 2 (Jun. 16, 1917),24.

[42] Steve Weinberg. A Journalism of Humanity: a Candid History of the World's First Journalism School, University of Missouri Press, 2008:212.

[43] 郑保国.《密勒氏评论报》专业新闻团队的跨界特征及其效用. 现代传播,2015(4):59 – 64.

【作者简介】郑保国,北京外国语大学国际新闻与传播学院任讲师,主要研究方向为:外国在华新闻史。

图与文的触碰:新闻摄影变革视野下远东运动会报道研究——以《申报》《大公报》为例

李 敏

(安徽大学新闻传播学院,合肥 230601)

摘 要:新闻摄影技术发展推动以图像为主的视觉景观到来,当新闻图像第一次刻印在"纸上空间"时,会传达怎样不同的信息?新闻报道方式又会有何变化?《申报》和《大公报》作为近代以来的权威报纸,在大型体育赛事报道上具有很强的典型性。本文首先从横向的角度对比《申报》和《大公报》对三届上海远东运动会的报道,其次从纵向维度着重分析在新闻摄影传播技术的影响下,《申报》和《大公报》体育赛事报道方式的变革,以探求新传播技术的变革对于体育新闻报道演变历史的影响与现实意义。

关键词:新闻摄影 新闻图片 远东运动会 《申报》《大公报》

一、引 言

从文字传播到图像传播再到如今数字化时代,任何一种新媒介的产生无不依赖于传播技术进步。相对于文字传播,图像传播也是传递信息的重要方式之一。根据目前已发现的历史文献和实物证明,摄影技术于1844年传入中国。当时距摄影技术发明仅隔五年。[1]由于技术限制,早期摄影术多是用来拍摄风景、人物等静态图像。20世纪初,随着摄影工业的快速进步和国内社会变革,中国新闻摄影也逐渐发展起来,[2]以图片为媒介的信息传播方式正式登上历史舞台。正当新闻摄影技术在国内的发展迎来第一个高潮期时,三届上海远东运动会(以下简称"远运会")也在如火如荼地展开。此时,《申报》和《大

《公报》对三届上海远东运动会都有呈现。作为民国时期具有影响力的报纸,其历史都嵌入了技术发展的印记,不论是印刷技术、电报技术还是新闻摄影技术,都对其新闻业务产生了深刻影响。相比较文字传播,图像媒介在对远东运动会的报道中传递了何种不同信息?技术环境的变化影响着新闻观念演进,新闻图片在冲击了以语言文字为主报道模式的现实语境下,是否会变革旧的新闻报道方式?本文从中国新闻摄影技术演变视角考察了《申报》和《大公报》对远运会的报道,从横向维度对比两报远运会新闻报道和图片新闻,并从历时性角度考察中国新闻摄影技术嬗变中远运会报道变革,通过两个角度比较研究,以探求新闻图片运用于远运会报道后,《申报》和《大公报》在体育报道方式上的变革。

二、历史剪影:镜头中的上海远东运动会

远东运动会原名"远东奥林匹克运动会",是亚洲最早的国际体育比赛,因在当时代表了整个亚洲运动水平,因此被认为是"亚运会"前身。1915年、1921年以及1927年远运会在中国举办。1915年远运会于5月15日至22日举办,参赛国有中国、日本、菲律宾,比赛项目为8项。1921年第五届运动会于5月30日到6月4日在上海虹口花园运动场举行,比赛项目为8项。参赛国家或地区为7个,分别是中国、日本、菲律宾、印度、马来亚、暹罗、爪哇,可谓盛况空前。1927年远运会于8月28日到9月4日举行,这是中国人首次独立举办的远运会,参与国家为6个,分别是中国、日本、菲律宾、印度、马来亚、暹罗,比赛项目为8项。

(一)新闻摄影在中国

摄影技术产生前,国内报刊多以画报形式呈现新闻。新闻摄影与图画虽同属于平面形式,但新闻摄影图片能更加形象真实地再现原场景,而非是由再想象创造的画报新闻。在1900年之后,国内报刊开始出现用铜版印刷的新闻照片,铜板照片影像逼真,保证了新闻作品的视觉效果,是报刊图片宣传的一大革新,从此新闻照片作为新闻报道的一种手段,真正登上历史舞台。[3]1913年,德国人巴纳克设计出使用135胶片的小型照相机,代替了部分笨重相机。技术上的改进,给摄影者的创作活动开辟了更为广阔的天地。[4]从1912年到1927年,中国新闻摄影步入初步发展阶段,在这一时期,小型相机在中国大量行销。摄影技术的改进给新闻摄影事业发展不断注入"强心针",以图片为主的摄影画报和周刊开始出现,新闻图片开始被国内大多数报刊采用。[5]20世纪20至30

年代,中国新闻摄影技术迎来了第一个高潮期。笔者就以《申报》和《大公报》为切口,从新闻图片的角度呈现两报对三届上海远东运动会的报道。

(二)《申报》上海远东运动会报道

自1913年开始举办远运会以来,《申报》除第一届没有报道,其他九届均派特派员或记者深入比赛现场,发回比赛结果,对赛况进行翔实报道。学者肖鸿波认为《申报》远运会报道可分为两个时期:其一是1915年到1919年,即前四届。其二是1921年到1934年,即后六届。这两个时期的报道无论是数量还是质量,甚至在报道风格上都有很大差别。[6] 根据这一划分,笔者透过新闻摄影图片以及报道数量分析《申报》上海远运会两个阶段的差异。

1.《申报》上海远运动会报道量

第二届上海远运会,《申报》于1915年5月7日开始刊登有关消息,直到5月23日结束报道,一共持续10天,共有报道10篇,关于比赛结果告知和赛程预告,刊登在本埠新闻栏。1921年远运会《申报》于5月18日开始刊登消息,直到6月5日结束,一共持续19天,消息共53篇,在比赛期间首次采用特刊,共刊登7次。其中24篇报道刊登在十版的本埠新闻栏,内容包括赛事报道、运动队员介绍以及相关评论和赛事花絮等。1927年远运会,《申报》于7月22日开始刊登消息,直到9月5日结束,一共持续46天,共发表209篇报道,从开幕之日起至闭幕,《申报》全程采用特刊。相比较第二届和第五届,《申报》对本次运动会的报道力度增强,报道量也随之增加,内容不仅涉及赛事本身,还包括参赛国行程、摄影消息等(如图1所示)。

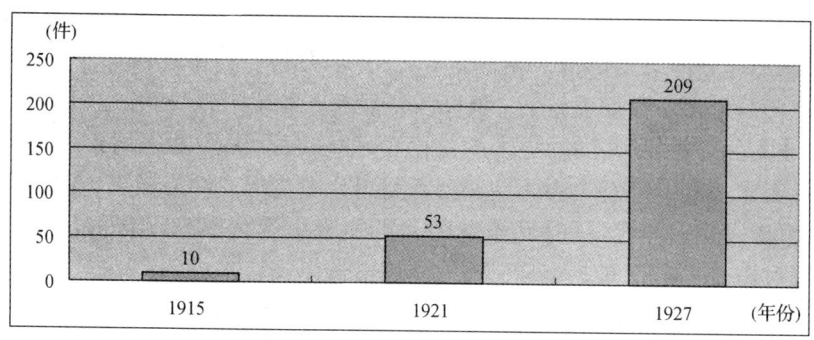

图1 《申报》三届上海远运会报道稿件数量变化

资料来源:根据《申报》对三届上海远运会报道的数据整理

2.《申报》上海远运会新闻图片

三届上海远运会不仅跨越了《申报》体育报道的两个阶段,同时也印证了新闻摄影技术在中国的初步发展(如图2)。《申报》在1915年远运会的报道中没有使用任何图片,报道均为文字性消息,虽有对每篇稿件进行分隔,但均为竖排文字。在现代人看来,这不应该是完全意义上的报纸,只能说是一份载有消息的通告纸。[7]1921年的远运会报道共使用40张摄影图片,相比较1915年,《申报》在本届运动会中的图片明显增加。1927年远运会共使用97张图片。相比1921年,1927年的新闻图片再次成倍增加,这也在一定程度上映射出《申报》对第八届远运会的报道更为完善。

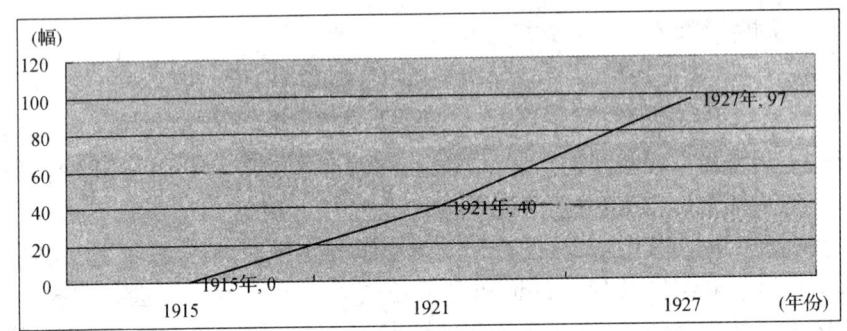

图2 《申报》三届上海远运会报道图片数量变化

资料来源:根据《申报》对三届上海远运会报道的数据整理

除了图片数量不断增加外,图片类型也渐趋丰实。1921年和1927年的新闻图片类型(如图3),人物合影分别占47%和42%,这一类型是两届远运会新闻图片中的主要部分。两届远运会中有关运动员肖像图片呈现下降趋势,但新闻元素却在加强,1921年仅占总量的3%,而1927年已占1/4。随着摄影技术的普及,新闻图片更多的是比赛现场实况,抓住动态场景,捕捉精彩画面,而非着重于静态人物的呈现。新闻图片变化形式纤毫毕现,不仅使体育新闻报道方式多样化,同时场景性图片更加吸引读者眼球,促进报道质量改善,同时也在一定程度上奠定了现代体育报道模式。

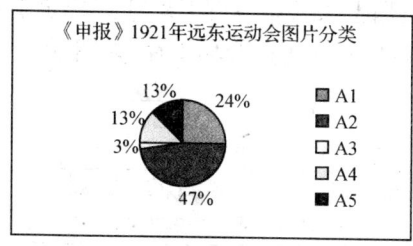
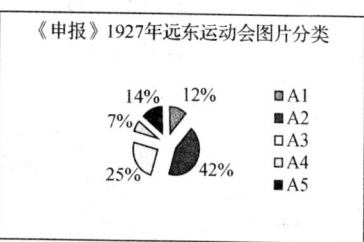

图3 《申报》1921和1927年上海远运会图片类型分类

资料来源:根据《申报》对三届上海远运会报道的数据整理。

注:笔者对《申报》两届运动会图片进行了简单编码:A1为运动员肖像;A2为运动员合影;A3为比赛现场;A4为活动场景;A5为其他。

(三)《大公报》上海远东运动会报道

《大公报》创刊于1902年6月17日,是中国新闻史上寿命最长,影响最大,声誉最隆的一家报纸,自创刊以来就对体育报道有所重视,时常刊登体育新闻和消息。[8]由于技术和条件限制,彼时的《大公报》只关注学校体操以及天津普通体育社。1926年9月1日,新记《大公报》成立,《大公报》的发展步入了一个新时期,其对于中国体育发展甚是关心,起初开有专栏"体育消息",1928年之后开设副刊《体育》等。

1.《大公报》上海远东运动会报道量

1915和1921年上海远运会举办时,《大公报》仅在1915年5月15日刊登了一篇消息,即告知运动会参加人数、所在学校以及南下行程。1927年第八届远运会举办时,正值新记《大公报》创刊一周年之际,不仅在原先基础上增加了刊物版面,对远运会关注程度也有增强。新记《大公报》于8月26日开始刊登有关消息,直到9月5日结束,持续11天,共发表报道13篇。

2.《大公报》上海远东运动会新闻图片

摄影技术自鸦片战争后就已传入中国,在20世纪20年代后期的中国报纸上,摄影照片不是稀罕之物,摄影技术的普及,摄影记者的增多,各大报馆铜版部的建立,摄影通讯社的出现,都为报纸图片报道提供了有利条件。[9]20世纪20年代的天津是当时照相馆发展最为兴盛的地区之一,为《大公报》提供了技术支撑,但该报并没有利用外界条件,在新闻图片的使用上可以说是"惜图如金"(如图4),也没有专职摄影记者。《大公报》对于前两届上海远运会没有使用新闻图片,1927年第八届远运会,新记《大公报》在持续11天报道中刊登了四张图片,大多是关于运动员的肖像,仅有一张是会场图片(如图5)。

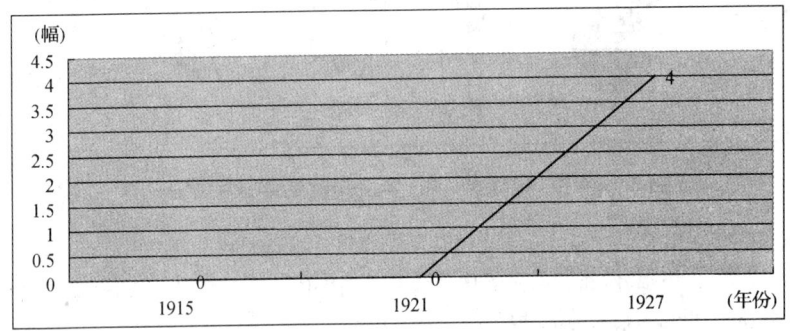

图4　《大公报》三届上海远运会报道图片数量变化

资料来源:根据《大公报》对三届上海远运会报道的数据整理

图5　《大公报》1927年8月27日第六版运动会场[10]

(四)《申报》和《大公报》上海远东运动会新闻图片之比较

透过两报对三届远运会的报道可以看出新闻图片从无到有,从简单到丰富的一个过程。当然,两报对三届运动会的报道也有差异。不论是报道数量还是图片质量,《申报》对这三届运动会的关注均超过了《大公报》。

首先,在于报道数量上。《申报》在三届上海远运会中共发表270多篇报道,尤其是在第五届远运会,首次采用了特刊形式进行报道(如图6和图7),有学者认为,这一届运动会是中国媒体体育报道的巨大转折[11],在1927年的报道中,全部使用了特刊形式,内容更加丰实,包含消息、评论、花絮等,并且在特刊中大量刊登新闻图片,版面更加充实活泼。远运会期间,《申报》印发的"远东运动会特刊"成为民众了解远运会消息最全面、直接、快捷的来源。[12]相比《申报》,《大公报》报道数量仅为14篇,其体育报道并没有迅速增多,而是渐渐增加,关于运动会的报道,也不是大量报道,而是循序渐进、细水长流地进行报道。[13]

其次,在于图片质量上。与前文提及《大公报》"惜图如金"的报纸风格相匹配,他对远运会的报道很少使用图片。具备天时、地利、人和的《申报》,随着新闻摄影技术的成熟,运动会的报道均刊登了图片。不仅如此,《大公报》的新闻图片多是运动员肖像,而《申报》不仅有运动员肖像,也有比赛时的图片,图片质量和数量都超越了《大公报》。当然,三届运动会均是在上海举办,《申报》拥有独特的地缘优势,这种地理上的接近性为《申报》提供了丰富的资料来源。除此之外,两者的报纸定位和办报理念差异也是重要原因。《申报》作为商业性民营大报,1912年史量才接手后,更加注重经营和质量,秉持着"义利兼顾,有闻必录"理念成为当时中国民营报纸的领头羊。天津《大公报》向来以论政著称,始终坚持"文人论政"办报理念和立报风格,其办报重点在于丰富信息以及深刻思想,"早期的《大公报》以文字报道为主,尤注重政治新闻,不注重社会新闻,因此对与社会新闻联系比较多的摄影图片也不是很重视"[14],在报道体育新闻时亦是如此。同时,相比较"竞技体育",《大公报》更加提倡"社会体育",所以对于体育赛事的报道上不如上海《申报》,但是在对体育评论上,《大公报》却是独具一格。

图6　1921年《申报》刊第一期第一版[15]　　图7　1921年《申报》特刊第一期第二版[16]

三、历史变迁:新闻摄影映射下的体育报道

(一)新闻体裁转变:从呈现语到图互动

图像时代的到来依傍于摄影技术进步,新闻图片是图像时代到来的显性表征。由前文对两报1915到1927年三届远运会报道的分析可以看出,《申报》的新闻图片从没有成倍增长,《大公报》在1927年报道中也出现了新闻图像。新闻图片从无到有的过程,从一定程度上映射出在新闻摄影技术的革新中,报纸对远运会的报道体裁也发生着相应变化,即从呈现语到图互动。

虽然文字和图像都是人类思维直接现实和表征意义的符号,但文字消息和新闻图片在报刊中的作用却大相径庭。在《申报》1915年远运会10篇报道中都是以文字消息的体裁呈现,受众在对文字体裁进行解读时需要将文字转换为形象加以解读,对它的理解必须进行不同语言和文化的特定教育,以形成懂得这种语言的语言能力和理解结构。[17]但图像却不同,因为图像是被直接感知的,新闻图片以其特有的共通性和想象力促使新闻进一步普及,同时它的直观性和形象性与文字消息会形成强烈的冲突和互补。在《申报》对三届远运会报道中,后两届都采用新闻图片的体裁解构了原先以文字新闻为主导的绝对性,凸显《申报》对远东运动会报道的生动性和进步性。正如对比1915年5月16日《申报》刊登的《第一日比赛记事》和1921年6月1日《特刊第一号》(如图6、图7),同样是比赛日的报道,1915年的报道只回顾了第一天比赛日程,而1921年不仅对赛事进行报道,而且附有运动员以及其他人员的肖像以及比赛场景等新闻图片。相比较《申报》,虽然《大公报》新闻图片的使用较少,但从历史性角度也可以发现在新闻摄影技术的影响下体育报道体裁的变化。在1915年刊登的消息仅以文字形式呈现(如图8),到1927年,连续三天出现图文结合的报道。例如1927年8月27日刊登的"今日在沪开会之远东运动会会场"(如图9),不仅对远运会和赛事秩序进行了简要介绍,同时还配上了会场图片。在新闻摄影技术推动下,新闻报道从原先单调文字呈现到图文结合的报道体裁转变,显然后者更加为人们所喜闻乐见。

图8 《大公报》1915年5月15日 本埠新闻[18]　图9 《大公报》1927年8月27日 第六版[19]

(二)新闻图像形式变化:从静态呈现到动态场景

体育赛事具有"规模性与垄断性,真实性与及时性,不可预见性与轰动性,参与性与趣味性"[20]等特点,它强烈的影响力势必会成为报纸重要信息源之一。纵观两报三届上海远运会的报道,新闻图像的变化尤为明显。1921年《申报》在报道时采用的图片多为运动员头像等静态人物图片(如图7),但到1927年出现了比赛场景、表演赛等现场动态图片,新闻性明显增强。图10是

— 299 —

刊登在 1927 年 8 月 29 日《申报》远运会特刊中的一张新闻图片,展示的是田径选手努力拼搏的场景,现场新闻图片不仅直观告知赛况,同时也定格事实瞬间,这不同于 1921 年运动员静态肖像。1927 年 8 月 17 日刊登的"欢迎菲代表团盛况"消息(如图 11),叙写了菲代表团到达上海时"码头的热闹""菲代表团抵沪时之激昂"等情况以及他们参观会场、队员出场练习以及菲棒球队定期比赛等相关消息,同时也刊登了菲代表团抵沪时的新闻图片,既形象又直观,不仅是图片新闻,更是图文结合的典型形式。正如罗兰巴特所说:"图像的意义,有时受到相应文字的'点题',使得读者对图像的解读不致漫无目的,有时,文字则是对图像意义的一种'转播',即文字只就图像本身作描述或说明。"[21]图文结合的新闻既有真实新闻图像又有概括性文字介绍,图像与文字相得益彰,生动形象。

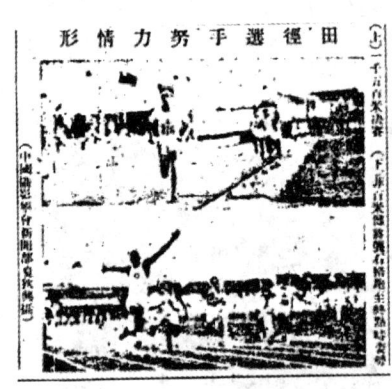

图 10 《申报》1927 年 8 月 29 日特刊[22]　　图 11 《申报》1927 年 8 月 17 日第四张[23]

(三)报道方式转变:从告知式到全景式

从前文对三届运动会报道量的分析看出,从 1915 年到 1927 年两报对远东运动会的报道是从告知式到全景式报道的转变。在第二届远运会的报道中,只能看到纯文字的告知类消息,到了 1921 年,《申报》对第五届远运会的报道产生变化,开始刊登有关运动员的肖像以及个别会议活动的现场图片,开始由告知式文字报道向载有新闻图片的全景式转向。例如 5 月 27 日的《昨晚一品香葛莱博士欢迎中国选手摄影》,就采用图文结合的报道方式,刊发了赛场外的活动新闻(如图 12)。二三十年代中国新闻摄影迎来了第一个高潮期时,在 1927 年第八届运动会报道中,《申报》不惜版面报道刊载大量图片。刊载图片的方式有两种:其一是在重要的新闻中配以图片,即图文消息;其二是独立的图片报道,即图片新闻。例如 8 月 29 日比赛第二天《特刊》中,不仅有"昨日市小学生团体表演"的图片新闻,也有关于排球锦标和篮球锦标"菲胜日"的图文新闻,不仅叙述了两队比分和赛况,而且还刊登了队员的照片(如图 13)。

图 12 《申报》1921 年 5 月 27 日第十版[24]

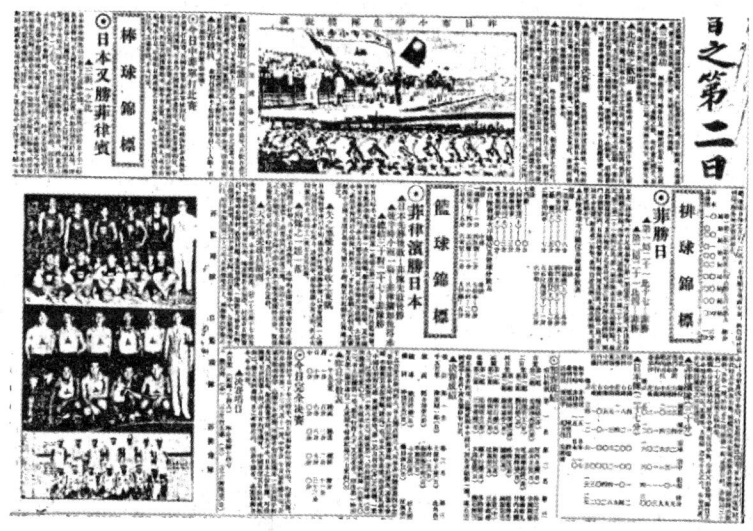

图 13 《申报》1927 年 8 月 29 日特刊第一版[25]

在新闻摄影技术的推动下,两报远东运动会既有文字性报道也有图片报道,报道既重点突出又兼顾全面。从告知式到全景式报道方式的转变,使报道内容渐趋丰实,除了前文提及的关于赛事报道更加全面立体外,有关远东运动会摄影的相关消息也见诸报端。在1927年7月21日《申报》首次刊登关于《会场摄影投标》新闻,内容主要是规定会场的摄影人数以及要求所拍图片必须公开等。而后分别刊登了出售远东运动会照片和出版照片特刊的消息。或许可以看出,此时的新闻摄影已经得到很大发展,报刊不仅刊载新闻摄影图片,而且刊登新闻摄影相关消息。

(四)版面编排的突破:从竖排行文到错落有致

在尚未采用新闻图片进行新闻报道时,两报均无分栏,只是对竖排行文的反复,报纸版面只是简单地排列新闻,基本没有栏的变化,其基本形式不过是书籍版式的放大。正如《申报》1915年远运会的报道,全部是以文字信息呈现,每一个稿件均为竖排行文,没有对其分栏(如图14)。随着新闻图片被报刊所采用,两报的版面开始发生变化。正如前文提到1921年和1927年的报道中,新闻图片由40张增加到97张,图片数量增长迫使版面编排发生变化。例如1927年7月24日的体育专版(如图15),《申报》采用"破栏"的方式将第二栏"预赛成绩"稿件隔开,插入两位裁判员的肖像。有时报纸还会适当地运用"长栏",即两栏合并成一栏,来根据信息和内容多少调整版面[26]。关于"五项运动成绩表"的新闻内容则运用"长栏"的形式对其位置进行调整,使内容充满整个版面。1927年是新记《大公报》续刊初期,在美化版面方面,则采用日本报纸的观点"空白就是美"和"一画值万字"的方针,[27]在对版面编辑上有自己的特点(如图16)。在1927年的远运会报道中,《大公报》也采用"破栏"的方式将新闻图片嵌入文字内容之中,但不同于《申报》的地方在于,《大公报》图片与文字留有空白,整个版面看起来更加宽松,视觉效果更佳。

图14 《申报》1915年5月22日第十版[28]

四、新闻事件研究

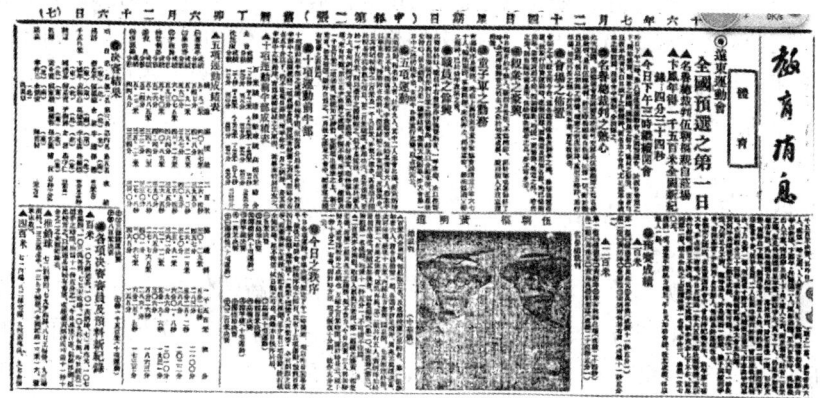

图15 《申报》1927年7月24日教育消息版[29]

图16 《大公报》1927年8月28日第二版[30]

新闻图片的出现使得报纸版面排版有所突破，版面语言也是内容传达的一种方式。报纸版面排版是按照一定大小纸张提供的空间进行编排，不同编排方式也体现了不同的编排思想。图片新闻的出现使得原先竖排行文排版方式有所改变，出现了"破栏"和"长栏"，两种方式的使用从一定程度上体现了某种特定的意义与感情。前文中采用"破栏"的方式插入裁判员的照片，通过这种版面安排可以使得有关裁判员的新闻有所强势，更加醒目增加其变现力。

由于图片在远东运动会的报道中使用频率越来越高,所以版面的编排更加灵活多变,完全打破原先重复竖排行文的格式,通过破栏和长栏对文字和图片进行合理的编排,整个报纸的版面显得错落有致,特别是1921年后的特刊,其版面更加新颖活泼,更臻完善。

四、结　语

关照当前现实社会,科学技术的革新不仅促进新闻传播生态的发展,而且也有力地促成生产方式、生活方式以及思维模式的转变。立足于新闻史的视角追溯中国新闻摄影技术的嬗变历史,从而探索摄影技术产生后应运而生的新闻图片对于《申报》《大公报》体育信息呈现方式的变革,以及体育报道方式的变迁。通过对《申报》和《大公报》1915年、1921年以及1927年三届远东运动会报道的分析,从中可以发现在中国新闻摄影技术发展迎来第一个发展高潮期时,他们在报道三届上海远东运动会时开始使用新闻图片并且逐渐增多,新闻图片本身从仅有的静态人物肖像到动态场景,新闻体裁也从文字新闻向图文结合抑或是图片新闻转变。除此之外,新闻图片的产生也影响了新闻报道方式由告知式向全景式的进步,在新闻图片刻印在报纸这一"纸上空间"时,这一空间更显错落有致,信息强弱更为凸显。中国新闻摄影技术的革新不仅使体育报道方式产生变化,同时也奠定了现代体育报道图文结合的雏形。现代体育报道更强调动态感和现场感,这一趋势的开端或许可以追溯到新闻摄影技术影响下的体育报道方式的变革。

注释：

[1] 陈申,徐希景.中国摄影艺术史.三联书店,2011:9-10.
[2] 甘险峰.中国新闻摄影史.中国摄影出版社,2008:6.
[3] 方汉奇.中国新闻事业通史(第一卷).中国人民大学出版社,1996:1001.
[4] 陈申,徐希景.中国摄影艺术史.三联书店,2011:90.
[5] 陈申,徐希景.中国摄影艺术史.三联书店,2011:90.
[6] 肖鸿波.《申报》77年体育报道研究(1872—1949).复旦大学博士论文,2011.
[7] 赵可.论早期《申报》的编辑手法(1872—1880).现代经济信息,2009:100.
[8] 洪静.新记《大公报》体育新闻传播.湖南师范大学硕士论文,2011:19.
[9] 王润泽.张季鸾与《大公报》.上海中华书局,2008.8.
[10] 大公报,1927-8-27.
[11] 徐潇潇.中国近代体育的媒介镜像——以《申报》《大公报》为例.安徽大学硕士论

文,2012:30.

[12] 王妍.远东运动会与近代东亚社会的发展.苏州大学博士论文,2014:171.

[13] 徐潇湉.中国近代体育的媒介镜像——以《申报》《大公报》为例.安徽大学硕士论文,2012:29.

[14] 王润泽.张季鸾与《大公报》.上海中华书局,2008.49.

[15] 申报,1921-5-30.

[16] 申报,1921-5-30.

[17] 金元浦.视觉图像文化及其当代问题域.学术月刊,2007:9-12.

[18] 大公报,1915-5-15.

[19] 大公报,1927-8-27.

[20] 许正林.体育传播学.上海交通大学出版社,2010:19.

[21] [英]安德斯·汉森著.崔保国,金建斌,童菲译.大众传播研究方法.新华出版社,2005:242.

[22] 申报,1927-8-29.

[23] 申报,1927-8-17.

[24] 申报,1921-5-27.

[25] 申报,1927-8-29.

[26] 赵可.论早期《申报》的编辑手法(1872—1880).现代经济信息,2009:100.

[27] 文昊.他们是怎样办报的.中国文史出版社,2005:256.

[28] 申报,1915-5-22.

[29] 申报,1927-7-24.

[30] 大公报,1927-8-28.

【作者简介】李敏,安徽大学新闻传播学院硕士研究生。

五

新闻教育、新闻经营、民族（地区）新闻史研究

《燕京新闻》与燕京大学的新闻教育*

殷 强 李建新

(上海大学影视学院新闻传播系,上海 200000)

摘 要:本文以《燕京新闻》为研究对象,从新闻教育的角度出发,以史实、史料为基础,以史论、史观为抓手,通过梳理与《燕京新闻》相关的文献资料,以期能够从史料研究以及它们之间的相互关系中寻找和发现燕京新闻教育的"蛛丝马迹"和历史脉络。文章将《燕京新闻》的发展历程按各个时期的特质分为不同的阶段以便于立论阐述,同时对《燕京新闻》不同时期的指导教师及历史事件做了较为具体的分析,并以此为基础,探讨了不同时期燕大新闻系在《燕京新闻》中所体现的教育理念,希望能为当今的新闻教育变革提供些许思考与借鉴。

关键词:《平西报》 《燕京新闻》 实践 新闻教育 黄宪昭

燕京大学是民国时期最著名的大学之一,燕京大学是美国基督教会在中国创办的一所私立大学,由原北京汇文大学和通州华北协和大学于1919年以"燕京大学"为正式校名合并组建而成,后又并入协和女子大学等院校。第一任校长是著名的美国传教士、教育家、外交家——司徒雷登,在他的领导下,燕大逐渐成长,并不断取得成就,为近代中国培养了一批又一批青年人才,这其中当然也包括了从燕大新闻系走出来的新闻学界与业界的精英骨干。

值得说明的是,这一批新闻人才的成长,与燕京大学新闻系较为科学的培养方式是密不可分的,尤其不能不提到新闻系的自办实习报纸《燕京新闻》,作为燕京大学新闻系学生最为主要的实践刊物,《燕京新闻》不仅在培养学生新闻实践能力方面起到了尤为重要的作用,更在一些历史事件,比如"沈崇事件"

---

* 本文系国家社会科学基金重大项目"中华民国新闻史研究",(项目编号:13&ZD154)的研究成果之一。

中表现出了新闻界应有的专业主义精神和社会责任感,在当时看来,《燕京新闻》已经不止于一个校园媒体的角色,在一定范围,它可以说是一个从校园中走出来的社会性媒体。

因而《燕京新闻》的成功及其独特的历史性与特殊性,使得对于它的研究,不仅对于当代新闻教育有重要的历史借鉴意义,另外,由于现存较为丰富的相关历史文献资料,也使得这一研究具有了一定的可行性。根据对《燕京新闻》有关史实、史料的整理与剖析,本文从新闻教育的角度出发,按不同时期的特点,将《燕京新闻》的发展历程分作五个阶段,以便于细化研究。

一、新闻教育实践性的不可缺失与《燕京新闻》的践行(1931—1937)

1. 燕大新闻系的教育理念与《燕京新闻》创建的必然性

燕大新闻系虽创建于1924年,但这一想法早在1919年燕大建校时就已萌发,当年校长司徒雷登在展望燕大未来的发展前景时,就认为应该顺应历史潮流建立燕大新闻系,虽然建议得到了托事部授权,但未得到资金支持,境地非常尴尬。无奈,司徒雷登便与美国密苏里大学新闻学院联系,密苏里大学向燕大提出聘用聂世芬(Vernon Nash),去协助燕大建立新闻系,聂世芬来华后便与燕大另一位美籍教授白瑞登(R. S. Britton)共同开始筹办燕大新闻系。

成立之初,新闻系就提出:"培养报界人才,授予广博之专门技能。其他与报业有切近关系之学识,亦莫不因时施教,俾学生得分途发展,各尽所长。"[1]从其培养目标来看,燕大新闻系对学生的培养强调专业教育与通识教育并重,其中的专业教育即通过新闻专业教育,培养学生熟练地掌握相关新闻业务技能,"据统计,1929年该系开设新闻编辑课程(采访、写作、编辑、社论)占新闻专业课的比重为38.5%,而到1939年上升为44.4%。与此同时学生所修学分也从39.2%上升为48.8%"[2],从历史数据中可以总结出,燕大新闻系对学生的培养着重在新闻实践方面,因此我们也就不难理解为什么会有《燕京新闻》的诞生以及为何它能够从一份小小的新闻系系报做成一份有一定社会影响力的报纸了。

虽然燕大新闻系在历史上十分辉煌,但其成长过程异常艰难,不仅在初期连基本的教学设施都无法保证,后期甚至因经费问题,出现了难以为继的状况,更不要说《燕京新闻》的出版发行了。1927年,白瑞登教授因病辞职。[3]新闻系部分课程也因此暂停。不过,困难时刻,聂世芬先生依然没有退缩,他于1928年回到密苏里大学新闻学院,在院长沃尔特·威廉姆斯博士(Dr.

Walter William)的支持下,聂世芬先生用一年的时间,为燕京大学新闻系共筹得六万五千美元,燕大新闻系终于在1929年恢复重建,走上了相对稳定发展的新轨道。

2.《燕京新闻》的"前身"昭示和彰显燕京大学新闻教育对实践的重视

在美国密苏里大学的支持下,燕京大学新闻系师生充分发挥自身能动性,尤其是在新闻实践方面,涌现出不少颇有影响力的办报成果,如1930年创办的英文报《燕大报务之声》(Yenta News),而《燕京新闻》的前身——《平西报》也在新闻系系主任黄宪昭教授的指导下于1931年9月10日创刊,《发刊词》中写道:

学校小报,本为学校生活之表现,工作之报告,唯本乃实验刊物,故不独刊载学校新闻,学校报告,且刊登西郊时闻,发表社论,插印图画,兼登广告,而燕京与清华两大学乃西郊朔望团体,故新闻消息或多涉及。本报既为实验刊,自不能与其他模范刊物想比拟,然必竭力,慎重言论,翔实记载,本公正之精神,为人群服务之习惯,养成报界实用人才,以最简单,最真确之消息贡献于阅者诸君。[4]

当然,在发刊词中亦表明了创办该报"目的在使平西,亦有报纸。同时可使本学会会员得有编辑各种定期刊物实习"。[5]

由此可知,燕京大学新闻系对于学生实验刊物的创办与建设是十分重视的,这也从侧面表明燕大新闻系以实践为主的教育理念,是有其历史传统的。《平西报》的创刊,为燕大新闻系学生提供了包括采写编评以及媒体经营在内的完全新闻业务实践平台,以最接近真实报社的环境,锻炼学生的新闻业务技能,这为此后燕大新闻系学生的一时风云奠定了扎实的专业基础。

在抗日战争中的一段时期内,"当时中央社在世界各大都会,如华盛顿、伦敦、巴黎、新德里、三藩市、马尼拉、东京、澳大利亚等地都派有干员,主持其事。而其中的任伶逊、汤德臣、卢祺新、沈剑虹、徐兆镛等人,乃是清一色的燕大校友"。[6]这足以说明当时燕大新闻系的成功,同时,正因为有了一批优秀的毕业生,燕大新闻系不仅辉煌一时,甚至直到现在,依然在发挥着它对新闻教育的影响力。

3. 战时《燕京新闻》"前身"——《平西报》体现出特别的历史责任担当

《平西报》创刊后的第九天,爆发了中国历史上著名的"九一八事变",《平西报》反应迅速,立即改变原有的侧重报道学校生活以及燕大周边地区消息的报道方向和重点,将主要精力集中到报道时局与学生爱国救亡活动上来。

"燕大学生对日本在东三省野蛮举动异常愤慨,皆以为应尽其所能,对国内有所表示,对国外有所宣传。"[7]据《平西报》报道,9月23日燕大组织学生宣传队,"当日散发传单两万张,其中有文白宣言两种及标语数十种。听者拥挤异常,激昂万分,讲者虽已力疲,听者犹不忍退走"[8]。可见,当时的《平西报》已经不只是一份校园报纸而已,新闻教育已经从"术"的层次上升到"民族责任"的高度,在"九一八事件"发酵的过程中,《平西报》宣传救亡图存的民族大义,英勇地担负起了新闻报纸所应承担的历史责任。

"自9月20日起,《平西报》连发号外,报道日本侵略东北的实况,因为当时这方面谣言盛行,而关于日本人和国民党的事实真相的报道又很少,该报一度成为北平市民重要的消息来源。该报并在头版开设《燕大警钟》专栏,提醒师生勿忘救国。"[9]社评则号召师生担负救国责任:"纸上谈兵之国联不可恃,作茧自缚之政府不可信。千钧一发之际,正志士自强之时。"[10]

而日寇当时对华北虎视眈眈,强迫城内唯一的英文报《北平导报》停刊,"学系为应时代需要起见,特在北平城内,发刊英文平西报,自置印刷机器与通讯机关,为北平中国人自办英文报纸之唯一刊物,由饶世芬(燕大新闻系本科学生)任经理。美国人马丁、葛鲁甫任撰述,其余编辑采访各项工作,概由学系中美两国学生亲行分任,英文平西报营业,日见发展,近已更名为北平燕京日报,汉文平西报,亦将英文版裁去,扩充汉文版,名称与英文同。社址则移于北平城内西裱褙胡同五十一号。渐有执北方舆论权威之势"[11]。

当时增出《平西报》英文城市版(City Edition)是这一时期"北平外籍人士唯一英文新闻来源"[12],"直到半年后,城内有了英国人办的《北平纪事报》,《平西报》英文版才迁回学校,改为晚刊"[13]。《平西报》应时局而变,敢于打开新闻视野,尤其是在民族危亡时刻,勇于报道事实真相,承担社会责任,"敢做敢当"。作为校园性报纸,《平西报》无疑给当时的新闻教育竖起了一面旗帜。这对于现今高校的新闻教育,无论从实践方面,还是从社会责任方面,都具有十分现实的借鉴意义,值得我们深入思考。

4.《燕京新闻》是密苏里新闻教育模式在燕大的影射

《燕京新闻》之前身——《平西报》由第三任燕大新闻系系主任黄宪昭指导创办,"黄宪昭,1912年毕业于美国密苏里大学新闻学院,是该院第一个获得新闻学位的中国学生"[14],密苏里新闻学院的学习背景,使得黄宪昭在之后燕大新闻系的教学理念上体现出很深的密苏里新闻教育模式的烙印。可以说,

《燕京新闻》的创刊,是黄宪昭在燕大新闻系对密苏里新闻教育模式的一次伟大尝试。

密苏里新闻教育以注重学生实践能力培养而驰名于世,在黄宪昭 1932 年撰写的一篇名为《燕京大学新闻系概况》一文中,他专辟一节讲述了新闻实践方面的内容即"报纸的实际工作",这一部分说到"新闻学系出版之《平西报》,最初乃一中英文合刊之报纸,中文占三版,多登载北平西郊社会新闻及国内时事;英文占一版,刊印燕京大学教职员与学生之生活与工作。社论编辑、采访、广告,发行校对排版,均由学生轮流任之。编辑室在印刷所内,俾学生与印刷人员,在工作时间内,有直接接触之机会"。[15]

通过实践学习新闻,这与密苏里新闻学院创始人威廉姆斯院长提出的"学习新闻和广告的最好方式是通过实践"[16]一脉相承。《平西报》的创办与建设,为燕大新闻系学生提供了一个相对完全的新闻实践平台,使得学生能够将所学理论直接运用于新闻实践,更好地服务于当时的新闻事业。

1934 年聂世芬重返燕大任系主任,黄宪昭便于 1935 年初南下上海,加盟沪江大学,出任商学院新闻科主任。自从黄宪昭教授离开燕京大学后,"到 1934 年 9 月,在系主任梁士纯主持下新闻系实习报纸,以《燕京新闻》的名称继续出版,卷号另起,沿袭到四十年代"[17]。

以实践为主的密苏里新闻教育模式,并没有因人员的更替而有所变化,反而更加坚定,并且升华出更高层次的意义。作为知名的新闻教育家,梁士纯先生的教育眼光并未局限于单一的新闻领域,他曾在《中国新闻教育之现在与将来》一文中提出,"一个新闻教育机关有没有存在的价值,完全看他能不能应付报界及社会的需要。而最重要的一点就是一个健全的新闻教育机关最高的目的,不仅要为报业来训练专门的技术人才,而更要培养有眼光,有才干,有勇敢,有牺牲精神的领袖"[18]。梁先生的新闻教育"领袖观",不仅对当时的新闻系师生有精神鼓舞和现实指导的作用,而且对如今的新闻教育,仍具有一定的启发意义。

二、《燕京新闻》的坚守与新闻教育文化自由精神的高扬（1937—1941）

"孤岛时期"在燕京大学历史上,是一个非常时期,所谓"孤岛时期",实际上是指 1937 年"七七事变"之后,"日寇大举侵华,北方一些国立大学纷纷南迁。燕大作为美国教会办的私立大学,为保持华北的文化自由,决定留在北平,成为日伪统治下保留文化自由的一个'孤岛'"[19]。

这一时期,在系主任刘豁轩、孙瑞芹老师以及《燕京新闻》学生工作者的坚持下,《燕京新闻》中、英文版仍每周出版一期。每期六版,四版中文,二版英文,以在校内自销为主,少量寄往香港、美国,每期五百到七百二十份。两位老师和部分高年级学生每周末都干一个通宵,保证星期日早晨把《燕京新闻》送到各系师生手里。刊登学校大事、各系活动;也有副刊,以满足不同读者的需要。有心人是可以从中得到很多信息的。《燕京新闻》通过各种渠道寄往全国各地以及海外,这也是和外部世界联系、传播信息的一种方式。[20]

在如此困难时期,在系主任刘豁轩的指导下,《燕京新闻》仍然坚持每周出版,其为《燕京新闻》的持续发行做出了历史性的贡献。

在进入燕京大学新闻系之前,刘豁轩曾长期从事新闻工作,"1928年到天津《益世报》任总编辑。在他的主持下,报社大力充实采访编辑阵容,添置新式卷筒轮转机,并在各大城市和重要县城设特派记者和通讯员,广开新闻来源,使报纸面貌大为改观。1932年,代理社长期间,他先后约请罗隆基、钱端升主持笔政,请马彦祥主编'别墅''语林'专栏,田汉、老舍等名作家也经常供稿。报纸内容不断革新,社论以敢言著称,深受读者欢迎"[21]。如此长时间的新闻业务工作,为他后来在燕大新闻系的教学及指导《燕京新闻》的日常工作,都奠定了十分有利的基础,"由于他具有深厚的学术修养与丰富的办报经验,讲授的课程受到学生的普遍欢迎"[22]。因为特殊时期,新闻系师生到校外搞更多的实践已不可能,客观上就促使了师生的课业及学术研究活动转移到报业专题研究和史料整理上来,"刘豁轩在助教张景明工作的基础上,还主持研究和整理了题为《燕京大学的报学教育》的小册子,并译成英文"[23]。可惜这本小册子未能保存下来,令后来者失去了对燕大新闻教育全面了解的一次机会。

三、《燕京新闻》业务的纵深开拓与新闻教育本质规律的探求(1942—1946)

1. 成都时期《燕京新闻》在斗争中蓬勃发展

1941年12月太平洋战争爆发后,日本侵略军入侵美国教会创办的燕京大学,燕大被迫关门。直到半年之后,在临时校董会、托事部和海内外校友的支持下,1942年秋在四川省会成都复课,新闻系也在10月2日开课。"《燕京新闻》中文版第九卷,同一天复刊成都版。"[24]

成都时期的《燕京新闻》中、英文版每周一期,以报道成都学校新闻为主,兼及时局大事,逐步面向社会。英文版于1943年3月6日复刊,仍为8开两版。由于成都无英文报纸,只有美国新闻处成都分处有不公开发行的英文报

《成都新闻》。故而《燕京新闻》报道教育新闻,向国际友人宣传中国的抗战,为学界欢迎。[25]

虽然战时《燕京新闻》办报的物质条件分外艰苦,但成都学府云集,新闻来源因此变得十分丰富,《燕京新闻》也抓住这一有利条件,积极开展各种采访报道活动,聚焦了各方目光。如1944年成都市女中抗议军警进校镇压学生因膳食风波罢课,引发反迫害斗争,《燕京新闻》对这一斗争以及各校对斗争的支持和舆论的报道,深受各界关注。1944年后校园民主运动活跃,对燕大及各大学举行的国事座谈会;"展望旧金山会议"时事座谈会;成都大中学声援昆明"一二·一惨案"的活动,《燕京新闻》均有报道,还为成都各大学学术团体联谊会出了一期《反对内战促进民主团结》的专刊,发表了《内战的烟幕》《内战的危机》《干涉不干涉》和《致美国学生书》等。报纸由最初发行300份至一学年终了时的600份,1945年发行量增加到3 500份,订户远到陕西的陕坝。由于胜利后准备迁校回平,学期缩短,《燕京新闻》成都版出到总第12卷,于1945年底停刊。[26]

《燕京新闻》的成功,很大程度上来源于这一时期燕大新闻系师生的共同努力,尤其值得学习的是《燕京新闻》的运营模式,"一、二年级主要作采访、发行,三年级主要作编辑,四年级学生可以作采访、编辑,但是主要须担任报纸评论的撰写,包括报纸社论、短评、时论及杂文。校对一般由低年级的同学承担。新闻系学生从校对做起,然后采访、写稿、编稿、写评论。还要学会做管理工作,如经理部广告、会计、发行等工作,也由学生承担。学生可以根据自己的长处,决定主要参加中文或英文版工作,但对两种版式,都要求参与不同程度的实践。新闻系的学生普遍地能够做记者、编辑、校对,也可以翻译外电电稿"[27]。

很大一部分学生都能够直接参与《燕京新闻》的运营,这样一来,其不仅为当时新闻界提供了大量人才,同时这些活跃在报界的精英们,也在某种意义上证明了燕大新闻教育的成功。新闻界人士徐铸成、赵超构等评价道:"燕大新闻系学生一毕业就能用。"[28]这对于人才要求极高的新闻机构而言意义自不待言,反观如今新闻系的毕业生,甚至老师,很大一部分还始终停留在理论层面,确实值得反思。

2. 蒋荫恩先生的新闻教育理念——"客观公正"

1942年燕大在成都复校时,蒋荫恩先生被聘请回母校主持新闻系,蒋荫恩先生是燕大新闻系第六任系主任,当时才32岁,是最年轻的新闻系主任,曾任上海英文报《大美晚报》,香港、桂林《大公报》编辑主任,业界经验亦十分丰富。

虽说蒋荫恩先生被聘回燕大新闻系,但成都时期的燕大新闻系教学力量比起"孤岛时期"仍显不足。不过,在战时的有利条件是大后方集中了内迁大报、通讯社、高等学校、中外资深报人、专家和学者。蒋荫恩先生利用战时的独特条件,延请了诸多学界名流和报业巨子来学校作专题演讲,把新闻教育实践与当时的国际国内战局、政治形势巧妙地结合起来,新闻系学生因此而受益颇深。

于《燕京新闻》,"从法律上说,蒋先生是这张报纸的代表和'发行人';他又是参加《燕京新闻》实习同学的'导师',在业务上,给我们以悉心指导,许多事令人难忘。抗战胜利后,国民党政府宣布'撤销'战时新闻检查,但收复区除外。北平为收复区,例应送检,但蒋先生作为'发行人'对《燕京新闻》内容负责、送检。那时局势十分复杂,稍有不慎就会出麻烦。为此,他特别强调新闻的客观公正,对一些揭露美蒋的报道,他认为只要事实准确,叙述客观,就可以刊登,但要注意策略,报上从不用'特务'字样,代以'特殊人物'一类措辞"[29]。可见蒋荫恩先生办报经验之丰富,力求新闻之客观公正,用心良苦。

1948年9月蒋荫恩受学校委派,去美国密苏里大学新闻学院任研究员,考察研究西方新闻事业。1949年10月回国,出任燕京大学新闻系教授,新闻系主任。但这位曾经给《燕京新闻》和燕大新闻系带来辉煌的系主任,在"文革"期间惨遭迫害致死,至今死因不明,令人扼腕。

四、《燕京新闻》的责任担当与新闻教育真理与正义的秉持(1946—1948)

1. 北平复校后《燕京新闻》的困境与政治化

1945年,日本侵略者战败投降之后,部分高校迁回北京,但成都燕大新闻系直到1946年才迁回北平,由蒋荫恩、张琴南、张明炜三位先生开班授课,不过学系只剩一位专任讲师,那就是系主任蒋荫恩。张琴南教授此时应聘担任天津《大公报》总编辑,而张明炜先生则改任北平《华北日报》社长。

蒋先生一人教三门主课,并任系报《燕京新闻》发行人,指导每周一期《燕京新闻》中文版的发行工作,《燕京新闻》英文版因教师流失已无力复刊。到1947年,才有原燕大新闻系毕业生张馨保来系担任助教,协助蒋先生指导编辑、出版《燕京新闻》。

《燕京新闻》于1946年11月18日复刊中文版第13卷。13、14卷都由学年开始出到暑假,每周一期,4开4版,暑期休刊。1948年暑假没有休刊,15卷紧接第14卷于是年7月开始出刊,直到11月8日,燕大所在地面临解放而

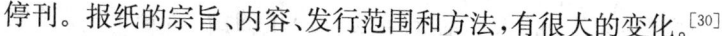
五、新闻教育、新闻经营、民族(地区)新闻史研究

停刊。报纸的宗旨、内容、发行范围和方法,有很大的变化。"[30]

这一时期,《燕京新闻》在第13卷《我们回来了》的发刊词中,宣布将"专载全国教育文化信息,同时也是教育文化界的喉舌",表示"我们所服膺的,只有真理和正义。凡是合乎真理不悖正义的,我们乐于登载;反之,凡是不合真理,违反正义的,我们尤不惜揭发"。纵观以后各期的《燕京新闻》,它的内容已进一步由学校走向社会,政治性的内容大为增加,一定程度上成为了学生运动的号角,在教职工中也有它的影响。[31]

不过,这一时期的《燕京新闻》发展尤为困难,首先是没有任何财政津贴,二是因为受到通货膨胀的影响,《燕京新闻》的发行和财务都面临着极大的困难,甚至到了要将报纸订费先换成物资,然后在付印刷费和其他开支时,再变卖成现款的境地。

即使如此,《燕京新闻》依然出彩,虽然物质条件差,报纸版面小,印刷条件也不如人意,《燕京新闻》的同学们仍然各司其职,广采精编,使得这份小报在全国许多学校中影响逐步扩大,得到了许多热心读者的支持。这一时期的《燕京新闻》,报道面迅速扩大,报道重点也不局限于大学,而且"在编排上新闻多,评论短,版面醒目活泼,也是它的一个特色"[32]。在如此困难的情况下,《燕京新闻》依然坚持出到了1948年11月,真是令人钦佩。

2.《燕京新闻》的个案报道给新闻教育的"现身说法"

1946年12月24日,《燕京新闻》复刊不久,北平就爆发了震惊全国的"沈崇事件",美国兵皮尔逊在东单广场强奸北京大学先修班18岁的女生沈崇。

国民党当局下令严禁各报刊登事情经过,但对此,《燕京新闻》和其他具有强烈正义感的报刊一道,"突破当局的威胁和严密封锁,相继报道此消息,揭露事情真相抗议美军暴行"[33]。

《燕京新闻》牢记新闻必须真实的原则,报纸在苦难甚至危险的环境中力求直接采访,掌握第一手材料。"沈崇事件"发生后,国民党宣传机器为掩盖真相,污蔑沈崇"似非良家女子""勾引美军制造事端"等等,而沈崇本人一直没有露面。《燕京新闻》突破特务监视等重重困难,终于采访到沈崇本人,获得第一手材料,《沈女士采访记》也因此作为独家新闻在《燕京新闻》上发表,打破了国民党所谓的沈崇"似非良家女子"的谣言。此后,外界又传出沈崇不敢与美军对质已离开北平时,《燕京新闻》又发表了《重访沈女士》一文,表明她并没有离开北平,再一次澄清了谣言。

"这两篇第一手报道受到广泛的重视,并被内地和香港的一些报纸转载"。[34]到1947年底,《燕京新闻》没有忘记抗暴一周年的由头,登了一篇《岁末忆抗暴》的署名文章。文章用皮尔逊回国后终被"无罪开释"和驻日一美兵因强奸日本妇女被枪决的事作对比,规劝人们不要相信"美国法律的庄严"。它借英国诗人雪莱的话结尾:"当冬天到来的时候,春天还会远吗?"[35]

正义而富有责任感的《燕京新闻》可以说已经成为当时具有标志性意义的校园自营报刊,甚至在某种程度上,它已经是一份具有一定舆论影响力的社会刊物了。

五、《燕京新闻》与燕大新闻教育理念在新时期的最后延续（1949—1952）

《燕京新闻》在反动派的政治、经济双重压迫下坚持下来,直到迎来了全国解放的曙光。燕大所在的地区是1948年12月14日解放的,系主任蒋荫恩欣闻北平解放,放弃在美国的研究工作,于1949年10月1日,中华人民共和国诞生的节日之夜回到北京重返他在燕大新闻系的岗位,继续担任系主任、教授,并在新的形势下,积极争取党和国家新闻、宣传领导部门的指导、帮助,大力振兴、改革新闻系的工作与教学。

燕大新闻系在系主任蒋荫恩的不懈努力下,慢慢有了起色,重新聘请孙瑞芹教授来系加强英文新闻业务教学,同时蒋先生力荐时任北京新闻学校校长的陈翰伯校友来系任教。另外,聘请张琴南、包之静为兼任教授,充实教学力量。

课堂教学仍然坚持理论联系实际,于效谦老师组织学生到城子煤矿采访,带领学生下矿,写出介绍矿史或矿工生活的报道,1950年暑假,三年级学生或下工厂农村,或到报社进行采访写作与编辑实习。48级、49级学生曾到治淮工地和土改工作团深入生活,采访学习。

《燕京新闻》在1948年11月停刊之后,没有再次以原名《燕京新闻》出版,而是在《燕京新闻》的基础上,于1949年10月21日创办了《新燕京》,由燕大校务委员会、教职员会、学生会、工会、妇女会、青年团燕大总支与新闻系联合主办,新闻系负责编辑出版。[36]但1952年经过院系调整,燕大新闻系被并入北大中文系改为编辑专业（后改成新闻专业）,之后又并入中国人民大学新闻系,燕大新闻系自此成为历史。

六、总结与反思

《燕京新闻》作为燕京大学新闻系系报,它的影响早已超过了原有的范围,在新闻教育史上,甚至在报业史中,都应该有一席之地,它所承载的现实意义和历史意义,已被越来越多的学者和专家所认可,《燕京新闻》不仅是当时新闻教育的典范成果,更是现今新闻教育的一面镜子。

《燕京新闻》的载体——燕京大学新闻系作为中国新闻教育史上一个象征性的存在,是亚洲"第一所完全的新闻系",[37] 她为近代中国新闻事业培养了一批又一批取得了卓越成就的新闻人才,其中很大一部分,都曾经是《燕京新闻》的经历者,燕大新闻系将理论与实践相结合,从实践中学新闻,秉持客观公正的新闻理念,无论是在理论方面,还是在实践过程中,《燕京新闻》都取得了历史性的成就,它的成功不可复制,同时也给予我们足够的现实启发与借鉴。

从《燕京新闻》中走出来,反观现阶段的新闻教育,作为一名亲历者,不免思考颇多。诚然历史环境早已天翻地覆,但如今的媒体大变革所引发的新闻教育模式改革的大讨论,无不在牵动着每一位新闻教育人士的心,高校的新闻教育大大落后于媒体实践,理论层面的虚化与媒体人才现实要求之间的矛盾,高校教师科研与教学的尴尬,学生高尚的理想抱负与媒体激烈的市场环境之间的落差等等,所有的问题都亟须解决。面对复杂多变的媒体大变革,无论是技术上,还是教育理念上,高校的新闻教育都十分迫切的需要改革,而改革的目的在于,借用梁士纯先生的那句话,我们"不仅要为报业来训练专门的技术人才,而更要培养有眼光,有才干,有勇敢,有牺牲精神的领袖"。[38]

注释:

[1] 刘豁轩. 报学论丛. 益世报社,1946:92,100 - 102,115.

[2] 刘豁轩. 报学论丛. 益世报社,1946:94 - 96.

[3] 燕京大学校史大事记(发展时期),据1928年5月22日燕大档案.

[4] 林牧茵. 移植与流变——密苏里大学新闻教育模式在中国(1921—1952). 复旦大学博士论文,2012.

[5] 燕京大学校友校史委员会编,张玮瑛,王百强等主编. 燕京大学史稿. 人民中国出版社,1999:121.

[6] 燕京大学校友校史委员会编,张玮瑛,王百强等主编. 燕京大学史稿. 人民中国出版社,1999:125.

[7] 张德明. 燕京大学对"九一八事变"的反应. 党史研究与教学,2013(02):56 - 68.

[8] 燕大抗日讲演队二次赴平演讲. 平西报,1931 - 9 - 24.

[9] 张德明. 燕京大学对"九一八事变"的反应. 党史研究与教学,2013(02):56 - 68.

[10] 抗日精神销沉不得. 平西报,1931 - 12 - 10.

[11] 龙伟,任羽中. 民国新闻教育史料选辑. 北京大学出版社,2010:40.

[12] 燕京大学校友校史委员会编,张玮瑛,王百强等主编.燕京大学史稿.人民中国出版社,1999:121.

[13] 燕京大学校友校史委员会编,张玮瑛,王百强等主编.燕京大学史稿.人民中国出版社,1999:121.

[14] 燕京大学校友校史委员会编,张玮瑛,王百强等主编.燕京大学史稿.人民中国出版社,1999:773.

[15] 林牧茵.移植与流变——密苏里大学新闻教育模式在中国(1921—1952).复旦大学博士论文,2012.

[16] 武志勇,李由.密苏里大学新闻学院的教育理念与教学模式.新闻大学,2009(4):12-21.

[17] 燕京大学校友校史委员会编,张玮瑛,王百强等主编.燕京大学史稿.人民中国出版社,1999:122.

[18] 龙伟,任羽中.民国新闻教育史料选辑.北京大学出版社,2010:128.

[19] 燕京大学校友校史委员会编,张玮瑛,王百强等主编.燕京大学史稿.人民中国出版社,1999:127.

[20] 燕京大学校友校史委员会编,张玮瑛,王百强等主编.燕京大学史稿.人民中国出版社,1999:128.

[21] 燕京大学校友校史委员会编,张玮瑛,王百强等主编.燕京大学史稿.人民中国出版社,1999:773.

[22] 燕京大学校友校史委员会编,张玮瑛,王百强等主编.燕京大学史稿.人民中国出版社,1999:773.

[23] 燕京大学校友校史委员会编,张玮瑛,王百强等主编.燕京大学史稿.人民中国出版社,1999:774.

[24] 燕京大学校友校史委员会编,张玮瑛,王百强等主编.燕京大学史稿.人民中国出版社,1999:130.

[25] 燕京大学校友校史委员会编,张玮瑛,王百强等主编.燕京大学史稿.人民中国出版社,1999:133.

[26] 燕京大学校友校史委员会编,张玮瑛,王百强等主编.燕京大学史稿.人民中国出版社,1999:133.

[27] 燕京大学校友校史委员会编,张玮瑛,王百强等主编.燕京大学史稿.人民中国出版社,1999:134.

[28] 燕京大学校友校史委员会编,张玮瑛,王百强等主编.燕京大学史稿.人民中国出版社,1999:135.

[29] 王士谷.北平复校后的《燕京新闻》.1941—1951级校友纪念刊,1982:35-37.

[30] 燕京大学校友校史委员会编,张玮瑛,王百强等主编.燕京大学史稿.人民中国出版社,1999:137.

[31] 燕京大学校友校史委员会编,张玮瑛,王百强等主编.燕京大学史稿.人民中国出版社,1999:133.

[32] 燕京大学校友校史委员会编,张玮瑛,王百强等主编.燕京大学史稿.人民中国出版社,1999:137.

[33] 刘小清.《燕京新闻》追踪报道沈崇事件.民国春秋,2000(06):18-19.

[34] 燕京大学校友校史委员会编,张玮瑛,王百强等主编.燕京大学史稿.人民中国出版社,1999:139.

[35] 王士谷.解放战争时期的《燕京新闻》.新闻研究资料,1982(04).

[36] 燕京大学校友校史委员会编,张玮瑛,王百强等主编.燕京大学史稿.人民中国出版社,1999:146.

[37] 陈远.燕京大学 1919—1952.浙江人民出版社,2013:117.

[38] 燕京大学校友校史委员会编,张玮瑛,王百强等主编.燕京大学史稿.人民中国出版社,1999:121.

【作者简介】 殷强,上海大学影视学院新闻传播系硕士研究生;李建新,上海大学影视学院新闻传播系教授,上海大学国际新闻传播教育研究中心主任,中国新闻传播教育史学会副会长。

民国时期出现过"一流"的新闻教育吗？
——以方汉奇就读的"国立社会教育学院"为例[*]

刘泱育

（南京财经大学新闻学院，南京 210023）

摘　要：建设世界"一流"的大学是我国现阶段诸多高校的奋斗目标。论文以方汉奇就读的"国立社会教育学院"为例，从"师资力量""师生关系"和"同学情谊"等三个维度探讨民国时期中国是否出现过"一流"的新闻教育。并据此重新审思"一流大学"中的"一流"的概念含义，认为此种语境中的"一流"的概念实质上是一种文化霸权，类似的文化霸权有可能遮蔽我们对于现状的认知，从而影响对于历史的研究和书写。

关键词：新闻教育　民国新闻史　方汉奇　"国立社会教育学院"

方汉奇曾于 20 世纪 50 年代和 70 年代两度执教北京大学新闻专业[1]。2001 年北京大学新闻与传播学院创院伊始，即把"建设世界一流的新闻与传播学院"作为奋斗目标。[2]"世界一流"也是我国现阶段诸多高校的奋斗目标。如果我们把"世界一流"拆分为"世界"和"一流"两个关键词，则不难发现，"世界"，是一个空间的概念，比较的意味内含其中——所谓的建设世界一流大学，其必经步骤便是比较差距；就比较差距而言，则需要有评价的指标体系并据之排行，正所谓："若不排行，怎知差距?"[3]而"一流"则是一个由评价的"指标体系"所具体建构的概念，[4]根据不同的价值取向所建构的指标体系，即有不同版本的所谓"一流"大学[5]——"我国名牌大学离世界一流大学的差距很大，最突出地表现在诺贝尔奖，年均在 Nature 和 Science 发表的论文数，科研经

---

[*] 本文系国家社科基金重大项目"中华民国新闻史"（项目编号：13&ZD154）的研究成果之一。

费,博士教师比例,研究生中留学生比例等方面。"[6]这当然只是一种价值取向的"一流"大学的指标体系,虽然也可能是现阶段我国许多高校在设定"一流大学"的奋斗目标时所选择的指标体系,例如对于本校的教师在 Nature 和 Science 上发表论文给予重金奖励即是一证。如果我们以多元的价值取向而不是以"定于一尊"的指标体系来重新审视"一流大学"的"一流",如果我们把视野由空间向度的横向比较转换为时间维度的纵向权衡,也许我们再谈论"一流大学"时不但不需因"言必称欧美"而自卑,而且还会由于重新认识中国高等教育的历史而生发出自豪与自信,进而重新认识自身的传统与现在的断裂抑或承续。

既然"一流"大学是由一系列的指标体系所建构的——如果我们把"师资力量""师生关系"和"同学(校友)情谊"视为"一流"大学的指标体系的有机构成部分,那么,民国时期,中国也许就出现过"一流"的新闻教育。

为什么这样说呢?本文将以方汉奇在就读的"国立社会教育学院"所接受的新闻教育为例,尝试回答这一问题,并且,"醉翁之意不在酒"。

一、师资力量:名师云集社教院

大学里,最重要的其实并不完全是学习课程内容,而是以课程作为中介和桥梁,学习任课老师身上所具有的东西——不但包括知识,而且包括方法、习惯和品格。对于学习知识而言,即使没有老师教,学生也可以通过书本来学,但对于科学的方法、良好的习惯和优秀的品格,则是书本上所学不到的,必须通过名师传授(包括言传和身教)才能获得。

方汉奇在"国立社会教育学院"学习期间,虽然时局动荡不安,上课的时间有时并不能够得到充足的保证(例如,大一下学期,即因 1947 年的"五二〇"事件,学校提前放了暑假)。但幸运的是,他在大学里有机会聆听诸多名师传道、授业、解惑,受益终身——方汉奇后来自言:"母校为我打下了专业基础。"

正是在这种意义上,一所大学是否有好的老师极为重要。诚如清华大学校长梅贻琦所言:

一个大学之所以为大学,全在于有没有好教授。孟子说:所谓故国者,非谓有乔木之谓也,有世臣之谓也。我现在可以仿照说:所谓大学者,非谓有大楼之谓也,有大师之谓也。[7]

此话虽然只出自梅校长一人之口,但民国时期的大学校长,与梅先生"英雄所见略同"的却不乏其人,例如"国立社会教育学院"院长陈礼江。

陈礼江(1895—1984),江西九江人,教育家。早年留学美国,获芝加哥大学心理学硕士学位。回国后,历任武昌师范大学教务长、教授;江西省教育厅长;中山大学教育系主任、教授;江苏省立教育学院教务主任、教授;国民政府教育部社会教育司司长;1941年受命在四川璧山创办"国立社会教育学院"并任首任院长。

陈礼江既在海外留过学,又在国内大学执教过,还担任过教育厅长和高教司司长,不但办学视野开阔,而且行政能力出众,擅长交际,人脉广泛。他担任院长期间,梁漱溟、晏阳初、钱穆、顾毓琇、徐悲鸿、黄炎培、陈望道、王芸生、周谷城、金仲华、陶行知、叶圣陶、费彝民、谢六逸、赵超构、赵敏恒、舒新城、欧阳予倩等诸多名人,都曾应学校之邀,前来为学生开设讲座。更重要的是,陈礼江积极利用各种资源(包括学校在苏州的"地理"优势——距离上海和南京都很近),想方设法为学校聘请名师。当年,"国立社会教育学院"所聘的教师,如许德珩、顾颉刚、陈仁炳、童润之、俞颂华、吕凤子、何容、焦菊隐、戴爱莲、庄泽宣、梁实秋、许崇清、杜佐周、曹聚仁、马荫良、杨家骆、严文郁、朱亦松、应尚能、汪长炳、刘雪庵、郑君里、谷剑尘、陈白尘、钱仁康、方秋苇、葛思恩等,皆是一时之英彦。

其中,许德珩为"九三学社"[8]创始人;俞颂华被誉为"新闻界的释迦牟尼";目录学家严文郁担任过西南联合大学图书馆馆长;杨家骆则被视为"今之纪晓岚",主编过《四库大辞典》;庄泽宣是美国哥伦比亚大学教育学博士,曾执教清华大学、中山大学、厦门大学、浙江大学,是我国比较教育学研究的先驱,他于1928年建立了中国第一个教育研究机构;教育学家许崇清曾三次出任中山大学校长,是第一个向国人介绍爱因斯坦相对论的人;朱亦松在美国西北大学获得硕士学位,担任过"国立中央大学"社会学教授;国语专修科主任何容,与老舍、老向(王向表)齐名,人称"老谈",曾任北大教授,台湾光复后,他去台湾推行普通话,被誉为"'有口'皆碑"——因为现在台湾几乎人人都能讲普通话;[9]书画大师吕凤子是徐悲鸿的老师,人称其为"东方米开朗琪罗";著名音乐家刘雪庵是《长城谣》和《何日君再来》的曲作者;应尚能既是我国声乐教育的奠基人之一,也是男中音歌唱家、作曲家——浙江大学的校歌即由其作曲,他还是我国最早举办独唱音乐会的人;音乐学家钱仁康——把世界190多个国家的国歌译成中文的人,获得过首届中国音乐最高奖"金钟奖";电影教育家谷剑尘则是中国最早提出"导演中心论"的人;郑君里是我国电影作品的经典——《一江春水向东流》的导演;焦菊隐既是巴黎大学的戏剧学博士,也是《雷雨》《日出》《龙须沟》《茶馆》和《智取威虎山》等话剧的导演;杜佐周、汪长炳、童润之、陈仁炳、戴爱莲等都是或在美国或在欧洲学成回国的"海归"。

名师荟萃的"国立社会教育学院",从师资力量的角度而言,毫无疑问是"一流"高校,事实上,当年报考这所学校的考生,竞争是非常激烈的。据1948级学生方掬芬回忆,"国立社会教育学院""由于是公费,又是四年制大学本科,考生非常多。那年仅戏剧专业就同时在苏州、南京、武汉三地招生。每个考区的投考者有五六百人至一千来人不等,而每地只录取三至五人。竞争非常激烈。我是在苏州应考的。自己能不能考上,毫无信心"[10]。

然而,这样一所名师云集,高考竞争非常激烈的大学,为什么今天却很少有人知晓呢?

这实际上与其存在的时间短有关。1950年1月,"国立社会教育学院"与江苏省立教育学院、无锡中国文学院(即原来著名的无锡国学专修学校)被政府合并为"苏南文教学院",后又与东吴大学、江南大学合并,成立"苏南师范学院"(后更名"江苏师范学院"),1982年最终定名为"苏州大学"。"国立社会教育学院"存在的时间前后不足十年,总计毕业2000余人,其中新闻系只招过5届学生,毕业学生一共169人——当年是名校,因为停办或者被合并而鲜为今人所知的大学,其实不只"国立社会教育学院"一家,与其相类似的,至少还有"圣约翰大学"。

二、师生关系:转益多师是吾师

方汉奇当年在"国立社会教育学院"所修的课程超过四十门。[11]这些课程的修学为方汉奇后来的治学打下了文史基础和专业基础。其中,一些老师的课让方汉奇等学生印象深刻,例如,讲中国通史的刘桂东先生和讲西洋通史的李稼年先生——"刘先生习惯于先介绍各派学说,然后再阐述己见,颇能启发学生们的思考。李先生是另一种讲法,他一部西洋史烂熟于胸,讲起课来原原本本、头头是道,条理非常清楚。"[12]再如,讲评论课的方秋苇先生——"他强调博学,很推崇梁启超(任公),一再叮嘱同学熟读《饮冰室文集》,笔端要常带感情,既要学其长文的气势磅礴,又要学其短文的有声有势。方先生在举例时,常背诵若干段句,然后细加评析,同学们很是爱听。"[13]

对于方汉奇而言,"值得特别提出的是葛思恩先生讲的中国新闻史。这门课对我进行了新闻史的启蒙教育,促使我阅读了不少有关新闻史的书籍,对我后来从事这方面的教学研究工作,起了直接的推动作用"[14]。

葛思恩于1940本科毕业于"中央政治学校"大学部新闻系,是马星野的学生。硕士毕业于美国哥伦比亚大学与政治大学合办的重庆新闻学院。除了讲新闻史之外,葛思恩老师还为方汉奇等人讲过"新闻学概论":

他英语水平较高,讲课时常夹杂英文人名地名术语,甚至引用英文语句。令人难忘的是他讲新闻定义。他认为西方有人说的"狗咬人不是新闻,人咬狗才是新闻"不是科学定义,也非新闻实质。他指出美 Frank Luther Mott 说的 "News is recent report of events"比较恰当,但是,这个 events 必须对社会对读者有实益。[15]

葛思恩老师的岳父,便是被黄炎培誉为"新闻界的释迦牟尼"的"国立社会教育学院"新闻系主任俞颂华。

俞颂华(1893—1947),江苏太仓人。早年曾在上海复旦公学(复旦大学前身)学习,1915年赴日留学,毕业于东京法政大学。回国后俞颂华长期从事新闻工作。他既做过新闻记者、报刊主编,也是新闻教育家。1919年4月,俞颂华担任《时事新报》副刊《学灯》主编,"《学灯》之所以能够成为五四时期著名的四大副刊之一,俞颂华功不可没"[16]。1920年10月,俞颂华以《时事新报》《晨报》特派记者名义,与瞿秋白、李仲武一起去苏联采访,是见过列宁的为数不多的几个中国新闻记者之一。1937年4月,他与孙恩霖一起,以《申报》记者名义赴延安,采访过毛泽东、朱德、张国焘、徐特立等人。抗日战争爆发后,俞颂华历任《星洲日报》《光明报》《广西日报》《大刚报》和《国讯》等报刊的总编辑。[17]

陈礼江于1945年在"国立社会教育学院"创设新闻系,聘请俞颂华担任系主任——俞聘请了马荫良等既懂理论、又有丰富实践经验的多位新闻工作者到系任教,并约请校内外的知名人士——金仲华、叶圣陶、顾颉刚、王芸生、费彝民等来系作学术演讲或座谈;还大力添置书刊,建立新闻系资料室,订阅了一批国内外报刊,包括中共出版的刊物,如《群众》。[18]

1947年俞颂华病逝后,马荫良继任新闻系主任。

马荫良(1905—1995),江苏松江(今属上海市)人。他毕业于同济大学,1928年至1949年一直在《申报》工作,1937年开始担任《申报》总经理。今天,各大图书馆之所以有整套的《申报》影印版供查阅研究,就是因为马荫良等人当年付出巨大努力保存了整套《申报》。众所周知,在局势动荡的1949年以

前,能够有一套完整无缺的《申报》保存下来,绝非易事。

2002年,方汉奇接受采访时,曾表示"马荫良教授对我的影响很大","我是1950年大学毕业的,那时候不包分配,马荫良教授那时候是我们的系主任,他是个民主人士,跟地下党关系比较密切","上海解放后被任命担任新成立的上海新闻图书馆的馆长,他知道我即将毕业,又知道我学习成绩不错,就邀请我到该馆担任研究馆员",上海新闻图书馆虽然是为安置老新闻工作者而设,但"办新闻图书馆,光有老先生不行,还要有年轻人做具体的事情",所以就把方汉奇叫去了。[19]

1947年下半年,应马荫良之邀,名记者曹聚仁来校为方汉奇等人讲授新闻采访课。

曹聚仁(1900—1972),浙江浦江人。早年曾任暨南大学、复旦大学等校教授,同时从事写作。抗战爆发后,曹聚仁在"中央通讯社"担任战地特派员,不但采访过淞沪会战,是第一个报道"台儿庄大捷"的新闻记者,而且于1941年至1943年在江西主持了《正气日报》,同时担任《前线日报》的编辑。抗战胜利后,曹聚仁移居上海,担任《前线日报》主笔,同时在几所大学讲授新闻学课程。方汉奇听曹聚仁的课,并受其影响,就发生在这一时期。

曹聚仁所讲授的新闻采访课,使方汉奇终身受用最多的既不是他在讲课时的投入、充满激情与旁征博引,也不是介绍其与鲁迅等文坛巨擘的交往,而是向方汉奇等学生传授的如何做卡片和如何利用卡片来积累资料的经验。方汉奇做卡片就是在曹聚仁的指导下开始的——他后来回忆说:

> 从那时到现在,半个世纪过去了,我做的卡片,累计已达10万张。直到现在还在做。不但自己做,而且教我的学生做。追根溯源,应该万分感谢曹先生的教诲。[20]

方汉奇在"国立社会教育学院"期间,不但学到了文史知识和专业知识,而且学到了方法。例如,方汉奇后来讲课时,也经常背诵若干段句,然后讲评,这其实就是当年跟方秋苇老师学的。他不但养成了做卡片积累资料的习惯,而且还学到了老师们身上所具有的优秀品格,例如,关爱学生。1948年暑假,马荫良为了加强同学们的基础训练,曾聘请许杰和戴敦复两位老师为学生开办暑期讲习班。"听说,两位老师的暑期讲课费,还是由马荫良主任掏的腰包呢。"[21]曹聚仁当年在"国立社会教育学院"讲《编辑学》里的"版面"课时,"自己掏钱买了墨水和毛笔发给同学们"[22]。葛思恩老师,当年在自己经济十分

拮据的情况下,还不时"塞一些小钱给方汉奇",这让他终生难忘。方汉奇后来回忆说:

> 我永远忘不了母校对我的培养和教育……没有这四年打下的基础,就不可能有后来的发展。也正因为这样,我每次写自传或填写简历表格的时候,都恭恭敬敬地把母校的名字填上,而且填的是它的堂堂正正的全称:"国立社会教育学院"。[23]

三、同学情谊:岂因岁华辞旧游

当年的"国立社会教育学院","上课不点名,课余时间完全由学生自己支配,也根本不留课外作业,用功与否全凭每个人自觉,甚至你不在校也没人过问"[24]。方汉奇除了听课和读书外,还花了不少精力参加社团活动。

"当时新闻系的学生最为活跃。最早成立的社团是新闻系学生郭伯力、廖俊禄发起的'TNT'歌咏团。"[25]据郭伯力回忆,1948年春,"我们决定成立歌咏团,要吹响战斗的号角,爆炸出一个新天地。为了申明我们的宗旨便定名'TNT'!当时新闻系的张大慧、方汉奇、史绍宋和艺术系的牛犇同学进行组织和宣传。本团所唱系战斗歌曲,真是一呼百应,歌者云集,各科系加入歌咏团的同学迅速发展到五六十人"。该团经常唱的歌曲有《团结就是力量》《毕业歌》,还有《青年颂》:"生命好,但是光明更好。"[26]

方汉奇还参加过学校的"海燕剧团",与郭伯力、周月明、冯成保(柯岩)等同学表演过话剧《升官图》。当时,排练与演出"都在拙政园前清时代所修建的三面朝观众(5公尺宽,5.5公尺深)的'古典舞台'上进行。排演时则不论主角配角或有戏无戏,都能始终自觉肃静地端坐在排演场上认真学习,绝少迟到、早退、缺课、误场或谈笑喧哗等现象发生,每次排练后又有自行复习和揣摩求进。因而,一个大型话剧至多在课外时间排练二十多天即可上演,不但有一定质量,而且在当时苏州的学生知识界还有一定的基本观众,故一般都能保持满座"[27]。实际上,学生们表演戏剧的水平直接影响着观众的人数。当年,"国立社会教育学院"学生们的"每一场演出,剧场里观众都坐得满满的,反应十分热烈",这与学生们"演得既逼真又富有感情"密切相关。据方掬芬回忆,她曾演过一个角色,"是个可怜的小姑娘。有一场戏我在后台挨打,效果做出鞭子抽在身上的声音,我则同时发出哭喊。我每次都真的哭了,哭声凄惨,观众也都被打动了"[28]。

当年演出时,各项舞台工作全由学生们承担——王世德回忆道:

在很多次演出中,全院如新闻系和社会事业行政系等同学和我们戏剧组同学联合工作。我记得,新闻系的方汉奇和穆家珩同学都表现了杰出的才能。他们作后台主任,把每个节目所占时间,前后衔接与准备,计划得十分科学。当时我就很佩服他们工作的细密。[29]

1949年4月,苏州解放。"国立社会教育学院"新闻系的多名同学报名参加了中国人民解放军第十兵团政治部新闻人员学习班。

据张桦和史坚回忆,苏州解放没几天,驻军二十九军的几位新华社记者"到我们新闻系来,热情地给我们介绍战地记者火热的战斗生活。那时,我们心里热火一团,只愿到战火中去锻炼,向往去前线作最有意义的新闻采访"[30]。方汉奇当年报考新闻系,就是为了做一名新闻记者。但由于自己的家庭出身,在当时特定的政治环境下,无法参军去做战地记者。他的"记者之梦",很遗憾,没能实现。方汉奇只能在部队开拔前,一次又一次地去营房看望参军的同学——据其同学回忆,"这几天,同学不断来队看我们,方汉奇、黄远富、甘兰经、于淮、谢承浩……来了一批又一批,看了一趟又一趟"[31]。方汉奇的同班同学许保瑾——就是通过这次参军,在部队的《火花报》工作,后来又辗转到《福建科技报》工作。新闻系的钟华俎、孙望权、谢承浩等同学毕业后分别到《四川日报》、上海《文汇报》和新华社等单位工作。

当年,方汉奇的多位同学"为了表示在大革命的洪流中与旧我绝裂",在报名参军时纷纷改名。"张大慧"改为"张桦","史绍宋"改为"史坚","穆家珩"改用笔名"穆加恒","许保瑾"改为"许晖","杨丽声"改为"力生","潘学谦"改为"生力"(生力军的意思),"高慰伦"在湖北读过初中,用湖北音正好读为"高为人","夏赓颂"改为"夏行","张蔚文"改为"肖静","李杰"(女)和蒙古族同学"巴特鲁"——中文名为"李郁芳"(男)因为是朋友就互换了名字,"郭伯力"则改为"古巴"(因为在校时,大家彼此只称姓名前两个字,"方汉"、"张大"、"郭伯"——"古巴"与"郭伯"音近)。[32]这样,我们也就明白为什么方汉奇电子邮箱的名字"fanghanruc"是以"fanghan"开头,而不是以"fanghanqi"开头。

"国立社会教育学院"的同学关系和校友关系极为亲密,这不仅仅是由于丰富多彩的社团活动拉近了同学和校友之间的距离,而且由于当年学校招生的规模小,人际间交往和熟识的程度高。有资料显示,1948年,"国立社会教育学院"在校生仅为720人左右[33]。前文提及的圣约翰大学,在73年的办学时间里,总计招生约6 500人。

大学毕业后,方汉奇与同学和校友保持着密切的交往——20世纪90年代,方汉奇到台湾参加学术活动时,"国立社会教育学院"台湾校友会会长高惠民"曾手绑纱布带伤设宴款待,并邀请校友朱志东、陈香汀等作陪"。[34]"国立社会教育学院"的校友们,还发起编辑出版了"国立社会教育学院校友回忆录"——《峥嵘岁月》(至今已编印6辑),并组织过多次的同学聚会。

四、结　语

罗丹说,"生活中不是缺少美,而是缺少发现美的眼睛"。在我看来,其实需要追问的关键问题是,"美"是怎样定义的？又是由"谁"来定义的？与此相类,建设世界"一流"大学的"一流"是由怎样的一套指标体系定义的？而这样的一套指标体系又是由"谁"来定义的？

立足今日,我们回望民国时期的新闻教育,以方汉奇所就读的"国立社会教育学院"为例,若从获诺贝尔奖的人数、年均在Nature和Science发表的论文数、科研经费、博士教师比例、研究生中留学生比例等方面来审视,其显然无法望"一流"大学之项背。但是,如果我们转换视阈,从"师资力量"的雄厚程度,"师生关系"的仁厚程度,以及"同学情谊"的深厚程度等维度考量,则民国时期的"国立社会教育学院"所达到过的水准,即使在今天放眼全球,谁又能说其不是"一流"?!

我国现阶段建设世界"一流"大学的"一流"这一概念,在某种意义上也许已经成为一种"霸权",按照葛兰西的洞见,"霸权"并不仅仅指直接控制的强制性力量,而且也指"自愿的(或至少是理性的、非强制性的)""积极的赞同"(consent)。[35]这提醒并警醒我们,若是习惯于(或者习焉不察地)以由西方(欧美)的高等教育实践所定义的"一流"大学来检视我国的高等教育,则无论是回望历史还是细察现实,我们都将因自己"不入流"而"自惭形秽",或心怀愧疚,从而落入"一流"这一概念所设置的陷阱——遮蔽我们对于自身的历史(包括民国新闻史、民国新闻教育史在内)以及现状的认知。

在沃勒斯坦看来,我们是根据今天而建构过去的。[36]俞吾金与沃勒斯坦"英雄所见略同":

"不懂得现在,就无法理解过去。"既然只有当代人是活着的,那么我们就应该明白,当代人之所以去研究历史,并不是出于"思古之幽情",而是出于当代人现实生活的需要。而既然现实生活的需要是当代人研究历史的根本出发点,那么,道理不言自明,只有懂得现在的历史学家,才能真正理解过去,才能在以往的历史资料中找到合适的主题和相关的题材。[37]

准此,则类似于"建设世界一流大学"中的"一流"这样作为文化霸权般的"常识"影响我们对于现实和历史认知的概念,也许值得我们静下心来——"落日回鞭相指点",以期"前程从此是青云"。[38]

注释:

[1] 刘泱育.方汉奇执教北大期间的学术研究.新闻与写作,2010(1).

[2] 赵彦华.建设世界一流的新闻与传播学院.中华新闻报,2001-6-11.

[3] 刘莉.若不排行,怎知差距?——访中国科学评价研究中心主任、武汉大学教授邱均平.评价与管理,2007(2).

[4] 中国驻纽约总领事馆教育组.美国一流大学的评价指标体系.世界教育信息,2003(10).

[5] 田联进.走向一流大学:不同的价值取向.教育探究,2006(4).

[6] 刘念才.我国名牌大学离世界一流有多远.高等教育研究,2002(2).

[7] 韦启良.梅贻琦:所谓大学者,非谓有大楼之谓也,有大师之谓也——大学校长列传之二.河池学院学报,2004(3).

[8] 创办于1946年5月4日,为纪念1945年9月3日中国抗日战争和世界反法西斯战争胜利而取名,许德珩、周培源、吴阶平等先后担任过主席,王淦昌、邓稼先、王选等都是"九三学社"成员。

[9] 张英霖.拙政园内《院址记》碑嵌壁的前前后后.峥嵘岁月("国立社会教育学院"校友回忆录,内刊,下同),(4):8.

[10][24][28] 方掬芬.生活在拙政园里.峥嵘岁月,(1):233,238,240.

[11] 傅道文.我们的母校——"国立社会教育学院":一所具有创新特色的高等学府.峥嵘岁月,(2):11.

[12][14][23] 方汉奇.母校奠定了我的专业基础.峥嵘岁月,(3):228-230.

[13][15][22] 穆家珩.补大百科全书中的一个空白——"国立社会教育学院"新闻系史料.峥嵘岁月,(4):135-137.

[16] 张黎敏,夏一鸣.俞颂华与《时事新报》副刊《学灯》.编辑之友,2009(11).

[17] 董书华.俞颂华的新闻实践和新闻思想初探.东南传播,2007(10).

[18] 张友聚,甘兰经.忆颂华师.新闻研究资料,1983(22).

[19] 辛华,张春平.方汉奇:七十年来家国//成思行,燕华.与传媒界名流谈心.新世界出版社,2002:7.

[20] 傅宁,王永亮.方汉奇:要重视新闻史的研究//王永亮.传媒思想——高层权威解读传媒.中国传媒大学出版社,2005:362-363.

[21] 甘兰经.我的怀念.峥嵘岁月,(1):136.

[25] 许培基.栖霞山新生部的社团.峥嵘岁月,(1):323.

[26] 郭伯力.爆炸出一个新世界——忆TNT歌咏团.峥嵘岁月,(1):45-46.

[27] 程宗骏.蒙茸一架自成林——苏州时期话剧教育史料.峥嵘岁月,(1):221.

[29] 王世德.忆往昔峥嵘岁月稠.峥嵘岁月,(1):299.

[30] [31] [32] 张桦,史坚.从军行——从苏州到福州.峥嵘岁月,(1):326-329.

[33] 高惠民.惠民书怀.峥嵘岁月,(4):550.

[34] 陈乃林,周新国.江苏教育史.江苏人民出版社,2007:426.

[35] [美]萨义德著.王宇根译.东方学.北京:生活·读书·新知三联书店,2007:9.

[36] [美]伊曼纽尔·沃勒斯坦著.刘琦岩,叶萌芽译.否思社会科学.北京:生活·读书·新知三联书店,2008:155.

[37] 俞吾金.俞吾金讲演录.长春出版社,2011:124.

[38] 朱炯远.古诗情感描写类别辞典.辽海出版社,1998:1509.

【作者简介】刘泱育,南京财经大学新闻学院副教授、硕士研究生导师,复旦大学新闻学博士后。研究方向为:新闻史、新媒体。

根生土长的民国新闻教育
——顾执中与民治新闻专科学校

吴加峰

(南京师范大学新闻与传播学院,南京 210097)

摘 要:民治新闻专科学校是我国著名报人顾执中于1928年冬在上海创办的专培植新的新闻人才的学校。民治新闻专科学校从创办最初直到1953年冬结束,在这25年间,始终贯穿着其"实用主义"的教学理念,对于当时的急需新闻人才的中国来说,是最符合国家需要的新闻教育学校之一。

关键词:顾执中 新闻教育 民治新闻专科 民国新闻史

民国初期,在帝国主义的影响和当时国内环境的双重作用下,新闻界开始出现新闻教育,民治新闻专科学校就是在这样一种环境下创办的。有别于燕京大学新闻系采取的美国密苏里大学新闻系教育模式,民治新闻专科学校是著名新闻记者、新闻教育家顾执中从"实际出发",以满足新闻界对人才的需求而创办,根生土长的"实用主义"是民治新闻专科学校区别于其他新闻教育学校的特色所在。民治新闻专科学校对满足当时社会对新闻人才的需求和促进新闻传播事业的发展起到了不可忽视的作用。

一、民治新专新闻教育的特色

民治新闻专科学校是由我国著名报人、新闻教育家顾执中于1928年12月在上海创办。初名民治新闻学院,初址爱多亚路马浪路口(今金陵西路马当路口),1931年迁蒲石路(今长乐路)39号。1932年改名为民治新闻专科学校(以下简称"民治新专")。

1918年北京大学新闻学研究会的成立,标志着我国新闻教育的发轫。随后圣约翰大学报学系和燕京大学新闻系引进美国密苏里大学新闻系的教育理念创办新闻学,全国各大高校掀起了一股创办新闻院校的高潮。在这些高校的新闻系中他们的教育模式大多都逃不脱美国模式,密苏里大学新闻系是根据美国本土的社会环境而培养新闻人才,她特别偏重于新闻技能的培训,但这种新闻教育方式对当时中国社会却不能完全适用。而民治新专是顾执中在自己的新闻实践中,根据当时中国国情的需要而开设的具有自己专科学校特色的教育。主要表现在以下几个方面:

1. 结合实际需求的教育理念

民治新专从创办最初就受到了国民党的种种为难,艰难的环境并没有让顾执中妥协,而是更加精益地办好民治新专。民治新专从实际出发的理念,从校舍的选择到学员的招收,最后到上课时间的安排上都始终贯穿着。甚至在新中国成立后,民治新专还根据当时国内对工农宣传队伍的需要,而专门培训适合新中国的新闻人才。

首先,在对民治新专校址的选择方面。民治新专在当初成立时是位于上海公共租界和法租界的交叉点爱多亚路福煦路口,新城隍庙市场的右侧,一出校门即是当时上海的市中心。顾执中认为新闻学校校址的选择应该是在市中心,和社会实际联系在一起。"民治新专虽只有两幢旧洋房,却在市中心,交通便利……谁能想到办新闻教育,连校所在地,也不能忽略的"[1],所以顾执中才选择了在市中心的爱多亚路福煦路口。他认为:"走上了新闻工作的岗位,连整个中国、整个世界,都成为他们的实验室。……一出校门,走在马路上,就应该都是新闻学生的实验室。"[2]所以,作为一名新闻记者始终都不能与社会脱节,真正锻造新闻记者的熔炉是社会。当然新闻学校作为培养新闻记者的主要场所更不能离社会中心太远。所以,顾执中对远在郊区的复旦大学新闻系颇有微词,复旦大学是"上海人心目中的一个很好的学府……但对新闻教育来说,极不适宜"[3]。因此,顾执中在民治新专的校址选择上就是根据新闻学科的特色进行挑选的。

其次,民治新专在招收新生方面不看重文凭,只看学生自身能力。这一点在当时其他的新闻院校是做不到的,就算是在今天也很难做到。之所以这样做,顾执中认为:"那时的青年人,不一定都有获得文凭的机会。穷苦青年哪有条件上学,……文凭上的学历,与本人的实际情况,有时往往并不一定相等。"[4]招收学员的标准不是按照一条一文的规矩来的,而是根据当时社会教育环境和学员本身的能力而定的。在这样一种招生理念下,来民治新专学习的不仅有未参加工作的学生,同时还有已经走上新闻事业岗位想继续提高自己的新闻工作者。对于这些已参与工作的新闻记者,顾执中认为就是要把现在正在工作着的新闻工作者的各种先进经验和错误教训拿来放在学校中,分析研究,做出结论,以教育未来的新闻工作者。同时在招生名额上,民治新专也先是根据自身学校实力进行中小规模的招生,后期随着国内形势的发展

"1935年冬到1937年短短的两年中,民治新专为了客观的需要,放宽了招生名额"[5]。而在1951年上海重建会,曾一度以"为工农服务的新闻教育"为新的工作方向。

最后,民治新专培养学生的目标也非常明确,完全是为了培养"合乎实用"的新闻写作人才,而来民治新专学校接受教育的学生一大部分是已经从事过新闻事业的人,所以他们的目标也非常明确,就是希望在今后的工作中,关于新闻从业技能能够更上一层楼。针对这一种诉求以及培养目标,民治新专多设置新闻类课程就显得尤为必要。合理实用的课程,不仅节约了社会资源,也更加有针对性。相对于大学本科新闻教育,民治新专的学制也比较短,从一开始的3年制到后来又变为2年制,同时授课时间也更加灵活,为了配合一些已经工作了的人,民治新专的授课时间是从下午5点半开始到晚上9点半结束。从课程设置上看,民治新专开设的课程更加符合社会的实际需要,更加注重实践能力的培养和强化。不得不说顾执中的这种从实际出发的教学理念,从民治新专校址的选择,到学员的招收和课程的设置,顾执中都将这种从实际出发的教学理念贯穿落实到了实处。

2. 符合时代要求的课程设置

民国时期,大多数新闻教育家认为,新闻教育最主要的是学生的基本知识,如语、文、史、经等学科的训练,以培养学生的通识,这在当时的新闻教育里面占据着重要的比例。而顾执中的民治新专从1928年创办开始到1953年停止招生总共存在了25年。他的教育理念在当时却似乎有点显得太"功利",他的所有课程,主要分为三大类,即必修、选修和实习工作,如下表:

民治新闻专科学校1948年课程设置

必修科	报业管理	广告学	报业会计	摄影	讽刺画与速写
	电码检查	报纸推销	报业印刷	编辑学	采访学
	国际新闻事业	本国报史（或报业史）	世界报人组织	社评写作	国文
	历史	地理	政治学	经济学	哲学
	外交学	国际政治	出版法	社会学	
选修科	科学概论	英文	日文	闽粤方言	蒙藏语
实习工作	采访实习	编辑实习	摄影实习	调查及统计	剪报
	照片收藏	速记	文学史		

注:(资料来源于施志刚《论中国新闻教育》,载《读书通讯》第152期,1948年)

民治新专的必修课一共有24门。其中新闻学相关的课程有14门,占课程总数的58%,是为当时新闻类教育开设最多的新闻教育机构;其他基础类课程有10门,占总数的42%。在以燕京大学为代表的大学新闻教育中基本上所有大学的基础课程都比新闻类课程多,如1947年前后,施志刚对比了民国政治大学、复旦大学、民国大学、暨南大学、中国新闻专科和民治新闻专科六所新闻教育机关开设的新闻课程,"发现'专业'课程只占到极小的比例,专业课程开设最多的民治新闻专科学校也只占58.3%,而专业课程开设最少的政治大学仅占27.7%,所有的学校都强调文法课程,此类课程大多超过所有课程的50%,其中语文类(包括文法、修辞、外国语等)大体均在30%左右,史地类课程约占10%"[6]。

根据施志刚的调查,我们不难发现,民治新专主要是培养技能型新闻人才,更或者说是使已经从事新闻事业的工作者获得更好的职业技能提升。在14门新闻类的课程中,其中技术类课程共有11门,而理论性的课程却只有3门,大量开设技术性新闻课程是民治新专的又一大特色,这些课程也是为实现"合乎实用"的人才培养目标而开设的。这对无论是来继续深造的新闻工作人员还是没有步入工作的学生来说,对于将来要步入的新闻工作岗位都是一个比较明显的优势。最后,在实习上民治新专也和其他院校不一样,它把实习专门分为一类,足以证明对实际操作能力培养的重视。"往往在一学期后,即有采访与编辑的实习。"[7]重庆时期的民治新专还曾规定:"第二学年的学生全部参加民治通讯社工作,进行采访、编辑实习。"[8]而且在抗战胜利后,为了学生能够尽可能地学以致用,顾执中鼓励学生积极参加民治通讯社的采编工作。顾执中自己在多年后也曾这样说过,"为新闻事业服务的新闻教育,必须争取新闻事业单位或新闻工作者的支援和合作,以求实际上使新闻教育所结出的成果能适合于新闻工作"[9]。

从当时民国新闻教育的总体上来看,无论是大学本科教育还是专科新闻教育,它们在新闻专业类课程上都明显地侧重于新闻技术类课程的教授,而忽略了对新闻学理论性课程的教授。对于专科教育的人才培养目标来说,这无疑是正确的,但是对于大学本科教育来说,全部一边倒的偏重技术类课程难免有失偏颇。如果我们培养出来的人才全部是技术类的人才,全部奋斗在新闻的第一线,去采访、去写稿、去编辑、去印刷、去发行,那么中国新闻事业就不能够持续发展。

3. 因时制宜、因地制宜的新闻教育

顾执中曾在《当前中国新闻教育的战略》一文中指出,现在全国各大学的新闻系,应根据具体的条件,实施内容不同的教学。如广州的暨南大学和福建的厦门大学由于和侨胞关系密切,他们的新闻教育应面向侨胞,招收他们的子弟就学,其课程可针对海外侨报的需要,以支援在海外各地无数的华侨报纸。又如重庆等西部各地的大学新闻系应培养出支援祖国西部等地的报纸、广播电台和电视台的人才;北京的人民大学新闻系,可重点培养为党工作的新闻人才,培养一些能走向国际的新闻人才,同时在有的地方的新闻系或者新闻学校培养一些为农村刊物工作的编写人员。总之,新闻教育也不能千篇一律,不能用统一的公式来培养新闻人才。

民治新专从1928年12月在上海成立,到抗战时迁往重庆,再到1945年秋,日敌投降后又迁回上海。1946年国民党反动派发动全国性内战时,以避免受迫害,设香港分校,最后在1951年又在上海成立以工农队伍为对象的民治新闻学校。民治新专在动荡中始终坚持自己从实际出发的新闻教育之路,并且在不同时期不同地点也都始终坚持着从实际需求出发的教育理念。在民治新专刚成立时期,尽管当时是在蒋介石的高压政策下,"民治新专却坚持'以民主自治的原则管理学校',不设育训主任,'管理全体学生者是学生自己的事',学校对学生的思想信仰、政治活动不加干涉,充分尊重学生的自由人格"[10]。他们把正义的、爱国主义的情感融汇在每节课中,体现在授课老师的一言一行中。随着抗日运动的高涨,民治新专还支持和保护了很多学生的爱国正义活动。在重庆时期,由于国内战争形势的变化,民治新专又根据时局的变化,将上课时间进行了大规模的调整。如原来是白天上课,由于很多学生白天要工作,就调整为晚上五点半到9点半,由原来一年两个学期调整为一年三个学期;又如由于重庆夏天高温,又将暑假延长为两个月。在印度时期的民治新专短期班,主要是为了给《印度日报》和当时在海外的侨报培养人才,"学生文化基础差,但对学习都非常认真。顾执中因材施教,悉心指导"[11]。而且,当时"华侨最关心的,是祖国国共两党的团结合作……报上绝对不发表任何有损于两党团结的消息和文章"[12]。最后,上海解放后,1951年在华东新闻出版局的带领下,民治新专又进行了一系列新的调整,最为突出的就是改名为民治新闻学校,"并主要以'为工农服务的新闻教育'为新的工作方向"[13],培养工农出身的新闻工作人员。这些因时制宜、因地制宜的教育理念,直到1953年民治新闻学校休眠才停止。

二、合乎实际的教育理念动因探析

顾执中的这种一切从实际出发、合乎实用以及因时制宜、因地制宜的教育理念是有主客观原因的。从客观因素来说,年少时家境贫困,顾执中的父亲以教师职业为谋生手段的经历,使得顾执中在启蒙时就对教育有了一定的认识。加之当时国内掀起的办新闻教育的高潮和学生对新闻专业的热忱,也为顾执中开办民治新闻专科学校营造了一定的社会氛围。

从主观上来说,顾执中的新闻记者实践经验是激发其开办民治新闻学校的直接原因。"在亘长的随军时期,我深深地感觉到中国新闻人才的不够"[14],同时"旧的只擅长于饮酒赋诗的新闻记者已处处证明不能适应时代的需要,而新的新闻人才又极少"[15]。在这样一种强烈的使命感下,还在上海昆山路景林中学当校长的顾执中毅然辞去了该校教务和管理职务,同时也拒绝了复旦大学邀请他去任新闻系主任一职。而是开始"以实际行动来提倡新闻教育,创办专培植新的新闻人才的新闻专业学校"[16],因有感于当时民主政治前途暗淡,便给学校取名"民治新闻学院"[17]。

1928年12月,民治新闻学院在上海爱多亚路成立了上海民治新闻学校,但由于国民党当局的种种为难,不得不在1932年改名为"民治新闻专科学校",以期获得国民党当局的立案。由于民治新专始终坚持进步,和国民党反动派划清界限,所以在国民党时期,民治新闻专科学校始终都没有得到立案,直到1951年,新中国成立后在华东新闻出版局得到认可,并更名为"民治新闻学校"。至此,民治新闻学校才正式得到官方认可。

三、结　语

有学者认为:"现代专业的新闻教育源于西方,而中国近代的新闻教育所具有的移植性是自模仿西方开始。"[18]的确,在民国时期,密苏里大学新闻系的教育理念占据着主要的地位,对"美国模式"的模仿不是一两家高校的个别行为,而是当时社会的主流。有的是美国直接来投资办学,如燕京大学新闻系、圣约翰大学新闻系;也有的是由美国学成归来者创办新闻教育,如北京平民大学报学系创始人徐宝璜就是毕业于美国密歇根大学,上海南方大学报系创始人汪英宾也是美国密苏里新闻学院毕业,他们身上都打下了深深的美国烙印。中国的具体国情、社会环境、教育制度与美国是完全不同的,我们不能完全照搬美国的新闻学教育制度,而且从长远角度考虑,这样做不利于中国新闻事业的可持续发展。对于本科教育来说,过于美式的新闻教育理念过多强调技术、技能的学习,培养的只能是"老式"记者。对于培养做一个实务新闻记者来说周期显得略长,但是对于新闻学术理论研究的人才来说,又太过技术、技能化。对于顾执中的民治新闻专科学校来说,尤其是在当时国难当头,民族危亡的关键时期,无疑是最符合时代需求的新闻院校之一。

顾执中创办民治新专的出发点很简单,都是从当时、当地的具体需求出发的。他没有出国接受系统的新闻教育经历,民治新专也没有得到美国的投资。其自创办到后期不断发展,都是根生土长的新闻工作者顾执中在自己的新闻工作实践中不断摸索出的,走的是具有中国特色的、适应当时中国国情的新闻教育之路。这样一种教育模式在当时是比较少见的,对于顾执中来说也是很具有挑战性的。由于前面没有任何经验可以借鉴,加之国民党政府的百般刁难,所以民治新专在发展过程中也存在着许多不足的地方。如经济上的拮据使得他们的教育硬件设施完全无法满足需求,也使得很多教育活动无法开展;政治上的打压使得民治新专曾一度被认为是"野鸡大学";过于强调对新闻技能的培养,不利于学生的长远发展,对今后的新闻教育也不利;少量的理论课程设置忽视了学生理论素质的培养和对学生新闻职业道德缺少足够的重视等。

最后,从今天的新闻教育角度来说,专业化的教育是一种趋势,尤其是在当前技术占据核心的时代,对于技术技能化的专业培训显得尤为重要。同时中美两国的国情差异之大,也告诉我们不能完全照抄照搬他国的教育经验,必须根据本国的实际情况开展新闻教育事业。不论是对技术技能培训的重视,还是根据本国国情开展新闻教育,这都和顾执中的新闻教育理念有着不谋而合的相通之处。所以,深入研究剖析顾执中和民治新闻专科学校的教育模式与教育理念,可供我们学习反思今天的新闻教育,以促进我们的新闻教育向着更好的方向发展。

注释:

[1] 顾执中. 当前中国新闻教育的战略. 新闻记者,1984(6):1.

[2] 顾执中. 当前中国新闻教育的战略. 新闻记者,1984(6):1.

[3] 顾执中. 当前中国新闻教育的战略. 新闻记者,1984(6):1.

[4] 顾执中. 当前中国新闻教育的战略. 新闻记者,1984(6):2.

[5] 顾执中. 上海民治新闻专科学校的诞生与成长. 新闻研究资料,1981(5):7.

[6] 王媛.民国时期新闻学课程设置的研究(1912—1949).陕西师范大学硕士论文,2013:35.

[7] 顾执中.上海民治新闻专科学校的诞生与成长.新闻研究资料,1981(5):7.

[8] 顾执中.上海民治新闻专科学校的诞生与成长.新闻研究资料,1981(5):8.

[9] 顾执中.当前中国新闻教育的战略.新闻记者,1984(6):2.

[10] 立言.不需扬鞭自奋蹄——记顾执中的新闻道路.新闻研究资料,1988(8):24.

[11] 立言.不需扬鞭自奋蹄——记顾执中的新闻道路.新闻研究资料,1988(8):26.

[12] 顾执中.上海民治新闻专科学校的诞生与成长.新闻研究资料,1981(5):12.

[13] 顾执中.战斗的新闻记者.新华出版社,1985:547.

[14] 顾执中.报人生涯——一个新闻工作者的自述.江苏古籍出版社,1991:336.

[15] 顾执中.报人生涯——一个新闻工作者的自述.江苏古籍出版社,1991:336.

[16] 顾执中.报人生涯——一个新闻工作者的自述.江苏古籍出版社,1991:336.

[17] 顾执中.报人生涯——一个新闻工作者的自述.江苏古籍出版社,1991:338.

[18] 王继先.论马星野专业主义新闻教育的初试及其意义——以1934—1937年中央政校新闻系早期新闻教育为例//倪延年.民国新闻史研究(2014).南京师范大学出版社,2014:115.

【作者简介】 吴加峰,南京师范大学新闻与传播学院硕士研究生。研究方向为:新闻史。

1927—1937年民营报纸的广告经营及其传播特色——以《申报》《新闻报》为例[*]

张立勤

(华南师范大学新闻传播系,广州 510000)

摘 要:1927—1937年随着报业竞争的渐趋激烈,广告经营越来越被各家报纸所重视。这段时期民营报业在广告经营上取得了骄人的成绩,尤其是上海的《申报》《新闻报》,在广告收入上遥遥领先于其他报纸,且在广告策略运用、版面管理和传播特色等方面均能代表当时报纸广告经营的最高水平。

关键词:民营报纸 广告经营策略 传播特色

民国初年1912年,我国工商业尚未发达,报业竞争亦不够充分,报界对于广告经营策略、设计理念大都缺乏足够的认识。至1927年,时局的急剧变化催生了新闻业的剧烈竞争,尤其是"上海各报馆,自从革命军北伐完成以后言论政见差不多已成为清一色的了,各报馆为增高他的地位,增加他的收入,现在可以看得出的,就是'新闻的竞争'和'广告的竞争'"[1]。1927年至1937年是中国民族资本主义取得快速发展的时期。上海、汉口、天津等埠商业发达,广告收入颇丰,报纸经济逐渐独立。尤其是《申报》《新闻报》在广告收入上遥遥领先于其他报纸,且在广告策略运用、版面管理和传播特色等方面均能代表当时报纸广告经营的最高水平。

一、广告策略运用

《申报》在广告经营上率先引入西方先进理念,且在广告经营方式上屡屡

---

[*] 本文系国家社科基金重大项目"中华民国新闻史"(编号:13ZD154)的研究成果之一。

领先于民国报界其他报纸。1913年担任《申报》营业部主任的张竹平上任不久,遂设广告推广科,并将该科分内外勤。内勤为客户撰写广告文字说明、设计图案,外勤则走出报馆,主动上门,到一家家商店、工厂、公司服务,登记、拉广告。这种主动积极招揽广告的做法,可谓开风气之先,因而深受客户欢迎,并为沪上各报所仿效。除此之外,《申报》和《新闻报》还通过努力经营内容产品、提升发行量等策略来促进广告经营。

(一)内容经营与广告经营相结合

在现代传媒市场上,媒体为市场提供两种最基本的传媒产品——内容产品和广告产品。"对于依靠销售广告产品获取收益的媒体来说,从广告商的需求来定位读者,再根据读者的需求来定位自己的内容已经成为媒体市场操作的一个基本思路。"[2]当然,民国报业发展尚未十分发达,还不具备清晰的现代传媒市场营销思想。但民国报界已认识到,以广告为本位虽为报业经营的唯一手段,但其根本基础则仍在报纸内容之充实。

1. 以内容产品带动广告经营,两者相辅相成,相互促进

《申报》素以官绅和知识阶层作为主要传播对象,内容偏重时政、教育、科学等方面,尤其以时政性新闻报道见长,同时又陆续创办了教育、艺术、妇女、汽车等专刊和副刊,以适应不同类型读者的多样化阅读需求。作为一份以营利为目的的民营报纸,《申报》创办伊始就非常注重吸引客户刊登广告,且广告收入成为其收入的重要来源之一。从《申报》广告的种类看,大致分为商务广告、社会广告、文化广告、交通广告、杂项。[3]有学者对1902年至1936年期间《申报》的广告种类及其所占广告总数比例进行了详细的抽样统计,发现从广告类别上看,《申报》中的商务类广告一直占有绝对的优势。[4]其实从20世纪初《申报》的商务广告就已经达到甚至超过50%,后来一直保持了这个比例。另外,从具体的分类广告数据中看,《申报》的娱乐类广告、教育类广告都表现出不断增长的趋势。[5]这与《申报》顺应社会需求、不断调整自身的内容定位有着直接关系。

而《新闻报》创办后不久就定位于工商界人士和普通市民,以经济新闻最有特色,同时兼及社会、文化等新闻,很快就吸引了不少商界人士和市民百姓。上海作为当时全国的金融中心,工商业发达,做广告最多的客户是经商者。《新闻报》的经济新闻逐日介绍商场动态,发布商业行情,由此《新闻报》逐渐发展成为上海的"广告报"。"不仅上海的工商界,大至工厂、公司、洋行,小至澡堂、理发店,都会订阅一份《新闻报》。即使江南各县镇较大的商号,凡需向沪

批发商品,要随时了解上海行情的,也要订阅《新闻报》。"[6]民国学者赵君豪曾对1938年《新闻报》某日的广告数量和种类进行归纳分析,总计版面为5张半,广告总数为735起,广告种类约可分为15类。[7]另外,"《新闻报》的广告总算发达的了,但是有一样是我们看得出的,就是新文化书籍的广告,该报特别缺少,甚至于没有"[8]。可见,商务广告成为《申》、《新》二报的主要广告种类,这与上海作为全国商业最发达的城市有关;《申报》以教育广告较为突出,而《新闻报》以社会广告见长,这与两报的内容定位有直接关系。

在版面编排上,申、新二报也有意识地将同类别的新闻内容和广告内容编排在同版,以增强广告的传播效果。1936年3月4日《申报·本埠增刊》所刊《汽车专刊》,几乎以一半的版面刊登国外汽车业的发展动态、汽车使用管理等实用信息,另一半版面则刊登各类汽车及其用品广告。又如1936年3月3日《申报医药专刊》,版面内容聚焦于医药业发展动态、医疗健康方面知识等相关信息,在广告刊例中特加声明:"本刊只登全国新医新药(其他广告概不接受)"。由此使版面内容经营与广告经营形成相辅相成、相互促进之势。

2. 增设本埠增刊和附刊,拓展内容版面和广告版面

1924年汪英宾从美国回来担任《申报》广告部主任以后,特增设了《本埠增刊》专登广告。每逢阳历年底前,还分类出版各种冬至特刊和装饰、饮食、国货等特刊,向市民提供各种消费信息的同时借以吸引商店的广告。《本埠增刊》除登载上海各种社会事业活动的预报和纪录、剧院商店的广告外,自1925年9月起每天特辟《艺术界》一栏。为了吸引更多的读者,《本埠增刊》的新闻内容十分强调新闻性、知识性和信息量。《申报》经理张竹平曾述创办《本埠增刊》的理由:"本报首创发行本埠增刊,其目的为便利本埠商业各界之委登广告。所以仅限本埠原因,一因内容限于本埠,外埠纵有所取,无如鞭长莫及,一因本埠广告价值较轻,外埠销数且两倍于本埠,我即利用少纳邮税与少耗纸张之两点,直接给予本埠广告登户以实质之利益。事实昭然,今同业且步武其后矣。"[9]与外埠相比,本埠广告刊费、发行成本更为低廉,因此通过扩大《本埠增刊》的发行以提高广告量,这是设立《本埠增刊》的目的所在。

《本埠增刊》是《申报》的创举,后来各大报纸均纷纷效行。受此启发,1926年4月1日《新闻报》也增设了《本埠附刊》,其中辟有《茶话》栏,所登图画、文字多为本埠订户所喜闻乐见,如戏院有何名角来沪表演,酒楼饭店新开张,百货公司货物大减价等。每月另印各业专号像烟草专号、书籍专号等。《本埠增刊》和《本埠附刊》因为所刊登的都是上海饮食起居衣装娱乐的事,很为上海人所欢迎,不过仅限于上海本埠发行。《本埠附刊》的广告刊例较廉,广告主花同样的费用可以在《本埠附刊》上刊登面积较大且位置较显著的广告,每逢节日《本埠附刊》张数增加到每份8张或10张不等,广告量大大增加了,报馆也多了一笔额外的财源。"当时《申报》和它竞争,广告折扣打七折,且发行'星期增刊',给广告户在增刊上作义务宣传,但还是敌不过《新闻报》,因为《新闻报》的销数,《申报》是望尘莫及的。"[10]看来,尽管《申报》领先《新闻报》一步创办了《本埠增刊》,但《新闻报》却最终以其更多的本埠销数在广告市场上取胜于《申报》。

从目标市场营销的角度看,发行本埠增刊和附刊的做法其实实施的是本地市场营销战略。从广告经营策略来看,此举实际上是对内容版面和广告版面的双重拓展,且最大限度地挖掘了广告产品的信息价值和内容产品的商业价值,报馆以较少的成本投入博取较丰厚的广告收入,可谓成功的广告经营之道。

(二)以发行促广告经营

徐宝璜在《新闻学纲要》中曾概述道:"发达广告之法,最要者有二,即推广销路,与用有广告智识之广告员及广告经理是也。"[11]其中以推广报纸销路带动广告量的提高,被民国报业经营者普遍认为是行之有效的方法。因商业性报纸的利润来源主要有两个,一是发行量,二是广告量。发行量是基础,广告量是经营目的,只有发行达到相当份额,才有可能获得广告利润。因此以发行促广告的经营理念和策略成为《申报》广告经营的重要选择。

曾担任《申报》经理的张竹平对于发行与广告的关系有着较成熟的思考,[12]因此一手抓广告推广,另一手抓报纸发行。他见《新闻报》出报快,送报及时,就请好友王梓康出面成立报纸递送公司,培训一些报贩学骑脚踏车送报,使订户一清早上班前就能看到报纸最新消息。同时以此借机向其他报纸的订户兜售《申报》。[13]虽然在本埠发行上未能超过《新闻报》,但《申报》的外埠发行却获得了成功。史量才接办《申报》后,就在湖州、杭州等临近上海的地区设立分馆,以后张竹平则继续在"内地广设分馆",分馆的每日销数须在指定区内达到500份以上,"只许有增无减"。[14]同时规定凡汽车、火车、轮船当天到达的地区,争取当天通过邮局就将《申报》送到读者手中。《申报》认识到吸引广告客户要有发行量的支持,遂设报纸推广科。当时《申报》的广告和发行部门分工亦趋于细致,人员配备基本完善、合理,责、权、利明确,足见报馆对业务经营之重视。[15]其实,当时《新闻报》总理汪汉溪也有如此共识。汪汉溪就曾告诫儿子:"销量好比是牛鼻子,广告是牛身,只要牢牢牵住牛鼻,整个牛身自会乖乖跟着走,不必费多大力气。"并采用了三大法宝来拉动销量:一是增设考核科,奖励优等稿;二是添设推广科,打开外地销路;三是更新设备,抢出报时间、速度。

发行量的增长使《申报》的广告总量也得以迅速增长。因此,1914年《申报》发行量即比1912年增加一倍,1916年达到2万多份,该报自此步入营利阶段。[16]相应的,1914、1916年各自的广告总量以及外埠广告量均上升不少,尤其是广告总量增长的势头十分明显。1916和1914年分别比1912年增长了3.71%和2.87%;外埠广告量1916年比1912年的增幅达137.5%,远远超出当年广告总量的增幅,这正是外埠发行的收效。[17]可见,如果不重视发行量的提升,《申报》的广告量自然不会增长如此迅速。《申报》发行量与广告量之间的这种正向关系以及增长趋势一直延续了整个三十年代。

二、广告版面管理

这时期《申报》的广告等级,无形之中形成五等:特等(特别广告)、头等(封面长行)、二等(中缝长行)、三等(普通长行)、四等(短行)。报馆对广告业务的重视达到了顶点,其中十分注意加强广告版面管理。1932年11月30日,《申报》发表了《今后本报努力的工作》一文,阐述创刊60周年纪念后的编辑工作方针,其中第一条就是"编排方面,务使新闻与广告相配合,力争其明显醒目"。由于不断改进广告经营策略和重视广告版面管理,《申报》发行量直线上升。1935年《申报》日出6大张,每月的广告收入在15万元以上。[18]《新闻报》在广告版面管理上更是严格、仔细。比如,为了严格广告文字的编校,特设广告编校部,仔细校对以免错误。广告刊出后如发现有错字,由馆方负责更正后再登一天,不取刊费。[19]

(一) 增设广告准备科(或整理科),及时调整新闻与广告的比重

《新闻报》定位商人和小市民阶层,注重通过商业新闻和趣味性副刊来吸引读者,很快销数激增。当时的商家已认识到广告宣传的效力,且往往花费营业收入的十分之六七用于广告宣传费。作为沪上销量最广的报纸,《新闻报》自然成为商家刊登广告的首选。"所以《新闻报》的广告,在报界中推为独步了。"[20]《新闻报》自创刊以来便不断扩版,但增加的都是广告,新闻与副刊的版面几乎没有扩大。自20世纪30年代以来,《新闻报》的广告不但绝对数量在各报中最多,而且广告费也比《申报》高半成到一成左右。[21]"根据汪氏父子的经验,该报广告与新闻必须保持六与四的对比,即广告占六成,新闻占四

成。"[22]《新闻报》由于其广告版面的比例大,而新闻倒成了边角余料的点缀,因此被人讥为"广告报",这多少已失却了新闻纸的本质意义。这当然是商业报纸的寻利冲动所致,也是生存压力作用的结果。

为了更好地管理广告版面,协调报纸新闻与广告之间的关系,汪汉溪在广告科之外加设准备科,其任务为每日齐稿后计算新闻与广告的比率,以决定次日出报的张数。通常报馆的收入主要仰赖于广告和发行两部门,此二者有相互促进的关系,当然也有例外,当发行量达到一定程度时,广告收入亦无法弥补过度发行带来的亏损,此时报馆必须采取对策,或者限制销路,或者紧缩广告,二者必居其一,否则无利可图。1921年以后,《新闻报》的销量上升很快,有时要用广告收入来弥补发行上的亏损,这就必须对发行量进行限制;有时广告过多则必增加张数,这样一来必定增加白报纸的消耗量,因此必要时须紧缩广告。如此,准备科的作用就凸显出来了。比如广告多了,就要商请广告登户压缩广告篇幅(不登巨幅广告),或者延期刊登,甚至不予收登;新闻多了,又要商请编辑部抽去某些可登可不登的新闻,腾出版面来多登广告。[23]当然,当新闻和广告同时过多时必须增加张数才有利于营业收入,此时又必须用凑版新闻或凑版广告来补白。该报每日所出张数的多少,不取决于新闻,而取决于广告。准备科事实上就是"广告的编辑部",而其重要性则在新闻编辑部之上。汪汉溪设立准备科可算得上当时广告业务管理上的独创之举,后纷纷为其他报纸所仿效,不久《申报》也成立了广告整理科,其职能相当于《新闻报》的准备科。该部门的增设不仅进一步完善了报纸营业部的组织结构,而且强化了广告经营在报馆发展中的重要地位。

(二)设立分类广告专栏,以切合社会大众的需求

分类广告起源于19世纪中期的美国报界。[24]分类广告的广告主通常是公民个人或小型的企业事业机构,通常就某些具体事项作一通告,出资有限,篇幅短小,多则上百字,少则几十字,因而广告编辑将之分类编排,归类刊出。对报馆来说,分类广告的经营较为复杂,收益较少,但最大优势在于能够向读者提供大量的与日常生活息息相关的各种实用信息,帮助读者解决许多实际的生活问题,因而很受读者欢迎,有利于提高读者对报纸的阅读"黏度"。若从版面编排的角度,可将民国报纸广告划分为五种,即寻常广告、特别广告、分类广告、附图广告与联合广告。[25]对于分类广告,徐宝璜曾在《新闻学纲要》中特别介绍道,"此种广告,实乃小型之新闻。每一种类,均有一部分人,急欲取而读之。故如取价甚廉,使其发达,则足以推广一报之销路,毫无疑义"[26]。可见,

分类广告的特点和优胜之处已为当时报界所认识。

1924年,张竹平便在《申报》上首创分类广告专栏。《申报》有许多长期的广告大客户,如英美烟草公司和中法大药房等。张竹平对这些大财神,广告打八折,甚至奉送宣传性新闻。[27] 同时对于小客户他也并不放过。当时最小的广告多是游艺广告,在《新闻报》上这些广告总被压在最底层。广告主不满,但《新闻报》广告科不予理睬。张竹平闻讯后即表示愿意每天将他们的广告拼在一处,条件是只登《申报》一家。于是这批数目不小的小客户就成了《申报》的固定客户。[28]

据陶菊隐回忆,到20世纪20年代时,《新闻报》的封面巨幅广告和报尾分类栏小广告,更加受人欢迎。"小型分类广告登在次要版面,品类繁多,每条仅短短数行,故取费甚廉。内容有房屋出售或出租、名画、古磁出售,招雇工人、教师或店员、护士,小而至于教授钢琴、包办伙食、修理什物等等。看了这类广告,可以按图索骥,各取所需。"[29] 至30年代,《新闻报》在分类广告的经营上已具相当规模。赵君豪曾统计1938年某日《新闻报》的广告种数和版面,发现分类广告的数量占总广告量的48.43%。[30] 总之,分类广告富有生活意味,包罗万象,无不囊括其中,其所含有的新闻价值几乎等同于消息。与营业广告相比,分类广告更切合大众需要,营业成分较少,且不用招揽,因而虽刊费低廉,但其商业价值反在其他广告之上。当时报界十分重视分类广告的经营,除了认识到以上诸多优势外,还认为"营业广告系希望于登出后发生若干作用,而分类广告则先有作用而后始行登载,故论报纸之价值者,恒以分类广告之多寡为断"[31]。

民国时期的上海滩,五方共处,华洋杂居,大量游资集中于这一方热土,种种社会需要亦从中取得,"遂形成局部暂时繁荣之现象"。有识之士曾不无忧虑:"其实此种情状一俟时局底定,人口疏散,即随之崩溃,绝无持久之可能也。"[32] 因此从这个意义上看,分类广告的所谓繁荣现象未尝不是社会畸形发展之明证。

三、广告传播特色

20世纪二三十年代是上海工商业发展最繁荣的年代。作为中国近代史上历史悠久,且影响力最大的民营报纸,"申、新"二报的广告不仅数量繁多、覆盖面广,而且在传播形式和创意上也渐趋成熟,达到了一定高度。

（一）广告传播的形式特色

广告传播形式是指文字、插图等元素在广告中的表现形式。这时期《申报》《新闻报》的广告设计在文字与插图的使用上表现形式更加多样化，且两者之间的结合更贴切、娴熟，摆脱了之前单一、模式化的初级状态。

1. 广告文字的使用上，大标题明显增多，标题式和提示性广告普遍增加

这一时期《申报》和《新闻报》改变了之前单纯以文字介绍商品的传统宣传方法，而是选择商品中最能吸引读者的内容并提炼出最简略、精彩的几个字作为广告标题，用特大字形或独特的字体刊登在报纸上，同时加以一定的修饰。通常标题式广告选择的多是商品名称、老字号店名或商品的某一特征、亮点，总之能使读者在极短的浏览时间内留下较深刻的印象。当时影剧广告和戏曲广告占用版面较多，采用这种方式也很普遍。比如，《申报》的影剧广告常连占三个整版，争相以大字号大版面刊登广告。1928年11月，戏剧广告"封神榜"三字占用了《申报》的整个版面，并且连续刊登了半个月之久，这种典型的"浓眉大眼"风格产生的视觉效果相当强烈、醒目。

另外，提示性广告成为这时期报纸广告的一个特色。一般采用提示性广告的多是各类学校的招生广告、银行的储蓄广告以及种种政府公告、团体活动等，均以一行竖排大字黑体标题作为提示。一是因为这些广告客户多为读者所熟悉，刊登周期相对较长，因此没必要多花费用做详细的诉求。二是不论从广告客户还是从报馆角度言之，提示性广告占用版面较少，可以节省一定的版面来刊登更多的广告，尤其适合报业竞争激烈的上海报纸。

2. 插图广告大大增加，且插图和创意的结合更为流畅、娴熟

（1）实物和实景照片开始被广为采用，插图更加注重动态效果

插图广告最早出现在近代报纸版面上当追溯到19世纪70年代，当时《申报》广告的插图以西洋机器和大赛奖牌为主。之后很长一段时期，广告插图以人工素描、速写和漫画为主，笔触、线条均较粗糙、简单。到1927年以后，由于照相术的成熟和普及，实物、实景照片越来越频繁地出现在报纸广告中。尤其是影视广告和戏曲广告，明星照和实景剧照增加，图片更清晰，形式更为多样。1929年3月5日《申报》刊登的戏曲广告"在天蟾舞台上演三本《封神榜》"，就采用了京剧名角麒麟童、小杨月楼的实景剧照。这些实景照片的采用使广告画面更为逼真、形象，在很大程度上提高了广告的真实性和可信度。

这时期的广告插图不仅在逼真性上有了很大改观，而且还在画面设计上

追求动态效果,以吸引读者"第一视觉"的注意力。比如,《申报》1929年3月5日刊登的通栏广告是为时髦牌香烟作宣传。其中插图不论是女郎姿态还是香烟,都充满了动感,且时髦女郎与时髦牌香烟的内涵均在此得到统一。到1930年代,报纸上还出现了连环漫画式广告,除了以生动的漫画和故事取胜外,还具有突出的动态效果,因而为广告商和读者所欢迎。

(2)插图和创意的结合更加自然、巧妙,大大增强了表现力

在相当一段时期内,报纸广告的插图和文字处于相对疏离的状态或停留在简单的图解阶段。综观这一时期《申报》《新闻报》的插图广告,就会发现插图和创意的结合更加紧密、贴切,配图一改以前的从属地位,以生动的画面进行着"无声的表达",可以说两者在广告版面中互为主体,相辅相成。

1929年3月1日《申报》刊登的第威德痔疮膏广告,开篇便谈时间之宝贵:

西方之名言曰,时者金也。东方之名言曰,一寸光阴一寸金。无中无外,时间之宝贵一也。使君而患痔疮,平日既历尽痛痒之苦,而每次大便至少非数十分钟不可,是直将宝贵之光阴虚耗如粪土矣。

画面中一中年男人正坐厕上,手拿秒表,汗如雨下,痛苦不堪。此处广告文字和插图均突出"时间"这一核心概念,而画面语言诉求的"慢"与"痛苦"恰与药品功效所突出的"快"与"无形"形成鲜明对比,令人感同身受。插图和广告自然贴切的结合,深入体现了广告的创意理念。

3. 广告传播的表现形式更趋多样化

与电视广告、广播广告相比,平面广告欲对受众产生强烈的吸引力,必须在"戏剧性效果"上多下功夫。这就决定了平面广告必须重视表现形式的多样化。1927—1937年间,《申报》《新闻报》在广告的表现形式上不断推陈出新,呈现出灵活多变的设计风格。

(1)修辞类广告

20世纪二三十年代,广告文案写作越来越多地改变传统的产品说明书式写法,取而代之以讲究文字技巧,运用汉语修辞手法制作广告标题和正文,使之富有浓厚的文学气息。比如,采用反问和设问的手法,使广告内容更加生动有趣,因而被诸多报纸广告屡试不爽。1929年3月1日《新闻报》刊登的第威德补肾丸广告词是"百年康乐之生活乎?""抑四十五年患病乎",用两个设问句激发起读者的阅读悬念,达到了应有的效果。此外,采用反复、对偶、韵文、排

比等手法写作的广告,具有文字简练、朗朗上口、容易记忆等优点。又如惠民奶粉广告:春风骀荡春光好,君家儿女乐陶陶。[33]类似这种歌咏式广告因文字明快、节奏感强可令人过目不忘,因此广为报纸所用。

（2）短剧式广告

广告中采用剧本形式,以场景设置、人物对话等要素再现某一情景,其重点是采用几人对话的形式表现广告内容。1929年3月5日《申报》刊出的虎标永安堂药品广告,文案以"新婚之夜"为题,叙写了一则小故事:

超凡和蕙兰的新婚之夜,他许多亲友意料他二人的甜蜜生活。虽南面王不易了,讵料事有不然者,超凡家是个大族,一一见礼,须历数小时之久,蕙兰又是个娇躯,直累得她头脑涨痛了,起初羞于开口,后来到了房里,始和超凡说知,超凡道,呆哉吾爱,我这里备有灵如仙丹的虎标头痛粉,早和我说知,不是早给你治好了吗。

故事生动形象,亲切温情,配图中一对新婚夫妇作柔情缱绻状。插图与文字结合相得益彰,十分晓畅明白。邵飘萍曾将这种广告形式概括为"纪事广告":"此法近颇盛行,如以广告制成新闻之体裁或小说之形式,将其效能作纪事题,说得活泼泼地诱致阅新闻者,与新闻同时继续读之,然易流于浮夸欺诈之弊。"[34]可见这种广告形式在实际运用中须掌握分寸,否则会适得其反。

（3）谢函式广告

这种以刊登消费者谢函的方式进行广告宣传,在1920年风行一时。比如,1929年3月1日《申报》关于百龄机的广告,通过4个不同年龄、身份的人士发表的谢函,分别从4个不同方面现身说法,说明使用该产品的种种功效。谢函式广告多以书信形式出现,常附有谢函作者的照片以证其真实性,因言辞恳切、入情入理得以被读者所接受。之后为了提高广告的权威性,不少报纸还竞相以所谓达官贵人或社会名流的谢函来做宣传,孰真孰假,难以分辨,易给人以一种附庸风雅、故弄玄虚之感。

（4）留白式广告

留白式广告针对传统的尽量多容纳文字的文案写法"反其道而行之",文字表述删繁就简,注重突出商品特征、商标图示等,画面中有意留出大块的空白,这在繁密的文字版面中显得格外醒目。这种构图的变化可收到意想不到的效果。

1929年3月3日《申报》刊登的三友产品广告,画面中间只有数行小字:

"小床被褥，温软枕头，大小浴衣，软白浴巾。此系三友实业社出品产品系列广告。"周围均大量空白，反而显得引人注目。留白式广告版面设计显得干净、清秀、平实却别有一番风致。缺点是字体太小，广告要素不够突出。

概言之，尽管广告设计有多样化的表现形式，但万变不离其宗，首先必须达到其基本要求，即以效益为本，以功能为体，以艺术和技术为用，在此基础上追求广告的个性化和艺术性。否则，便有舍本求末之害。

（二）广告传播的创意特色

1913年史量才聘请张竹平当经理，正式创立广告推销科，派遣外勤人员招揽广告，设计人员则开辟代客设计广告业务。当时国内还没有广告公司，无代客设计的专业人员，《申报》的服务大受欢迎。[35]史量才此举在中国广告史上的意义，被当今学者高度评价为："真正开辟了现代意义上的广告观念，那就是'创意'这一基本内涵的引进。"[36]至20世纪二三十年代，《申报》《新闻报》的广告创意理念更加明确，表现形式更加灵活多样，大大增强了广告的传播效果。

1. 国货广告不断增加，在创意上注重以情理动人

国货广告的创意诉求是将抽象的爱国主义情怀具象化为国货消费行为，由此在国人心中树立起"消费救国"的观念。这时期的国货广告渐渐摆脱了之前的简单、生硬的口号化模式，在创意上注重以情理动人，把握和迎合消费者的心理和情感需求。比如，中华纸烟宣传会的广告：[37]

> 先哭后笑，就是前苦后甜，也是先弱后强。中国要富强，脱离贫弱，只有大家放些良心，想个明白。要是埋没良心，糊里糊涂，那就不能得到一个快活的笑，终是有大哭的一天。亡国便是没良心的洋奴走狗恶化腐化，丧心病狂，和衣冠禽兽们造成的。……同志们，我们有章程、志愿书、宣传品、分会组织法，函索即寄。快来，快来，一同向着这边来笑，不再对那边去哭。

广告首先从人类的普遍情感——"哭"与"笑"出发，阐明个体命运与国家兴亡的内在联系，可谓"动之以情"。接着，将纸烟消费这一行为与人类的高级情感体验——爱国主义相联系，点明广告诉求点，可谓"晓之以理"。该广告"从消费者的自我体认入手，为消费者提供了自我塑造的想象空间和诸多情感体验的途径。"[38]这样的广告言说在国货运动逐渐深入的背景下，特别容易激发国民消费国货的爱国热情，由此增强国民的民族认同感。

2. 抓住受众的心理和情感诉求,使之与广告创意诉求点相契合

广告创意除了首先要全面了解商品的特征和优点外,还须掌握顾客的需要和利益。"编者心中,应常有货物与顾客二者,并存其间,对于货物之佳处与顾客之利益,先有明瞭之见解。……至求其令人不忘,则广告之刊登应继而不辍。"[39]其实,顾客的消费需求背后是心理需求在发生作用。因此抓住受众的心理诉求,是成功的广告创意必不可少的要素。

(1) 实用信息类广告

这时期实用信息类广告最为常见。有学者对1927—1937年《申报》商业广告抽样统计分析后发现,实用信息概念广告在《申报》创意核心概念广告中是数量最多的,占到了74.9%的份额。[40]这类广告内容通常展示商品性能、功效和特色等实体信息,并突出商品的打折、促销等优惠活动信息。这类广告之所以大量兴起,主要在于迎合了当时身处新旧转型中的上海市民阶层消费心理——精明、勤俭、谨慎,这种实用主义的消费心理与广告创意诉求点相契合,使得实用信息类广告一直大行其道,长盛不衰。

(2) 情感诉求类广告

1927—1937年民族工商业发展呈现出繁荣景象,但与国际社会平均水平相比,中国社会发展还停留在较低水平线上。动荡的时局和贫弱的生活使普通市民阶层对安全感的诉求格外强烈,表现在物质上则是追求小康的、舒适的甚至奢华的生活享受,表现在精神上则是对温暖的、亲善的乃至浪漫的情感生活的憧憬。情感诉求类广告正是以当时市民阶层的多种情感需求为切入点,利用大众熟悉的生活场景来获得潜在消费者的认同感,进而使其产生消费欲望。比如《申报》刊登的司康丹美发霜广告,以文字为辅、画面为主。所配的插图呈现的场景是:妻子晨起端坐镜前,身后丈夫正手执司康丹美发霜,温柔、细致地给妻子梳发。家庭的温馨、爱情的甜蜜溢于方寸之间。[41]广告创意着力营造的温情脉脉的家庭氛围,正迎合了生逢乱世的普通人对温暖安定的家庭生活的憧憬情怀。

(3) 名人效应广告

为了增强广告的权威性和影响力,广告设计者充分利用普通人对"名人"的崇拜和模仿心理,特意请来知名人士作为形象代言人。1929年3月1日《新闻报》刊出的必定灵牙痛药广告,分别冠以"戈公振先生周游世界之经验"和"必定灵牙痛药为旅行要品"的大小标题,就属于名人效应广告。时至今日,这类广告还屡用不爽,充分说明了这种广告形式的生命力。

（4）制造悬念广告

在广告设计中故意设置悬念，意在激发人们的好奇心和关注度，增加广告的趣味性。悬念式广告有多种表现形式，其中常见的一种是广告正文的前一部分设悬念，后一部分解开悬念道出本意。上海中国化学工业社广告策划了"千金游览赠奖征求答案"活动，采取出题征求答案赠送游览券的方式，使欲推销的商品品牌、公司形象等在游艺活动中更加深入人心。通常题目涉及品名、厂家，还有科学常识和小幻术，颇具知识性和趣味性。赠奖分为五等，分别赠送旅费300元、50元、25元不等，对普通百姓来说确有一些吸引力。[42]因这类广告出题在先，答案揭晓在后，文案设计故意设置悬念，极易激起读者的好奇心和关注度，由此增强读者对商品品牌的记忆效果。

3. 广告创意应时而变，季节更替、时局变化等皆成为切入点

广告创意并非一成不变，气候、季节、政局等因素应成为创意设计时必须考虑的要素。徐宝璜曾强调创意出新的关键："编撰广告，需要专门智识。……使经理得人，必知招揽之方法，冬日则招揽冬货之广告，夏日则招揽夏货之广告。随时留心，随事注意，常能出新意，见商人所未见到者，急走而告之。"[43]下面两则广告均是广告创意应时而变的典型之作。如，1929年3月3日《新闻报》刊出的虎标永安堂药品广告：

腊尽春回，草木萌动，病亦犹是耳。故有宿恙之人，宜预筹安全之策。虎标永安堂之四大名药，为治内外百病之灵剂，患者服之，药到病除。

广告配图春雨潇潇，草木复苏。这种创意既关照到季节变化带给人的心理和生理感受，令读者感觉亲切自然，又兼具了广告内容的时新性。

4. 广告创意注重品牌形象的宣传，手法较为巧妙

这时期的广告创意不仅仅观照产品本身，还尤其重视品牌形象。之前的形象广告多是推出一些维护企业商标权益的"打假广告"，形式单一、直接，此时在广告创意中更加注重品牌形象的宣传，而且手法巧妙多变。1929年3月6日《新闻报》刊出大标题《吴佩孚之结果》，初入眼帘以为是时评文章，细细展读方知是一则评论式广告，开篇先从吴佩孚之所作所为谈起，接着笔锋一转：

其所以如此无耻者，盖以永安堂虎标名药之灵验。与夫虎标主人之热心公益，均足以制彼称霸商界之死命。……而贪利杀人之罪，亦当为神人所不容，将来之结果，又安见其不与吴氏一样哉。

这则广告看似声讨假冒虎标永安堂者,言辞颇有打假之声威,实际上是为虎标永安堂药品的功效和品牌大做广告。文案亦庄亦谐,一扫那种直接告白式的传统写法,读来饶有趣味,又易产生情感共鸣。这种声东击西的手法自有其妙处,因而被当时的报纸广告屡用不爽。

现代广告学将广告创意基本划分为四种类型:映射型、视觉策略型、组合型和象征型。[44]这个阶段"申、新"二报的广告创意渐渐摆脱了映射型的初级创意形式,视觉策略型创意应用较广,次之则为组合型,而作为广告创意的最高级形式,象征型广告在同期报纸中则极为少见。这说明此阶段的广告创意已有较大进步,但在表现形式上依然有待改善,比如插图与文字之间结合虽较紧密,但一些广告依然还停留在简单的图解上。其次,创意一味追求生动、独特,但有时反而使核心的广告要素不够突出、鲜明,显得本末倒置;广告设计过于追求刺激性,不免有夸张、耸动之嫌。总之,这一时期《申报》《新闻报》的广告从传播形式到创意,都逐渐趋向成熟,并呈现出较鲜明的风格特色。但总体来看,受限于当时整体广告业的发展状态,民营报业的广告设计制作水平还有待提高。

综上所述,1927—1937年民营报业在广告经营及其传播特色方面均领先于同期其他报业。由于积极吸纳西方报业的广告经营理念,这时期以《申报》《新闻报》为代表的民营大报形成了内容经营与广告经营相结合、以发行促广告等经营策略,并通过增设广告推广科、分类广告专栏等手段加强广告版面管理。随着民营报业广告经营活动的规范化、专业化,报纸广告的表现形式和创意也逐渐形成鲜明的、多样化的传播特色。但总体来看,受制于当时整体经济发展水平和报业发达程度,民营报业的广告经营实力和水平尚有待进一步提升。

注释:

[1] 张静庐.中国的新闻纸.光华书局,1928:73.

[2] 罗霆.媒体管理:理论框架与案例分析.中国国际广播出版社,2008:139.

[3] 当时的商务广告指商事、商品、金融、物价、器械、医药、奢侈品等,社会广告包括集会申办、法律、招寻、慈善、游戏、赌博,文化广告指教育、书籍之类,交通广告指航期、车班、邮电等。

[4] 1927年7月《申报》的商务广告占74.3%,社会广告占15.3%,文教广告占9.7%,交通广告占0.1%。到1936年7月各类广告所占比具体为:商务72%,社会16.8%,文教1.1%,交通0.1%。参见孙会.《大公报》广告与近代社会(1902—1936).中国传媒大学出版社,2011:106-107.

[5] 孙会.《大公报》广告与近代社会(1902—1936).中国传媒大学出版社,2011:109.

[6] 吴廷俊.中国新闻传播史稿.华中科技大学出版社,2002:52-53.

[7]《新闻报》的15类广告分别为:(一)医药化妆品类,111起;(二)游艺类,90起;(三)人事类,42起;(四)船期类,40起;(五)食品类,30起;(六)出售物品类,27起;(七)银行类,10起;(八)学校类,8起;(九)百货公司类,7起;(十)星相类,6起;(十一)出版物类,3起;(十二)香烟类,2起;(十三)书画类,2起;(十四)奖券类,1起;(十五)分类广告类,356起.参见赵君豪.中国近代之报业.申报馆,1938:224-225.

[8] 郑逸梅.书报话旧.中华书局,2005:75-76.

[9] 胡道静.新闻史上的新时代.世界书局,1946:94.

[10] 胡道静.新闻史上的新时代.世界书局,1946:232.

[11] 徐宝璜.新闻学纲要.联合书店,1930:122.

[12] 1935年张竹平在《时事新报馆告读者同人书》中谈到广告与发行的关系:"夫报纸营养端赖广告,广告进步端赖推销,报纸广销以内容充实为前提,充实内容以营业发达为前提.此数者,循环因果不容偏枯.同人相与计议,以为振刷内容与力图推销,究为趋向光明之出发点.因一方注意编辑,一方巫事推销,行之年余,幸见曙光,则置备脚踏车与直接贩卖之力也".参见时事新报馆告读者同人书.时事新报增刊,1935(10):10.

[13] 汪仲韦.又竞争又联合的"新""申"两报.新闻研究资料,1982(15).

[14] 戈公振.中国报学史.中国新闻出版社,1985.

[15] 黄天鹏曾记录了1920年《申报》营业部的机构和人员设置:"营业部各科各设主任一人,广告科计八人,外又有外勤广告员六人,以辅广告之发展;并设广告整理股,专司整理次日见报之广告稿件,分日夜班任事,计日班六人,夜班二人;又广告校对员六人,广告审查一人,广告收账员三人,文书兼翻译二人,缮写木戳二人,刊刻木戳十人;发行科外埠批发九人,兼管簿记,本埠批发四人,直接定报十四人,门市四人,零售一人;唯营业部事务过繁,故特设营业主任一人,负设计及接洽与决定关于发行广告各项事宜之责."参见黄天鹏.中国新闻事业.联合书店,1930:57.

[16] 秦绍德.上海近代报刊史论.复旦大学出版社,1993.

[17] 王英.张竹平广告理念初探.新闻大学,2000(春).

[18] 胡太春.中国报业经营管理史.山西教育出版社,1998:63.

[19] 胡道静.新闻史上的新时代.世界书局,1946:232.

[20] 胡太春.中国报业经营管理史.山西教育出版社,1998:231.

[21] 陈玉申.《新闻报》经营策略探析.新闻界,2006(6):109.

[22] 陶菊隐.记者生活三十年——亲历民国重大事件.中华书局,2005:217.

[23] 陶菊隐.记者生活三十年——亲历民国重大事件.中华书局,2005:180.

[24] [美]大卫·斯隆.刘琛译.美国传媒史.上海人民出版社,2010:393.

[25] 寻常广告是随意安排在报纸下面或其他位置的广告;特别广告是置于指定的特别位置,如一页之前或新闻中间的广告;附图广告是在广告行文中插入图画者;联合广告

则是某地数家公司、银行、商号、工场联合而组成的广告,通常占据一页或二页,附有写真铜版。参见徐宝璜.新闻学纲要.上海:联合书店,1930:126-127.

[26] 徐宝璜.新闻学纲要.联合书店,1930:122-123.

[27] 张秋虫.新闻报和申报的竞争//上海地方史资料(五).上海社会科学院出版社,1986:36.

[28] 汪仲韦.又竞争又联合的"新""申"两报.新闻研究资料,1982(15).

[29] 陶菊隐.记者生活三十年——亲历民国重大事件.中华书局,2005:182-183.

[30] 赵君豪.中国近代之报业.申报馆,1938:228-229.

[31] 赵君豪.中国近代之报业.申报馆,1938:228-229.

[32] 赵君豪.中国近代之报业.申报馆,1938:228.

[33] 《新闻报》,1929-3-4.

[34] 邵飘萍.新闻学总论.北京京报馆,1924:65.

[35] 简明中国新闻史(复旦大学内部资料),第175页.

[36] 刘雪梅.浅议《申报》广告的阶段性演化.广州大学学报(社会科学版),2003(1).

[37] 《新闻报》,1929-3-2.原文标点均为句号,此处为笔者修正后的标点符号。

[38] 王儒年.二三十年代的《申报》广告与爱国主义的世俗化.史林,2007(3).

[39] 徐宝璜.新闻学纲要.联合书店,1930:124.

[40] 李强.《申报》商业广告(1927—1937)创意核心概念研究.首都师范大学学报(社会科学版),2006(增刊).

[41] 《申报》,1930-4-4.

[42] 《申报》,1936-3-4.

[43] 徐宝璜.新闻学纲要.联合书店,1930:125-126.

[44] 映射型广告,即完全用语言符号表达广告内容的创意形式,也就是通常所说的产品说明书式广告;视觉策略型广告,即注重视觉效果的广告创意形式,具有艺术化的外观,容易引起受众的注意;组合型广告,即采用多种艺术符号表达广告内容的创意形式;象征型广告,即通过象征手法表达广告主体的创意形式,表面上看,广告中的形象与商品没有直接的联系,但广告文本中的暗示线索总会暗示出商品来,并与形象建立联系,使所指产生的特性附着到商品上去。

【作者简介】张立勤,华南师范大学新闻传播系副教授,博士。研究方向为:媒介经营、新闻史。

试论民国时期报业发行稽核思想的萌芽

曾来海

(浙江外国语学院国际传播系,杭州 310023)

摘 要:报业发行稽核是衡量报业市场公平竞争的重要尺码,虽然一直以来在国内的报业发行管理中没有得到广泛实践与推广,但是报业发行稽核的思想与观念却早已萌芽。相关文献显示,民国时期国内新闻学者在考察欧美报业发行稽核制度与经验,尤其是美国报业发行稽核局(A.B.C.)的基础上,针对国内报业发行中销数保密、"吃报"与"转卖"等乱象,提出了设立中国报业发行稽核局或会计师稽核等报业发行稽核的思想与主张。

关键词:发行稽核 思想 萌芽 A.B.C.

报业发行稽核是规范报业发行、广告市场的重要措施,是衡量报业市场公平竞争的重要尺码,但在国内报业实践及相关研究中却一直没有得到足够的重视。从目前相关研究文献来看,仅在 2005 年国内首个独立于政府部门、出版商之外的监管、核实出版物发行量及相关数据的中介机构——国新出版物发行数据调查中心成立前后,国内才开始集中关注报纸发行稽核的问题。但在已有的几篇研究文献当中,有关报刊发行量稽核问题的主要研究仍集中在国外报刊发行量稽核机构与制度的介绍[1]以及国内建立报业发行量稽核机构、制度的建议与意见,[2]而对于国内报业发行稽核问题的纵向考察至今无从涉及。事实上,相关文献显示,在民国时期报纸发行稽核的思想与观念已经萌发,只是由于各种现实与历史的原因未能施行。

一、萌芽的背景:民国报业发行销数的乱象

在民国时期报业市场化竞争的过程中,各报馆之间的发行竞争也是比较

激烈的,尤其在沪平津等大城市中更为明显。但是在报业发行的较量当中一直存在各报发行量无从知晓,"吃报"及"转卖"报纸等现象。

(一)发行份数是秘密

报纸发行量的大小不仅直接决定着报馆发行收入的多少,还直接影响到广告的效果与收入,所以在报业的竞争当中,各报馆都会极力提高报纸的发行份数,以获得更多的广告收益。虽然广告商特别注重报纸发行份数的多少,甚至一般都会把报纸发行量的大小作为广告媒体选择的依据,但是各报馆却一直没能对外公布其真实的发行份数,即使对外公布,也仅有个别报纸向社会公布其印刷份数或者"估定份数"作为该报的发行份数。钱伯涵、孙恩霖将此现象概括为"国内则存在以印刷份数来说'本报发行××份'的'自称份数'和有外界利用调查方法,凑合各方面的结果而估定的份数叫'估定份数'"[3]。但对于大多数报纸来说,当时的报纸发行份数被约定俗成为行业的秘密。这个秘密只有报馆总经理一个人知道,有的报纸发行管理混乱,甚至连总经理和发行经理也不一定掌握确切的发行数字。可以说,这种"销数不公开"[4]就是当时国内报纸发行的最大缺点,甚至"报纸之销数,各馆常秘不以告人,否则即以少报多,更不可信"[5]。所以有学者批评这是不可取的策略,其中刘觉民认为这是多么下剩的政策,他指出:"中国所有的报纸,除了负责经理人知道他的确实销数而外,社会人士很少能够明了他们的发行状况的,一般报社的负责人都不愿意把他们的真确发行份数告知旁人的原因,大概是恐怕人们知道了他那很小的销行确数,会影响到广告的推销,所以都讳莫如深地不肯诚实地讲出来,甚切反而宣传他的销数是如何之多,希望能够多骗一些广告收入,这是多么下剩的政策。"[6]邵飘萍也认为这是不应该的,他认为:"发行是怎么一回事?就是销售多少的问题,然而这个报馆销售多少的问题,在报馆方面常常不肯说出有实数目,除却美国的新闻纸外,差不多都不肯告诉人;就是报馆的社员亦应守绝对的秘密,要是按诸新闻学而论,是不应该的。"[7]

然而环视境外,除却"日本号称进步,然发行额亦皆认为神圣不可侵犯之秘密。无一肯公开宣布之者,有时自吹为几十百万,社会上亦决不信以为实。而发行方面种种不可究诘之手段,即活跃于此种秘密之中,若完全公开之,则一切手段苦无所施其技"[8]。"欧美报纸常自宣布其销数,请会计师或专门家证明之,以夸示于同业,而诱致多量之广告。故全国报纸销数之统计,于年监中,不难一检即得。若在我国,则殊无法可以知之。"[9]甚至有私自设立机构调查报纸的发行份数并公布其所得发行数。比如美国在1915年以前,已有私立"新闻发行额监查局"的设立,以谋行业的公开进步,该局即专以调查全美各地新闻杂志发行的准确数字为目标,并在1915年的大会上公开调查所得的数字。[10]这不仅使报纸得到了广告商与社会公众的支持与信任,同时从长远来看,对于报业行业的公平竞争与良性发展更具开拓性意义。由此可见,欧美报纸是如此重视报纸发行份数的准确性,而相形之下,"我国新闻纸,至今绝无销数若干之统计。"[11]这不免让人觉得遗憾与无奈。

(二)存在"吃报"现象

在当时报业发行当中,一直存在默认甚至放任"吃报"现象。所谓"吃报"现象,钱伯涵、孙恩霖的解释是:"'吃报'现象,也就是报纸不到读者的手里,中途被人'吃'去。报贩的购入报纸,往往超过他所能售的数量,这些剩余报纸,既不能退回报馆,于是就当旧报纸卖给旧货商人。这在报馆和报贩都没有损失,但对广告户却无形中受损很大。"[12]据胡政之的记载,"黑龙江有人向上海批发报纸,而当废纸发售,道远竟不费一文"的现象。[13]

(三)常有"转卖"报纸的现象

在当时报业发行过程中,还存在"转卖"报纸的现象。"转卖"报纸,就是把自己购买或订阅的报纸看完以后,还可以折价转卖给另外一个人阅读。蒋国珍对此是这样描述的:"还有一种,可以注意的事情,就是早晨以五分钱买入之报纸,午后还可以二分钱卖出,翌日仍可以卖得一分钱,可以辗转经过几个读者,报馆对于此事,倒是无可奈何呢。"[14]可是,总体上看,民国时期报纸原本市场发行量不怎么大,甚至很多人买不到或买不起报纸,而且报纸作为时效极强的易碎品,理应隔日便成不值一文的"废品",却偏偏出现了如此违背报业市场规则的奇特现象。

二、民国时期报业发行稽核思想的萌芽

据记载,美国1912年8月24日公布法律,规定日报发行人必须在每年10月1日,将经过宣誓的书面声明交给邮务总长,其中述及过去12月中售出

或分发给订户的平均销数。违反该法的发行人,可能丧失第二类新闻纸的邮政特权。在法国,根据相关法律,报纸和其他期刊必须在每一期中公布其销数,该项数字由情报部的代表定期加以证实。在拉托维亚和波兰,必须把报纸印刷的份数通知当局。[15]可见建立报业发行稽核制度,科学评判报业的发行是当时世界各国一直在努力追求与解决的问题。

(一)国外报业发行稽核机构的形成

欧美报界对于报纸发行稽核非常重视。所有报纸的发行份数,一定要请第三方加以证明,才算确实可靠,为广告商信任。英国曾经出现过稽核机构与会计师证明,美国也曾经尝试设立很多机构来稽核,最后则是独立的"报纸发行稽核局"提供的发行份数获得公认。

1. 报业发行稽核机构雏形的出现

在欧美国家规范的报业发行稽核组织产生之前,曾经出现过类似功能的机构,如英国的会计师证明及销数稽核局,美国的"金标制"与美国广告者协会(AAA),这可以说是报业发行稽核机构的最初形态。首先是英国的会计师证明及销数稽核局。英国报馆的发行份数一般由英国公认的会计师证明。虽然大家基本接受会计师证明的数字,"但不过由于会计师对新闻的内情甚为生疏,故仅依会计师之证明,不能谓为完全的新闻份数"[16]。所以,英国也曾经尝试设立报业发行稽核的机构。据罗森堡的记载,英国有一个称为销数稽核局的报业发行稽核机构于1931年在伦敦成立。该局由发行人、广告商人与广告公司组成,主席每年由发行人轮流担任。该局会员,有一半必须为发行人,其余则为广告商人(或广告经纪人)。[17]但英国稽核局一直没有像美国稽核局那么高的地位。其次是美国的"金标制"与美国广告者协会(AAA)。早在1860年左右,美国就倡议设置严正调查贩卖份数机关,但一直未能见诸实现。1870年以前,美国各广告经纪人之间的竞争主要在于调查所得报纸名字的多少与报纸出版地点详细与否。有记载,美国波斯登在1870年成立了新闻份数调查所,该所对于新闻社自称的份数,必附以"Claims"字样,用以表示编纂者并无证明的责任。[18]同时有一位叫罗威尔(George P. Rowell)的经纪人,决定编印《全国报纸目录》,该目录包括报纸名字、发行人姓名、发行人所报告的销数、报纸的定价、地点、读者以及报纸的政治倾向。然而第一期美国报纸目录终于出版了,可是反应冷淡,不仅广告经纪人反对,也得不到报纸发行人的合作。[19]后来,罗威尔创立一种"金标制"(gold mark system),凡报纸以后宣誓销数见告者,他就在报名之前,冠以圈中加点的金标。他自己不去调查,亦不加以证实,但为表示自己对于这些宣誓销数的信任,经常公开悬赏,凡能证实某报宣誓销数不确者,致酬美金一百元。[20]但仍然无法证明所公布的数字是真实的,同时也不能为广告主提供报纸发行的详细情况,因此未被全面推广。直至1899年,美国广告者协会(AAA)成立,该协会在事前征得同意后查阅各报馆贩卖部的账簿,但没有强制力。由于调查的结果不满意,再加上缺乏资金维持,1913年停办。[21]

2. 成功的报业发行稽核机构:美国报纸发行稽核局(A.B.C.)

1913年,美国广告人、广告经纪人以及发行人发起并筹集资金五千元在美国广告人协会的人事与组织基础上,向伊利诺伊州(Illinois)注册成立美国报纸发行稽核局(*Audit Bureau of Circulations*, A.B.C.),并召开第一次大会,通过章程、规则、细则及工作计划。该组织由各广告户、广告社及报馆组成,专为会员服务,为非营利性组织。经费由会员报馆按照其报纸销数的多少分担。稽核局的主要目标在于公布发行人会员的销数报告,派遣稽核员审查各种账据簿册,为广告经纪人及发行人的利益,给各有关会员发布销数报告,连同说明发行的数量、素质、分配以及求达此项销数时所用的推广方法。[22]会员分为:刊登广告人、刊登广告人协会、本埠刊登广告人、广告社、广告社联合会、出版人。会员定期缴纳会费,会费标准固定(见表1)。出版人缴纳会费标准固定(见表2),并设有董事会处理日常事务。在1930年后,美国日报加入该局为会员者,略不足半数,但在各报发行总数上占百分之九十。[23]

表1　会员会费标准　[系根据刘觉民[24]提供数据制表]

会员	会费(美元/年)
刊登广告人	240
刊登广告人协会	60
本埠刊登广告人	15 或 10 或 5
广告社	360
广告社联合会	90
出版人	依发行份数而定

表2　出版人会费标准　[系根据刘觉民[25]提供数据制表]

出版物	出版人会费(美元/周)
杂志	50万份或以上者11.5元
	25万份以及不足50万份者10.5元
	20万份以及不足25万份者9.2元
	15万份以及不足20万份者8.05元
	10万份以及不足15万份者6.9元
	75 000份及不足10万份者5.75元
	50 000份及不足75 000份者4.6元
	25 000份及不足50 000份者2.88元
	10 000份及不足25 000份者1.73元
	5 000份及不足10 000份者1.15元
	不足5 000份者1元
报纸	20万份或以上者12元
	15万份以及不足20万份者10元
	10万份以及不足15万份者7元
	5万份以及不足10万份者6元
	25 000份以及不足5万份者4元
	15 000份以及不足25 000份者3元
	10 000份以及不足15 000份者2元
	5 000份及不足10 000份者1.5元
	不足5 000份者1元

（二）美国报业发行稽核局（Audit Bureau of Circulations，A. B. C.）报业发行稽核的经验

稽核局每半年对会员报纸的发行份数稽核一次，在稽核时会员必须给局方调查员提供各种有关的簿据账单。稽核时调查员先查阅各报所填具的报告，然后根据亲眼目睹的事实逐条加以对正。核查完毕再填入稽核处所制备的表格内。稽核员将各地各报的发行情形审查完毕，即填表交回稽核处总办公处，稽核处再详加审查。如认为与定者符合，且所填写者确实无误时，再交回该报馆负责者。十日内,该报如认为表格中有不满之处,或提出辩护,或请求修改。十日后即由稽核处全权发表,不得再有任何修正。调查的内容主要有每日报纸印刷份数、销售区域及销售方法。

1. 每日报纸印刷份数

查阅报馆方面的印刷处报告和销售报告,然后相比较而得出毁污耗损的纸张数。再查阅报馆方面的购纸发票和运输凭单,报纸重量尺寸都有规定的,把每日刊出页数的报纸量计算之,除去耗损就可以得出实印份数。

2. 销售区域

其中包括报名,地址,创立时间,每日出版早报与晚报,报告调查日期,本城人口,附郊人口,每日平均净付费发行数(见表3与表4)。

表3 销售情况分析表[系根据高青孝[26]记载制表]

销售区域	销售情况
城市	城市送报夫,报纸贩卖商,街售,门市,城市邮寄,共计城市已付报费
附郊	报夫,贩商,邮寄,附郊总份数,城市及附郊总数
乡村	报夫及贩商,邮寄,共计乡村已付报费,特别或迟销,共计净付报费份数。未付费之份数,六月以上未曾付费者,短期欠费者,簿记未付费,总数
服务报	广告户("证明报"),雇员,通信员,城市雇员,邮局及铁路雇员,服务报总份数
不付费报纸	广告社,交换,邮寄赠阅,样报,办公室参考用,不付费报总数,总支配数,污损份数,不计算份数,印刷数,张数,收费总数,到期收费总数

表4 付款情况统计表[系根据高青孝[27]记载制表]

定(订)户付款情形(按百分计)

发行类别 付报费情形	城 内				近 郊			外 埠	
	报差	报贩	分销	街头叫卖	报贩	分销	邮寄	分销	邮寄
预付报费									
现付									
按周付费									

续表

发行类别 付报费情形	城内				近郊			外埠	
	报差	报贩	分销	街头叫卖	报贩	分销	邮寄	分销	邮寄
半月付费									
按月付费									
按季付费									
欠费在六月以下者									

3. 销售方法

应当注意固定报夫逐日发送报纸的路由簿及报贩的销售地点。对于报纸的批售零卖价目,退报,佣金及付费办法等,均须一一调查明白(见表5)。

表5 销售方法分析 [系根据高青孝[28]记载制表]

销售方法	销售情况
订报费	邮寄:全年收入,每月收入;专差送:全年收入,每月收入
零售每份价格	
退报	除城市报贩当日可退报外,其余一概不准
奖励与竞赛	报贩或儿童介绍订户若干,则奖以各种用具玩物或享予看电影一次
佣钱	介绍订户若干酬以百分之若干之佣钱
不准由别报社转介绍订户	

(三)建议国内设立报业发行稽核制度

新闻学者们在肯定美国报业发行稽核局的成功做法以后,强烈建议在国内设立类似的稽核制度和稽核方法。

首先,稽核的作用和贡献非常明显。其中詹文浒认为,"稽核局的一个贡献,在把普通所谓净销数的意义一次确定,以后,都有一个共同标准可资遵守。……稽核局对于'订户'所下的界说,包括二点:第一,他至少付过相当于报价之半的数额;第二,他所拖欠的报款,不超过一年"[29]。同时还"可知报纸发行的原则,不仅应求销行总数的增加,而且应求销行区域的集中,唯独销数集中的报纸,方能使所登广告发生极大效力。广告客户的利益,归根结底,究竟还是报纸本身的利益"[30]。也就是说,为报业发行制定较为科学的评定标准,结束发行混乱的局面,从长远来说,对广告与报馆都具有重大意义。"况且由于稽核局的报告,各报纸对于发行上,能知缺点所在,加以改革;这样于一方面能确证报纸广告的价值,一方面又能促进各报的改良与进步。"[31]

其次,国内新闻学者积极建议设立报业发行稽核组织,建立报业发行稽核制度。其中刘觉民认为:

> A.B.C.这一种组织在中国很有需要,尤其在报业落后的中国更有必要。中国报纸很多不能维持的原因,大多在于广告收入不丰,而广告收入不旺的原因,又在于商人不明白各报的发行情况的缘故。如果大家坦白地报告他的销数是怎样的分布,本埠多少,外埠多少,送到家庭的多少,送到公共机关的多少等等能完全有个报告,登广告的商人必定要多起来,哪怕你的销数只有三千,如果有二千五百份是由家庭订阅的,那商人就很放心地来登广告了,因为报纸必须是送到家庭里去的,商业广告才会发生效力。[32]

并进一步强调中国急切需要这种报业发行稽核制度。他指出:"所以诚实地报告销数情况,是一件最基本而重要的事,但要使社会能完全相信你的报纸销数宣传是确实,那就非有一个公开的机关负责稽核各报的发行情况不可。所以美国的A.B.C.制度,中国有急切采行的必要。"[33] 储玉坤也认为中国报界非常需要A.B.C.的组织,他的解释是:

> 中国报纸的实际销数,除了该馆经理自己知道外,馆外人都是莫名其妙。但是广告的效力如何,全看报纸的销路。因此广告的主顾,不得不设法公开稽核各报发行的数目。美国1913年,就有一个A.B.C.,凡参加这种组织的各报,均须将日销的数目陈报经A.B.C.负责审核,并在报章杂志上,公开发表,如不参加A.B.C.的报纸,其自称的销数,就不为社会所公认。所以A.B.C.的组织,在中国报界是非常需要的。[34]

也有学者直接认为在报业发达的大城市有采用A.B.C.组织的可能,"报纸发行稽核处(A.B.C.),此种组织创始于美国依利诺伊州(Illionois),距今19年,已风行各地矣。就我国沪、平、津、粤等处报纸广告之现状而言,此项办法已有采用之可能"[35]。

此外,也有人主张采用会计师检查或其他调查方法。如邹韬奋建议采用会计师的证明,他建议:"本报为保证广告之效力计,按时请会计师检查销数,正式公布,广告价格依实际销数而随之增加。"[36]而谢六逸主张尝试采用一年内报纸发行增减之程度、元旦日之份数(以五年或十年为标准)、六七月最低份数、某日的份数(每月平均数)、某月的份数(每年平均数)或自称份数等方法来调查报纸的发行份数。[37]

三、结　论

相关文献证明,在民国时期,为了规范国内报业发行,采用报业发行稽核制度是新闻界一致的观点,即使行不通,也要采取其他稽核的办法。但是由于民国报业原本不够发达,再加上战乱不停,几乎没有机会静下来设立中国报业发行稽核的具体办法与制度。然而,几十年以后的今天,虽然国家有关部门为了防止报纸发行量虚报的情形曾在2006年试点委托第三方调查机构——国新出版物发行数据调查中心对都市类报纸发行量进行统一认证,但最终没能全面执行。如今全国报业不仅规模大水平也高,甚至在网络等新媒体的冲击下,报业已近夕阳,但是报业发行稽核的原则仍然非常重要,无论广播、电视,还是网络等传媒的受众与用户的市场占有率仍然需要第三方提供的独立权威可信的收听率、收视率、点击率等相关市场指数,所以"发行稽核机构最初只是针对印刷媒体的发行量进行审计,现在已经扩展到网络、展会、受众概况等多个方面和层次"。[38]可是至今国内不仅没有实行报业稽核制度,甚至连相关的理论讨论也不够深入。报业发行份数至今依旧是报社的隐私和秘密,仍然是只能从年鉴或主管部门获得报纸大概的印刷份数,真有点让人难以理解,甚或不可思议。

注释:

[1] 相关研究文献有:陈中原.各国报刊发行量稽查制度探析——兼议我国出版物发行量稽查体系的建设.新闻记者,2005(6):8-12;朱秀泉.国外报刊发行量稽核机制分析.国际新闻界,2005(6):48-52;王叙虹,杨雷萍.国外报刊发行量稽核机构研究.中国报业,2005(4):28-33.

[2] 相关研究文献如:陈中原.各国报刊发行量稽查制度探析——兼议我国出版物发行量稽查体系的建设.新闻记者,2005(6):8-12;张骏德,倪祖敏.建立报刊发行量认证制度势在必行.中国记者,2005(7):74-78.李峰.我国建立报刊发行量稽核机构的迫切性研究.中国报业,2005(4):25-27.

[3] 钱伯涵,孙恩霖.报馆管理与组织:申报新闻函授学校讲义之二.申报馆,1936:141-142.

[4] 朱司晨.新闻纸之广告与推广问题.晨光周刊,1935,4(24):15-17.
[5] 戈公振.中国报学史.生活读书新知三联书店,1955:229.
[6] 刘觉民.报业管理概论.商务印书馆,1936:235.
[7] 邵飘萍.中国新闻学不发达之原因及其事业之要点(遗稿)//黄天鹏.新闻学名论集.联合书店,1930:39-67.
[8] 邵飘萍.新闻学总论:国立法政大学讲义.京报馆,1924:73.
[9] 戈公振.中国报学史.生活读书新知三联书店,1955:229.
[10] 邵飘萍.新闻学总论:国立法政大学讲义.京报馆,1924:73.
[11] 邵飘萍.新闻学总论:国立法政大学讲义.京报馆,1924:73.
[12] 钱伯涵,孙恩霖.报馆管理与组织:申报新闻函授学校讲义之二、申报馆,1936:147.
[13] 胡政之.中国新闻事业//黄天鹏.新闻学刊全集.光华书局,1930:243.
[14] 蒋国珍.中国新闻发达史.世界书局,1927:61.
[15] [美]罗森堡著.葛思恩译.报纸的销路.新闻学季刊,1947,3(2):17-25.
[16] 徐润若.新闻发行学:申报新闻函授学校讲义之九.申报馆,1936:69.
[17] [美]罗森堡.葛思恩译.报纸的销路.新闻学季刊,1947,3(2):17-25.
[18] 徐润若.新闻发行学:申报新闻函授学校讲义之九.申报馆,1936:61.
[19] 詹文浒.报业经营与管理.正中书局,1946:141.
[20] 詹文浒.报业经营与管理.正中书局,1946:141-142.
[21] 徐润若.新闻发行学:申报新闻函授学校讲义之九.申报馆,1936:65-66.
[22] 詹文浒.报业经营与管理.正中书局,1947:143.
[23] [美]弗朗克·莫特著.王揆生,王季深译.美国的新闻事业.上海文化服务社,1947:154-155.
[24] 刘觉民.报业管理概论.商务印书馆,1936:239-241.
[25] 刘觉民.报业管理概论.商务印书馆,1936:239-241.
[26] 高青孝.报纸发行稽核处.新闻学研究.良友公司,1932.
[27] 高青孝.报纸发行稽核处.新闻学研究.良友公司,1932.
[28] 高青孝.报纸发行稽核处.新闻学研究.良友公司,1932.
[29] 詹文浒.报业经营与管理.正中书局,1947:145.
[30] 詹文浒.报业经营与管理.正中书局,1947:122.
[31] 钱伯涵,孙恩霖.报馆管理与组织:申报新闻函授学校讲义之二.申报馆,1936:147.
[32] 刘觉民.报业管理概论.商务印书馆,1936:237.
[33] 刘觉民.报业管理概论.商务印书馆,1936:237-238.
[34] 储玉坤.现代新闻学概论(第2版).世界书局,1945:194-195.
[35] 高青孝.报纸发行稽核处的新闻学研究.良友公司,1932.

[36] 邹韬奋. 创办《生活日报》之建议. 生活周刊,1932,7(9).
[37] 谢六逸. 实用新闻学:申报新闻函授学校讲义之三. 申报馆,1935:301-302.
[38] 朱秀泉. 国外报刊发行量稽核机制分析. 国际新闻界,2005,27(6):48-52.

【作者简介】曾来海,浙江外国语学院国际传播系院副教授,博士。研究方向为:民国报业管理学史、民国报业管理思想史。

民国时期中国少数民族新闻史的研究对象和学术意义[*]

荆琰清　白润生

（中央民族大学民族学与社会学学院，北京 101102）

摘　要：自1912年1月1日至1949年9月30日的中华民国时期，是中国社会发生巨大变革的时期，同时也是中国新闻事业迅猛发展的时期。这一时期，不仅存在众多政治派别，而且还有不同阶层组成的社会团体、国外在华势力。作为传播政治主张、领袖意见、社团立场等言论的报纸和刊物，在这一时期迅猛发展起来。本文试图就民国时期中国少数民族新闻史的研究对象和学术意义作一探讨。

关键词：中华民国　少数民族新闻史　对象　学术意义

少数民族聚居的边疆地区，不仅成为了国内外政治势力争夺的军事重地，也成为了西方民族主义思潮盛传的重要地区。随着外国在华势力的侵入、中央政府民族政策的推动以及少数民族先进知识分子和开明人士的努力，少数民族新闻事业蓬勃发展起来。

一、民国时期中国少数民族新闻史研究对象

要厘清少数民族新闻史的研究对象，首先应当梳理一下"少数民族"一词的由来。清朝末年，西方民族理论在中国境内得到广泛传播。受其影响，中国现代民族概念开始萌芽。"少数民族"一词最早见诸报刊是1905年汪精卫在《民报》发表《民族的国民》一文，文中提到："多数民族吸收少数民族而使之同化。"[1]中华民国成立之后，民国政府先倡导"五族共和"，后又提出建立统一

---

[*] 本文系国家社科基金重大项目"中华民国新闻史"（项目编号：13&ZD154）的研究成果之一。

的"中华民族",强调民族平等,突出民族整体性,这对于当时号召全国民众共同抵御帝国主义的侵略有着积极的意义,因此"少数民族"的提法在当时并不多见。1924年,中国国民党第一次全国代表大会通过的《中国国民党第一次全国代表大会宣言》中用"少数民族"泛指国内非汉民族,"少数民族"一词开始被广泛使用。1928年7月,中国共产党第六次全国代表大会通过的关于民族问题的决议案中提到:"中国境内少数民族的问题(蒙古族、回族、满族、苗族、黎族)对于革命有重大的意义。"[2]而我们今天所指称的"少数民族",是中华人民共和国成立后,经历很长一段时间民族识别工作,在1990年第四次人口普查之后最终确立的除汉族之外的55个民族。

我们今天研究少数民族新闻史,实质是追溯和考证除汉族之外的55个民族参与新闻活动的历史。首先是以这55个民族为传播对象的报纸、刊物、广播的创办历程;其次是这55个民族的报人的新闻传播活动及思想;最后是这55个民族新闻传播活动产生的社会背景和历史影响。具体到民国时期,我们认为,少数民族新闻史的研究对象具体应当分为以下几个部分:

1. 民国时期主要少数民族的新闻传播史料

研究历史,最重要的就是发掘和掌握史料。民国时期,内有不同政治派别之间的斗争,外有列强势力的扩张,导致政局动荡,战乱频繁,致使大量的史料未能够保存下来。特别是少数民族多聚居在动荡的边疆地区,当时作为主要的新闻传播媒介的报纸、刊物又是极易被遗弃的史料,因此我们目前发掘的史料是极为有限的。由白润生主编,中央民族大学出版社于2008年出版的《中国少数民族新闻传播通史》是当前对少数民族新闻传播史料整理较为集中、全面的一部专著。我们依照《中国少数民族新闻传播通史》一书,梳理了自1912年1月1日至1949年9月30日这段历史时期的相关史料,发现这一时期参与新闻传播活动较为活跃的少数民族主要是那些聚居在边疆地区、民族问题较为突出的民族,如藏族、蒙古族、回族、维吾尔族、朝鲜族、俄罗斯族等(数据见下表)。

族别	藏族	蒙古族	回族	维吾尔族	朝鲜族	俄罗斯族
报纸及刊物数(种)	13	118	130	19	144	52
广播电台(个)	2	2	1	1	5	4

(注:以上数据根据《中国少数民族新闻传播通史》中含创办时间及创办人等具体信息的史料整理,其中藏族报纸及刊物数据参照《中国藏文报刊发展史》[3]一书整理,回族报纸及刊物数据结合《中国回族报刊研究刍议》[4]一文整理。)

民国成立之后，于1912年4月成立蒙藏工作处，掌管蒙古、西藏地区的民族事务，同年7月改为蒙藏事务局，1914年改为蒙藏院。1929年在此前基础上成立蒙藏委员会，成为国民政府处理蒙藏政务的最高行政机关。民国时期蒙古族、藏族新闻传播与蒙藏委员会有着密切的联系。1913年1月1日，蒙藏事务局在北京创办《藏文白话报》《蒙文白话报》《回文白话报》。《藏文白话报》通过邮寄递送至西藏；《蒙文白话报》由蒙藏事务局发放至内外蒙、绥远、热河、察哈尔、阿尔泰、伊犁等地；《回文白话报》则以信仰伊斯兰教的少数民族为传播对象。1931年9月20日蒙藏委员会在南京创办《蒙藏旬刊》，同时以蒙、藏、汉三种文字出版，1934年改名为《蒙藏半月报》，后又改名《蒙藏月报》。

1912年2月创办的《新报》（又称《伊犁新报》）是"中华民国"军政府新伊大都督府的机关报。1936年4月创办的《新疆日报》曾同时出版汉文、维吾尔文、哈萨克文、俄罗斯文及蒙古文等几种语言文字的版本，先后经历盛世才、吴忠信、张治中、包尔汉时期之后成为中国共产党在新疆最重要的宣传阵地，并于1949年12月6日重新创刊。

朝鲜族在中国的族群认同经历了自清末至中华人民共和国成立后约半个多世纪的时间。1912年民国政府颁布《中华民国国籍法》，在移居东北的朝鲜民众中推行"归化入籍"政策，但直到1949年9月第一次全国政治协商会议，才确立了朝鲜族在中华人民共和国中的少数民族地位。我国境内最早的朝鲜文刊物是1909年由延吉"垦民教育会"创办的《月报》。[5] 1915年朝鲜文、汉文两种文字合璧出版发行《延边实报》。1919年"三一"运动爆发后，一大批朝鲜文报纸和刊物相继创刊，如《朝鲜独立新闻》《朝鲜民报》《韩族新报》《半岛青年报》。随着在华朝鲜人民民族独立斗争不断深入，特别是1919年4月朝鲜"上海临时政府"在上海法租界挂牌，1921年1月10日朝鲜共产主义团体创立，都极大地推动了朝鲜文报纸及刊物的创办和发行。

俄罗斯族在中国的族群认同历程与朝鲜族相似。俄罗斯族进入中国的历史更长久，约为700多年。民国时期东北地区发行的俄文报纸及刊物其主办人大都是代表俄不同政治立场的各种政治团体，可以称之为俄在华的宣传机构。如白俄罗斯领袖格里戈里·米哈伊洛维奇·谢苗诺夫支持创办的《光明报》、中东铁路俄国工人总联合会机关报《前进报》等。《哈尔滨公报》的俄文版是较有影响力的由中国人创办的俄文报纸。

上述具有代表性的少数民族新闻史料是构成民国少数民族新闻史的主要

部分,也是民国少数民族新闻史的主要研究对象。

2. 民国时期少数民族报人的新闻传播活动及思想

清朝作为中国历史上由少数民族统治的一个封建王朝,为满族、蒙古族、回族等北方少数民族提供了较好的教育环境。清朝末年,一些少数民族知识分子已经开始通过办报开启民智,如创办《大公报》的英敛之(满族)、创办《正宗爱国报》的丁宝臣(回族),担任《丽江白话报》主笔的赵式铭(白族)等。民国初年(1912年)办报高潮掀起后,更多的少数民族报人投身到办报活动中,不仅参与创办综合性报纸刊物,而且还参与创办面向单一民族的、用少数民族文字出版的真正意义上的少数民族语言文字报纸刊物。这一时期,鲜有少数民族报人独立办报,他们大多以编辑、访事专员、撰稿人的身份服务于民国政府、中国共产党或其他政治团体主办的机关报社。如蒙藏事务局创办《蒙文白话报》《藏文白话报》和《回文白话报》,由总裁贡桑诺尔布(蒙古族)选聘大批蒙古文、藏文、回文编辑和录译员以及驻西藏、内蒙古、新疆等地的访事专员;上海《民国日报》出版的副刊《妇女周刊》由时任中共中央妇女工作负责人的向警予(土家族)担任主编。

历史不仅仅封存在布满铅字的报纸上,更存在于鲜活的人物周围,因此民国时期的少数民族报人也是民国新闻史的主要研究对象。民族背景、家庭背景、教育背景以及成长经历都深刻影响着报人的办报思想和新闻报道理念。因此我们对民国时期少数民族报人的研究应当是全方位的,不仅要研究他们办的报纸,还要研究与他们相关的人物传记、日记家书、往来信件、后人的评论等。

3. 民国时期少数民族新闻活动发展的社会背景和历史影响

无论是研究历史事件还是历史人物,对于社会背景以及历史影响的研究是必不可少的。目前已出版的少数民族新闻史著作中,对相关事件、人物的社会背景及历史影响的研究都有涉及,涵盖少数民族形成及发展历史研究、执政政府少数民族政策研究、少数民族科技文化发展历史研究等多个方面。

民国时期少数民族新闻事业发展的背景因民族不同而有很大的差异。特别是朝鲜族、俄罗斯族等新闻事业迅猛发展背后的原因是值得深究的,这不仅涉及当时政府实行的民族政策,还涉及国际形势和国外政治势力。与此同时,所产生的历史影响也不仅局限于对国内的朝鲜族或俄罗斯族本身,而是对同其杂居的汉族及其他民族以及境外的朝鲜人、俄罗斯人都有着广泛而深远的影响,而这些都应当是民国时期少数民族新闻史的研究对象。

二、民国时期中国少数民族新闻史研究的学术意义

研究"中华民国"时期少数民族新闻史最重要的学术意义,首先在于发掘和整理的大量历史资料不仅充实了中国新闻史的研究,而且能够为民国时期少数民族历史、文化、科技等方方面面的研究提供丰富的、具有实证价值的史料。历史研究总能带来令人意想不到的惊喜,那便是被发掘出来的史料,而作为曾经公开发行的报纸和刊物,上面刊载的消息、时评、通讯乃至副刊连载的小说、漫画等,都是极为珍贵的历史资料。

其次,民国时期以少数民族文字发行的报纸和刊物是与少数民族文化传承息息相关的物质遗存。语言和文字是一个民族文化长久繁衍的载体,在民国之前,少数民族文字多用在与宗教相关的文献资料中,传播范围很有限,在少数民族群体中,能够同时具备本民族语言听说读写能力的也仅限于上层贵族。民国时期,少数民族文字报纸和刊物的大量出版发行,在少数民族语言文字的教育和推广方面起到了积极的作用,也使得少数民族文字能够以书面的形式传承下来。特别是在如《新疆日报》《绥远蒙文周刊》等西藏、新疆以及内蒙古地区发行的少数民族文字与汉文对照的报纸和刊物,不仅在当时对少数民族和汉族的跨文化沟通起到积极作用,而且对于今天研究民族间的跨文化传播以及语言的理解和学习都有着重要的作用。然而毕竟今天距民国时期已经有了六七十年,甚至百年的历史了,以纸质形式得以流传下来的报纸和刊物的保存极为不易,博物馆和图书馆保存的一些相关历史资料已经面临纸张变脆、墨迹模糊等问题,散落民间的遗存的发掘、整理和保护更是困难重重。因此笔者认为对民国时期少数民族文字报纸和刊物的研究,能够唤起更多考古、史学、新闻学学者以及感兴趣的人对相关史料的关注,能够尝试通过先进的数字技术,为这些珍贵的遗存建立数字图书馆、数字档案等方便查阅的共享平台。

民国时期少数民族新闻史是中国少数民族新闻通史的有机组成部分,也是"中华民国"新闻史的重要组成部分。"中华民国"新闻史和"中华民国"少数民族新闻史,它们都属于断代史。据我们所知,当前这两部断代史均无学术成果面世。通读此前出版的中国新闻通史著作,在历史分期上几乎无一例外的,都把1912年至1949年10月1日之前的民国时期分割成至少是两个阶段:1919年以前为近代;之后为现代,没有将"中华民国"作为一个完整的历史时期对待。从这个意义上说,编写中华民国新闻史和中华民国少数民族新闻史

的学术意义不言而喻。

注释:

[1] 杨思机. "少数民族"概念的产生与早期演变——从 1905 年到 1937 年. 民族研究,2011(3).

[2] 中共中央统战部编. 中国共产党第六次全国代表大会关于民族问题的决议案. 民族问题文献汇编,中共中央党校出版社,1991:87.

[3] 周德仓. 中国藏文报刊发展史. 中国社会科学院出版社,2010:35 - 39.

[4] 白润生,荆琰清. 中国回族报刊研究刍议. 当代传播,2009(4).

[5] 白润生. 中国少数民族新闻传播通史. 北京:中央民族大学出版社,2008:101.

【作者简介】荆琰清,中央民族大学民族学与社会学学院 2012 级人类学博士生;白润生,中央民族大学文学与新闻传播学院教授,中国新闻史学会特邀理事,少数民族新闻传播史研究委员会名誉会长,南京师范大学民国新闻史研究所特约研究员。

中央苏区新闻事业史研究

童清艳 赖文燕 傅柒生

(上海交通大学媒体与设计学院,上海 200240)

摘　要:本文选取苏区(1927—1937 年)的中国共产党新闻事业进行历史回顾与资料考察,梳理与阐述其概况和业绩,分析其源起、新闻出版机构特征、内容传播特点、发行策略,以及中央苏区报刊鲜明的党性、强烈的战斗性、广泛的群众性等宣传特征,探讨了其为中国新闻事业发展积累的丰富经验。

关键词:苏区　新闻　新闻事业史　研究

苏区是指在 1927 年至 1937 年间的土地革命战争时期,即第二次国内革命战争时期,中国共产党领导创建了革命根据地,即建立了苏维埃政权的区域。全国苏区之中,规模比较大和比较有影响的,包括中央苏区、井冈山、湘赣、湘鄂赣、闽浙赣、左右江、湘鄂西、鄂豫皖、海陆丰、琼崖、陕甘、湘鄂川黔、川陕等 13 块,尤其是以闽西和赣南为核心区域的中央苏区规模最大、影响最广。1933 年,随着四次反"围剿"战争的节节胜利,中央苏区达到鼎盛时期,总面积约 8.4 万平方千米,总人口为 453 万,时称 500 万[1]。赣南和闽西苏区以及由此为主要组成部分联成一体形成的中央苏区,在土地革命战争时期占有特别重要的地位,在苏维埃政权建设中发挥了特别重要的作用。毛泽东、刘少奇、周恩来、朱德、邓小平、陈毅、彭德怀以及张闻天、瞿秋白等老一辈无产阶级革命家,都在这块红色土地上进行了艰苦的革命实践活动和斗争理论探索,成绩显著,彪炳史册。本文对该区的新闻事业作些历史考察,并梳理与阐述其概况和业绩。

一、中央苏区新闻事业的源起

中央苏区新闻事业肇始于五四运动之后进步青年知识分子的思想巨变和

中国共产党早期领导人的政治敏锐与历史作为。

1917年,"十月革命一声炮响,给我们送来了马克思列宁主义"。五四运动后,随着新文化运动的发展,马列主义迅速在中国传播,新文化、新思想通过《新青年》等革命刊物和在外地的进步青年学生传入中央苏区所在的赣南和闽西,这为后来革命运动的发展奠定了基础。

江西进步青年在苏醒中得到启迪,他们团结有志革命的青年,走向社会,组织进步社团,出版进步刊物。这个时期影响较大的革命进步报刊主要有《新江西》《时代之花》《江西女子师范周刊》《青年》《安源旬刊》等。

闽西是我国南方几省中发动革命斗争较早的地区之一。其原因之一是这里的革命知识分子接受马列主义较早,并创办了许多宣传马列主义的革命刊物,唤起了民众的觉悟,其中《岩声》是闽西创办最早、影响最大的一份革命刊物。1921年春,邓子恢在龙岩白土奇山书院组织了一个以读书为宗旨的"奇山书社",接受新思想、新文化的洗礼,创办了一份油印刊物《读书录》,第二期更名为《同声》。1923年夏,扩版并改名《岩声》,寓意龙岩革命之先声,公开出版。《岩声》从1923年创办到1926年11月26日停刊,共出版了43期,每期发行量约700份,在福建、广东、江西等12省30多个县市及海外发行,在中国新闻报刊史上留下了光辉的一页。

中国共产党从成立之日起,就十分重视宣传工作。作为宣传工作重要组成部分的新闻事业也因此得到快速发展,并对中国现代新闻事业的发展产生了巨大的影响。1922年9月13日,中国共产党在上海创办了第一个公开发行的中央机关报——《向导》。蔡和森、彭述之、瞿秋白先后任主编。陈独秀题写刊名,并亲自撰稿,先后在《向导》上发表了270多篇文章,几乎每期皆有。该报为16开本,主要发表时事政治评论文章。《向导》周报曾先后迁往北京、广州、武汉等地出版发行,在中国内地许多大中城市及香港地区、法国巴黎、日本东京等地设有30多个分销处,发行量由开始的3 000份激增至4万份,最多时近10万份,广受读者欢迎,被誉为"黑暗中国社会的一盏明灯"。继《向导》之后,又创办了《前锋》和《新青年》等,它们与《向导》相互配合,共同担负中国共产党成立初期的宣传任务。

第一次大革命失败后,在国民党的白色恐怖下,中国共产党的新闻事业遭到了极大摧残。《向导》这份影响广泛的大报也无可奈何地于1927年7月18日宣布停刊,前后共出了201期。但共产党人很快从血泊中站起来,建立起自己的地下报刊系统,《布尔塞维克》《红旗》《红旗日报》等中央机关报刊相继开办。这些报刊主要都是在上海创办发行的,起到了有效组织群众、动员群众,

五、新闻教育、新闻经营、民族(地区)新闻史研究

向广大群众宣传革命道理,发动群众闹革命,争取和瓦解敌军的作用。后来又陆续出版了一些报刊。1929年7月27日,中国工农红军第一份铅印军报《浪花》在闽西问世,它比此前新闻界、党史界提到的红三军团在湖南长沙出版的《红军日报》早了整整一年,在红军报刊史上具有划时代的意义。[2]

中国共产党的新闻事业在艰难中起步并努力前行,而在这个过程中发挥重大作用的无疑是1929年12月28—29日在福建上杭古田召开的中国共产党红军第四军第九次代表大会,即著名的古田会议,会上通过了毛泽东起草的《古田会议决议》,这个后来成为中国共产党和中国红军建设的纲领性文献的重要决议,对中央苏区乃至中国共产党的新闻出版整体事业产生了巨大的影响。

《古田会议决议》首先明确了宣传工作的重要性,文中专门有《红军宣传工作问题》一章,指出,"红军的宣传工作,是红军第一个重大工作","红军宣传工作的任务,就是扩大政治影响争取广大群众。由这个宣传任务之实现,才可以达到组织群众、武装群众,建立政权,消灭反动势力,促进革命高潮等红军的总任务","若忽视了这个工作,就是放弃了红军的主要任务,就等于帮助统治阶级削弱红军的势力"。[3]

《古田会议决议》指出,包括新闻出版在内的红军宣传工作是同党的总任务紧密联系的。红军的任务"绝不是单纯地打仗,它除了打仗消灭敌人军事力量之外,还要负担宣传群众、组织群众、武装群众、帮助群众建立革命政权以至建立共产党组织等项重大的任务","宣传工作的任务就是扩大政治影响,争取广大群众。由这个宣传任务之实现,才可以达到组织群众、武装群众、建立政权、消灭反动势力、促进革命高潮等红军的总任务"。

《古田会议决议》客观地分析了现状,指出党和红军中都存在着忽视宣传工作的状况,甚至于宣传工作"成了被取消的状态",比如:"宣传工作随随便便,做一点不做一点都没有人理它";"宣传员成分太差,俘虏兵也有,伙夫马夫也有,吃鸦片的也有,……宣传队简直成了收容所,完全不能执行它的任务了";宣传员不受尊重,被当作是可有可无的"闲杂人""卖假膏药的"。还有如"宣传队没有够用的宣传费","宣传员的训练没有计划","传单、布告、宣言等,陈旧不新鲜"。这些问题严重影响了红军的宣传效果,影响了党的促进革命高潮总任务的完成,必然要给予纠正克服。

《古田会议决议》不仅肯定了宣传工作的地位、作用,指出了宣传工作的不足、缺点,而且明确提出了改进和提高宣传工作的具体做法。如决议要求红军"宣传要切合群众的斗争情绪","到一个地方,要有适合那个地方的宣传口号

和鼓动口号,又要依照不同的时间制定出不同的宣传和鼓动口号"。决议还就宣传队的组织、宣传队员的成分、宣传队的领导关系、宣传队的经费和宣传的方式方法,作了具体的规定。决议还明确了办报的意见:"壁报列为群众宣传的重要方法之一。军及纵队各为一单位办一壁报,由政治部宣传科负责,名字均叫作'时事简报'。内容是:国际国内政治消息;游击地区群众斗争情形;红军工作情形。每星期至少出一张,一概用大张纸写,不用油印。每次尽量多写几张。政治简报的编印,应注意下列各项:要快;内容要丰富一点;字稍大点,要清楚点。"此外,决议还认为政治部宣传科的艺术股要充实起来,"出版石印的或油印的画报",等等。

古田会议之后,红军面貌焕然一新,从胜利走向新的胜利,党的政治思想工作得到极大的改善和提高,给党和红军宣传工作的提高和中央苏区新闻事业的发展奠定了坚实基础,指引了正确方向。

二、中央苏区的新闻出版机构

赣南和闽西组成的中央苏区具有印刷出版的良好基础。连城四堡是明清两代与北京、汉口、浒湾齐名的中国四大雕版印刷基地之一,雕版印刷业起源于宋,发展于明,鼎盛于清,为至今唯一仍然保持基本完整的古代雕版印刷基地,当时即以出版《金瓶梅》《三国演义》和《水浒传》合刊本,明代《宁化县志》和《西厢记》四件事闻名于世。

因为基础良好,中央苏区的新闻出版事业自然就在此得到较好的发展。中央苏区第一家出版发行机构当推闽西列宁书局,该书局正是诞生于当年有"红色小上海"之称的长汀,而且与闽西传统的印刷业者毛钟鸣有着密切的关系。毛钟鸣(1901—1986),长汀县人。1921年春,毛钟鸣大哥毛焕章到潮州学得石印、铅印技术后,回到家乡开办了毛铭新印刷所,填补了长汀印刷业的空白。聪明好学的毛钟鸣近水楼台,学得了一手精湛的印刷技术。而且,毛钟鸣在长汀省立七中读书时就接受了革命新思想,成为进步的知识分子。1926年10月,国民革命军东路军到长汀时,毛钟鸣毅然投身革命,参加北伐战争。到了武汉,毛钟鸣任国民党中央联席会秘书处干事。1927年,蒋介石发动"四一二"反革命政变,毛钟鸣被迫返回家乡,继续从事印刷业。1927年9月6日,南昌起义部队途经长汀,毛钟鸣异常高兴,找到原在北伐军的老上级吴玉章,要求参加革命队伍,吴玉章对他说:"印刷所对革命很重要,列宁当年在国外进行革命斗争时,常因没有印刷所而苦恼。你们要设法把这个印刷所办下去,以应将来革命的需要。"起义部队离开长汀后,毛钟鸣遵循党组织的指示,坚持努力办好印刷所,积极支持地方党组织的各项工作。1928年4月,毛钟鸣加入了中国共产党,不久又担任了中共长汀特支、汀城工作区区委书记。1929年3月14日,红四军从赣州首次入闽并占领了长汀县城。当晚,毛泽东在接见毛钟鸣等当地党员时,特别详细地询问了毛铭新印刷所的情况,对毛钟鸣等人说:"我们的革命宣传好比是向敌人发射的精神炮弹,印刷所好比是制造这种精神炮弹的兵工厂。印刷所有共产党员,印刷设备有石印又有铅印,条件很好,应该为革命发挥作用。我们有很多宣传品正需要大量印刷。"红四军在长汀的十几天时间里,毛铭新印刷所曾夜以继日地为红军印刷了大批的文件、布告、宣言等,如《中共"六大"决议案》《十大政纲》《红四军司令部布告》《告商人知识分子书》等。红军离开长汀前夕,毛泽东还特别指示长汀党组织,要他们想方设法认真保护好印刷所,以便将来派上用场。

1931年春,闽西苏维埃政府经过一段时间的筹备,以毛铭新印刷所的部分设备和人员为基础,在长汀创办了中央苏区最早的一家红色出版发行机构——闽西列宁书局,书局下设编辑部、印刷所、发行部及会计科、事务股等,这是集出版、印刷、发行为一体的综合性出版机构。闽西列宁书局出版的种类很多,除了编辑出版介绍党的有关方针政策的小册子、各种布告、宣言、文件以及政治文化教育图书外,还印刷、发行马克思、恩格斯、列宁、斯大林等人的肖像和其他自然科学常识丛书,并出版革命报刊,如早期的《红旗报》《战线报》等。后来的《闽西红旗》《红色福建》《红色闽赣》等报刊也先后在这里印刷出版。闽西列宁书局的创办,为后来临时中央政府成立后创建中央出版局、中央印刷厂、中央发行部以及工农红军书局等积累了宝贵的经验。

1931年11月中华苏维埃临时中央政府在瑞金成立后,为适应革命战争和各项工作的需要,党和政府在红色首都瑞金建立了众多新闻出版发行机构,主要有:

中央出版局。1931年底成立,局长朱荣生(同时兼发行部长,1932年7月后由张人亚继任)全面负责苏区的新闻出版和发行的各项工作,重点管理、检查和审批苏区报刊书籍的出版与发行。

中共中央局党报委员会。1933年1月成立,由张闻天任书记,主要负责中央理论刊物《斗争》的编辑出版工作。1934年1月中共六届五中全会后,改称为中央党报委员会,张闻天仍为书记。

中央革命军事委员会出版局。红军总政治部于1932年1月成立,附设了一个印刷所,负责红军的军事、政治、文化书籍的出版发行工作。

中央教育部编审委员会。1932年6月成立，徐特立兼任主任，与中央教育部合署办公，负责苏区教育类以及文化艺术类图书编纂、审定、出版、发行工作。

马克思共产主义学校编审处。1933年3月成立，董必武为负责人，负责苏区内文化政治理论类书籍的编辑出版工作。

红军学校出版科。1931年底成立中央军事政治学校出版科，1932年5月改称为红军学校出版科，负责红军学校学员需要的军事、政治、文化教材编写出版。

中央印刷局。1931年底成立，局长张人亚，主管苏区的印刷事业，下辖中央印刷厂。

中央总发行部。中央总发行部即中央出版局总发行部，1932年4月由《红色中华》报社发行科改组成立，朱荣生兼任部长，负责中央苏区书籍和《红色中华》等报刊的发行工作。

工农红军书局。1932年下半年成立，是中革军委出版局、红军总政治部、红军各学校联合经营的图书发行机构。

此外，中央苏区还有其他一些新闻出版机构，如在瑞金的临时中央政府印刷厂、中革军委印刷厂、财政部印刷厂等。中央苏区各省、县也相应建立了图书报刊出版发行机构，发行各自编辑出版的报刊图书。

三、中央苏区报刊、广播、通讯社概况

中央苏区的革命报刊如星星之火般地闪耀起来，中央苏区中央局在苏区创办的最早机关报是1931年7月1日于江西宁都创刊的《战斗》刊物。该刊为周刊，铅印，16开本。王稼祥（苏区中央局委员、红军总政治部主任）担任主编。该刊第一期刊登的重要文章有《苏区中央局关于召集全国苏维埃第一次代表大会的决议》。第二、三期刊登了朱德的文章《怎样创造铁的红军》（此文后来收入《朱德选集》），这篇长达四千多字的文章是关于红军建设的一篇重要历史文献。该报在苏区共出版了四期，1932年2月14日改为《实话》，1933年2月4日又与《党的建设》合刊，定名为《斗争》。

1931年11月7日，中华苏维埃共和国在瑞金宣告成立，随之出现了众多有影响力的"中央级"报刊，其中《红色中华》作为中华苏维埃中央政府的机关报，是中央苏区最有影响的报刊，也是第二次国内战争时期最为著名的苏维埃运动报刊。该报既是苏维埃中央政府的机关报，还曾一度成为中共苏区中央

局、少共苏区中央局、苏维埃中央政府、全国总工会苏区执行局的联合机关报。《红色中华》报主笔(主编)由红色中华通讯社社长兼任,最初是周以栗,之后任主笔的有王观澜、李一氓、沙可夫、谢然之、瞿秋白等人。瞿秋白任主笔时,日常工作先后由任质斌、徐名正负责。报社设有编委会,下设编辑部、通讯部和发行科,1934年2月又增设了材料部(资料室)。《红色中华》报从1931年12月11日创刊到1937年1月25日的最后一期,共出版了324期。中间因红军长征停刊了1年零43天,中央主力红军到达陕北后,又恢复出版。1937年1月,中共中央为促成全国范围的抗日民族统一战线,决定停止《红色中华》报,改出《新中华报》。

《红色中华》报创办之初为周刊,从第50期起改为3日刊,从第148期起又改为每周3期。第一期仅出四开两版,第二期起为四开四版,以后一般每期六版或八版,每期皆为铅印。过去人们一直认为,《红色中华》在中央苏区出版到1934年10月3日,其最后一期是第240期。这个结论不符合事实。1934年10月红军长征后,留在中央苏区的瞿秋白等人,在环境十分艰苦的情况下,还坚持在江西会昌和于都两地继续出版《红色中华》,一直战斗到1935年2月才被迫停刊。目前已发现1935年1月21日在中央苏区出版的最后一期,即第264期。由于当时信息不通,《红色中华》在陕北复刊时,它的期数是从241起计期数的。所以,《红色中华》报史上至少有从第241期到264期(共24期)内容互异,出版地点、出版年月不同,而期数号相同的重复报纸。[4]

与《红色中华》并肩成为中央苏区一刊三大报的还有《斗争》《青年实话》和《红星》。

《斗争》是中共中央机关刊物,由原中央局机关刊物《实话》和《党的建设》合刊,定名为《斗争》,成为中央苏区权威的理论刊物,1933年2月4日在瑞金出版第1期,1934年9月30日终刊,共出版73期。

《青年实话》原为共青团苏区中央局机关报。1931年7月1日创刊于江西永丰,第三次反"围剿"期间停刊,1931年12月1日在瑞金恢复出版。1934年10月,红军长征后,报纸停办。

《红星》是中革军委总政治部(1932年1月改称中国工农红军总政治部)的机关报,1931年12月11日在瑞金洋溪创办,1933年8月,邓小平任该报主编。在中央苏区一共出了124期,并在红军长征途中坚持出版了长征专号28期。

中央苏区党和各级政府,为了完成党的中心任务,从中央到各县,从党、政、军领导机关到群众团体组织都创办有报刊,因此,中央苏区的报刊数量是众多的。毛泽东在二苏大会的报告中称"中央苏区已有大小报刊34种"。邓拓在1952年为庆祝苏联《真理报》创办四十周年撰写的《为新生活而斗争的有力武器》一文中，对当时中央苏区出版的报刊情况有一段简略的回顾："到1934年，据全国工农兵代表大会的统计，仅在中央革命根据地就有大小报刊34种，其中，中共中央机关报《斗争》，中华苏维埃中央政府机关报《红色中华》，青年团中央机关报《青年实话》，红军机关报《红星》等在群众中都有巨大的影响。"文中所说的34种报刊只是一种传统的说法，过去也有研究成果表明是有160多种，近几年来的最新调查结果表明，中央苏区的各类报刊至少有314种。[5]

除了《红色中华》《青年实话》《红星》《斗争》等最知名的报纸外，中央苏区还有许多有影响的报刊。如中共中央理论刊物《布尔什维克》，中华全国总工会苏区执行局机关报《苏区工人》，中央苏区少先队总队编辑出版的《少年先锋》，中央苏区中央儿童局机关报《时刻准备着》，等。中央苏区出版发行的刊物还有《反帝战线》《时事简报》《红色卫生》《红色战场》《红的江西》《红色福建》《福建红旗》《红色闽赣》《前线》《突击》《反帝拥苏通讯》《选举运动周报》《政治简报》《列宁青年》等。

这些革命报刊，尽管由于当时条件限制，印刷比较简陋和粗糙。既有铅印；也有石印、油印；既有图文并茂的大报，也有传单式的油印小报；刊期也不等，有双日刊、三日刊，也有周刊或不定期刊。但它们都用通俗易懂的文字，生动活泼的形式，丰富多彩的内容，在提高苏区军民政治思想觉悟和科学文化水平方面，起着宣传和教育作用；在苏区革命理论和经济建设事业中，起着政策、方针的指导作用；在反映党政军群的机关团体的重大决策和伟大成就方面，起着重要的宣传和喉舌作用；在扩大红军、慰劳红军、购买公债、收购粮食和发展生产等运动中，起着战斗号角的作用；在帮助干部改进工作作风，密切干部与群众的关系方面，起到了舆论监督作用。

除了出版发行报刊外，中央苏区的书籍出版发行也是很有成就的。据不完全统计，中央苏区编印发行的书籍有400多种。作为中央苏区出版业行政管理机构的中央出版局在中央政府的领导下，审定各部门申报出版的书籍，甚至直接编辑出版书籍。如1932年6月出版的布哈林著作《农民问题》一书，以及后来相继出版的《布尔什维克的三十年》《论清党》《政治经济学》等。当然，苏区各部门出版的图书还是占主要的，如工农红军学校出版的军事书籍，教育部出版的教育图书等。

相对于阵容强大的中央苏区报刊队伍而言，囿于时代发展的局限性，作为新闻舆论重要组成部分的广播通讯显得比较弱小,但毕竟还是已经起步并前进着。

中央苏区的新闻广播主要是靠红色中华通讯社(简称"红中社")来承担完成的。红中社于1931年初成立,周以栗任社长。红中社对外播发新闻呼号是CSP,即为中华苏维埃无线电台的英文缩写。它的主要任务:一是设立红色中华新闻台,并由新闻台负责抄收国民党"中央通讯社"播发的国内外新闻;二是将新闻台抄收到的重要消息编成"内参材料",专供中央领导传阅;三是负责筹办和编辑中央机关报《红色中华》;四是向各根据地和红军部队播发新闻稿件。所以,红中社后来与《红色中华》报实际是一个机构、两块牌子、一套人马。

红中社初建时期,只能通过中革军委无线电台播发新闻,每天发稿约二三千字。当时上海中央局、天津北方局和湘鄂赣、鄂豫皖、湘鄂西、川陕等革命根据地,都曾抄收过红中社的电讯。1931年11月7日第一次苏维埃全国代表大会隆重开幕的当天就是用中革军委无线电台发出的新闻电讯。

为便于红中社发布、收集、提供国内外新闻来源,中革军委专门从红军中调拨出一部电台给红中社,专门用于发布、抄收国内外新闻电讯,被人们称为"红色中华报社新闻台",红色中华报社新闻台由王诤、岳夏先后担任台长。新闻台还办有一份"内参"《无线电材料》,1932年夏改为《无线电日讯》,不定期有选择地登载每日抄收到的国内外重要新闻,专供中央苏区党、政、军领导同志内部参阅。红军出发长征后,红中社播发新闻的工作暂时停止,抄收新闻的工作转由红军电台承担。[6]

四、中央苏区的报刊发行情况

中央苏区的党和政府十分重视报刊发行工作,在探索中发展,在发展中壮大。中央苏区的报刊图书发行是很有成效的,《红色中华》由几百份、几千份,突破3万,跃到4万,超过了当时国民党统治区销行全国的《大公报》的发行量;《斗争》发行2.7万份;《青年实话》发行2.8万份;《红星报》最高发行量达到1.73万份;《革命与战争》发行3 000份;《时刻准备着》发行4 000多份。1934年,毛泽东在二苏大会的报告中就进行了统计阐述:"苏区群众文化运动的迅速发展,我们看到报纸的发行也可以知道。中央苏区已有大小报刊34种,其中如《红色中华》从3 000份增加45 000份以上,《青年实话》发行28 000份,《斗争》只在江西苏区每期至少要销27 100份,《红星》17 300份。"[7]

另外,从中央印刷厂——中央苏区当时规模最大的国有企业之一的印刷业务也可见一斑。中央印刷厂于1931年9月正式成立于瑞金叶坪下陂坞村,下设编辑、铅印、石印、铸字(又称浇字部)、刻字、裁纸装订、油墨等八个部,铅印部设备比较齐全,主要负责印刷《红色中华》《斗争》《苏区工人》等报刊,还印一些重要书籍教材。全厂工人多时达二百多人。《红色中华》报刊登的中央审计委员会的审查结论称"该厂每月有七千元以上的营业收入,是一个大的印刷机关"[8]。

中央苏区报刊发行工作显著成绩的取得,原因是多方面的。

第一是党和政府领导眼界高,身体力行,支持大。署名为阿伪的文章《苏维埃的新闻事业》很有力地写道:"与其说报纸是我们战争中的话筒,毋宁说是纸面上的枪支子弹","《红色中华》正是我们的锐利武器之一。"[9]就以苏区最为普遍编印流传的各种各类《时事简报》为例,毛泽东曾明确指出:《时事简报》等"是苏维埃区域中提高群众斗争情绪、打破群众保守观念的重要武器,在新争取的区域对于推动群众斗争更有伟大的作用"[10]。毛泽东、项英、博古、张闻天、周恩来等中央苏区领导人以及中央各部门、各省负责人,经常指导、询问报社的工作,还亲自为报刊写社论和通讯,或者主动提供信息和材料,热情接受报社人员和通讯员采访。

第二是办报方针正确,紧密联系中心任务和群众实际。中央苏区报刊坚持与党的中心工作保持一致,注重在特定环境下的"一切为了战争,一切服从战争"的时代需要和舆论导向,在内容上具有时代感和先进性。同时,注重报刊的特色与革新,形式生动活泼,文字通俗易懂,如《青年实话》是苏区青年最为喜爱的报纸,始终保护"文字作风的青年大众化"[11],它还适应青年需要,编辑出版了《青年实话丛书》和《革命歌曲集》两本书,在苏区畅销一时。

第三是建立健全报刊发行机制,层层落实发行工作。早在1931年5月5日,中共中央通过了关于建立全国发行工作决议案,就对发行工作做过指示,不仅指出了存在的问题,而且提出了改进意见,特别提到了做好苏区发行工作,供给各种书籍刊物。要求各地必须立即成立发行部,发展发行员,建立发行网。要求建立巡视制度,在检查工作和报告工作中,发行工作须成为各级党部必不可缺的一项。为了搞好发行工作,中央成立了发行部,各级也有相应的发行机构。各地邮电部门把发行当作一项重要任务,报社的通讯员也有帮助发行报刊的义务。许多地方还组织了叫卖队,建立了代售处,通过各种群众协会团体、俱乐部、列宁室等协助把报刊发行到全苏区各区域,活跃到广大的工农兵群众中去。

第四是广泛吸纳和壮大通讯员队伍,建立系统的通讯员网络。中央苏区的报刊普遍没有专职记者,全靠通讯员投稿。因此,苏区各新闻单位不仅重视发动群众写稿,而且十分注意吸收和培训通讯员,形成通讯员的强大阵容和系统网络。苏区的各级党委和政府对此也给予重视和支持,并通知号召,给予一定的稿酬或者送书奖励。当时,《红色中华》通讯员发展到400多人,《红星报》通讯员有500多人,他们中有党、政、军的各级领导干部,更多的是基层工农兵群众。

第五是加强自身宣传,扩大广而告之的发行效果。中央苏区报刊发行时的广而告之是比较及时而且普遍的,如《红色中华》第245期醒目地打出了一个标题:"你不订一份红色中华么?"内容写道:"她可以启发你的知识,她可以培养你的能力,她可以告诉你各地斗争的消息。快来订阅!快来订阅!"《红色中华》第88期则这样向读者推荐《青年实话》:"要理解青年运动理论,不可不读!要懂得青年运动策略,不可不读!要学习青年运动经验,不可不读!要明了青年斗争形式,不可不读!"[12]同时,为了更有利于发行工作开展,苏区报刊图书常以优惠价格惠及工农兵群众。中央出版局曾在《红色中华》上刊登了从1932年8月1日起实行的书报发行规定:"五份以上九折;十份以上八折半;五十份以上八折;一百份以上七折半;五百份以上七折;一千份以上六折半。优待红军一律半价;代派十份以上一律四折半。"[13]

五、结 语

在土地革命战争的十年间,中央苏区的新闻出版事业在艰苦卓绝的斗争环境中开创并前行,从无到有,从小到大,为宣传马列主义和党的各项纲领、路线、方针、政策,为发展和加强中央苏区党的政治建设,为组织和指导千百万工农群众参加革命战争和苏区各项事业的建设,为发展和壮大红军队伍,粉碎敌人的反革命军事"围剿",保卫根据地发挥了重要作用。中央苏区报刊具有鲜明的党性、强烈的战斗性、广泛的群众性等特点,为中国新闻事业的发展积累了丰富的经验。

但是,实事求是地说,由于时代的局限,特别是受到当时王明"左"倾机会主义路线的影响,中央苏区的新闻出版事业之不足也是客观的,教训是深刻的。当年以洛甫为名的张闻天曾任中共中央宣传部部长、临时中央政治局常委,1933年12月,洛甫在《斗争》杂志上发表了一篇洋洋洒洒近万言的长文《关于我们的报纸》,内容丰富,论述全面,观点鲜明,可以称为是新闻出版专业的一篇高质量的论文,更是对中央苏区新闻出版事业的真实反映和评价。原汁原味地摘引张闻天所举几例可见一斑[14]：

"我们常常满足于一些赤裸裸的动人的数目字,一些一般工作计划与工作布置。"

"大部分我们报纸上的新闻,都是空洞的浮面的记载。"

"奇怪的现象！到处都在喊要打倒官僚主义,但是官僚主义的具体事实在我们的报纸上却很难找到。"

"我们所需要的是真实,我们不需要在我们的真实上加上什么粉饰。"

其言凿凿,其言铮铮,直面问题,直击要害,令人汗颜,令人警醒。

"明者因时而变,知者随事而制。"中央苏区新闻事业的经验与教训是值得当今新闻出版业界从业人员学习和深思的。

注释：

[1]《红色中华》(第118期),1933-10-6.
[2] 傅柒生,李贞刚.中央苏区报刊图史.解放军出版社,2011:104.
[3] 古田会议决议//毛泽东.毛泽东文集(第1卷).人民出版社,1993:94-97.
[4] 傅柒生.红色记忆革命典藏——中央苏区报刊概述.天津日报,2011-7-11.
[5] 李润波.中央苏区报刊图史序言//中央苏区报刊图史.解放军出版社,2011:2.
[6] 任质斌.《红色中华》始末.新文化史料,1986(3).
[7] 傅柒生.红色记忆革命典藏——中央苏区报刊概述.天津日报,2011-7-11.
[8]《红色中华》(第169期),1934-3-16.
[9]《红色中华》(第100期),1933-8.
[10] 毛泽东.毛泽东文集(第1卷).人民出版社,1993:259.
[11]《青年实话》(发刊词),1931-7-1.
[12] 朱宗玉.中央苏区书刊的"广而告之"//洪荣华.红色号角.福建人民出版社,1993:292.
[13] 罗时焗,张铨琨.苏区红色报刊的通讯网络与发行工作//洪荣华.红色号角.福建人民出版社,1993:320.
[14] 洛甫.关于我们的报纸//斗争(第38期),1933-12.

【作者简介】 童清艳,上海交通大学教授、博导,研究方向为：传媒产业、受众研究、新闻实务；傅柒生,龙岩学院研究员、龙岩市委宣传部副部长、古田纪念馆荣誉馆长、国防大学等多所大学兼职教授；赖文燕,中央苏区(闽西)革命历史博物馆科长、副研究员。

新闻思想及特征研究

论程沧波的新闻思想*

徐新平

（湖南师范大学新闻与传播学院，长沙 410000）

摘 要：程沧波是国民党著名报人，国民党《中央日报》首任社长。在长期的办报实践中，他撰写过大量政论时评，在理论与实践上都颇有建树。在新闻理论上，他倡导记者要具有自由独立的精神；鼓励记者不仅要会拿笔杆子，还要会拿算盘，善于经营，在追求高雅精神生活的同时，也应有高尚的物质生活；他提倡党报记者应该为本党和政府辩护，站在本党的立场上说话。他的有关新闻理论的论述和主张，在中国国民党报人中有一定的代表性。了解他的新闻思想，有助于我们认识中国国民党的党报理论。

关键词：程沧波 新闻思想 中央日报

程沧波(1903—1990)，原名中行，江苏武进人，国民党著名报人。1925年毕业于复旦大学政治系。1930年赴英国伦敦政治经济学院留学，次年回国，任《时事新报》总编辑。1932年春，由陈布雷推荐，任改组后的国民党《中央日报》首任社长，时年29岁。1937年10月底程沧波奉派赴欧洲，1938年8月回国，复任国民党中央宣传部副部长兼《中央日报》社社长，直到1940年秋天被免去社长一职，到监察院任秘书长。在重庆期间，程沧波还兼任"重庆复旦大学"新闻系主任，主讲《新闻评论与新闻采访》。1941年被国民党中央党部派往香港，任《星岛日报》总主笔。1945年他与成舍我等人合作，创建"中国新闻公司"，投资经营重庆《世界日报》，并任该报总主笔，主持社评委员会工作。抗战胜利后，国民党政府委任他为江苏监察使。1947年他辞去此职，担任《新闻报》社社长。上海解放前夕迁往台湾。1971年"中华民国新闻评议会议"成

---

* 本文为国家社科基金重大项目"中华民国新闻史研究"（编号:13@ZD154）的研究成果之一。

立,他被推举为主任委员。在长达18年的任期内,他拟订各种道德规范,为推动台湾地区新闻自律做出了突出贡献。1988年退休时,台湾当局颁赠他"实践一等奖章",以表彰其业绩。在台期间,他还担任过"台湾政治大学"、东吴大学、世界新闻专科学校教授。1990年7月21日在台湾去世,终年88岁。

程沧波在长期的办报实践中,撰写过大量政论时评,1954年在台湾出版过《时论集第一编》和《时论集第二编》,另有《历史文化与人物》一书行世。1983年,他从以上三书中选择得意之作69篇以《沧波文存》书名出版。他在该书的"自序"中说:"我所遭逢的时代,是北伐前后,经'九一八'而抗战以至于内战。'九一八'以前所著文字,片纸只字,不可复得。苦难时代中所成苦难文字,若说尚有一点时代史料价值,这一点危苦之声音,或可供知人论世者参阅。"[1]他的文章,除了时评颇受称赞之外,还有人物传记和怀念故交的文章,也令人瞩目。他在长期的新闻生涯中,理论与实践都颇有建树。从他有关新闻理论的论述中,大致可以了解中国国民党报人的新闻思想。

一、做一个自由独立的记者

1951年11月13日,程沧波在《新生报》发表《重诉生平——为陈布雷先生逝世三周年作》一文,他在当中说:"布雷先生从政二十年中,真是参加高级政治。其于政情宦海之内容,较任何人知之深切。他知我的个性最深,我的素性不羁,他是最优容我的人。对他二十年的亲炙,使我对宦情索然。他始终期望我做一个自由独立的记者,真是我生平最深的知己。"[2]程沧波在文章中不仅深情地回忆了陈布雷先生与他的深情厚谊和对他的关怀与栽培,而且反映了他人生追求的理想——"做一个自由独立的记者"。他之所以尊陈布雷为生平最深的知己,原因之一,是因为陈布雷对他的了解与期望,同他自己的职业理想是完全一致的。

关于自由与独立,程沧波在《独立与独行》中做过这样的解释:"独立精神是自由主义一个核心,也是民主制度中一个支柱。今天我们奢谈民主自由,而忽视了这一种独立精神,实如无源之水。"[3]就是说,独立精神是自由的前提与基础,没有独立便没有自由,两者是不可分离的整体。他进一步论述说:"今人好谈民主自由,亦好谈人格尊严。这就是自由主义尊重个人,发挥个性至善的要义。中国儒家讲'修身',讲'成己'。'自天子以至于庶人,一是皆以修身为本'。'古之学者为己,今之学者为人'。'成己成物','立己''立人',充实自己,发挥自己,就是今天流行的'人格尊严'之注解。上面所引述的宗教上政治上乃至社会上的独行与独立,根本出发点,在先完成自己,再能扩大完成他人,或完成社会与天下国家。古今历史上唯有自己充实完美的人,然后能有所不为。怎样能有所不为?因为我们心中所守。守的是什么?我们良心良知上所认为的直道与真理。良心上良知上的直道与真理,就是我内心上的防线与堡垒。当我们采取守势,是有所不为。当我们采取攻势时,是'有所必为'。这样才能在万世天地独来独往,这样才能见祸福生死,漠然无动于衷。"[4]

程沧波的这段论述,是颇有见地的。1899年梁启超在论述独立精神的时候,认为"独立"就是"不籍他力之扶助,而屹然自立于世界者也。人而不能独立,时曰奴隶。"[5]梁启超认为,不依赖他人的扶助与庇护,具有孟子所说的"当今之世,舍我其谁"的气概,就是独立。后来,即1903年,他又说:"独立者,与隶属对待之名词也"。"独立者,自有主权而不服从于他人者也。"[6]就是说,独立是指人在精神和行动上与奴隶相反的那种生存意识与境界,能够自己主宰自己。而程沧波认为,所谓"独立"精神,本质上是充实完善自己,在精神上独有所守,即守住良心良知上的直道与真理。这种解释与梁启超从政治学角度的理解不同,主要是从道德哲学的角度来理解的。在他看来,作为记者,只要心中坚守直道与真理,就会在新闻活动中,纪事论事,真实公平,这是真正的独立精神的体现。

程沧波认为,在中国新闻史上,最具有独立精神的记者,是成舍我先生。他在《中国自由史上一位独立的记者》中,以饱含深情的笔触,热情赞扬了成舍我先生的办报业绩与精神。他说:"他过去四十余年在新闻界的奋斗历史,它的光荣是不仅属于新闻界的。他四十余年的努力奋斗,是中国自由的一章。他在新闻界四十年的奋斗,影响及效果,不止限于新闻界一个圈子中间,其直接间接的影响,在于整个中国。所以,舍我先生是近代中国新闻史上一位伟大的斗士。他为了新闻自由而奋斗,也就是为了人类自由而奋斗。"[7]他回顾和总结了成舍我先生办报的经历,认为最值得新闻界继承和发扬的是他的独立的精神。他说:"综合舍我先生的生平,在他四十余年奋斗史中,最值得我们大书特书的,是他的独立精神。四十六年的长期奋斗中,他所遭遇的敌人,虽然有各种的各式的不同;他所创立的报纸,虽然有晚报、日报、画报乃至周刊;他奋斗努力的地方,虽然遍及中国的南北东西,乃至海外,然而他最伟大的特点,是他独立的精神。独立与公平,是一个好记者的必要条件。有了这两个条件,然后,一个记者的观察与言论,可以引起多数人的信服,在社会方面发挥广大的效力。公平的报道与言论,能替国家社会造成优良的气氛与健全的环境。消极方面,各种政治与社会的罪恶,可赖公平的报道与言论为之涤除;积极方面,各种改良与设施,可依公平的报道与言论而为引导以迄于完成。"[8]

程沧波的这篇文章,既是对成舍我先生办报经历的回忆与办报精神的赞扬,又是对自己思想观念的阐发。我们知道,司马迁在他所写的人物传记中,写得最为动情和最为感人的莫过于屈原和项羽这两位悲剧英雄,因为太史公自己就是一位悲剧人物。他所写人物的命运与他自己的命运有许多相通之处,在思想感情上有了强烈的共鸣,因而《屈原列传》和《项羽本纪》才会那样感人至深。程沧波写成舍我的办报生涯也有这样的意味。他反复赞扬成舍我先生"他那独立的精神是近代中国记者中少有人可以比拟的","他真是近代中国记者的'云中一鹤'",[9]其实,也充分表达了自己对于记者道德修养的观点与期望。人们在生活中对于某种事物和观点的认同与赞许,往往都是自己的内心表达。程沧波说:"近代成功的记者,其对人类的丰功伟烈,有时是超过政治家以上,而是与宗教思想家占着同等地位的。占着这样重要地位的人,其精神上最主要之条件,是独立。由这个精神源泉而奋斗出来的记者,必然是一位伟大的记者。"[10]在这里,程沧波把具有独立精神的记者对于人类社会的贡献,置于政治家之上,而与宗教思想家并列,充分反映了他对自由独立精神的崇尚。在他看来,记者在自己的职业生涯中,是甘愿做一个御用记者,还是力求做一个独立记者,是决定其人生价值和职业价值的分水岭。

二、记者不仅要拿笔杆子,还要会拿算盘,用仪器

中国传统知识分子历来崇尚先义后利、安贫乐道的人生价值观,视"君子罕言利"的孔、颜乐趣为最佳的人生境界。但是,这种一向被人推崇的价值观念在程沧波这里遭到了质疑与否定。他认为,用脑和用笔服务于社会的教授、记者,不仅要会拿笔杆子,还要会拿算盘,善于经营,在追求高雅精神生活的同时,也应有高尚的物质生活。1940年4月1日,程沧波在《中央日报》发表的《新时代的新闻记者》一文中说:

社会上普通恭维教授、新闻记者,有一句口头禅,便是"你们清苦"。这句话充分表现我们社会的落后。社会中能容许这种事实的继续存在与这种语调的流行,是社会一个耻辱。社会中高等文化知识分子是不应该清苦的,社会不应让这许多人清苦,文化知识分子不应自甘于清苦。为什么教授、新闻记者,不能得着人生应有的高尚物质生活?为什么高尚物质生活,只能让官与商或半官半商的人去专有?……一个社会中,若尽使官与商或半官半商的人肥头

大耳去发达滋长,这个社会就是落伍。文化界生活标准的提高,是社会的责任,也是文化界的责任。[11]

程沧波一方面指出,如果社会中高等文化知识分子都是清苦的,那么,这是一个社会的耻辱与落伍,这个社会也一定是病态的;另一方面,也提醒知识分子自身要改变观念,不应自甘于清苦,清苦不是知识分子的专利,富足也不是官商的专利。文化界应理直气壮的想方设法提高生活标准和经济待遇。不然,真正的人才就不会投身到新闻战线上来。20世纪40年代,胡道静在《新闻史上之新时代》中就说过:"新闻人才之缺乏,决非由于鄙视斯业之故,而实由于生活难以维持。……待遇无法提高,是使人视从事报业为畏途也。"[12]对于人类的生活境界来说,精神生活固然重要,但物质生活也是人们活得是否有质量、有尊严的重要标尺之一。忽视高尚物质生活而以清高自许的知识分子,是迂腐的书呆子。程沧波提出"文化界生活标准的提高,是社会的责任,也是文化界的责任",是颇有见地的。

如何改变新闻界的待遇,提高记者的生活标准呢?程沧波认为,当然不是搞"有偿新闻"和权钱交易,也不是用低级趣味去迎合受众,扩大发行量,而是实行党报企业化经营管理,"要靠报界自身多产生组织的人才,业务的人才。"在抗战时期的1940年,他就提出:"我视察中国的新闻事业,如果要希望新时代的报纸,负起新时代的使命,必须使新时代的报纸尽量企业化。报纸本身必使成为一个独立的生产的企业,然后报纸的各种机能才能充分发挥。""新闻事业在将来必然发达,新闻事业在将来也必然企业化,都是固定的趋势。""新闻界从业人员的待遇享用应该与实业、金融界有同样的水准。这就要靠报纸的企业化。新闻事业的企业化,要靠报界自身多产生组织的人才,业务的人才。同时,社会中间才能之士,要变换目光去看待新闻事业。要看新闻事业不定是赔累的事业,而且是势与利兼具的事业。"[13]程沧波认为,新闻事业的企业化经营是改善记者物质待遇的最佳途径。

1946—1948年在《中央日报》担任过副总编辑的陆铿曾经回忆道:"从历史上看,国民党经营《中央日报》18年,一直没有摆脱亏本的局面。不论任何人当社长,都是老着脸皮伸手向国民党中央要钱。原因是报纸没有办好,群众不爱看,销路打不开,连当地广告也上不来。"[14]其实,从程沧波的论述中可见,不是《中央日报》的报人不愿赚钱,也不是他们没有能力赚钱,而是国民党中央和蒋介石只希望《中央日报》成为国民党的宣传工具,而不是一份以报道新闻为职志的报纸。1940年7月16日,蒋介石在对"中央政治学校"新闻事业专修班毕业学生的训词中说:"现代新闻事业的经营,绝不是纯粹商业的性质,而是要求达到宣达民意,指导舆论,贯彻国家宣传政策目的。……我们现在的新闻事业,要阐扬三民主义,宣传一贯国策,更要以服务为目的,不仅不能以营利为目的,而且要不惜成本,不惜牺牲,充实内容,提高效率。……我们一般从事新闻事业的人,平日受了党国的培养,负了革命的责任,不能精诚尽到职责,反而藉此只图赚钱,这比贪官污吏,真是罪恶还大。"[15]由此可见,程沧波与蒋介石在报业经营上的观点并不相同。尽管蒋介石严厉地批评了新闻事业企业化经营的思想,但是,他在《中央日报》上还是陆续发表了《鼓励个人的创造》《脑子吃饭问题》《教育界的才荒问题》等文章,进一步阐发自己的观点。

其实,党报的政治宣传和企业化经营在某种程度上并不矛盾。党报企业化经营搞好了,报社的实力增强了,不仅可以扩大政治宣传的影响,还可以发展壮大党报事业。问题的关键在于,不是要不要企业化经营,而是怎样进行企业化经营。如果一谈宣传,就是板起面孔说教,报馆像衙门,办报如做官,空话、套话连篇;一谈经营,就唯利是图,放弃媒介道德与社会责任,那么,宣传与经营就永远合不到一起。只有宣传不悖事实与真理,赚钱不昧道德与良心,才是正确的做法。

三、记者要敢于为政府辩护

南京国民政府成立之后,为了规范国民党党报的新闻宣传活动,国民党中央常务委员会于1928年6月发布了《设计党报条例草案》《指导党报条例》《补助党报条例》等三个重要文件。文件规定:"各党报所有主张、评论除依据'中央'宣言决议及随时颁布之宣传要旨外,更须以本党主义及政策为最高原则","各党报须绝对站在本党的立场上,不得有违背本党主义、政策、章程、宣言及决议之处。"[16]国民党领袖蒋介石对国民党的宣传工作也明确指示:"本党的新闻事业,就是'三民主义'的文化服务","我们现在的新闻事业,要阐扬三民主义,宣传一贯'国策'。"[17]由此可见,国民党对其党报的要求,就是以阐扬"三民主义"、宣传一贯"国策"为第一要务。

作为国民党《中央日报》社社长的程沧波,对于这些规定与要求无疑是坚决执行的。1940年4月1日,他在《中央日报》发表的《新时代的新闻记者》中说:"上一周'中央政治学校'新闻事业专修班甲组学员毕业,蒋校长发表长篇训词,刊载各报。在这篇训词中,总裁已将新闻事业的重要与新闻记者的责任,详尽发挥。这个训词对于新闻界必能发生很大的作用。……尤其训词中所列举的四种工作纲要,如善尽普及宣传之责任;善尽宣扬'国策'之责任;善尽推进建设之责任;善尽发扬民气之责任。都是今日新闻界应当尽力自勉的。"[18]可见,程沧波除了在党报企业化经营上坚持自己的观点之外,在宣传纪律上和宣传思想上与国民党中央有着高度的一致性。

为了使《中央日报》更好地宣传"本党主义及政策",程沧波提出了敢于为政府辩护的主张。早在1932年5月8日,他就在《中央日报》改版社论《敬告读者》中说:

《中央日报》在系统上为党的报纸,是其职守,应为党之主义言,为党的创造者之遗教言,故发扬党义与阐明遗教,允称本报使命之一。……本报不讳为本党主义之辩护人,而决不作党内机关或党内个人之辩护人。……今之政府,受命于党,而本报则本党之辩护人也。前既言之,党内之机关及个人,苟其行为违反党的主义,本报将尽量予以批评。然从另一方面言,则苟政府或个人之行为并不悖于主义而蒙意外之毁憎者,本报一本其批评政府之勇气以为政府辩护。报纸之生命在声名,吾人未敢遽云忘怀清名。吾爱清名,尤爱真理,唯爱真理者有大勇,亦唯有大勇者能为政府辩护。此吾人沾沾自喜以为不同流俗者,端在于是。

党报要为本党执政的政府辩护,站在本党的立场上说话,这是党报的基本属性,不然就不叫党报了,古今中外的党报,都是如此。程沧波在阐述《中央日报》要理直气壮地为政府辩护的时候,还陈述了一条重要的理由,是党的利益与人民利益的一致性。他说:"依吾人所见,党之利益与人民之利益,若合符节。换言之,人民之利益,即党之利益;为人民利益而言,即为党之利益而言,故本报为党之喉舌。同人此来,同发宏愿,凡人民利益所关,不论其利益之性质积极或消极,将不辞任何牺牲而为人民宣泄其不平,研究其补救方法。同人自信,以本报所处之地位,苟能戮力于此,必能直接间接为政府消弭无限怨毒,为民众保障不少利益,增加无量福利。"[19]

看了程沧波的论述,我不由得想起延安时期共产党《解放日报》社社长博古在《解放日报》改版时写的《致读者》中的一段话。博古说:"我们的党是代表人民的党,我们除了人民的利益外没有别的利益。"[20]程沧波与博古的话,在语言表述和内容上几乎是一样的,都把党的利益等同于人民的利益,都站在各自政党的立场上说话。叶楚伧曾说:"差不多从古到今,从中国到外国,没有一个不要民众的;没有民众的就要亡,历史也有许多证据了。不要说救民众的本党要民众,就是从前的皇帝,表面上也是说要民众。"[21]国共两党在新民主主义革命阶段乃至在后来的历史进程中,究竟谁是人民利益的代表,评判权掌握在人民手中。事实证明,国民党在大陆的失败,最根本的原因是人民用自己的行动给出了坚实的回答。因此,程沧波说为政府辩护,就是为人民辩护,是没有说服力的。因为政府有真正为民众谋利益的服务型政府,也有欺压人民为少数利益集团服务的专制型政府。

在当时的历史条件下,怎样为政府辩护呢?程沧波在后来的回忆中陈述了当年的看法。他说:"在四面环攻中的本党,其宣传中心,可以归纳为下列几个要点:第一,根据本党革命之历史,使全国绳然以党国利害休戚相关,使民意与党意,接近距离而成混合体。第二,根据本党民族主义之理论与事实,诱示人民,本党领导之政府,在最后关头,必然起而全面抗日。但在最后关头来临之前,必须忍辱负重,安内而后攘外。第三,在训政时期,拥护训政时期约法为国家根本大法,使本党的统治,在法律上得着依据而不容随意受人攻击。第四,用中国传统的纪纲阐发本党的领导权,对于国内的叛乱加以严正的宣扬。第五,根据事实、真理为政府辩护,对政府批评。根据党义替政府罪己认错……。"[22]

程沧波的观点从党报理论角度看,是符合当时国民党政府要求的。一般说来,尽力为政府歌功颂德,增其威信,勇于为政府罪己认错,排忧解难,是执政党党报应尽的职责。但是,我认为,当自己忠于的政府在路线、方针、政策上,脱离时代的需要或与民意对立时,那么,作为有巨大影响力的媒介,越是忠心耿耿地为其辩护,就越会欺骗民众,助纣为虐,使政府在错误的道路上越走越远,其结果是害了人民,也害了政府,这是毫无疑义的。真正有独立思想和爱国精神的报纸,为政府辩护应当看情况,拥护政府也要看对象,先想想"值不值和该不该"的问题,然后再做抉择。对于恶政府和坏政策,绝没有拥护和辩护的责任与义务,相反必须进行勇敢地揭露和坚决的斗争。这才是独立报人和以维护正义为职志的报纸存在的意义和价值所在。

注释:

[1] 程沧波.沧波文存自序.华龄出版社,2011:9.
[2] 程沧波.沧波文存.华龄出版社,2011:116.
[3] 程沧波.沧波文存.华龄出版社,2011:75.
[4] 程沧波.沧波文存.华龄出版社,2011:80.
[5] 梁启超.独立论//梁启超全集(第一册).北京出版社,1999:268.

[6] 梁启超.论独立//梁启超全集(第二册).北京出版社,1999:1080.
[7] 程沧波.沧波文存.华龄出版社,2011:117.
[8] 程沧波.沧波文存.华龄出版社,2011:118.
[9] 程沧波.沧波文存.华龄出版社,2011:122.
[10] 程沧波.沧波文存.华龄出版社,2011:118.
[11] 程沧波.新时代的新闻记者.中央日报,1940-4-1.
[12] 胡道静.新闻史上之新时代.世界书局,1946:40.
[13] 程沧波.新时代的新闻记者.中央日报,1940-4-1.
[14] 陆铿.动荡年代的南京"中央日报".纵横,2002(12).
[15] 蒋介石.怎样做一个现代新闻记者.新闻学季刊,1939,1(3).
[16] 蔡铭泽.中国国民党党报历史研究.团结出版社,1998:94-95.
[17] 蒋介石.怎样做一个现代新闻记者.新闻学季刊,1939,1(3).
[18] 程沧波.新时代的新闻记者.中央日报,1940-4-1.
[19] 程沧波.敬告读者.中央日报,1932-5-8.
[20] 博古.秦邦宪(博古)文集.中共党史出版社,2007:465.
[21] 中国国民党党史委员会.叶楚伧先生文集(第二册),1983:1.
[22] 蔡铭泽.中国国民党党报历史研究.团结出版社,1998:135.

【作者简介】徐新平,湖南师范大学新闻与传播学院教授,博士生导师,中国新闻史学会常务理事。

民国报人陈冷的办报活动及其办报思想

庞荣棣

(上海史量才研究委员会,上海 200086)

摘 要:要更深入研究史量才,就需要对《申报》的关键人物加以研究。资深报人陈冷辞去《时报》8年的编辑工作,于1912年到1930年担任《申报》总编18年,连同1946年重回《申报》3年,共占大陆民国时期的21/37时光。他的办报活动及办报思想集中展现在他掌控、书写的《申报》"时评"里。尤其在大是大非面前,代表陈冷思想的"时评"早期,对报业的热爱视为第二生命,言论显得立场坚定、观点鲜明,观点是积极的;中期,对动乱的社会局势与压力无所适从,则显得隐晦、绕道、躲避,大大削减了第一大报的先锋作用;晚期,对报业厌倦、消极,又因受老蒋恩宠,便辞职,去过养尊处优的悠闲生活。抗战胜利后,他被邀回,任《申报》发行人,1949年5月,亲手拉上《申报》被停刊大幕。

关键词:申报 时评 陈冷 史量才

陈景韩(1878—1965),笔名陈冷,又名冷血、不冷,松江人,秀才,其父为私塾先生。"1898年后,同乡人钮永建进武昌武备学校,经钮介绍两年后也进该校。曾参加革命会党,为清廷下令缉捕归案。适其回乡省亲,陈父设法疏通,以开除学籍论处。1903年冬,陈偕姊丈雷奋(继兴)潜赴日本留学,分别学文学、法律和新闻。""在日本认识了因戊戌政变牵连而逃往日本的狄平子(楚青)。狄与康梁拟定创办保皇报纸于沪,得经费,于1904年6月在上海望平街四马路口创办《时报》。由于主笔辞职,狄即致函日本,邀陈、雷来沪协助。"[1]

1912年年初,他受任"史量才时代"《申报》的首任总编,为《申报》服务了18年居然离去。这位资深老报人在大陆37年中,有21年是在《申报》度过的,民国新闻史留下了他办报活动与办报思想的足迹。试从三段时期分别加以阐述。

一、办报早期(1912—1916年)

据包天笑回忆说,他1906年进时报馆,陈冷与雷奋已在编辑《时报》了,故陈、雷大约在1905年应聘回国,到《时报》任报纸编辑工作。"我们三人商定,各人在他所编一栏里,就当天所发生的新闻中,择要写一个极短的时评。景韩编写时评一,属于要闻;包编外埠新闻,时评二;雷本埠新闻,时评三。"[2]那时,正逢陈妻病故,住在馆内,又遇总主笔辞职,故《时报》总主笔的任务往往由陈冷代做了,无意间,陈冷练就了主持《时报》笔政的本领。

包说他的形象很特别:"我常笑他,你属动静两物,动则脚踏车,静则烟斗。他不坐人力车,脚踏车又快又便又省钱,随心所欲,往来如飞,文学家称之为自由车……当他口叼烟斗,脚踏在书桌上,作静默构思状颇像福尔摩斯。""他的一条狼狗甚凶猛,时报馆里的人,都叫它'冷血狗'""后来,他续弦请客,座中无一女宾,新娘也未到场","他突然失踪,也不告假,过了多日,狄收到他寄来的信,才知道到他在白山黑水间旅游……他的怪僻,在常人眼里,就觉得'不谐世俗,好自立异,或者出于礼法之外'"[3]。

当时,狄平子没给陈冷总编职称与薪水待遇,因重要把关有遥控的梁启超和他自己。因而,在馆24小时的陈冷,还有余时和包轮流给《时报》的"时报小说"写稿。"他说天天在报馆里见面,大家亲切有味,有什么问题,可以互相讨论。"[4]陈冷喜欢与宾客、同仁在"息楼,搓麻将、打扑克,楚青也一直持放任主义"。[5]8年的办报生涯是宽松愉快的,陈冷也算是合群的。

1912年10月,史量才从席子佩手中盘下《申报》,开启了中国报纸由中国民间人士独立自主创办的里程。他约聘了在时报馆结识的陈冷任总编。"两人意气相投,政治上见解每多一致,成为密友。""《申报》'时评'由陈冷代表发表政治主张。"[6]1912年底起,陈冷坐上了天字第一号《申报》的总编辑交椅,成了《申报》立场、观点、倾向的代言人,可谓望平街上享有尊荣的显赫笔杆人物。

"今日的新闻,明天的历史",在史量才接办《申报》前40年的"美查时代",《申报》新闻已成为历史。"史量才时代"的"今日言论"由陈冷执笔18年,占"史量才时代《申报》"22年的9/11时光,这位总编陈景韩,在贯彻史量才的办报主张的同时,展现了他自身的办报活动和办报思想。

结束了轻松、无压力的8年清末办报活动,要承担起"肩荷此社会先驱,推动时代之历史重责"《申报》神圣、庄严又伟大的崇高使命,陈冷开始了《申报》

总编生涯。1912年,外祸内乱达到极点,民众"起而谋抵抗之法,非赖报纸为先锋又将谁赖?报纸地位之重要如此",[7]他深知自己笔下的"申报时评"所负有责任和使命,"故其克已也严,论事也平。"[8]

在袁世凯闹复辟称帝、欲变更国体的重大问题上,举国沸腾,《申报》言论所持立场无疑是坚决反对的。

1914年11月21日,《申报》发表了《帝之一字》短小时评,指出:"盖帝制决非民国所应有,有帝决不能尚有民国也。今日既称民国,则帝之一字安能相容哉?""时评"措辞之不容辩驳、立场态度观点之鲜明,明明白白尽在其中,展示了第一大报在非常时刻应有的舆论导向作用。1915年9月3日,《申报》以"本报启事"方式表明自己始终反复辟、反称帝的坚定的态度:"东电传言有人携十五万金来沪运动报界,主张变更国体者……值此外患无已之时,国乱稍定之日,共和政体之下,有共和一日,是难赞同一日。""启事"强调了两大要点:其一,坚决反对将"中华民国"变更为"中华帝国";其二,严厉拒绝贿赂!《申报》不用"时评"用"启事",是事关重大,一旦问罪下来,馆主史量才会义不容辞挺身担当,也作为对总编陈冷的言论支持、配合。"启事"无畏地将拒绝袁大总统派人行贿的丑闻公布于报端,以实际行动向社会宣告:史量才的《申报》以自洁、自全、自律的人格和廉洁的报格向社会展示出"监督政府、启迪民智"尽报人天职的坚定立场,申报馆全体同仁以高风亮节的姿态出现在舆论高地上,高调反对复辟倒退,充分发挥了《申报》应有的舆论导向引领的先锋作用,也可见彼时奋笔疾书的陈冷的血与馆主、与同仁、与民众同热,那样的义正词严,那样的坚定、决绝,那样的义无反顾!

他在《最近之五十年·"二十年来记者生涯之回顾"》中说:"做报用力不在一时,而在继续,继续又继续而至毕生……盖报与时为一体时,无刻不再继续中,故报亦当如是也。"表示他愿毕生与报同在。对报业的一个"忠"字,尽在其中;他又说:"记者固以言论为职……必须与其所发之言论不相反背,然后其言论始有若干价值而能取信于人。"记者应具备言行一致的人格,是担当使命必备的可贵品质,落实在报人,报纸言论有价值,就是一个"实"字,他的办报思想得到了史量才"新闻家私德观"的"慈、廉、忠、实"一半神采。

二、中期(1917—1926年)

政治混乱、军阀横行的社会乱象,在夹缝中办报,言论稍有激进,就招来不断的麻烦。为求稳妥,陈冷的血由热逐步变冷,勇气开始消减。

1915年，以陈独秀、李大钊为首，传播新思潮，《新青年》吹响了新文化运动号角，所向披靡地敲响"自由之钟"，给迷失的中国思想以极大冲击震动；1917年，苏联的十月革命一声炮响，又给中国传来马列主义。新思潮引发了1919年5月4日"五四运动"的大爆发，给沉闷、混乱的中国炸响一阵惊雷。国内外风云变幻，应接不暇，陈冷不知所措、无所适从。在进退两难中，他选择了"含糊其辞"的言论应对。按理，报人尤其总编对大事要事，有着特别的敏感和认知，应率先发表对这件轰动全国大事的观点、立场，可是，5月4日的《申报》"时评"没发表一字说法，仅在副刊《申报·自由谈》专栏内写了短短60字的"庄子演义"："庄子所谓彼兮一时是非，此亦是非其说难保平想，而今日陕西战与不战之争，实无疑明演此义而使其说之信而有征也。事之有无且如此，况乎是非哉。"胡说些什么？一般读者一时很难明白其中含义。短文竟对已发生的"五四事件"之有无、是非置若罔闻，何谈发表义正辞严的时评？5月5日，《申报》也没有关于"五四"的任何言论。"五四运动"已经震动全国，而陈冷却"冷静得"丢失报人的敏锐嗅觉，不相信事件已"有"，不辨"一时是非"，怀疑它的发生，却堂皇地拉着古圣庄子大旗，表示"无为""不作为的"合理性。5月6日，上海学商新闻、律师各界、江苏学界、教育界纷纷通电声援北京学生运动。5月7日，浙、津、京、沪各界纷纷声援学生，要求释放学生。全国卷起对学生运动积极助威、呐喊的浪潮，鼓动起民众共奋、万众一心救国必胜的信心。《申报》"时评"不能再保持沉默，陈冷终于也在5月5、7日发表了《解散大学之无识》的言论："……此次北京之事，决非发始者之本意，政府中人苟能平心静气，以处置之，断不致因一时之激触，而有解决而有解散大学以军法处置学生之说。何则事有轻重，法有界限，不能径情而直行也。苟其不然，后祸尚有穷期哉政府其深思之。"同时，在"自由谈"上也发表近90字的关于"解散大学"的言论："夫风潮之所及有罪无罪不过数人，何能波及与大学耶？若谓其源出于大学则所有人者，皆为人类，其事出于人类，亦能尽人类而解散之耶？是殆所谓节外生枝。"

　　陈冷的两篇言论，表示对学生爱国行动给予轻描淡写的中庸评判：政府不该"径情而直行"，打击面不必太大；"风潮之所及有罪无罪不过数人"对闹事者应给予处罚即可！如此不能紧跟时代潮流，站在岸上旁观的第一大报散布谜一般言论，实在令人大失所望！此时此境的陈冷之笔丧失了第一大报与时俱进报格的先进性、表率性；他强调："记者固以言论为职，不能责之以事事实行"，[9]无视大事件，为自己开脱、推诿不能"事事实行"，用"打太极拳"应付时局。激愤的人们把冷血回避现实斗争、隐晦态度、没价值的言论称为"温吞水"

"太上感应篇""格言式",这大大降低了《申报》勇当"报纸策先锋"立场的威信,岂能取信于民? 尽管在大势逼迫下,借"时评"发表了如《北京之示威与教育》《最良之国民性》《何以尽我心力》《爱国之厄运》《保护学生》等篇,并提出愿与"国人共奋,万众一心,尚何国事不可挽救者",以尽亡羊补牢之力。无奈,其不良影响难以消除。不得已,陈冷在5月29日的《申报》"时评"《我之论调》中申明:"我之论调有过于和平之处……我不称之曰国贼,不名之曰惩办,而我时有罢免段徐曹等之言。"来作自我辩解,希望读者理解。幸好,6月17日,《申报》杂评二,作者庸发表了《北京之文字狱》,严厉抨击当局对陈独秀被捕,《益世报》被封禁的是"利用黑暗势力,以摧毁学术思想之自由"的罪过,聊补"时评"隐晦的不足。

国内连年政治混乱不堪,军阀混战不休,各种势力都为自己争夺利益争斗不止。这些势力给报纸、舆论造成了各种阻力。"一旦成为一种权力,无一不千方百计以要求报纸代为宣传,此而不足,更强迫不得为敌对之方宣传。"[10]报纸言论稍有考虑不周,就会招致各方压力,乃至威胁。在这样的环境下,各报言论无法自主放开。《申报》言论同样不能幸免。为保卫报纸阵地,有的报人,不甘言听计从,与带枪进门的强者拍台拍凳顶撞;有的为稳定报纸的生存、发展,"不作激昂鼓动言论的理由是为了避免招惹灾祸"。史量才对"冷式时评"也曾赞许道:"陈君把舵稳健,在此狂风骇浪中,能使我舟不受颠覆,不虞倾危,甚不易也。"[11]"隐而不露,看似不着边际,实则话中有刺。""在一些重大事件和重要问题上,申新两报时评尽量跟上时代潮流。不过,这种表现比较平缓,而不取激烈的态度。"[12]

小心地退一步,收起锋芒,以读者难以猜透"王顾左右而言他"的文字应对,是陈冷总编在夹缝中所采取保住《申报》生存的对策。陈冷在"申报二万号感言"中则为不能紧跟形势开脱、诉苦:"言其左右为难也,近数年来之报纸岂但处于两大……常有利害不相容之三大四大而不止焉。""此窘苦之状况……则一年而数遇……几于无日无夜不遇者,此其痛苦,岂报馆编辑部以外之人所能想象。"不敢以明朗、坚定的态度,坦然争取为肩荷社会重责的话语权,一声声"苦字"挡道,怨恨纠结,俨然一介丧失话语权的弱者,导致《申报》言论黯然失色。

三、晚期(1927—1930年)

1927年"四一二"反革命政变后,上海报界的言论自由硬是被当局严严实实地控制、扼杀。1928年,挂在南京路"大陆商场"的"新闻检查所"的牌子就是新闻报纸出版的拦路虎。这使"无冕之王"们不堪忍受,尽管为文字、消息取舍激烈争辩,也无法争得压倒优势。消息可以用"开天窗"抵抗,言论则难有高招良策。代表《申报》立场、观点的陈冷"时评"知其难而不能为,选择旁观、低调处理躲避灾祸。"言论远离政治,保持不偏不倚的观察姿态……既没有语焉惊人、激动人心的佳作,也没有传颂一时的名篇。有人因此认为申、新两报是'重新闻轻言论',他们的'时评'都是一些'言之无物,不着边际'的文章……"[13]无价值!可谓一针见血。

随着老蒋"独裁、专制"的加紧,对《申报》言论的控制欲就愈强,他步步为营。于是,与老蒋同为基督教徒的陈冷的私人"友情"也步步增进、加深。有人向蒋献计:"用釜底抽薪法,将陈冷调离《申报》,委以总司令部秘书之职,名义上是不次升迁,实则解除他的舆论武装,使他再不能自由发挥意志,陈不敢不从。"笔者亲聆杨杏佛之子现年95岁的杨小佛前辈说:"听我的同事陈乐(陈冷女儿)说的,宛平路15号花园洋房是蒋介石送给陈冷的。"

记者孙恩霖在《回忆申报采访部及其他》一文中对陈亲蒋、放弃报人职责很不满,他说:"他慕洋、仿洋,而没有反洋;他拒绝贿赂,反对洪宪帝制,而后来却没有反过蒋,相反,登庐山,讲孙子兵法,一贯憧憬于资本主义美好的未来天堂。1928年,蒋介石召见了陈冷,一年之后,陈冷脱下了戴过十六年的申报论台的庄严皇冕,掷去了手中口诛笔伐的三寸毛锥,从容步入了江浙财阀所投资的'中兴煤矿公司'当了董事兼总经理。"

国运维艰的大时代,大报纸的总编没选择与报共进退的担当,却接受了养尊处优的馈赠,在安乐窝里颐养个人情趣。宁可放弃挚爱的职业、社会责任,也要保住个人的"自由"。这是一种什么样的世界观?人生观?这与有着高度社会责任感、使命感的"君本书生""古之伟丈夫"[14]史量才的报格、人格相距何止咫尺?"1927年起,两人政治主张发生分歧,最后导致分手。陈冷离开申报后,进中兴煤矿公司任副经理,纯属闲职,但待遇优越,仅为应蒋介石邀请时,携公司经理人等共同商谈,作为非党非官人士提供意见。"[15]

其实,1928年《申报》二万号特刊上的文章,已透露了史、陈截然相左的态度。史量才的"纪念申报二万号"演讲豪情满怀地回顾与展望,并信心百倍地声明《申报》一息尚存,亦将奋老马之力,一洗无功之耻";而陈冷在"申报二万号纪念感言"中则抱怨、泄气地表示:"报馆编辑部则一年仅有数日之休息","人非仙佛,孰知后来变化,人非圣贤安能评量悉当,稍有出入,责备纷来","至于政治上之是非,非身入其间者,更不能悉其中之曲折,又无怪动辄得咎乎。

是故,十余年来之报纸编辑日日在朝秦暮楚无所适从中……自一万号以后,亲手制成,深知每号之中,无一不有点点心头之血"。大有"感言血泪文,愿生生世世莫做新闻记者"的悔恨苦恼。不难理解他笔下《申报》言论的灵魂、风骨显得那样萎靡不振,何谈撰发振聋发聩的"惊世之言""传世之作"? 全不顾拿着望平街上最高薪水的体面和责任,借"感言"袒露"明明白白"心曲,权当为"退避三舍"作预告。

1930年5月,他在老蒋"缠绵眷注"与曾挚爱的报业中权衡之后,毅然放弃"视新闻事业恍若生命"的报业,选择了退出报界江湖。"而于读书人的所谓视富贵如浮云,却未能做到。从此他周旋于达官贵人之中,不再是个局外人,而是个同流者了。"[16]

陈冷18年的办报业绩也有可圈可点之处。首先,在清末,将报纸长篇大论的社论改为有创意的短小精悍"时评"体,被其他报纸普遍采用,一直沿用到1949年,此谓对我国报业最著名的贡献;其次,陈冷将"办报最要之点"归纳为新闻写作"三字经":一曰确,二曰速,三曰博。他赞许记者报人人格之尊、总编的报格之重:"故报纸上之记载与议论,记者断不可因权在于其手之故,任以私意侵入其间。"[17]再次,"他重访员,认为这是一家报纸立场、灵魂的社论最关键……。在陈冷短短一百五十字到二百字的时评中也很有可能中间包含着极重要的新闻线索。神而明之的读者,尽可从中挖掘出一些他所需的东西。""他的评论以峻简见长,措辞用字取法诸子的简洁,而议论波谲翻腾,又脱胎于'东莱博议'……。""陈虽不是著书立说的新闻学家,但他在申报时期有关这方面的言论还是有一定的价值,他对新闻学说有独到之处。"[18]

《最近之五十年》刊有陈冷《二十年来记者生涯之回顾》的"编者按:作此文者视新闻事业恍如第二生命,新闻事业以外,一切谢绝,二十年殆如一日。近十年间,未有一日因病因事告假。"对他兢兢业业、忠于职守给予高度表彰。

申报馆经理张竹平充分肯定他对报馆贡献:"先生盖深信舆论为国民之导师,而主持舆论者尤为有高贵之品格……本报中经患难其所以得有今日之蒸蒸日上者,先生与有力焉……先生治事首在持恒,每日至馆率有定轨,风雨晦暝靡或后时。"[19]

"他掌握编辑部神经中枢,系用精看小样的办法,从细小的琐闻,到国家大事,到世界大事,没有一条肯放松过。遇有不妥的地方,很无情的画了大圆圈,这条新闻便不能登了。""景韩先生说,记者之职业,不可自视太贵。报纸一方面,固可指导舆论,而又一方面,亦当受舆论之指导。然亦不可自视太卑,一切皆可让步,唯此意思之自由,断不能为人所收买……世间原无绝对自由之事,唯一不自由,毋宁屈于威力……"。"他主持申报笔政的宗旨纯属于超然和客观的地位。"[20]

他能客观、辩证地看待报人的自知之明,曾勉励青年如何葆爱记者的自由意志。然而,直接亮出他自己的自由观:"不自由,毋宁屈于威力。"这自由观直接影响他的办报思想、放弃他办报职责,为保住自身自由,毫不惋惜地放弃道义、放弃29年富有尊荣、高尚的报人职业。这自由观对讲正义、有担当的报人是帖麻醉药,尤其对青年记者、编辑! 在青年编辑赵君豪心目中的膜拜可见一斑:"景韩先生以自肃自尊的姿态,不矫饰、不附趋势,周旋于当代显要之中,超然拔俗、亮节清操,绝非普通人所能几及。""即最高当局蒋主席对他敬重……。"[21]

陈冷办报思想最好佐证便是他的"冷式时评",此外,他突兀的个性、情趣与爱好、为人处事之种种,都能作他办报思想的注脚;他特立独行、标新立异、自由率性,不失为文学作品中的"这一个"。

"他为人有些古怪脾气,说他是个利己主义者,亦不算过分。他是洋派气味十足的人,喜欢拍照、养狗、拳击、打靶等等,在一般文人中还是罕见的。""他是一个相当自负的人。谈话中不时听到'我末,我末',两个字眼。意思是:'我的看法,我的主张是如何如何'我曾见到他与副总主笔张蕴和交谈,一个有唯我尊前,旁若无人之概"可谓点穴之评。[22]

"他对于世事看得异常冷淡,""他不喜欢多言,因为不必要的敷衍和酬应,他总是认为是多余的事。""偶尔景韩先生要和我们谈话时,会滔滔不绝地跟我们讲上两个钟头,其情绪的热烈,理解的详明,会使得你惊奇悦服,不能自已。不过,这种机会,却不容易得到。"[23]不是有计划、安排教育部下,而是心血来潮、率性而为!

他那冷漠、莫测高深、非普通人所能几及的随性而为的任性,皆因凭借《申报》的权威,端着总编的高位,让人产生神秘感、敬畏心,究竟是"高山仰止"的可望而不可即还是冷得让人"望而却步"呢?

《新闻报》著名记者顾执中眼里既黑又瘦小的陈冷也是没有一丝笑容,给人以阴森的感觉,与《时报》的记者金雄白,有同感。看人入木三分的金对这位报界怪人的认识则颇不理解:

"直到今天,我还无法了解其成功之道"!"在我服务《时报》期内,前后三年余中,大概每晚总会他悄然而来,面无表情,东张西望。他一副冷若冰霜,俨然有褒姒之风。他却不断有人对之垂青"。"狄楚青与史量才两人,不能不说是近代新闻界中杰出人士,而面对冷血,都能推心置腹,视为股肱,历数十年而信任不衰。自民国政府定都南京，新闻界云云众众，济济多士，而受最高当局器重能引为上宾的，整个报坛，一南一北……往往被召前往，视同智囊"。狄平子售出《时报》后，新馆主黄伯惠对他"馆中事无大小，也必向他请命而行，我们在背后早已称他太上老板……冷血虽主持《申报》数十年，我却从未见其有惊人之社论，平时又且沉默寡言，也不信其有什么荩筹硕划以献曝，而终于能邀特达之知，以后且转任六和沟煤矿公司总经理，从经济上为变相之酬庸，岂此亦为赏识于牝牡骊黄之外耶？"[24]

历史就像魔术师，在史身后的12年，退出《申报》18年的陈冷"编辑了一回'归去来兮'赋"。1945年，抗战胜利，《申报》完全由国民党掌控，给他铺设好重返《申报》的舞台，1946年，让他出演了《申报》最后三年发行人，连同他儿子陈奕一起扮演总编辑、总经理、总主笔的角色。1949年5月27日，上演"上阵父子兵"剧终戏，与《解放日报》办理移交手续，因在《申报》移交中的历史贡献，1954年起，上海市特邀陈冷为市政协2、3、4届委员。1964年病逝，享年85岁。[25]

无风无浪、无灾无难到公卿。陈冷平庸的办报活动与办报思想盖与他年轻时所受的小挫折带来人生观改变大有关系，"一朝被蛇咬，十年怕井绳"。他的言论没让时代听到一下警钟，也未见一篇为正义、真理呐喊的文章。与其说他为保《申报》生存，不如说为自保平安。

既无赫赫之功，亦无惊世之作；不是佛陀弟子，也非耶稣转世。何以解疑？明哲保身，吉星高照，福禄寿三全，唯一陈冷者！他是个特例。也许，他的座右铭："吾不愿招招摇摇张张扬扬推推托托，吾向来明明白白实实在在，吾自然舒舒服服平平常常"是他自白不自省、自鸣得意的最好注解。

注释：

[1] 马荫良.陈冷在《申报》社.松江文史，1986(7):33.

[2] 包天笑.钏影楼回忆录.大华出版社，1971:319.

[3] 包天笑.钏影楼回忆录.大华出版社，1971:408-409.

[4] 包天笑.钏影楼回忆录.大华出版社，1971:318.

[5] 包天笑.钏影楼回忆录.大华出版社，1971:407.

[6] 马荫良.陈冷在《申报》社.松江文史(第七期)，1986:34.

[7] 张默.六十年来之申报.申报月刊，1932(1).

[8] 张竹平.申报主笔陈冷先生小史.良友，1926(2).

[9] 陈冷.二十年来记者生涯之回顾//柳斌杰.中国名记者(第2卷).人民出版社，2013:58.

[10] 申报二万号纪念感言.申报(三万号特辑),1928-11-19.
[11] 张默.六十年来之申报.申报月刊,1932(1).
[12] 秦绍德.近代上海报刊史论.复旦大学出版社,2014:117.
[13] 秦绍德.近代上海报刊史论.复旦大学出版社,2014:116.
[14] 章太炎.史君墓志铭//上海市文史资料委员会.上海文史资料选集(47辑),上海人民出版社,1983:71.
[15] 马荫良.陈冷在《申报》社.松江文史,1986(7):34.
[16] 孙恩霖.回忆申报采访部及其他.新闻大学,1983(6):68.
[17] 陈冷.二十年来记者生涯之回顾//柳斌杰.中国名记者(第2卷),人民出版社,2013:59.
[18] 孙恩霖.回忆申报采访部及其他.新闻大学,1983(6):69.
[19] 张竹平.申报主笔陈冷先生小史.良友,1926(2).
[20] 赵君豪.冲和淡泊的陈景韩先生.申报馆内通讯,1947,1(9):2.
[21] 赵君豪.冲和淡泊的陈景韩先生.申报馆内通迅,1947,1(9):3.
[22] 孙系"临城劫车案"采访部主任康通一麾下著名记者,1937年与俞颂华同去延安采访毛泽东。见孙恩霖.回忆申报采访部及其他.新闻大学,1983(6):69.
[23] 赵君豪.冲和淡泊的陈景韩先生.申报馆内通讯,1947,1(9).
[24] 金雄白.记者生涯五十年(上).吴兴记书报社,1975:94.
[25] 马荫良系冷血同乡松江人士,得史量才器重,1931年春,申报馆大改革,成立申报总管理处,史量才亲任新班底总管理处主任,聘马荫良为经理,史量才遇难后,马任《申报》总经理。

【作者简介】庞荣棣,中国新闻史学会会员,上海史量才研究委员会副主任。

梁启超与陈独秀"开民智"新闻思想的异同双面观

张勇丽

(滁州学院新闻学院,滁州 239000)

摘 要:梁启超和陈独秀作为民国时期卓越的报刊活动家,在其漫长丰富的办报生涯中,"开民智"一直贯穿其新闻思想的始终。在国难日益危重的当时,胸怀救国理想的二人均意识到了"开民智"对于救亡图存的重要意义。但由于二者个人经历和时事环境的风云变幻,二者新闻思想中"开民智"又存在诸多不同。

关键词:梁启超 陈独秀 开民智 异同

所谓"开民智"就是"全面发挥报刊的思想启蒙教育功能,通过增加受众的知识,开阔受众的眼界,更新受众的思想观念来提高国民整体的文化和思想素质,为社会进步打好群众基础"[1]。

梁启超与陈独秀是民国新闻史上极富影响力的风云人物。梁启超运用报刊"开风气""教愚民";陈独秀立足革新,启蒙思想。二人都是运用报刊"开民智"的典范。二者"开民智"思想有一定的相似性和承继性,由于个人经历和政治信仰的不同,二者"开民智"又存在明显区别。

一、梁启超、陈独秀新闻思想中的"开民智"简述

1. "广民智,振民气"——梁启超新闻思想中的"开民智"简述

梁启超不仅是中国近代著名的学者、思想家、政治活动家,而且是中国近代卓越的报刊活动家和新闻理论家。他一生信奉"阅报愈多者、其人愈智",其"开民智、造新民"理念对后世也有深远影响。以戊戌政变为分界线,梁的办报活动可以分为前后两个阶段,而"开民智""造新民"是梁一生新闻思想不变的资质。

梁早期创办的报刊中既已意识到了报刊"开风气""教愚民""振民气"的重要功能,明确提出了"开民智"。《中外纪闻》是梁氏报刊生涯的开始,从这时起他已开始强调报纸"浸润人心,开通风气"的作用。在筹办《中外纪闻》时,梁曾在给汪康年的信中写道:"欲度开会,非有报馆不可,报馆议论即浸渍与人心,则风气之成不远矣。"[2] 1897年,梁于《〈蒙学报〉、〈演义报〉合叙》一文中指出"人莫不由少而壮,由愚而知。教小学急于教大学,教愚民急于教士夫",集中阐述了报纸"教愚民""振民气"的功能。

戊戌变法失败,梁东渡日本后更为清晰地强调报刊"开民智"的功能。1901年创办的《清议报》提出了"倡民权""衍哲理""明朝局""厉国耻"的报刊宗旨。"此四者,实唯我清议报之脉络之神髓,一言以蔽之,曰广民智、振民气而已。"[3] 刊载于《新民丛报》上的著名政论文章《新民说》更是全面论述了"开民智""造新民"对于国家富强的重要作用。

他还在《清议报一百册祝词并论报馆之责任及本馆之经历》中提出了办报四原则:一是宗旨定而高;二是思想新而正;三是材料富而当;四是报事速而确。"这四大原则集中体现出'善良之报'实现'开民智'的传播理念,即教育、提高、塑造国民和普及教育、发布信息的强烈责任感,这些观点对于我们今天的新闻事业仍有现实指导意义。"[4]

2. 立足革新,启蒙思想——陈独秀新闻思想中"开民智"简述

陈独秀是中国近现代史上著名的政治家、革命家、杰出的新闻工作者。他创办并主持的《新青年》杂志高举"科学"和"民主"两面大旗,引领了中国历史上影响深远的新文化运动。然陈氏的启蒙思想早在《安徽俗话报》上已初露端倪。

维新变法之后,全国出现了一股办俗话报的潮流。陈独秀开办《安徽俗话报》时便声称该报纸奉行两种主义:"第一是把各处的事体,说给我们安徽人听听……第二是把各项浅近的学问,用通行的俗话演出来,好教我们安徽人无钱多读书,看了这俗话报,也可以长点见识。"[5] 可见,陈创办《安徽俗话报》最初目的不在于革命,而在于采用通俗易懂的白话文对于下层百姓进行思想启蒙,开启民智。

开民智、兴民权的思想在戊戌时期早已提出。一次次政治运动的失败使陈独秀认识到:"欲求中国社会政治的真正革新与改造,就不能不先做国民的思想启蒙工作,即引导大多数国民把'伦理之觉悟'以至'国民性质行为之改善',认作'救国之要道'或视之为'根本之救亡'。"[6] 经历了戊戌变法和辛亥革命失败的教训,陈独秀开始拿起西方启蒙思想的武器——"民主"和"科学"

来挽救民族的危亡。

陈认为:"社会国家之进步,其道万端,而始终赖为必要者,乃有大众信仰之人物,为之中枢为之表率。"[7]陈独秀后来创办的《新青年》,将启蒙的对象定位为自主的、进步的、进取的、世界的、实利的、科学的"新青年",就是希望广大青年甩掉奴隶的、保守的、锁国的、虚妄的、想象的标签,"改造青年之思想,辅导青年之修养",使其成为"大众信仰之人物""中枢为之表率",在树立榜样以促进大众思想的改造方面,起到很重要的传输知识,开启民智的作用。

总体来讲,陈独秀"开民智"的启蒙思想主要体现在三点:其一,拓宽民众知识水平。大量推广白话文,通过浅显的白话向普通民众介绍西方先进科学文化知识。其二,提高民众政治觉悟。将"国家兴亡,匹夫有责"的观念植入国民思想之中,使国民了解我国弊端所在,发动民众全力去推动政治体制改革。其三,反对封建伦理道德思想。"所以我们要诚心巩固共和国体,非将这班反对共和的伦理文学等等旧思想,完全洗刷得干干净净不可。"[8]

二、梁、陈"开民智"思想共同点简析

1."开民智"——政治理想驱动下的共同选择

梁、陈一生中最辉煌的事业与新闻言论界须臾不可分,他们首先却是一个以改造社会、振兴国家为己任的政治家,其次才是一个杰出的报刊活动家。纵观二人的报刊活动史可发现,报刊是实现其政治理想的舆论工具,通过办报"开民智"是其达到政治目标的手段。

19世纪90年代中期,登上政治舞台的维新派领袖康有为、梁启超为更好地宣传维新变法的主张,办报成为其发起维新运动所做的第一件事情。在《中外纪闻》《时务报》及《清议报》《新民丛报》等政治报刊中,梁启超明确地阐述了报刊"开民智"对于实现政治理想的作用。

1896年,梁在《时务报》第一期发表《论报馆有益于国事》,提出报纸是"喉舌",可让读者"周知全球大势、熟悉本国近况",使社会"风气渐开、百废渐举,国体渐上、人才渐出"。《清议报》时期,梁明确指出报纸的资产阶级政党性质,认为"有一人之报,有一党之报,有一国之报,有世界之报,以一党之利益为目的者,一党之报也"。[9]可见,梁利用报刊"开民智""造新民",是为其改良的政治目的服务的。

无独有偶,一生热衷于政治活动的陈独秀,也较早地意识到报刊"开民智"功能对于政治理想的影响。他的报刊通时事的沟通功能是对梁启超"去塞求

通"的继承。他还指出:"妄欲建设西洋式之新国家,组织西洋式之新社会,以求适今世之生存,则根本问题,不可不首先输入西洋式社会国家之基础,所谓平等人权之新信仰,对于与此新社会新国家新信仰不可兼容之孔教,不可不有彻底之觉悟,勇猛之决心;否则不塞不流,不止不行。"[10]可见陈独秀"开民智"的思想背后,是建设"西洋式"国家的政治意图。

《新青年》杂志成立之初,陈独秀将杂志宗旨定位为"改造青年之思想,辅助青年之修养,批评时政非其旨也"。梳理陈的办报活动及其政治活动却发现,创刊之初,《新青年》不涉政治,与当时陈自身的影响力和《新青年》的知名度未兴有关。当《新青年》引领了轰轰烈烈的新文化运动,名声大噪时,隐藏在陈独秀心中的政治之火被熊熊点燃。1916年10月以后,特别是《驳康有为致总统总理书》一文的发表,陈的思想有一个十分明白的转折。他开始违背《新青年》"批评时政非其旨也"的承诺,开始关心时事政治的动态,并且将学术思想与政治趋向紧密结合起来。陈独秀在1920年《谈政治》一文中,明确强调了自己参与者政治的态度,这就决定了其报刊宣传是围绕着政治运动而进行,报刊是陈独秀革命斗争的一个重要武器。

2. 开民智——浓郁爱国赤子心背后的良心选择

梁、陈二人的政治意图日益分化,不可否认的是,二人的新闻思想中处处体现着一个传统知识分子的历史责任感与使命感,"开民智"新闻思想的背后隐藏着二人浓厚的爱国赤子心,强烈的爱国情结是他们办报的热情之源。

"民弱则国弱,民强则国强,息如影之随形,响之应声。"[11]正是这种忧国忧民的爱国情结,使得梁启超不遗余力地为建设国富民强的新国家而奔走呼告。宣扬各国先进思想与学说,广民智,振民气,宣扬维新变法,谋求中国的独立富强是其办报的根本目的,也是他事业和学问的持久动力。

正是一颗火热的爱国心,陈独秀背叛了自己的封建家庭,"后来接二连三做了使他们吓破胆的康党、乱党、共产党,而不是他们所想象的举人、进士、状元郎"。传统知识分子的历史责任感与使命感造就了陈独秀的新闻思想,使其不遗余力地运用报刊介绍先进的西方知识与文化,开启民智,谋求国家的独立富强。

陈独秀面对亡国的危局,谈到"我等在全国中虽居少数之少数,亦必尽力将国事担任起来",并决计"运广长舌,将众人脑筋中爱国机关拨动"。[12]以天下为己任的强烈责任感和使命感显露无遗。在《安徽爱国会演说》中,陈指出:"盖中国人性质,只争生死,不争荣辱,但求偷生苟活于世上,灭国为奴皆甘心受之。外国人性质,只争荣辱,不争生死,宁为国民而死,不为奴隶而生。"[13]上述文章可看出,在陈看来,正是因为中国民众得过且过、忍辱逃生的奴性和"只知道有家,不知道有国""只知道听天命,不知道尽人力"的冷漠,才使得遭受外人的欺凌。启发民众的爱国热情也就成为陈独秀这一时期的主要任务之一。

3. 国难危重、民智浑噩,历史国情民情亟需"开民智"

19世纪末20世纪初,中国国家主权日益沦陷,亡国灭种的危机日益严重,使我国的爱国人士意识到了清廷腐朽,率先出现的一批仁人志士开始"开眼看世界"。随着马礼逊、米怜等外国传教士先后进入中国办报传教,宣扬西方先进的科技与开明民主的社会观念,康有为、梁启超等先进知识分子逐渐意识到了封建专制制度的弊端,发起了"公车上书",试图改良封建君主专制制度,建立君主立宪制。然而,宣扬自己的政治主张,使国民理解并接受需要借助于一定的宣传工具来传播新思想,开化民智。外国传教士的办报活动及其产生的影响使康、梁等人较早意识到了报刊对于舆论宣传及其"开民智"的作用。

可惜的是,维新变法及辛亥革命都归于失败。冷酷的现实使陈独秀清醒地意识到:民主政治在中国还缺乏足够的思想基础,"崇古尊圣"的习惯势力和依赖"贤人政治"社会心理仍然占据国民的心理,要实现民主政治须把多数国民头脑中的旧思想洗刷干净。当前最重要的任务是大力批判和清除封建专制主义的思想传统,大力推崇西方民众崇尚的"民主"与"科学",以期唤起人民的民主觉醒。可见,梁、陈"开民智""造新民"思想均是由当时具体的国情民情决定的。

4. 开民智——动态演变中启蒙思想日臻完善

梁、陈"开民智"的新闻思想在其办报生涯中不是一成不变的,而是随着其政治斗争和政治观念、思想观念的不断演变而演变并逐步走向完善。

戊戌变法前,梁针对当时封建伦理纲常严重桎梏民众思想的现状,着重从"广学识""教愚民""开风气"等方面"开民智"。《变法通议》中还设《论女学》专篇,论述妇女教育的重要性;刊登《试办不缠足会简明章程》,引领全国掀起声势浩大的不缠足运动,是梁"开女智"的具体实践。梁东渡日本后接受了西方自由、民主、平等先进思想观念的熏陶,认识到西方自由民主思潮的进步与优越,于是将"开民智"的重点转向了宣扬民主、介绍西方先进政治制度。发表于《清议报》的《爱国者》一文集中阐述了梁的爱国思想和民权思想,梁启超"故言爱国必自兴民权始"的呐喊引人深思。在《新民丛报》这块阵地上,梁启超以中国之新民的笔名,大力宣传鼓吹与"君主"相对立的民主、民权思想。

陈独秀在五四前受到梁启超"开民智"思想的影响,针对当时社会上仍广泛存在的陋习,他着重宣扬新道德,批判三纲五常及国民麻木不仁的现状。这一点集中体现在分期发表于《安徽俗话报》上的《恶俗篇》一文中。文章集中批判了婚姻习俗和"敬菩萨"等迷信风气以及民间习俗对于妇女的压迫三方面。

新文化运动后期,陈独秀思想启蒙的重点转移到西方的民主制度与科学思想,"民主"与"科学"成为这一时期其"开民智"的重点。陈独秀此时的启蒙思想并没有与之前的号召人们反对封建伦理道德的新闻思想决裂,而是对自明清以来的反封建思想启蒙意识的理性提升,并由此划分了新旧文化的界限。

三、梁、陈"开民智"新闻思想差异化反观

1. 修正与决裂,对待传统文化态度迥异

康梁时代的知识精英,对传统的反驳虽甚为激烈,但其攻击是指向传统中特定的点、面。五四时期的知识分子,却把传统中国文化与整个政治社会看作是陈腐而邪恶的。纵观梁启超"开民智"新闻思想,其对传统文化一直秉承批判性地接受的态度;陈独秀在五四之后,对于传统文化却逐渐全盘否定,走向决裂。

梁启超:对待传统文化批判性地接受。

梁启超继承康有为"参采中西学""化西为中,以西释中"的理念,通过"托古改制"批判性地看待传统文化。1902年,在《新民丛报》的发刊宗旨中,梁提出了"本报取《大学》新民之义,以为欲维新吾国,当先维新吾民……务采合中西道德以为德育之方针,广罗政学理论,以为智育之原本……"的报刊宗旨。[14]从"务采合中西道德以为德育之方针"可见,梁对于传统文化的态度并非全盘否定,而是做有益的修正和反思。1912年1月,梁在《庸言报》上发表《国性篇》一文,敬告国人一旦"国性"毁灭,即使胜任也无法使其再生,呼吁国人要保存"国性"。显然梁对于传统文化还是持有相当程度的肯定态度,所以在他的"德、智、体"的立人模式当中,传统的仁、义、廉、耻等基本品行当然是不可少的。

陈独秀:由批判性地接受走向决裂。

五四之前,陈独秀对于传统文化并没有绝望。在《王阳明先生训蒙大义的

解释》一文中,陈清晰地阐述了他所向往的"新民"道德伦理的根基,教育者应该教育学生明白"忠、孝、节、义"等大道理,此时的陈是很好地处理了外来文化与传统文化之间的关系。

随着辛亥革命、反袁革命的失败,政治上的猝然变化引起了陈独秀思想上的极大波动。他认为不对过去遗留下的传统诟病进行必要的清算,共和是不可真正建立的。因而,他逐渐否定传统文化,全盘接受西方文化。新文化运动中,以《新青年》杂志为舆论阵地,陈等人毅然喊出了"打倒孔家店"的口号,对于孔子儒教展开了猛烈抨击。在《王阳明先生训蒙大义的解释》一文中其推崇的"忠孝节义"到了《敬告青年》中已成为"奴隶之道德也"。在他的观念里,只有彻底地抛弃传统入西学,才可能培育出"自主的而非奴隶的","进步的而非保守的","科学的而非想象的""新青年"。"民主"和"科学"是陈独秀开出的"开民智"的新药方。

此时的陈独秀,以毅然决然的反传统的姿态出现在公众面前。但其抛弃传统文化,拥抱西方文化的决绝态度脱离了传统文化的根基,其思想启蒙便没了扎实的文化根基,存在一定的盲目性和偏激性。

2. 清晰与模糊,读者定位凸显差异

梁启超:启蒙对象定位宽泛,弱化"开民智"效果。

纵观梁的报刊活动史可发现,梁用于"开民智"的报刊均没有确定明确的读者对象,受众定位比较宽泛。这些传播新知的报刊对上威胁到封建上层社会的统治地位,遭到了压制与扼杀;对下既不能满足下层老百姓衣食住行的实际需求,也无从增加他们对于进步思想的了解。唯独对身处社会中下层拥有一定的文化知识,不满清廷专治,痛恨帝国主义侵略,向往西方资产阶级民主政治的知识分子、新兴民族资产阶级与小资产阶级产生了一定的影响。但"这批人只是近代中国中的少数。深受数千年封建统治的'愚民'政策和文化专制迫害的是大多数国民。他们文化水平低下,缺乏常识,全无现代社会意识,更没有接受新闻信息的条件和能力。"[15]从这个角度出发,梁启超启蒙报刊宽泛的受众定位在一定程度上弱化了"开民智"效果的实现。

陈独秀:启蒙对象定位清晰,强化传播效果。

陈在创办《安徽俗话报》,主持编辑《甲寅》杂志之后,逐渐意识到政治革命失败的关键在于思想,思想启蒙若想达到理想效果,必须从青年入手。因为青年人思想活跃,向往民主与科学,愿意接受新思想、新观念,并且青年是国家未来之栋梁,在思想启蒙中可以充当"意见领袖"的角色,煽动性和号召力强。因此将《新青年》的读者定位为"新青年"。但陈强调:"慎勿以年龄在青年时代,遂妄自以为取得青年之资格。"对于"新青年"他有自己独特的解释,"新青年"是指能够适应社会环境的变化,与时俱进,利用新思想改变自身,引领社会潮流发展的青年,是具有旺盛生存能力,有思想有头脑的青年,而不是被"孔孟之道",被"四书五经"生硬地塞满头脑,不愿"开眼看世界"的"腐朽青年"。《新青年》杂志准确清晰的读者定位,使其自创刊始迅速团结了一大批忠实的粉丝,逐渐形成强大的舆论场,陈独秀"开民智"也最终落到了实处。

3. 温和浸润与激进煽动,启蒙方式风格各异

梁、陈"开民智"思想不同,还体现在二者"开民智"的启蒙方法和文体风格上。启蒙方法上,梁青睐"浸润法",陈钟情于"煽动法";文风上,梁温和浸润,陈激进煽动。二者不同的启蒙方法和文风也造成了"开民智"效果的差异。

梁启超:青睐浸润,文风温和

关于报刊宣传的策略和方法,梁曾提出了"浸润法"和"煽动法"。梁认为浸润与煽动相反对,都是鼓吹舆论最有力之具,但相比之下,梁更青睐"浸润法",主张"不为危险激烈之言,以导中国进步当以渐也"[16]。文风上,梁启超多以一个说理严谨、娓娓道来的文人学者的形象出现。在主持《时务报》时,由于"其文条理明晰,笔锋常带感情,对于读者,别有一种魔力焉",形成了别具风格的时务文体,易于为读者接受并容易和读者产生情感上的共鸣。

梁采用浸润式的宣传手法,以温和浸润的文风,"动之以情、晓之以理",于细腻处说服人心,批判旧思想,宣传新观念,说理透彻,发人深思。梁也因为政论文章独具风格而获得"舆论界之骄子"的称号。

陈独秀:激进言辞,钟情煽动法。

相较于梁,陈更多的是以一个革命者、反叛者的形象出现,在宣传方法上多以煽动法鼓动受众。在《偶像破坏论》中,他大声疾呼:"破坏!破坏偶像!破坏虚伪的偶像!吾人信仰,当以真实的合理的为标准。宗教上,政治上,道德上,自古相传的虚荣,欺人不合理的信仰,都算是偶像,都应该破坏!此等虚伪的偶像倘不破坏,宇宙间实在的真理和吾人心坎儿里彻底的信仰永远不能合一!"[17]文风犀利,态度强势。陈在《新青年》的《随感录》专栏发表短小锋利的批评孔教的时评,进一步增强了人们把陈作为一个反叛者的印象。

陈的文风与陈本人的性格存在一定的内在联系,好友章士钊曾这样描述:"言语峻利,好为断制,性狷急不能容人,亦辄不见容于人。"[18]这种偏激的性格往往湮没他对启蒙思想的理性分析,思想启蒙的理性主义与其偏激于政治的性格形成了内在的矛盾。不过,陈这种激进煽动的文风并非毫无益处,它往往能够用自己的热情感染读者,这些震耳发聩的言论极大地调动青年人的

爱国热情，达到了预期的启蒙目的。

结　语

　　梁、陈作为近代民国新闻史上"开民智"新闻思想的集大成者，对实现国家富强，开启民智，铸造新民，推动中国民主政治的进程，功不可没。陈的启蒙思想在一定程度上继承了梁的"开民智"思想，然二者"开民智"中对待传统文化的态度、"开民智"的读者策略、具体的宣传方法和文章风格均存在差别。这使二者"开民智"的传播效果受到一定程度的影响，也因此形成了自身独特的新闻思想。分析二者新闻思想中的"开民智"，可更好地了解前人"开民智"的具体情境和历史背景，辩证地吸收二者宝贵的启蒙经验，为今日更好地发挥报刊的舆论宣传功能提供借鉴。

注释：

　　[1][4][15]刘琼，郭光华.功在启蒙，囿于知沟——梁启超"开民智"新闻思想得失谈.湖南经济管理干部学院学报，2003(3)：75.
　　[2]欧阳哲生，丁文江，赵丰田.梁任公先生年谱长编初稿(第1册).中华书局，2010：43.
　　[3]梁启超.本馆第一百册祝辞并论报馆之责任及本馆之经历.清议报(第100期)，1901-12-21.
　　[5][13]陈独秀.陈独秀文章选编(上).生活·读书·新知三联书店，1984：16，12.
　　[6][10]陈独秀.陈独秀著作选(第一卷).上海人民出版社，1993：207，229.
　　[7]许纪霖.许纪霖自选集.广西师范大学出版社，1999：66.
　　[8]林茂生，杨淑娟，王树棣.陈独秀文章选编(上)，三联书店，1984：107.
　　[9]梁启超.清议报一百册祝辞并论报馆之责任及本馆之经历//林志钧.饮冰室合集(第1册).中华书局，1989.
　　[11]梁启超.新民说//林志钧.饮冰室合集(第1册).中华书局，1989：3.
　　[12]朱文华.再造文明的奠基石——五四新文化运动三大思想家散论.上海教育出版社，2000：23.
　　[14][16]丁文江，赵丰田.梁启超年谱长编.上海人民出版社，1983：272.
　　[17]陈独秀.偶像破坏论.新青年(第5卷第2号)，1918-8-15.
　　[18]石钟扬.文人陈独秀.陕西人民出版社，2005：24.

　　【作者简介】张勇丽，滁州学院新闻学院硕士。研究方向为：新闻学。

舆论竞争与中共"二大"前后陈独秀报刊论政话语的转向——以《努力》和《向导》的论争为中心[*]

张 朋

(南京师范大学新闻与传播学院,南京 210000)

摘 要:1922年直奉战争后,南北政治势力颇有整合趋向。以陈独秀为代表的中共在"二大"前后从秘密宣传组织转变为公开活动的政党,欲在南北纷争中有所作为。在此背景下,陈独秀调整建党前后报刊论政策略,尤其在"阶级"问题的表述上从"阶级争斗""劳农专政"向"阶级联合""联合战线"转变。从组织层面看,陈氏报刊论政话语转向反映了中国共产党革命目标、纲领等层面的转变,即民主革命纲领的制定和贯彻;但若从其时舆论界着眼,陈独秀等中共舆论精英之"联合战线"口号的提出和论证恰是与胡适等主导的《努力》竞争、互动的结果。这一过程反映了政论家底色的陈独秀领导下中共对舆论领导权的重视,也是中共灵活调整政治动员口号的生动一例。

关键词:陈独秀 报刊论政 《努力》 《向导》

中国共产党早期政治宣传涉及理念、策略等层面。理念层面的中国共产党政治宣传须直面自由主义、基尔特社会主义、无政府主义等思想论争,而策略上成功与否,与其时政治语境、舆论纷争关系密切。以往中共党报史研究过于注重政治理念的是非对错,甚少注意政治策略在媒介话语中的反映,从而遮蔽了中共早期政治动员生动而复杂的面貌。本文以中共"二大"前后陈独秀媒介话语与胡适等主导《努力》之关系为切入点,试图展现1922年至1923年五四新知识分子社群分裂后舆论交锋的实时动态[1]。

---

[*] 本文为国家社科重大项目"中华民国新闻史(1895—1949)"(编号:13&ZD154)部分成果之一。

1922年直奉战争后，南北政治势力渐有整合趋向。在统一全国、打倒军阀割据的舆论氛围中，南北军政力量出于利益和实力的考量多有回应。大体而言，直奉战争中获胜的吴佩孚意在以武力统一中国，但暂时迎合和平统一的舆论。《泰晤士报》5月20日专电称："吴佩孚宣布，如果以前被解散的国会重新召集起来并为国民的利益服务，他将不遗余力地加以支持，并向任何反对者开战。"[2]南方实力派如陈炯明等因实力所限，主张联省自治。而孙中山最初意在北伐，后因陈炯明"叛变"，转而联合苏俄及中共，积极改造国民党组织。1922年至1923年舆论界亦因政局多变而形成竞争局面。1922年5月，胡适创办《努力》，又联合南北教育界精英提出"好人政府"的主张，提倡"联省自治""南北和谈"，实质是在现行中央政府框架内实行和平统一。在此背景下，以陈独秀为代表的中共适时调整革命目标和革命策略，即从"阶级战争"的目标向民主革命的转向，进而在舆论场域与胡适等"好人政府"口号针锋相对，以"联合战线"口号回应其时打倒军阀、统一全国的舆论诉求。此一政治与舆论的复杂互动过程，一方面反映了政论家出身的陈独秀对政局变动的敏锐感知及其对舆论领导权重视；也展示了中共早期政治宣传策略性和灵活性的一面。

一、竞争的口号：《努力》"好人政府"主张及中共的应对

直奉战争及华盛顿会议后，北方政局颇显革新之相，教育界精英蔡元培、胡适等多抱乐观态度。1922年5月6日，胡适日记记载了张作霖落败的消息："吴佩孚此次大捷，竟把奉军打得七零八落。张作霖一败涂地，从此不能恢复了。我们总以为奉军此次至少能支持十几天；不料纸老虎竟如此不中用！"[3]将张作霖形容为"纸老虎"可知胡适的倾向性。为结束军阀割据、统一全国，蔡元培、胡适等知识精英积极幕后运作，意在重启南北议和。5月14日，胡适"作书寄白惺亚（吴佩孚的参谋）、黄任之，皆为和议事"[4]。对于南北议和后的联合政府，蔡元培等北京知识界有"由孙（指孙中山，引者注）管党""吴（指吴佩孚，引者注）管军""蔡先生（指蔡元培，引者注）管政"的打算[5]。同时，在公开的舆论场域，胡适等酝酿已久的《努力》周报于1922年5月创刊，形成南北军事力量之外的自由派知识精英论政平台。

胡适对《努力》寄予厚望，提出"好人政府"的政治口号，欲在舆论上有所建树。1922年5月7日，《努力》第一期出版，胡适对此评论道，"这一期沉闷的很，重头货太多了"[6]，指的是该期论学之文字过多，对现实政治的干预则显不足。5月11日，自称"第一次做政论"的胡适写出《我们的主张》，意在倡导南

北议和，结束军阀混战，"此文中注重和会为下手的第一步，这个意思是我今天再三考虑所得，自信这是最切实的主张"[7]；文章呼吁国内各党派在"好政府"这一最低限度上达成共识，"我们以为国内的优秀分子，无论他们理想中的政治组织是什么（全民政治主义也罢，基尔特社会主义也罢，无政府主义也罢），现在都应该平心降格的公认'好政府'一个目标，作为现在改革中国政治的最低限度的要求"[8]。此文后以《我们的政治主张》发表于《努力》第二期，并获得包括蔡元培、汤尔和等十六位教育界精英赞成，此后又有北京七位大学校长的签名加入[9]。显是胡适等知识精英在直系军阀掌权后，对结束政争、重整国家的政治期待。

作为政治动员的口号，胡适等《努力》同仁倡导"好人政府"有与各色马克思主义、阶级争斗等媒介宣传一争长短的意图。1922年2月12日，正在筹备《努力》的胡适参加北大新闻事业同志会成立会并演讲，"希望他们对于真的问题活的问题有点贡献，不要拿马克思、克洛泡特金来替人家充篇幅"[10]。《努力》创刊后，胡适在第七期发表《我的歧路》，指出《努力》创办是由于对中国舆论界"大失望"，主要原因乃是"一班'新'分子天天高谈基尔特社会主义与马克思社会主义，高谈'阶级战争'与'赢余价值'；内政腐败到了极处，他们好像都不曾看见"；至于谈政治的方法，胡适坚持"实验主义"，"我现在谈政治，也希望在政论界提倡一种'注重事实，尊崇证验'的方法"[11]。在胡适看来，空谈马克思主义无益于中国政治问题解决，此亦为《每周评论》"问题与主义"之争的延续。

《努力》尤其是《我们的政治主张》发表后，舆论界赞成与反对之声兼而有之，十分热闹，乃至胡适将第四期编成"关于《我们的政治主张》的讨论"专辑[12]。俨然《努力》及政治主张演化为舆论界"热炒"的媒介事件。而政论家出身的中共领导人陈独秀对媒介事件本就极富政治敏感，其对于胡适的政论取向则尤其重视。1922年5月初，陈独秀及中共政治骨干正在广州筹办全国劳动大会、中国社会主义青年团第一次代表大会，未能及时参与《我们的政治主张》的讨论。5月中旬，回到上海的陈氏即着手对北方政局和舆论动向做出回应。5月底，陈氏召集中共中央开会讨论，其结果形成了陈独秀起草的《中国共产党对时局的主张》，此系中共第一次以政党的名义公开阐明对于时局的态度。从张国焘的回忆看，这一"主张"与胡适等"好人政府"口号有直接的竞争关系，"这年六月初，北京政局的变化表面化了。六月二日徐世昌通电下野，黎元洪主张以废督裁兵为其复职的条件；尤以好人政府的宣传，获得一般舆论的支持。……这就使中共中央觉得应根据远东劳苦人民大会所制定的方针，联系中国目前局势的发展,从速发表一个对时局的主张。……上海的一般同志对好人政府一致讥讽,这也许是上海的环境使人易于看出北京的黑暗面"[13]。

在陈独秀看来,这一"主张"的主要论点系"联合全国民主派对于北洋军阀继续战争"[14],可谓中共民主革命纲领及"联合战线"策略的首次阐发。从陈独秀对政治观点的呈现上看,采取了与《努力》及"好人政府"的论辩姿态。从"主张"论证思路看,共十个部分四个层次:其一,中国民主革命运动取代封建政治是历史进步和必然,但"民主派"领导的民主革命并未完成,其失败所造成的"军阀政治是中国内忧外患的源泉";其二,"总统复位恢复国会""联省自治","依赖吴佩孚力量可解决时局"等主张,均不能消灭军阀和战乱,如此则"好政府主义者所谓好政府无从实现,军阀自身之坏政府,亦必日在不统一的动摇之中";其三,呼吁"好政府主义者""国民党"等勿作"姑息的妥协的伪和平论,来反对民主战争";其四,阐明中共目前最切要的工作,即"邀请国民党等革命的民主派及革命的社会主义各团体开一个联席会议……建立一个民主主义的联合战线"[15]。显然,陈氏认为"好人政府"口号建立在"妥协的和平主义"的基础上,不能从根本上更迭军阀政治,他又援引胡适在《努力》中的论政话语,认为恰是这种"和平主义""是'努力''奋斗''向恶势力作战'的障碍物"[16]。

二、时评中的交锋:《努力》与《向导》的政治论辩

1922年9月,中共中央第一份政治机关报《向导》创刊,其出版广告展示了与《努力》竞争的火药味:"依照'好人奋斗'的方法,叫嚷什么'公开会议''好政府',或做磕头虫的请愿,来争到吗?这也是梦想,做不到!中国人民要争得这些,唯有依照——《向导》周报所指示的道路!"[17]此后,以陈独秀为代表的《向导》社群和以胡适为核心的《努力》群体,就其时诸多政治事件展开了长达半年之久的论辩。

关于直奉战争后由黎元洪复职而组成的北京政府的态度。胡适等《努力》同仁对黎元洪政府采取折中态度:即一方面赞同"去徐拥黎",主张黎元洪以"临时政府"的名义结束南方以"护法"为旗帜的割据局面,进而实行宪政[18];另一方面以"政论家"姿态取监督、批评乃至"不合作"的态度。前者表现在胡适、蔡元培等支持王宠惠组阁,对汤尔和、罗文干等"好人内阁"给予舆论声援。而陈独秀等则根本上质疑北京政府的合法性,他以"造国"为号召,认为"中国

此时在名义上虽是一个独立的共和国,在实质上……那里算得是一个独立的国",因而对胡适等宪政主张并不看好,"我们以为中国还在'造国'时代,还在政治战争时代,什么恢复法统,什么速制宪法,什么地方分权,什么整理财政,什么澄清选举,对于时局真正的要求,不是文不对题,便是隔靴搔痒"[19]。对于王宠惠等"好人内阁",《向导》作者群亦持"责难"态度,认为军阀、帝国主义势力下的"好人努力"的愿望只能"为他们操纵",其政治主张只能是空中楼阁[20]。

就后者而言,胡适等除提出监督财政、裁兵等主张外,又因蔡元培辞职出走事件与陈独秀展开论辩。1923年1月,蔡元培以"反对教育总长彭允彝干涉司法为名"提出辞职,并发表《不合作宣言》指斥北京当局在罗文干案中"剥夺未曾证明有罪的人的自由"。此事的解读涉及胡适、陈独秀、《晨报》三方面的立场。胡适先在《努力》第38期发表《蔡元培以辞职为抗议》时评,指出"我们赞成蔡先生此次的举动,也只是赞成这点大声主持正义,'不忍同流合污之苟安'的精神"[21]。后北京《晨报》评蔡元培辞职为印度甘地的"不合作主义"之再现,胡适则有《蔡元培的"不合作主义"》予以回应,一方面胡适赞同《晨报》的评论,认为以"不合作主义"对辞职事件的解读极其恰当;另一方面则清醒的指出"蔡先生的不合作主义是不会成功的",但对于蔡之举动,总体给予正面声援,"正因为这个国家太浑浊黑暗了,正因为这个民族太怯懦不爱自由了,所以不可不有蔡先生这种正义的呼声,时时起来,不断的起来"[22]。而陈独秀对此事的评价直截了当,强调蔡的辞职乃"'消极的''非民众的'观念"[23],又借此批评胡适等"好人""努力"的政治主张,"以前蔡校长等所发表的政治主张(见二号《努力》周报)上说:'我们深信中国所以败坏到这步田地虽然有种种原因,但'好人自命清高',确是一个重要的原因。'好人笼着手,恶人背着走'。因此,我们深信,今日政治改革的第一步在于好人须要有奋斗的精神'……这种积极的精神,实在是治疗中国人恶劣的消极根性之圣药,想不到蔡校长又回到笼手消极的旧路上去了!"[24] 显然,胡适总体上以维护蔡元培的态度评价此事,而陈独秀则对作为知识界领袖的蔡元培"不合作"的示范效应颇多警醒。

关于南方国民党孙中山一派的态度,尤其是对陈炯明事变的评价。1922年前后,胡适等对南方国民党孙中山一派的政治观点并不认同,尤其是对陈炯明事变的评价与陈独秀等中共分歧明显。大体而言,五四后国民党孙中山一派在北京知识界并无多大势力,且与新知识社群颇有隔阂。一位五四时期的北大学生回忆,"记得有一次李守常介绍我加入共产党,我说:'我不干,我怕共产党的管束。'后来,他又要介绍我加入国民党,我说:'国民党,不配我参加。"[25]1922年6月,陈炯明以"联省自治"为号召发动兵变,驱逐孙中山。胡适对此大体支持陈炯明之举,"陈炯明一派,这一次推翻孙文在广东的势力,这本是一种革命;然而有许多孙派的人,极力攻击陈炯明,说他'悖主',说他'叛逆',说他'犯上'"[26]。两个月后,胡适在《假使我们做了今日的国务总理》一文中,再次称陈炯明事变"是一种革命"。

就中共而言,1922年8月,西湖会议原则上确立了国共党内合作的方针,而陈独秀更对陈炯明名为"联省自治"实为地方割据的政治企图不满。因而,陈独秀及《向导》总体上站在孙中山立场对陈炯明口诛笔伐,《向导》曾持续数期揭露陈炯明兵变背后的帝国主义势力。1923年初,陈独秀撰《革命与反革命》,称胡适对陈炯明事变的评价是一个"很大的错误","胡适之先生说陈对孙是革命行动,这实在是一个很大的错误,因为陈炯明举兵逐孙,不但未曾宣告孙中山反叛民主主义之罪恶及他自己有较孙更合乎民主主义之主张,而且逐孙后,做出许多残民媚外的行为,完全证明他是一个反革命的军阀"[27]。

关于结束军阀割据、统一全国的手段和策略。1922年前后,《努力》《向导》在结束军阀割据、统一全国的舆论诉求上颇多一致,但具体的手段和策略则差异甚大。胡适等强调以"联省自治"方式,在地方自治基础上实现统一,"打倒军阀割据的第一步是建设在省自治上面的联邦的统一国家"[28]。为此,《努力》周报一方面刊载关于联邦制的政治学理论著作;另一方面以联省自治、地方自治为判准,评骘时局。而陈独秀等《向导》同仁承认"联邦制"等在建设民主政治的法理上有其合理性一面,但在其时军阀政治的现实国情下,"联省自治"的论调极有可能被地方军阀利用。《向导》创刊号有陈独秀《联省自治与中国政象》,对胡适文章《联省自治与军阀割据》进行批驳,称"联省自治""是完全建设在武人割据的欲望上面,决非建设在人民实际生活的需要上面"[29]。

概言之,1922年前后,陈独秀与胡适的媒介论争既是政治理念层面上的观点分歧,更是对其时政治事件截然不同的解读。大体上,胡适等《努力》同仁寄希望于在现行政治框架内实现改良,陈氏则断然否定政治改良的可能性,主张从社会底层发动国民革命。而军阀政治的最终走向却没有给胡适等"好政府"主张任何施展的空间。等到王宠惠内阁倒台、罗文干案爆发,胡适的"努力""奋斗"情绪逐渐被失望所占据[30]。

三、竞争中的合作:"联合战线"语境下陈、胡相互整合的尝试

尽管《努力》周报与陈独秀在根本政治主张上存在分歧,致使两者在舆论

场域论争不断。然而,无论在政治策略上,抑或私人交往中,1922 年至 1923 年陈、胡之争并非"非黑即白"的不可调和,两者均有相互整合的尝试。

政论场域中的胡适颇具政治实用主义的特征,其《努力》及"好人政府"的口号本就具有包容和调和,在《努力》创刊之初,胡适颇有联合陈独秀动向。《我们的政治主张》原系胡适为《努力》所做的文章,"后来我想此文颇可用为一个公开的宣言,故半夜脱稿时,打电话与守常商议,定明日在蔡先生家会议,邀几个'好人'加入"[31]。后据张国焘回忆,李大钊确曾致函中央,认为"好人政府"是"当前混乱局势中一种差强人意的办法",希望中共对胡适等主张予以支持[32]。显然胡适先与李大钊商议,又定于蔡元培居所会议,人物和场所的选择绝非随意,通过李大钊联合陈独秀的政治意图显而易见。1922 年 9 月 18 日,在《向导》创刊之初,陈独秀就"联省自治"问题展开与胡适的论战,胡适则"作长函"致陈独秀[33]。据 9 月 25 日,胡适以日记抄录向陈独秀回信:"我们反对联治或者有人利用,但你们提倡联治也不见得无人利用,我也很替你着急。"[34]此函显是针对陈独秀反对胡适等提倡的"联省自治"而作,在人际交往层面似乎仍有联合的可能。

作为中共领导人的陈独秀,其论政立场较胡适等自由派的松散更为直接和坚定,针对"好人政府"的"妥协"取向,陈氏借《向导》对其进行持续的批判。另一方面,在中共"二大"确立的"联合战线"语境下,胡适等教育界也是要联合的对象,尤其因《努力》反对军阀、南北统一等政治主张与中共其时的政治策略颇多一致。1922 年 4 月 7 日,陈氏致函胡适:"此间局面(指广州,引者注)尚称巩固,决不似京、沪各报所传之恶。孙公(指孙中山,引者注)政策以锐意裁兵为天下倡……特不知北方能否容其实行此计耳。《努力》出版,望每期赐寄一份为叩。"[35]此函作于《努力》出版前夕,陈氏报告广州情形及孙中山政策,言下之意希望胡适在北方舆论界有所照顾。但胡适及《努力》同仁对孙中山并不看好,蔡元培等更公开要求孙中山退出政坛。8 月西湖会议前后,中共提出"民主的联合战线",积极联合孙中山、吴佩孚,中共中央又迁至北京,而胡适等在直奉战争后本就对吴佩孚有所寄托。在此背景下,李大钊致函胡适,"中山抵沪后,态度极冷静,愿结束护法主张,收军权于中央,发展县自治,以打破分省割据之局……《努力》对中山的态度,似宜赞助之"[36]。12 月 11 日,陈氏又致函胡适、蒋梦麟,谓:"中山近日颇有觉悟,已切言专力军事之错误,方努力谋党之改造,此事亦请二公注意。"[37]即"民主的联合战线"语境下,联孙抑或联吴皆有可能,陈氏及中共同仁显然希望胡适等《努力》同仁在舆论上有所支持,形成凝聚力。

在公共舆论场域,《努力》与《向导》在竞争之中也有合作的倾向。对胡适而言,他将"好人政府"定位为"最低限度的要求",而将中共政纲视作"理想的主张",不欲将两者分歧绝对化。《中国共产党对时局的主张》印成后,曾由张国焘带至北京,由李大钊分送给"好人政府的朋友们"[38],其中当然包括胡适。1922年7月9日,《努力》发表对该主张的评论:"我们只要指出这十一条并无和我们的政治主张绝对不相容的地方。他们和我们的区别只在步骤、先后的问题。"[39]而陈独秀及《向导》也不欲过度刺激胡适。这表现在陈氏诸多批驳胡适的时评中,多按照胡适在《政党与政论家》一文中的角色设定,将其视为中立的"批评家"角色,从而留有余地,避免"党同伐异"的话语方式。1923年1月18日,陈独秀发表《革命与反革命》对胡适关于陈炯明事变的时评提出批评;但批评的方式则是较为克制的,谓"革命必以不违反进化社会组织为条件,反革命必以违反进化为条件",又说"革命者、反革命者及批评家都应该明了解革命与进化之关系"[40]。显然,陈氏将胡适定位为"批评家"的角色,对其言论的"大错误"并不以党派为判准,而是强调批评家的胡适对革命与反革命间的界限未曾辨明之故。此与《国民日报》对胡适等的人身攻击完全不同[41]。

大体而言,在陈独秀及中共看来,胡适等《努力》同仁属于政治立场"中立徘徊"者,应以"联合战线"的口号呼吁胡适等知识阶层加入己方阵营。作为中共中央的机关报,《向导》资金多由共产国际提供,不事经营[42],也不登载一般性商业广告,其刊登的诸如《介绍京汉工人流血记》等售书广告与刊物本身的政治宣传密切相关。在此情境下,《向导》第四期竟刊出《努力》的出版广告,谓"请看胡适之先生的《努力》周报(每星期日出版),发行处:北京后门钟鼓八号及各地商务印书馆,定价:每号零售铜元二枚 全年银元一元"[43]。1923年初,陈氏多次在《向导》中呼吁胡适等教育界在"联合战线"的口号下,投身革命运动,诸如"好政府主义者!你们在政治的信用上,对于目前的反动政局固然不应该取消极的态度,即在个人的友谊上,依封建时代的道德也不应该袖手旁观!"[44]寻求合作的政治意图表露无遗。

1923年5月后,胡适因病赴杭州休养,《努力》亦渐趋学术化。无论竞争抑或合作,自然无从谈起。由于接连发生临城掳案、曹锟"逼宫"、贿选等政治事件,胡适等提倡的"好人政府"主张不攻自破。1923年6月中旬,中共"三大"召开,陈独秀要求调整政治宣传的方向,"我们是在'打倒帝国主义和军阀'的口号下工作的。打倒军阀的口号已得到中国社会上大多数人的响应,而打倒帝国主义的口号还没有产生很大的影响。党员应该更加注意反对帝国主义的口号"[45]。《新青年》同仁分化后,以陈独秀、胡适为代表的舆论交锋至此告一段落。

四、余 论

1922年至1923年，陈独秀与胡适舆论场域竞争和互动反映了五四新文化运动后中国知识群体的迅速分化，也折射了陈独秀及中共早期党报在政治宣传上的某些特色。

政论家出身的党的领导人陈独秀对政治事件极其敏锐，其政论或时评针对当时热点事件而发，其论证的策略则尽可能地考虑到现实政治斗争需要而灵活应对。1921年建党前后，陈独秀等借助《新青年》平台掀起社会主义、无政府主义讨论，其背后是针对当时英国哲学家罗素访华演讲及舆论界张东荪等在《解放与改造》大力宣扬的基尔特社会主义，从而在建党路线上确立了列宁主义[46]。在中共"二大"确立"联合战线""民主革命纲领"语境下，陈独秀政论取向从"阶级争斗""劳农专政"转而强调"阶级联合"，从而将矛头指向其时中国政治核心问题——军阀政治。为此，陈独秀也调整与论敌之间的关系。9月17日，研究系主导的《时事新报》刊登陈独秀与张东荪的通信，陈谓，"此时中国资产阶级的力量与无产阶级同一幼稚，这是不可否认的事实。今后的进步，必然是两阶级平行进步"；针对"联省自治"问题，信称"吾辈反对联省并非主张废省。尊论谓'特所谓省者必非今日之省'，诚是诚是"[47]。陈氏放下一年前与张东荪有关"阶级争斗"的论争，而试图在"联合战线"语境中将其争取到同一阵营。同样，陈独秀等对胡适及《努力》的竞争、合作也要在此语境中解读。

另一方面，陈独秀报刊论政策略的调整和转变，也并非仅为阐释中共的路线、方针，更为重要的是对舆论领导权，及政党之基础的青年学生信仰的争夺。据1920年在南开、清华等任职的蒋廷黻观察，"在过去的五十年，教育和革命是分不开的。每个政治领袖都要靠学生起家。每个政党都要争取学生"[48]。作为五四运动时期精神领袖的陈独秀，自然深谙此道。1922年初，马林建议陈独秀等以党内合作的方式实现国共合作，陈氏为此致函维经斯基表示反对，提出六条理由，其第三条为："共产党倘加入该党，则在社会上信仰全失（尤其是青年社会），永无发展之机会。"[49]《向导》创刊后，陈氏屡次点名批评胡适，亦多此种意图。10月，有报道称胡适及北京议员到芮恩施家中开会，陈独秀评论道，"我要敬告议员学者们：你们不要上美国帝国主义者的当呵……我请诸君小心一点，并且不要于不知不觉中引导一部分人民或青年学子去亲美国帝国主义才好呀！"[1]在陈独秀看来，青年信仰既是是否加入民党派的重要理由，也是与胡适等知识社群言行批判的重要尺度。

总之,陈独秀及中共早期的政治宣传所涉及的政治语境极其复杂。中共"二大"前后,陈独秀媒介话语选择既有中共政治路线层面的考量,也是对舆论界,尤其是新文化运动同路人胡适等的竞争、互动的结果。

注释:

[1] 中共初期陈独秀与胡适、胡适与中共党组织之间的关系纠葛,罗志田先生在《北伐前数年胡适与中共的关系》一文中进行了精彩而充分的研究(《近代史研究》2003 年第 4 期)。本文讨论陈独秀报刊论政与《努力》之间的舆论竞争关系,罗志田先生文章某些部分亦涉及此方面;但罗文重在梳理胡适与中共党组织之间的离合关系,多属思想史意义上的分析,本文侧重舆论史层面陈独秀与胡适的媒介论争之动态过程。

[2] [英]罗素著. 中国问题. 学林出版社,1996:199-200.

[3] 季羡林. 胡适全集·第 29 卷. 安徽教育出版社,2003:618.

[4] 季胡适. 胡适全集·第 29 卷. 安徽教育出版社,2003:624.

[5] 王聿均访问,刘凤翰纪录. 汪崇屏先生口述历史. 九州出版社,2012:25.

[6] 胡适. 胡适全集·第 29 卷. 安徽教育出版社,2003:616.

[7] 胡适. 胡适全集·第 29 卷. 安徽教育出版社,2003:622.

[8] 我们的政治主张. 努力(第 2 号),1922-5-14.

[9] 努力(第 3 号),1922-5-21.

[10] 胡适. 胡适全集·第 29 卷. 安徽教育出版社,2003:515.

[11] 胡适. 我的歧路. 努力(第 7 号),1922-6-18.

[12] 关于《我们的政治主张》的讨论. 努力(第 4 号),1922-5-28.

[13] 张国焘. 我的回忆·第一册. 东方出版社,1998:231-232.

[14] 中共中央执行委员会书记陈独秀给共产国际的报道//任建树. 陈独秀著作选编·第二卷. 上海人民出版社,2009:459.

[15] 中央档案馆. 中共中央文件选集·第一册. 中共中央党校出版社,1989:33-46.

[16] 中央档案馆. 中共中央文件选集·第一册. 中共中央党校出版社,1989:42.

[17] 前锋(第 1 期),1923-7-1.

[18] 胡适. 天津保定间的捣鬼. 努力周报(第 6 期),1922-6-11;这一周. 努力周报(第 7 期),1922-6-18.

[19] 陈独秀. 造国论. 向导(第 2 期),1922-9-20.

[20] 高君宇. 王博士台上生活应给"好人努力"的教训. 向导(第五期),1922-10-11.

[21] 胡适. 蔡元培以辞职为抗议. 努力周报(第 38 期),1923-1-21.

[22] 胡适. 蔡元培的"不合作主义". 努力周报(第 39 期),1923-1-28.

[23] 任建树. 陈独秀著作选编·第三卷. 上海人民出版社,2009:13.

[24] 任建树. 陈独秀著作选编·第三卷. 上海人民出版社,2009:17.

[25] 王聿均访问,刘凤翰纪录. 汪崇屏先生口述历史. 九州出版社,2012:122.

[26] 胡适.这一周.努力周报(第12期),1922-7-23.
[27] 任建树.陈独秀著作选编·第三卷.上海人民出版社,2009:2.
[28] 胡适.联省自治与军阀割据.努力周报(第19期),1922-9-10.
[29] 任建树.陈独秀著作选编·第二卷.上海人民出版社,2009:476.
[30] 胡适.胡适全集·第29卷.安徽教育出版社,2003:718,724.
[31] 胡适.胡适全集·第29卷.安徽教育出版社,2003:622.
[32] 张国焘.我的回忆·第一册.东方出版社,1998:232.
[33] 胡适.胡适全集·第29卷.安徽教育出版社,2003:755.
[34] 胡适.胡适全集·第29卷.安徽教育出版社,2003:764.
[35] 中国社会科学院近代史研究所中华民国史研究室.胡适来往书信选·上.社会科学文献出版社,2013:107.
[36] 朱文通等整理编辑.李大钊全集·第五卷.河北教育出版社,1999:311.
[37] 中国社会科学院近代史研究所中华民国史研究室.胡适来往书信选·上.社会科学文献出版社,2013:127.
[38] 张国焘.我的回忆·第一册.东方出版社,1998:233.
[39] 胡适.这一周.努力周报(第10期),1922-7-9.
[40] 任建树.陈独秀著作选编·第三卷.上海人民出版社,2009:1.
[41] 1922年8月13日,胡适日记中说:"我在《努力》(12号)上作一短评,说孙党不应拿'旧道德的死尸'来压人;陈炯明此次是革命,不是叛逆,这段短文,竟引起孙党的大反对,他们的《民国日报》日日骂我,前日有位'恶石'(张冈)骂我'丧心病狂'!"胡适.胡适全集·第29卷.安徽教育出版社,2003:711.
[42] 胡适.胡适全集·第29卷.安徽教育出版社,2003:68.
[43] 向导(第4期),1922-10-4.
[44] 任建树.陈独秀著作选编·第三卷.上海人民出版社,2009:5.
[45] 任建树.陈独秀著作选编·第三卷.上海人民出版社,2009:69-70.
[46] 关于社会主义的讨论.新青年(第八卷第四号),1920-12-1.
[47] 任建树.陈独秀著作选编·第二卷.上海人民出版社,2009:479.
[48] 蒋廷黻.蒋廷黻回忆录.中华书局,2014:176.
[49] 任建树.陈独秀著作选编·第二卷.上海人民出版社,2009:435.
[50] 只眼.议员学者跑到美国帝国主义家里讨论宪法问题吗.向导(第四期),1922-10-4.

【作者简介】张朋,南京师范大学新闻与传播学院博士研究生,研究方向为:中国新闻史。

"梁启超卖国"论的形成与传播

杨利强

(华中师范大学中国近代史研究所,武汉 430079)

摘 要:巴黎和会期间,梁启超游历欧洲。由于梁氏此行身份暧昧,代表团内争不断,研究系与国民党积怨甚深,王正廷的有心运作等原因,加之外交情势和国内局势的错综复杂,梁启超被报章传闻攻击成了"卖国贼",一时成为众矢之的。各大报纸纷纷报道,国内外各方也围绕此事展开了激烈的争辩论战,继而激发了国人声讨卖国贼的高潮,成为"五四运动"前夕著名的政治和新闻事件。

关键词:巴黎和会 梁启超 卖国贼 五四运动

一战后,梁启超携蒋百里等游历欧洲,参与了巴黎和会。期间他到处参观、交际应酬不断,同时又积极协助中国代表团,鼓吹舆论,维护中国作为战胜国的尊严和权益;发电国内,及时传达和会的消息,为政府的外交政策建言。然而三月份开始,他逐渐成了被多方声讨攻击的"亲日派""卖国贼",各大报纸纷纷报道,一时间舆论纷纷,各方争辩不休,成为"五四运动"爆发前夕的重要事件。对此,目前学界虽有著作涉及,但均未详细勾画事件全貌。[1]本文拟依据《申报》《民国日报》等报刊资料及外交档案、日记、回忆录等文献,详细考察梁启超被指责为"亲日派""卖国贼"的来龙去脉和具体情形,分析其背后社会各界的反应和应对,进而加深对和会期间纷繁复杂的国内外政治局势和社会心理的认识。

一、代表团内争与梁启超欧游

一战结束后,中国作为战胜国也分享了胜利的喜悦,"停战的电报传出之夜,全世界都发狂了,中国也传染着了一点狂热"。[2]随后北京政府和南方军政府在美国的斡旋下组成了以陆征祥、顾维钧、施肇基、魏宸组代表北方和王正廷代表南方的五人代表团,俨然以战胜国的姿态满怀希望前往法国。代表团抵法后,只分到两个席位,令其大失所望。围绕席位排名问题又产生了一些离合纷争:王氏得不到北京政府的信任,又受到了林长民等人的攻击;施肇基也得不到足够的重视,于是他们开始靠近。两人又因顾维钧在山东问题上一鸣惊人的发言,出于妒忌,先后多次针对顾的报告提出质疑,又不断在开会时打压排挤陆征祥。颜惠庆称两人是"通力合作",以致发生了很多"不愉快的事情"。[3]当时施、顾不住在一起,王、陆二人又各自携带家眷住在饭店,代表团成员之间本就沟通不畅,此后更是摩擦不断,暗斗不止。顾维钧回忆说:"代表团会议于是便成为王博士和施博士二位代表吹毛求疵,肆意攻击陆总长或我的集会。"[4]而身为代表团团长的陆征祥未能妥善处理好排名问题,也未能有效消弭代表团内的矛盾,只能以称病、辞职、出走等方式予以逃避。[5]代表团内部仍是矛盾重重,争斗不断,而此时梁氏赴欧更增加了问题的复杂性。

梁氏游欧的动机模糊,身份暧昧。1918年12月汪大燮、林长民主导的外交委员会劝徐世昌请梁氏赴欧游历,与各国联络,为中国游说。赴欧前梁氏又被徐世昌电请进京与之几度深谈,并与司法总长、大理院长以及段祺瑞等政要举行宴会。[6] 1919年1月12日、27日"外交部"两次发电给陆征祥,告知其梁氏与外交委员会关系密切,且颇得徐世昌的重视,要求陆氏在梁到欧后,与之接洽筹商一切机密,不要产生隔阂。而随后陆氏称病请辞的电文在1月19日就到了"外交部",似有让位于梁氏之意。虽未获准,但可见梁氏此行确实对陆征祥产生了巨大的压力。[7]同时,天津《华北明星报》等报纸也散布出梁氏代陆继任的消息。梁氏抵巴黎后,代表团内部便联想到梁此行是来取代陆的。顾维钧就认为"梁启超的到来意味着代表团人员有变动","顾认为梁是来取代陆的"。[8]与此同时,国内也再次传出消息,"曹汝霖因陆征祥来电称病,又力荐梁启超继任","盛传梁启超到法代陆为专使"。[9]紧接着,从梁启超的随员刘崇杰口中又传出"梁到此地是来注意王的"。[10]这些信息的传播,也使得王氏从一开始便对梁氏的到来充满了担忧和敌视,唯恐其接替陆,使得自己通过"逼宫"陆征祥进而提升名位的努力和希望落空。支持王氏的南方政府机关报《民国日报》随即展开了对梁的攻击,针对梁启超抵达伦敦后在非正式谈话中关于需要资本、发展实业的一系列建议,表达了不屑和嘲笑,说他是侈谈实业。2月18日,梁启超一行到达巴黎,尽管此时陆征祥的辞职未获批准,外交部也发电给代表团,极力否认报纸上梁代替陆的消息。[11]但报道梁氏谋求专使的消息却没有停止,"某派仍竭力运动,以梁启超代陆征祥为欧和专使"。[12]

梁启超一行的身份暧昧,"对法国而言应主要是私人的,但对中国代表团而言,至少是半官方的。"[13]因此梁启超在巴黎,一方面让陆征祥不安于位,另一方面让王正廷心怀疑虑。加之,代表团内部名次排位的纠纷以及彼此争名夺利的倾轧,遂使得各方对梁氏产生了不满、猜疑和嫉恨,继而展开对梁氏更多的批评和攻击,最后演变为"梁氏卖国"。

二、梁启超卖国传言的产生

2月3日,陆征祥会晤法国外交部长,告知其梁氏不日抵法,请其接洽招待。梁氏在18日到达巴黎后,立即受到了法国外交部和国防部官员的热情招待,了解到一些和会的信息。梁氏23日发报汪大燮、林长民并请转呈徐世昌,主张山东问题"断不能于我领土主权有所侵犯,更不能发生权利继承问题"。梁氏恳请政府不要辜负民望,统筹规划,恢复山东的实际主权。[14]而南方军政府的机关报《民国日报》在其文见报的同一日,却开始了对梁的攻击。2月28日、3月1日,《民国日报》接连在头版重要位置刊文,称梁氏为"无自信无节操之人也",历数辛亥革命以来梁氏与北京政府的种种勾结,批判其在欧战后发表的《对德宣战回顾谈》是为了"贪人之功以为己力",要求国人"不与梁氏谈政理""不与梁氏谈时局"[15],对梁氏充满了不屑和鄙视。

梁氏抵法时,正值中日双方为山东及密约问题而关系紧张之时,加之,代表团内部传言梁氏亲日,此行是取代陆征祥的,引起了留学生的攻击,"要末走,要末死"。[16]但事实上,梁氏到巴黎后因会见政要、游览战地,毫无闲暇,得到了法国政府的礼遇。他在给女儿的信中说"法政府派二人随行,一切旅费皆所供亿,情意至殷渥。"[17]梁氏也电请政府答谢法国,"梁任公来电请元首饬外部正式致谢法使优待"。[18]这种"炫耀"式的信息必然会招致一些人的嫉恨,之后也成为被攻击的一个方面。此时,陆征祥出走瑞士的消息众说不一,更令国内外疑惑纷纷。于是关于梁氏代陆的消息又再次传出,"梁启超正竭力谋继陆任",又传段祺瑞政府"决以梁启超继陆,并限制王出席"。[19]但随着陆氏于3月21日回到巴黎,谣言便不攻自破。

但是,一波未平一波又起。3月19日北京"国务院"收到了美国旧金山《中国世界报》主笔发给徐世昌的来电,其文曰:"顷间谣传,梁启超呈请大总统将欧洲和会委员召还并派新委员以代之,由梁启超为领袖。又日本利用梁党势力迫令我国政府不得将密约在和会宣布云云。以上谣传是否确实,即请电示。"[20]当天外交部即发电解释说"全系子虚"[21]。但此后便出现更多于梁氏不利的消息。《华北明星报》是由美国人在天津创办的英文报纸,主要代表美国政府对中国的政策和态度,其在2月报道揭露了日本公使小幡对中国的恫吓,反映了美国政界"扶助中国之趋势"。[22] 3月20日,《华北明星报》刊载了来自华盛顿的消息《巴黎之中国卖国者》,指出在巴黎有亲日派在暗中相助日本,掣肘中国代表,断送中国利权。虽未明确指出卖国者的名字,其实暗指梁氏。《晨报》在23日发文指责其"无的放矢"、"误己误人"。[23] 随着中日密约陆续公布,梁氏任财政总长期间与日本横滨正金银行的借款合同被《申报》在3月23日登出。于是《民国日报》再一次抓住机会,在报纸上同一版面刊登两则关于梁启超卖国的消息,一为《梁党卖国之不打自招》,一为《梁启超称心如意》,在后文中写到"请你发些天良,勿用阴谋手段",[24] 足以看出对梁的愤恨,这也拉开了把梁启超攻击为卖国贼的序幕。

三、南方国民党派对梁氏的声讨

《民国日报》是南方政府攻击梁氏卖国的主战场,不断发文声讨梁启超,"昔为卖师卖友卖君卖党,今则为国外之投机事业以卖国矣",明确指出梁为亲日派,并把代表团在巴黎和谈不顺利的原因归咎于梁氏,称其暗中活动对专使的行为有所掣肘。[25] 相较于《申报》在梁氏卖国问题上未证实之前,较为温和地称梁为"袒日派",《民国日报》则毫不留情且带有敌意的称之为"卖国贼",称梁为"无国""保日"之人,并呼吁全国声讨。就在邵力子大肆攻击梁启超之时,王正廷从巴黎也发来声讨电文,"望率全国舆论一致严诛"。[26] 虽然王氏并没有指明卖国贼是梁启超,但《民国日报》却认为梁启超为卖国贼是"国民共喻",并且邵力子又以极其醒目的大标题发文《再促国民速讨卖国贼》,再次直指梁启超为卖国贼,甚至诅咒其"人而无耻,胡不遄死者矣",[27] 可见其对梁氏恨之入骨。

继《民国日报》后,与国民党人关系密切的上海商业公团联合会也召开大会共同讨论对梁启超卖国的处理意见。商业公团主张梁之"私人行动,国民绝不承认","请其速离欧洲,免遭疑谤","如不反省,自当去电申讨。"[28] 在得到商业公团的支持后,邵力子继续发文声讨梁氏,并进而攻击段祺瑞、曹汝霖、章宗祥等人与日本借款的卖国行径。随着中日密约陆续在各大报纸登出,国人也渐渐了解这些密约是影响中国丧失谈判优势的主要原因,声讨卖国贼的声势逐渐扩大。尤其是南方军政府,以林森任主席的中华民国国民外交后援会"要求军政府致电巴黎,抗议梁启超参与和会"。[29] 就这样,国民党人及与其有密切联系的上海商业公团利用最初的不曾指明的卖国贼传言,直接大力攻击梁启超为卖国贼,并继而开始了对段祺瑞卖国政府的声讨。

从3月25日到4月4日,只有南方国民党一派在声讨梁氏,北方却未有任何的响应。邵力子便发表社论,呼吁甚至强逼北方代表共同声讨仍在巴黎和会的梁启超,"声讨卖国贼之事,为南北代表所共应努力,援春秋之义,不讨弑君之贼者,厥罪与弑君同。"[30]把不声讨卖国贼看作如同弑君的大逆不道之罪,以咄咄逼人的态势,掌握着主动权。在此之前梁启超及其他派别对此攻讦并没有做出任何回应。其文发表后,从6日开始便有了多方面的参与,各大报刊也开始了对此问题的连篇报道,在社会上引起了更大的纷争,使之成为五四前夕的重要事件。

四、关于梁氏卖国的多方争辩

4月6日,《申报》和《民国日报》刊登了梁氏于5日发给北京政府的密电,要求政府训令中国媾和代表在威尔逊未回国前加紧决定与中国有关的问题。[31]但《民国日报》却称梁氏是"假仁假义",并明确地列出了卖国贼名单。"吾国之卖国者谁,徐世昌、段祺瑞,其巨魁也,曹汝霖、陆宗舆、徐树铮、靳云鹏、章宗祥,其爪牙心腹也,其他附和奔走助纣为虐者,尚不可悉数也。"[32]在南方看来,梁氏属于段派的爪牙,借此攻击北京政府,为其在南北和谈中大造声势,以取得更多的支持,获得更大的主动权。

同日,梁氏的支持者们,通过《晨报》指出了其被诬的多方原因,"有因外人待遇问题而妒任公者,有因从前党派成见而攻任公者,有因欲固其亲日派地盘包办卖国而攻任公者。由此三派,故某国人亦从中挑拨,以扰乱吾举国一致对外之行动,而谋收渔人之利,于是而任公亲日之谣言散布京沪矣",并批评那些诬陷梁氏之人是"丧心病狂",又说"京中有志之士得此消息后极为愤激",表明了北方对梁氏被诬的看法和感受。《晨报》还援引国民外交协会发给上海各大报馆的电文。其电文借用梁氏从巴黎发回国内的数通电报,以此证明梁氏在巴黎积极有力的鼓吹舆论,呼吁国人不能自相怀疑,劝告国人不能"中人奸计",指出"谣言必从反对方面散布,灭吾对外一致之力",希望国人详察。[33]《晨报》和国民外交协会的解释揭开了南北双方对此事的新一轮争辩。

针对上海商团的决议,国民外交协会、国际联盟同志会、蔡元培、王宠惠、范源濂等也纷纷为梁氏申辩。国际联盟同志会还推举梁启超为理事长,认为梁氏遭到了某些人的妒忌,希望国人不要"自相疑谤,适陷离间之计"。蔡元培等人电文也说"梁赴欧后迭次来电报告,并主张山东问题为国家保卫主权,语至激昂,闻其著书演说极动各国观听,何至有此无根之谣,愿我国人熟察,不可自相惊扰。"[34]《晨报》也转引蔡元培等的电文,并认为梁被诬一事有损巴黎和会上我国在东亚问题的谈判,使得英美法等国难再支持我国人的爱国要求,因此呼吁国人避免"以讹传讹,致招外人误会"。[35]

  同时在商业公团内部也出现了不同的声音。商业公团的评议员谢侠逊等人认为公团对梁氏的声讨是"误于偏信,固不能为贤者恕"。[36]可见商业公团内部也有人不相信梁氏亲日卖国,也力劝公团诸人不要偏听偏信那些谣言,对公团轻率发文斥责梁氏的行为表示不满。这则消息说明了北方的辩护文章也起到了一定的作用,使人们更加意识到梁氏卖国可能就是浮言谣言,不能偏听偏信一方的说辞。

  针对7、8两日为梁辩护的声音,国内外出现了一波新的攻击梁氏卖国的消息。《益世报》在8日登出了王正廷的最新来电,"所望全国舆论对于该卖国贼群起而攻之""卖国贼实在巴黎,且并非日人造谣中伤"。[37]王此时的来电显然是针对国内为梁之辩护而来,无异于火上浇油。《民国日报》则充分利用王氏来电,"谓卖国贼在巴黎,明指梁启超",[38]使王氏来电的意思更加明确,也再次让国人充分认识到梁氏就是卖国贼。上海商业公团对于为梁辩护者也表示大为不平,发出通告驳斥,希望梁氏速离欧回国。[39]这一系列对梁氏辩护者的反驳全是因为王正廷再次从巴黎发来的电报。王氏两次来电都要求国人一致严厉声讨卖国贼,却都没有明确指明是梁启超,那么王所指的卖国贼究竟是谁。蔡元培、王宠惠等便发电王正廷,"询问前电所指卖国贼者究为何人,即明白作覆。"[40]但此后并未见王正廷的回应,而是更多来自国民党一方对梁启超的批判。首先是邵力子再次发表社论,极力批评讽刺为梁辩护者。由上海国民党人组成的世界和平共进会也收到了广州朱镜宙的来电,其视梁氏为丧心病狂的卖国奸佞,要求巴黎各新闻报纸进行声讨。[41]李石曾也给胡汉民去电,"以梁启超有亲日嫌疑,要求护法政府电往巴黎反对梁启超列席并取消其代表资格。"[42]

  值此各方相互争辩之时,南方军政府国会联合会做出了对梁启超的处理意见:"请军政府下令捕之交由司法员讯办,没收其国内产业并请法使引渡;要求北京亦下令捕之;向中外宣布其卖国罪状;以上述决议案电告巴黎和会中国代表"。[43]正式宣判了梁氏的卖国行为。叶楚伧随即撰写社论,称段祺瑞和梁启超是千夫所指的文武二妖,认为单纯的声讨不能损其毫末,要求用正本清源的途径。[44]这种呼声正好与国会作出的惩处举措相呼应。南方的处理决定无疑掀起了新一轮的讨梁浪潮。《益世报》《民国日报》《北京日报》《申报》等都纷纷载文声讨,竭力攻击。

随着新一轮攻击的开始,为梁辩护的声音在中断几天后又出现在报纸上,10日《顺天日报》称梁氏被诬"纯系进步国民梁党之内争所致……欲藉此鼓吹令梁氏进退维谷"。12日《盛京日报》也刊文为梁氏辩护。[45]由于《盛京日报》和《顺天时报》同为日本人所办,于是"京人因此益怀疑"。《民国日报》也趁此时机加大攻击力度,连连登载各方的声讨文章。

此前,面对接踵而至的声讨,国内为之申辩的都是梁氏研究系同仁及同情者,巴黎代表团及梁氏一行等人对此的态度和回应未曾见诸国内报纸。国内最早刊登梁氏自辩电文的中文报纸是15日的《时事新报》和《民国日报》,其转载了梁氏11日发给《字林西报》的电文。其文曰:"谣传鄙人意见与我国代表正式提出者不同,此种无稽之谈,意在使外人以为我人于此重大事件意见误歧路"。梁氏还附寄了其在巴黎的论文和演说词以及与英美法首脑谈话的稿本,请求报纸为之辨证。可见,其在力证自己的清白。[46]而《民国日报》对此的标题却为《梁启超尚要自辩》,并评论"只可惜平日言行不符",可见其已视其卖国为铁证如山,不容置辩。邵力子也对此撰写时评,"梁启超之自白,谓其主张与专使同,果尔则专使自能尽职,梁尤可离去巴黎,以副国人之望",[47]极力讽刺嘲笑梁氏的自白。同时,1919年4月14日,北京政府外交部收到了陆、顾于11日从巴黎发出的为梁氏辩诬的电文,其称"任公来欧,言论主张均与本会一致,外间谣传各节,毫无根据,恐有误会。"[48]此外,外交部也援引陆、顾的电文为梁氏申辩,而《民国日报》却讥讽外交部的声辩为"官话"。[49]

紧接着,蒋方震、张君劢也从巴黎发电为之声辩,"白纸写黑字之文章不之信,万国共闻之演说不之闻,而造谣则奸也,而信谣则愚也",力劝国人不要相信谣言。[50]20日,梁启超再次发出给上海商业公团联合会的自辩电文,以极其痛心的口吻称"仆言论行事,为世所共见,闻百千蜚语于我何损,唯惜有责任之人,倾其精力,用于内讧,出此下策,为可痛耳。"并极言谣言蜚语的恶劣后果"以一二宵小所造蜚语,遂以卖国诬人,令合议瞬息告终"。[51]23日,《晨报》又刊登了梁氏就国民外交协会请其为该会代表,主持向巴黎和会请愿各事的复电,其云"但盼传闻之误,除与顾使晤谈较多外,未尝闻问,惟谨慎著论演说,历访要人,所言悉如尊旨,私人后援,惟力是视,现有人方构与事实相背之谣以诬我,坐是更不愿与闻局中事。"[52]可见,梁氏对谣言的辩白已是力不从心,甚至不愿再牵扯和会之事。

五、余 论

随着4月中下旬媒体对曹汝霖、章宗祥、陆宗舆等人亲日卖国言行的大曝光,使得声讨这三人之势逐渐盖过了梁氏。加之外交形势急转直下,英美等国向日本妥协,欲把山东权利交给日本。30日,国民外交协会收到梁启超的预示着外交失利的电报,随后林长民便据此起草了《外交警报敬告国民》一文,发出"胶洲(州)亡矣,山东亡矣,国不国矣"的警报。[53]随后爆发了轰轰烈烈的"五四运动"。此后,虽有《民国日报》紧追不舍,仍不时传出对梁氏的声讨。但国人却无多余的精力去关心梁氏,于是梁氏卖国的谣言便在"五四运动"的喧闹中渐渐息止了。

中国以战胜国的身份参加巴黎和会,为争取自由平等的权利和国际地位与各国展开了激烈的谈判,其间国内南北政府也开始了积极和谈。巴黎和会上,存在着中日间关于山东问题的冲突、英美法等国间的政治博弈,同时代表团内部又纷争不已;在国内,有南北政府之间合法权的角逐以及研究系、国民党派等各方力量为此展开的激烈争斗,使得国内外的气氛空前紧张,也给国人的心理造成了巨大的压力。"没有特定的社会文化心态环境,特定的谣言不但很难生存,即便出现也不易得到广泛的流播,遑论使人相信"。[54]正是在这种波诡云谲的特定环境中,才产生了"小幡恫吓""梁启超卖国""顾维钧联姻曹汝霖"等一系列影响和会成败及国内局势的谣言,而其中"梁氏卖国"最是惹人注目,持续时间也最长。"谣言产生的两个基本条件:第一,故事的主体必须对传谣者和听谣者有某种重要性;第二,真实的事实必须用某种模糊性掩盖起来。"[55]梁启超欧游动机模糊,身份暧昧,其言行受到各方关注。又因巴黎与中国距离遥远,来自和会的各种消息首先是传到南北双方政府及其主要私人,而后再由报纸等媒介有选择地传达给民众,因此这就产生了空间和时间的双层延迟。同时,由于研究系与国民党长久的政争以及王正廷等各抱政治目的的人士及派别的运作,各种确切或不确切的新闻报道便成了谣言的助产师。再加上,"梁氏卖国"又暗合了社会集体的爱国情绪,因此才造成了大规模的传播和影响。正是在巴黎和会及南北议和特殊的社会环境、复杂政治背景及激荡的社会心理下,"梁氏卖国"事件才呈现出了极端的复杂性,甚至是"合理性"。

注释：

［1］据笔者查阅，相关研究成果有：应俊豪的《公众舆论与北洋外交：以巴黎和会山东问题为中心的研究》（台北："政治大学"历史学系，2001年）第三章第三节对梁氏等人的"亲日"风波做了介绍；巴斯蒂的《梁启超1919年的旅居法国与晚年社会文化思想上对欧洲的贬低》（李喜所、梁启超与近代中国社会文化、天津古籍出版社，2005：218—237.）对梁氏卖国谣言做了初步介绍；熊玉文的《大众传媒与五四运动"内除国贼"目标的确立》（《史学集刊》，2001年第4期）及《巴黎和会、谣言与五四运动的发生》（《民国档案》，2012年第4期）从大众传媒传播学的角度对五四运动前的舆论做了考察；马建标的《冲破旧秩序：中国对帝国主义国际体系的反应（1912—1922）》（社会科学文献出版社，2013年）第一章从民族主义和国家认同的角度对五四运动前的公众舆论做了考察；唐启华的《巴黎和会与中国外交》（社会科学文献出版社，2014年）第三章中"梁启超游欧与和会外交"一小节，利用外交部档案对梁氏欧游及研究系对和会的多重影响做了进一步探讨。

［2］胡适.纪念"五四".胡适全集（第22卷）.安徽教育出版社，2003：271.

［3］颜惠庆著，上海市档案馆译.颜惠庆日记.中国档案出版社，1996：823，825.

［4］中国社会科学院近代史所译.顾维钧回忆录（第一分册），中华书局，2013：170.

［5］黄尊严.巴黎和会中国代表团活动若干问题评析.历史教学，2004（10）.

［6］梁任公赴欧所闻.晨报，1918-12-1；黎梁将赴欧美游历.申报，1918-12-10.

［7］唐启华.巴黎和会与中国外交.社会科学文献出版社，2014：260-261.

［8］中国社会科学院近代史所译.顾维钧回忆录（第一分册），中华书局，2013：182；颜惠庆著，上海市档案馆译.颜惠庆日记.中国档案出版社，1996：823，825.

［9］又代梁启超运动专使.民国日报，1919-2-17；专电·北京电.申报，1919-2-25.

［10］颜惠庆.上海市档案馆译.颜惠庆日记.中国档案出版社，1996：831.

［11］颜惠庆.上海市档案馆译.颜惠庆日记.中国档案出版社，1996：826；专电·北京电.申报，1919-2-25；欧和会中之我国专使.申报，1919-2-26.

［12］梁启超仍思夺得专使.民国日报，1919-2-26.

［13］唐启华.巴黎和会与中国外交.社会科学文献出版社，2014：259.

［14］收法京梁前总长电，1919-2-26//"中央研究院"近代史研究所.中日关系史料——巴黎和会与山东问题."中央研究院"近代史研究所出版，1980：52；梁任公先生来电原文.晨报，1919-2-28.

［15］真冰.驳梁启超之对德宣战谈并序.民国日报，1919-2-28；真冰.驳梁启超之对德宣战谈.民国日报，1919-3-1.

［16］颜惠庆著.上海市档案馆译.颜惠庆日记.中国档案出版社，1996：827.

［17］丁文江，赵丰田.梁启超年谱长编.上海人民出版社，1983：878.

［18］各通信社电·北京电.申报，1919-3-11.

［19］梁启超谋继陆征祥.民国日报，1919-3-15；段派排斥陆王两使.民国日报，1919-3-16.

[20] 谨译美国旧金山《中国世界报》主笔来电,1919-3-19//"中央研究院"近代史研究所.中日关系史料——巴黎和会与山东问题."中央研究院"近代史研究所出版,1980:70.

[21] 发旧金山总领事馆电,1919-3-22//"中央研究院"近代史研究所.中日关系史料——巴黎和会与山东问题."中央研究院"近代史研究所出版,1980:65.

[22] 巴黎和会之中国消息.申报,1919-2-8.

[23] 异哉卖国之骇闻.晨报,1919-3-23.

[24] 梁启超称心如意.民国日报,1919-3-25.

[25] 梁启超之进步.民国日报,1919-3-26;专电·香港电.申报,1919-3-29.

[26] 王正廷声讨卖国贼.民国日报,1919-4-2.

[27] 力子.再促国民速讨卖国贼.民国日报,1919-4-2.

[28] 商业公团联合会开会记事.申报,1919-4-3.

[29] 抗议梁启超干预和会.民国日报,1919-4-4.

[30] 力子.和会当首讨卖国贼.民国日报,1919-4-5.

[31] 各通信社电·北京电.申报,1919-4-6;梁启超假仁假义.民国日报,1919-4-6.

[32] 国会议员声讨卖国贼.民国日报,1919-4-6.

[33] 梁任公与我国讲和问题.晨报,1919-4-6.

[34] 公电.申报,1919-4-7.

[35] 各方面为梁任公辩诬.晨报,1919-4-7.

[36] 商业公团评议员谢侠逊等致该会副主任干事汤节之书.申报,1919-4-8.

[37] 王正廷之电攻卖国贼.益世报,1919-4-8.

[38] 卖国贼实在巴黎.民国日报,1919-4-9.

[39] 商业公团联会致国内外电.申报,1919-4-9;驳袒护梁启超之快举.民国日报,1919-4-9.

[40] 电询卖国贼主名.民国日报,1919-4-10.

[41] 直斥梁启超为奸佞.民国日报,1919-4-11.

[42] 西南要人之时局主张.申报,1919-4-11.

[43] 专电·香港电.申报,1919-4-11.

[44] 叶楚伧.乡父老之正论.民国日报,1919-4-12.

[45] 某君之梁启超谈.顺天时报,1919-4-10;诬蔑梁启超之真相.盛京时报,1919-4-12.

[46] 梁启超著,夏晓红辑.《饮冰室合集》集外文(中).北京大学出版社,2005:816.

[47] 力子.梁氏之自白.民国日报,1919-4-15.

[48] 顾陆二使为梁任公辩诬电.大公报,1919-4-18;陆征祥为梁启超辩护.民国日报,1919-4-19.

[49] 外交部为梁任公声辩. 申报, 1919 - 4 - 20.

[50] 蒋方震张嘉森由法京来电. 晨报, 1919 - 4 - 19.

[51] 梁任公最近来电. 晨报, 1919 - 4 - 20.

[52] 外交之大失败. 晨报, 1919 - 4 - 23; 梁启超著, 夏晓红辑.《饮冰室合集》集外文（中）. 北京大学出版社, 2005:818.

[53] 林长民. 外交警报敬告国民. 晨报, 1919 - 5 - 2.

[54] 苏萍. 谣言与近代教案, 上海远东出版社, 2001:4.

[55] [美]奥尔波特著, 刘水平等译. 谣言心理学. 辽宁教育出版社, 2003:17.

【作者简介】杨利强, 华中师范大学中国近代史研究所硕士研究生, 研究方向为: 中国近代经济史。

林语堂 20 世纪 20 年代的新闻评论特色探究

钱 珺

(南京师范大学新闻与传播学院,南京 210097)

摘 要:20 世纪 20 年代,受国内风云诡谲的政治局势的影响,林语堂以怀着"文人论政"的方式实现"言论救国"的新闻理想。1924—1927 年间,他在报刊上发表了大量针砭时弊、反映社会现象的评论文章,这些文章时效性强,具有鲜明的政治见解,既具有现代新闻评论的基本特征,又幽默辛辣,形象说理,形成独特的林氏评论风格。本文重点从写作风格和写作技巧的角度,分析 20 世纪 20 年代林氏新闻评论的特色。

关键词:林语堂 新闻评论 写作风格 写作技巧

1924 年前后,中国政治局势风云变幻,发生了一系列重大的历史事件。当时新闻界的政治氛围相对比较自由,知识分子可以在报刊上自由地发表自己的思想和言论。刚从海外学成归来的林语堂,受北平整体舆论环境的影响,"文人论政"和"言论救国"的新闻理想日益凸显,先后在《语丝》周刊、《京报副刊》、《猛进》、《莽原》等刊物上发表了大量针砭时弊、反映社会现象的评论文章,与以章士钊为代表的保守派、以陈西滢为代表的现代评论派、以段祺瑞为代表的专制政府进行了激烈的斗争。

根据现代新闻评论的定义,新闻评论是"对最新发生的有价值的新闻事件和有普遍意义的社会现象、热门话题,运用分析和综合的办法,就事论理,就实论虚,有着鲜明针对性和思想启迪性的一种新闻文体,……属于论说文的范畴。"[1]林语堂在 1924—1927 年间发表的这些论说文章,时效性强,具有鲜明的意见和主张,直指现实问题,基本具备了现代新闻评论的几个基本特征。但是跟现代意义上的社论或评论相比,林语堂的评论文章除了具有鲜明的政治见解外,还带有强烈的文艺性色彩和个性色彩,既体现出 20 世纪 20 年代新闻评论界的整体风格,又体现出他独有的特色。

一、评论视角新颖,标题具有反转魅力

林语堂的评论文章,擅长从让人意想不到的视角切入问题,往往在标题上就十分的吸引人,让人耳目一新。

例如《论性急为中国人所恶》这篇评论中,标题直接道出:"孙中山的性急是中国人所讨厌的",乍一看,以为是在批评孙中山的"性急",可看完下文,作者真正想表达的观点完全相反:孙中山的"性急"是难能可贵的品质,是目前国民普遍缺乏的,"求一为思想主义而性急,为高尚理想而狂热而丧心病狂之人,求一轰轰烈烈非贯彻其主义不可,视其主义犹视其自身革命之人则不可得,有之则孙中山先生而已。"[2]这篇评论文章发表后,新颖的标题和评论视角让人耳目一新。钱玄同受他评论思路的启发,随后创作了《中山先生是"国民之敌"》的评论文章,称孙中山的奋斗、革命精神是我们这疲癃老朽的民族起死回生的唯一圣药,孙中山是良医,可是有祖传痼疾的国民却把这位良医当成国民之敌,对他咬牙切齿。[3]看似贬义的标题,实则有力回击了某些报刊对孙中山的污蔑。

又例如《祝土匪》一文,针对现代评论派陈西滢等人说自己是学匪,林语堂干脆以"土匪"自居,写下《祝土匪》。"土匪"原是贬义,是骂人的话,可是林语堂偏偏以"祝土匪"为题,为"土匪"大唱赞歌,赋予"土匪"正面积极的含义:"言论界,依中国今日此刻此地情形,非有些土匪傻子来说话不可。……唯有土匪,既没有脸孔可讲,所以比较可以少作揖让,少对大人物叩头。"[4]他讽刺那些所谓的"学者""绅士"和"君子":"不敢说我们要说的话,不敢维持我们良心上要维持的主张",反而像妓女一样"倚门卖笑,双方讨好"。[5]最后他还慷慨激昂的高唱:"我们生于草莽,死于草莽,遥遥在野外莽原,为真理喝彩,祝真理万岁,于愿足矣。"[6]

另一方面,林语堂也创作过看似"褒奖",实为"抨击"的标题。1925年11月23日,他创作了一首《咏名流》,还为之做了乐谱,发表在《语丝》第54期上,引起了较大的反响。全文如下:

一

他们是谁?
三个骑墙的勇士,
一个投机的好汉;
他们的主义:

吃饭！吃饭！
他们的精神：
不干！不干！
　　　二
他们骑的什么墙？
一面对青年泣告，
一面对执政联欢；
他们的主张：
骑墙！骑墙！
他们的口号：
不忙！不忙！
　　　三
他们的态度镇静，
他们的主张和平，
拿他来榨油也榨不出
什么热血冷汗，
他们的目标：
消闲！消闲！
他们的前提：
了然！了然！
　　　四
他们的胡须向上，
他们的仪容乐观，
南山的寿木也装不下
那么肥厚嘴脸；
他们的党纲：
饭碗！饭碗！
他们的方略：
不管！不管！[7]

二、重视写作由头，充分考虑受众心理

林语堂一向比较重视读者的阅读心理和兴趣，因此他的新闻评论往往先

有由头,再予评论,使读者在一开始就了解他的言论为何而发,增加读者对其评论观点的重视和理解。他常常以某个新近发生的热点新闻事件为由头,在开头将事件经过简要描述,再展开分析和评论。或者在开头即交代写作背景,说明发表评论的原委。他的写作背景看似交代的随意,其实花了一番心思,通过与当时具有一定知名度和影响力的人物(鲁迅、周作人、钱玄同等)建立紧密的联系,他很快就凭借自己出色的文采从一个刚回国的"无名小卒"一跃成为北京舆论圈的"明星"。

比如《"发微"与"告密"》中,开头就概述了"三一八惨案"事件:"三月十八日中华民国'府院合署'式的临时执政府因为知道有爱国青年外交请愿事项,预定计划,埋伏队伍,荷枪实弹,在府院合署的国务院门前由官长指挥,吹号施令,枪击国民,加之以刀鞭,继之以追击,复终之于抢劫。"[8]

广受好评的《论性急为中国人所恶》一文,副标题为"纪念孙中山先生"。这篇评论以孙中山先生的逝世为写作契机,开篇头两句话即交代了"由头":"记得一二月前报上载有一篇孙中山先生的谈话,他说'我现在病了,但是我性太急,就使不病,恐怕于善后会议,也不能有多大补助'。我觉得这话最能表现孙先生的性格,并且表现其与普通中国人性癖的不同。"[9]他以当时公众关注的舆论焦点"孙中山病逝"为写作由头,很好地抓住了人们的视线。1926年3月10日,他又以"孙中山逝世一周年"为契机,在《京报副刊》上发表《泛论赤化与丧家之狗》一文,矛头直指"痛打落水狗"。

在《给玄同的信》《讨狗檄文》《祝土匪》《随感录》等评论作品中,他在一开始就交代了写作背景,以阐明评论的针对性。在《给玄同的信》中,开篇写道:"我刚刚读过你的《写在半农给启明信底后面》一大著,使素非'激昂慷慨'的我也要跟大家'瞪眼跳脚拍桌子',忍不住也来插说几句。"[10]在《讨狗檄文》中,他说:"今天看见岂明先生《恕府卫》一文,末段几句沉重的话,使我不得不决意抛弃很重要的事务,来讲几句更重要的话了。"[11]在《祝土匪》中,他第一段就通过背景交代说明了自己在《莽原》创刊号上发评论的立场:"莽原社诸朋友来要稿,论理莽原社诸先生既非正人君子又不是当代名流,当然有与我合作之可能,所以也就慨然允了他们,写几字凑数,补白。"[12]在《随感录》中,他也是一开始先交代了对"名流之怪论"进行评论的原委:"岂明先生来信谓这回南下一定得到许多见闻,希望能写出来。我想这三个月之间在南边固然有些事件,但是何尝有北京所闻所见之足以引起我们的感叹?据报上所载种种奇闻,如阴谋复辟,'整顿学风',还有种种名流之怪论,与我在厦门所闻见张毅吃人一类的消息相比,何尝稍让丝毫——老实说起来,还要光怪离奇些!"[13]林语堂类似的开篇还有很多,比如《闲话与谣言》,不再赘述。写作背景的交代,一方面为论证提供了充分的论据,为观点的提出作了有力的铺垫,另一方面也使读者更便于理解作者的评论意图。

三、分层论述,论证说理透彻

林语堂曾自谦"文思迟滞"[14],但笔者认为在观点的论证方面,他是一位谋篇布局的高手。在篇幅较长的评论文章中,他擅长分层论述,层层深入,直到把道理说透,触到问题的本质。为了便于读者更快把握整个逻辑推理层次,他还为每一层次定义了子标题。这种论证方式是很值得当下我们的新闻评论员借鉴的。

在《随感录》中,他针对"五卅惨案"后报上出现的"整顿学风"等"种种名流之怪论",这样分层论述,层层推进自己的观点:

第一层,他感慨中国"名流之加多":"无论其实际上已入流未入流,都早已具了老成练达学士大夫的资格。"[15]第二层,开始发问:"沪案发生以后,中国如学工商界之参加运动,固已够忙,政府也于面子上,敷衍的过得去了,独此名流,既不敢表示满意于政府'誓死骑墙'与'敷衍到底'的政策,又不屑与青年学子合作,事后问心何以自解?"[16]然后分析名流之所以如此的原因,原来是心理学上"逊色症结"(inferiority complex)引发的"自卫机制"在作祟:"于某事或某方面上自觉逊色,于是他的下意识必发生一种自卫的作用。……隐隐中将不免起一种 inferiority complex。由是不得不由他们来'教训'青年,来'至诚恳的泣告'青年,或者声明要求诱导青年们。"[17]第三层,进一步分析名流的这种心理"自卫机制"(defense—mechanism)与政治之间的关系,从而揭露"名流是在为军阀与官僚发声"的实质:"最喜欢讲学风腐败的,偏偏是军阀与官僚,因为'中国弄到这样田地'顶好有教育界来代负责,使大家可以知道亡国者学界也,而并非官僚。故如丁文江'中国弄到这个田地完全是知识阶级的责任',实可谓军阀与官僚 defense-mechanism 心里最明白的表示。"[18]最后,他用"激进派"与"守旧派"的讨论,表达自己的立场:激进与守旧两者是不能相容的,所以对于那些"稳健"的守旧言论,他会一如既往的"讨厌"下去。[19]

《谬论的谬论》和《泛论赤化与丧家之狗》这两篇评论作品,他也同样采用了分层论述、层层推进的论证方式。这里把他分层论述的子标题摘录如下,从中可以窥得林语堂逐层递进的逻辑论证方式。

《谬论的谬论》的分级子标题:空城计何以唱不得;什么叫作勿谈政治;闭

门读书谬论之由来；中华官国的政治学；政治与精神欧化。[20]

《泛论赤化与丧家之狗》的分级子标题：论今日尚谈不到打倒军阀；论猛虎并非丧家之狗所能打倒的；论中国人至多不过粉红化并无赤化之危；论家未丧其狗必先丧；论国民不应专责买办土豪阶级而独宽容丧家狗之文妖；论国民应先打丧家狗再打军阀。[21]

四、直指驳论对象，掀起论战高潮

林语堂的新闻评论，一部分是他自己提出主张，一部分是他回应别人的主张，但最让他"一战成名"的，是他辛辣激烈地驳斥他人的观点。对此，郁达夫曾这样评价他："《翦拂集》[22]时代的真诚勇猛，的确是书生本色。"[23]这时候的林语堂，无所畏惧，敢于"犯上作乱"，敢于迎难而上发表正确意见。他的驳论文章，经常在一开始就摆出驳论的对象，或"挑衅"或"点名道姓"地指出对方的错误之处，彪悍蛮横地予以攻击，为当时已经激烈异常的"论战"再"添柴加火"。

在《咏名流》的正文前面，他加了"作者附志"说："将他发表，也不过是想给几位同我一样觉得有'出出气'之必要的同胞阅鉴，希望他们也能收同样的功用吧！"[24]坦言写作目的是为"出气"，开篇就是浓浓的火药味，激起论战对手的回击。

例如《丁在君的高调》，从标题开始就"点名道姓"的警告丁在君："迎合官僚与军阀的'高调'，是绝对而又绝对唱不得的。"[25]在《插论语丝的文体——稳健、骂人及费厄泼赖》一文中，也是点名道姓地直接骂："章士钊、江亢虎之流根本就没有所谓思想。"[26]

在《泛论赤化与丧家之狗》中，他开篇即一针见血地摆出驳论的对象："孙中山先生死去一年，在此一年中虽然有少数的国民渐次觉悟，或热心提倡孙先生主义，大部分的国民却仍旧的不出息。沪案的事我们也不必提了，安福如何作孽，段祺瑞如何误国，我们也可以不必再讲，单单看我们一年来之所谓大学教授及知识阶级所弄的勾当，已足使我们十分灰心。"[27]

在《闲话与谣言》中，他用辛辣的语言讽刺"白话老虎的闲话大家"所散布的谣言是"这些走狗献给它们大人的狗屁，以求取得主人之欢心。"[28]并大骂特骂："'畜生'生在人类里面，本来已经够奇了，但是畜生而发见于今日的大学教授中，这真使我料想不到。我要畅快的声明，这并非指猪、狗、猫、鼠，乃指大学教授中'亲亲热热口口声声提到孤桐先生的一位'，亦即'白话老虎报社三大笑柄'之一。"[29]这里"白话老虎报社"指的是《现代评论》报社,"提到孤桐先生的一位"指陈源(西滢)。如果说这里稍微还算"含蓄"的话,文中最后"无知如陈源"[30]则更直接地指出了批驳的对象。

在《讨狗檄文》中,针对"三·一八"惨案后"丧家狗"的举动和言论,他更是直接宣战:"先除文妖再打军阀""打狗运动应自今日起"。[31]

五、旁征博引,善用形象化语言

林语堂的新闻评论,语言生动活泼、吸引人,并富有知识性和哲理。为进行充分的论证,他经常大量引用名人名言,以及心理学、政治学等专业术语,并用形象化的语言具体说理,把观点和道理说得有声有色,幽默犀利,增强读者对评论的感性认识。学者施建伟在评价他的驳论文章时曾说过:"(他的幽默感)融化于整个文章的结构和行文之中,有时不见得能具体地指出哪一处或哪几处特别精彩,但读过全文,便深得幽默或讽刺的韵味。"[32]由于这时期他与鲁迅和周作人关系都很好,可以说是兼具了周氏兄弟二人"犀利"和"风趣"的驳论风格。

引用名人。在《Zarathustra语录》[33]中,他引用了尼采笔下的超人"萨天师"(原名萨拉图斯脱拉Zarathustra),通过记录他从西方来到东方游历后的所见所闻,借萨天师之口表达林语堂自己对当时中国"国民性"以及封建复古主义者的批判:"那些上了苍苔的灵魂","那些文明撒谎者","多么识时务","多么中庸"。[34]

引用名言。在《文妓说》中,为了形象说明"文妓"的特点,林语堂引用了龚自珍《平均论》中的一段话,说"许多新学界的人,一跨进某军阀的门内,就立刻可以以'高等华人'自居,或提倡读经,或帮他的主人逮捕学生。此与龚氏'盗圣贤市仁义'之例正相符。"[35]在《〈"公理"的把戏〉后记》中,为了说明"教育公理维持会"的真面目,他引用了同时期英国发生的关于科学与人生大笔战中F. C. S. Schiller(席勒)[36]在Tantalus(《坦塔罗斯》)一文中的经典话语:"有法律然后无公理,有教会然后无宗教",讽刺"有教育公理维持会"后便再也"无教育公理"。[37]

引用专业术语。例如在《随感录》中,他用英国学者W. H. R. Rivers[38]在Psychology and Politics(《心理与政治》)一书中提出的"自卫机制"概念来分析名流与官僚、军阀之间的关系。[39]

在形象化的语言使用中,林语堂尤其喜欢用"类比",用人们容易理解的人、事、物来说明他想表达的事物或道理。例如在《插论语丝的文体——稳健、骂人及费厄泼赖》一文中,他用人们熟知的人物做比较,借以形象说明段祺瑞、江亢虎、名流闲话家等人的"糟糕"程度:"我们宁愿看张勋的复辟而不愿看段祺瑞之誓师马厂,宁愿见金梁的阴谋奏折而不愿闻江亢虎的社会主义宣传,宁愿与安福系空拳奋斗而不愿打研究系的嘴巴,于政治如此,于思想界亦如此。……张勋可以一蹶不振,段祺瑞却反而变为民国功人,安福派可一攻则破,而研究系却仍旧可以把握政权。"[40]接着又用了形象化类比,说明"骂人"的重要和可贵:"当耶稣大闹耶路撒冷圣殿怒鞭兑换商时,简直与鲁智深大闹瓦官寺一样,并没有什么学者态度而言。所以尼采不得不骂现代欧人,萧伯纳不得不骂英人,鲁迅不得不骂东方文明,就都是因为其感觉之锐敏迥异常人所致,所以骂人之重要及难能可贵也就不用说了。"[41]

六、结 语

总体而言,林语堂的评论文章泼辣大胆,幽默风趣,又形象说理。他的评论风格,既受到20世纪20年代鲁迅、周作人等"语丝派"成员"任意而谈,无所顾忌"[42]风格的影响,又与他早期无所畏惧、追求自由的孩童天性相关。他的新闻评论实践,内容涉及改造国民性、女师大学潮、"五卅运动"和"三·一八惨案"等时事热点,既表现出对国民爱国运动的关注和支持,又表达了对国民劣根性的批判、对段祺瑞政府专制统治以及北洋军阀拥护者的强烈愤怒和不满。他的评论方式,独树一帜,自成风格,其新颖的评论视角,兼具理性说理和艺术化表现的评论技巧等,对今天的新闻评论写作仍具有一定的借鉴意义。

注释:

[1] 丁法章.当代新闻评论教程(第五版).复旦大学出版社,2014:18.

[2] 林语堂.论性急为中国人所恶.翦拂集//林语堂名著全集(第十三卷).东北师范大学出版社,1994:14.

[3] 钱玄同.中山先生是"国民之敌".语丝(第22期),1925-4-13.

[4] 林语堂.祝土匪.翦拂集//林语堂名著全集(第十三卷).东北师范大学出版社,1994:6-7.

[5] 林语堂.祝土匪.翦拂集//林语堂名著全集(第十三卷).东北师范大学出版社,1994:7.

[6] 林语堂.祝土匪.翦拂集//林语堂名著全集(第十三卷).东北师范大学出版社,1994:8.

[7] 林语堂.咏名流.翦拂集//林语堂名著全集(第十三卷).东北师范大学出版社,1994:33-35.

[8] 林语堂."发微"与"告密".翦拂集//林语堂名著全集(第十三卷).东北师范大学出版社,1994:78.

[9] 林语堂.论性急为中国人所恶.翦拂集//林语堂名著全集(第十三卷).东北师范大学出版社,1994:14.

[10] 林语堂.给玄同的信.翦拂集//林语堂名著全集(第十三卷).东北师范大学出版社,1994:9.

[11] 林语堂.讨狗檄文.翦拂集//林语堂名著全集(第十三卷).东北师范大学出版社,1994:62.

[12] 林语堂.祝土匪.翦拂集//林语堂名著全集(第十三卷).东北师范大学出版社,1994:6.

[13] 林语堂.随感录.翦拂集//林语堂名著全集(第十三卷).东北师范大学出版社,1994:21.

[14] 林语堂.祝土匪.翦拂集//林语堂名著全集(第十三卷).东北师范大学出版社,1994:6.

[15] 林语堂.随感录.翦拂集//林语堂名著全集(第十三卷).东北师范大学出版社,1994:22.

[16] 林语堂.随感录.翦拂集//林语堂名著全集(第十三卷).东北师范大学出版社,1994:23-24.

[17] 林语堂.随感录.翦拂集//林语堂名著全集(第十三卷).东北师范大学出版社,1994:24.

[18] 林语堂.随感录.翦拂集//林语堂名著全集(第十三卷).东北师范大学出版社,1994:25.

[19] 林语堂.随感录.翦拂集//林语堂名著全集(第十三卷).东北师范大学出版社,1994:25-26.

[20] 林语堂."读书救国"谬论一束.翦拂集//林语堂名著全集(第十三卷).东北师范大学出版社,1994:27-32.

[21] 林语堂.泛论赤化与丧家之狗.翦拂集//林语堂名著全集(第十三卷).东北师范大学出版社,1994:73-77.

[22] 林语堂在"语丝健将"时期发表的新闻评论作品,大多收入《翦拂集》。

[23] 郁达夫.中国新文学大系·散文二集导言.上海良友图书印刷公司,1935:16.

[24] 林语堂.咏名流.翦拂集//林语堂名著全集(第十三卷).东北师范大学出版社,1994:33.

[25] 林语堂.丁在君的高调.翦拂集//林语堂名著全集(第十三卷).东北师范大学出版社,1994:20.

[26] 林语堂.论语丝文体.翦拂集//林语堂名著全集(第十三卷).东北师范大学出版社,1994:48.

[27] 林语堂.泛论赤化与丧家之狗.翦拂集//林语堂名著全集(第十三卷).东北师范

大学出版社,1994:73.

[28] 林语堂.闲话与谣言.翦拂集//林语堂名著全集(第十三卷).东北师范大学出版社,1994:59.

[29] 林语堂.闲话与谣言.翦拂集//林语堂名著全集(第十三卷).东北师范大学出版社,1994:59.

[30] 林语堂.闲话与谣言.翦拂集//林语堂名著全集(第十三卷).东北师范大学出版社,1994:61.

[31] 林语堂.讨狗檄文.翦拂集//林语堂名著全集(第十三卷).东北师范大学出版社,1994:65-66.

[32] 施建伟.林语堂在大陆.北京十月文艺出版社,1991:121.

[33] 又名《萨天师语录》,林语堂一生共写过八篇《萨天师语录》,第一篇即《Zarathustra 语录》,发表于《语丝》第 55 期,1925 年 11 月 30 日;第二至四篇写于 1928—1929 年,第五至八篇写于 1932 年以后.

[34] 林语堂.萨天师语录.翦拂集//林语堂名著全集(第十三卷).东北师范大学出版社,1994:315-317.

[35] 林语堂.文妓说.翦拂集//林语堂名著全集(第十三卷).东北师范大学出版社,1994:54.

[36] 全名 Ferdinand Canning Scott Schiller(1864—1937),德英哲学家,反对逻辑实证主义.

[37] 林语堂.《"公理"的把戏》后记.翦拂集//林语堂名著全集(第十三卷),东北师范大学出版社,1994:44.

[38] 全名 William Halse Rivers Rivers(1864—1922),是英国的人类学家、神经学家,最出名的人种学者和精神病学家.

[39] 林语堂.随感录.翦拂集//林语堂名著全集(第十三卷).东北师范大学出版社,1994:24.

[40] 林语堂.论语丝文体.翦拂集//林语堂名著全集(第十三卷).东北师范大学出版社,1994:49.

[41] 林语堂.论语丝文体.翦拂集//林语堂名著全集(第十三卷).东北师范大学出版社,1994:51.

[42] 鲁迅.我和《语丝》的始终//三闲集.鲁迅全集(第四卷).人民文学出版社,1973:172.

【作者简介】钱珺,南京师范大学新闻与传播学院讲师,新闻史方向博士研究生。

彭子冈新闻作品风格特征研究

兰甲甲

(南京师范大学新闻与传播学院,南京 210000)

摘　要:彭子冈是民国时期著名的女记者之一,与浦熙修、杨刚并称为新闻界"三剑客"。她不畏权贵、实事求是,对重大历史事件和重要人物做了记录,在中国新闻史上占据一席之地。彭子冈以通讯和特写见长,其作品虽不是直接报道前线战场,却以敏锐的目光、独到的见解和大胆的揭露,报道了战时后方社会的广阔天地,反映战时民生疾苦,揭露社会问题。在长期的新闻实践中,积累了丰富的写作经验,融合散文和文学笔法,使其新闻作品具有独特的个性。本文以彭子冈在《妇女生活》和《大公报》时期的作品为分析对象,从主题提炼、表现手法、结构布局等方面进行研究,以便对当下新闻界有所借鉴和启发。

关键词:彭子冈　新闻作品　特征　民国

彭子冈在《妇女生活》和《大公报》时期发表了大量通讯和特写,内容丰富广泛,包括了社会各阶层的采访报道,真实记录了新中国成立前的社会百态和战时风云,为历史留下了宝贵史料。《大公报》著名记者陈纪滢曾评价彭子冈是同辈记者中最早将文学手法融于新闻采写的人。彭子冈的新闻报道清丽柔和、感情激荡,打破以往新闻报道机械平淡的写作模式。

一、善于提炼主题

一篇作品的主题是核心,关系到作品的价值和高度。新闻写作中,主题是新闻报道的核心,没有好的主题就没有好的新闻。新闻报道主题是记者对新闻素材的选择和提炼,也体现出记者的新闻敏感和新闻观念。彭子冈的新闻内容丰富,有对大事情大人物的报道,也有对小事情小人物的报道。面对各类不同的新闻素材,彭子冈善于以恰当的方式提炼出新闻主题。

1. 以小见大

彭子冈的新闻作品当中,社会新闻的采写占很大比重。彭子冈通过采访社会各阶层人士,从一些底层人物或司空见惯的事情中挖掘出新闻,以小见大表现主题。彭子冈通过对江西革命根据地的采访发表《她们在巨变里:江西农村妇女一瞥》《女佣工座谈会》等报道,反映江西农村地区发生的变化,反映共产党开展妇女解放运动的成就,党的政策深入人心,得到老百姓的拥护和信任。彭子冈同样歌颂过维持战时重庆整洁的八百清道夫,通过这八百清道夫联想到另一类清道夫,"还有许多不洁的东西需要特种清道夫清除。这些不洁的东西不一定有不洁的外表,最毒的蛇往往有最美丽的色泽,果实里储存着黑汁的罂粟却是从鲜艳的花朵变来的。……在后方难免掩藏着不少投机操纵,虚伪诈骗,荒淫作乐的事实"[1]。彭子冈借清道夫抨击后方的黑暗现象,呼吁政府有关部门打击投机倒把、荒淫腐败等不良社会现实,维护重庆良好社会秩序。彭子冈从小处着眼,大处着手,从读者的日常生活出发报道新闻事实,进一步提升报道主题,易于读者的理解和接受,并从中产生共鸣。

2. 相互对比

彭子冈的许多揭露批评报道中多用对比方式突显主题。如彭子冈写的《舞场一瞥》通过对比揭露了后方一些人不关心抗战和国家命运,过着花天酒地的生活,露天舞场中人们尽情酣舞陶醉其间的现象。抗日战争期间,在抗战高于一切的形势下,全民族都进入战时状态,艰苦抗战,反抗帝国主义的侵略。而后方还存在着荒淫享乐、狂嫖浪赌的现象,彭子冈愤怒感叹"丢脸的不是胼手胝足的勤劳大众,不是艰苦奋斗的青年,而是在国外逍遥张狂的一部分留学生及海外寓公,以及国内的一般不问国事不顾廉耻的较上层阶级的人们"[2]。通过后方一些纵情享乐的人与艰苦抗战的人的对比,突出了在持久的全民抗战中,享乐可耻,每一个人应该关心并参与抗战,有钱出钱、有力出力的新闻主题。新闻写作时,有些新闻事实看似普通平常,不吸引读者,但结合在一起进行对比,就会产生强烈反差,起到深化主题的作用。彭子冈在《妇女生活》做记者时,曾采访过中国的南丁格尔——蒋鉴女士,被伤兵称为周妈妈,她全心全意为伤兵服务,奔赴在各伤兵医院。在周太太去世三天后,彭子冈写了一篇报道《忆蒋鉴》,文章以何部长和卫生署号召医药学校学生为国家服务的文告开篇,"要他们不只作见钱眼开的医药人才,而要为抗战尽力",为更好表达这个主题,使主题的论述深刻有力,彭子冈回忆了蒋鉴女士生前为抗战、伤兵、儿童等所作贡献,反衬当下一些医药学校学生不服从分配不愿为伤兵服务的落后自私行为。为使论述更具体真实,彭子冈例举她在渝市碰到的一位军医学校毕业学生,原被分配到洛阳,但他却在本市某医院找到职务,不愿去为伤兵工作,同学们这样干的颇不乏人。彭子冈巧妙地将这两件事放在一起进行对比,加强了报道的思想性,使主题得以深化,突出后方医药界学生不能自私狭隘,要向蒋鉴女士学习,积极为伤兵服务,为抗战做贡献的主题。对比的方式有利于报道鲜活有力的表达中心和主题。彭子冈对比方式表达主题的报道还有《南京飞鸢》《敬礼! 荣军》《隆冬喜气》《晚秋杂写》等。

二、表现手法运用灵活

新闻写作中运用一定的文学手法,可以增强新闻报道的吸引力。彭子冈自小文学功底扎实,且非新闻科班出身,因此一进入新闻行业就不自觉将文学手法运用于新闻报道中。彭子冈的新闻作品以通讯和特写为主,多运用叙述、描写、议论、抒情等手法来报道新闻事件、人物等。这两种体裁的篇幅较其他新闻体裁略长,较为考验记者的新闻素养和文学功底。彭子冈的新闻作品游刃有余的运用多种表现手法,在遵循新闻真实的特点下,生动形象,使读者喜闻乐见。

1. 修辞手法增强新闻生动性

彭子冈的新闻作品中,多运用比喻、拟人、排比等修辞手法,增强文章的感染力。因此,彭子冈的新闻报道不仅具有高的新闻价值,而且具有文学欣赏性,不枯燥单调。运用比喻修辞,生动形象表现事物。彭子冈在伤兵医院采访蒋鉴女士时,描写了一些伤兵状况,如"那位士兵伸了一支肿胀得如同吹了气的手给她。他的手心手背上,在手腕的骨节边,埋在里面的炸弹碎片多得像一只坏梨上的虫疤。"运用比喻修辞展现了伤兵肿胀得手以及子弹留下的伤痕累累,表述具体形象,使读者对伤兵的伤口印象深刻,给予无限同情。十五岁的曹阿狗"一条棉被同时又当了褥子裹在他身上,身材是那么矮小,如果头颅再小一点,真像是初生下来包在小被里的婴儿。"形象地突出曹阿狗身材瘦小,营养不良,也为下文他的伤势作铺垫,表现曹阿狗的爱国和勇敢。

二是赋予事物以人的特性,传神展现所述事物的特点,文字优美生动。如彭子冈去往江西根据地时写的《浙赣线上》中对沿途风景的描写,"钱塘江从冬天刚刚苏醒过来,像个恬静的初睁开睡眼的女婴孩。没有哭声,只轻轻翕动着鼻翅,浅黄的微涛在滚转流动作着本位软操,正午的阳光带着春天的温柔洒在江面,但那千万条银线却从人的匆忙里掩蔽住了,长长的木桥上……"[3] 运用了拟人的修辞手法,将钱塘江比喻为女婴,赋予阳光以人的温柔,表现出春天里江水、树木、阳光等的活泼和温柔,也渲染出安静甜美的环境氛围。

三是增强文章气势和感情色彩的排比。在《扑灭现代刽子手》的新闻报道中,敌机轰炸武昌,彭子冈多处运用排比的修辞手法,愤怒表达敌人的残忍,"焦黑的死尸,破烂的瓦片,倾圮的电线杆,荒冢一样的瓦砾场"这一组排比表现出敌机轰炸过的地方如人间地狱般的惨象,"在三四点钟之前,他们是活泼乱跳的小商苦力和辛勤的妇孺。现在,他们身边是担架,是救护队,是薄皮棺材,是啜泣的亲属骨肉,是在淌泪的和死者并不相识的女人们"[4]。彭子冈将轰炸后武昌人民的悲惨景象展示给读者,排比的运用使感情更沉痛悲伤,强调了敌人的残忍和卑鄙,武昌百姓的无辜和悲惨,激发国人对日寇的满腔愤怒和仇恨。

彭子冈的新闻报道真实具体,又不失形象生动,除运用比喻、拟人、排比外,也运用反复、设问、对比、夸张等修辞方式报道新闻。从她的新闻作品中,不仅能获取需要的信息量,而且能感受到她文笔的优美和生动,将文学表现手法很好地融于新闻报道中,既有新闻价值又有文学价值。

2. 抒情提升报道感染力

新闻报道要用事实说话,但在新闻写作中恰当的抒情既增强了新闻的情趣又使新闻报道具有感染力和人情味。彭子冈在晚年所写的《记者六题》中提到,她是以文学作品起步的,写过小说、散文、诗歌等不同体裁的作品,这造成她终生不泯的气质,"容易冲动、喜欢形象性的东西、热衷于写情",后来彭子冈进入新闻行业做记者,文学手法不自觉融于其中,并根据自己多年的新闻实践经验总结出:新闻作品也要抒情。[5] 彭子冈新闻报道中的抒情方式,主要有这几种:一是直抒胸臆式,彭子冈爱憎分明、疾恶如仇的个性直接抒发出来,激励读者,引发共鸣。敌机轰炸武昌后,彭子冈叙述了武昌被炸街道的凄惨景象,叙述了武昌难民的悲伤和无辜,"一个老太婆哭红了眼睛,她的在医院帮工的儿子也被埋在瓦砾堆里。她不忍再走近来寻找,当每一个担架床从她身前经过时才敢瞅一下。然而,把一切咒骂加给敌人吧,她四次失望,四次恸哭,黄昏带给她悲哀,带给她不幸"[6]。彭子冈将笔触深入人物内心深处,深刻表现老人的伤心无助,具有催人泪下的感染力。二是融情于景。一切景语皆情语。彭子冈的新闻报道中通过景物描写抒发内心感情,将写景抒情巧妙结合一起,情景交融,突出新闻主题。伟大的无产阶级革命导师鲁迅先生逝世,彭子冈采写了鲁迅先生的葬礼,开头便是"太阳在头顶上闪,人的心阴着。一片黑暗,人有点昏眩"。在这样一个悲伤的日子里,彭子冈将人们对鲁迅的不舍和难过用"阴""黑暗""昏眩"表达出来,即使头顶有太阳,人们内心感受到的仍是黑暗,简单的景语开头,为全文奠定了阴郁的基调。三是借事抒情。记者在新闻通讯或特写中叙述完一件或几件事情后,对新闻事件的人物或事情表达自身的感受。新闻报道中的借事抒情是基于新闻真实基础上的抒情,要表达记者的真情实感,深化主题。如《在乡村里》,彭子冈采访江西革命根据地时,走访了江西一些农村实验区,了解那里妇女工作的苦乐和当地妇女情形,共产党的短暂停留使这里的妇女发生些变化,觉悟到一些新事物,但封建思想仍然浓厚。敦厚村重商不重读书,学生大多超龄,男生多女生少,比例严重失调。女人织布的很少,大多砍柴,生活很苦,童养媳现象很常见。结尾时彭子冈写道"中国妇女的苦怨委实如海一般深,在帝国主义和封建势力的双重压迫下,中国的农村妇女是一天天走上了更悲苦的路途,然而她们无处诉说!"[7]彭子冈朴实的文字叙述了江西农村妇女情况,抒发对妇女生活所受压迫和艰难的深切同情。感情缘事而发,自然流露,给读者以启迪,也进一步深化文章主题和思想感情。彭子冈新闻作品中的抒情,不是停留在抒发感情的表面,而是通过精炼有力、简短的几句感情抒发,加深文章的思想深度,以情动人的同时引发读者的共鸣。

3. 议论深化新闻主题

新闻作品中的议论是记者针对新闻事实表达自己的观点和态度,起到点明中心,升华主题的作用。彭子冈新闻作品中的议论主要以先叙后议、夹叙夹议为主,在对新闻事实深度挖掘的基础上进行议论,不刻意拔高,空发议论,叙述和议论安排主次得当,以叙述为主。先叙后议的议论方式,是记者在叙述新闻事实的基础上针对此事发表自己的看法或认识,议论缘事而发,掷地有声。如彭子冈采写的《沉默的访问》,抗日战争胜利后,北平很多日军解甲为民,日军减少,日侨人数增多。彭子冈访问了北平日军日侨集中营,参观了日军集中营及其周边环境,抒发自己的感慨和议论,"我宁可作一次沉默的访问,也没有对他们任何一个发问题,对一个陌生的人从何说起,更何况这所谓'和平沦陷,和平收复'的古都,血迹与仇恨叫和平的糖衣掩盖住了,我不稀罕听他们假意的忏悔,也许他们仍会像我所碰到过的日本居留民国石川一样,依然会发一些中日同文同礼,互相提携的话语"[8]。彭子冈在前文叙述事实,结尾处对事实表达自己的看法和认识,总结全文,升华报道主题,表达对日军侵略者没有受惩罚,不真诚忏悔的痛恨。夹叙夹议的议论方式在彭子冈的新闻作品中也多有运用。彭子冈在报道中边叙述事实边对事实做出自己的评价和议论,叙述和议论结合的自然贴切,毫无生硬之感。如《回到了汉口》,当彭子冈在汉口看到日军"枪和刺刀随身带着""坐在黄包车上飞驰""在弹琴作乐"等现象,彭子冈机敏地警觉到"'九一八'日军在汉口正式投降,报纸对受降典礼颇多渲染,但事实上日军的炎威似乎尚未消杀",对当下汉口局势做出准确分析,很有说服力;接着写到《武汉日报》复刊,字形有点日本化,这样一张漂亮的报纸却使彭子冈忧思满怀,发出内心的感慨。"什么时候我们的作报技术可以完全在国家的工业化上也挺起腰来?什么时候我们的新闻内容可以完全反映人民自己的意见和呼声,而不只是一些上层的反映和官报官令!什么时候新闻纸会变成我们加速建设国家途程中的活报?"[9]可以看出,彭子冈对事实的思考具有深度和前瞻性,从而提升报道价值和高度;彭子冈后文中又叙述了武汉物价、"摇身一变"的事情、冒名顶替搭船等事实,并给予简短精要的议论,恰到好处,给读者以启迪。彭子冈嫉恶如仇、爱憎分明的性格鲜明的体现在她的议论中,引导读者认清现实,惩恶扬善。无论是先叙后议还是夹叙夹议的议论方式,彭子冈驾驭得灵活自然、观点明确,恰到好处的议论起到深化主题的作用。

三、长于谋篇布局

彭子冈的新闻作品以通讯和特写为主,篇幅相对于消息来说较长,但彭子冈能依据报道内容灵活安排文章结构,行文条理清晰、逻辑分明,尤其是开头、结尾、板块式结构的安排更为出彩。

1. 开头

彭子冈深厚的文学功底使她的新闻作品开头各有特色,别具风格。在她的作品中常见的大略这几种方式:一是通过引用的方式开头。彭子冈通过引用名言、诗歌、新闻人物语言等方式做开头,引出新闻报道主要人物或事件,更好地表现新闻人物形象或新闻事件意义,也使报道具有感染力和生动性。如《蒋夫人访问记》的开头写道,"伦敦圣保罗大教堂的南面入口之前,有一块奇特的石碑,上面刻着一个拉丁字,'Resurgam',它的意义为:'我将再起'"。[10]运用英文名言开头,尤为匠心独运。蒋夫人具有留美经历,外文名言的引用切合她的文化背景,同时这句名言的意义又符合我们当下的国情,激励国人打败侵略者,建设新中国。彭子冈这句名言的引用为整篇报道增色不少,可见其笔下功力不浅。同时,彭子冈还注意引用新闻中人物语言开头,生动活泼,引出下文。如《儿童歌咏会素描》中"左右前后的老百姓,千百只眼睛被民教馆门前的触目的抗战图幅吸引住了,识字的人说:'听唱歌去吧,小孩子唱歌,不收门票的！'"[11]彭子冈不是简单交代新闻事情的时间、地点、人物，而是通过一个小镜头，通过人物语言告诉读者发生的事情，引出报道内容，也激发读者好奇心，吸引读者了解所报道的事情。根据不同的报道内容，彭子冈抓取其中最有价值或新意的部分做为开头，增加报道亮点，以更好地为主题服务。《朝鲜俘虏上前线》以一位朝鲜俘虏的诗歌做开头，既增加报道的文采，又表达出朝鲜俘虏上前线的热情和自信，"高唱着战歌，走向真理之路，使正义的旗帜飘荡在高阔明朗的天空！"[12]为全文奠定鼓舞人心的基调。

二是通过对比方式开头。彭子冈的新闻作品既有关于人也有关于事的报道，以对比的方式做开头，或衬托人物性格、心情，或表现事件意义。如《欢送壮士出征》这样开篇："虽然昨天的天空依旧像一块铅板，而且飘着霪雨，但在江北的河岸上，却温暖晴明得如同春天，歌声缭绕在左近的山峦，五千多张笑脸迎送着兄弟姐妹的挚情，彼此明白是为了什么大家这样兴奋。"[13]以"天空暗沉"与"温暖晴明"对比，完全对立的环境渲染，衬托出人们欢送壮士出征的兴奋心情，奠定全文高昂的情感基调，增添了文章色彩和生动性。

三是通过情景描写的方式开头。《北平的春天》整篇文章在叙述春天北平的一些事情，如北平政局紧张、巨奸们还未受到应有惩处、学生们遭受拘捕、中小学教员罢教等。彭子冈并不是单刀直入的报道这些现象，开头先描写的北平春天的情景，"迷眼的风沙，纸窗整天呼噜呼噜像海啸，桌子上浮土一会儿便多厚……"[14]用环境描写作铺垫，由北平的春天引出北平春天里发生的事情，自然而然切入文章主题，使报道内容不干巴枯燥。

四是通过发问的方式开头。如《手足恩情的扩大》描写"后方的人们欢欢喜喜地过了春节，但是从前线负伤归来的战士和受训中的壮丁，他们是不是会感到寂寞和需要慰藉呢？"[15]彭子冈由时间点春节切入，由后方人们联想到从前线负伤归来的战士，他们也需要关心和慰藉。虽采用问句的形式，但答案已蕴含其中，使读者能设身处地地想到伤兵的情况，鼓励后方人民为伤兵服务。采用问句而不是肯定句的形式，使语句表达不过于生硬而引发读者反感，又达到记者新闻报道的目的。彭子冈的细腻的个性表露无遗。以问句的方式开篇，留下悬念，吸引读者阅读下文。彭子冈有时也会采取连续发问的方式将最主要的新闻事实放在报道开头。

2. 结尾

通讯的结尾有多种方式，如归纳式、回味式、号召式等。同开头一样，要根据不同的报道内容来选择适宜的结尾方式，或总结全文、深化主题；或含蓄隽永、余味无穷；或鼓舞人心、发出号召。彭子冈虽未接受过系统的新闻教育，但在新闻实践中,她能根据报道内容选择合适的结尾方式。一般她主要通过以下几种方式来表现主题或观点态度。

一是呼应开头,总结全文的方式。这种结尾方式彭子冈运用较多,开头结尾互相照应,便于突出主题,表达感情。《五三的血仇更深了》开头写道,"一千支笔难写出是什么滋味,当每一个活着的人从防空壕,野外,家里走出来的时候——不,从魔鬼掌握中逃出来的时候,放火的强盗加速了,山城里飘满了浓烟,多少支火柱升起来,像是要向祖国的天空控诉:疯狂的屠手又造下了一笔血账!"彭子冈在开头运用修辞极具感染力地控诉敌人的罪行,谴责敌人对重庆的轰炸,激起国人对侵略者的憎恨和反抗。结尾进一步呼应开头,在总结全文的基础上,彭子冈用充满激情的文字表达对死者的同情、对敌人的仇视,她呐喊道,"朋友,你看见街头巷尾一口口新棺木么?我们在燃着香烛的新棺前深深地鞠一个躬吧,并且要同棺木中的新鬼说:我们会给你们报仇的!"[16]彭子冈在开头告诉读者敌人又造下一笔血账,结尾呼吁国人为死去的同胞报仇;开头激起国人的愤怒,结尾鼓励国人要有抗争的决心,首尾呼应,很好的总结全文,升华主题。

二是情理交融,具有号召力方式。彭子冈运用修辞、引用、抒情、议论等方式表达所持观点和态度,激励或号召人们采取行动。例如,彭子冈在抗战胜利后返北平途经南京,发表通讯《南京飞鸢》。正值国庆纪念会,南京人民燃鞭炮庆祝,何应钦举行酒会,中国军人开舞禁,新旅馆新酒店出现,新饭店的豪华令人咋舌等一片喜庆……南京新军的威风使彭子冈联想到死伤的将士,重庆的荣军,彭子冈结尾感慨道,"复员不是复原:不是笙歌,不是酣舞,不是狂哕,不是狎妓,不是挥霍,不是豪华……"[17]讽刺收复区的官兵沉溺于笙歌酣舞,满足于享乐,彭子冈连续几个"不是"的运用,饱含了她的愤怒,给收复区的人们敲响警钟,使人们思考胜利后真正该做些什么,这样的结尾掷地有声,振聋发聩!

三是发问式结尾,引人深思。彭子冈在结尾给读者留下问题,引导读者对问题有更深入的思考和认识,深化主题,意义深刻。重庆时期,彭子冈采访了很多底层人民,反映他们的贫苦生活和心声。在《漫谈八百清道夫》结尾,彭子冈赞美清道夫为城市整洁付出的努力,同时进一步深化主题,由清道夫联想到现实生活中还有许多不洁的东西需要特种清道夫来扫除,彭子冈这样写道,"人间事虽不尽同,但是也有相近处。在后方,难免还掩藏着不少投机操纵,虚伪狡诈,荒淫作乐的事实,这些该怎么扫除呢?"以疑问的方式收束全文,启发读者思考现实中的不洁现象,意义深刻,深化报道主题。此外,彭子冈将看到的现象报道出来,启发读者思考问题的本质所在,而不是就现象展示现象。如《北平小事》结尾这样写道,"北平穷,初复员时,街头孩童在抽陀螺时常唱:'抽汉奸,抽汉奸,棒子面,卖一千。'如今棒子面卖到六千一斤了,又该抽谁呢?"[18]自抗战胜利后,北平物价一路高涨,人民生活日益艰难,如这篇报道所写的几个内容:踏雪寻煤、卖血的人、穷像一斑,彭子冈以疑问的方式结尾,使读者对前文的报道内容进行思考,复员初期物价上涨跟汉奸有关,现在汉奸得到惩处后,物价依然高涨,谁该负责呢?看似问题,其实读者心知肚明,国民党当局的贪污腐败、国内局势紧张等使物资紧张,通货膨胀,然而对此人们却奈何不得。"又该抽谁呢?"饱含了彭子冈的无奈之语。

3. 板块式组合

通讯的板块式组合结构,类似于横式结构,将新闻事件或人物的多个侧面组合起来构成完整的报道内容,各组成部分内容独立或相互联系,但共同为报道主题服务。彭子冈新闻作品中大多采取这种结构方式。如《妇女百像》《在丝厂里》《陪都近闻》《陪都文化风景》《重庆心声》《新岁新声》等报道,都是通过小标题形式架构文章内容。每个小标题下的内容独立,但又受到主标题的统摄,而每个小标题是对其所统领内容的精要概括。如《北平小事》四个小标题分别为"踏雪寻煤""卖血的人""狱中的孟宪功""穷像一斑",分别叙述了北平严寒,物价高涨,人们在大街小巷如山的垃圾里捡拾煤渣;为生活所迫,六十九岁的计福山主持卖血秘密组织;北大学生孟宪功因通匪,鼓动学潮,被捕入狱;比起京沪开支,北方穷,参议会花费七亿,城防费收不足,暗讽京沪的铺张奢侈四方面内容。以这四方面内容为代表的北平小事,反映出抗战胜利后时局动荡不安,百姓生活极端贫困,而京沪一些地区上层阶级却极尽奢侈的现象,揭露国民党统治下人民悲惨的生活。

同时,彭子冈作品中还有类似小标题形式的板块式结构,各小标题不是对各自内容的概括,而是根据彭子冈对人物采访的重点内容或顺序来命题,各小标题下的内容前后联系,共同为整个主题服务。如《冰心女士访问记》《"堂姐"史良会见记》《中国的南丁格尔——蒋鉴女士》《蒋夫人访问记》《孙夫人印象记》《李宗仁夫人会见记》等属此种形式。如《冰心女士访问记》由十一个板块的内容组织起来,分别是"到燕京去",彭子冈来燕京采访冰心;"面晤",彭子冈见到了冰心;"读书前后",冰心求学过程;"这几年",冰心这几年工作以及发表作品情况;"文坛观感",冰心对当下文坛的认识;"宗教""家庭和孩子""关于恋爱""闲情"分别是冰心对这几个问题的看法;"其他"是冰心对妇女回家运动、新生活运动的见解;"最近的希望",冰心最近的一些打算。可以看出,每个小标题是根据对冰心采访的顺序及访谈内容的进展来安排,起到一个串联作用,各个部分相互联系,共同组成读者对冰心各方面的认识。

此外,彭子冈作品中还存在一种较为零散形式的板块式结构,各部分内容根据彭子冈所见所闻,将不同时间不同地点的人或事拼接起来表现一定的主题。如《天堂散记》中彭子冈将沪杭路上的见闻按照板块式结构组织起来,三部分内容分别为"沪杭三等车厢",叙述车上的人和事;"船夫的话",西湖公园乘船与船夫的闲谈;"缄默的山中采茶女",采访杭州的采茶女。彭子冈将不同时空的事情组合起来表现杭州地区抗战时期底层妇女的生活工作状态。《女佣工座谈会》也是此种拼接方式,这里的座谈会没有形式,彭子冈将自己寄住的大杂院里七八位女佣工日常生活闲聊记录下来,组合成一篇报道,内容分别为"我们的经历""现在的生活""抗战和我们无关么",分别叙述女佣工们各自的经历、现在的生活状态以及她们对抗战的认识了解。彭子冈将平日里的闲聊按内容规整编排,呈现女佣工们这一群体的生存状态,表现底层妇女艰辛的生活和对抗战的关心这一主题。《巨变中的江西农村妇女》为表现江西宁都县农村妇女的变化,反映红军带给人们的进步的主题,将不同的几个方面组合成板块式结构,如"三年前后""自由之增长""儿子当红军去了""一些浪漫故事""一个女人的幽怨"五个部分,支撑报道主题。板块式结构有助于灵活自由的表现主题,安排内容。彭子冈根据新闻素材运用适宜的板块式组合材料,突出报道主题。

注释:

[1] 漫谈八百清道夫.大公报(重庆版),1940-2-6.

[2] 舞场一瞥.大公报(汉口版),1938-7-21.

[3] 彭子冈.子冈作品选.新华出版社,1984:26.

[4] 扑灭现代刽子手!.大公报(汉口版),1938-7-13.

[5] 徐城北.挥戈驰骋的女斗士.北方妇女儿童出版社,1987:271.

[6] 扑灭现代刽子手!.大公报(汉口版),1938-7-13.

[7] 在乡村里(上).妇女生活,1937(第4卷11期):23.

[8] 沉默的访问.大公报(天津版),1945-12-5.

[9] 回到了汉口.大公报(重庆版),1945-10-7.

[10] 蒋夫人会见记.大公报(重庆版),1939-1-21.

[11] 儿童歌咏会素描.大公报(汉口版),1938-7-31.

[12] 朝鲜俘虏上前线.大公报(重庆版),1939-9-10.

[13] 欢送壮士出征.大公报(重庆版),1938-12-1.

[14] 彭子冈.子冈作品选.新华出版社,1984:178.
[15] 手足恩情的扩大.大公报(重庆版),1939-9-27.
[16] 五三的血仇更深了!.大公报(重庆版),1939-5-4.
[17] 南京飞鸢.大公报(重庆版),1945-10-17.
[18] 彭子冈.时代的回声.黑龙江人民出版社,1984:73.

【作者简介】兰甲甲,南京师范大学新闻与传播学院硕士研究生。

民国新闻史其他方面研究

略论民国时期新闻广播的贡献与局限*

艾红红

（中国传媒大学新闻学院，北京 100024）

摘　要：民国时期，无线电广播在传递重要新闻、培养广播听众及推动语言标准化（标准普通话）方面成效显著。广播行业陆续培养了一批优秀的文字编辑和新闻报告员。但由于主流观念对广播新闻媒体属性与功能的认知偏差，加上制度、技术等多方面限制，各电台传播的新闻主要来自通讯社和报社，广播新闻具有很强的依附性。广播记者也未能升格为社会认可的独立职业。

关键词：民国　新闻广播　成就　不足

1920年11月2日，美国第一家申领政府执照的KDKA广播电台在匹茨堡市开播第一天，就因报道了沃伦·哈丁击败詹姆·考克斯当选总统的新闻而声名大噪。作为比报纸的传播速度更为迅捷、传播区域更加广泛的大众媒体，新闻很快在广播节目中获得了仅次于音乐的重要地位。到20世纪三四十年代，英美发达国家的无线电广播已成为大众新闻传播的主渠道。

中国首家在上海租界设立的"大陆报——中国无线电公司广播电台"于1923年1月开播当晚，就由记者拉里·莱尔巴斯先生在话筒前向听众报告了从英文《大陆报》选载的新闻。"所以这上海的第一座广播电台，就同新闻事业发生了关系。"[1]之后陆续开播的广播电台，均设有一定数量的中英文新闻节目，包括时政要闻、本埠新闻、汇兑行情、邮政航务及天气等服务性信息。新闻广播成为广播电台的主打内容之一，也是许多人获取外界信息的主要来源。但直到1950年，时任新闻总署署长的胡乔木却依旧强调，广播"要学会自己走路"，改变过去靠报纸和通讯社提供新闻的做法，自己采、编、写一些东西[2]。

---

* 本文是国家社科基金重大项目"中华民国新闻史"（编号：13&ZD154）的研究成果之一。

他一语中的,道出了广播新闻长期缺乏独立性和不会"自己走路"这一客观事实。本文认为,中国广播业发展过程中暴露出的这一问题,主要是由于主流观念对广播功能的认知及由此设立的制度框架还有技术条件等因素造成的。

一

1928年8月,国民党南京"中央广播电台"成立后,鉴于"主义之急于灌输,宣传之刻不容缓"[3],因此规定"嗣后所有'中央'一切重要决议、宣传大纲以及通令通告等,统由本电台传播"。[4]至抗战爆发前,"中央台"在早晨、傍晚和晚间时段均设置了新闻节目,既有时事报告、气象商情,也有科学新闻、体育新闻、一周大事等;既有国语播报,也有蒙语、广州语、厦门语、马来语和英语播报。"中央广播事业管理处"还训练了一批广播收音员,带着收音机前往各省,每天收听新闻节目和"中央"要人的演讲,记录缮印后送到该地党报发表,同时制作壁报供大众阅览。广播传送加上各地收音员的二度传播,使各偏远地区的报刊新闻面貌一新,一些时新的来自"中央"的消息可以很快见诸当地报端。

为进一步"提高社会常识,或非常时期宣传'中央'意志,齐一民众观念",[5]1936年4月13日,国民党政府行政院又颁布规定,要求自4月20日起,每晚(星期日除外)20:00—21:05,全国所有电台一律转播"中央台"的简明新闻、时事述评、名人演讲、学术演讲、话剧、音乐等节目,"如无转播设备者应于此节时间,暂行停播,以免分歧……"[6]这也就意味着,在每晚的黄金时间,全国广播电台都将成为国民党"中央广播电台"的"附属"台和扩音器,共同承担着传达政府框定的新闻内容之任务。全国广播电台收转国民党"中央电台"的新闻和宣传节目,"代表民族之统一意志,象征国家之自卫力量,其意义之重大,非其他公共事业可与伦比也"[7]。

随着抗日战争的全面打响,国民党"中央台"的对内广播加大了新闻量,早、中、晚、深夜和凌晨时段都设有新闻节目,成为听众了解战区新闻的主渠道之一,广播收音机甚至一度成了沦陷区民众私下收听重庆国民政府抗战消息的唯一来源。在对外广播方面,1939年2月,隶属中广处的国际广播电台在重庆开播。1940年1月后交由"中宣部"国际宣传处管辖,以"中国之声"(Voice of China,即VOC)的名义做对外宣传,其新闻稿直接由"中宣部"国际宣传处传音科提供,不到半年后国际台划回中广处,但稿件仍由国宣处传音科提供。在国民党"国际广播教父"董显光的领导下,"中国之声"(Voice of China)分别以英、法、德、苏、日等国语言对海外每日广播战讯,广泛宣传徐州、武汉两大会战中的英勇战绩。同时,"国家至上、民族至上、军事第一、胜利第一"等口号也在此时借无线电波传至全世界。当时,欧美各大广播公司如英国广播公司(BBC,British Broadcasting Corporation)、美国哥伦比亚广播公司(CBS,Columbia Broadcasting System)以及美国全国广播公司(NBC,National Broadcasting Company)等机构均在重庆派驻常驻代表,担任采访及广播等事宜。到 1942 年,欧美各国转播重庆之新闻和演说共 124 次,平均每月 2 次。[8]为了阻挠国民党的战时广播宣传,日军曾多次企图炸毁"中央电台",但每次都无功而返。战时广播在新闻与宣传方面的贡献是独一无二的。"假如说中国广播事业也有黄金时代的话,那么,只有抗战时期,才是我国广播事业的黄金时代。"[9]

正是在抗日战争的艰苦环境下,1940 年 12 月,中国共产党领导建立的延安新华广播电台开播。电台的主要任务是报道"一切正确真实之新闻材料",同时致力于"粉碎投降派所进行之欺瞒国人之一切虚妄宣传"[10];节目内容有中共中央的重要文件、《新中华报》、《解放》周刊及《解放日报》的重要社论和文章以及国际国内的时事新闻。1943 年春,由于技术条件限制,电台暂时停播。抗战胜利后复播。全面内战爆发后,延安新华广播电台不断转移台址,曾先后改称陕北新华广播电台、北平新华广播电台。无论怎样更改地址、更换名称,延安新华广播电台注重通过真实新闻进行宣传的宗旨却始终不变。延安台的记录新闻,经常被上海、南京、重庆、昆明、西安等地的进步报纸采用。远在新加坡、菲律宾出版的爱国华侨办的报纸上,也可以看到根据延安广播刊登的重要消息和评论。而国统区的一些听众也正是因为收听了延安新华广播,才认清了形势,形成对时局的独立判断。

论时效,20 世纪 30 年代起,广播报道已不止一次抢在报纸前面,成为民众获知新闻的"第一媒体"。

广播报道第一次因时效和内容而引起广泛关注,从而在新闻场域大放异彩是在 1932 年"一·二八"淞沪抗战时。当时上海亚美电台最早获知战事爆发的消息,及时进行了报道,并同"中央电台"、浙江电台、苏州电台建立了空中联络。接着,该台与沪地其他民营电台从早 7 点到晚 9 点滚动播发战事消息,由此形成众多民营电台规模性播报战况的局面。"当时日机轰炸,交通线路严重毁坏,汽车停开,铁路运输中断,报纸传递受阻,传送战争消息跟不上社会需要。在本市传送也要延搁,运送外地则要耽搁几天时间。广播借助电子媒介技术,超越时空,能够达到播报战况与作战现场几近同步的效果;它的传递呈放射状面向远距离的多个听众的空间穿越,及时、快捷、便利的传播特点,吸引了战时民众,引起社会广泛的注意。"[11]"八一三"抗战前夕,上海各民营电台再次同仇敌忾,大力进行抗日救亡宣传。当时有听众评论说:"无线电在中国也尽过二次相当重大的责任的,就是'一·二八''八一三'的二次战事中,许多播音台和播音从业员不辞辛苦地为国家、为民众们效劳,他们在空气中那样大声疾呼去唤醒在睡梦中的糊涂虫!"[12]

1936年12月"西安事变"期间,广播报道再次超越报刊,成为舆论的聚焦点。当时的古城西安,一时交通断绝,内外失联。南京政府在董显光等人的部署下,严格检查新闻报道,封锁不利于政府的一切消息。西安电台则站在张学良和杨虎城两位将军的立场,日夜对外宣传,及时反驳和回应南京广播的各种指控,在听众中产生了巨大影响,也是当时有关西安消息的主要信源。为干扰西安广播,南京当局临时变动南京、河南、山东三台的频率,并延长"中央台"的播音时间,甚至将南京台的设备运往洛阳,扩大装置和西安电台同一频率,专司干扰西安广播,由此可见,西安新闻广播的影响力和民间对重大突发性信息的迫切需求。

尔后诸如日本投降、国共内战中的一些重大战役等消息,许多人都是首先通过广播而不是报刊获知的,广播的影响和声望日隆。

这一现象也引起了新闻学界的关注。1946年,上海世界书局出版了新闻史和科技史学者胡道静先生的《新闻史上的新时代》一书,将广播新闻事业纳入到新闻事业发展史中进行考察,指出:"一般谈新闻事业史,都习俗于'口头新闻''手写新闻'和'印刷新闻'的三个进化阶段的说法。但自第一次世界大战以后,新闻事业已跃进到另一个新阶段,即进入'广播新闻'时代。"[13]

此外,民国时期,一些名人到电台发表广播演说,针对民众关切的重大议题,表明立场,动员群众。如"中央电台"开幕时蒋介石的开幕致辞,"西安事变"时张学良、杨虎城的广播演说,抗战前后蒋介石、宋美龄、周恩来、杜月笙、马相伯等人的广播演说,国共内战时驾机起义的国民党将领刘善本劝告国民党士兵退出内战漩涡的演说,甚至汉奸汪精卫、殷汝耕等人的时事演讲,无不态度鲜明,某种程度上发挥了广播时评甚或广播"现场发布会"的特殊功能。重要的公众人物成为时事广播演讲人,获得了前所未有的听众关注,这在无线电广播出现以前是难以想象的。

与报纸阅读需要一定的知识门槛不同,广播可以说是老少咸宜,文盲或视力不好都不受限制。诚如国民党广播界元老、曾任"中央台"台长的吴道一所言,中国幅员广阔,各地方言殊多分歧,这是广播不能达到大多数民众的一大障碍;文盲众多,文字效力及不到大多的民众,这又是报纸发挥其充分效力的一大障碍。要铲除这两大障碍,莫过于普及国语与扫除文盲。而要达到这一目标,广播无疑是最佳选择。应该说,民国时期,发挥这一作用最大的就是新闻广播,尤其是国语新闻广播。以南京"中央电台"、延安新华广播电台为代表的新闻报告员字正腔圆、铿锵有力的播音,对于国语传播起到了无可替代的作用。而国民党"中央台"新闻播音员梁栖、刘若熙及延安新华广播电台钱家楣、齐越等的播音,也是当时听众耳熟能详的标准国音。

作为一种声音载体,广播语言属于典型的"次生口语",是一种"刻意为之的自觉的口语"[14]传播。电台传播新闻时需要适应广播特点,尽量使用适于口头播送的语言。当时实力最强的国民党"中央广播电台",每天都有专人把"中央通讯社"的新闻改成口语化的广播稿。据老记者陆铿回忆,1940年,他从中央政治学校毕业后,被分配到中国国际广播电台传音科(即新闻部兼节目部)任助理编辑,每天的工作就是把"中央通讯社"的新闻写成口语化的中文广播稿;同时兼任国语播音员,在凌晨两点钟一个字一个字地播报"中央社"的"记录新闻",供应沦陷区的抗日志士和抗日前线的军中文宣工作者发行油印报刊用。遇到疑难的字,还得作解释,比如翁文灏的灏字,要说:"三点水加风景的景,旁边再加页码的页。"延安新华广播电台同样如此,温济泽等电台编辑总是一字一句推敲,把新华社的文字稿件改得适于口头播出。在艰苦的工作环境下,一批优秀的广播新闻编辑迅速成长起来。

二

叶圣陶先生认为,一切所谓"文明利器",其价值都不存在于本身,而存在于其对社会的影响。这可以从两个方面看:其一,他被操持在谁的手里;其二,他被怎样地利用着。[15]民国时期,广播新闻受到普遍重视,影响力与日俱增,一大批广播人才得到锻炼和成长。但是,由于缺乏新闻报道自主权,广播新闻业始终未能摆脱寄生性和依附性状态。功率小、以娱乐和盈利为主的民营商业电台姑且不论,就是国民党官办电台、共产党创办和主持的电台,甚至日伪当局设立的广播电台,也基本都是以通讯社和报刊报道的新闻为信息源,广播电台只是扮演了一个新闻"二传手"和"中转站"的角色。广播的新闻品质和节目数量未尽如人意,未能发展成为受人尊敬、相对独立的新闻媒体。这其中一个至为关键的因素,就是执政者对广播媒体的认知和由此引领的制度设置。

起初,外商电台的出现打破了上海新闻界的"沉闷"气氛。尤其是坚持数年的开洛电台,"每日撷取沪上各大报翔实新闻,用沪语及国语重复报告","凡购开洛收音机者,不啻装一顺风之耳。虽有千山万水,无复间隔。昔以开洛收音机代表最高尚之娱乐品者,实不知其为用之广,不仅限于娱乐已也"[16]。持续不断的电台广播,已初步培养了一批整点收听新闻的听众,也在早期的民众心中培植了广播属于新闻媒体的意识。然而,橘生南国为橘,生北国则为枳。早期外商电台为了生存,很会顺应时局做出改变。如开洛电台就曾主动请求淞沪商埠督办公署及淞沪戒严司令部派代表去检查其新闻报告。"惟该公司送音地域颇广,且所用新闻报告须持慎重态度,业已致函淞沪商埠督办公署,请求依照检查邮电例派员莅临播音台检查该新闻之可否传播。"[17]于是商埠督办公署委派科员黄珉笙为检查员莅临开洛电台,对其新闻节目内容进行检查。[18] 1926 年 9 月 2 日至 10 月 10 日期间,武汉一带发生了武昌战斗,交战双方为国民革命军与吴佩孚部队。消息传来,"报告新闻向来慎重"的开洛电台"当此武汉风声紧急之时,尤愿与官厅合作,凡官厅方面认为无须报告之新闻,该公司便不报告"[19]。外商电台处理敏感消息时之小心翼翼不触政府禁忌,由此可见一斑。大概也正是由于准确把握了中国的政治脉搏,才使得开洛电台没有重蹈其他外商电台旋生旋灭的覆辙,在早期的外商广播实验中一枝独秀,撑持了五年之久。

民国南京政府成立后,主政者把广播事业定位于"宣传之利器"和"辅助教育的工具",并着手建立党营、政府经营的广播电台。尤其是党营广播电台,"凡所举措,先行宣传,国事政情,择要报告,使人民充分了解,有正确之观念,唤起舆论同情,做政府之后盾"[20]。即使如陈果夫、陆铿等重要人物已认识到广播的新闻特性,但执政者始终强调的都是广播的宣传教化作用。观念是行动的指南,实践证明,执政者对广播媒体的属性与功能之认知和人为定位以及依此营建的媒介体系,大大降低了广播作为新闻媒体的效能。

被誉为"广播保姆"的陈果夫,是国民党广播的始作俑者。他在 1924 年的一次上海之行中,偶然收听到开洛电台的播音,意识到广播是最迅速、普遍的"宣传利器",对急需灌输党义政策的国民党尤为适用,于是给蒋介石写信,阐述了办台思想,得到蒋介石支持。在陈果夫等人的大力推动下,1928 年 8 月 1 日,国民党"中央广播电台"开播。由于认定其宣传价值高于新闻价值,把电台广播作为"集体教育的理想工具",[21]南京国民党当局对广播事业的信息监管也极为严厉。作为"中央"广播事业管理处下属的机构,起初,国民党"中央台"的新闻主要由"中央通讯社"提供。"各地建立电台,一律派工程师做台长,工程师建厂房、装机器、竖天线,雇两个年轻的女孩子,买一批唱片,订几份报纸杂志,就可以开播,对工程的投资高,对节目的投资低。"[22] 当时的"中央电台"只设技术、传音和事务三科,可见对节目内容的轻视。经过几年发展,1936年1月,经国民党中央决议,细化和充实了各科室,由"中央广播事业管理处"管辖的党营电台重新进行职能部门划分,但仍未设置新闻部门。

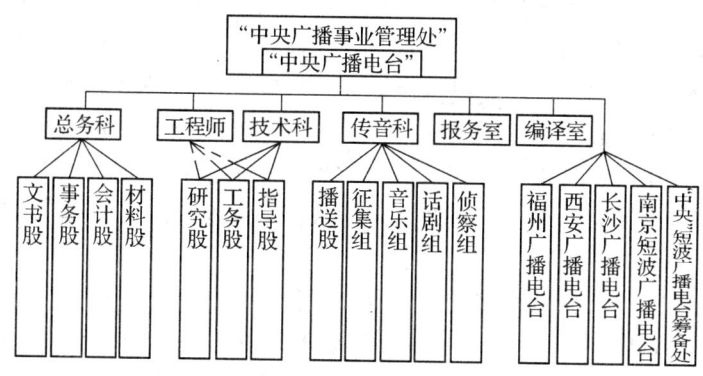

1936年"中央广播电台"组织系统图

不仅如此,抗战前夕,国民党政府还规定,广播电台中关于时评、讨论政见、发表宣言、批评政党或团体的言论,均须事先将讲稿呈会核阅,经批准后方可播音。这种事先审查制度的设置,使电台工作人员处在完全被动等待的状态,一些本该早点发布的新闻,有时因转呈核签的关系无法赶上,只能留待后面播出。当时,除了完全有利于国民党当局的军事动态消息外,有关"抗日"或"反共"等字样的新闻,也因为时机未成熟等原因而有所顾忌,电台不敢随便发言。直到国民政府迁都重庆,事先审查的核稿制度才随之废止,但仍专用"中央通讯社"稿件。抗战胜利后,"中央电台"开始筹设公司化运作。1946年12月,"中国广播股份有限公司"成立,规定其业务范围:"① 播音;② 广播机、收音机、播音机、扩音机之敷设;③ 播音器材配件成品及唱片产销或代理推销;④ 播送新闻性之电视;⑤ 播送商业性之广告。"[23] 也就是说,直到此时,新闻采访仍旧不在其业务范围内。

再看中共领导下的延安新华广播。延安新华广播电台隶属新华社口语广播部,新闻和评论稿件均由新华社提供,电台编辑负责修改成适应播出的口语稿,没有广播记者。此后陆续成立的人民广播电台,有的隶属当地宣传部,虽然也有自办节目,但主要由本台编辑制作,没有专职记者。直到1949年6月,经中共中央决定,广播事业才脱离新华社领导,成立了专门的广播事业管理机构。但从中华人民共和国成立后胡乔木的那句话,也不难看出广播仍然缺乏本该具有的独立性,处在报纸的学徒和通讯社的传声筒地位。

　　实质上,强调媒体的宣传功能而不是新闻属性,几乎是全世界党营、国营媒体的共性。国营、党营广播无不以宣传教育作为广播头等大事,虽说口头上强调新闻的重要性,但新闻报道的基点和目标是宣传。由此造成新闻服膺于政治、以政治需要为指挥棒的媒介环境。广播又因无线电波的公共性而受到政府更加严厉的管控。当时,国民党"中央电台"的新闻绝大多数都是来自"中央社",其次是各大报刊,主要是国民党《中央日报》,还有各军政部门提供的消息。1946年至1949年期间,"中央台"的新闻来源又有所增加,包括"美国新闻处、国民党中央宣传部、行政院新闻局"等发布的消息也可以由"中央台"发布。新闻稿源的增加,依旧无法改写广播依赖于其他传统媒体,并受控于政党和组织的事实。

　　问题在于,当时为数众多的民营电台,何以没有像民营报刊那样成为独家新闻的发布者和广播报道的受益者? 当笔者带着这一问题考察民营电台时,发现同样是制度设置成了其发展的最大羁绊:1932年,国民政府交通部颁布《民营广播无线电台暂行取缔规则》,"公益演讲"和"新闻报告"位列其业务范围前两名。但在"新闻报告"任务中又特别注明,"必要时'交通部'得制止之"。"规则"中并没有明令禁止民营电台发布独家新闻或设立广播记者。但当时的民营电台大多功率小、人员少,维持生计尚且困难,进入投资高、回报迟的新闻报道领域,不仅需承担很大的政治风险,更需足够的财力支持,在短期内是很难实现的。当时曾试图尝试以时效制胜的民营亚美电台,不久就因得不到足够资金支持而退出。1936年,"交通部"又发布《指导全国广播电台播送节目办法》,指出,"播音节目之成分,关于教育演讲及新闻报告方面,公营广播电台应占多数,民营广播电台亦不得少于20%,但以转播'中央广播事业管理处'所属各电台之节目为限"[24]。等于直接规定了民营电台没有新闻自采和独家发布权。

　　民营电台在新闻报道方面两次大放光芒,给国人留下深刻印象,皆因国家有难,需要民间的舆论支援,于是这些电台在政府的支持和鼓励下尽了一份力。而在日常从事新闻报道时,官办电台记者尚无缘置喙,又哪里会有民营电台的用武之地?

　　由于各广播电台普遍不设专职记者,缺少来自一线的实践经验,因而在新闻发生时,广播无法担当"船头瞭望者"(普利策语)的重任,只能充任新闻信息的"二传手"和社会动员的放大器。

　　没有过硬的广播记者队伍及新闻发布网络,也就没有了广播记者说话的权利。1943年2月15日,国民党当局颁布《新闻记者法》,规定适用于本法的"新闻记者"是指"在日报社或通讯社担任发行人、撰述、编辑、采访或主办发行及广告之人。"而只有具备下列条件之一者,才有资格申请新闻记者证书:"其一、在'教育部'认可之国内外大学或独立学院之新闻学系或新闻专科学校毕业,得有证书者;其二、除前款外,在'教育部'认可之国内外大学、独立学院或专门学校,修习文学、教育、社会、政治、经济或法律各学科毕业,得有证书者;其三、曾在公立或经立案之大学、独立学院、专门学校任前二款各学科教授一年以上者;其四、在'教育部'认可之高级中学或旧制中学毕业,并曾执行新闻记者职务二年以上,有证明文件者;其五、曾执行新闻记者职务三年以上,有证明文件者。"[25]这一法律体系表述完整清晰,反映出政府意欲对记者队伍实行法制化和量化管理的意图。但其中也有一个明显的缺陷,就是没有包含在各广播电台尤其是官办电台实际从事记者工作的人,更没有给从事影像新闻的记者留一席之地。

这自然招致了广播界的不满。自称"中国第一位广播记者"的陆铿[26]曾撰文表示异议,认为"上面这种解释,未免是太偏狭了,因为现代的完整的新闻事业,决不应亦不能所限于报业(包括通讯社)一端,而应该是报纸、广播、电影三体合一的新闻事业。"在此后不久召开的中国新闻学会成立大会上,陈果夫先生也曾以名誉会员的资格发表演说,大声疾呼注意广播记者的培养,善待广播事业,"为中国新闻事业史开一新纪元"[27]。1948年,上海民营电台同业公会也曾向相关部门上书,要求电台从业者享受新闻记者的配给标准。但上述努力最后均不了了之。

也正是因为广播新闻的弱势地位,使得寥寥可数的广播记者在全国记者中普遍受到轻视。国共内战爆发后,国民党"中央台"广播记者潘启元竭力主张搞"本台消息",并主动请缨,亲自参加采访。他先后担任过军事委员会战地服务团团员、后勤部政训员,熟悉军旅生活,逐战火而转移,搞起战地报道来。[28]但这仅是个别现象,难以扭转广播新闻依赖报纸和通讯社的事实。据潘启元回忆,抗战胜利后,他在南京"中央台"跑新闻期间,希望加入南京记者公会,几番力争,公会才勉强同意,他也因此成了全国广播记者加入记者公会的第一人。南京民本广播电台台长胡炯心说,"内政部"职业分类,广播列入"娱乐",他才知道自己是个跑马卖艺的[29]。

这或许也与中国广播业在当时所处的弱势地位及技术条件有关。我们知道,广播业的发展需要有较为广大的广播收音机用户。但中国土地辽阔,人口普遍贫困以及80%以上居于偏远农村的现实,使广播收音机的推广工作困难重重。当时广播收音机用户绝大多数都是城市受众,且是中上层家庭,收音机数量极少,广播的市场空间不大。同时,受技术条件和财力限制,广播电台很难把主要精力用在发展独家新闻上,基本都处在自保水平,加上连年战乱,民不聊生,无疑也延迟了广播事业的壮大发展。与之形成鲜明对照的是欧美发达国家,到20世纪30年代,收音机已成为大众的家庭必需品,从而为广播事业赢得了巨大的市场空间。无论是以商业体制为主导的美国,还是以公共体制为主导的英国,为了赢得听众的尊敬,几乎不约而同地意识到新闻立台的重要性,把独家新闻作为电台立身的头等大事。而从政府管理的角度看,英、美国家普遍推行的追惩制措施也在很大程度上解放了广播工作者的手脚,电台只要不报道虚假新闻便基本不受政府的干涉,这直接触发了广播黄金时代的到来。爱德华·莫罗主持的"这里是伦敦"便以独家、现场和报道者的鲜明个性而独领风骚,成为那一时代广播记者的典型。

结　语

相比西方国家二战时期广播新闻的辉煌,民国时期的新闻广播"起了个大早",却"赶了个晚集",在本应起飞时因遭遇观念与制度的双重瓶颈而未能获得足够的新闻话语权。也正因此,不会"自己走路"才成为新中国成立初期广播业面临的一个突出问题。

注释:

[1] 胡道静.上海广播无线电台的发展//上海通志馆.上海研究资料续集.中华书局,1937:715.

[2] 梅益."要学会自己走路"//胡乔木传编写组.我所知道的胡乔木.北京当代中国出版社,2012:171.

[3] 吴道一.我国之广播事业//赵玉明.中国现代广播史料选编.汕头大学出版社,2007:55.

[4] 国民党"中央宣传部""中央广播无线电台"通告第一号,"中央日报",8月1日.

[5] 赵玉明.中国现代广播史料选编.汕头大学出版社,2007:69.

[6] 广播周报,1936(68).

[7] 彭乐善.广播战.中国编译出版社,1943:27.

[8] 彭乐善.广播战.中国编译出版社,1943:31.

[9] 麦克疯.崩溃前夕的党营广播事业.新闻天地,1948(47).

[10] 陕甘宁边区每日广播.大众日报,1941-1-16.

[11] 汪英.传媒动员与一·二八淞沪抗战——以上海广播电台为个案的考察.军事历史研究,2007(3).

[12] 罗才清.上海播音业的盛衰.上海人,1938(13).

[13] 胡道静.新闻史上的新时代.上海世界书局出版社,1948:9.

[14] [美]沃尔特·翁.何道宽译.口语文化与书面文化:语词的技术化.北京大学出版社,2008(135).

[15] 叶圣陶.文明利器.申报·自由谈,1932-12-23.

[16] 开洛无线电话对于听众之贡献.申报,1927-4-8.

[17] 开洛公司拟传播各方战事消息.申报,1926-9-13.

[18] 商署派员检查开洛播音台.申报,1926-9-17.

[19] 申报,1926-9-9.

[20] 吴道一.我国之广播事业//赵玉明.中国现代广播史料选编.汕头大学出版社,2007:58.

[21] 中国广播股份有限公司章程(1946年12月20日)//赵玉明.中国现代广播史料选编.汕头大学出版社,2007:223.

[22] 王鼎钧.投身广播,见证一页古早史//文学江湖回忆录四部曲之四:文学江湖.台湾尔雅出版社,2009:56.

[23] 中国广播股份有限公司章程(1946年12月20日)//赵玉明.中国现代广播史料选编.汕头大学出版社,2007:203.

[24] 指导全国广播电台播送节目办法.广播周报,1937-4-10.

[25] 刘哲民.近现代出版新闻法规汇编.学林出版社,1992:520.

[26] 陆铿(1919—2008),号"大声",云南保山人,曾任《中央日报》副总编兼采访部主任,是资深的名记者。1940年毕业于重庆政治学校新闻专修班后,进入国民党的中国国际广播电台,系中国第一个广播记者,他在一次转播宋美龄园游会的节目中开始崭露头角,"二战"时曾去欧洲进行过战地采访。

[27] 陆铿.谈广播记者.广播通讯,1943(6).

[28] 汪学起,是翰生.第四战线:国民党"中央广播电台"掇实.中国文史出版社,1988:196.

[29] 王鼎钧.投身广播,见证一页古早史//文学江湖回忆录四部曲之四:文学江湖.台湾尔雅出版社,2009:(56).

【作者简介】艾红红,中国传媒大学新闻学院教授。主要研究方向为:中外新闻史、广播电视理论与历史。

民国时期广播娱乐节目探析[*]

谢鼎新

(南京财经大学新闻学院,南京 210023)

摘　要:民国时期中国广播事业从无到有,发展长足,并对娱乐节目的划定,播出状况与安排,政策监管以及专业批评等方面都进行过探索。本文就相关史料进行了挖掘整理,鉴往知来,可为把握广播娱乐节目的发展演变,使之保持活力的同时又能够健康有序发展,提供有益的参照。

关键词:民国　广播　节目　娱乐

1923年广播在中国出现,民国时期经过十多年的发展至1937年抗战前,电台数量已达91座,仅次于美国,为世界第二,[1]中国广播事业已有长足的进步,本文所探讨的广播娱乐节目问题也主要指这一时段。或因救亡、战争等令整个社会关注的宏大主题还没有出现,故这一时期娱乐节目日显繁荣且引来多方的关注。文章对有关广播娱乐节目史料进行挖掘整理,探讨其中发展的状况、特点及相关研究的问题意识及方法、成果等,以期丰富广播电视史研究,为把握广播娱乐节目发展演变提供历史参照。

一、广播和娱乐结缘及娱乐节目的划定

广播是二十世纪人类文明的重要成果之一,1920年11月2日,世界上第一家正式注册的广播机构,KDKA电台在美国诞生,从此,大众传播事业进入了一个新的媒体时代。值得注意的是,无论是国外还是国内,广播的出现,人们都关注到其在音乐方面的功能和潜力,将广播和娱乐生活紧密联系起来。

---

[*] 本文系江苏省社会科学基金项目"民国时期的广播研究"(编号:13XWB009),阶段性研究成果。

1920年8月,在上海出版的《东方杂志》既刊文,"用无线电传达音乐及新闻",向国人介绍广播。文中提到:"最近美国 Bureau of Standards 发明一种特别受音器,名曰 Portaphone。其外表与蓄音器相似,装有一匣,极便携带,无论何地,均可放置。此器能接受中央无线电发音机所发之声浪而扩大之,使其声自喇叭中传出,以布于全室。因有此种发明,故将来可有许多新用途。例如晚间八时半,为人民音乐跳舞之时间,此后可由'中央无线电局'于此时自无线电传出音乐,则跳舞之家,但将受音器开动,音乐立时大作。跳舞者可以应声而舞,不必更雇音乐班矣。"[2]这无疑是在媒介更新换代之际,给已熟悉印刷时代的人们,描绘出一片令人向往的广播时代生活的美好前景。1923年初,中国第一家电台在上海出现了,即美国人奥斯邦(Osborn)办的"大陆报—中国无线电公司广播电台",1924年,无线电专家曹仲渊(1892—1972)在《三年来上海无线电话之情形》一文中提到该台:"每日于一定时间递送音乐,并出售收音机,一时上海居民耳目为之一新。声气所届,宁、杭、甬各地亦有购去私装者。此为在吾国公然以无线电播送音乐之嚆矢。"[3]对此,某种意义上可以理解为,正是因为广播的音乐内容刺激了人们对广播的消费需求,进而促进了广播事业在起步阶段的发展。

娱乐是人们生活内容的一个基本方面,娱乐表达方式简而言之,不外乎是通过各种说学逗唱的方式,作用于人的视听感官,以达到某种放松开心的效果,广播作为传播声音的媒介与各种娱乐的表达手段有着天然的联系。从广播电视发展史考察,广播作为新媒体一出现便与音乐及唱片业联系在一起,和娱乐结下不解之缘。而中国历史悠久、幅员辽阔、人口众多,形成了各种丰富多彩的戏曲、曲艺等说唱艺术表现形式,长期以来,它们得到浓郁的地域文化水土的滋养,也深得各方百姓的喜爱。广播作为听觉媒介的出现,为这些说唱艺术提供了展示平台,也为人们提供了一种新的文化娱乐渠道,可以直接在家"听戏"了,故有文字这样记载:"城市居民无论矣,即农夫、走贩之家,每喜装置一收话机……按时收听,以供家庭娱乐。"[4]为当时国人心态与社会情形的真实写照。

广播娱乐节目满足了人们生活中的消遣和调剂的需要,成为电台节目内容的重要方面,也构成了广播电视发展的动能之一。美国著名的广播电视专家爱德华·默罗(1908—1965)曾指出:广播和电视"这两种工具都在娱乐,广告和新闻这三者互不相容的结合中成长起来。"[5]原先这三个方面有各自的系统,现在广播电视在大众传播媒介中产生交集、融汇成一个有机体,进而构成广播电视事业发展的大格局。

随着广播业的发展，人们认识到广播内容的传播是通过节目作为载体这一方式来运行的。广播的节目如同报刊的版面，它是广播内容的软载体，节目使传播内容的生产和呈现更加有序、合理，这样广播才能和听众建立起稳固的、持久的联系，其传播的社会功能与媒介影响力才能得以实现，换句话说，经营节目即经营广播。通过广播传播的实践及与听众的磨合，民国时期的广播节目类型渐趋稳定下来，早期随性、时段填空式的播出已淡出，电台有自己的节目编排表，主要有五大方面即：宣传、讲演、教育、新闻和娱乐。

广播专家吴保丰（1899—1963，曾担任国民党"中央广播事业管理处"处长、"中央广播事业指导委员会"副主任委员）在《十年来的中国广播事业》（1937年）长文中，对这五类节目做过专门的论述，认为："娱乐节目，大别之可分戏剧和乐曲两种；而戏剧又分平剧与话剧，乐曲除音乐歌咏之外，则有昆曲、打鼓、弹词等，种类甚多，每日于杂曲节目中轮流唱之。"[6]此外，文中还用"节目分类系统图"的形式，将娱乐节目及其他四类节目的具体内容、子项层次及其之间的关系（如指出娱乐和通俗教育有关联）进行了阐释和直观勾勒。吴保丰的论述初步建构起一个较为完整、合理的节目体系，为包括娱乐在内的广播传播实践和理论研究提供了一个平台。

二、不同类型电台娱乐节目的播送状况

娱乐节目构成了广播传播的重要方面，而其具体的内容、播出时间等如何，又与各家电台的所有属性即国营、公营和民营（或私营）有直接联系。关于电台所有属性的界定，国民政府"交通部"在《广播无线电台设置规则》（1946年）中解释如下："凡中华民国政府机关所办广播电台除'交通部'所办者系国营电台外其余均称为公营广播电台"、"凡中华民国公民或正式立案完全华人组织设置之公司厂商学校团体所设广播电台均称为民营广播电台"。[7]考察民国时期中国广播电台管理体制，发现当时"中央电台"及其分台由专设"中央广播事业管理处"统筹规划；其余各省市电台，或直辖于各省市政府，或隶属于"交通部"；而民营电台则由"交通部"全权辖管，"交通部"则直接令其管辖范围的各地电报局负责日常管理。

国营、公营和民营等不同电台的性质、主旨不同，相应的对包括娱乐在内的节目内容也有不同的要求。一般而言，国营、公营电台内容更显精品高雅、各类节目时间分配合理，而民营电台则内容通俗浅显，以娱乐节目为主。1936年12月，交通部出台了《指导全国广播电台播送节目办法》，做出相关规定，

如:"关于教育演讲及新闻报告方面,公营广播电台应占多数,民营广播电台亦不得少于20%,但以转播'中央广播事业处'所属各电台之节目为限,其娱乐及广告节目至多不得超过80%。"[8]

　　国营、公营电台的娱乐节目无论是内容本身还是播出时间,都是比较规范的。根据当时《广播周报》[9]中的节目表测算,在宣传、讲演、教育、新闻和娱乐五大节目内容中,"中央台"娱乐节目播出时间约占全部节目的三分之一。1934年的《"中央电台"两年来每周播音节目成分比较表》统计显示,每周节目播出时间平均约为66小时,其比例为:报告新闻30.8%、演讲节目9.2%、常识节目8.0%、儿童节目3.8%、音乐节目31.6%、民众教育3%、其他节目13.6%[10]。1936年,《无线电杂志》发文《各国节目的配合》以扇形图的方式,统计每百小时广播节目中娱乐节目时数:"中央广播电台"为35小时,上海民营广播电台为53小时,德国为65小时、意大利为77小时、法国为70小时、苏俄为60小时。[11]可见,"中央台"比较重视新闻和文化教育,娱乐节目不仅时间较为节制,且内容方面也显示一定的艺术品位,多为国乐和西洋经典,还包含音乐流派欣赏介绍等内容。

　　与国营、公营电台不同,民营电台尤其是商办电台"其机械设备,多半因陋就简,节目偏重于娱乐方面,彼等大半赖广播收入,以资维持"。[12]民国时期,上海地区的民营电台最为发达,据"中央广播事业管理处"1936年9月的统计,全国共有民营电台65座,上海一地就有41座,约为民营台总数的66%。[13]从当时的节目单可以看出民营台几乎都是娱乐内容,以"上海亚声电台"节目表为例:7:15唱片、9:00钱荣卿宣卷(宣卷由讲经演化成的一种近似曲艺的形式,作者注)、9:30休息、13:15沈小英申曲、13:45唱片、14:00沈惠堂平话三国志、14:45商业宣传、15:00何双呆滑稽、18:00刘春山、盛呆呆滑稽、18:30刘春山讲常识、19:00沙不器话剧、20:00转播中央台节目、21:05沈惠堂平话三国、21:45唱片、22:30休息。[14]全天播音8个半小时,除去按规定转播"中央台新闻"、教育节目1小时多外,娱乐节目高达6小时55分,占81.4%。

　　具有商业性质的民营电台,办台的宗旨就是为了营利,并通过广告播出得以实现,故为了招徕广告,在娱乐节目争奇斗胜,以至于伤风败俗,低级趣味大行其道。据茅盾主编的《中国的一日》附录中所提到的民营台曲目,多为《粉红色的梦》《双料情人》《英雄难过美人关》等方面的内容。[15]而广播滑稽节目中大量使用"粗俗的口头语一类说白几乎成为每一档滑稽节目的药料甘草"。[16]《申报》曾发《无线电广播改善问题》时评指出:"今日各电台所播送之娱乐节目,大都偏于低级趣味,殊乏涵义可寻。此在电台方面,而为迎合大众心理计,原亦无足深怪,唯念此中关联之大,影响之深切,诚不宜专为牟利着想。"文中还提到"涉足街头到处可闻嘈切盈耳之音……鄙俚油滑之对白,回肠荡气之歌唱,足以诱发青年颓废之观念。遗留恶劣之印象,自应切实加以取缔,而择高尚优美之音乐代之,音乐足以移易人情……郑卫之乐,桑濮之音,在我国历史上早已视为戾氛,以其挟有蛊惑成分,易于荡佚人志也。"[17]此评论立足文化传统、立足反思立场,对娱乐节目的时弊进行了批判,可谓字字锥心。

研究发现,民国时期有关广播娱乐节目的管理、研究、讨论等主要是围绕民营商业性电台展开,而上海地区的这类电台表现得尤为突出,引发诸多的争议和关注,故所留下的相关史料多与上海民营电台相关,并构成了这一时期娱乐节目研究的特色和代表性的内容。

三、娱乐节目的政策管理与专业批评

对于娱乐节目出现的种种不良问题,民国时期在政策管理和专业批评方面都做出过积极的探讨。

鉴于广播频率资源分配和广播媒体的影响力,政府方面需要承担一定的管理责任,前面提到的《指导全国广播电台播送节目办法》,其出台背景与民营电台娱乐节目的泛滥有直接的关系。《申报》曾有过分析:"各地民营广播电台逐日播送节目,往往偏重于游艺方面,尤多采用低级趣味之歌曲唱词及迷信荒诞之故事,不但不能收播音教育之宏效,且不免有诲淫诲盗之流弊。'交通部'有鉴于斯,特制定'指导全国广播电台播送节目办法'一种。"[18]随后"交通部"还配套出台了《民营广播电台违背〈指导播送节目办法〉之处分简则》(1937年4月),规定处分有三种即:"警告;停播;取消执照。"并分别列举各类违规的情形。如出现"破坏民族固有道德","侮辱国人共同敬仰之先哲或时贤","鬼神妖异荒诞不经之故事","词句鄙俚粗秽及诲淫诲盗"等之一者,将给予停播1日至7日处分等。[19]

作为主管地方民营广播电台的"上海电报局",也出台有关对该市《民营广播电台严加取缔和补救办法》(1936年),主要有:(1)审查脚本。对于不合格之脚本,概予相当限制或取缔。(2)取缔节目。定有取缔节目标准,计宗旨纯正;不危害治安;不可诲淫诲盗;不可有污秽俚俗等九项。(3)时间限制。对申曲、滑稽、苏滩(流行于苏州一带的曲艺形式,作者注)、小曲等,各电台每天播送不得超过3小时。(4)增加人员。鉴于存在审查脚本与播音唱词间有出

入,特设电台稽查员,每日谛听各谛听所播节目,遇有可疑者,随即加制止。(5)出借唱片。前面所述皆是消极方面之防止,作为积极方面,出借"中央广播事业管理处"发行的戏剧、故事、名人演讲等唱片,供各电台免费使用。(6)办理登记。统计广播从业人员籍贯、年龄、履历等基本资料。[20]有关管理办法的出台,对娱乐节目的规范化起到督促效用。

另据1937年1月22日《申报》记载,上海电报局"鉴于本市广播电台所有广播人员之程度高下,对于题材选择及影响群众思想生活颇巨,最近特制成表格,分发调查,对于教育程度一点最加注意"。调查统计的结果是"于457人,计出身私塾者159人,占播音界全体人员三分之一;出身小学者99人,占全体人员五分之一,其中小学未毕业者74人;出身中学者120人,占全体人员四分之一;曾受大学教育者18人,占全数的二十五分之一;不识字者及未受教育者61人。故统观本市播音人员教育程度尚甚不齐,当局认为有设法救济必要。"[21]

如果说民营电台过度娱乐节目受制于商业性因素,而娱乐节目的低质水平则与从业人员教育学识程度也有着种种的关联。由于媒介传播形态和要求不同,广播与报刊相比,从业人员的教育门槛似乎要低,从这份统计资料看,小学程度和不识字及未受教育两者相加达160人,占35%,但似乎并不影响他们从事广播工作,只要能说会唱就行,这是一个很有意思的现象,反映当时广播界从业人员某方面真实的状况。不过也正如调查中提到,广播传播是要影响大众的,而自身教育、学识程度不高,则不免流于浅陋,可见中国广播特别是民营机构的从业人员有待改进和提升的地方还很多。

另一方面,严肃的专业批评对广播娱乐节目的歧路纠正,水平提升有着积极的影响。广播专家苏祖国(1904—1980,曾任上海民营广播电台同业公会副理事长,《中国无线电》主编)对二十世纪三十年代广播娱乐节目大行之道,而教育、学术类节目稀少保持批判的态度。认为当时广播的"中心节目"多为唱片、弹词、滑稽等,"至学识讲述,技能之教授,虽亦居广播节目之列,究为凤毛麟角,"同时清醒提出:"科学之进步,徒利赖为国家造福利,若是娱乐之广播,利赖何有","深盼我广播界及听众,勿贪目前之利益与娱乐,减少所谓今日之中心节目,而增添学术讲述以代之,放远目光,急起进行,为国家计,为子孙计,共起图之。"[22]体现出专业人士宽阔的媒介视野和对广播社会责任担当的期盼。

中国近现代教育家俞子夷(1885—1970)在《谈广播节目》(1934年)一文中,对娱乐节目过多过滥进行了颇为专业的探讨。作者以上海28家电台节目为样本进行统计分析,其中设定"数目是指档数,每档约三刻或一点钟,每星期五次或六次者作一档算,不过二三者作半档论。"统计结果:"弹词90、评话17、开篇7、歌唱19、其他娱乐10、讲演问答12、儿童节目1.5、申曲26、苏州文书9、四明文书(流行于宁波一带的曲艺形式,作者注)7、播音剧、话剧等9、教国语、英语等13、其他教授6.5、苏滩7、宣卷5、南方歌剧陶情4、故事7.5、新闻6、娱乐的共217.5、非娱乐的共39"。作者还将总档数与28家电台关系加以量化,"非娱乐的,每家平均不过1.3档罢了。娱乐的每家平均有7.75档。每日每家平均播送七八时的娱乐,娱乐的机会真多。娱乐中弹词占第一,私订终身后花园,落难公子中状元,可以说是大众最欢迎的了。"据此比例推算,非娱乐类的节目只是娱乐节目的六分之一。对此作者进一步分析:"播送娱乐节目本来无可非议,因为无线电原来是公余休闲用的,一定要勉强人家在休闲时收听严正的演讲,或者似乎有些不近人情。寓教育于休闲娱乐,本来是民众教育的妙法,借播送娱乐而施民众教育,的确是将来值得研究的问题。就上海而论,电台要靠商店广告来维持,当然不能拿民众教育作唯一的目标。我们唯一的希望,文艺家艺术家多创作写新作品,如新弹词、新评话等等,把封建思想渐渐淘汰,因此使大众的趣味换换方向。"[23]这一探讨采用的方法专业严谨,观点分析力透纸背,体现出一种中国知识分子所具有的媒介批判意识和文化情怀,对广播娱乐节目合理的发展,人们鉴赏水平的提升,起到了社会的知识文化精英方面所发挥的应有作用。

四、结　语

娱乐已构成人们日常生活的一个组成部分,娱乐中的视听官感作用与广播电视传播有着天然的联系,娱乐节目得到受众青睐和媒体追捧都在情理之中。然而,娱乐节目的表现有时如同是个可爱又调皮的孩子,令人欢喜令人忧,在让人们愉悦的同时,又常常制造出各种麻烦,产生庸俗、低俗、媚俗等不良现象。如何认识和把握娱乐节目,前人的探寻可以深化对问题的思考,同时也可增强广播电视学术探讨的专业底蕴。

从广播电视发展史角度考察,娱乐节目的运作和人们对其认识,需要一个探索和积累的过程,因为那个时代"广播为一新兴事业,无成例可援,即在各国,也都以经验换取知识。"[24]而民国时期娱乐节目的传播实践和业务探讨,在经验换取知识方面迈出了可贵的一步。如何使娱乐节目在保持活力的同时能健康有序发展,形成必要的张力,回溯民国时期的广播历史,可给当今广播电视传播以有益的启示,即需要主流媒体正面的引导与示范;主管部门的政策配套与监管;专业批判精神的守护与校正,这三个方面的力道参与其中,并形成某种专业知识常识和理论化、规范化内容体系,才能有效推进这一目标的实现。

注释：

[1] 殷增芳.中国广播无线电事业.燕京大学学士论文,1937:5.

[2] 用无线电传达音乐及新闻.东方杂志(第17卷第15号),1920-8-10.

[3] 曹仲渊.三年来上海无线电话之情形.东方杂志(第21卷第18号),1924-8-15.

[4] 曹仲渊.三年来上海无线电话之情形.东方杂志(第21卷第18号),1924-8-15.

[5] [美]梅尔文·L·德弗勒,埃弗雷特·E·丹尼斯著.颜建军译.大众传播通论.华夏出版社,1989:163.

[6] 吴保丰.十年来的中国广播事业//中国文化建设协会编.十年来的中国.商务印书馆,1937:704.

[7] 交通部电信总局编印.电信法令汇编(上册第二类)//赵玉明.中国现代广播史料选编.汕头大学出版社,2007:183.

[8] 指导全国广播电台播送节目办法(1936年).中国第二历史档案馆档案,卷宗号二0(21),案卷号496.

[9] 国民党"中央广播事业管理处"编印,1934年9月至1948年12月,共出版312期。

[10] "中央电台"两年来每周播音节目成分比较表.广播周报(第9期),1934(16).

[11] 各国节目的配合.无线电杂志(11卷1期),1936:32.

[12] 吴保丰.十年来的中国广播事业//中国文化建设协会.十年来的中国.商务印书馆,1937:709.

[13] 广播周报(第104期),1936-9-18.

[14] 广播周报(第107期),1935-10-10.

[15] 赵玉明.中国广播电视通史.北京广播学院出版社,2004:30.

[16] 浦救修.滑稽节目应速猛醒.上海无线电(第26期),1938-10-2//上海市档案馆,北京广播学院,上海市广播电视局合编.旧中国的上海广播事业.档案出版社,中国广播电视出版社,1985:474.

[17] 无线电广播改善问题.申报,1935-7-1.

[18] 指导全国广播电台播送节目办法之公布.申报,1937-2-1.

[19] 民营广播电台违背《指导播送节目办法》之处分简则.广播周报(第135期),1937-5-1.

[20] 电报局对广播电台取缔无益节目.申报,1936-7-2.

[21] 调查播音人员完竣.申报,1937-1-22.

[22] 苏祖国.谈广播节目.中国无线电(第2卷第5期),1934-3-5.

[23] 俞子夷.谈广播节目.中国无线电(第 2 卷第 9 期),1934-5-5.
[24] "行政院新闻局".广播事业.南京,1947:68.

【作者简介】谢鼎新,南京财经大学新闻学院教授,主要研究方向为:新闻传播史、广播电视等。

抗战时期日本对华广播侵略与殖民宣传
——以日本在"满洲国"的放送活动为中心[*]

齐 辉

（重庆大学新闻学院，重庆 404100）

摘 要："九一八事变"后日本在东北建立规模庞大的广播机构，并以此基地对中国内陆开展广播宣传战，妄图改变国人的民族认同，为其殖民占领制造"民心"，构建侵略战争的合法性。本文以伪满时期日本在东北的广播殖民活动为中心，探讨了日本在殖民地进行广播侵略宣传的过程、策略及其实施效果。通过广播史料的进一步发掘，着重对日本在殖民地广播活动的节目类型、扩张方式和传播效果进行探讨，为学界对抗战时期日本殖民广播提供新认识。

关键词：广播 日本 殖民宣传

1945年8月15日，日本用广播发布天皇向世界宣布无条件投降，同日中国同样借助广播向中国人民宣布抗战胜利。自20世纪20—40年代中日间的广播对抗活动前后缠斗近20余年，到抗战时期达到顶峰，日中两国均借助广播开展侵略与反侵略的宣传战，广播战的影响与规模前所未有，这场斗争最终以中国抗战胜利而宣告结束。长期以来，日本学界对侵华战争期间在华广播活动研究成果较多，有些研究站在日本侵华的立场或以历史回忆的视角，强调日本在殖民地进行了所谓广播建设"具有满洲特色的广播空间"，[1]缺少对历史的反省态度和是非认识。而反观国内学界对抗战时期日本侵华广播的研究成果较少[2]，诸如日本侵华广播活动如何进行殖民扩张？其传播策略和方式有哪些？其殖民宣传的实际传播效果等一系列问题，学界研究尚语焉不详。近年来，笔者在研究伪满新闻业过程中，陆续发现和翻译部分战时日本广播文献史料[3]发现，相较于日本其他占领地区而言，日本侵略者在中国东北的广播

---

[*] 本文是国家社科基金重大项目"中华民国新闻史"（编号：13&ZD154）的研究成果之一；本文也得到中央高校基本科研业务费资助，项目编号：106112015CDJSK07XK17。

侵略活动时间最长,规模最大,影响也最为深远。故本文试以伪满日本在东北的广播侵略活动为中心,管窥日本对华广播侵略活动的细节,进一步揭示侵华战争中日本在华广播活动所充当的罪恶角色。

一、近代日本对中国东北广播侵略活动

自日俄战争后,中国东北开始沦为日本殖民地,"九一八事变"后日本成立了所谓"满洲国",在东北全面实行殖民统治。为了严密地控制东北民众的思想意识,日本强调攻心为上,注重对东北民众进行殖民宣传,而广播因其传播范围广、速度快、渗透力强、成本低等特点,迅速成为日本侵华信息传播最有力的武器之一。从1925年日本在大连设立放送局到1945年日本战败投降,其二十年的广播侵略活动大致可划分为三个时期。

1. 中日广播在中国东北分庭抗礼(1925—1933)

日本在华广播侵略活动从中国东北起步并随其军事扩张活动展开。1905年日俄战争后,日本在"满铁"附属开始其广播扩张活动。1925年7月,日本即在大连设立放送局,呼号为JQAK,发射功率为500瓦,从此开始其在华近20余年的广播侵略活动。日本在华广播动向曾引起中国政府高度警觉。为防止日本广播的扩展,1925年在奉系军阀主导下,哈尔滨、沈阳两地开始国人自办广播的尝试。1926年10月1日,哈尔滨广播无线电台实验性开播[4]。在其颁布的《电台规则》中规定,"任何机构不得在东北私设无线电机器"[5],其目的即是限制日本在东北的广播活动。1929年奉系收回中东路铁路管辖的俄国无线电设备,成立沈阳广播电台。两座电台的先后创办,使得东北成为当时国人自办广播较早的地区之一,形成了与南满地区日本广播的对抗态势。中东铁路事件后,随着大量"白俄"艺术家和侨民离境,导致哈尔滨广播听众严重流失,节目质量下降。到"九一八事变"前,哈尔滨和沈阳两地广播仅晚间7—9点播出三个小时音乐节目,听者寥寥,经营惨淡。而与此同时,日本在南满地区的"放送"活动却渐成规模,到1928年,已拥有注册听众7 995人。

"九一八事变"后,日军迅速接管了东北全境奉系的无线广播电台,并从日本放送协会抽调技术人员修理因战争破坏的广播设备。1931年10月26日,沈阳恢复了"军事宣传放送"。1932年2月,哈尔滨广播电台被日军占领,更名为"哈尔滨放送"。至此,国人在东北自办的广播事业完全被日本军国主义所摧毁,其基础设施被日军占用,转而为日本侵华战争服务。

在伪满洲国建国后,日本提出"在国土广大、民族众多、文化多样的环境

中,实行德政和统治,广播是首选的工具"。在日本看来,在中日战争这一"非常时局"中,"宣传国策有赖于广播的扩张与听众的增加",这是"国家宣传"重要组成。[6] 1933年8月31日,由日本政府、伪满洲国政府、"满铁"、日本放送协会、朝鲜银行出资成立的"满洲电报电话株式会社"(以下简称"满洲电电")其中日本政府出资1 650万元,伪满洲国仅出资600万元,[7]虽名为合办,实际上为日本政府控制。"满洲电电"成立后即垄断了东北的电话、电报和广播业务,成为拥有6 500名员工的大型电信垄断企业。它下辖大连、奉天、新京、哈尔滨四大放送管理局,管理局下设技术部和营业部。前者负责无线广播的技术维护工作,后者则负责广播业务的办理与推广。在伪满的广播活动,日本毫不讳言其战争目的,明确提出要同"接壤国及南京国民政府、苏联开展国际电波战"。[8]

2. "惊异的跃进"——日本对华广播战活动的推进(1934—1938)

1934年随着日本殖民统治逐渐稳固,其在东北的广播扩张活动达到顶峰。这一时期,日本提出,"中央文化要想在满洲普及,必须要建立强有力的放送局,加强广播电力的功率,信号才能覆盖满洲全境"。为此日本出资100万日元,在新京建设100千瓦功率的电台,这是战时亚洲发射功率最大的电台,极大提高了伪满广播信号的传输能力。该电台投入使用后,日本宣称其广播使"伪满洲国的报道事业发生了划时代变化",[9]"成为强有力的文化指导机关……满洲的广播已经进入先进国家的行列"[10]。大功率电台的使用,为日本以东北为基地,扩大在华殖民宣传,开设"双重广播"提供了技术保障。

30年代日本决定在伪满开设两套广播节目。"第一放送",以侵华日军和在华日人为收听对象。"第二放送"则以中国人、朝鲜人和其他外国人为主要听众。此间日本陆续修建了新京—大连,大连—奉天,奉天—新京的无线电"中继站",持续提高无线电波的传输质量,实现了上述地区无线电信号的互通。1934年11月,实验性双套广播开始试播。日本称,"其广播节目无论从内容和形式都会让国人耳目一新。新开设的栏目有伪满洲国国歌,格言先哲故事,对学校及家庭演讲,子供新闻及报道,日本语讲座,明日大记事,演讲讲座,盛典讲义,时事解说等"。[11]"第二放送"开播后,中国听众数量持续增加。据日本统计,1934年收听广播的听众已经有12 384人。中国注册听众数量从1930年的409人上升至1 362人。

1936年11月,伪满日语和汉语双重广播正式开播,同年,日本、伪满、朝鲜和中国台湾,实现了"交互放送"。抗战全面爆发前,日本借助广播已将其本土与殖民地连接为一体。在伪满国内,日本将100千瓦的大功率广播专门用于汉语广播。日本强调"平衡原则,以当地的地方特色和民族分布来安排不同语言的节目"。在具体区域上,形成了以大连为核心的日语广播,以新京为主的汉语和朝鲜语广播,还有以哈尔滨外籍听众为主的俄语、英语广播的格局。到1937年抗战爆发前,侵略者对东北的广播控制已十分巩固,其信号传播已覆盖整个伪满洲国国境,伪满广播俨然成为日本对中国内陆地区实施广播侵略的后方堡垒。

"七七事变"后,伪满广播旋即按照日本宣传的整体战略对南京国民政府和苏联广播展开电波战,在国际上宣传"满洲国"的"国际正义和正当立场"的使命。1937年7月17日,日本在大连开设针对华北和华东地区播出的中文短波广播节目。随后与华北伪政权实现了广播节目"交换放送"。此后每周星期五和星期六两日,伪满和华北相互进行广播互播,其内容包括"治安宣抚、名士演讲、教育、治安、产业、经济、商业和文艺"。借助通州、唐山、山海关、奉天中继站的转播,日本借助无线广播将华北与伪满两大占领区连接在一起,从而扭转了"七七事变"之后,日本在华北宣传真空的局面。此间,伪满广播听众已增至71 355人,其中中国收听人数达16 550。日本人用"惊异的跃进"来形容伪满广播急剧扩张。在大连、新京、苏家屯、甘井子等地区,广播的每百户拥有率甚至超过20%。[12]伪满广播的中国听众主要是伪满公司银行职员、商人、官员、军人,他们占据了国人收听总人数的81%。1937年日本甚至为伪满广播制定1937—1942年五年规划。该规划宣称,"要在伪满洲国境内15 000人以上的城镇和1 000人以上的村屯实现电波覆盖",计划到1941年实现收听总人数50万人的"宏伟"目标。

3. 战时伪满广播与日本侵略宣传的终结(1938—1945)

自1937年以后,伪满广播积极实施对南京国民党"中央广播电台"干扰和压制,提出"针对激进的南京广播,全满各要塞都施以特别措施,对南京广播断然进行抨击",全力阻止"南京方面"广播向华北和满洲渗透。1937年9月30日,南京"中央广播电台"惨遭日军轰炸,对华北和东北的宣传能力严重下降,伪满广播乘势增加了对华东地区的广播时间。在组织上,日本将原新京、大连、奉天、哈尔滨四大放送局升格为"中央放送局"[13],强化了伪满宣传管理机构弘报处对放送内容的检查[14]。自1937年以后,伪满广播中"教导式宣传"和"宣抚内容"节目日渐增多。此外"日本关东军、伪满洲国政府、协和会、满洲电电"还共同组成了"宣传联络会议",旨在协调各方立场,统一广播的内容和言论。在该组织中,关东军对广播工作具有绝对的控制权,广播中充斥着日军战无不克,以少胜多虚假宣传,而对于中国民众的抗日活动和日军侵华暴行则只字不提。正如伪满的日本官员所说,"我们不想让听众听到日本不争气的事情,特别是在'满支',我想要他们清楚地听见日本'跃进'样子的内容"。[15] 1939年6月至1940年7月,伪满进一步加强国际广播,新京"中央放送局"增设了两部20千瓦广播发射机,使用汉语、俄语、英语、蒙古语对远东、欧洲、中国南部等地开展广播,每天4次,全天播音近4个小时。诺门坎冲突后,伪满加强了与德国、意大利的广播合作,签署了旨在强化同"轴心国"在广播宣传上合作的"广播交换协议",实现了伪满与德、意两国的广播节目交换播出。

太平洋战争爆发后,伪满广播完全走上了"大东亚圣战决战体制"和"日满一体化"的道路,随着日本南进扩张,攻城掠地,广播成为报道日本战况的首要工具,在伪满大肆传播。广播传输的迅速和便捷,让日本对"广播的价值有更进一层的认识",负责伪满宣传的日本官员甚至称,"即使'满洲电电'一万七千人全部出动,声嘶力竭的巡回宣传,也无法如广播一样将新闻传播到远方,这是广播的强大之处"[16]。此时,广播已超越报纸成为日本对华宣传最有力的工具。[17]但随后,日本的广播活动即随着战局的扭转陷入颓势。自1942年后,日本在东北的广播扩张已成强弩之末。随着日本在太平洋战场的失利,日本将伪满当作其战争供应地,无情掠夺其各项资源。由于物资极端匮乏,伪满开始将收音机所用的电池和修理零件设为配给商品限制供应。1943年"满洲电电"对机构进行调整,新成立的"新京放送局"负责对全满广播的协调和管理。1943年11月,日本将"胜利的记录""呼叫大东亚"两档栏目从伪满广播中撤销,显示出其在东北的广播战能力正在削弱。1943年后,为防范空袭,广播成为伪满国土防空的重要手段,1945年8月9日,苏联对日宣战,伪满广播开始播出"空袭导报"。1945年8月15日,伪满第一放送播出宣告无条件投降,8月19日,苏军全面接收"满洲电电",其职员被遣散,至此日本在东北的广播侵略活动宣告终结。

二、日本在伪满广播扩张活动宣传内容与传播策略

伪满时期的广播节目每天有"国歌"、"建国体操"、格言、日语讲座、音乐、气象、经济市况、戏剧、新闻、歌曲、讲演等。此外还有专门针对学校的"学校放送"和儿童的"子供时间",其节目类别大体可以归纳为"慰安、教养和报道三大项"。[18]对于广播节目的编成与制作影响国人的民族观念和国家认同,强化对日本殖民统治的认同,在"听户于百闻不厌中,收潜移默化之效"[19]。

1. "寓教于乐"——以"慰安放送"为殖民宣传主要内容

在伪满播出的广播节目中最吸引中日听众的节目类型当属"慰安放送"。

所谓"慰安"实际就是广播文娱节目,其形式主要有音乐、曲艺、戏曲和广播剧等。伪满放送官员由川永曾指出"音乐和表演都是广播的娱乐节目,作为国民日常生活的一部分承担着思想战的义务"[20]。为此,"满洲电电"安排了大量娱乐节目,借此弘扬日本占领中国东北的合法性。据日本统计,1938年奉天第一放送各类节目播出时间的比例分配为,新闻39%,慰安36%,教养25%。在伪满广播中娱乐节目与新闻节目大体平分秋色,占据了播出节目的主流。

在娱乐节目中,歌曲是最为普及的娱乐节目,而这其中西洋音乐、中国戏曲和日本音乐,构成为伪满音乐节目的主流。20世纪30年代由于大量白俄罗斯音乐家流落东北,故西洋音乐在东北地区有一定听众基础,依托于哈尔滨交响管弦乐团,新京音乐管弦乐团,新京军乐团,"满铁"铁道工厂吹奏乐团,伪满广播中大量播出音乐演奏实况转播。为安抚在华日人的思乡情绪,"第一放送"还播出大量日本歌曲,借助广播推广,奉天等地也出现了很多长呗、小呗、歌泽等日本歌曲团体。伪满广播还通过竞演来打造明星,如在奉天放送播出的"满洲新歌曲"竞演中,李香兰脱颖而出一举成名,其歌曲《夜来香》等十分流行,迅速成为伪满乃至整个东亚地区炙手可热的演艺明星。

为了掌握中国人的收听习惯和兴趣,日本发动数次"嗜好调查"活动。如在1938年12月到1939年2月间,日本在《满洲放送》杂志上刊登问卷,共发出问卷325份,成功回收312份,单独参与娱乐兴趣调查的问卷218份。见表1:

表1

节目	慰安	教养	报道	其他	总计
喜爱份数	161	11	19	21	312
占比	51.6%	25.5%	6.09%	6.73%	100%

通过该表可见,娱乐节目是国人最喜欢的节目类型,其收听比例远超教育和新闻节目。日本对国人的娱乐节目收听趣味进行了深入调查,结果见表2:

表2

节目	旧剧	话剧	评剧	相声	民乐	其他	总数
人数	100	70	28	22	14	48	282
百分比	25.46	24.8	9.94	7.8	4.96	17	100

调查显示,以京剧为代表的旧剧,是中国听众最喜欢的文艺节目类型,其

他节目依次为话剧、评剧、相声等。值得注意的是另有17％的听众选择其他节目内容,其中包括河北梆子、山东快书等,这显示出东北听众丰富而分散的收听兴趣。在实际播出的"慰安"节目中,日本会夹杂一些"日满协和""王道政治""大东亚共荣圈"以及"国兵法""粮谷出荷"等内容,强化高宣传效果。太平洋战争爆发后,曾有人提出"在事变和战争的环境下,表演性质的广播尽量减少,演讲和教导性质节目应该增加",但在实际操作中并未贯彻。事实上,广播娱乐节目几乎成为日本军事侵略攻心战的必备武器。每当日军强制接管一处中国电台之后,其广播节目大多是伪满放送局提供的压缩唱片。在日本占领地区的殖民广播,除了一些必需的时政公告外,其主要内容是以音乐娱乐为主的"慰安类"节目,截止到1945年以音乐为主的"慰安放送"在伪满的两套放送节目中始终占据着重要位置。

2. 千方百计向国人倾销收音机,扩大中国听众数量

广播的扩张除了节目之外,还有赖于收音机的普及。正如伪满放送负责人金泽觉太郎所说,"除了优良的节目外,收听设备、技术的普及化也是放送发展的必备条件"。[21]"满洲电电"成立之初,日本借势加大了在东北推销收音机的力度,除大连、奉天、哈尔滨之外,又在吉林、牡丹江、富锦、齐齐哈尔、延吉、承德等地电报局内设立收音机销售专柜,形成覆盖整个伪满洲国的销售网络。在各地配置1—3名人员,负责办理广播的销售、维修、咨询订购事务,当时日本在伪满销售的收音机可分为普及型、标准型和电池型三种。其中普及型收音机最低售价16元,最高为24元。据记载1931年抚顺煤矿中国员工最高月薪为15.7元。由此推断,就购买力而言,收音机售价对于普通中日家庭而言均属"奢侈品"。为了提高伪满广播收听率,日本提出将收音机销售锁定在"中国人和尚未购买收听服务的日本上班族",用尽浑身解数,千方百计扩大收音机的销售。

首先,"满洲电电"采取直营方式销售收音机,既降低了成本又垄断了销售利润。针对收听费过高的问题,"满洲电电"竭力降低收音机收听费(见表3),以适应中国人的购买力。

表3

地区 年费(元)	大连	旅顺	鞍山	吉林
1936	13	18	13	20
1938	12	12	11	15

其次,"满洲电电"还借助大型展览会,设置广播展台现场演示,吸引国人对收音机的了解和兴趣。"满洲电电"还针对公共团体、特殊群体和使用交流电收音机的城市听众,减免其广播收听费。在一些地区,日本甚至尝试采取分期付款方式来刺激国人对收音机的消费。针对中国人多生活在农村没有直流电收听广播的特点,"满洲电电"展开"电池收音机普及运动"。在南满抚顺、中满长春和北满双城三地,开展电池收音机播放试点,免费为三地农村保甲基层组织"供给一台或者数台收音机"使用。此外,在县城的公署、警察、学校等地"满洲电电"借助举办展览和"建国体操会"等形式,用"劝诱"的方式说服国人购买收音机。对于收音机销售员而言"中国家庭并非轻松的客群,他们重面子,销售时应该要带够分量的名片"[22]。对于已经购买广播服务用户,"满洲电电"会定期派发《满洲放送》杂志,仅1938年其日语和中文杂志分别发放10.2万份和3.5万份。[23]

值得注意的是,尽管下调收听的各项费用,"满洲电电"仍无法足额收取收听费,时常抱怨:"收音机收听费收取不理想,很多时候都无法收到费用"。1940年以后随着听众的骤增,伪满尝试"预缴"奖励措施,对于提前预交一年收听费的用户给予优惠奖励,即便如此收听费缴费额仍仅是为电报、电话预缴率的50%—60%。而日本出于"地方策略"考虑和"贯彻国家政策使命"的需要,并未对欠费听众采取强制收缴措施。[24]

日本在"满洲"推销收音机直接刺激了国人消费潜力。1933年伪满注册中国听众200人以上的城镇只有10个,到1938年已上升至158个。1936年伪满广播注册听众总人数仅有2万人,而到1938年,收听总人数已达12万人。1938年,中国听众人数为37 531人,比1937年增加了20 981人。另据该年鉴统计,中国听众主要职业来源涵盖甚广,其中商人为21 310人,官吏和军人5 090人,公司、银行职员4 755人,餐馆、旅馆经营者1 449人,教师615人,医生614人,官署、学校职员413人,工人953人,农业550人,显示出伪满广播在中国中上层民众中已具有了相当的认知度。

3. 强制推行"日语"教育与建设所谓"满洲文化"

广播具备天然的"强制性",在广播所及地域内的民众一般难以完全逃避它的影响,可以说广播对于民众的生活及思想有较强的浸润效果。前已述及,日本对于广播在社会教育中的重要性十分清楚,多次指出,"满洲国"文盲遍地,教育低下,要想推行殖民教育,广播侧重听觉方式的宣传效果远胜于图书和文字。伪满广播深入到学校和社会教育之中,甚至被称为"老师的老师"。1936年11月,新京放送局开设学校广播,将"广播的特性与学校教育合作"。

日本借助广播直接将文部省的教育事项传达至基层教员,同时强制推行日语教育。在伪满的教育节目中,日语教育往往被放在广播最重要时段播出,赋予了"特殊的意义",即"日本语必须成为大东亚的共同语言"[25]。自1941年起,除星期六和星期日之外,伪满各学校在每日下午两点设立三十分钟的体操与音乐时间。[26]广播成为指导学校教育最为常见的手段。而随着日语的普及,日语广播节目开始逐渐被国人接受,有些学校甚至"以广播作为教材"进行日语教学,对于有浓郁地方日语口音的老师而言,"方言、乡音是不受欢迎的"。[27]借助广播的教育传播,日语正逐渐成为伪满社会的通用语言。

相对于教育而言,日本殖民者借助广播更为长远的宣传规划即建立所谓"满洲文化"。正如伪满日本官员所言,"没有政治活动进行的地方无法养成文化,没有文化保证也无法考虑政治"[28]。为了达到长久占领东北的目的,日本宣称东北地域与日本和中国的文化都不相同,"伪满洲并未与日本迅速地同化也与中国文化有所不同",刻意强调伪满与中国其他地区的文化上的差异性。在广播节目的制作上,日本提出要制作更多具有"满洲色彩"的节目,以建设所谓的"满洲文化"。至于如何建立"满洲文化"?日本提出"站在广播立场上,不论到哪里首先都要尊重民族固有文化,以此为基础进而自然地培养出新倾向,并应努力慢慢发展"。伪满广播负责人金泽觉太郎也指出"广播要反映满洲和谐民族生活的所有事情",广播的政治影响并不只限于"政论和特别演讲"一定要将"政治融于生活","这才是'满洲文化'政策的行动准则"。[29]在这种思想指导下,伪满广播中充斥大量的"格言先哲故事""古圣先贤""圣典讲义"等内容,将中国的忠孝礼义等传统文化纳入到日本军国主义的宣传轨道中,以此来对国人进行奴化教育,为日本帝国主义侵略战争效劳,并最终阻断与中国文化的联系,从而使国人形成对日本殖民占领的文化认同。

三、伪满广播殖民网络形成与传播效果

从1925年东北建立第一个广播电台到1945年战败投降,日本经过20年的苦心经营,在东北前后共建立了25个广播电台,形成了覆盖整个伪满洲国的广播殖民网络。它以新京为中心,以哈尔滨、奉天、大连三大都市为枝干,电波所及之处将分散于东北各地的日本开拓团和关东军连接为一体。借助广播,日本牢固掌控着东北地区的信息动态,实现了对东北社会与民众实时监管与控制。伪满成立后,日本利用广播对东北地区国民进行奴化教育和洗脑式的宣传,同时干扰反法西斯联盟的广播信号,阻断东北民众接受外界信息,导

致国人闭目塞听,他们几乎对世界反法西斯战争的进程与信息浑然不知,这种愚民手段是日本在东北能够维持十四年殖民统治的重要因素。

日本通过广播建立一个以日本为中心的殖民体系,在电波的覆盖下,将日本、伪满、汪伪政权、华北伪政权、朝鲜和中国台湾等殖民地连接为一体。在这些地区,广播赋予了日本国民强势的社会地位,并用广播虚构了一个"他乡即故乡"的"幻境"。一个日本殖民者在伪满洲国收听广播后曾说,"可以说商店、餐厅任何地方都能听到广播的声音,没有日本的声音,我就会寂寞,当每个人穿着和服,吃着料理,听着日本的新闻和音乐,虽然身处满洲,也不会感到距离故乡有五千里远"。此外,在广播中日本国民听到的是中国儿童用日语表达春节祝福,而在日苏互不侵犯条约签署时,松岗洋右在中东铁路上向日本国内进行现场演说,这些广播活动进一步提升了伪满日本占领者的"自豪感"和"归属感",成为其在异国他乡排解寂寞,制造战争狂热的工具。

但就其对国人的奴化宣传而言,根据有限的日文资料显示,其实际影响有限。正如日本人自己抱怨的那样广播永远只是给"大部分的日本人与一部分的满洲人"播放的,而所谓一部分"满洲人"主要限于"上流阶层的人"。[30]由于日本对伪满的殖民压榨政策,导致东北民众普遍贫穷,尽管日本用尽伎俩扩大广播的销售,但效果甚微。根据日方统计,在伪满收听广播的中国人最多仅占其全体国人的5%,其拥有收音机的中国家庭更不到伪满家庭的1%。

此外由于中日文化的差异,导致日本所办的汉语广播节目,难以吸引中国民众收听。日本殖民广播的基本理念定位为"用日语感悟日本人的装置"。这导致其汉语节目与国人的需求形成了巨大的文化鸿沟。以同受中日听众欢迎的歌曲节目为例,1935年一份日本听众趣味调查显示,日本人最喜欢的广播节目是"浪花节"(日本音乐节目),最不喜欢的节目则是"满洲演艺"(中国戏曲节目),[31]而据1939年中国听众收听趣味调查则显示,中国传统戏剧始终是东北国人最受欢迎的广播节目,中日国民之间收听兴趣的巨大差异和其为侵略者服务的基本定位,导致伪满广播始终难以得到中国听众的认可。加之广播节目多由日本人制作完成,故其中文节目常常难以令中国听众满意。有人曾回忆哈尔滨放送局的中文广播说,"满语节目也全由日本人来搞……广播节目怪声怪气,奇腔异调,播发出的声音似乎隔着一道鸿沟,不太容易进入中国人的耳朵,收不到他们预想的效果。"[32]而日本侵略者也时常抱怨,"满洲节目并不让人亲切"。为改变这一状况,日本广播协会理事中乡孝之助曾呼吁,"日本若是有适合汉语广播的人才就好了"[33]。而1942年"满洲电电"负责人武藤富雄更是一再强调"今后思想战要透过满洲人系统来运作……运用满洲人来执行,换句话说必须确保获得能为我所用的满洲人来成为思想战的斗士"。[34]但在实际操作中除了增加了一些汉语播音员外,"对满运作不足的情况没有大幅改善"。[35]从这个意义而言,日本的广播始终游离于大多数东北民众的生活之外,难以从根本撼动他们的民族观念与国家认同。

四、结　语

日本对华广播侵略与扩张活动是以军事强权为后盾,以推行殖民意识形态为根本目的的文化侵略活动。日本试图借助娱乐节目吸引国人对广播的关注,同时利用降低收听费和免费使用等方式,扩大广播收音机的销售,推行日语教育,提高其殖民主义传播的效率。日本用尽各种手段和伎俩妄图用广播影响国人的民族意识和国家观念,接受其殖民占领的事实,认同占领者的政治与文化统治。但在实际操作中,因其殖民侵略非正义性和东北民众因历史和文化形成的民族意识的抵制,其殖民广播的传播效果不佳,最终随着其军事的崩溃,难逃失败的命运。

注释：

[1] 有关日本在华广播战研究,日本学界主要成果有:贵志俊彦. 战争、广播、记忆;川岛真. 广播与战争——东亚广播战及伪满的广播政策;桥本雄一. 声音势力——关东州大连放送局"满洲广播新闻". 朱夏,1998(11).

[2] 国内主要研究主要有:赵玉明,艾红红. 中国广播电视史教程. 中国广播电视出版社,2010;哈艳秋. 伪满广播历史概述. 新闻与传播研究,1989(3).

[3] 这些文献主要有"满洲电报电话株式会社"编制的《电电》《放送》杂志、《满洲放送年鉴》,"满洲国弘报处"编印《满洲统计年报》《弘宣月报》等。这些文献散见于哈尔滨市图书馆、辽宁省档案馆、吉林大学图书馆等处。

[4] 有关哈尔滨广播电台的创办时间,据《满洲放送年鉴》,记载为1927年10月1日;而据乔云霄主编《中国广播电视史》,记载为1926年10月1日;另据《哈尔滨市志 广播 电视卷》,记载也为1926年10月1日;因为哈尔滨广播电台是中国最早国人自办广播,故这一时间关系到中国广播起源,故仍有深入研究的必要。

[5] 哈尔滨广播无线电台规则. 电友,1926(11):13.

[6] "满洲电信电话株式会社". 满洲放送年鉴. 1940:15.

[7] "满洲日日新闻社". 满洲年鉴(日),1933:486.

[8] "满洲电信电话株式会社". 满洲放送年鉴(日),1940:33.

[9] [日]川岛真. 伪满的广播政策. 近代中国东北文化国际学术研讨会,2004:3.

[10] 关于百万千瓦广播开始的经过,参见日本放送协会编. 昭和十年ラジオ年鉴. 日

本放送协会,1935:305.

[11]"满洲电信电话株式会社".满洲放送年鉴.1940:19.

[12]大连27.3户,新京24户,苏家屯30.3户,甘井子23.9户,参见"满洲电信电话株式会社".满洲放送年鉴,1940:39.

[13][日]上森生.放送一年の回顧から.电电,1941年第7卷,第11号.

[14]齐辉.伪满时期日本对东北的新闻侵略与奴化宣传.国际新闻界,2013(7):48.

[15][日]葉書回答二.現下の満支へ何を放送すべきか.放送,1940年第10卷,第1号.

[16][日]高塚生.放送月評//电电一心会.电电,1942.

[17][日]武藤富雄.放送と宣伝.电电,1942.

[18]张永祥.无线电放送与教育问题(伪满),建国教育(第7卷第10号),1941:48.

[19]刘三多.放送教育概要.伪满民政部社会科编印,1939:31.

[20][日]油川勇.放送内容の取締方針に就いて.电电,1940年第7卷,第11号.

[21][日]金澤覺太郎.ラヂオを聽くこと、聽かすこ—滿洲文化政策の基調要件を中心として.国务院弘报处编辑.宣抚日报.放送特刊.(第4卷第8号),1939.

[22][日]澤井正樹澤.このコツで.电电俱乐部.电电,1940.

[23][日]满洲电信电话株式会社.满洲放送年鉴.1940:33.

[24][日]向利夫.是非らねばならぬこと.电电一心会编.电电,1942.

[25][日]川岛真.伪满洲国的广播政策.近代中国东北文化国际学术研讨会,2004:4,5.

[26][日]高桥增雄.戦時学校放送の命題.电电,1943年4月号.

[27][日]川岛真.伪满洲国的广播政策.近代中国东北文化国际学术研讨会,2004:4,5.

[28][日]宫川靖.放送の正義ということについて.电电俱乐部.电电,1940.

[29][日]金澤覺太郎.ラヂオを聽くこと、聽かすこ—滿洲文化政策の基調要件を中心として//国务院弘报处编辑.宣抚日报.放送特刊(第4卷第8号),1939.

[30][日]城野茂.苦勞はこれからだ.电电俱乐部.电电,1940年10月.

[31]满洲でもラヂオ调查.放送(第5卷,第12号),1935.

[32]尔泰.回忆哈尔滨放送局//孙邦.伪满文化.吉林人民出版社,1993:217.

[33]第五回东亚放送协议会会议记录.日本放送协会,1942.

[34][日]武藤富雄.放送と宣伝.电电,1942.

[35][日]川岛真.伪满洲国的广播政策.近代中国东北文化国际学术研讨会,2004:4,5.

【作者简介】齐辉,黑龙江哈尔滨人,北京师范大学历史学院中国近现代史毕业,历史学博士,重庆大学新闻学院研究员,博士生导师,主要研究方向为:中国抗战新闻传播史。

民国《良友》画报新闻图片来源探析

卜新章

(南京师范大学新闻与传播学院,南京 210000)

摘 要:民国时期的《良友》画报是现代中国的第一份大型综合性画报,画报中刊登了各种图片三万余帧,其中新闻图片占有极大的比重,对画报的发行和传播具有深刻的影响。如何获得各类新闻图片是画报取得成功的关键,为此本文梳理画报历年来的新闻图片及其署名,探析署名作者的分布与画报之间的关系及其社会关系等,从而探讨《良友》画报中新闻图片的来源,总结与借鉴画报中新闻图片可靠来源的关键要素,以期对当今新闻传播实践中影像的获取与利用有所帮助。

关键词:《良友》画报 新闻图片 摄影记者

伍联德先生于1926年2月在上海创办的《良友》画报,第一期就靠沿街叫卖的方式行销7 000册,取得了不俗的销售成绩,其后《良友》画报的影响越来越大,以致国内海外、老少咸宜、妇孺皆知,有"良友遍天下"的美誉。"《良友》是中国新闻史上办得最成功的,影响最大的,声誉最隆的一家画报。它的代售处遍及全世界,堪称中国现代新闻出版史上出版时间最长,发行范围最广,发行数量最大,报道信息最及时,内容最丰富的一部大型综合性新闻画报。"[1]及至1945年10月《良友》画报终刊,共出版172期,另有《孙中山先生纪念特刊》和《良友八周年纪念刊——美术摄影专集》两期特刊。画报里的新闻图片是最受读者欢迎的内容之一,但在二三十年代,刊登时事新闻图片的报纸寥若辰星,"良友画报能畅销五大洲,主要原因之一,是它对时事的重视。每月发生的重大新闻几乎都可以从画报报道中找到如实报道的照片。"[2]《良友》画报创刊后一直非常重视刊登新闻图片,尽管诸多条件限制,摄影记者缺乏,画报在"如何在全国各地组成一个摄影记者网,保证广大的覆盖面和迅速的反应,像办报纸一样地办画报"[3]方面进行了艰难的探索。

梳理《良友》画报中不同时期新闻图片的提供者、摄影者等相关信息，发现照相馆、新闻社、摄影记者等在画报新闻图片的提供方面扮演着重要的角色；同时，未署名的新闻图片、画报及编辑的友人提供赠送的新闻图片也大量存在，而画报自己的摄影记者拍摄的新闻图片却少之又少。《良友》画报在创刊时就意识到新闻图片稿件的重要性，画报的出版编辑需要足够的图片稿源，创刊人和编辑需要拥有组织图片稿源的能力，同时画报自身的营运与发展与其稿源又是相辅相成的，当然画报的影响越大，则其稿源就会越多越好，从画报新闻图片的稿源和作者能看出《良友》画报在新闻图片运用方面的成功。

一、《良友》画报中新闻图片的征集——征稿启事

从 1926 年 2 月创刊的第一期开始就在画报的广告位置刊登了征稿启事，对图片的投稿有明确的说明，"本报欢迎投稿，酬费如下：影片图画投稿，甲种每幅由一元至十元，乙种每幅由一元至五元，丙种每幅由五角至三元。（面积大小，价格一律）"画报中这样的征稿启事从创刊时开始几乎每期都会出现。其中对图片稿酬的具体设定中可以看出，图片最高稿酬是每幅十元，最低五角，取其平均值在每幅五元左右，1925 年（民国 14 年）的上海，初提升的工匠，每月工资不过 20 多元，小工和临时工，从八九元至十一二元不等，到 1933 年（民国 22 年）上海工人的月工资一般为 20 元。[4] 对照当时上海的工资水平，《良友》画报的图片稿酬还是非常高的，这样的稿酬吸引了广大的摄影爱好者、专业记者等为画报提供新闻图片稿件，这为画报提供丰富的图片稿源奠定了基础。画报中的新闻图片有大量的没有署名，也有很多署名作者出现频度较低且无据可考，这些应该就是普通大众或摄影爱好者提供的图片。

二、早期《良友》画报新闻图片的重要来源——照相馆

19 世纪 50 年代照相馆开始出现在上海滩，照相馆的核心工作是为大众提供个人人像摄影服务，开始由于技术复杂、成本高昂，只能满足人们的好奇，随着成本的降低和技术的提高，达官贵人以及普通民众对自我形象逼真呈现的愿望越来越能够得到满足，照相馆在个人商业人像的服务过程中，花样越来越繁多、技术也越来越廉价，越来越成为人们日常生活的一部分。随着报业的发展，在新闻传播领域对新闻图片传播的需求也越来越大，然而当时摄影记者却极为稀缺，摄影爱好者更为稀少，普通民众拥有摄影器材的几乎没有，此时

的照相馆拥有最为专业的摄影器材和摄影技术,在报纸、杂志的新闻图片传播中,照相馆也因此具有重要的地位,很多重要的事件、重大的活动,主事者定然要请照相馆来做一些记录,而媒体中使用得较多的就是这一类照相馆记录的新闻图片了。照相馆拍摄内容多限于人物肖像,也有部分摄影师走出照相馆,走向社会,拍摄社会生活时事的新闻照片。

《良友》画报采用新闻图片的过程中,照相馆一直扮演着重要的角色,尤其是在创刊初期,署名为照相馆的新闻图片较多,其中图片用量较大、比较有名的照相馆有宝记照相馆、王开照相馆和中华照相馆。宝记照相馆成立于1888年,可谓当时历史最久、名气最大的照相馆了,宝记照相馆在《良友》画报中从第一期开始连续刊登了数十期的广告,如"三十八年老店,照相专门,放大名家,民国十五年立"。宝记是《良友》画报中出现得最早的照相馆,如在第十二期的《良友》画报中署名"宝记摄"的新闻图片,其内容为全国足球大比赛中南华足球队与华东足球队合影,署名"宝记摄"的新闻图片出现的频次较高,此时的新闻图片多为世界所关注的新闻人物半身肖像,缺少新闻现场事件的拍摄,即便有了新闻现场的拍摄,但多为重要活动的合影。王开照相馆的创始人王炽开,早在1925年孙中山病逝的送葬仪式、中山陵选址中,就派摄影师随行拍摄人民群众送别伟人的历史场景,然后洗印多份,落款"王开摄影",赠送给各地知名人士以及军政中高层人员,一时"王开"名声大振。1927年,远东运动会在上海举行,运动会主办方以招标的方式招商承包运动会的摄影权,王炽开意识到这是扩大"王开"影响的大好时机,不惜一切代价获得了运动会所有比赛的摄影权,同时派出了技术最好的摄影师,并临时招聘了一些摄影助理,组成了四个摄影组,超越了当时新闻人像、合影等静态场景的拍摄,抓拍了许多精彩的比赛瞬间,并赶在当天晚上冲洗出来,及时收费地提供给各家报社。[5]在《良友》画报的第18期中,刊登了第八届远东运动会(王开摄)两页13幅运动会新闻图片,图片有开幕式、比赛情形、观众、全体选手合影(菲149人,日185人,中170人,共504人)、全体选手职员宴会等,其中排球赛有扣球、拦网的瞬间。[6]其后《良友》画报中署名"王开摄"的新闻图片呈现较为频繁。南京中华照相馆是在1927年4月18日蒋介石在南京建立南京国民政府后才开始在画报新闻图片中大量出现的,其为国民政府指定照相馆,如"国民政府'中央执行委员会'监察委员会第四次全体大会于南京举行"的新闻图片署名为"南京中华照相馆摄",此后,"中华摄"的图片署名亦频繁出现在画报中,而且"中华摄"的新闻图片多数与国民政府有关,如"国府要人""民国十八年元旦"等。出现在《良友》画报中的照相馆还有许多,如"沪江""英明""长泽""汇山""菱花""美璋""兆芳""光绘""启新""同生""天然"等等,这些都是当时比较有名的照相馆,这些照相馆在画报中大都有广告的出现,照相馆在画报的新闻图片提供中发挥了不可替代的作用。当然,依靠画报的传播,这些照相馆也极大地提高了自己的知名度,间接的获得广告效益。

三、《良友》画报中新闻图片的专业来源——摄影组织和通讯社

通讯社专门为新闻媒体提供所在国家和地区的新闻,报刊的多数新闻由新闻通讯社供稿,报刊自身记者采写的报道则相对较少,甚至有些报刊可以不配备记者。通讯社提供的新闻可以节省报刊自配记者采写新闻的成本,提高新闻稿件的利用率。《良友》画报的摄影报道主要采取了这种方式,除了前面提到的采用照相馆拍摄的新闻图片外,来自国内各种摄影组织、各类新闻社的摄影报道是画报的主要稿件来源,画报能够充分利用当时影响较大的新闻社所提供的国内新闻时事的新闻摄影报道来编发自身的新闻图片报道。

在画报摄影报道的署名中经常出现的摄影组织和新闻社很多,如血花社、首都摄影社、北洋摄影会、华北摄影社、万国新闻通讯社、中国摄影学会新闻部、中国民族摄影公司、总政治部电影组、国际摄影新闻社、东北新闻影片社、华合新闻社、新声社、远东社、江西通讯社、广州民觉社、湖南新闻社、申报摄影部、中外新闻社、全民社、广西社、"中央电影厂"、武汉新闻摄影社、"中央社"、国际新闻社、中国新闻社等等。这些摄影组织和新闻社为《良友》画报提供了丰富庞杂的摄影报道,从军政要员活动到党国会议,从国家形势到民众生活琐事,都有较为详尽逼真的摄影报道。能获得如此众多的新闻社和摄影组织的稿件,说明《良友》画报与这些部门建立的良好的交往关系,构建了完善的新闻图片用稿机制,从而保证了稿件的丰富多样与权威,同时减轻了画报自身成立摄影部配备摄影记者的困难,尽管画报后来成立了摄影部,也配备了专职的摄影记者,但画报中自己原创的稿件却很少。

《良友》画报创刊初期,使用得较多的是万国新闻通讯社、中国摄影学会新闻部等提供的图片。万国新闻通讯社是国外通讯机构在20世纪20年代在中国创办的一个摄影通讯社,向全世界提供关于中国的新闻图片,当时美国摄影师范济时担任万国新闻社东方部的主任,《良友》画报的第3期明确说明了画报与万国新闻社之间的关系,"本报图画照片资料,多蒙万国新闻通讯社供给,此后关于万国时事照片全由该社负责采集,除在大陆报登刊外,只在本报发表。"万国新闻通讯社的摄影记者还有黄海升(后来改名王小亭)和雷荣基等。

中国摄影学会新闻部由摄影家林泽苍发起,于1927年开始发稿,为加强新闻照片的供稿工作,招聘本地摄影记者三十多人,并代收推荐学会会员的照片,为国内外的报纸和杂志提供各类新闻照片。[7]《良友》画报中摄影学会新闻部、林泽苍及其他会员的署名在画报创刊初期出现得极为频繁。后来,画报所用新闻图片来自全国各地方新闻社,通常国家大事、要事在哪些地方发生得较多,当地新闻社图片就使用得较多,如抗战初期战事主要发生在东北地区,因此东北新闻影片社的摄影报道就使用得较多。此外,作为媒体,《良友》画报具有明确的政治倾向,在使用新闻图片过程中,"中央社"的摄影报道随着国民政府的强化,用量和内容不断得到强化,国民党"中央宣传委员会"后来改为宣传部,建立了"中央通讯社",设有摄影部,专向国内外报刊供稿。"中央社"当时主事的是罗寄梅先生,在他的主持下历年为画报提供了不少有关国内各地重要时事照片。[8]到1941年《良友》画报中的重要新闻多数来自"中央社",主要摄影记者为卓世杰和郑光。

四、《良友》画报中的摄影记者

戈公振在《中国报学史》中说:直到1926年我国报馆还没有从事新闻摄影的专门人才,所以多与照相馆合作。[9]《良友》画报中新闻图片的署名者极为众多,有当时极为著名、影响极大的摄影家,如郎静山、林泽苍、陈万里、黄剑豪、张印泉、郑景康等等,更多的是没有名气的普通摄影爱好者,大量的署名只出现一两次,同时画报中也有很多署名频繁并长期出现,这些人在当时是专职的摄影记者,其中影响最大的就是王小亭。1927年1月第12期的《良友》画报中就开始刊出王小亭出生入死拍摄的6幅新闻照片"汉案之摄影"。1941年9月的第170期中刊出王小亭拍摄的新闻照片"中国之交通命脉——滇缅公路""积极备战中之荷属东印度""配备精良之荷印陆军""扩充中之荷印空军"若干张照片共8个版面。在整个《良友》画报的发行期间,王小亭在画报中发表了大量的新闻图片,为画报的新闻图片的提供做出了巨大的贡献。王小亭(1900—1981)北京市人,原名王海升(黄海升),早年在英美公司电影部做摄影师,1923年随美洲探险团赴蒙古、新疆、西藏等地考察,并拍摄成电影。后来回到上海在万国新闻通讯社做摄影记者,1928年日本制造的济南"五三"惨案发生时,王小亭在日军监视下不顾危险拍摄了日本暴行的画面,日军扫射、残垣断壁、惨死的尸体(眼鼻均被割去、被用或有烧死)等若干幅新闻照片在《良友》画报第26期刊登了五个版面。1937年"淞沪会战"时日军出动100余架飞机对上海进行狂轰滥炸,王小亭化装成菲律宾籍司机骗过日军岗哨,直达吴淞前线,留下了很多极为珍贵的影像资料,当时,日军久攻不下上海,为快速结束战斗,日军对平民区也开始狂轰滥炸,上海南站附近是非军事区,是上海主要的交通枢纽,中外慈善团体救济遣送数千难民,车站内外满是难民。1937年8月28日,日军却宣称中国军队聚集南市,于下午2时左右起,12架日机分批轮流轰炸遣送难民离沪的沪杭铁路南站及候车者,长达2小时,死亡人数至少达200名,伤者也多达千余人,车站全毁,运输中断!王小亭在轰炸中用手提电影摄影机拍摄了16 mm黑白胶片,并托美国军舰带到菲律宾马尼拉后,再交航班带往美国,这段新闻片于1937年9月15日在美国各电影院放映,引起美国民众的强烈反响。美国《生活》杂志在1937年10月4日那一期中刊出了王小亭拍摄的新闻电影片中的一帧定格画面,那就是引起世界反响的《上海南站日军空袭下的儿童》,当时全世界有1.36亿人目睹了这一画面。[10]王小亭可谓当时最有成就的摄影记者。对《良友》画报贡献较大的摄影记者还有黄英,1927年时,黄英是国民党"中央宣传委员会"电影股总干事,除了为画报提供一般的新闻照片以外,黄英对画报中北伐专题、奉安大典专题的拍摄给予了极大的协助与支持。蒋介石作为当时的最高领袖,理所当然成为画报中经常出现的人物,其侄儿蒋仲琪是其摄影专员,蒋氏的私人活动照片如休闲、外出旅游等,几乎全是由蒋仲琪供给画报,而且很快可以到手。[11]当时极负盛名的摄影记者在《良友》画报中几乎都能见到其署名,如范济时、吴宝基、林悦明、魏守忠、舒少南、张建文、陈嘉震、吴宝均等等,吴宝均是画报特约驻宁记者,林悦明是画报特约驻北京记者,张建文在《良友》建立了自己的摄影室后被聘为摄影室的主持人,陈嘉震后来成为《良友》的专职记者,不过张建文和陈嘉震作为专职记者在画报中发表的新闻照片并不算多,因此自备专职摄影记者对画报来说意义并不是很大。

五、画报中未署名的国外新闻图片

《良友》画报从创刊开始就为读者呈现了大量的国内外新闻照片。当时英国有一本《伦敦新闻画报》,每周一厚册,采用铜版纸棕色墨印,把一段时期内的各种新闻图片进行编辑加工,内容涵盖国际、国内、体育、文艺、妇女、儿童等,图片安排的悦目美观,当时在国际上有较大的影响。[12]伍联德在上海的一家专售西书的辰衡书店专门买来《伦敦新闻画报》供编辑人员参考,到1926年10月刊(第9期)时,画报中已经设置了"国内之事""世界之事"两个新闻照片专栏,与画报中的"美术之部""文艺之部""体育之部""妇女之部"等并而立之,这些应该是受到了《伦敦新闻画报》的影响和启发。到1927年10月刊(第21期)时,时事新闻的版面极度扩张,"国内之事"专栏有8个版面,刊登了50多幅新闻照片,如"万县惨案系列""武汉战事之回忆"等。"世界之事"有3个版面12幅新闻照片,如"亚曼生乘飞机过北极""最近逝世之德国大哲学家欧根氏""世界无钱旅行家莱特民氏""世界最大之风琴"等。后来国外时事的版面一度扩大,"世界时事""欧洲时事""各国时事""日本时事"等类似的版面经常出现,画报刊行期间,一直在大量刊发国外新闻时事照片,体现了上海国际化大都市的国际潮流,也满足了都市人对国外时事及时了解的阅读欲望。

然而,《良友》画报中刊登的国外新闻照片均没有作者署名,也没有国外通讯社的署名,应该是画报摘录翻印的西文时事报纸杂志上的新闻照片,这种方式几乎没有成本,而且获取来源简易且没有版权风险,因为当时的中国没有参加国际版权协定,可以自由地翻印国外的作品,国外也可以自由翻印国内的作品。采用同样的方式,《良友》画报翻印发行过很多外国电影明星彩色图片、外国名曲和流行歌曲,八开的单张图片每张2角,当时一本杂志的售价也就2角,前后刊印了100多种图片,其印行的歌曲前后有600多种,这些都不涉及版权,拿来直接使用,而且售价很高,可谓一本万利,为画报挣得了高额的商业利润,为画报的良性营运奠定了很好的基础。

六、结 论

《良友》画报在其刊行过程中充分调动普通摄影爱好者投稿的积极性,刊发了众多日常生活的时事照片,处理好与其他报纸杂志的关系,借印了很多其他报馆、杂志的新闻图片。通过"借""寄""赠""特约""感谢"等方式,结交了很多摄影名家、著名摄影记者以及社会名流,将他们当成杂志的朋友,如画报的百期特刊号上,刊出摄影师的个人照片,专版鸣谢自创刊起鼎力支持画报的摄影师们,题为"我们的良友",他们有黄英、王开、王小亭、伍千里、舒少南、徐天章、魏守忠等等,从而建构了一个较为完善的新闻图片网络,为画报获得了丰富的新闻图片资源。当然更为重要的是《良友》画报的销量与名气,随着其影响越来越大,必然会获得了越来越多摄影者的支持,除了《良友》画报与一些摄影者的私交较好外,《良友》画报对摄影图片的编辑使用独具匠心,产生的广泛的传播效应,为广大摄影者提供了展示自己的平台,能团结广大的摄影爱好者、摄影师、摄影家、照相馆,以及其他媒体或部门的摄影记者和摄影主管者。

正是因为团结了广泛的业余摄影爱好者、摄影家、专业摄影记者和各级组织部门,其新闻照片才具备了数量和质量的保证,才使得《良友》画报的新闻图片的使用进入了良性循环,画报的图片也因此越来越多、越来越广泛、越来越精彩。

注释:

[1] 赵云泽."《良友》画报与 20 世纪新闻出版文化学术论坛"综述. 国际新闻界,2007(6).

[2] 马国亮. 良友忆旧——一家画报与一个时代. 生活·读书·新知三联书店,2003:225.

[3] 赵家璧.《良友画报》二十年的坎坷历程. 新闻与传播研究,1987(1):61.

[4] 肖第. 民国时期京沪粤的工资和物价. 上海商业,2013(9):61.

[5] 范昕. 上海"王开照相馆"的前世今生. 传承,2010(31):51.

[6]《良友》画报(第十八期),1927:4-5.

[7] 胡志川,马运增. 中国摄影史(1840—1937). 中国摄影出版社,1987:135.

[8] 马国亮. 良友忆旧——一家画报与一个时代. 生活·读书·新知三联书店,2003:227.

[9] 上海摄影家协会,上海大学文学院. 上海摄影史. 上海人民美术出版社,1992:48.

[10] 董太和.《中国娃娃》照片不是摆拍的!(上). 照相机,2008(8):67.

[11] 马国亮. 良友忆旧——一家画报与一个时代. 生活·读书·新知三联书店,2003:228.

[12] 赵家璧.《良友》画报二十年的坎坷历程. 新闻与传播研究,1987(1).

【作者简介】 卜新章,南京师范大学新闻与传播学院副教授。

多变与依附:《时事新报》报人群体刍议

曹爱民

(浙江财经大学财经新闻系,杭州 310018)

摘 要:上海《时事新报》从研究系喉舌转变为企业化大报,后又沦为官僚财阀集团的舆论工具。报人群体形成泾渭分明的三种类型,分别为非职业化式报人群体、企业化式报人群体、官僚买办式报人群体,其最突出的特点就是多变与依附。为此,本文认为媒体的健康发展,需要增强报人独立意识,力避"旋转门"的不良影响;需要稳定报人队伍,打造媒体的核心竞争力;需要塑造领导的人格魅力,提升团队内部的凝聚力。

关键词:《时事新报》 报人群体 民国新闻人物

上海《时事新报》是由1907年创办的《时事报》和1908年创办的《舆论日报》合并而成。该报从1911年5月18日改为现名,至1949年5月28日停办,历时38年。其间,该报三度易主和改组,从研究系喉舌转变为企业化大报,后又沦为官僚财阀集团的舆论工具。办报人员群体也随之发生根本性变化,形成泾渭分明的三种类型。报人群体的类型特征不仅决定媒体的性质、社会作用和影响,而且也是新闻事业发展规律和社会变迁的表征。《时事新报》报人的办报活动也成为民国新闻事业,乃至于当时政治经济文化和社会发展的一个缩影。

一、非职业化式报人群体(1911—1927)

晚清时期,开埠通商后的上海一跃而成为国内举足轻重的城市,早在19世纪末就已取代香港成为中国近代报刊出版的中心。一大批江浙籍商人涌入上海,寻求事业发展。1911年5月18日,在梁启超的帮助下,黄溯初、张公权、张东荪等人集资买下《时事新报》,1927年6、7月间出让给史量才和张竹平。先后主持报馆事务的是汪康年的弟弟汪仲阁（诒年）和总经理黄溯初（即黄群），担任过经理的有徐寄顾、张云雷、林炎夫等，担任过主笔、总主笔或主编的有张君劢、张东荪、蓝公武、潘公弼等。这些报人大多在办报的同时也兼为商人或政治家，并非职业化报人，明显带有早期报人群体的特征。

1. 来源上：地域特征明显

《时事新报》初期报人大多为江浙籍，尤其是浙江人居多，不同于报业成熟时期的专业化和多元化的用人方式。总经理黄溯初和先后担任过经理的徐寄顾、张云雷、林炎夫是温州人。主笔汪仲阁和张东荪是浙江钱塘（今杭州市）人。1927年才加入该报的陈布雷是浙江慈溪人。担任过该报特约撰稿人的邵飘萍是浙江东阳人。主笔张君劢和报纸所有权人之一的张公权（张君劢之弟）是江苏宝山县人。总编辑潘公弼是江苏嘉定县人，曾留学日本专攻新闻学，主持编辑部。后来较有影响的报人程沧波是江苏武进人，担任过主笔的蓝公武是江苏苏州人。营业部分广告、发行、会计、文书收发、司务等科股，由经理掌管，人员大多系黄溯初招来的温州同乡，如广告主任夏公达、发行主任谢侠逊、会计兼出纳章铁夫、文书郭鸿飞等，故有"小温州同乡会"之称。[1]

从历史上看，《时事新报》也是素来与江浙人有关系。《时事新报》的前身《时事报》是由宁波商人邵松乔等集资创办的；黄溯初等人当初购买《时事新报》的钱有一部分也是由被称为"状元实业家"的江苏南通人张謇办博览会赚来的。张謇一生创办、参与和呼吁创办的报刊甚多，对于江浙人办报更是支持。

2. 身份上：具有多重社会角色，先报后商或先报后政者多

这一时期的《时事新报》报人虽然办报，但报人并非他们唯一的社会角色，他们大多数人，尤其是报业管理者都身兼数职。早期报人社会身份多元化，报刊传播尚未成为他们专门的职业。他们虽然通过报刊活动将自己投入到社会变革大潮之中，但在他们的意识中并未明确地将报刊传播作为一种专门从事的独立职业活动。[2]

总经理黄溯初就是长期保持着半报半商的身份。他之前曾被任为苏、浙、皖三省矿务监督，做过旧国会议员，主持《时事新报》期间，在北京、上海办有通易信托公司，自任总经理，其家也已移居上海。他十分热衷于金融地产投机买卖，多数时间都是在通易办公，很少来报馆。他的信托公司后来还于1921年招股成立信托股份有限公司，正式经营银行信托业务，他也成为上海证券交易所第一号经纪人。从此，他连续担任通易公司董事长兼总经理，历时15年之

久,直至 1936 年公司不幸倒闭。

徐寄顾即陈冕,是过嗣与徐家的,1923 年前后曾任《时事新报》经理。1914 年起,任中国银行兰溪、九江支行经理。1917 年任浙江兴业银行上海分行经理。总行成立后,任总行协理、总司库、董事等职。正是因银行事务过多,他在《时事新报》没有干多长时间就离开了。继任者张云雷于 1912 年中华民国成立后,曾任浙江省都督府参议、首届国会议员,创办浙江兴业银行。

主笔张君劢辛亥革命后任宝山县议会议长,于 1916 年主持该报笔政。仅一年之后,他即升任北京大学教授,1924 年任上海国立自治学院院长兼大夏大学董事长。自 1917 年起,曾任过孙中山临时大总统府秘书的张东荪接替张君劢主笔之职直至 1924 年,并任中国公学大学部部长、中国公学大学部主任。

从以上列举可以看到,《时事新报》经营者与金融工商界以及政界都有着密切关系。这对于《时事新报》后来的二次易手产生了一定的影响。第一次就是由《时事新报》的旧人当时正就职于中国银行的张公权牵头,作为中介人,将《时事新报》售与了史量才和张竹平。《时事新报》有着财政金融方面的历史传统和人脉关系,而第二次的收购者正是民国金融大亨、时任财政部长的孔祥熙。

3. 办报理念和目的上:缺乏独立意识,主要目的是营"政"

《时事新报》由民间资本购得,性质上属于商业报纸。而商业报纸一般宣称不偏不倚,不具党派色彩。这往往也是职业报人生存的重要平台。但是《时事新报》报人却依附于政治,媒体的传播工具性过强,传播主体的独立性地位并未确立。

《时事新报》的主要报人黄溯初、张云雷、张君劢、张东荪、潘公弼等都是拥护梁启超的人。他们是商人、报人与政客的结合,《时事新报》先是进步党的工具,后又成为研究系的喉舌,从拥袁到反袁,从宣传社会主义到反对社会主义,带有半政半商的色彩。五四时期,《时事新报》的著名综合性副刊《学灯》顺应潮流传播马克思主义,曾译载过关于俄国革命、列宁的重要文章和革命事迹以及唯物史观等有关内容,对当时反帝反封建的文化革新运动发挥了较为进步的启蒙作用,享有盛誉。但是,《时事新报》后来在张东荪的主持下又攻击国共合作和国民革命运动,攻击马克思主义。1925 年 3 月 12 日,孙中山在京逝世,《时事新报》第二天发表了一篇充满敌意的题为《孙文死矣》的社评,激起了各界民众的愤慨,报馆也遭到一枚炸弹的袭击。

正是由于《时事新报》与政治派别联系极为密切,《上海报》曾有一篇评价上海六大报的文章,言语之间流露出对其的嘲弄和鄙夷明晰可见。它评价说:

《申报》"犟头倔脑","宛如一老年绅士,故称《申报》为绅士化";《新闻报》"商情亦比较详细","故皆称之为商人化",《时报》"则好登社会新闻及奇特消息","颇如好出风头之小老板,故称时报为小开化";《晨报》"官气十足","故称《晨报》为官僚化";《民报》"重党方消息","故又称为党人化";《时事新报》之态度,"一如政客之八面玲珑","故《时事新报》为政客化"。此语虽不免有些绝对化,但也确实道出了《时事新报》人的软肋。[3]

二、企业化式报人群体(1927—1934)

世界商业报纸是政党报纸之后、工业革命完成之际发展起来的。商业报纸重视经营管理,以盈利为目的,成为资本主义企业。20世纪20年代前后,在《申报》和《新闻报》这样规模较大、企业化程度高的报纸引领下,中国民间报纸企业化改革浪潮兴起。天津《大公报》、上海《东方杂志》《时报》《时事新报》等也以商业或半政半商的面目逐渐开始企业化改革。"与此同时,一些报团雏形渐渐形成。报刊的商业化性质、社会化的运作、集团化的扩展,是西方现代报业再现的标志。这些情形在20世纪20年代前后也基本在中国新闻界实现,加上新文化运动中新闻学和新闻教育的发端,可以说,20世纪20年代,中国新闻业进入了现代化阶段。"[4]

1. 组织形式上:公司化和企业化

所谓企业化经营,"就是按照市场经济规律经营报纸,以取得更大利润为主要出发点,使报业规模不断扩大,成为有相当资本的现代化企业。"[5]

为此,1927年张竹平在接手《时事新报》之初就成立了总管理处,由张竹平、汪英宾、赵叔雍、熊少豪、潘公弼等组成。史量才名为老板,实权掌握在张竹平手中。张以新公司代理董事长名义总揽全局,潘公弼为总经理兼总编辑,汪英宾为经理,熊少豪为协理,赵叔雍为主笔,吴武铭为总稽核,何思诚以编辑主任名义负编辑部实际责任。此外,还有总管理处秘书主任邹韬奋、广告主任郑希陶和副主任蒋介民、陆守伦、庶务汪禹丞(汪英宾之父)以及印刷部主任蒋裕泉等10余人。1930年6月,《时事新报》脱离史量才后,张竹平组织成立股份有限公司,重新向实业部注册,资产20万元,公司董事会由张竹平、汪英宾、潘公弼、熊少豪、程沧波等人组成,张竹平任董事长兼经理。1931年10月,吸收新股,资金增加到35万元,董事会由5人增加为7人。

《时事新报》公司董事会分工具体,职能明确,形成了一个完整严密的组织结构,改变了以前作坊式生产模式,规模较小、专业化程度低、责权利不明确的经营状态。"从组织结构看,建立完善的管理制度和组织结构是报业企业化的基本保障。"[6]《时事新报》逐步开始了从作坊式生产到企业化生产的初步转型。

2. 从业背景上:专业化和职业化

作为这一时期《时事新报》核心人物的张竹平有着丰富的报纸管理经验。他早年毕业于上海圣约翰大学,1914年左右入《申报》馆任经理,悉心改进广告和发行业务,对《申报》增加收入,积累资金,扩大规模经营卓有贡献,并在《申报》的企业化改革中发挥了重要作用,成为报界名人。

1927年,史量才收购《时事新报》,为避免外界猜疑,交与《申报》经理张竹平经营。随后,张竹平延揽了一大批新闻界的人才,多为报界名流,可谓人才济济。

汪英宾原本是《申报》协理。他于1921年毕业于上海圣约翰大学政治系,1923年去美国密苏里大学新闻学院学习,次年转入哥伦比亚大学新闻学院,获新闻学硕士学位,1925年回国任《申报》协理,同时兼任上海南方大学报学系主任。

潘公弼也为《时事新报》旧人,曾于1914年赴日本留学,入东京政法学校,与邵振青合办"东京通讯社",任上海《申报》《时事新报》驻日通讯员。1916年回国,入《时事新报》任编辑。1919年春任北京《京报》主笔。因批评北洋政府入狱,报纸被封。释放后重入《时事新报》,先后任总编辑、代理总经理、总主笔等。1924年之后,他主持了《时事新报》的业务改革,使该报一跃而成为上海第三大报。

程沧波也曾是《时事新报》编辑部的人员,曾进上海圣约翰大学文科学习,1925年毕业于复旦大学。

陈布雷于1911年以正科第四名的成绩毕业于杭州省立高等学堂,后为《天铎报》撰述言论。辛亥革命时,任《商报》编辑主任,曾以大胆的言论,锐利的笔锋,抨击军阀乱国,拥护革命军北伐,为《商报》老板所不容,后离开《商报》。1927年进入《时事新报》,担任特约撰述,1928年担任总主笔。

邹韬奋于1921年在上海圣约翰大学毕业,1926年在上海主编《生活》周刊。

这些人大都有着扎实的专业根底和丰富的从业经验,本可以成就一番大事。但是,不久由于各种原因,陈布雷从政,程沧波出国留学,汪英宾忙于外部事务,邹韬奋由于看不惯之处太多,志趣不合,又重新回到了《生活》周刊。留下来的潘公弼也因与老板不和而多有怨言。最终,这支非常富有希望的团队走向了离析瓦解。

3. 办报目的上：多元化和集团化的现代报业，营"利"

成为《时事新报》负责人后，张竹平就想把该报办成一份商业化大报。1930年，张竹平从《申报》辞职后，亲自经营《时事新报》，并与友人合作接办上海英文日报《大陆报》。这一时期，张竹平的报业集团思想已经开始形成，经营报业"托拉斯"的雄心初见端倪。

为了建立企业化的基础，实现报业"托拉斯"之梦，在张竹平的倡导下，《时事新报》《大晚报》《大陆报》、申时电讯社与沪江大学商学院合办新闻讲习班，对有志于新闻事业的青年及在职新闻人员进行培训。通讯部主任黄天鹏实际负责。新闻讲习班后来又发展成为新闻专修科，成为最早的报馆与大学合办的新闻教育机构。

1932年，张竹平创办《大晚报》，并将《时事新报》《大晚报》《大陆报》与申时电讯社联合组成"四社"。张竹平自任经理，声势显赫，充分展示了他的经营才能。但是，在这方面也有些教训值得吸取。

除"申时电讯社"由张竹平独资经营外，《时事新报》《大晚报》《大陆报》都是股份有限公司，各有各的董事会。而张的股本在这三个单位都不超过三分之一，主要是通过社会关系，由银行家、政客、军阀投资的，很容易造成份额分散，人心不齐。

发展需要资金，但也只能够取之有"道"。在融资方面，张竹平过于依靠军阀政客，乱拉津贴，导致报团内部人心不合，不欢而散。例如从北洋政府外交部下来的熊少豪，张许以协理名义，要他代招一定股款为条件，最终熊少豪离去；对于同西北军有些关系的朱敏章，张许以主笔名义，旨在让其张罗股款和津贴，等到未能如愿，便冷言相讽，让人另觅高就。[7]张竹平不仅接受蒋介石的宣传津贴，最致命的是，他还接受蔡廷锴、陈铭枢、李济深等成立的福建政府20万元投资，把"四社"作为其宣传机构，以坚持抗日反蒋的舆论宣传。最终事情败露，导致全盘皆输。

三、官僚买办式报人群体（1934—1949）

1934年，由蒋介石授意，杜月笙出面，孔祥熙将《时事新报》连同"四社"一同收购，最终张竹平仅得到5万元。不久，"财政部"秘书处指定其为财务公告报纸，该报成为全国性的财政金融界的舆论喉舌。1938年，《时事新报》迁到重庆出版。抗战胜利后，迁回上海恢复出版，直至1949年停刊。应该说，《时事新报》由张竹平落到孔祥熙手里,是该报历史上的一次最大转折,即由民族资产阶级所经营转变为官僚资产阶级所经营,原来的民营报纸完全被官方收编。这一时期,多路官僚政客充斥其间,"你方唱罢我登台",在《时事新报》这个舞台上各显其能,风云争霸。

1. 来源上:财政界和孔派亲信

《时事新报》总经理掌握实权,相当于社长。先后担任过《时事新报》总经理的有魏道明、张万里、黄金城、梁子英等人。担任过总编辑的分别是黄天鹏、谢友兰、张忠绂、盛世强、万枚子、张友鸾、高纯斋、黄霈、张德曾等。总主笔先后为崔唯吾、张友渔、朱应鹏、詹辱生、刘仁静、马季良等。孔祥熙当时担任行政院副院长和财政部部长,报社重要人员主要来自于国民政府及财政部门,多为孔祥熙的亲信,形成财政系、学生系和山西系。

在报馆以上的主要人员中,魏道明曾任国民政府行政院秘书长。崔唯吾为孔祥熙机要秘书,曾任国民党"中央政治委员会"财政专门委员,参与过孔祥熙创立法币、整顿税制的重大决策。高纯斋曾为财政部的秘书,原任国民党政府"财政部"总务司副司长。朱应鹏曾为国民政府委员、国民党上海市区党部委员。总经理张万里曾在孔所主办的山西铭贤学校读过书,毕业后在天津《益世报》当过编辑,抗日战争前夕进入由孔任行长的国民党"中央银行"总行秘书处,对孔常自称为"学生"。该报迁上海复刊后的总经理梁子英是山西人,与孔同乡,曾任央行人员总务处副处长。"孔用人唯亲,不管是银行还是报馆,山西口音到处可以耳闻"。[8]孔的关系网密布,《时事新报》被牢牢地控制在孔氏财团手中。

2. 相互关系上:派系林立,斗争激烈

这一时期社会形势变化激烈,时局动荡不堪,馆内人员变动也十分频繁。报人在政治立场上有左中右之分,也有"CC派"、军统和青帮的人。即使在孔系内部,也有主战派、亲日派,有些亲信的立场和主张未必和孔一致。

总编辑黄天鹏因和国民党中央党部以及潘公展等人关系密切,被认为是"CC派"分子。主笔薛农山在报馆公然佩戴手枪,亮明军统身份。他联合黄天鹏一起要求总经理崔唯吾将创办《重庆各报联合版》的所剩钱款分红,双方未能达成协议,崔、薛发生争吵。薛掏出手枪对准对方脑门,崔唯吾吓得不敢动弹。由此引发了一次人事大变动,各部门主持人全部更换。崔、薛、黄三人也先后辞职。

随着当时政治形势的发展变化,一些民主人士如谢友兰、孙伏园、辛玉英、吴盛儒、张天授等,甚至中共人员也先后进入该报,担任主笔或记者编辑,如总主笔张友渔、采访主任黄卓明,还有刘尊棋以及地下党员陈翰伯、彭友今、唐永梅、朱立彬、张勉等。王研石任总编辑时期,则是任用了一些复旦新闻系的毕业学生参加报社工作。

《时事新报》鼎盛的时候,孔祥熙为了制造噱头,也标榜兼容并蓄,成立社论委员会,收罗社会名流参加,既有左派如张友渔,又有右派龚德柏之辈。由于言论冲突相左,几乎每天都吵翻天。孔祥熙为了平息双方争执,规定各委员按日轮值,七位委员每周一天,文责自负,不再由"社论委"统一讨论定稿。《时事新报》由此也增加了一些吸引力。[9]

3. 办报目的上:利用舆论造势,营"权"

《时事新报》先由孔祥熙控制。1944年孔下台后,则由其子孔令侃把持。虽然有过中共的报人办报,有过不一致的声音。但总体上来看,该报始终是把持在孔的亲信手中。多数情况下,报人也只能够唯孔氏是瞻,充当家奴,充当孔的马仔,为主子叫嚣,以便为主子在政坛、金融界攫取更多的权力和更高的社会地位。馆内中共的报人或异己之声一旦触犯到孔氏集团利益,就会很快被清除。

《时事新报》管理人员或来自孔派或与孔家有着密切关系,总体上是维护孔的利益,充当着他们的代理人。张万里主持报务期间,一般情况下,他是不过问报纸编辑工作的,但若涉及与孔家有关的问题,他就要求替孔家讲话。有一次,《大公报》的一篇社论批评法币通货膨胀,老百姓日子难过。当时孔祥熙是国民党政府掌管财政、金融的头号人物,张万里便觉得这是冲着孔祥熙来的,他就约集了几个御用文人,在报纸上一连发表了好几篇文章,声称没有通货膨胀,以此为孔祥熙辩护。[10]

为了争权夺利,孔陈两家素有矛盾。1934年,陈立夫、陈果夫控制下的"CC派"报纸《晨报》已创办两年有余。"由于这张报纸有政治背景和政治目的,又被当作企业来经营,加上主持人大都是在上海报界混过一段时间的所谓'老手',所以在创刊不到一年的时间,就大露头角,办得相当'有声有色',被认为是一张'异军突起'的报纸,成为蒋介石法西斯独裁统治得力的宣传工具,是陈果夫、陈立夫兄弟集团的代言人。"[11]当杜月笙出面让孔祥熙收购《时事新报》时,孔祥熙自己也感觉到有必要通过自办报纸来进行自我宣传,掌握舆论,为自己造势,"可以在社会抬高形象,也可以在与陈立夫、戴笠的较量中加强力量"[12]。把《时事新报》变成自己的喉舌和工具本身就是孔祥熙之所以出资接管《时事新报》的一个主要原因。

四、结 论

《时事新报》由普通商人创办到由报业民营资本家接办,再到被官僚资本家收买,经历政党报纸、商业报纸和官报,从某种意义上来说,这是历史的一个倒退。《时事新报》在此过程中呈现出多重面相:报人群体不断发生变化,人员变动频繁,政治立场各异,形成媒体多变的形象特征;报人与政商两界关系密切,"旋转门"现象严重,造成媒体依附生存模式;媒体工具化特征明显,遮蔽了新闻专业主义理性追求。民报"党"用,民报"官"用,媒体的工具化特征得以强化,而作为信息传播工具的媒体本质属性却被泯灭。培养优秀的报人群体,对于媒体的经营管理和健康发展具有重要意义。

首先要增强报人独立意识,力避"旋转门"的不良影响。"在职业报人看来,办报是他们一生的主要职业甚至唯一职业。他们坚称无党无派,以客观中立的职业态度服务于社会。职业不仅是他们谋生的手段,更是他们毕生追求的理想,是他们职业志趣与专业社会价值的实现。"[13]利益的博弈同时也是报人独立精神脉动的表现。"报人向政府官员或幕僚转变,是革命成功后的普遍现象,也无形中显露出中国报人和政治家内心深处以报刊为工具的实用理性痕迹。这一点直到今天仍然是一个可以讨论和引人深思的文化现象。报刊与政治、报刊与人、报刊与社会的关系始终是值得深入研究的话题,只是在革命年代总是有意无意被一些宏大议题或弥漫的工具理性所遮蔽罢了。"[14]

其次要稳定报人队伍,打造媒体的核心竞争力。据《申报》馆1935年统计,在报馆服务25年以上8人,20年以上15人,15年以上35人,10年以上99人,5年以上230人,[15]而1934年报馆人数约485人[16]。《申报》正是因为有一个较为稳定的报人群体,才成就了在中国新闻史上的特殊地位和影响。古人云:"德不厚者,不可以使民","为政之德,譬如北辰,居其所而众星拱之"。报人群体的稳定也取决于领导的人格魅力和团队内部的凝聚力。

注释:

[1] 何思诚.上海《时事新报》从研究系落入国民党手中的演变概要//中国人民政治协商会议全国委员会文史资料委员会.文史资料选辑(第36辑).中国文史出版社,1999:138.

[2] 周军.清末民初浙江报人的办报实践与特征.浙江传媒学院学报,2012(3):41.

[3] 淑珍.上海六大报之××报.上海报,1932-5-14.

[4] 陈昌凤.中国新闻传播史:传媒社会学的视角.清华大学出版社,2009:172.
[5] 马光仁.上海新闻史(1850—1949).复旦大学出版社,1996:548.
[6] 傅德华,庞荣棣,杨继光主编.史量才与《申报》的发展.复旦大学出版社,2013:145.
[7] 何思诚.上海《时事新报》从研究系落入国民党手中的演变概要//中国人民政治协商会议全国委员会文史资料委员会.文史资料选辑(第36辑).中国文史出版社,1999:151.
[8] 郭汾阳,丁东.报馆旧踪.江西教育出版社,1999:132.
[9] 郭汾阳,丁东.报馆旧踪.江西教育出版社,1999:133.
[10] 陈翰伯口述.高崧,胡邦秀整理.在白区新闻战线上(续)(1942—1946)//中国社会科学院新闻研究所《新闻研究资料》编辑部编辑.新闻研究资料(总第四十辑).中国社会科学出版社,1987:35.
[11] 蒋介石面谕"永远停刊"的"CC喉舌"——上海《晨报》//文昊.民国的报业巨头.中国文史出版社,2013:375.
[12] 郭汾阳,丁东.报馆旧踪.江西教育出版社,1999:133.
[13] 罗映纯,林如鹏.公共交往与民国职业报人群体的形成.新闻与传播研究,2012(5):103.
[14] 黄朝钦.风云激荡时代的报刊与人物风流:辛亥革命时期浙江的报业与报人分析.浙江传媒学院学报,2015(2):26.
[15] 王敏.上海报人社会生活(1872—1949).上海辞书出版社,2008:17.
[16] 王敏.上海报人社会生活(1872—1949).上海辞书出版社,2008:136.

【作者简介】曹爱民,浙江财经大学财经新闻系副教授,博士。

招摇的文化赞助人：邵洵美对三十年代上海出版业的贡献

杨晓霞

（南京师范大学新闻与传播学院，南京 210097）

摘　要：邵洵美，长期被视为招摇的富家子弟、失败的民国出版家。这是一种不公正的评价。邵一生以爱书人的热情从事出版，不惜投入全部财产以实现自己"看书而做书"的人生理想。在屡试屡败、屡败屡试的出版过程中，邵为上海的文学新人、小众作品与窘迫的文人提供了慷慨的帮助，实际发挥了赞助上海文化出版的作用。

关键词：邵洵美　三十年代　上海出版　文化赞助

邵洵美是三十年代上海文坛上活跃的出版家，与徐志摩、林语堂、沈从文、鲁迅、郁达夫等文化名人的活动有多重交集，与徐悲鸿、叶浅予、张光宇、郎静山等艺术界名人亦有深入交往。他先后参与《新月》《论语》《时代漫画》等重要刊物的经营、编辑活动，巅峰时期同时拥有2家书店，1家印刷厂，7种刊物，并曾在经济上为诸多文坛中人提供支持。

遗憾的是，这样一位活跃的出版家并没有得到应有的重视。1980年以后，邵的名字才重新在报章上出现，2004年后有关他的研究才逐渐增多。关于邵的出版研究大多集中在《狮吼》《论语》《新月》等著名刊物的经营及编辑业务方面，或者着力挖掘鲁迅恶评邵的故事，较少将邵个人的文化出版活动与当时的历史文化情境联系起来，因而有固化、扁平化之嫌。另一种值得注意的现象是，不少研究重点不在其人其文，而是集中在与项美丽的绯闻上。这无疑会加深世人对邵的误解。

本文认为，邵以招摇的作派投身出版，虽然初衷是为自己的文学作品提供便利，但却因其爱交友、乐助人的天性实际惠及诸多文坛中人，成为三十年代上海极有名的文化赞助人。

一、招摇的文化出版

邵的招摇之所以在三十年代的上海文坛显得特别突出,就在于他对文学的爱好是富家子弟中的异类,而他的有钱人身份又是上海文人中的异类。邵自费去剑桥留学时考取的是伊曼纽学院经济系,后来受萨福和史文朋的影响才转向诗歌。若非有钱不愁生计,怎敢如此任性?正因为家里有钱,邵才会任性地走上文学出版之路,并毫不迟疑地为自己及朋友的作品一再投钱,不计较回报。这种招摇的文化出版活动,不仅为邵自己提供了出书的方便,也为志趣相投的同仁创造了出书的机会。

1. 招摇的个人书店:利己利友

1928年3月,邵自办的金屋书店开张,这是他开办的第一家出版机构,主要是由第一本诗集的出版烦恼引起的。邵的第一本诗集由光华书局出版。陆耀东评价这本诗集"在长诗艺术上几乎一无可取",虽然并未流于淫,却明显呈现出向颓废肉感方向迈步的趋向。[1] 光华书局规模小,创办人是出版老手张静庐、沈松泉等,诗歌出版一向不赚钱,加之邵诗的内容不合潮流,出版上的周折可想而知。正因为有"拜托光华书局出版"的烦恼,自己有书店才可以"出版不用求人"。[2]

晚清民国时期的出版机构绝大部分都是中小型出版机构,出版50种以上文学书籍的只占1.7%,这类书局开办的一个主要目的就是方便同仁出版作品,[3] 从规模上看,金屋书店只属于小型出版机构,共出版30多本书,邵自己的作品有4本,所占比例并不高。"金屋"其余的书主要分为三类:一是狮吼社同仁的著作,如滕固、章克标、黄中;二是朋友的作品,如张若谷、郭子雄;三是朋友相托的书,如沈端先、王任叔、陈白尘。[4]

邵的金屋书店不仅是方便同仁出版作品的机构,也是趣味相投的朋友们聚会之所。金屋书店楼上有一间小小的房间,"髹漆的非常美丽,黑的屏门,白的屋顶,粉红的墙壁","充满了肉的色彩",正是邵介绍的"同志的小小俱乐部",是"著作界同人闲来谈话的所在"。[5] 这个"俱乐部"后来成为郁达夫等文坛朋友常来的处所之一。

2. 随性投资杂志:援手朋友

邵的部分文化出版活动带有援手朋友的性质。邵援手文化出版主要有三件:一是接手狮吼社务,二是投资时代图书公司,三是入股新月书店。这三项出版活动总体上前后相继,基本在办出版的朋友资金难以维系时携资加入,并不以赚钱为目的。

1926年,邵留学回国后与狮吼社的核心人物滕固一见如故,很快成为狮吼社的一员。据张伟分析,邵之所以成为后期狮吼社的主要人物,就在于他富有,又对文学出版有兴趣,肯拿出家产来支持社务。[6]《狮吼》半月刊属于同仁杂志,"没有厚大的资本家"做后盾,曾被预言"至多能出三期"[7],坚持到当年年底结束。邵正式加入后,凭借经济实力,先后推出《狮吼》月刊、《狮吼》(复活号)半月刊、《金屋月刊》,为狮吼社同仁提供了展示文学思想与作品的舞台,并形成了上海唯美—颓废文学思潮的核心。

1930年,张正宇(即张振宇)办"时代图书公司"时拉邵入伙,正是因为邵是"有钱的主儿"。据《时代画报》主编叶浅予的回忆,张光宇、张正宇兄弟办的《时代画报》因资金不足,由正宇说动邵与曹涵美两个"有钱的主儿",各拿2 000元做开办费,合伙投资组成时代图书公司。1934年,时代图书公司全盛时期的广告宣称同时发行五大杂志:林语堂主编的《论语》、叶浅予主编的《时代画报》、鲁少飞主编的《时代漫画》、宗惟赓主编的《时代电影》、张光宇主编的《万象》月刊。[8]可惜"场子摆得大,而力量不够"[9],时代图书公司于1935年宣布"经营亏损",除《论语》外其余四大杂志先后停刊。

1931年,徐志摩拉邵加入新月书店,是因为"新月书店颇见竭蹶"[10],希望借邵的钱缓解经济窘境。胡适在1931年2月24日日记中记录:"志摩……托邵洵美与光旦照料《新月》,稍可放心。"[11]邵在当年4、5月间出任新月书店经理。邵拿出一批资金解新月书店燃眉之急,并通过各种措施改善经营方法提高书店收入。《新月》月刊自第四卷第二期起署上了"发行人邵浩文",由时代铅印部印刷。虽然邵在新月书店经营方面称不上成功,胡适也曾在日记中对新月书店寄售《独立评论》款"屡索不还"表达过不满,[12]但邵援手之功不能否认。

3. 追求唯美的出版效果:不以赚钱为目的

邵一生开书店、办杂志,大多属于随性而为,少有周密的经营计划,既不大关心书业的现实需求,也并不计较金钱的得失,大多遵从个人的审美趣味,以出版作品的精致唯美为目标。作为上海唯美—颓废主义思潮的核心人物之一,邵在文化出版上的唯美追求突出体现在书店装饰与刊物装帧两个方面。

金屋书店充分展现了邵的唯美追求:书店的牌匾是"黑色光泽灿然的长宋字""墙壁髹漆着金黄色""橱窗布置得很雅致";书店出版的书籍以唯美派作品居多,"最精致也最讲究",封面"别出心裁",书价也"贵得非常可观",是当年出版物中除创造社书外第二贵的。[13]由此可见,邵比较注重形式的精美与新奇。

邵在事业全盛时期出版的《时代漫画》,全部用最精铜版纸和玉色象牙纸印刷,彩色铜版精印封面、封底,每期内附四页出自名家手笔的彩色画。出版《万象》月刊时也不惜财力,2期后即因"从内容与印刷力求新颖与豪华","损失已出乎杂志界同仁意料之外",不得不暂时停刊。[14]据张静庐观察,抗战初期,售价低廉的通俗小册子和有时间性的轰动事件报道最受欢迎,[15]追求的俱是快而廉的效果,而邵的出版风格显然与此不符。"孤岛"时期,邵在家中编辑出版《自由谭》,仍然是大开本的图文月刊,[16]由于注重刊物的形式美,用纸讲究,印刷工艺复杂,刊物的成本较高,"六期内亏了几千块钱",[17]因而无力坚持。

二、率性的文学议论

邵进入出版界后,不仅办刊物登朋友的文章,自己也写文章,其中不乏议论文坛人事的率性之作。"一篇认真的作品,当然随处流露着作者的个性与趣味",[18]这些率性而作的文章招摇地宣告了邵对当时文坛的态度,集中表现在两个方面:

邵直率的文学评论,既会涉及趣味不投合的文人,如鲁迅;也会针对相处不错的文人,如胡适。可见,他的文学评论是论事,论作品而不论人的,随心随性而写。

鲁迅与邵的笔战最受研究者关注。准确地说,鲁与邵并没有直接的笔战,实际是邵与章克标的文章引起鲁的反击,而邵并未直接回应。据王京芳研究,鲁与邵的关联始于1928年,矛盾集中爆发于1933年。[19]1933年8月,邵在《十日谈》第2期发表《文人无行》,称我国目前的文坛是由"没有职业才做文人的"组成的,其中有"学问有限,无处投奔"的"硬译各种文章";还有"大学教授,下职官员,当局欠薪","把平时藉以消遣的外国小说,译一两篇来换些稿费"。[20]鲁认为在影射自己,先后在《申报·自由谈》《准风月谈》上发了6篇文章嘲讽邵"捐做'文学家'"、用阔太太的陪嫁钱"作文学资本"。邵当时未做任何回应。李伶伶在《鲁迅向左 新月向右》中对鲁邵两人的笔战有详细描述,本文不再赘述。

1936年,邵的《诗二十五首》出版,自序中率性评论胡适、梁实秋等新诗人的作品,又引起一场风波。邵在自序中赞孙大雨、戴望舒与卞之琳的新诗,直言胡适"只是新文化的领袖而不是新诗的元首"。[21]无意中卷入的卞之琳,晚年时才悟出是这篇自序"造成了对胡、梁发难的剑拔弩张的文学论争局面"。据卞看,邵在文中说胡适与梁实秋"再三说新诗应当要明白清楚",所给的只是"暂时的药石",这就开始和胡、梁过不去了;说"我们懂不懂是一件事,但是我们决不能因为不懂而说这是诗人的荒诞"就"不仅等于和胡适、梁实秋挑战而且进行论战了"。[22]邵的率性议论引起了梁实秋对卞之琳、孙大雨的误会,进而演变成1937年《独立评论》上的论争。

邵以性情选用编辑者,不介意其人的社会评价,章克标即是一例。

章属于当时上海文化圈中愤世嫉俗、爱大发牢骚的文人,社会评价并不高。但邵与章友谊甚笃,章在1932年至1935年任时代图书公司总编辑兼代经理,是邵的得力助手。章的文章在邵的杂志上"总是照登",即使是邵不理解的"平凡庸俗之作"也会放行。[23]后来使邵陷入文坛风波的一些文章,不少出自章之手。

鲁迅于1935年3月1日致萧军、萧红的信中说,《十日谈》及《人言》"是时时攻击我的刊物"。这两本刊物无论定位还是文风,都有招摇轻浮之嫌。《十日谈》由章克标主编,是一本"横冲直撞""给青年人发泄愤怒"的刊物。该刊1933年第8期《文坛画虎录》中刊登署名"阿静"的文章,表达对鲁的热爱,题名为《毋宁说不是崇拜鲁迅翁》,同期配有漫画《鲁迅翁之笛》。后来,这个"某翁"的称呼被鲁的朋友广泛借用,引起鲁的反感,认为这是"老了,不中用了"的意思,"表示轻蔑之意"。[24]《人言》周刊则在1934年3月闹出"人言事件",被谨慎的鲁视为包含着"杀机",更增加了对邵、章两人的恶感。而邵、章两人都自认与鲁本无芥蒂,不过是追求标新立异,欲"借重鲁迅的大名""招揽更多的读者",章当年还为自己不盲目崇拜鲁的"独特见解"沾沾自喜。[25]

《十日谈》先后有过两次登报道歉事件,均由章文引起。一例由章的意气评论引发。章在1933年第2期短评中将"行为恶劣、作风下流的小报记者"称为"人渣",激起上海小报记者的不满,闹上法庭,后由该刊在《申报》上刊登一则道歉广告了结。[26]另一例则由章将"不合事实"的传闻写入新闻引起。该刊于1934年4月在《文坛画虎录》中描述胡适与陈衡哲的"情史",引起陈衡哲夫妇及胡适的抗议。胡于当年8月致信《十日谈》,要求"不删一字"地登载抗议信,并向"受到攻评与侮辱"的人道歉。[27]该刊在1934年第39期登出胡的抗议信,同时在"编者按"中自辩:"不过钦佩胡先生的千金一诺","编者但凭常识"对事实加以判断,不可能"一一实地调查",断然没有"恶意的挑拨与攻评"。

这些招摇而率性的文章得以公开发表,充分证明邵的年轻、率性、不懂世故。邵在1928年初入出版界时,不过22岁。由于成长环境的优越,邵对社会的了解、对人性的判断都难免流于表面。章虽然给他惹了不少麻烦,但邵与他的友谊却未受影响,可见邵为人的宽和。盛佩玉晚年说"我们不怨天、不怨地,只怨自己不会做人"[28],从中很能看出邵率性随意的性格带来的后果。

三、慷慨的出版赞助

从经济角度说,邵的出版事业是不成功的。除办刊时间较长的《论语》挣了点钱外,邵的出版"总是亏本,没有进账只有出账"。[29]邵一生经营过3家出版机构、12种刊物,赞他的人说他"毁家兴书"[30],贬他的人说他是不善经营的纨绔子。无论邵的出版事业是否成功,他的出版活动都惠及诸多上海文坛中人,发挥了实际的文化赞助作用。

1. 为准备进入文坛的新人提供出版机会

邓集田在统计晚清民国时期文学出版情况时发现,文学出版存在明显的圈子,以使用圈内稿件或熟人介绍稿件为主。即使在商务印书馆这样的大型出版机构中,也存在人缘和地缘关系等因素的影响。[31]陈平原也断言,所谓"园地公开"很难真正落实。[32]正是这种文学的关系圈,导致二十年代初准备进入文坛的沈从文遭遇重重困难。沈的作品得以在《语丝》发表,完全靠胡也频与周氏兄弟的关系,而胡也频的诗能在《现代评论》发表也全靠沈与徐志摩的关系。[33]

邵出版的文学作品,大多来自交往的朋友,但没有明显的圈子意识。其中的原因主要有两个:其一,邵本身没有靠发表作品挣钱的需求,创作与发表的欲望都不强,因而可以给有发表需要的文人提供更多空间;其二,邵热心社交,为人亦天真热情,并不以世俗的名利择友。邵与"一百多位近现代史上的知名人物"[34]有交往,可见交往范围之广。据胡悦晗分析,邵"拥有复杂的关系网络与较多的日常事务","交往对象数量众多,涉及不同阶层"。[35]这充分说明,邵的社交对象并不以阶层、名望等世俗因素加以取舍。

邵选择作品时,也会看对方的名气与影响力,但更注重是否与自己趣味相投。邵的刊物会向林语堂、徐志摩、郁达夫等文坛名家约稿,也会接受毫无名气的文人作品。《论语》后期编辑林达祖即是邵从普通投稿者中发现的。邵与上门催要稿费的林一见如故,两人从下午三点半聊到晚上,邵甚至"忽发奇想"带初次见面的林去参加亲戚的婚礼。[36]半年之后,邵即约林合编《论语》,两人合作长达三十年。正因为有邵这样不具圈子意识的出版人,籍籍无名的文学新人才有了更多发表作品的机会,为上海的出版业补充了更多的新生力量。

2. 为小众化的文学作品提供出版机会

邵的小出版机构为当时并不受上海文学主流欢迎的唯美—颓废主义作品创造了出版平台,为上海的文化市场提供了别样的文学作品,因此丰富了三十年代的上海文化市场。

唯美—颓废主义的名声不佳。人们往往将文学艺术中的颓废及颓废主张与社会道德的沦丧结合在一起,通过对颓废主义文学创作的干涉来达到消灭颓废主义的目的。[37]鲁迅是颓废主义的强烈谴责者,瞿秋白、周扬等左翼人士也都严厉批判颓废主义文学,即使政治上不那么进步或激进的作家也对这一文学立场多有责难。[38]因此,这类文学作品的生存空间相对狭小,公开发表的机会比较少。

邵本身是唯美—颓废主义文学的译介者与创作者,正是在邵的主持下,二十年代末和三十年代初上海的唯美—颓废主义作家群体得以迅速发展壮大。[39]如果没有邵的金屋书店、金屋月刊之类的出版机构,上海的唯美—颓废主义文学群体不可能获得那么迅速而声势浩大的影响。邵在1926年8月正式加入狮吼社前,狮吼社成员出版的著作不过三五本;而金屋书店成立前,十余种"狮吼社丛书"只印了两种。金屋书店成立后,仅1928年至1930年间就推出二十多种著作,其中绝大部分都属于唯美—颓废主义作品。[40]

3. 为不富裕的文人提供经济资助

1936年2月15日,上海《六艺》创刊号上一幅名为《文坛茶话图》的漫画指出,"茶话席上,坐在主人地位的是著名的'孟尝君'邵洵美"。[41]这种漫画式的表现手法突出了邵慷慨好客的社会形象。邵的慷慨资助主要表现在两个方面:一是主动为文人聚会买单,二是为有需要的文人提供经济援助。

据三四十年代的名医陈存仁回忆,邵是一个文艺界的领袖,为人很慷慨,每晚往往由他作东。[42]邵家常年宾朋满座,客来均会精心招待,宾客满座已经成为邵日常生活中的重要爱好之一,[43]新中国成立后来客才大大减少。

邵还会以稿费形式资助经济窘迫的文人。1927年5月,留学日本的夏衍回到上海时"只是一个文艺爱好者","没有钱,没有职业",靠翻译糊口。[44]1928年,夏衍托人将译成的厨川白村《北美印象记》介绍给邵的金屋书店,邵立即安排出版,并预付稿费500大洋。[45]1947年,沈从文给"家境窘蹙"的吴同宾写了几封介绍信,邵即是上海的拜托人之一。邵待吴"极其热情","每次见面,均必长谈",招待吃饭,并在《论语》上安排发表吴的文章,稿费从优,以贴补吴的生活费用。[46]邵这种雪中送炭的慷慨行为解决了一些文人的燃眉之急,有利于上海文化事业的稳定发展。

四、结语:"看书而做书的人"赞助上海的文化出版

邵曾根据书对人的影响,将人分为六类:不看书的人,不看书而想做书的人,看书而不想做书的人,看书而想做书的人,做书而不看书的人,看书而做书的人。在他看来,只有最后一类人最完美,他们可以一面"接受遗传的收获",一面"又去制造将来的光荣"。[47]邵一生努力做的,就是一个"看书而做书的人"。

做出版的主要目的不外两个:赚取商业利润,或赢取社会声誉。但邵之出版并非出于这两个目的,至少在经济充裕时期不是。邵做出版,其实是在不忧生计的前提下实现个人嗜好的慷慨行为,更多追求的是个人的趣味与爱好,大多不以市场的需求为目标。

不论邵从事出版究竟是出于什么目的,也不论他以怎样招摇的姿态进入出版市场,他的出版活动都实际上达到了赞助三十年代上海文化出版的效果。这正是他的贡献与价值所在。

注释:

[1] 陆耀东.邵洵美诗的再评价.西南师范大学学报(人文社会科学版),2006(1).
[2] 盛佩玉.盛氏家族·邵洵美与我.人民文学出版社,2012:105.
[3] 邓集田.中国现代文学出版平台.上海文艺出版社,2012:61.
[4] 张伟.邵洵美和他的出版事业.中国编辑,2006(4).
[5] 周菊人.金屋访问记.申报·本埠增刊,1928-2-14.
[6] 张伟.花一般的罪恶:狮吼社作品、评论资料选.华东师范大学出版社,2002:266.
[7] 光焘.编辑者言.狮吼,1924:(九,十).
[8] 叶浅予.叶浅予自传:细叙沧桑记流年.中国社会科学出版社,2006:70,72.
[9] 盛佩玉.盛氏家族·邵洵美与我.人民文学出版社,2012:336.
[10] 倪平.新月派的两个支柱:书店、月刊的起讫.中国现代文学研究丛刊,2005(6).
[11] 王一心,李伶伶.徐志摩·新月社.陕西人民出版社,2009:397.
[12] 胡适.胡适日记全编(6).安徽教育出版社,2001:318.
[13] 温梓川.文人的另一面——民国风景之一种.广西师范大学出版社,2004:264.
[14] 邵绡红.我的爸爸邵洵美.上海书店出版社,2005:113-116.
[15] 张静庐.在出版界二十年.江苏教育出版社,2005:131-132.
[16] 盛佩玉.盛氏家族·邵洵美与我.人民文学出版社,2012:211.
[17] 自由谭"编辑谈话",(第7期),1939-3-1.
[18] 邵洵美.洵美文存.辽宁教育出版社,2006:83.
[19] 王京芳.邵洵美和鲁迅.鲁迅研究月刊,2009(06).

[20] 邵洵美.不能说谎的职业:随笔卷.上海书店出版社,2008:097.

[21] 邵洵美.洵美文存.辽宁教育出版社,2006:366.

[22] 卞之琳.卞之琳文集(中).安徽教育出版社,2002:222-235.

[23] 林达祖,林锡旦.沪上名刊《论语》谈往.上海书店出版社,2008:094,099.

[24] 鲁迅.鲁迅书信集(下).人民文学出版社,1976:765.

[25] 林达祖,林锡旦.沪上名刊《论语》谈往.海书店出版社,2008:103-104.

[26] 林达祖,林锡旦.沪上名刊《论语》谈往.上海书店出版社,2008:102.

[27] 耿云志.胡适年谱(1891—1962).福建教育出版社,2012:184.

[28] 盛佩玉.盛氏家族·邵洵美与我.人民文学出版社,2012:300.

[29] 邵洵美,陈子善编.洵美文存.辽宁教育出版社,2006:217.

[30] 温梓川.文人的另一面——民国风景之一种.广西师范大学出版社,2004:268.

[31] 邓集田.中国现代文学出版平台.上海文艺出版社,2012:59,60,62.

[32] 陈平原."新文化"的崛起与流播.北京大学出版社,2015:015.

[33] [美]金介甫.沈从文传.国际文化出版公司,2009:113.

[34] 盛佩玉.盛氏家族·邵洵美与我.人民文学出版社,2012.

[35] 胡悦晗.朋友、同事与家人:家庭生活与社会关系网络的建构——以民国时期上海知识分子为例(1927—1937).开放时代,2012(11).

[36] 林达祖,林锡旦.沪上名刊《论语》谈往.上海书店出版社,2008:033-038.

[37] 薛雯.颓废主义文学研究.上海人民出版社,2012:3,200.

[38] 解志熙.美的偏至:中国现代唯美——颓废主义文学思潮研究.上海文艺出版社,1997:236.

[39] 解志熙.美的偏至:中国现代唯美——颓废主义文学思潮研究.上海文艺出版社,1997:227,228.

[40] 解志熙.美的偏至:中国现代唯美——颓废主义文学思潮研究.上海文艺出版社,1997:235.

[41] 鲁少飞画《文坛茶话图》.今晚报,2004-10-01.

[42] 陈存仁.银元时代生活史.上海人民出版社,2000:41.

[43] 林达祖,林锡旦.沪上名刊《论语》谈往.上海书店出版社,2008:076.

[44] 夏衍.懒寻旧梦录.生活·读书·新知三联书店,1985:129-130.

[45] 张伟.邵洵美和他的出版事业.中国编辑,2006(4).

[46] 吴同宾.沈从文的介绍信.文学自由谈,1999(1).

[47] 邵洵美.儒林新史:回忆录卷.上海书店出版社,2008:056-057.

【作者简介】杨晓霞,南京师范大学新闻与传播学院,讲师,博士研究生,研究方向为:新闻史、新媒体。

"大东亚共荣圈"的文化建设与国民意识的建构——对《华文大阪每日》创刊四周年纪念大征文的考察

王雪驹

(中国传媒大学新闻学院,北京 100000)

摘 要:日本侵华战争期间,除了军事政治攻势之外,更要从文化上进行殖民统治,通过文学活动对"大东亚共荣圈"进行文化建设,其核心就是建构殖民地民众自觉自愿的国民意识。通过《华文大阪每日》的创刊四周年纪念大征文活动表明,通过"大东亚共荣圈"的文化建设以建构国民意识,只是日伪殖民者的一厢情愿而已。

关键词:《华文大阪每日》大东亚共荣圈 文化建设 国民意识

1938年11月3日,日本近卫内阁发表了建设东亚新秩序声明,1940年,日本外相松冈洋右发表"皇道外交宣言",作为东亚新秩序的扩延,炮制出了"大东亚共荣圈"的口号,"我们向世界宣布的'皇道'就是我们皇国的使命","根据我们皇道的伟大精神,必须首先建立以日、'满'、华三国一环的'大东亚共荣圈',然后宣布强有力的皇道,贡献于公正的世界和平的树立"[1];在中国占领区宣传以"中日提携""中日亲善""中日共存共荣"为标签的"大东亚共荣圈"。由此,日本极力地对"大东亚共荣圈"进行文化建设,对殖民地民众进行文化上的欺骗,论证"大东亚共荣圈"的正义性、合理性。

这一切,最终目的是构建利于日本殖民统治的、殖民地民众的一种被"教化"、自觉自愿、顺从妥协的国民意识。在构建国民意识的过程中,日本殖民者看重文化事业的教化作用,首先是殖民者的顶层设计,即进行文化政策的制定和监控;其次举行文化政策和意愿传达的文化活动。这一步是关键所在,通过传达殖民者意愿的文化活动,殖民者想要达成和殖民地民众的自觉自愿的文化认同感,双方不再是单纯地"命令/服从"或者"统治/反抗"的二元对抗的社会结构关系。本文考察上海沦陷时期日伪杂志《华文大阪每日》的"创刊四周年纪念大征文"文学活动,即殖民者策划的意在为"大东亚共荣圈"文化建设的文学活动,考察其通过类似的文化活动,是否真正建构了殖民地民众自觉自愿的国民意识。

一、杂志的定位与发行

《华文大阪每日》杂志是在日本本土编印、专门针对中国沦陷区发行的华文刊物,1938年11月1日创刊于上海。在发行方式上,从创刊之日起至1943年底为半月刊,共发行11卷124期;1944年1月起改为月刊至1945年5月,共发行2卷17期。据台湾淡江大学教授施淑考证,《华文大阪每日》停刊于1945年5月1日第13卷第4期,总号141。1943年1月之前,《华文大阪每日》由大阪每日新闻社和东京日日新闻社联合编辑发行,在此之后由大阪每日新闻社独立编辑发行,并更名为《华文每日》,以从刊名上弱化日本色彩,彰显杂志的本土性,但它作为战时日本发行的杂志,其编辑方针和内容均来自于日本政府的授意和认可,所以"这份杂志是日本对华的意识形态统制机器"[2]的本质没有任何变化。

在杂志内容上,大致分为政策宣传、文艺创作与文学评论。从《华文大阪每日》的文章内容上来看,政策宣传、时局动态占据了一半左右的页数,这部分主要经常针对某一主题,以专号、特辑、座谈会形式出现,并刊登日本军国主义思想、"大东亚共荣圈"、反共反美的言论,目的在于思想统一和宣传日本对外政策;其余的篇幅才分配给文化领域,这部分内容也是极力鼓吹建构日本"大东亚共荣圈",宣传中日文化平等,强调东亚民族之解放。

在1938年11月1日的创刊词中,《华文大阪每日》进行"大东亚共荣圈"文化建设之目的更是直言不讳地表达出来,其阐述宗旨、使命为:

亲日之必要,固已为人人所尽知。唯其根本,实在于彼此推信互相认识,本刊主旨即在于斯。期本其一得之见,将日本整个真相,传达于中国大众,同时并阐扬中国文化之价值,用奠我两国万世和平之基础,以完全东亚不朽之建设为唯一使命。

创刊词最能代表杂志的价值取向,《华文大阪每日》的定位由此清晰:鼓吹中日文化平等、中日两国为一体,进行"大东亚共荣圈"的文化建设。这一点,《华文大阪每日》也直言不讳,1945年3月,杂志的一篇报道列举"日本出版对共荣圈各国的友情杂志"的名单和发行部数,以翔实的数据表明战时日本对"大东亚共荣圈"各国文化层面的干预和渗透,其中《华文大阪每日》高居榜首[3]。

二、《华文大阪每日》创刊四周年纪念大征文考察

1941年太平洋战争爆发后,日军将战略眼光投向了亚太地区,除了政治军事攻势之外,在文艺政策上,还有战争初期论证其思想文化上的合法性与正义性,并增加了"服务战争""服务时局"的功能,大力提倡报国文学。尤其在中国占领区,日本一直以来极力营造"大东亚共荣圈"的身份认同,大力宣扬以日本为中心的"大东亚文化""东亚文化圈",鼓吹"亚洲一体",以拉拢中国共同抵抗英美。在文艺统制上,日伪的控制也越来越严密,"大东亚共荣圈"的文化建设愈发紧锣密鼓。

为响应此种"思想战"政策和"大东亚共荣圈"建设,1942年11月3日,日本文学报国会在东京举办"大东亚文学者大会",出席会议的有日本、朝鲜、中国台湾、伪满洲国和中国沦陷区的代表。大会的目的就是建构以日本"道义文化"和"皇道精神"为中心的"大东亚文化",旨在讨论"文艺界为完成"大东亚圣战"和创造具有东亚特点的文学艺术进行合作的具体途径和方法"[4],在此目的下,大会号召"为在大东亚战争下,担负起文化建设共同任务的"共荣圈"各地的文学者齐聚一堂,互相沟通抱负,互相打开胸襟倾诉"[5],希望以文学的力量进行"大东亚共荣圈"建设。《华文大阪每日》作为"中文的大东亚共荣圈",实质上是"向中国大陆民众宣扬日本国策的情报志"[6],它大力构建东亚文化圈,发挥在文化思想战线上的作用就愈发重要。

在此环境下,1942年11月1日是《华文大阪每日》创刊四周年纪念日,更是为日本"大东亚共荣圈"文化政策和"大东亚文学者"大会精神宣传的绝佳机会。于是,杂志社酝酿为"创刊四周年纪念日"进行征文比赛,在1942年9卷第3、4、5期的29页[7],连续三期发布"本刊创刊四周年纪念大征文"的通知,限定主题与体裁,征文内容分为三部分,论文,小说创作和漫画,并分别做出要求。论文是命题形式,题目有二:"十年后的大东亚""和平文化的指标",两题均各限一万字左右,各题入选一篇,酬金各篇日金二百元[8];小说创作要求"须在大东亚战争下新时代现实生活中取题材",入选共三篇,酬金各篇日金二百元;漫画的内容要求"题材不限,唯须有时局性者",样式上四幅一组或六幅一组,酬金日金八十元,并做出特别规定"优秀作者本刊当另聘为长期特稿"。在征文大赛通知下,编辑部就征文目的做出了说明:

在大东亚战争下,本刊于十一月一日要迎到四周年纪念了。本刊从创刊以来,不少次的尽力,亦曾推动过大陆上的文化界。这次,为纪念本刊的四周年,我们又加重了力度,来对大陆文化界来个运动,想来推进、振发我们文化战士同志们的精神,来共同努力建设,开拓。这次征文,希望东亚各地的文化人们都大胆地,抱着新时代的意识来写作。我们亦提出了极大额的酬金,来期待于写作难,发表难,稿费难这些呼声中的新进作家们。

在1942年第9卷第9期,第29页,发布"本刊创刊四周年纪念大征文揭晓",公布征文获奖作品。

论文:《十年后的大东亚》,石莹,伪满洲国吉林市;《和平文化的指标》,沐华,宣化市。

小说创作:《夜航》,蓝苓,伪满洲国齐齐哈尔市;《黄金色的贝壳》,吴青山,北京;《星光》,王静,伪满洲国新京市。

漫画:《吾国与吾民》,窦宗淦[9],北京;《时代的诞生》,蓝读,北京。[10]

1. 获奖小说:粉饰侵略战争、宣扬中日亲善

小说《夜航》的作者蓝苓,伪满洲国齐齐哈尔市人,原名朱埜华,笔名莉莉、林苓、阿华等。1937年开始文学创作,她的诗歌主要发表在伪满洲国文学杂志《青年文化》上,并有诗剧《大地的女儿》,小说《端午节》《日出》等。《夜航》的背景发生在伪满洲国,描写了"北满"的一对年轻夫妇,丈夫骥和妻子筠,两人在艰难的生活中养育着刚出生的儿子翔,其中有"战时体制""配给制"的现实描写,并刻意"满洲化""日本化",比如日语说得比汉语流畅的满洲课长、留学日本的好友雯,并描写了邻里关系的互助、上司课长的照顾,也刻画了房东的势利嘴脸。最后在生活的压迫下,丈夫骥终于承受不住生活贫困和精神上的困扰,抛弃妻儿而去,剩下妻子筠独自支撑着家庭,是一部现实主义题材的小说。

但伪满洲国作家如果描写现实,须用积极昂扬的笔调来写。1941年,伪满洲国出台《艺文指导纲要》,严禁刊登表现"民族意识""黑暗面""颓废思想""花街柳巷"为题材的文学作品,要求刊载"以建国精神为根本,以求八纮一宇精神美"的作品[11]。于是在小说的最后,作者借留学日本的、筠的好友雯的回信说出了小说的最终指向:

在这大波动的战争里,是一切受难的时期;但是,忍耐的担当下去吧!没有战争,和平是不会降临的。为了未来的人类的光明的日子,这一点点个人的苦痛,算得了什么呢?

正是对于未来"人类的光明的日子"的向往，筠重拾了生活的信心，不言而喻，这"人类的光明的日子"就是以日本为中心的"大东亚共荣圈"。小说的目的性很明确，评选委员傅彦长说："被生活抛弃了的，是那些抛弃了生活的人们。尤其是在新型的理想世界之中，每一个人都要十分如意的生活着是不应该的，因为大家还须服从一个更高的指示呢。"[12]殖民地民众一切苦难都是为了迎接"大东亚共荣圈"。《夜航》从伪满洲国普通底层家庭生活切入，充满着伪满洲国地域的乡土气息，在小说中，作者蓝苓是一位观察者，她将伪满洲国的乡土情结式的现实关怀融入小说中，按照评选委员"大家还须服从一个更高的指示"的意愿，《夜航》是合格的，因为小说的结尾点出了评选者意愿的最终隐喻，就是"大东亚共荣圈"。但是这个乡土情结式的现实关怀并不意味着蓝苓爱"满洲国"，不能将乡土之爱朴素的生物学感情上升为政治上的"爱国"，所以很难判断蓝苓是否有被教化的国民意识，蓝苓的其他作品没有附逆的文字，甚至在诗歌《科尔沁草原的牧者》中，还有"失去家园后，留下来的人们如何生活的思考"的认识[13]。所以，《夜航》的结尾倒不如说作者是有意为之，甚至是不得以而为之，蓝苓就是一位纯粹的作家，她《夜航》小说的写作行为本身确实暗合了日伪的意图，但她却在探索"生活的意义"。

另一篇获奖小说《黄金色的贝壳》描写了主人公"我"十年后和童年好友在海边再次相遇的情景，好友向"我"讲述了自己十年的历程：恋爱，从军，战争，回乡。"全篇写得很柔和，这自然是很动人的"[14]，小说语调弥漫着温和轻松的气息，"子夜的海浪，薄暮的迴光，黄金色的贝壳"，讲到战争时的语调确实激情澎湃：

我向你永远地告别了，我的尸骨将埋在血肉横飞的战场上，为国家，我去了。

听到太平洋上的战争爆发了，我好似看见在那广漠无边的海上，开了一个血色的花……，血战，又是一场大血战，民族的血战！

不难得知，小说里充斥着战争的描写，暗含着对日本发动太平洋战争的赞扬，《黄金色的贝壳》才能获奖。小说中没有彻底赤裸裸地宣传"大东亚圣战"，可是小说中"子夜的海浪，薄暮的迴光，黄金色的贝壳"，处处渲染着一种平静喜悦的氛围，将战争的残酷性却视而不见，更只字不提日本发动太平洋战争的侵略性，这是在为日本帝国主义构建"大东亚共荣圈"发动的侵略战争进行宣传、粉饰。

小说《星光》讲述的是一则活脱脱"中日亲善"的故事。一对伪满洲国夫妇和一对日本夫妇相处的故事,日本来华担任要职的松井夫妇,因为自己女儿寿的夭折,便将长相相似女儿的伪满洲国夫妇蓝陌和静的女儿小蓝视如己出,真诚相待,在小蓝和静得传染病的时候,都是松井夫人陪床看护。这出"中日亲善"的小说中,"得益"的自然是中国人。

蓝陌说:"我从松井获得异民族友情的真实,你又从松井太太获得新的女性观,那么,他们夫妇的存在,对我们是太有意义了。"

"中日亲善"的招牌,目的就是向殖民地民众许诺一种美好理想的、中日两国人民和睦的生活,而中日两民族的和睦,最终得益的是中国,这和"大东亚共荣圈"的"共存共荣"的宣传如出一辙。

2. 获奖论文:构建日本侵略战争的合法正义性

石莹的《十年后的大东亚》,对"十年后的大东亚"进行论述,文章主要论述了"东亚新秩序的正义性""英、美、法帝国主义本质""大东亚战争的必要性"。文章毫不掩饰地为日本侵略战争粉饰、宣传。文章认为,发动大东亚战争的原因是英美法掠夺本属于世界各国的资源,日本资源匮乏,不得以才向外寻求资源,以争取原属于东亚民族的权益。这其实是为侵略战争建构正义性。

少数民族的英、美、法垄断着世界资源之最大部分,而揆人口密度最大的日、德、意于生存圈外,因此终于引起了这次"无"的国家反抗"有"的国家的战争。一个婴儿来到这个世界上,他啼哭是要奶吃,没人能否认婴儿要食物的权力。一个政治家必须能使人民得到他们的需要。在东亚的日本,也正因为一方面苦于己国的物资不足,他一方面同情东亚民族之受英、美的剥削,所以要号召东亚各民族共同合作,有无相通,这也是本诸民族生存的公正要求,与协助邻邦的大义。

发动大东亚战争的最终目的为建成东亚新秩序,也就是"大东亚共荣圈"。

东亚新秩序,……渊源于日本建国精神之"八纮一宇",即东洋民族所持之天下一家的大理想,亦实脱胎于中国革命家孙中山先生所倡导的"大亚细亚主义",……新秩序的要点不外如次:中、日伪满三国互相提携;于政治经济文化等,各方面树立互助连环关系;中、日伪满三国应一面发挥各自之个性,一面在保全东亚之共同使命下,造成坚固结合之关系;由日本居于指导地位的建立东亚新秩序;确立居于正义之东亚真正和平体制,但并无封锁的、排他的性质。

至于以日本为东亚新秩序的指导地位的理由是:

东亚的许多国家,要做到共存共荣的实绩,在过程上不能无一中心势力,否则难免群龙无首的现象。况且以国防言,只有日本足以屏东御西。以复兴建设言,民族意识萎靡已久的东亚各国,更须深吸日本卓越的文化。

另一篇获奖论文《和平文化的指标》主要论证战争的必要性和建设"大东亚共荣圈"的文化合理性,为日本侵略战争狡辩,认为是"对于目前正在剧烈转变中的世界,我们从骨子里边追求它动乱转变的原因,那么就不妨说现在所临到的正是一个文化的伟大变革时代"而拯救人类的"指导人类世界的新文化便是'和平文化'",所谓和平文化,就是"以大同主义和道义思想为基础的东方文化"[15]。这篇文章最主要的目的在于从否定资本主义核心价值理念入手,得出资本主义文化是侵略文化。

"欧洲文化之所以能打通世界,认真说来,只是欧洲文化侵略世界的结果。欧洲文化向世界上进出,并非站在人类世界的共同立场上替全人类谋幸福,并非在平等和平的观念上求全世界的公平发展,它是站在白种人的优越感上征服其他人种,将全世界置在欧洲文化的支配下供其榨取"。

"无疑地欧洲文化是一种本身具有侵略性的文化,而那种侵略性的来源,则是功利思想和自由主义。"

"欧洲文化侵略世界的结果是造成了国家民族间的不公平现象,因之引起了不休止的国际斗争。"[16]

《和平文化的指标》得出以欧美文化为代表的资本主义文化是侵略文化的结论,而以日本为中心的东亚文化才是拯救人类的新文化。客观来看,其对资本主义功利性极端个人主义的批判有可取之处,但在建设"东亚新秩序"的殖民语境下,如此批判资本主义文化,已经不是科学客观的学术批判,而且不加辨别地将资本主义文化之无限复杂性、多样性嵌入到一个简单的公式中加以抹杀是狭隘的。文中观点,将以日本为中心的东方文化,即东亚共存共荣、基于日本伦理规则的道义文化上升到拯救人类的高度,实质在为日本侵略战争做文化宣传而已。

三、结　论

我们从《华文大阪每日》创刊四周年纪念大征文中,看到了获奖小说、论文对"大东亚共荣圈"的文化建设。获奖小说透露美化战争,宣扬中日亲善,宣传"大东亚共荣圈"的目的;获奖论文为"东亚新秩序""大东亚战争""东方文化"摇旗呐喊,以寻求"大东亚共荣圈"文化与道德的合法性。但是否《华文大阪每日》的文学活动,最后起到了日本殖民统治者所构想的建构自觉自愿的国民意识的作用?本文得出结论,"大东亚共荣圈"下的、"'中日亲善'的国民意识"是日本殖民者的一厢情愿,殖民者周密计划、严格执行,但是结果并不如其所愿。殖民者想用文化建构"大东亚共荣圈"的合法性,要求文学写作者顺从其文化意愿,进行准确的文化国策传达,但是顺从有多种方式,既有赤裸裸地为其宣传、歌功颂德的附和;也有顺从中的探索。作者貌合神离、在顺从中进行探索的,如小说《夜航》;赤裸裸的附和、大而空的宣传,更无灵魂和文学感染力,如论文《十年后的大东亚》《和平文化的指标》,小说《星光》《黄金色的贝壳》。《华文大阪每日》的征文活动表明,建构所谓的自觉自愿、顺从的国民意识只是当权者的臆想而已,规训的文学活动,或者在貌合神离中走向与当权者意愿无关的文学活动,都无法起到教化作用。

1940年,抗战时期的新闻学刊物《战时记者》刊登文章《关于华文"大阪每日"》,其中写道:

这个刊物异于一般毒化刊物的,乃在"它是日帝国主义者直接的(注意:直接的)文化侵略工具。"它虽然穿着华文的外衣,然而在它的内质上,却十足地显露出一副日帝国主义者狰狞的脸相,吃人的脸相!

它用意很明显,是要使读的人有一种美慕的心理——唯日本主义者的心理。……那么,这些文字所发生的将是些什么作用?以及编入这类材料的编辑先生抱有怎样的一颗野心,光看几个标题以后的我们,便也能昭然若揭![17]

对于《华文大阪每日》用日本战争思想统领和宣扬"大东亚共荣圈"的目的,爱国人士看得很透彻。不难推测,这份历时6年7个月,总计发行141期,号称发行量达数十万册,销售网遍及日军在华占领区及当时殖民地台湾的中文刊物,在创刊之时,就已经被钉在了日本文化侵略的耻辱柱上,只是殖民者不自知罢了,用以教化中国民众,更是困难重重。

注释:

[1][日]奥村房夫.近代日本战争史(第4编"大东亚战争").同台经济恳话会,1996:298.

[2]施淑.两岸——现当代文学论集.清华大学出版社,2014:266.

[3]陈言.柳龙光:置身殖民体制内的家国书写与东亚文化圈想象.山东社会科学,2015(1).

[4]李相银.上海沦陷时期文学期刊研究.上海三联书店,2009:209.

[5][日]樱本富雄.日本文学报国会:大东亚战争下的文学者たち.青木书店,1995:141.

[6][日]冈田英树.中国語による大東亜共栄圏."殖民主义与现代性的再检讨"国际学术研讨会论文,中史研究院台湾史研究所筹备处,2002-12-23.

[7]本文凡引用该杂志,一概于引文末注明卷、期,发行年、月、日、(页),不另作注。

[8]1942年3月,文学期刊《古今》在上海出版,其创刊号规定"稿费每千字十元",相对于当时诸多期刊千字二元是很高的;时任《古今》编辑周黎庵认为此种稿酬是"上海稀有的高价",参见《古今两年》,《古今》第43、44期,1944年4月1日。所以,《华文大阪每日》此次征文的稿酬相当丰厚诱人。

[9]窦宗淦,天津人,是活跃于20世纪30年代的知名漫画家,擅长作政治漫画,新中国成立初期还创作连环画,"他的漫画的特点是笔法简洁洗练、人物造型生动,而且关注的多是紧扣时代的主题;窦还是1936年全国首届漫画展的筹委"。参见李健新.漫坛兄弟窦宗洛、窦宗淦.今晚报,2010-3-25.

[10]由于漫画作品抽象难以表述,本文以获奖小说和论文为考察对象。

[11]刘晓丽.殖民统治与国民意识的建构——对伪满洲国的文学活动的一种考察.华东师范大学学报(哲学社会科学版),2010(6).

[12]傅彦长.读后的私见.华文大阪每日(第9卷第9期),1942:14.

[13]刘晓丽.异态时空中的精神世界——伪满洲国文学研究.华东师范大学出版社,2008:204.

[14]傅彦长.读后的私见.华文大阪每日(第9卷第11期),1942:14.

[15]杨光政.《和平文化的指标》审查意见.华文大阪每日(第9卷第11期),1942:30.

[16]沐华.和平文化的指标.华文大阪每日(第9卷第11期),1942:31-32.

[17]盛思文.关于华文"大阪每日".战时记者(第2卷第6、7、8期合刊),1940:28.

【作者简介】王雪驹,中国传媒大学新闻学院硕士研究生,研究方向为:新闻史。

编 后 记

2015年2月下旬，我国新闻传播学界唯一的国家级学会、我们新闻史学界同行的"学术之家"——中国新闻史学会，根据2015年科学研究和学术活动工作计划（其中把中国新闻史学会主办，南京师范大学承办"第二届民国新闻史研究论坛"确定由学会全年主办的五大学术活动之一），通过学会网站和微信公众号等不同途径向国内新闻史学界同行们正式发布了《第二届民国新闻史高层学术论坛征文通知》。为此，作为国家社会科学基金2013年度重大项目"中华民国新闻史"项目建设的品牌平台"第二届民国新闻史高层学术论坛"的筹备工作正式拉开了序幕。征文通知发布后，得到学术界同行的热烈响应，有多位作者提交了两篇以上文章（提交论文最多的一位作者提交了4篇论文）。截至2015年7月底，第二次民国新闻史论坛组委会秘书处一共收到68篇应征论文（确切地说是68篇）。经过认真严肃的两轮评审，论坛组委会集体决定入选48篇应征论文，邀请这些论文的作者参加这次由中国新闻史学会主办的国内最高层次的"民国新闻史高层论坛"，并把这些论文收录进本次高层学术论坛的论文集《民国新闻史研究（2015）》。

关于本文集所收录的论文，有几点需要做些说明：

一是关于论文评审的标准：经中国新闻史学会领导批准，本次论坛应征论文的选用标准大致：(1) 与会议主题（民国新闻史）直接相关。凡是与会议主题无关的论文一律不收。(2) 与党和国家现行路线、方针、政策保持一致。凡与党和国家现行路线、方针、政策相悖的论文不予入选。(3) 文章在史料发掘、研究结论、观点阐发、研究主题以及研究领域等方面有一定新意或"亮点"。(4) 学术观点争鸣文责自负，只要言之有理，自成一说，不影响录用。(5) 适当考虑论文集容量。会议论文集的篇幅在60万字以内。

二是评委会成员根据以上原则意见对所有应征的论文进行了独立评审，分别对应征的每一篇论文按照"建议录用"(A)、"待议或修改后录用"(B)和"建议不予录用"(C)等不同等级作出独立的评价，最后集体讨论确定入选论文和论文内容的类别。根据集体讨论的编辑工作程序，由常务副主编和副主编负责对入选论文进行初步编辑后交出版社；由出版社编辑进行专业编辑；在付印前由主编审读把关。编辑工作原则上不对论文作观点、结论等方面的修改，只是对论文从格式、版面等方面进行规范统一。

三是为了鼓励和培养民国新闻史研究队伍中的年轻人，在这次应征论文评审中，对在读博士、硕士研究生提交的论文，按照"注重新意、保证水平，同等条件、优先录用"的原则适当给予倾斜。许多来自国内著名高校的青年作者，思想敏锐，基础扎实，大有前途，所提交的论文颇有亮点或特点（这一点各位可以从论文中有清晰的感知）。因此他们的论文占会议论文集论文总数近四分之一，因为民国新闻史研究的未来毕竟是属于他们的。

现在呈现在我们面前的就是全国新闻史学界的同行专家、青年才俊们应征中国新闻史学会主办、南京师范大学承办，新闻与传播学院及民国新闻史研究所具体经办，目前国内唯一以"民国新闻史"为主题的第二届民国新闻史高层学术论坛的论文集《民国新闻史研究（2015）》。正如文集的"论文综述"所言，这是中国新闻史学界在继 2014 年举办的首届民国新闻史高层论坛后"民国新闻史研究成果"又一次"集中展示"，是全国新闻史学同行专家、青年才俊在"民国新闻史研究"这块园地中辛勤耕耘后获得的丰硕成果之一部分，是全国新闻史学界（这次也包括了历史学界、文献学界）专家学者心血共同浇灌的"民国新闻史"研究园地在 2015 年度绽放的又一朵鲜花，是国家社会科学基金 2013 年度重大项目"中华民国新闻史研究"根据国家繁荣社会科学研究（当然也包括民国新闻史的研究）的总体要求，实行开放式研究后产生的又一个标志性成果，我们完全有理由相信：民国新闻史研究的明天一定会更加美好。在此对积极参与和支持本次论坛的所有专家学者（包括积极参加应征论文没有入选的专家学者）表示衷心的感谢！

这次学术活动自始至终都是在中国新闻史学会的领导和指导下进行的。中国新闻史学会会长、国务院学位委员会新闻传播学科评议组成员、清华大学新闻与传播学院副院长陈昌凤教授，中国新闻史学会副秘书长、暨南大学新闻与传播学院副院长邓绍根教授和副秘书长李红霞老师等学会领导及白丹等同志对征文工作一直非常关心，经常予以关心、指导，帮助转发应征的论文，合作非常愉快。对此特别需要表示我们真诚的谢意和崇高的敬意。

第二届民国新闻史高层论坛的筹备工作，得到南京师范大学新闻与传播学院领导和教师的全力支持，院长顾理平教授、党委朱梅书记、副院长张晓锋教授和章浩博士等自始至终地关心、参与、指导和领导有关工作。从第一篇应征论文投稿到组委会秘书处起，论坛组委会秘书处的鄢放同志就不间断地承担了联系和解释工作;《民国新闻史研究(2015)》常务副主编、南京师范大学新闻与传播学院副教授刘继忠博士,南京师范大学国际文化教育学院副教授王继先博士,以及参加论文初步编辑工作的南京师范大学新闻与传播学院硕士研究生马超、赵佳鹏、吴加峰、卢河燕等同学,为论文集的如期出版付出了非常辛勤而认真有效的劳动。可以这么说,如果没有上述各方面的支持和努力,论坛的顺利召开和论文集的如期出版是很难的。在此谨致以真诚的感谢!

由于我们自身的学识和能力有限,且必须赶在会议召开前出版论文集的时间限制,所以在第二届民国新闻史高层学术论坛论文的征集、应征论文的评审、论文编辑及校对等方面难免有不少难以尽如人意之处,对此我们深感歉意和愧意。在此,一是敬请各位专家学者海涵,二是今后我们一定勉力改正。力求在此后举行的第三届、第四届乃至第五届民国新闻史高层学术论坛的筹备工作中把事情做得更好些,以不辜负国家和同行长期以来的支持和厚望。

倪延年

二〇一五年九月十日